杨家城遗址

杨家城遗址殿宇建筑清理状况

首届全国杨家将历史文化研讨会现场

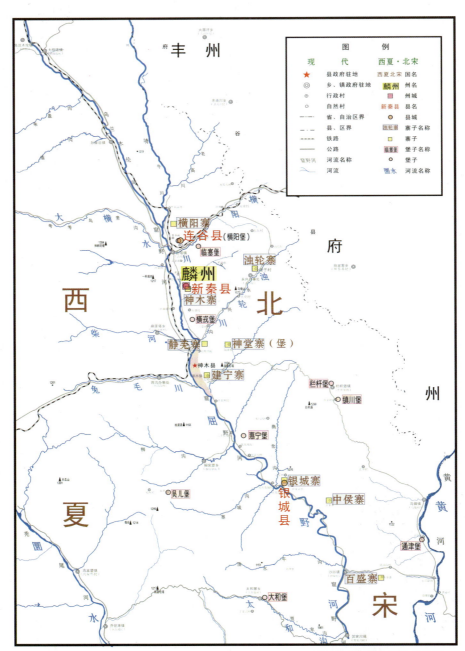

宋代麟州堡寨示意图

银城入口处的屏障

大和寨遗址中的宋代石狮

古北口杨令公庙

1. 杨家城地面残存宋代砖瓦残片

2. 黄娘城征集的宋代黑釉瓷瓶

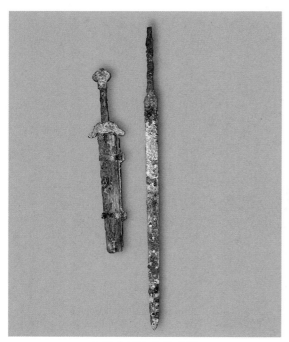

3. 杨家城出土的兵器

4. 杨家城出土的擂石

杨家城、黄娘城出土遗物

杨家将研究丛书

首届全国杨家将历史文化研讨会论文集

李裕民　主　编

杨国伟

乔振民　副主编

科学出版社

北　京

内 容 简 介

　　杨家将的知名度很高，但专题性的学术研讨会目前是第一次，会议论文集的出版也是第一部，本书全面深入地探讨了杨家将的历史、籍贯、民族、生平事迹及与之有关的文物、碑刻等诸方面，特别探讨了杨家将历史上的许多疑难问题，如害死杨业的究竟是谁？杨业是否绝食而死？杨家将的后裔有哪些？麟州（今神木县）是如何孕育了名将杨业的？杨家将的戏剧是如何传播到全国广大地区的？杨家将的精神是什么？杨家将文化的内涵是什么？本书推出的论文是杨家将研究的最新成果，反映了目前杨家将研究的最高水平。

　　本书可供杨家将历史、文化的研究者及爱好者参考阅读。

图书在版编目（CIP）数据

首届全国杨家将历史文化研讨会论文集／李裕民主编．北京：科学出版社，2008
（杨家将研究丛书）
ISBN　978-7-03-022976-2

Ⅰ.首…　Ⅱ.李…　Ⅲ.历史人物－人物研究－中国－北宋－文集
Ⅳ. K820.441-53

中国版本图书馆 CIP 数据核字（2008）第 140788 号

　　　　责任编辑：闫向东　海　宁　李俊峰／责任校对：李奕萱
　　　　责任印制：赵德静／封面设计：北京美光制版有限公司

科 学 出 版 社 出版
北京东黄城根北街16号
邮政编码：100717
http://www.sciencep.com
中国科学院印刷厂 印刷
科学出版社发行　各地新华书店经销
＊
2009 年 1 月第 一 版　开本：787×1092　1/16
2009 年 1 月第一次印刷　印张：23 1/4　插页：4
印数：1—4 000　　　字数：560 000

定价：135.00 元
（如有印装质量问题，我社负责调换〈科印〉）

序

2007 年 8 月 21~23 日，全国各地 30 多名专家学者来到无敌英雄杨业的故乡神木县，参加首届全国杨家将历史文化研讨会。这次会议既有不少宋史专家光临，还有部分文学家和文化产业的学者参与。杨家将不仅是历史名将，更是以公众喜爱的艺术形象而著称于世，有多方面专家参与探讨，有利于探索历史人物如何演变为艺术形象等跨学科的问题。本次会议，对如何将历史的研究与文化艺术的研究结合起来、与文化产业的开发利用结合起来，也是一次有益的尝试。提交的 30 多篇论文，有深度、有广度，创见迭出。大家本着百家争鸣的精神，互相切磋、热烈讨论。毫无疑问，这是杨家将研究史上的第一次盛会，它将杨家将的研究推向了新的高峰。

这次会议的成功举行，是专家学者和地方有识之士共同努力的结果。

从发出通知到会议开始，只有短短几个月时间，各位学者认真的态度令人惊叹。香港学者何冠环白天忙于工作，就靠晚上加班加点，竟写了 5 万多字的长文，详尽论述了杨家第四代名人杨畋。王菡在国家图书馆尘封百年的拓片堆中，发现了罕见的古北口杨无敌祠的碑拓，为了解杨家将文化现象提供了新的资料。

对我启发最大的是张其凡的论文，他过去曾细心地在张咏的诗注中发现了平反杨业之冤的新材料，这一次又从《宋太宗实录》中找到新线索，发现北宋西路军的领导班子，有郭超和侯莫陈利用二人，他马上联系到杨业出战前的会议参加者，应绝不止《宋史·杨业传》中提到的潘美、杨业、王侁、刘文裕四人，这样，过去仅仅在潘、王、刘三人当中寻找害死杨业的凶手，范围太窄了。要查清真凶，必须同时审查所有在场的领导者，并研究他们的性格、人品，与杨业的利害关系，与宋太宗的亲疏关系，宋太宗处理的偏颇程度等等，才能得出令人信服的结论。文章最后认定侯莫陈利用才是真正的凶手。

记得 2000 年初，我在张咏诗中看到刘吉为杨业雪冤之文，真是喜出望外，立即就此做了研究，将其写入《杨家将新考三题》中。第二年三月，其凡赠予《张乖崖集》，内有 1987 年作的《张咏事文考述》，才知他已先我发现这一史料。他能迅速从夹缝中捕捉史料的本领，使我钦佩。这一次其凡又在《宋太宗实录》中发现了新的史料，其实，这条材料，我并不陌生，可以说比他见得还早些，收在我自编的《杨家将史料汇编》中，可是我当时没有重视，没有把它和《宋史·杨业传》中的战前会议联系起来，以至把这样一个重要线索放过了，我再次佩服他的洞察力，那么善于把间接史料和直接史料联系起来考察。参加学术会议比闭门造车要有很大优势，可以及时交流信息、取长补短，经他的大作启发，我重新审视有关史料，写了《杨业死因之再探索》，今附在论文集之后，供进一步探讨作参考。

本次会议的顺利召开和论文集的编辑出版，与神木县杨家将研究会会长杨国伟、常务副会长乔振民的努力是分不开的。他们是县上的有识之士，清楚地认识到地下资源有挖尽之时，文化资源则是取之不尽、用之不竭的，于是在 2006 年成立了杨家将研究会，并在县委主要领导的支持下，筹集了一大笔基金，有计划、有步骤地开展活动，即收集资料、筹建纪念馆、出版系列丛书、拍摄杨家将的电视剧、召开研讨会等。他们继承了杨家将的实干精神，一步一个脚印地走去。2007 年年初，邀请我和几位专家开了一个小型座谈会，还一起考察了国家重点文物保护单位古麟州城（即杨家城），使我感受良深。我穿着皮靴、棉袄、大衣，勉强爬上十多米高的城头，刺骨的寒风袭来，立即有冻僵之感。神木的朋友说："现在气候变暖了，过去更冷。"于是我想起《宋史》里记述的，那时年轻战士都冻的僵仆了，然而杨业却不生火，仍指挥自如，"怡然无寒色"。这一回才真切体会到，杨业赢得无敌的称呼，并非偶然，他就是在那样恶劣的环境中锻炼成长起来的。

在和杨、乔两会长的接触中，我感受到神木人的真诚、魄力。他们希望我筹备一个中型的学术讨论会，我就欣然答应了。整个筹备过程，我只是提出了一些建议，大量工作都是他们做的。我们合作得很愉快，会议开得相当成功。会后，杨、乔和我商量编辑出版论文集事宜，请我负责把关，我当然义不容辞，随即精选稿子，提出修改意见，统一体例。感谢各位作者密切配合、精心加工，特别是中国社会科学院历史研究所的江小涛；他花费了很多时间，将简短的提纲扩展成近 2 万字的长文。

杨家将，不仅在中国妇幼皆知，影响更扩展到世界。国外除了研究杨家将、欣赏杨家将的小说、戏剧、电视之外，近年来日本著名作家北方谦三更推出了新的《杨家将》小说，在塑造杨家将的男女英雄形象、辽国人物的个性、宋朝廷内部的矛盾冲突方面都有新的突破，并获得了 2004 年日本的吉川英治文学奖。我们希望，论文集的出版能成为杨家将研究的新起点，将来创造条件召开一次国际杨家将历史文化研讨会，相信收益会更多、影响会更大。

李裕民

2008 年 6 月 13 日于西安

目　　录

杨家将疑难问题考辨

陕西师范大学　李裕民

近百年来，有关杨家将研究的论文已发表了数十篇，著作也出版了十来部，应当说创获良多。但近年来，其进展较为缓慢，颇有难以深入之感。究其原因，文献资料太少，许多重要问题至今无法解决，如杨弘信葬在哪里？他的父、祖是谁？杨业生于何年，葬于何地？他的妻子姓折么？等，都无法找到答案。研究的出路何在？①寻找杨家墓地，期待考古新发现。但这不是一朝一夕的事；②从不同角度审视现有资料，这可提出一些新的观点，但不易有比较大的突破；③更加仔细地研究现有资料，像研究古文字那样逐字逐句地考察，去发现、搜集不引人注意的新资料，以解决杨家将研究中的一些疑难问题。本文试图走这第三条路。

一、天波杨府杨业家庙说质疑

王超伟《天波杨府散记》：

"天波杨府是北宋名将杨业的府邸，位于东京汴梁城天波门外，金水河旁，故名天波杨府。杨业为国捐躯后，六郎杨延昭为追念其父，奏请太宗将天波府改建为寺院。宋太宗念其孝心，恩准并赐名'孝严寺'，自此'天波杨府'成了杨家敬奉祖宗的宗庙。""今日的天波杨府是严格按照《宋东京考》、《如梦录》、《祥符县志》等史籍的记载，参照杨家家庙'孝严寺'，'佘太君庙'等建筑建成。"①

按：《宋东京考》一书，系抄自李濂（1489~1566）《汴京遗迹志》，李书是这样记载的：

"孝严寺，在城之西北隅旧金水门内，即宋太尉杨业之家庙也。雍熙丙辰五月，业死节朔方，其子请改家庙为寺，以荐其父，太宗嘉其孝，乃俞其请，赐额曰孝严。宋鼎南迁，毁于兵火。"②

按：雍熙共四年，即甲申、乙酉、丙戌、丁亥，并无"丙辰"，丙辰乃丙戌之误。杨业之死在雍熙三年七月而非五月。

此书作于嘉靖二十五年（1545），上距杨业之死（986）已559年，它是根据什么

---

① 《天波杨府散记》，《中州统战》1997年5期。
② 李濂：《汴京遗迹志》卷一〇，中华书局，1999年，158页。

材料编入的呢？书中并没有提到。

或云：天波杨府，是杨六郎上奏，以父杨业府第为家庙，后称天波杨府。

按：家庙制度，唐代相当兴旺，到五代，完全消亡。宋初依然没有家庙制度。这有许多文献为证。

宋司马光在为文彦博作其家庙碑记时说："唐世贵臣皆有庙。及五代荡析，士民求生有所未遑，礼颓教俗，庙制遂绝。宋兴，夷乱苏疲，久而未讲。仁宗皇帝闵群臣贵极公相，而祖祢食于寝，侪于庶人。庆历元年，因郊祀赦，听文武官依旧式立家庙，令虽下，有司莫之举，士大夫亦以耳目久不际，往往不知庙之可设于家也。"①

《宋史》卷一〇九，2632 页《礼志》：

> "群臣家庙，本于周制，适士以上祭于庙，庶士以下祭于寝。唐原周制，崇尚私庙。五季之乱，礼文大坏，士大夫无袭爵，故不建庙，而四时寓祭宗室。庆历元年（1141），南郊赦书，应中外文武官并许依旧式立家庙。已而宋庠又以为言，乃下两制礼官，详定其制度。"

《长编》卷一三四，3197 页：庆历元年十一月丙寅，"诏……自今功臣不限品数，赐私门立戟，文武臣僚许立家庙，已赐门戟者仍给官地修建，令有司检详制度以闻"。注："《张方平传》云：录用功臣后，加赍戍边守将，功臣立私庙、赐戟，凡九事，皆方平建白。"

然而许久无人响应，皇祐二年（1050）十二月甲申朔，又下诏："班三品以上家庙之制。初，宰臣宋庠言：庆历元年赦书，许文武官立家庙，而有司终不能推述先典，因循顾望，使王公荐享，下同委巷，衣冠昭穆，杂用家人。缘偷袭弊，甚可嗟也。臣尝因进对，屡闻圣言，谓诸臣专殖第产，不立私庙，宁朝廷劝戒有所未孚？将风教颓陵终不可复？睿心至意，形于叹息。"②

直到仁宗庆历元年，才有人提出，应恢复家庙制度。皇祐二年（1050），正式颁布具体政策，但还是没有人建家庙。至和二年（1055）六月，文彦博为相，第一个提出修家庙，得到批准，但不知家庙需按什么形制修建。后到长安，他找到唐代一座杜家的旧家庙，于是才仿照这一模式，在嘉祐四年（1059）秋修成宋代第一座家庙。这就是说：从公元 907 年五代废止家庙以来，过了 152 年之后，文彦博首次执行诏令建成家庙。③ 在杨业、杨延昭时代，根本没有家庙制度，所谓杨延昭上奏以杨业家庙改为寺之说，纯出后人杜撰。

---

① 司马光：《司马文正公传家集》卷七九《河东节度使守太尉开府仪同三司潞国公文公先庙碑》，万有文库本。

② 《续资治通鉴长编》卷一六九，4071 页（下引此书简称《长编》）。

③ 《长编》卷一二〇 "仁宗景祐四年（1037）"二月壬子条"载王蒙正有家庙，但此属偶然现象，故后来贵为宰相的文彦博不知有此事，知识渊博的司马光也不知有其事。

二、杨业家属住在郑州

杨业在北汉时，长期在太原任职，其家应居于太原。入宋以后，知代州。代州是对辽作战的前线，杨业居于代州，这是可以肯定的，然其家属住在哪里？在代州，还是别的地方？从现有资料看，其家属既不在代州，也不在开封，而是在郑州。请看下面两条材料：

《宋史》卷二八五《杨业传》："师还，授郑州刺史。帝以业老于边事，复迁代州兼三交驻泊兵马都部署。帝密封橐装，赐予甚厚。会契丹入雁门，业领麾下数千骑自西京而出，由小径至雁门北口南向背击之，契丹大败，以功迁云州观察使，仍判郑州、代州。"

《长编》卷二一，482页：太平兴国五年十二月丁丑，"以郑州防御使杨业领云州观察使，仍判郑州、知代州事。"

这里，两次提到，太宗命其身兼两职，既"判郑州"又"知代州"，郑州在今河南，代州即今山西代县，两地相去千里，显然，一个人不可能同时在这两地任职，那么，"判郑州"为主还是"知代州"为主，为什么要另加一兼职？有关杨家将的研究论著，似乎都没有注意这个问题。现对此试作解释如下。

从杨业行迹看，其主要职责在代州，从太平兴国四年下半年到六年，杨业在代州各要道口至少修建了九个城寨，以防御辽军的南下。[①] 显然，郑州只能是杨业的兼职，本人并不到那里上班，家属则安置在郑州。这不是对杨业的特殊政策，而是宋初对待守边将领的国策。在另一位知代州的将领传中有明确的记载。

在杨业去世后三年，第三任知代州的是谭延美。《宋史》卷二七五《谭延美传》："端拱元年（988）徙知宁远军……二年（989），进邕州观察使判亳州兼知代州，是时任边郡者皆令兼领内地一州，处其家属。"这里，明确指出了"任边郡者皆令兼领内地一州，处其家属"，此说明这是统一的政策，"兼领内地一州"的目的是"处其家属"。亳州在今安徽，属内地，代州属边郡，这里"判亳州兼知代州"，切不可理解为判亳州是主要的、代州则是次要的。正确的解释是代州是主要的，谭延美的实际职务是知代州。2005年，山西平定县天宁寺西塔中发现两通宋碑，其一为至道元年（995）四月二十九日知平定军谭延德造舍利塔碑铭，铭中提到其兄时说："兄美邕州观察使判代州"，根本不提亳州，这说明代州是他实际负责的地方，必须提及，而亳州是挂名的，是安置家属的地方，故可省略。将亳州置于代州之前，是因为论级别亳州属望，代州属上，亳州比代州高，就像郑州属辅，比代州高一样，所以杨业之职先提郑州，后提代州。

这样做的目的有两个：一是为了家属的安全，二是一旦主将叛变投敌，家属就是人质。这是皇帝对边防将领的防范措施，并不单是因为杨业是北汉的降将。

应当指出，对待守边将领兼职的政策，太祖与太宗既有相同处，也有不同点。关于

---

① 李裕民：《宋史新探》，陕西师范大学出版社，1999年，209～212页。

太祖的政策，请看下面两条材料。

"太祖时以李汉超为关南巡检使捍北虏，与兵三千而已。然其齐州赋税最多，乃以为齐州防御使，悉与一州之赋，俾之养士"①。

"国初，并、益、广南各僭大号，荆湖、江表止通贡奉，西戎、北狄皆未宾伏。太祖垂意将帅，分命汉超及进等控御西北，其家族在京师者抚之甚厚；所部州县筦榷之利悉与之，恣其回图贸易，免所过征税，许令召募骁勇以为爪牙，凡军中事悉听便宜处置；每来朝，必召对命坐，赐以饮食，锡赉殊异，遣还。由是边臣皆富于财，得以养士用间，洞见蕃夷情状，时有寇钞，亦能先知预备，设伏掩击，多致克捷。故终太祖世，无西北之忧，诸叛以次削平，武功盖世。斯乃得壮士以守四方，推赤心置人腹中之所致也"②。

可见在内地有兼职，宋太祖时就存在，只是太祖时边将的兼职是有实际利益的，即将该州的赋税都给了大将，而太宗时的兼职并无这一好处，它只是用于安置家属。太祖时边将家属多安置在首都，太宗则安置在内地。总之，太祖对边将政策比较宽松，太宗则收紧了。太宗的收紧可能就从杨业开始。

三、杨业死亡的具体月日考

杨业在雍熙三年（986）被辽国所擒，不食三日死，各家无异词，但具体月日出入颇大。凡三说，宋方记载有三、辽国记载有一。

1. 五月

《宋史》卷五，78 页《太宗纪》：五月丙子（9 日），"召曹彬、崔彦进、米信归阙，命田重进屯定州，潘美还代州，徙云、应、寰、朔吏民及吐浑部族分置河东、京西。会契丹十万众复陷寰州，杨业护送迁民，遇之，苦战力尽，为所禽，守节而死"。

2. 八月

宋王称《东都事略》卷三："八月丁酉（1 日），云州观察使杨业与敌战，死之。"

《长编》卷二七，623 页："八月初，徙云、朔、寰、应四州民，诏潘美杨业等以所部兵护送之。……业……乃引兵自石跌路趋朔州……业力战自日中至暮，果至谷口，望见无人，即拊膺大恸，再率帐下士力战，身被数十创，士卒殆尽，业犹手刃数十百人，马重伤不能进，遂为敌所擒。……乃不食三日而死。

辛亥（15 日），诏削美三任，侁除名配金州，文裕登州。赠业太尉、大同节度使，赐其家布帛千疋、粟千石。"

3. 秋

司马光《稽古录》卷一七："秋，契丹陷寰州，潘美等败于陈家谷，杨业死，契丹

---

① 欧阳修：《归田录》卷一，中华书局，1981 年，8 页。

② 李焘：《续资治通鉴长编》卷一七"开宝九年十一月庚午条"，中华书局，2004 年，384 页，此说亦见章如愚：《群书考索续集》卷四四，书目文献出版社影印明本，1992 年。

复据云、应、朔州。"

4. 辽国记载在七月

《辽史》卷十一，124 页："七月丙子（9 日），枢密使斜轸遣侍御涅里底、干勤哥奏复朔州，擒宋将杨继业，及上所获将校印绶诰勅，赐涅里底等酒器银器。

辛卯（24 日），斜轸奏：大军……入寰州，杀守城吏卒千余人。宋将杨继业，初以骁勇自负，号杨无敌，北据云、朔数州，至是引兵南出朔州三十里，至狼牙村，恶其名不进，左右固请乃行。遇斜轸伏四起，中流矢堕马，被擒，疮发，不食三日死，遂函其首以献。"

第一说，毕沅已作驳斥，其驳有理，兹不赘言。[①]

第二说中，又分为二说，一是 8 月 1 日，二是 8 月 15 日之前，但具体日子不详。按：8 月 15 日是惩处潘美等人、并赠杨业官的时间，必在朝廷得到杨业死的消息之后。从这两条材料上找不到具体日期。

第三说，比较笼统，但司马光将此事放在六月条之后，显然是不同意五月说的，至于究竟是七月还是八月，他拿不准，所以采取模糊笔法，说明他是相当谨慎的。

宋记载中另有一条与之相关的材料值得注意：

《长编》卷二七，620 页：雍熙三年七月，"左谏议大夫、签书枢密院事张齐贤言事颇忤上意，于是上问近臣以御戎计策，齐贤因请自出绥边。戊子（21 日），授齐贤给事中、知代州，与都部署潘美同领缘边兵马"。

按：杨业原知代州，现在以张齐贤代替，则必是朝廷知杨业死的消息以后的举措。对此事与杨业之死的关系，王称有更明确的记载。

《东都事略》卷三二："雍熙三年，大举北伐，代州杨业战没。太宗访近臣以策，齐贤请行，即授给事中、知代州，与潘美同领缘边兵马。"

以上可知，杨业之死必早于七月二十一日之前。单凭这一条，足可以肯定《东都事略》和《长编》的八月死之说是完全错误的。

这一条还有更重要的作用，那就是它可以作为推算杨业之死日期的起点。往前推，需要考虑几个因素：①潘美派人到辽国打听杨业的时间；②潘美等人知道消息后需要商量如何推卸责任的时间；③派人到开封上奏的时间；④朝廷商量善后事宜（抚恤与委派继任者以及对辽国政策要作适当的调整）的时间。

第 1 项约需 2 天。第 2 项需 1 天。第 4 项约需 2 天。第 3 项的计算比较复杂，需作仔细论证。

这里有两个参照系数。第一，日本僧人成寻《参天台五台山记》的记载，他于熙宁五年（1072）十一月一日，成寻离开封，经泽州（今晋城）、潞州（今长治），十九日至太原。二十二日北上，二十五日到代州。[②] 去除休息 2 日，实际用了 23 天。这是

① 毕沅：《续资治通鉴》卷一三，中华书局，1957 年，318 页。

② 成寻：《参天台五台山记》卷五"昭和四三年条"，日本史籍集览本。

旅行人所需的时间。第二，军事战报的递送则快得多。四月辛丑（3 日），"克云州（今大同）"①。"四月九日，外殿直李规走马到阙奏：大军收下云州，杀戮贼军并尽，所有百姓并依圣旨存留安抚讫，并收到衣甲器械鞍马钱帛粮草极多者"②。克云州后 6 日即到开封报捷。则自代州到开封 5 天就够了。潘美关于杨业失败事应分两步上奏，第一次上报失败被俘，这是重大军情，必须以最快速度上报，第二次是事后查被俘后的结果，这就可以稍缓，但也不能太慢，可能用 6～7 天。

这样，四项相加，约需 11～12 天，由 7 月 21 日上推，其死亡时间应在 7 月 9 日～10 日。

第三说是辽国的记载，最值得重视，这是当事人的奏报。7 月 9 日上奏"擒宋将杨继业"，这是最重要的线索。只要解决上报到哪里，从抓获到上报需要多少时间，即可推算出杨业被擒的时间。辽有五京，此时，掌管实权的萧太后，当时在幽州。

《辽史》卷十一，124 页："夏四月已亥朔，次南京北郊。……癸丑（5 日），上次涿州东五十里。……五月壬午（15 日），还次南京。"南京，即幽州，今北京。

杨业被擒的地点在朔州南，这是辽的重大胜利成果，为了表功，必然会立即上报，从朔州到幽州，约 800 里，《太平寰宇记》卷四九："云中东取宁武妫州路至幽州七百里。"

要按平时的速度，需要 10 天左右，军事奏报讲究及时、火速，路上约需 2～3 天，则杨业被擒约在七月六日或七日晚，而杨业是被擒后三日死的，则其死的时间应在七月九日或十日。

七月二十四日，则是杨业死后"函其首以献"的时间。

这里所考，和上述根据宋方记载所作的推算相合，结论大致如下：杨业于雍熙三年七月六日（或七日）被擒，九日（或十日）不食而死。这一估计的时间与实际时间的误差，相信不会超过一两天。

四、杨业是绝食而死的吗

宋、辽双方的记载都说杨业被擒后"不食三日死"。有人据此认为杨业就是绝食而死，这是值得商榷的。"不食"是中性词，就是不吃饭，它有两种可能：一是自己主动不吃（即绝食），二是因病不能吃。究竟是哪一种理解符合事实，需要查看相关的背景材料。

先看宋方记载：

（1）《杨文公谈苑》③："业独手杀百余人后就擒，太息曰：'上遇我厚，为奸臣所逼致败，何面目虏中求活哉！'遂不食三日死，天下冤之。"

① 《长编》卷二七，610 页。
② 宋·田锡：《咸平集》卷二四《贺李规奏胜捷表》。
③ 《杨文公谈苑》，上海古籍出版社，1993 年，132 页。

（2）曾巩（1019～1083）：《隆平集》卷一七："犹手刃数十百人，因重伤为敌所获，太息曰：为奸臣所逼，王师败衄。不食三日而死。"

（3）《宋会要》职官六四之六，3823 页："业犹手刃数十百人，马重伤不能进，遂为虏所擒。因太息曰：'帝遇我厚，为奸臣所逼，使王师败衄，何面目于虏中求活哉？'因不食三日死。"

（4）《长编》卷二七，622 页："业既被擒，因太息曰：'上遇我厚，期捍边破贼以报，而反为奸臣所嫉，逼令赴死，致王师败绩，何面目求活于异地？'乃不食而死。"

（5）《东都事略》卷三四："犹手刃数十百人，因重伤为敌所获，乃太息曰：'业为奸臣所迫，致王师败衄'。不食三日而死。"

（6）《十朝纲要》卷二："八月，契丹陷寰州，潘美等败于陈家谷，杨业战没，契丹复据云、应、朔州。"

（7）《宋史》卷二七二《杨业传》："业犹手刃数十百人，马重伤不能进，遂为契丹所擒，其子延玉亦没焉。业因太息曰：'上遇我厚，期讨贼捍边以报，而反为奸臣所迫，致王师败绩，何面目求活耶？'乃不食三日死。"

以上关于杨业的被擒有两种说法：第一，马重伤（3、7）。第二，因重伤（2、5），未提及马，显然是指是人受重伤。

关于杨业死的说法有二：第一，不食三日而死（2、5），这是中性词，未表明是主动还是被动。第二，"不"之"前"有因果关系词：遂不食三日而死（1），因不食三日死（3）。乃不食三日而死（4、7），后者是有意不食，也就是绝食而死。

杨业被擒和死亡都发生在辽地，宋方的记载不是第一手资料，上述两种说法是否符合事实，还得看辽方的记载。

辽方的记载有 3 条：

《辽史》卷一一，124 页《圣宗本纪》："业……遇斜轸伏四起，中流矢，堕马被擒。疮发不食，三日死，遂函其首以献。"

《辽史》卷八三，1302 页《耶律斜轸传》："继业为流矢所中，被擒。斜轸责曰：'汝与我国角胜三十余年，今日何面目相见。'继业但称死罪而已。初，继业在宋，以骁勇闻，人号杨无敌，首建梗边之策，至狼牙村，心恶之，欲避不可得，既擒，三日死。"

《辽史》卷八三，1303 页《耶律奚低传》："继业败于朔州之南，匿深林中，奚低望袍影而射继业堕马。先是，军令须生擒继业，奚低以故不能为功。后太后南伐，屡有战绩，以病卒。"

这里，一致认为是辽将用箭射中杨业，使杨业从马上掉下来的。一箭能将名将射下马来，其伤肯定是很重的，是射中了关键部位，因此"疮发，不食三日死"。外科大夫都知道受重伤不能进食，是正常现象，"疮发，不食三日死"只能理解为因为疮发，不能进食而死。如果杨业只是小伤，没有大碍，是因为自己绝食而死，那么耶律奚低活捉他，就是很好地完成了"生擒继业"的任务，立了头功，应受最高奖赏。然而他却"不能为功"，即功劳簿上不给他记一笔。显然，只能理解为杨业被他射中关键部位，导致死亡，杨业并非绝食而死。从人的生理上说，不食三日是死不了的，文天祥被俘后"在道，不食八日，不死，即复食"。① 便是明证。

笔者以为辽方的记载是可靠的，因为杨业死于辽方，他们是亲眼目睹的，是第一见证人。更重要的是，本来，杨业的被擒是耶律奚低的功劳，但他因为没有完成"生擒继业"的任务，就不算立功（"不能为功"）。如果杨业的死是由于自己绝食而死，与耶律奚低没有关系，意味着耶律奚低立了头功，应当得到最高奖赏。反之，他没有得到奖励，只能证明是他射中致命的一箭，导致杨死亡。所以，不食三日而死，是客观事实。究其原因则是因为"疮发"，即被箭射中关键部位，导致不能进食而死。② 《隆平集》和《东都事略》说他受重伤而不食三日死，较接近事实。《宋会要》和《宋史》记载马受重伤而被擒，因（或乃）不食三日死，不符合事实。《新版辞海》直接写作"杨业绝食而死"，则更不准确。

五、《宋史·杨业传》"朔州之败，
无一生还者"之说不可靠

朔州之战的最后时刻，杨业对部下说过一段话。

《宋史·杨业传》："朔州之败，麾下尚百余人，业谓曰：'汝等各有父母妻子，与我俱死无益也，可走还报天子。'众皆感泣不肯去……无一生还者。"

这是在战场上杨业对自己部下说的话，只有部下才能听到，然而部下又全部战死，那么这段话怎么会凭空传到宋人耳中的呢？反之，如果有人传到宋境，则说明"无一生还者"这句话不实。两者必居其一。问题是，两者之中究竟哪一种说法比较符合事实呢？这需要往上追溯，寻求最早的有关记载。

在它之前，南宋淳熙十二年（1185），王称《东都事略》卷三四本传云：

"阵之将陷也，麾下犹百余人，业谓曰：汝曹各有父母妻子，速去报天子，无与我俱死。众皆流涕不去，遂俱死，无一生还者。"

又往前，有淳熙十年（1183）李焘《长编》的记载③：

"其败也，麾下尚百余人，业谓曰：'汝等各有父母妻子，与我俱死无益也，傥敌人散去，尚可还报天子者'。众皆感泣不肯去，遂俱死，无一人生还。"

更前，有北宋曾巩（1019～1083）《隆平集》卷十七本传：

---

① 《宋史》卷四一八《文天祥传》，12539 页。
② 有人认为中箭是外伤，不可能影响进食。我请教过外科大夫，严重的外伤会使人不思进食的。
③ 《长编》卷二七"雍熙三年（986）八月条"，623 页。

"阵将陷,麾下犹余百人,邺谓曰:'汝曹各有父母妻子,速去,尚有生还报天子者,无与我俱死于此。'皆流涕不去,无一获还。"

最早则有杨亿(974~1020)之说:

"时从卒尚百余人,业谓曰:'汝等各有父母妻子,倘鸟兽散,尚有得还报天子者,毋与我俱死。'军士皆泣不肯去,其子延昭(民按:当作"延玉")死之。"①

这里,只说"军士皆泣不肯去",其子随之而死,并没有说部下全死。杨亿是《太宗皇帝实录》的编纂者,这一记载可能来自《太宗皇帝实录》的《杨业传》,如此推测不误,则"无一人生还"之说出现比较晚,属北宋中期人的加工,首见于曾巩的《隆平集》作"无一获还",李焘《长编》始作"无一人生还"。

《隆平集》为什么要增添"无一获还"一句呢?从上下文看,是为了说明杨业"与下同甘苦"。

《宋史·杨业传》以上一段话,是为了说明"为政简易,御下有恩,故士卒乐为之用"。

《宋会要辑稿》职官六四之五(第3823页):"业力战自日中至暮,果至谷口,望见无人,即拊膺大恸,再率(上)[帐]下士战,身被数十创,其子延玉死焉。帐下士殆尽,业犹手刃数十百人,马重伤不能进,遂为虏所擒。"

这里说:"帐下士殆尽",是指杨业部下绝大部分都死了,也即当时没有全部战死。关于这一点,还有一重要佐证。

端拱二年(989)春正月癸巳,知制诰田锡奏曰:"……近代侯伯,各有厅直三五十人,习骑射为腹心,每出入敌阵,得以随身,后来不敢养置。昨杨业陷阵,访闻亦是无自己腹心,以致为敌人所获。今虽时异事殊,然废置利害,亦宜询访行之,又可于沿边诸郡择有勇智者命为刺史。"②

这一席话,距杨业之死仅2年多,其说是访问而得,是大臣上给皇帝的奏章,应当说是相当可靠的。它很清楚地表明:杨业之死与没有腹心有关。所谓腹心就是亲兵或牙兵,五代时,每个节镇都养有一批亲兵,他们武艺高、待遇丰厚,每遇战事,冒死护卫主将,不惜牺牲自己。所以主将很少死于战阵。亲兵既保护主将,也可以帮助主将割据称雄。因此,入宋以后,为了防止武将坐大,逐步削弱亲兵,太祖时,对内地的将军已有限制,尚允许边将拥有亲兵,到太宗时,这一点也全变了。王侁是最反对边将拥有亲兵的大臣。

太平兴国三年(978)十一月丙申,"初,阁门祗候王侁使灵州通远军还,言主帅所用牙兵,率桀黠难制,虑岁久生变,请一切代之。上因遣侁调发内郡卒往代,戍卒闻

---

① 《杨文公谈苑》,132页。
② 《长编》卷三十"端拱二年正月乙未条",676页。

当代,多愿留。伲察其中有旅拒者斩以狗,卒皆惕息。遂将以还"①。

通远军的主将即太祖时颇受重用的董遵诲。此人尚不能再带亲兵,更不用说其他人了。

杨业是北汉的降将,入宋后所带领的是宋军,太宗用他,但不会非常信赖他,更不会让他拥有亲兵。亲兵与一般兵不同,他们有极严的军纪约束,一般的兵,一旦吃了败仗,败下阵来,不会杀头。而亲兵一旦主将死了,他们会因为没有保护好主将而全部被处死。

杨业待部下有恩,部下为他出死力,这是完全可能的,但他们不是亲兵,没有亲兵的待遇和约束,一旦军情危急,难保其中一部分人会首先考虑自己的生命安全。所以不仅杨业之死,以后又有不少主将阵亡,这使得北宋朝廷不得不调整政策。庆历元年(1041)十二月甲午,韩琦"请陕西、河东诸路部署许置亲兵百五十人,钤辖百人,招讨、都监等七十人,月加给钱二百,其出师临敌,主将亡没者并斩。从之"②。但这已是杨业死后 50 多年的事了。

从田锡的杨业无亲兵说,联系较早的记载并无杨业部下全都战死的记载,可以肯定,《宋史》所载"无一生还者"是不符合事实的。有关杨业之战中的一些情况(包括杨业对部下的谈话)能记录下来,当是幸存者提供的。

六、杨沂中不是杨业的后代

《华阴杨氏简编》中第 48 页称杨沂中之祖是宗闵,宗闵之祖即是杨业,其传承关系如下:

杨弘信—业—延彬—宗闵—震—存中

但作者并没有说出其根据是什么。按:这一传承关系完全是伪托的。最有力的反证是宋刘一止为杨宗闵撰写的墓碑,它一开始就写到其族的来历,及其前几代的大名。现引述于下:

"杨氏出姬姓……战国时有名章者出焉,实始为华阴人。族望至汉乃大。魏晋隋唐,冠冕蝉联,代不乏人,在唐为尤盛。其任于朝者居第列于三坊:曰靖恭,曰修行,曰新昌。子孙分为四院:曰关西,曰蜀中,曰淮南,曰浙中,今散居麟府、雁门等郡都皆关西院子孙也。在江南、闽、越者皆浙中院子孙也。名卿才大夫将帅相臣以勋德著见于史,名字不可疏举。公讳宗闵(1062～1128),字景贤,代州崞县人也。曾大夫倍以儒学称于乡,值五季乱,晦迹不仕。大父日新,明经上第,仕至承奉郎,赐五品服。父仲臣,举明法

---

① 《长编》卷一九"太平兴国三年十一月丙申条",437 页。
② 《长编》卷一三四"庆历元年十二月甲午条",3208 页。

科,仕至宣德郎,赠中大夫,累赠太师、代国公。"①

它清楚地表明:

(1)其传承关系与《华阴杨氏简编》所称完全不同,宗闵之父名仲臣,与延彬毫无关系,其祖名日新,而非杨业,其关系如下:

杨倍—日新—仲臣—宗闵—震—存中

(2)其籍贯是代州崞县(今属山西原平),而不是麟州新秦。

(3)从年龄看,杨宗闵(1062~1128)的年龄比杨畋(1007~1062)小 55 岁,比杨文广(?~1074)晚二至三代,比杨延昭(958~1014)小 104 岁,即比延昭约晚三至四代。他怎么可能是杨延彬之子呢?

(4)碑称:"今散居麟府、雁门等郡都皆关西院子孙也。"雁门郡即代州,此说明世居代州的杨宗闵家,与世居麟府的杨业家,从族系来源说是同出关西杨氏之后的两支,但那已是相当遥远的事了。刘一止为杨震所作墓碑更明确地说道:"自公曾、高而上,皆葬代郡,遂为代之崞县人。"② 这就是说:早在其高祖杨倍、曾祖日新以上都葬在代州崞县。

七、试解古北口建造杨无敌庙之谜

我国最早的杨业庙,建于北京密云县古北口,自辽代始建,屡经重修,至今犹存。它有许多谜尚未解开,如它建于何年?是何人所建?为什么要为杨业建庙?为什么建在古北口?由于庙内已无早年的碑刻,以上问题并没有明确的答案,现在试图搜集间接的证据,对此提出初步的推测,希望为最终的解决,提供一些便利。

有关此庙的记载,最早见于至和元年(1055)刘敞作的《杨无敌庙》诗③,上距杨业去世 69 年。诗中并未说此庙是新建的,则建筑年代应远早于是年。36 年后,即元祐六年(1091)彭汝砺作《古北口杨太尉庙》,称"祠庙岩岩古到今"④,称此祠存在的时间是从"古到今",如果没有上百年历史,恐怕很难称作"古"。以此估计,其初建时间很可能在杨业死后不久。

古北口在燕京(今北京)之北 200 多里处,一直是辽的领地,修庙人显然应当是辽人,而非宋人。然辽人有汉族与契丹等族之分,有百姓与官府之别,到底是哪一类人呢?笔者以为汉人的可能性极小,倘若是汉人所修,应修于杨业与汉人有过接触的地方,如曾被杨业攻占过的云、应、寰、朔四州,而古北口,杨业从未到过。苏颂

---

① 刘一止:《苕溪集》卷四八《宋故武功大夫贵州刺史永兴军路马步军副都总管特赠右武大夫光州防御使累赠太师魏国公杨公墓碑》。

② 刘一止:《苕溪集》卷四八《宋故敦武郎知麟州建宁寨累赠太师秦国公杨公墓碑》。

③ 刘敞:《公是集》卷二八,丛书集成本。

④ 《全宋诗》册一六、卷八九七,北京大学出版社,1992 年,10504 页;彭汝砺:《鄱阳集》卷四,四库全书本。

(1020～1101)《和仲巽过古北口杨无敌庙》诗云，"至今奚虏奉遗祠"①。"奚"泛指出辽的契丹奚等族，"虏"则为蔑称，这说明是契丹奚等族在敬奉着杨业祠。辽人之中，百姓或官府都有可能修，如果是百姓所修，也一定是得到官府的允许或默许的，换言之，它应是合法的建筑。古北口是燕京至上京必经之地，辽君臣不可能看不到，看到而不拆除，至少说明，它的修建不是不合法的。宋朝使者经过这里，瞻仰祭奠，都有辽臣陪同，倘属非法建筑，他们会上奏辽君的。

为何为杨业修庙？笔者以为当出于一种敬仰无敌将军杨业的心理。契丹尚武，崇敬勇士，即使是非本族人、是敌人、是战俘，都要设法网罗重用。这一点是宋所不及的。这从辽国招纳汉将即可看出。如康默记，本是蓟州衙校，太祖时，攻打蓟州，俘虏了他，见他有才、骁勇，即予重用，成为佐命功臣。② 赵思温（？～939）"膂力兼人""以骁勇闻"，任后唐平州刺史兼平营蓟三州都指挥使。神册二年（917）降契丹，即受重用，屡建战功，官至南京留守、卢龙军节度使。③ 王继忠，原为宋的一员勇将，任郓州刺史、殿前都虞候，统和二十一年（1043）屯兵望都，以轻骑袭辽军，被辽所俘，萧太后，"知其贤，授户部使，以康默记族女之"。他在澶渊之盟促成宋辽议和中起了重要作用，曾附表恳求真宗请召归宋，真宗以誓书中约定，双方各无所求，未同意。即便如此，身在曹营心在汉的将领，辽仍予重用，官至枢密使，④ 而且《辽史》与《宋史》（卷二七八，9472 页）均有其传，这是很罕见的现象。

杨业是号称无敌的勇将，朔州之战，萧太后下达军令：要求部下生擒杨业。其目的主要应是慕其无敌之名，想重用他。

为何在古北口而不是别处为杨业修庙？有人推测是因为杨业死在这里，所以建庙。然而，杨业被俘在朔州，不食三日死，其死亡地点应在今大同市至蔚县一带，不可能远达古北口。

在这里修庙决不会无缘无故，它一定与杨业有某种联系？那么，到底是什么原因呢？我们不妨拓宽一下思路，笔者认为，需考虑杨业是身首分离这一事实，他不食三日死后，因时处七月盛夏，如不及时埋葬，会腐烂发臭，辽将会将他就地埋葬，地点与古北口无关。至于首级呢？据《辽史》记载，杨业死后，辽将将他的首级割下来，送到萧太后处（"函其首以献"）。显然，这是辽将为了消除萧太后的疑虑，表明虽然未能生擒，但所擒者确为杨业本人。太后看后下诏传到各部，以鼓舞士气，灭宋之威风，果然，"宋守云、应诸州者闻继业死，皆弃城遁"⑤。杨业首级传遍诸军后，还应传回萧太后处。此时，萧太后可能在燕京返回上京的途中，而古北口是必经之路，很可能，在到

---

① 《全宋诗》册十、卷五三〇，6414 页，苏颂：《苏魏公文集》卷一三，中华书局，1988 年年底，162 页，本系采用清道光本，"奚虏"被篡改为"遗俗"。

② 《辽史》卷七四《康默记传》，1230 页。

③ 《辽史》卷七六《赵思温传》，1250 页。

④ 《辽史》卷八一《王继忠传》，1284 页。

⑤ 《辽史》卷一一《圣宗纪》，123 页。

达这里时，刚收到传回的首级，觉得没有必要带回上京，而此人又是一位名将，还是以礼相待为好，于是下令将杨业的首级埋在这里。以后，当地百姓或官府就地修庙，以纪念这位无敌将军。

此情况类似于三国时代的关羽，其身首分葬两处。关羽被东吴杀死后，首级被割下送给曹操，后来葬在洛阳，随后建成关林，以资纪念。尸身被吴帝下令就地以礼埋葬，地点在当阳（今有关陵）。杨业与关羽略有不同的一点是，杨业的尸身是将领们埋的，没有皇帝的命令，只能是草草埋葬，无人知晓，因而没有在尸身埋葬地修庙。

八、南宋时杨家将后裔

关于南宋时杨家将的后裔，唯一可以确定的是杨嗣舆。

《宋会要辑稿》兵一六之一七（7037 页）：

"嘉定十四年（1221）正月二十三日，诏杨嗣舆特补武修郎……以四川宣抚安丙言：嗣舆先在北界，伪官至定远大将军、貔虎军统军，元系先朝名（朝）[将] 杨业之后，虽世受勇间（?），未尝一日忘本朝，思（恩?）欲自拔来归，今乘机会，抛弃家属，拾逆归正。……故有是命。"

按：金确有定远大将军之职，《金史》卷六六、第1560页："宗秀字实甫……善骑射，与平宗盘、宗隽之乱，授定远大将军。"按：平宗盘、宗隽之乱，时在天眷二年（1139）七月。[①]"亨嗣字继祖……崇庆元年（1212），迁同知顺天军节度使事，是时兵兴征调烦急，亨嗣以辨最迁定远大将军，入为户部员外郎"[②]。

又，金末为了应对元兵之进攻，临时拼凑了一些军队，如飞虎军[③]、熊虎军[④]，均为金末所建。此貔虎军，亦当为金末所建。

应当看到，"先朝名将杨业之后"，出自位居四川宣抚使高位的安丙的奏章，他所言应属实，否则会犯欺君之罪，因此其说应当是有根据的。杨嗣舆曾任金朝将领，与折家将中有人出任金将相同，并不值得奇怪。是年下距金亡仅13年，他看到金已处颓势，灭亡在即，不忘宋朝，故宁愿放弃金将高位，"抛弃家属，拾逆归正"，类似情况在折氏中尚未见到。此年上距杨业之死已237年。以30年为一代计，当为杨业之八代孙。由于史料缺乏，已无从知其具体传承世系了。

这一条材料证明，杨家将虽然从杨畋开始有向习文转化的事实，但这不意味着杨家将的后代从此都习文了，至少杨嗣舆这一支仍在继续走武将之路。

---

① 《金史》卷四《熙宗纪》，74 页。
② 《金史》卷七五《卢亨嗣传》，1717 页。
③ 《金史》卷一七 "天兴元年（1232）六月癸丑条"，387 页。
④ 《金史》卷一一三《白撒传》，"正大九年（1232）正月甲午条"，2488 页。

九、焦赞从富弼镇瓦桥关之说不可靠

余嘉锡《杨家将考信录》提及焦赞,引《元史》卷一五三《焦德裕传》:"远祖赞,从宋丞相富弼镇瓦桥关,遂为雄州人。"

按:《大明一统志》卷二《焦德裕传》云,"父用"。而同书《焦用传》云:"焦用,雄州人。远祖赞,宋时镇瓦桥关。用初仕金为束鹿令,升千户,守雄州北门。元兵至,州人开南门降,用犹力战被获,太祖以其忠壮释之,复其旧官,狗山东,未尝妄杀一人。"①则早在金末时,焦用已认为其远祖是焦赞。

《宋会要辑稿》方域二一之二〇:"景德元年(1004)……十月十七日……时押赐罗支国信使臣焦赞上言……"其时代与杨延昭(958~1014)相当。看来,宋初确有焦赞其人,这是毋庸置疑的,但是否为杨延昭之部属,史料尚乏明证。

从《宋会要辑稿》的记载可知,此人早在景德元年(1004)已为国信使臣,而富弼(1004~1083)这一年才出生,且从未出镇瓦桥关(或知雄州)。可见说他曾"从宋丞相富弼镇瓦桥关",纯属后世编造之说,是全然靠不住的。

余嘉锡云:"其从富弼镇瓦桥关,盖庆历四年(1044)八月,弼以枢密副使出为河北宣抚使时事。"②按:余氏之推测是不对的。此时知雄州者乃王德基,《宋会要辑稿》职官六四之四七:"庆历四年九月四日……知雄州兼河北缘边安抚、四方馆使、荣州刺史王德基降西上阁门使。"王德基任至庆历五年才改知定州,由王仁旭继任,到庆历六年四月丙子,王德基再知雄州③。中间没有其他人知雄州的余地。

---

① 《大明一统志》卷二,三秦出版社影印明天顺本,1990年,20页。
② 余嘉锡:《杨家将考信录》,见蔡向升等:《杨家将研究历史卷》,人民出版社,2007年,37页。
③ 《长编》卷一五六、一五八。

杨业与云应寰朔四州

北京大学　张希清

中国社会科学院　成一农

在中国古代史上，北宋的杨业可以说是和南宋的岳飞齐名的著名将领，杨家将与岳家军的历史传说也有很多相似之处，也可以说都是家喻户晓、妇孺皆知的。1981 年，笔者与本师邓广铭先生一起合写了一篇题为《评杨业兼论潘杨关系》的文章，认为"杨业的前半生也值得肯定"，"杨业之死潘美该负主要责任"，"宋太宗对潘美的处理不当"，"宋朝的一般士大夫和人民群众，对杨业与潘美的是非功过的评价，同宋太宗是大不相同的。他们一直把杨业作为本朝良将的典型"。① 虽然已过去了 20 多年，但上述这些基本观点经过时间的检验，仍然是站得住脚的。2001 年、2004 年笔者先后到大同、朔州、应县、雁门关等地进行了历史考察，亲临杨业曾经征战过的地方，感受颇多。杨业的一生与云应寰朔四州有着不解之缘。此前研究杨业的论著甚多，但从杨业与云应寰朔四州这一角度研究者尚少。现不揣浅陋，试从这一角度略加论述，以就正于各位方家与读者。今年是本师邓广铭先生逝世九周年和诞辰一百周年，此文也可以说是《评杨业兼论潘杨关系》的续篇和对邓先生的纪念。

一、云应寰朔四州的历史地位

（一）云应寰朔四州的历史沿革

云应寰朔四州的历史甚为久远，除寰州之外，其余三州的建置一直延续到明、清以至近、现代。现简要分述如下：

云州，战国时属赵，秦为雁门郡地，汉置平城县，为雁门郡东部都尉治所。北魏天兴元年（398）迁都于此，谓之代都，置代郡；太和十八年（494）迁都洛阳，遂改为恒州。唐贞观十四年（640），改为云州。五代后唐同光二年（924），复置大同军节度使；后晋天福元年（936）石敬瑭将燕云十六州割让给辽，辽重熙十三年（1044）置为西京，改云州为大同府。宋宣和五年（1123），宋金协议复归于宋，遂改置云中府；金

---

① 邓广铭、张希清：《评杨业兼论潘杨关系》，《文汇报》1981 年 4 月 6 日。

寻违约，复为西京路大同府。元改为大同路，明改为大同府，清因之，今为山西省大同市。①

应州，战国时属赵，秦为雁门郡地，汉元狩年间置剧阳县地，隋为神武县地，唐为马邑县地。五代后唐置金城县，兼置应州，天成元年（926）升为彰国军节度使；后晋天福元年（936）入辽，仍为应州。宋宣和五年（1123），复归于宋，寻入金。此后，元、明、清皆因之，今为山西省应县。②

寰州，秦建马邑城，设马邑县，汉唐因之；五代后唐天成三年（928）于马邑县置寰州，后晋天福元年（936）入辽，大约辽统和四年（986）宋辽战争之后废州，仍置马邑县。宋宣和五年（1123），复归于宋，寻入金，贞祐二年（1214）改为固州；元复为马邑县，明因之；清嘉庆元年（1796）废县为乡，并入朔州。今属山西省朔州市。③

朔州，战国时属赵，秦置马邑县，属雁门郡，汉因之。北魏置朔州，隋大业初改为代郡，寻改为马邑郡，唐武德四年（621）复为朔州。五代后晋天福元年（936）入辽，升为顺义军节度使。宋宣和五年（1123），复归于宋，改曰朔宁府；寻入金，仍为朔州。此后元、明、清皆因之，即今山西省朔州市。④

---

① 《嘉庆重修一统志》卷一四六云：“周并州地，战国属赵，秦雁门郡地，汉为雁门郡东部都尉，后汉末废。晋永嘉五年（311），封拓跋猗卢为代公，遂有其地。后魏天兴中，徙都于此，置司州牧，及代尹。延和元年（432），改万年尹。太和十七年（493），迁都洛阳，改曰恒州代郡，孝昌二年，陷废。北齐天保七年（556），复置恒州，并置安远、临塞、威远、临阳等郡。周平齐，州郡并废。隋为马邑郡地。唐武德四年（621），置北恒州，七年废。贞观十四年（640），改置云州，永淳元年（682）废。开元十八年（730），复置；天宝初，改曰云中郡。乾元初，复曰云州，属河东道。会昌三年（843），置大同都团练使；四年，升为都防御使；乾符五年（878），升为节度使；中和二年（882），更为雁门节度使，徙治代州。五代唐同光二年（924），复置大同节度使；晋天福初割入契丹。辽重熙十三年（1044），建为西京，升大同府。宋宣和五年（1123），复归于宋，改曰云中府；寻入金，复为西京路大同府。元至元二十五年（1288），改西京曰大同路，属河东山西道。明洪武五年（1372），置山西行都指挥使司；七年，改为大同府，隶山西布政使司。本朝因之，隶山西省。”中华书局，1986年，6739页。

② 《嘉庆重修一统志》卷一四六云：“汉置剧阳县，属雁门郡，后汉因之；晋省；后魏为桑干郡地。隋为马邑郡地。唐为马邑县地。五代唐明宗置金城县，兼置应州。天成元年（926），升为彰国军节度；晋天福元年（936）入辽。辽因之，属西京道。宋宣和五年（1123），属云中路；寻入金，亦曰应州彰国军节度，仍属西京路。元曰应州，属大同路。明省金城县入州，属大同府。本朝因之。”6742页。

③ 《读史方舆纪要》卷四十四，“朔州马邑县”，中华书局，2005年，2040页。

④ 《嘉庆重修一统志》卷一四八云：“汉属雁门郡，后汉末废。晋复置，仍属雁门郡，永嘉五年（311），地入于代。后魏孝昌后，侨置朔州及大安、广宁二郡。北齐置北朔州及广安郡，又置招远县为郡治。隋开皇初，郡废，置总管府；大业初，州府俱废，改县曰善阳，置代郡，寻改为马邑郡。唐武德四年（621），复曰朔州；开元五年，分置马邑县，属之。天宝元年（742），复曰马邑郡；乾元初，仍为朔州，属河东道；建中初，移州治马邑县，寻复故。天祐末，改置振武军于此。五代晋天福初，割入契丹，辽升为顺义军节度，属西京道。宋宣和五年（1123），复归于宋，改曰朔宁府，属云中路；寻入于金，仍为朔州，属西京路。元属大同路。明初省州治鄯阳县入州，属大同府。本朝初因之；雍正三年（1725），改属朔平府。”6906页。

（二）　云应寰朔四州的军事地位

云应寰朔四州的军事地位，古人多有论述，如顾祖禹在《读史方舆纪要》中的评论就甚为确切。《读史方舆纪要》卷四十四载：云州（大同府）"府东连上谷，南达并、恒，西界黄河，北控沙漠，居边隅之要害，为京师之藩屏。……盖府居天下之脊，自昔用武之地也"①；应州"南控雁门，北接云、朔，地势平衍，易于驰突，守御要区也"②；朔州"西距洪河，北临广漠，壮雁门之藩卫，为云中之唇齿，屹然北峙，全晋之距防也"③。

在其他史料中也有相关的论述，如《明一统志》称大同府为"京师藩屏"、"三面临边，最号要害"④；康熙《朔州志》记朔州"左距雁门，右峙偏关，南屏宁武，居三关之中，为南北咽喉，东西要路"⑤；万历《马邑县志》记寰州所在为"东护云中，西拥朔郡。洪涛山层障于后，雁门关迭峙于前。河北桑干，绕九曲而南渡；流接恢水，障百川而东之。诚为北胡锁钥"⑥。

从辽、宋的历史来看，云应寰朔四州对这两个王朝的攻守而言，都有着非常重要的军事价值。

对辽朝而言，宋军如出代州雁门关，向北攻占云应寰朔四州之后，便可沿桑干河谷东进威胁辽南京幽都府（今北京）。北宋雍熙三年（986）分三路攻辽，当时的战略部署就是如此。《续资治通鉴长编》（以下简称《长编》）卷二十七"雍熙三年（986）四月乙卯条"载：

> 初，曹彬与诸将入辞，上谓彬曰：但令诸将先趋云、应，卿以十余万众声言取幽州，且持重缓行，毋得贪利以要敌，敌闻之，必革劲兵于幽州，敌既聚，则不暇为援于山后矣。既而潘美果下寰、朔、云、应等州，田重进又取飞狐灵丘蔚州，多得山后要害之地……待美尽略山后之地，会重进东下，趣幽州，与彬信合，以全师制敌，必胜之道也。

《长编》卷二十七"雍熙三年五月丙子条"又载：

> 上手诏赐（赵）普曰：朕昨者兴师选将，止令曹彬等顿于雄、霸，裹粮坐甲，以张军声，俟一两月间，山后平定，潘美、田重进等会兵以进，直抵幽州，共力驱攘，俾契丹之党，远遁沙漠，然后控扼险固，恢复旧疆，此朕之志也。

即要求曹彬率东路军主力由雄州北上攻取涿州，中路军由田重进率领出飞狐道攻取蔚

---

①　顾祖禹：《读史方舆纪要》卷四四《大同府》，1992～1993 页。

②　顾祖禹：《读史方舆纪要》卷四四《应州》，2031 页。

③　顾祖禹：《读史方舆纪要》卷四四《朔州》，2035 页。

④　李贤等撰：《大明一统志》卷二一，三秦出版社，1985 年，326 页。

⑤　汪圣嗣纂修：《朔州志》，雍正十三年刻本。

⑥　宋子质等修：万历《马邑县志》卷上，民国年间抄本。

州，西路军由潘美、杨业率军出雁门关，攻取云应寰朔诸州，然后三路会合进攻辽的南京幽都府（今北京）。当时杨业所在的西路军进展顺利，先后攻占了云应寰朔四州；田重进率领的中路军也连下灵丘、蔚州，对辽朝的南京幽都府造成了极大的威胁。虽然最终由于东路军的失利，这一围攻辽南京幽都府的计划以失败告终，但这次北宋的军事行动也充分展示了云应寰朔四州在辽朝军事防御体系中的重要价值。

对宋朝而言，不能占领云应寰朔四州，显然在军事上丧失了一道抵御北方游牧民族入侵的防线，即《资治通鉴》胡三省注所谓"人皆以石晋割十六州，为北方自撤藩篱之始"①。这样，宋朝的西北防线就从大同一线撤回到了雁门关一线。明丘浚也认为："臣按石晋所赂契丹十六州地，幽、蓟、瀛、莫、涿、檀、顺七州在山前，新、妫、儒、武、云、应、寰、朔、蔚九州在山后，合前此契丹所自取营、平二州，通计之概十有八州也。自是中国非但失其土地人民，乃并其关隘而失之。晋人自捐其险隘与人，既无以自守其国，宋人承其后，而不能复中国之旧。"② 顾祖禹对此的评价是："石晋归其地于契丹，宋不能复有，遂基靖康之祸。"③

当然，北宋建都开封，辽朝由云应寰朔诸州发动的军事进攻，并不能对国都开封造成直接的威胁。但是，一旦北宋防守失措，让辽军顺利南下，尤其是占领太原之后，不仅可以威胁北宋国都开封，而且向西南，沿着汾河河谷，由河中府过黄河，还可以威胁陕西六路，这样一来，北宋西北地区的整个防御体系都会面临崩溃的危险。对此，宋人有着很深刻的认识，如仁宗时，蔡襄曾上奏说：

> 契丹今以兵助中国讨元昊，伪为善意。朝廷若不从其请，契丹必以为词。

又驻兵云州，正当雁门之路，或便盟好，即为边患，河东、河北必为大备。④

又如庆历五年（1045）八月，监察御史包拯出使辽国，回朝后上奏曰：

> 臣昨奉命出境，敌中情伪，颇甚谙悉。自创云州作西京以来，不辍添置营寨，招集军马，兵甲粮食，积聚不少，但以西讨为名，其意殊不可测。缘云州至并、代州甚近，从代州至应州，城壁相望，只数十里，地绝平坦，此南与北古今所共出入之路也。自失山后五镇，此路尤难控扼，万一侵轶，则河东深为可忧，不可信其虚声，弛其实备。⑤

虽然北宋时期，辽朝没有从云应寰朔四州大举南下，但是金灭辽后，却两次以云州为基地，大举南下攻宋，攻陷太原，并进而灭宋，而且使得北宋西北地区的防御体系土崩瓦解，由此也印证了上述蔡襄、包拯的奏议并非杞人之忧。清人顾祖禹在《读史方舆纪要》中对此做了简要的评述："女真窃入云中，进陷朔、代，张孝纯以太原拒守，云中

---

① 司马光：《资治通鉴》卷二八〇《后晋纪一》，"天福元年十一月己亥条"，中华书局，1956年，9154 页。
② 丘浚《大学衍义补》卷一五一，文渊阁四库全书本。
③ 顾祖禹：《读史方舆纪要》卷四四《大同府》，1993 页。
④ 蔡襄：《端明集》卷十九《乞拒契丹之请》，文渊阁四库全书本。
⑤ 李焘：《长编》卷一五七"庆历五年八月甲子条"，中华书局，2004 年，3797 页。

之寇未敢南牧也。及孤城覆没，敌势益张，遂有青城之辱。迄于取河中，渡临晋，而永兴六路一时摧败矣。"① 可见云应寰朔四州的得失，对于宋朝来说，在军事地位上更为重要。

另外，云应寰朔四州民风强悍，多出精兵强将。如五代时期的周德威（? ~919）是朔州马邑人；安重荣（? ~942）、杜重威（? ~948）是朔州人；李嗣源（866 ~933）、李德珫、梁汉璋、周密都是应州人；张万进、史彦超为云州人等。《资治通鉴》卷二八三载：天福八年（943）十二月甲寅，"契丹主乃集山后及卢龙兵合五万人，使（赵）彦寿将之，委延寿经略中国"。胡三省注曰："山后，即妫、檀、云、应诸州；卢龙，幽州军号。此皆天福初割与契丹之土地、人民也。契丹用中国之将，将中国之兵，以攻晋；籍寇兵而赍盗粮，中国自此胥为夷矣。"② 这里虽然叙述的是五代之事，但对北宋也大致适用，"契丹用中国之将，将中国之兵"，无疑点明了云应寰朔四州对宋辽两朝另一层意义上的军事价值。

（三）云应寰朔四州的经济地位

从自然环境来看，云应寰朔四州所在的大同盆地，地处桑干河上游，这里形成了较多支流、泉地和沼泽，是半农耕、半游牧的地区。大同盆地的农业生产当然无法与宋朝的中原地区，甚至也无法与辽朝的燕京地区相比，但与辽朝本土相比仍然具有一定的优势，即如韩茂莉所说："西京大同府一带气候条件虽不如南京周围，但依靠渝河水灌溉，发展旱作农业，仍有其见长之处。"除了自然环境和气候条件之外，这一地区的农业发展还具有深厚的历史基础与人文优势。由上文所述云应寰朔四州的历史沿革可知，在入辽之前，云应寰朔四州长期以来是中原王朝的一部分。也正如韩茂莉所说，这一地区"无论从文化渊源还是生产技艺，都与中原地区有过同步发展的过程，因此与辽境内其他地区相比，生产工具先进，生产技艺进步是其突出的特征"③。所有这些因素，共同促成了云应寰朔四州经济的发展。

事实也正是如此。据《辽史》记载，辽圣宗开泰三年（1014）三月"戊申，南京、奉圣、平、蔚、云、应、朔等州置转运使"④。开泰六年（1017）"十月丁卯，南京路饥，挽云、应、朔、弘等州粟振之"⑤。"咸雍八年（1072），（耶律颇的）改彰国军节度使。上猎大牢古山，颇的谒于行宫。帝问边事，对曰：'自应州南境至天池，皆我耕牧之地……'"⑥。此外，辽末金人追逐天祚帝至西京境内，"金兵一路屡战屡胜，马不

---

① 顾祖禹：《读史方舆纪要》卷三九《山西方域纪要序》，1776 页。

② 司马光：《资治通鉴》卷二八三 "天福八年十二月甲寅条"，9256 页。

③ 韩茂莉：《辽金农业地理》，社会科学文献出版社，1999 年，91 页。

④ 脱脱等：《辽史》卷一五《圣宗纪六》，"开泰三年三月戊申条"，中华书局，1974 年，175页。

⑤ 脱脱等：《辽史》卷一五《圣宗纪六》，"开泰六年十月丁卯条"，180 页。

⑥ 脱脱等：《辽史》卷八六《耶律颇的传》，1328 页。

停蹄，当看到奉圣州一带的粮食秋熟在望，吸引金人驻足修整，可见这里的丰收之景还是很诱人的"①。这些都显示出大同盆地的农业在辽朝经济中占有重要地位。在张家口宣化区下八里村发现的辽代墓葬的墓志中记载，官府曾鼓励民户"入粟补官"，而墓主张世卿"进粟二千五百斛"，遂得官为"右班殿直"。②一般民户能一次交纳如此多的粮食，这进一步证实辽朝西京道的农业生产是具有相当规模的。

除了农业之外，云应寰朔四州的畜牧业也有一定的发展。上文所引《辽史》卷八十六《耶律颇的传》载："帝问边事，对曰：'自应州南境至天池，皆我耕牧之地……'"；《长编》卷二十七亦载：雍熙三年（986），潘美、杨业北伐失败之后，曾徙云应寰朔诸州民于内地，除了人口之外，还有"牛羊驼马四十余万头"③。由此可见，这一地区的畜牧业也是具有相当规模的。

在北宋初年的宋辽战争时期，云应寰朔四州虽然有大量人口南迁入宋，但在宋辽订立澶渊之盟之后，辽朝即不断向这一地区补充人口。根据《辽史·地理志》记载，这一地区共有五万余户，其中大同府所辖大同县，户一万；长青县，户四千；奉义县，户三千；怀仁县，户三千；怀安县，户三千。朔州所辖鄯阳县，户四千；宁远县，户二千；马邑县，户三千；武州宣威军，户五千；应州所辖金城县，户八千；浑源县，户五千；河阴县，户三千。④平均每县约四千余户，平均户数高于辽本土及东京道各县，而这些居民大都成为农业生产的重要劳动力。

另外，根据乾隆《大同府志》卷七记载，大同盆地出产的农作物有稷、黍、谷、稻、高粱、大麦、小麦、莜麦、荞麦、黑豆、黄豆、豌豆、绿豆等。可见其物产还是很丰富的。

总之，云应寰朔四州的经济地位也十分重要，如果此四州为北宋所有，可以就地提供大量的粟麦等边防物资，减少内地的长途运输；如果为辽所有，对于只有少量农耕地的辽朝来说，更是十分重要的。

二、杨业与云应寰朔四州有关的活动

云应寰朔四州是中原农耕文明与北方游牧文明争夺的焦点地区之一。杨业无论是在后汉和北汉时期，还是在北宋时期，都是中原农耕文明的积极维护者。据李裕民先生的考证，杨业"应生于公元935年"，即后唐清泰二年；⑤次年即后晋天福元年（936）十一月己亥，"契丹主作册书，命（石）敬瑭为大晋皇帝。……是日，即皇帝位。割幽、蓟、瀛、莫、涿、檀、顺、新、妫、儒、武、云、应、寰、朔、蔚十六州以与契

---

①　韩茂莉：《辽金农业地理》，97页。

②　《河北宣化辽壁画墓发掘简报》，《文物》1975年第8期，31页。

③　李焘：《长编》卷二七"雍熙三年秋七月壬午条"，620页。

④　脱脱等：《辽史》卷四一《地理志五》，506～514页。

⑤　李裕民：《杨家将史事新考》，《宋史新探》，陕西师大出版社，1999年，205页。

丹，仍许岁输帛三十万匹"①。所以杨业出生伊始，云应寰朔四州已经为契丹所占有。杨业与云应寰朔四州有关的活动，一是防止契丹从此四州对后汉及北汉或北宋进行侵扰，二是力图收复四州重归中原王朝所有。

（一）杨业在后汉及北汉时期的有关活动

《辽史》卷八十三《耶律斜轸传》载：（杨）继业为流矢所中，被擒。（耶律）斜轸责曰："汝与我国角胜三十余年，今日何面目相见！"继业但称死罪而已。

常征据此说："这卅余年是卅四年。杨业为宋守边共八年，其余廿六年的战争，当然就是他在北汉时代跟契丹打的。"② 李裕民先生对"北汉时杨业抗辽为主说"进行了辨析，做了多方面的考证，认为：杨业在北汉时，"主要是与后周、宋作战"。不过，他也说："杨业在刘崇称帝前已与辽角胜，在刘崇建北汉后，可能也曾与辽打过几次不大的仗。"③

广顺元年（951），郭威推翻了刘知远建立的后汉政权，建立了后周。刘知远的弟弟刘崇鉴于与郭威有失国杀子之仇，遂在太原自立为帝，建立了北汉政权。刘崇为了生存，只好与契丹结盟，对抗后周。但北汉与契丹的矛盾也是错综复杂的。杨业"弱冠事刘崇，为保卫指挥使，以骁勇闻，累迁至建雄节度使"④，任侍卫都虞候。⑤ 他在后汉尤其是北汉时期，虽然主要不是抗辽，但他维护中原农耕文明、对抗契丹侵扰的态度却是一贯的。耶律斜轸关于"汝与我国角胜三十余年，今日何面目相见"的指责，也正好说明了这一点。

杨业之父杨弘信，为"麟州土豪"，"自为刺史"，初事后汉刘氏，后"受命于周"；杨弘信去世，"子重训嗣"。⑥ 重训又作重勋，曾归后周，为麟州防御使，入宋，为保静军节度使。杨业的父亲和弟弟都是抵抗契丹侵扰的著名将领。杨业出身于这样一个家庭，他持维护中原农耕文明、对抗契丹侵扰的态度是很自然的。

《长编》卷十，开宝二年（969）六月载：

> 时契丹遣其将南大王来援，屯于太原城下，刘继业言于北汉主曰："契丹贪利弃信，他日必破吾国。今救兵骄而无备，愿袭取之，获马数万，因籍河东之地以归中国，使晋人免于涂炭，陛下长享贵宠，不亦可乎？"北汉主不从。

杨业力劝北汉主刘继元袭取契丹救兵、归降北宋时所说"契丹贪利弃信，他日必破吾国"，正集中反映了他对契丹贵族贪婪掠夺本性的深刻认识。《长编》卷二十，太平兴国四年（979）十一月癸巳载：

---

① 司马光：《资治通鉴》卷二八〇《后晋纪一》，"天福元年十一月己亥条"，9154 页。
② 常征：《杨家将史事考》，天津人民出版社，1980 年，83 页。
③ 李裕民：《杨家将史事新考》，《宋史新探》，209 页。
④ 脱脱等：《宋史》卷二七二《杨业传》，中华书局，1977 年，9303 页。
⑤ 李焘：《长编》卷九"开宝元年九月辛卯条"，208 页。
⑥ 司马光：《资治通鉴》卷一九一"广顺二年十二月甲午条"，9487 页。

上（按指宋太宗）以郑州防御使杨业老于边事，洞晓敌情。癸巳（16
日），命业知代州兼三交驻泊兵马部署，上密封囊装赐予甚厚。

这里所说的"老于边事，洞晓敌情"，当然是指北汉与契丹的边疆之事，亦即北汉
的代州与契丹的云应寰朔四州之事。宋仁宗之所以任用杨业担当"知代州兼三交驻泊
兵马部署"的重任，正是要让他继续抵抗契丹的侵扰。

（二）杨业在北宋时期的有关活动

如上所述，杨业归宋之后，宋仁宗就任命他为左领军卫大将军、郑州防御使，不久
又任命为"知代州兼三交驻泊兵马部署"，负责防御来自契丹云应寰朔四州的侵扰。

宋平北汉伊始，就迫不及待地毁掉了太原城。据《长编》卷二十记载：太平兴国
四年（979）五月甲申（六日），北汉主刘继元出降；五月戊子（十日），"毁太原旧
城，改为平晋县。以榆次县为并州。徙僧道士及民高赀者于西京"。五月丙申（十八
日），宋太宗"幸太原城北，御沙河门楼，遣使分部徙居民于新并州，尽焚其庐舍，民
老幼趣城门不及，焚死者甚众"。太平兴国七年二月，并州"又徙阳曲"。① 其军事长
官则驻于太原城北的三交口。太平兴国四年八月癸亥，"命潘美为河东三交口都部署，
以捍契丹"②。而代州沿边，也没有完备而坚固的防御体系。正如当时任权知忻州的张
齐贤所说："河东初平，人心未固，岚、宪、忻、代，未有军寨。入侵则田牧顿失，扰
边则守备可虞。"③

而契丹军则趁机采取了一系列军事行动。据《长编》卷二十载：太平兴国四年十
一月庚辰，"代州言：契丹于代州雁门、西陉、护国、南川置寨，折彦赟与都监董思
愿、刘绪，巡检侯美追击，大破之，获鞍马器仗甚众"④。十一月己亥，"岚州言：三交
口破契丹千余众"⑤。十一月辛丑，"忻州言：破契丹数千众，斩首四十五级，获鞍马、
铠甲，并生擒六十人以献"⑥。可见形势已十分严峻。杨业担任知代州兼三交驻泊兵马
部署之后，即"首建梗边之策"⑦，在代州沿边修筑了一系列堡寨。据李裕民先生考证，
太平兴国四年置者有六个，即：大石寨、茹越寨、胡谷寨、西陉寨、崞寨、阳武寨；太
平兴国五年置者有一个，即：楼板寨；太平兴国六年置者有两个，即：土墱寨、石跌
寨；太平兴国四年至八年置者尚有雁门寨等。这些堡寨，在代州通往云应寰朔四州的信
道上，形成了一个进可攻退可守的堡寨网，在当时及以后都发挥了重要作用。⑧

---

① 李焘：《长编》卷二十"太平兴国四年五月戊子、丙申条"，452～453 页。
② 李焘：《长编》卷二十"太平兴国四年八月癸亥条"，460 页。
③ 李焘：《长编》卷二一"太平兴国五年十二月辛卯条"，484 页。
④ 李焘：《长编》卷二十"太平兴国四年十一月庚辰条"，464 页。
⑤ 李焘：《长编》卷二十"太平兴国四年十一月己亥条"，464 页。
⑥ 李焘：《长编》卷二十"太平兴国四年十一月辛丑条"，464 页。
⑦ 脱脱等：《辽史》卷八三《耶律斜轸传》，1303 页。
⑧ 李裕民：《杨家将史事新考》，《宋史新探》，209～214 页。

杨业修筑代州与云应寰朔四州边界的堡寨不久，就取得了雁门关之战的胜利。《长编》卷二十一载：

> 太平兴国五年（980）三月癸巳，潘美言：自三交口巡抚至代州，会敌十万众寇雁门，令杨业领麾下数百骑自西陉出，由小陉至雁门北口南向，与美合击之，敌众大败，杀其节度使驸马侍中萧多啰，生禽马步军都指挥使李重诲，获铠甲革马甚众。

此次雁门关之战，《辽史》没有记载，但却是一次稳定辽宋西北边境局势的重要战役。《长编》卷二十一又载：

> 太平兴国五年十二月丁丑，以郑州防御使杨业领云州观察使，仍判郑州、知代州事。业自雁门之捷，契丹畏之，每望见业旗即引去，主将戍边者多嫉之，或潜上谤书斥言其短，上皆不问，封其书付业。

雁门之捷使杨业的武阶官由郑州防御使升为云州观察使，由从五品升为正五品，更重要的是使他树立了崇高的威望，致使"契丹畏之"和"主将戍边者多嫉之"。

太平兴国七年（982），杨业又一次取得了雁门关之战的胜利。《长编》卷二十三"太平兴国七年五月条"载：

> 是月，契丹三万骑分道入寇，一袭雁门，潘美击破之，斩首三千级，逐北至其境，破垒三十六，俘老幼万余口，获牛马五万计。一攻府州，折御卿击破之新泽寨，斩首七百级，禽酋长百余人，获兵器羊马万计。一趋高阳关，崔彦进击破之唐兴口，斩首二千级，获兵器羊马数万。（原注：辛丑高阳关奏到，辛亥雁门奏到，己未府州奏到，今并书之，皆署其日）

《长编》的记载虽然是"一袭雁门，潘美击破之"，但杨业时任"知代州兼三交驻泊兵马部署"，潘美时任三交驻泊兵马都部署，真正击败契丹入侵的应该是杨业，而且他在三路中战绩最为显著，只不过上奏其事者是潘美，所以《长编》等史书就把这次雁门之捷的功劳记在潘美名下了。

杨业与云应寰朔四州有关的活动，最主要、最著名的是在雍熙北伐中的作战。

其一，是收复云应寰朔四州的作战。宋太宗雍熙三年（986）二月十四日，"以忠武军节度使潘美充云应朔等州行营马步军都总管，云州观察使杨业副之。以王侁及军器库使、顺州团练使刘文裕为都监，磁州团练使郭超为押阵都监"[1]。此为雍熙北伐的西路军。这次战争中，西路军的战事自三月初开始打响。《长编》卷二十七载：

> 雍熙三年三月，潘美出雁门自西陉入，与敌战胜之，斩首五百级，逐北至寰州，斩首五百级。神卫右第二军都指挥使平城薛超体被金疮数处，流血濡甲缕，部分军士自若。庚辰（十二日），刺史赵彦辛举寰州降，诏以彦辛为本州团练使。

---

① 《宋会要辑稿·兵》八之二；钱若水：《宋太宗实录》卷三十五"雍熙三年二月壬子条"，甘肃人民出版社，2005年，99页。

三月辛巳，取涿州。潘美进围朔州，其知节度副使赵希赞举城降，诏以希赞为本州观察使。

三月丁亥，潘美转攻应州，其节度使艾正、观察判官宋雄举城降，即授正本州观察使、雄为鸿胪少卿同知应州。雄，幽州人也。

四月辛丑，潘美克云州，斩首千级。

四月丁未，以驾部员外郎梁裔知应州，监察御史张利涉知朔州，右赞善大夫马务成同知寰州。

四月壬子（十四日），命左拾遗张舒同知云州。

《宋太宗实录·潘美传》与此略同。《宋太宗实录》和《长编》的史料来源应为潘美的战报，所以将收复云应寰朔四州的功绩都记在潘美的名下。但《辽史》列传的记载则大不相同。《辽史》卷八十三《耶律斜轸传》云："（统和四年）会宋将曹彬、米信出雄、易，杨继业出代州，太后亲率师救燕，以斜轸为山西路兵马都统。继业陷山西诸郡，各以兵守，自屯代州。"卷八十三《耶律奚低传》云："统和四年，为右皮室详稳。时宋将杨业陷山西郡县，奚低从枢密使斜轸讨之。"卷八十五《萧挞凛传》云："统和四年，宋杨业率兵由代州来侵，攻陷城邑，挞凛以诸军副部署，从枢密使耶律斜轸败之。"卷八十五《耶律题子传》云："统和四年，宋将杨继业陷山西城邑，题子从北院枢密使耶律斜轸击之。"卷八十五《耶律谐理传》云："统和四年，宋将杨业来攻山西，谐理从耶律斜轸击之，常居先锋，侦候有功。"卷八十五《耶律奴瓜传》云："统和四年，宋杨继业来侵，奴瓜为黄皮室糺都监，击败之，尽复所陷城邑。军还，加诸卫小将军。"《辽史》列传的史料来源大概是耶律斜轸的战报，辽朝将领与宋军直接交战，所奏乃是实际交锋的前线将领。由此可知，宋军前线的指挥者应该是杨业，也就是说，云应寰朔四州主要是在杨业的直接指挥下收复的，其战功最大。

其二，是掩护云应寰朔四州吏民内迁。《宋会要辑稿·职官》六四之五载：

八月十五日，忠武军节度使、检校太师潘美削三任，为检校太尉。西上阁门使、蔚州刺史王侁除名配金州、军器库使、顺州团练使刘文裕除名配登州。

先是，王师北征，以美为云应路行营都总管，命云州观察使杨业副之，及侁以文裕护其军，连援（按当作拔）云、应、寰、朔四州，次桑干河。会曹彬之师不利，诸路班师，美等复归代州。未几，诏尽迁四州之民于内地，令美等复归所部兵护之。时契丹领众十余万，复陷寰州。业谓美等曰：今贼势甚盛，不可与战，朝廷祇令取数州之民，但领兵出大石路，先遣人密告云朔州守将，俟大军离代州日，令云州之众先出，我师次应州，契丹必悉众来拒，即令朔州吏民出城，直入石碣谷，遣强弩千人，列于谷口，以骑士援于中路，则三州之众万全可保矣。

侁沮其议曰："领数万精兵岂必如是之畏懦耶？"文裕亦赞成之。业曰："不可，此必败之势也。"侁曰："君侯素号无敌，今见敌逗挠不战，岂有他志乎？"业曰："业非畏死，盖时有未利，徒杀伤士，大功不立。今君责业不以死，当为诸公先死尔。"即率帐下骑马自石硖路趋朔州，将行，泣谓美曰：
"此行必不利，业太原降将，帝不杀我，宠我以连帅，授我以兵柄，非纵虏不
击，盖将立尺寸功，报陛下耳。今诸军责业以避敌，业当先死于虏。"因指陈
家谷口，曰："君侯于此张步兵强弩为左右翼以援，俟业转战至此，以步兵击
之，不然者，无遗类矣。"

美即与 [偘]（先）领麾下兵阵于谷口，自寅至巳，偘使人登托逻台望，
以为虏寇败走，偘欲争其功，即领兵离谷口，美不得制，乃沿灰河西南行二十
余里。俄闻业败，即麾兵却走。

业力战，自日中至暮，果至谷口，望见无人，即拊膺大恸，再率（上）
[帐] 下士战，身被数十创，其子延玉死焉。帐下士殆尽，业犹手刃数十百
人，马重伤不能进，遂为虏所擒。因太息曰：帝遇我厚，为奸臣所逼，使王师
败衄，何面目于虏中求活耶？因不食三日死。天下冤之，闻者皆为流涕。

《宋会要辑稿·兵》八之六至七、《宋朝事实类苑》卷五十五引《杨文公谈苑》
"杨无敌"条及《长编》卷二十七略同，据以校补。《辽史》则系杨业之死为七月，其
卷十一《圣宗本纪二》载：

统和四年七月辛卯（二十五日），斜轸奏……遂乘胜鼓行而西，入寰州，
杀守城吏卒千余人。宋将杨继业初以骁勇自负，号杨无敌，北据云、朔数州，
至是，引兵南出朔州三十里，至狼牙村，恶其名，不进；左右固请，乃行。遇
斜轸，伏四起，中流矢，堕马被擒，疮发不食，三日死。

可见，杨业掩护云应寰朔四州吏民内迁之事发生于七月，《宋会要辑稿》、《长编》
均载于"八月"记事，乃是于"削潘美三任"时追叙其事由也。

杨业虽然在陈家谷之战中兵败被俘、不食三日而死，但还是有不少云应寰朔四州的
吏民内迁。《长编》卷二十七载：

雍熙三年秋七月壬午（十五日），遣枢密都承旨杨首一等诣并、代等州，
部所徙山后诸州降民至河南府、许、汝等州，徙者凡八千二百三十六户，七万
八千二百六十二口，及牛羊驼马四十余万头。（原注：此据别本九月戊寅
所书。）

可见杨业无论在收复云应寰朔四州，还是在内迁四州吏民中，都作出了重大贡献。

三、云应寰朔四州的得失几乎系于杨业一身

杨业是宋辽西北战场上最为杰出、最有代表性的将领。他的生死直接关系到云应寰
朔四州的得失归属。对此，宋太宗是有一定认识的。《长编》卷二十"太平兴国四年
（979）八月丁巳条"载：

初，刘继业为继元捍太原城，甚骁勇。及继元降，继业犹据城苦战。上素
知其勇，欲生致之，令中使谕继元俾招继业，继元遣所亲信往，继业乃北面再
拜，大恸，释甲来见。上喜，慰抚之甚厚，复姓杨氏，止名业，寻授左领军卫

大将军。丁巳，以业为郑州防御使。

宋太宗正因为"素知其勇"，所以"欲生致之"。当杨业"释甲来见"，即"慰抚之甚厚……寻授左领军卫大将军……为郑州防御使"。三个月之后，又任命杨业为"知代州兼三交驻泊兵马部署"，即宋朝西北战区的副总指挥和代州与云应寰朔四州前线的总指挥，并"密封囊装，赐予甚厚"。① 可谓给以充分的信任和极大的权力，赋予了防御与收复云应寰朔四州的重任。太平兴国五年，杨业取得雁门大捷，被宋太宗提升为云州观察使。此时的云州（今山西大同）仍为契丹占有，杨业的云州观察使只能是"遥领"，但也清楚地表明了宋仁宗的用意。杨业于陈家谷战殁之后，宋仁宗又"赠业太尉、大同节度使"②。从杨业的官衔也说明他与云应寰朔四州有着不解之缘。

杨业死后，宋人一直公认他是一员出类拔萃的"骁将"、"良将"、"名将"。如咸平三年（1000）三月，吏部郎中、直集贤院、知泰州田锡上疏曰：

　　今日是陛下注意于良将之时，是选求文武材干为沿边刺史之际……往年杨业击契丹，侯延广守灵州，人多称许，若见今节度、防御、刺史、诸司使副中因赏罚激励，岂无杨业、侯延广辈为国家立功勋也。③

庆历五年（1045）十二月，包拯上奏曰：

　　臣近者累曾上言，以河北沿边将帅未甚得人，特乞精选。其代州尤不可轻授。缘代州与云、应等州相去至近，路又坦平，古今最是难控扼之所。太宗朝以骁将杨业守之，业殁，继以给事中张齐贤守之，其慎重用人如此。自后边鄙无事，然亦用武臣中有材略者。今朝廷委任郭承佑，必恐败事。④

皇祐三年（1051），欧阳修在《供备库副使杨君墓志铭》中说：

　　伯祖继业，太宗时为云州观察使，与契丹战殁，赠太师、中书令。继业有子延昭，真宗时为莫州防御使，父子皆为名将，其智勇号称无敌，至今天下之士，至于里儿野竖，皆能道之。⑤

至和二年（1055），刘敞奉命贺契丹太后生辰，有《杨无敌庙》诗曰：

　　西流不返日滔滔，陇上犹歌七尺刀。恸哭应知贾谊意，世人生死两鸿毛。⑥

《长编》卷二三七载：

　　熙宁五年（1072）八月庚子，上论太宗时用兵……王安石曰："……其后，郭进乃为奸人所摧，至自杀；杨业亦为奸人所□，不得其死。将帅尽力者

① 李焘：《长编》卷二十"太平兴国四年十一月癸巳条"，464 页。
② 李焘：《长编》卷二七"雍熙三年八月辛亥条"，623 页。
③ 李焘：《长编》卷四六"咸平三年三月条"，1003 页。
④ 包拯撰、杨国宜校注：《包拯集校注》卷一《论边将一》，56 页。
⑤ 欧阳修：《欧阳修全集》卷二九《供备库副使杨君墓志铭》，中华书局，2001 年，444 页。
⑥ 刘敞：《公是集》卷二八《杨无敌庙》，文渊阁四库全书本；《全宋诗》卷四八八《刘敞二六》、《杨无敌庙》，北京大学出版社，1995 年，第 9 册 5916 页。

乃如此，则谁肯为朝廷尽力?"

熙宁十年（1077），苏颂奉命贺契丹主生辰，有《和仲巽过古北口杨无敌庙》诗曰：

> 汉家飞将领熊罴，死战燕山护我师。威信仇方名不灭，至今奚虏奉
> 遗祠。①

元祐四年（1089），苏辙奉命贺契丹主生辰，有《奉使契丹二十八首·过杨无敌庙》诗曰：

> 行祠寂寞寄关门，野草犹知避血痕。一败可怜非战罪，太刚嗟独畏人言。
> 驰驱本为中原用，尝享能令异域尊。我欲比君周子隐，诔形聊足慰忠魂。②

元祐六年（1091），彭汝砺奉命贺契丹主生辰，有《古北口杨太尉庙》诗曰：

> 将军百战死锋岑，祠庙岩岩古到今。万里胡人犹破胆，百年壮士独伤心。
> 遗灵半夜雨如霰，馀恨长时日为阴。驿舍怆怀心欲碎，不须更听鼓鼙音。③

在这些诗文中，宋人或把杨业比作汉代的飞将军李广，或比作晋朝的大将周处，除了对杨业的高度赞扬之外，还对他的冤死表示了极大的愤慨，为失去杨业而不能收复云应寰朔四州愤愤不平。

辽朝君臣对杨业与云应寰朔四州的关系更为重视。如上所述，辽人认为收复云应寰朔四州，主要是杨业之力。而对杨业之死，辽人更是认为是一件具有标志性的大事。从《辽史》关于杨业之死的记载中，即可见其一斑。《辽史》卷十一《圣宗本纪二》载：

> 统和四年（986）七月辛卯（二十五日），斜轸奏：……宋将杨继业初以
> 骁勇自负，号杨无敌，北据云、朔数州。至是，引兵南出朔州三十里，至狼牙
> 村，恶其名，不进；左右固请，乃行。遇斜轸，伏四起，中流矢，堕马被擒，
> 疮发不食，三日死，遂函其首以献。诏详稳萨木实传其首，于越休哥以示诸
> 军，仍以朔州之捷宣谕南京平州将吏。

《辽史》卷八十三《耶律斜轸传》载：

> 斜轸闻继业出兵，令萧挞凛伏兵于路。明旦，继业兵至，斜轸拥众为战
> 势。继业麾帜而前，斜轸佯退。伏兵发，斜轸进攻，继业败走，至狼牙村，众
> 军皆溃。继业为流矢所中，被擒……既擒，三日死。

《辽史》卷八十三《耶律奚低传》载：

> 继业败于朔州之南，匿深林中。奚低望袍影而射，继业堕马。先是，军令
> 须生擒继业，奚低以故不能为功。

---

① 苏颂：《苏魏公集》卷十三《和仲巽过古北口杨无敌庙》，中华书局，1988年，162页；《全宋诗》卷五三一《苏颂一三》、《和仲巽过古北口杨无敌庙》，第10册6414页。

② 苏辙：《栾城集》卷十六《奉使契丹二十八首·过杨无敌庙》，上海古籍出版社，1987年，395页；《全宋诗》卷八六四《苏辙一六》、《奉使契丹二十八首·过杨无敌庙》，第15册10049页。

③ 彭汝砺：《鄱阳集》卷四《古北口杨太尉庙》，文渊阁四库全书本；《全宋诗》卷八九七《彭汝砺四》、《古北口杨太尉庙》，第16册10504页。

《辽史》卷八十五《萧挞览传》载：

>　　挞凛以诸军副部署，从枢密使耶律斜轸败之，擒继业于朔州。

《辽史》卷八十五《耶律题子传》载：

>　　当斜轸擒继业于朔州，题子功居多。

一名宋朝将领的生死，在《辽史》本纪和列传中如此连篇累牍地书写，是十分罕见的。在杨业生前，辽圣宗与宋太宗一样，也是"军令须生擒继业"，以便为其所用；在杨业死后，辽军还要"函其首以献"，"传其首于越休哥，以示诸军，仍以朔州之捷宣谕南京、平州将吏"。可见，辽朝君臣对杨业的生死是何等的看重，杨业的生死对辽军的士气影响又是何等的巨大。当然，杨业的生死对宋军的士气也更是影响极大。《辽史》卷十一《圣宗本纪二》载："自是宋守云、应诸州者，闻继业死，皆弃城遁。"

杨业死后，辽朝还在古北口为他立"杨无敌庙"，以资纪念。这既是对杨业英雄精神的尊敬和褒奖，也是对杨业历史作用和历史地位的重视和肯定。

《辽史》卷八十三耶律休哥、耶律斜轸等传的"传论"曰：

>　　宋乘下太原之锐，以师围燕，继遣曹彬、杨继业等分道来伐。是两役也，辽亦岌岌乎殆哉！休哥奋击于高梁，敌兵奔溃；斜轸擒继业于朔州，旋复故地。宋自是不复深入，社稷固而边境宁，虽配古名将无愧矣。

《辽史》的修撰者将陈家谷之战擒杨业与高梁河之战击溃宋军相提并论，认为这两大战役挽救了辽朝的危亡，扭转了宋辽攻防的局势。这一评论是很有道理的。耶律休哥、耶律斜轸是辽朝"社稷固而边境宁"的关键性人物，杨业被擒则是"宋自是不复深入"的标志。事实正是如此。陈家谷之战及此后的君子馆之战之后，北宋完全转入了战略防御。在此后的100多年间，包括云应寰朔四州在内的燕云诸州的收复问题，再也没有列入宋朝的议事日程。直到北宋末年，金朝在白山黑水之间崛起之后，宋金订立"海上之盟"，宣和五年（1123），宋朝才用极大的代价赎回了燕云诸州，但是不久又被金朝占领。然后，金朝以燕京（今北京）、云州（今大同）为基地，分两路两次南下，于靖康二年（1127）灭亡了北宋。宋室南迁之后，淮河以北均不归南宋所有，更遑论燕云诸州了。

为什么说云应寰朔四州的得失几乎系于杨业一身呢？

第一，他"老于边事，洞晓敌情"。如前所述，杨业是麟州新秦人。其父弘信为麟州土豪，自为刺史。杨业"弱冠事刘崇，为保卫指挥使，以骁勇闻，累迁至建雄军节度使"，[①] 任侍卫都虞候。麟州与朔州相邻，杨业在北汉为将20余年，北汉北部边境所毗邻的就是契丹所占领的云应寰朔四州。杨业生于斯，长于斯，与云应寰朔四州有着不解之缘。因此宋太宗认为他"老于边事，洞晓敌情"是完全符合事实的。

第二，杨业骁勇善战，深谋远虑。《宋史》卷二七二《杨业传》云："业幼倜傥任侠，善骑射，好畋猎，所获倍于人。尝谓其徒曰：'我他日为将用兵，亦犹用鹰犬逐雉

---

①　脱脱等：《宋史》卷二七二《杨业传》，9303 页。

兔尔。'" 当他长大为将之时，则"以骁勇闻"，"屡立战功，所向克捷，国人号为无敌"。在雍熙北伐时，监军王侁也说他："君侯素号无敌。"从他在北宋时期对云应寰朔四州的防御和进攻来看，足以证明他对于"无敌"这一称号是当之无愧的。

首先，他任知代州兼三交驻泊兵马部署初期所筑的堡寨防御体系，在战略战术上都是一个杰作。皇祐元年（1049），户部副使包拯在答仁宗所问御边之策时说：

今三路素为控扼之所：中则梁门、遂城，南入镇定；西则雁门、句注，南入并代；东则松亭、石关，南入沧州。然松亭以南数百里，水泽艰险，自北界而出者，则塘水足以限其来路；惟雁门、句注背长城而南，则地里稍广，汉与胡人古今所共出入之路也。自失山后五镇，此路尤为要害。先朝以骁将杨业守代州，创筑城垒，于今赖之。缘代州去云州数程，地又平坦，或有侵轶，此最可虞。①

《长编》卷一五二"庆历四年（1044）十月壬子条"载：

皇祐中，韩琦经署河东，案堡寨处，多北汉名将杨业所度者，益知（张）亢有远略云。

庆历年间，范仲淹抵御西夏，绍圣年间，章惇西北拓边，都是采取了进筑堡寨的做法。这些都是与杨业一脉相承的。

其次，杨业的两次雁门大捷，以及在雍熙北伐中收复云应寰朔四州的战绩，已如上述，不必赘言。

再次，从他提出的掩护云应寰朔四州吏民内迁的作战计划，也可以看出其文韬武略远远超出伦辈。杨业首先根据敌情和战役目标，确定这次战役并不是一场攻城略地或歼灭敌军的正面作战，而是一场掩护吏民内迁的佯攻作战。因为第一，"今贼势甚盛，不可与战"。第二，"朝廷祇令取数州之民"，不必与战。所以，他提出从代州东面领兵出大石口路，进军至耶律斜轸所攻占的寰州东北的应州，吸引他"悉众来拒"，然后事先得到内迁通知的云寰朔州的吏民，就可以乘虚从朔州南边的石碣谷内迁。加上"遣强弩千人，列于谷口，以骑士援于中路"，这样"三州之众，万全可保矣"。这是一个非常漂亮的以最小的代价完成战役目标的作战计划。王侁却责备杨业"畏懦"、"见敌逗挠不战，岂有他志乎"，提出"但趣雁门北川中，鼓行而往马邑可也"。这完全是一个不顾敌情和战役目标而莽撞硬拼的作战计划。王侁提出的这一作战计划在政治上是居心叵测的，在军事上也是幼稚可笑的。不可思议的是，监军刘文裕竟然赞成王侁的作战计划，主帅潘美竟然批准执行王侁的作战计划。事已至此，杨业只能"率帐下骑兵，自石砆路趋朔州"。临行，他含泪向潘美提出补救措施：请潘美、王侁于陈家谷口接应。并且指出：否则，将会全军覆没。而潘美、王侁竟然失约，擅自撤离陈家谷口，致使杨

---

① 包拯撰、杨国宜校注：《包拯集校注》卷二《天章阁对策》，115 页。

业重伤被擒，全军覆没。① 陈家谷之战的结果虽然惨烈，但杨业在这次战役中所表现出的骁勇善战、文韬武略却是古代战争史上一个杰出的典范。②

第三，杨业深受士兵和吏民的爱戴和拥护。《长编》卷二十七"雍熙三年八月辛亥条"载：

> 业不知书，忠烈武勇，有智谋。练习攻战，与士卒同甘苦。代北苦寒，人多服毡罽，业但挟纩，露坐治军事，傍不设火，侍者殆僵仆，而业怡然无寒色。为政简易，吏民爱之。御下有恩，故士卒乐为之用。其败也，麾下尚百余人，业谓曰："汝等各有父母妻子，与我俱死无益也，傥敌人散去，尚可还报天子者。"众皆感泣，不肯去，遂俱死，无一人生还。

杨业能"与士卒同甘苦"，"御下有恩"，"故士卒乐为之用"，愿与之共患难、同生死，直到最后，仍不肯离他而去。他"为政简易"，所以"吏民爱之"。这样，就既可以抵御契丹从云应寰朔四州来的侵扰和进攻，又可以在时机成熟时收复这四州。可以说，杨业的作用和地位几乎是无人能够替代的。

总之，云应寰朔四州的得失，对于宋辽双方来说，在军事上和经济上，都是十分重要的。而杨业的生死与云应寰朔四州的得失又有着十分密切的关系。由此更能看出杨业的历史地位和作用，同时更能体现他的爱国主义精神和人格魅力。这也正是杨业在生前和死后为朝野称颂和纪念，"杨家将"声名远播、历久不衰的重要原因之一。

（本文的研究曾得到教育部人文社会科学重点研究基地重大项目基金资助）

---

① 以上均见徐松辑：《宋会要辑稿·职官》六四之五；江少虞：《宋朝事实类苑》卷五五引《杨文公谈苑》"杨无敌"条及《长编》卷二七"雍熙三年八月辛亥条"。

② 曾瑞龙：《经略幽燕》第八章《向战略防御的过渡：陈家谷与君子馆战役（986～987）》，（香港）中文大学出版社，2003年，249～254页。

将门学士：杨家将第四代传人杨畋生平考述

香港理工大学通识教育中心　　何冠环

一、导　　言

北宋杨家将各代人物中，改从科举登仕成为文臣而最有代表的人物，首推第四代传人杨畋（1007～1062）。杨畋虽然以文臣身份入仕，但他的友朋同僚仍看重他出于显赫的杨氏将门，而许他为儒将。为此，宋廷在庆历七年（1047）一度将他自文资转为武资，授他东染院使、荆湖南路驻泊钤辖，委他以统兵平乱之重任，使他又和乃父杨琪（980～1050）一样，继续担着杨氏将门之旗帜。他后来要求宋廷恢复他文官的身份，不过宋廷仍以知兵儒将视之；然盛名之下，杨畋却担当不了皇祐四年（1052）五月率兵平定广源侬智高（？～1055）之任，不能将杨家将之威名重振。他兵败覆师，此后未再被委以军旅之任。幸而他拥有广泛的文臣人脉关系，加上他的道德和文章皆有值得称道之处，使得他很快便在仕途回升，在担任一阵子知州、转运使等外官后，在至和、嘉祐之间，他被召入朝，历任三司副使、知制诰、知谏院等重要差遣，并加职为天章阁待制，最后职至龙图阁直学士兼侍读，跻身于侍从之列。他"折节喜学问，为士大夫所称"，为杨氏将门少有的饱学之士、文学名臣。因他科甲出身，而且望重士林，平生又与众多当时代的名臣朝士包括人们熟知的胡宿（986～1067）、范仲淹（989～1052）、宋祁（998～1061）、余靖（1000～1064）、梅尧臣（1002～1060）、欧阳修（1007～1072）、韩琦（1008～1075）、赵抃（1008～1084）、蔡襄（1012～1067）、韩维（1017～1098）、文同（1018～1079）、司马光（1019～1086）、王珪（1019～1085）、王安石（1021～1086）、沉遘（1028～1067）与苏辙（1039～1112）等人均有交往，故在宋人的文集和诗集中，有大量关于他与文臣交往的记载，可以补充《宋史·杨畋传》之不足。① 在杨家将各代人物中，即以杨畋的生平史料最丰富。值得一提的是，他的家人包括其父杨琪、其妻长寿县太君恭氏（1039～1113）、其妹寿阳县君张氏（1036～1095）及其妹婿张景儒（1018～1070）均有墓志铭传世。

有关杨畋的生平事迹，聂崇岐教授（1903～1962）在1939年发表的《麟州杨氏遗闻六记》的第六记〈记杨业重勋及其子孙〉，只以40余字简述了他的生平，而突出他

---

① 脱脱（1314～1355）（编纂）：《宋史》卷三百〈杨畋传〉，中华书局，1977年点校本，9964～9966页。

"具文武材，官至龙图阁直学士吏部员外郎直谏院"。20 世纪 80 年代初出版，常征的《杨家将史事考》也不过以五页的篇幅简单介绍了杨畋的事迹，而该书的取材也仅限于《宋史·杨畋传》以及欧阳修所撰的《杨琪墓志铭》和苏辙的《杨乐道哀辞》三种史料。① 笔者旧作《北宋杨家将第三代传人杨文广（？ ~1074）事迹新考》也在有关地方谈到杨畋的一些事迹。② 另外，今年（2007）二月出版的《杨家将研究·历史卷》所收录的论著中，也有数篇文章都以最多三页的篇幅简略提及杨畋的事迹。③ 本文即拟据现存的史料，考述杨畋的生平事迹，并从杨畋这位虽改习文却未忘家风的将门学士之杨家子弟个案，论述杨氏将门子弟的出处。

二、三 代 为 将

杨畋一族严格说来，是以杨业（935？ ~986）为首的北宋杨家将的旁支。其曾祖父杨重勋（？ ~975），原名杨重训，是杨业（本名杨重贵）之弟。重勋父杨信为麟州新秦（今陕西神木县北）土豪，自任为刺史，后接受后周的封号。杨信死后，杨重勋继其任，不久以麟州降北汉，与兄杨业同仕太原刘氏。后周太祖广顺二年（952）十二月，麟州被群羌所围攻，杨重勋被逼又向后周输诚，并向邻近的夏州（今陕西靖边县以北 55 公里白城子）李氏和府州（今陕西府谷县）折氏求救。但他反复无常，一度又再降北汉，最后在后周世宗显德四年（957）十月降周，授麟州防御使。宋太祖代周后，他向宋室

---

① 聂崇岐：〈麟州杨氏遗闻六记〉，《史学年报》1939 年，第 3 卷第 1 期，后收入聂氏《宋史丛考》，下册，中华书局，1980 年 3 月，376 ~387 页（有关杨畋部分见 387 页）；常征：《杨家将史事考》，天津人民出版社，1980 年 9 月，第二章，第二节〈杨重勋及麟州杨氏〉，46 ~51 页。

② 何冠环：〈北宋杨家将第三代传人杨文广（？ ~1074）事迹新考〉，载何著：《北宋武将研究》，中华书局，2003 年 6 月，385 ~436 页。

③ 考卫聚贤等著，裴效维校订：《小说考证集》的〈杨家将考证〉一文，将欧阳修所撰的〈供备库副使杨君墓志铭〉及《宋史·杨畋传》抄录于该章的第八节〈杨延昭的堂侄杨琪〉及第九节〈杨延昭的堂孙杨畋〉下，但没有什么分析，只附上一则简单的杨家世系表，所占篇幅共三页余。该文原载卫聚贤等著：《小说考证集》，说文社，1944 年及裴效维（校订）：《杨家将演义》，宝文堂书店，1980 年，270 ~341 页；现收入蔡向升、杜朱梅（主编）：《杨家将研究·历史卷》，人民出版社，2007 年 2 月，41 ~82 页；（有关杨畋部分，见 72 ~75 页）。另外李裕民教授所撰的〈杨家将新考三题〉第一节〈杨业并非不知书，而是精通兵法〉，引用了欧阳修所撰的〈书遗甲立成旁通历后〉一文，也略提到杨琪及杨畋父子。该文原载《晋阳学刊》2000 年第 6 期，现收入《杨家将研究·历史卷》，99 ~107 页（有关杨畋部分，见 99 ~100 页）。又知非所撰〈杨门男将〉一文第四节〈杨琪、杨畋父子〉，也以半页的篇幅简略介绍杨琪父子的生平，所引用之史料仍是常征所引用的三种。该文原载《文汇报》1962 年 10 月 5 日第 3 版，现收入《杨家将研究·历史卷》，197 ~204 页（有关杨畋部分，见199 ~200 页）。另杨建宏所撰之〈略论杨门男将演变成杨门女将的文化意蕴〉，第一节〈杨门男将事实考略〉也用四分一页的篇幅谈及杨畋，称他也是杨门"名将"。不过，该文引用司马光《涑水记闻》对杨畋领军之正面评论之余，没有指出司马光也批评杨畋是"儒者，迂阔无威，诸将不服"。另作者没有留意杨畋父杨琪，又巧合与杨门女将的杨八妹同名。该文原刊于《长沙大学学报》2004 年第 1 期，现收入《杨家将研究·历史卷》，307 ~315 页（有关杨畋部分，见 310 页）。

臣服。建隆二年（961）三月及建隆三年（962）四月，北汉两度进犯麟州，他均率兵将之击退，为新朝立功，然与乃兄杨业各为其主。① 杨重勋一直为宋廷守边，捍御北汉。到乾德五年（967）十二月，太祖为嘉许其功，置建宁军于麟州，授杨重勋为建宁军节度观察留后。② 开宝二年（969）正月，太祖御驾亲征北汉，在太原（今山西太原市）之保卫战中，杨业（当时名刘继业）从太原城的外围到太原城外，一直力抗宋军。杨重勋在是年五月，当太祖攻城失利，打算退兵时，却不待太祖之命，而与权知府州折御卿（959～996）率兵赶至太原城下应援。太祖嘉其来援，唯退兵在即，于是厚赏二人而遣归，杨重勋倒也避免与乃兄兵戎相见。③ 三年后，即开宝五年八月，太祖建保静军于宿州（今安徽宿州市）。翌月，太祖徙杨重勋为保静军节度观察留后，将他调离世居的麟州，而别命武臣镇守。④ 杨重勋在开宝八年（974）七月于保静军节度使任上卒，终年为多少不详。宋廷依例辍朝两日，并赠侍中。⑤

杨畋的祖父杨光扆，排辈与杨延昭（958～1014）属从兄弟，他的生卒年不详，据欧阳修所记，他以父荫为西头供奉官监麟州兵马，后卒于官。后以其子杨琪推恩，赠左骁卫将军。其妻韩氏，即杨畋的祖母，后亦赠南阳县太君。⑥

杨畋之父杨琪，字宝臣，排辈是杨文广（？～1074）的再从兄弟。他年少丧父，以荫授殿侍，后因其从伯父杨延昭之荫授三班奉职。他的墓志铭称许他"少丧父，事其母韩夫人，以孝闻"。他先后两娶，初娶慕容氏，续娶李氏。作为将家子，杨琪"独好儒

---

① 据司马光（1019～1086）的考异，杨重勋在《周世宗实录》作"崇训"，以避梁王崇训（即周恭帝）讳改为重勋。关于杨重勋避北汉主刘崇及周恭帝宗训名字的问题，余嘉锡（1883～1955）先生曾有考证。余嘉锡：〈杨家将故事考信录〉，收入余著：《余嘉锡论学杂著》，河洛图书出版社，1976年3月，444页；司马光（1019～1086）：《资治通鉴》，中华书局点校本，1956年，卷二百九十一〈后周纪二〉"太祖广顺二年十二月癸卯条"，9487～9488页；卷二百九十三〈后周纪四〉，"世宗显德四年十月癸亥条"，9573页；李焘：《长编》册2，卷二"建隆二年三月辛亥条"，41～42页；卷三"建隆三年四月戊申条"，67页；卷九"开宝元年九月辛卯条"，208页；册11（1985年11月），卷一百四十四"庆历三年十月戊申条"，3483页中华书局点校本。1979年8月《宋史》，卷三百〈杨畋传〉，9964页。

② 《长编》卷八"乾德五年十二月己巳条"，197页。

③ 《长编》卷九"开宝元年九月辛卯条"，208页；卷十"开宝二年正月戊午条"，"二月乙亥条"，"三月丁未条"，"五月癸卯条"，216、218、220、222页。

④ 《长编》卷十三"开宝五年八月癸卯条"，"九月戊寅条"，288～289页。据李焘引杨亿（974～1020）《谈苑》的说法，太祖因灵武军（今宁夏银川市灵武市西南，一说在宁夏吴忠市南金积乡附近）节度使冯继业（？～977）来朝，将之徙镇同州（今陕西渭南市大荔县），命儒臣知灵州的同时，就将同样世守麟州的杨重勋徙镇内地。那是太祖罢藩镇的做法，不过后来灵州失守，麟州也多番周折，议者以冯、杨二族"禀命朝廷，而绥御蕃族，为西北边扞蔽"，太祖将他们撤藩之做法为失策。

⑤ 徐松（1781～1848）（辑）：《宋会要辑稿》，国立北平图书馆，1926年本，中华书局，1957年，〈礼四十一之五二〉、〈仪制十一之十九〉；欧阳修撰、李逸安点校：《欧阳修全集》，中华书局，2001年3月，卷二十九〈供备库副使杨君墓志铭〉，443～444页。

⑥ 《欧阳修全集》卷二十九〈供备库副使杨君墓志铭〉，444页。据杨琪的墓志铭所记，杨光扆在杨琪少时即丧，按杨琪生于太平兴国五年（980），杨光扆在杨琪少时卒，聂崇岐先生认为他约卒于至道、咸平间。参见聂崇岐：〈麟州杨氏遗闻六记〉，387页。

学，读书史"，是故后来其子杨畋弃武从文，走上科举仕进之路。欧阳修称他"为人材敏，谦谨沉厚，意恬如也"，其实是说他仕途并不得志。他以将家子而任武官，但一生都没有在沙场效命。欧阳修称他"材敏"，特别举出一事为证，记载当他以三班奉职监大通堰时，那时他的上司，担任制置淮南、江浙、荆湖发运使的李溥（？～1018），素来以峻法管束属下。凡李溥所巡视的地方，属吏虽然都做好准备，但仍被他找到过错，受到劾责被罢废的官吏前后有数百人。他们每听到李溥前来，均惊恐不安，甚至有人怕得投水自杀。杨琪在众多官员中年纪最轻，但他毫不担忧。李溥的治所真州（今江苏仪征市）距大通堰最近，李溥曾经突然夜乘轻舟来到杨琪的治所，检按他的文簿纪录，视察他的职事。杨琪素有准备，这次李溥突击检查，完全找不到他有什么过错，连李溥也称许他的才干。①

　　杨琪从真宗（968～1022，997～1022 在位）晚年到仁宗（1010～1063，1022～1063在位）皇祐年间前后 30 余年，先后任同提点河东、京西、淮南三路刑狱公事，他的官职由三班奉职累迁至诸司副使最低一阶的供备库副使，最后的阶官为银青光禄大夫，爵位为原武伯。虽然欧阳修称他"君所历官，无不称职"，但他实在算不上仕途得意。比起他的族弟杨文广最后官至步军都虞候，位列三衙管军，就大大逊色了。欧阳修称许杨琪在任上乐于举荐人，并称他多年来共举荐 200 余人，而"往往为世闻人"。这番说法显然有溢美之嫌，撇开浮词不论，杨琪为官数十年，可资称誉的政绩实在不多。杨琪在皇祐二年（1050）六月壬戌（初七）卒于淮南任上，年 71。因杨畋之故，宋廷赠杨琪左骁卫将军。翌年（皇祐三年，1051）十月甲申（初六），时任屯田员外郎、直史馆的杨畋将亡父及亡母慕容氏合葬于洛阳县（今河南洛阳市东北 30 里汉魏故城）。杜泽（一作翟）原，并请好友欧阳修为亡父撰写墓志铭。杨琪除杨畋外，尚有女寿阳县君杨氏一人，为继娶之李氏所生，生于景祐三年（1036）。考在杨家将各代人物中，虽然杨琪官职及事功均不显，他与其幼女以及女婿张景儒却都有墓志铭传世，真算得上是异数。另外，杨琪父女的籍贯均作麟州新秦。此外，杨琪的名字又与小说的杨门女将杨八妹雷

---

① 考殿侍是武臣未入流之武阶之最低等，因杨光展死时仅官西头供奉官，故杨琪以父遗荫所得之官只能得到最低级的武阶官殿侍。至于三班奉职，属三班小使臣阶列，在三班借职之上，左右班殿直之下，太宗淳化二年（991）正月由殿前承旨改。元丰改制时定官品为从九品。考杨延昭卒于大中祥符七年（1014）正月，宋廷授其三子官，很有可能杨琪也在这时（他是年三十五），以伯父之遗荫授三班奉职。又考李溥在真宗景德二年（1005）五月，授制置淮南、江浙、荆湖茶盐矾税发运副使，景德四年（1007）八月迁发运使，直至天禧二年（1018）被罢黜，前后任发运使十四年。杨琪在何年何月以三班奉职监大通堰，史所不载，疑在大中祥符七年正月后。至于大通堰的所在，据吴越国王钱俶（929～988）异母弟钱俨（937～1003）所撰之《吴越备史》所记，太祖在开宝九年（976）正月前，因钱俶入觐，命"供奉官张福贵及淮南转运使刘德言开古河一道，自瓜州口至润州江口，达龙舟堰，以待王舟楫。其堰遂名大通堰。"龚延明：《宋代官制辞典》，中华书局，1997 年 4 月，401，480，591页；《长编》，册五（1980 年 1 月），卷六十"景德二年五月壬子条"，1336～1337 页；卷六十四"景德三年十二月甲午条"，1439 页；册六（1980 年 1 月），卷六十六"景德四年八月己酉条"，1481～1482页；册七（1985 年 11 月），卷八十二"大中祥符七年正月甲午条"，1861～1862 页；卷九十一"天禧二年二月癸酉条"，2100 页；钱俨：《吴越备史》，文渊阁《四库全书》本，〈补遗〉，叶 7 上。

同，也是有趣的巧合。①

三、奋 战 猺 山

杨畋字乐道，又号叔武，②生于真宗景德四年（1007）。他的生母是慕容氏抑或李

---

① 《欧阳修全集》卷二十九〈供备库副使杨君墓志铭〉，444～445 页；曾枣庄、刘琳编：《全宋文》第十四册，巴蜀书社，1991 年 1 月，卷五百七十九〈陆经〉〈朝奉郎守太子中舍骑都尉赐绯鱼袋张君墓志铭·熙宁八年九月〉，218～219 页；第三十九册，巴蜀书社，1994 年 3 月，卷一七零四〈张峋〉〈宋故寿阳县君杨夫人墓志铭·绍圣二年三月〉，556～557 页；考欧阳修这篇墓志铭撰于皇祐三年。欧阳修为了称颂杨琪，特别表扬杨琪爱士之品德，记杨琪曾说："吾本武人，岂足以知士大夫哉？然其职得以荐士，亦吾志也。"又记杨琪曾因所举荐一人犯过，而坐罪罚金时，他不但毫不介意，反而喜说："古人拔士，十或得五，而吾所荐者多矣，其失者一而已。"关于杨琪曾推荐的人，可能包括杨琪的族弟杨文广。笔者曾推测在庆历三年，杨文广得以出任讨伐军贼张海的巡检职位，可能出于当时任知岳州（今湖南岳阳市）、提点荆湖南路刑狱的杨畋推荐。而另一个可能是杨琪的推荐。参见〈北宋杨家将第三代传人杨文广（？～1074）事迹新考〉，395 页，注 27。又杨琪幼女卒于绍圣二年（1095）二月，年六十，则其当生于景祐三年（1036）。关于杨畋女及其婿张景儒的事迹，以及他们墓志铭撰写人的身份，详见本文第六节。她这篇墓志铭撰于绍圣二年三月，撰写人是左朝奉大夫、管勾西京嵩山崇福宫、上柱国、赐紫金鱼袋张峋（？～1095 后），书写墓志铭的是右朝奉郎、监兖州东岳庙、轻车都尉、赐绯鱼袋程公孙（？～1097 后），而篆盖的却是杨畋的独子杨祖仁，他当时的官职是签书崇信军节度判官厅公事、赐绯鱼袋。按张峋的生平不详，据《长编》及《宋会要》所记，在熙宁二年（1069）九月，他以太常博士提举两浙路常平广惠仓兼管勾农田水利差役事。到熙宁四年（1071）四月十八日以丁忧罢任，然言官却劾他在任并未推行新法。说他出巡只到过明州和越州，至于程公孙的生平，据《长编》及《宋会要》所记，他是程颐（1033～1107）的族子，吕公著（1018～1089）子吕希纯之妻兄，他在熙宁九年（1076）五月，以光禄寺丞管勾合卖太医局，到元丰元年（1078）四月，三司以程公孙所管勾的太医局熟药所在熙宁九年六月开所以来，至十年六月，收息钱二万五千余缗，所收的息钱倍于预计，于是请给程公孙及另一监官殿直朱道济减磨勘三年，依条例给赏，自今二年一比较。在元祐三年八月他以奉议郎授监在京商税院，为右正言刘安世所劾以执政姻亲见用。他在绍圣四年（1097）中，曾被京西转运使周秩辟为部僚，专察访外事，助新党诛除旧党之人，他被王巩（？～1099 后）批评为"素名能刺人事者也"，旧党人称程颐在绍圣四年十一月再被送涪州（今重庆市涪陵区）编管，也是程公孙所致。据说程颐语曰：族子至愚，不为足责，故人情厚，不敢疑。参见《宋会要辑稿》，〈职官二十二之三十七〉、〈职官二十七之十二〉、〈职官四十三之二、三〉；《长编》，卷二百十八"熙宁三年十二月丁巳条"，5291 页；卷二百二十二"熙宁四年四月癸酉条"，5406 页；卷二百八十九"元丰元年四月丁卯条"，7071 页；卷四百四十三"元祐三年八月辛丑条"，10047～10048 页；卷四百九十"绍圣四年八月壬辰条"，11625～11627 页；卷四百九十三"绍圣四年十一月丁丑条"，11704～11705 页；"十二月癸未条"，11707～11708 页。

② 杨畋又号叔武，见诸宋人的文集及诗篇，好像他的好友赵抃在皇祐元年或二年所写一首诗〈闻杨畋病愈〉，头一句便说"湖南杨叔武，消息有人传"。另梅尧臣在皇祐四年有诗送他，即题为〈赤蚁辞送杨叔武广南招安〉。此外，尹洙（1001～1047）在〈送李侍禁序〉一文中，也记"新秦杨叔武尝为予言其友人李君之为人"；再有的是蔡襄在其所撰的〈杨叔武北堂夜话〉、〈送安思正之蜀〉等诗，均称杨畋为杨叔武。另外余靖亦有诗〈和伯恭殿丞登武江门楼怀杨叔武太保〉，亦称杨畋为杨叔武。赵抃：《清献集》，文渊阁《四库全书》本，卷二〈闻杨畋病愈〉，叶 7 下至 8 上；梅尧臣撰、朱东润编年校注：《梅尧臣集编年校注》，上海古籍出版社，1980 年 11 月，卷二十二，624 页；尹洙：《河南集》，文渊阁《四库全书》本，卷五〈送李侍禁序〉，叶 2 上下；蔡襄著、吴以宁点校：《蔡襄集》，上海古籍出版社，1996 年，卷一〈古诗一〉〈杨叔武北堂夜话〉，12 页；〈送安思正之蜀·临字思正〉，14 页；余靖：《武溪集》，文渊阁《四库全书》本，卷一〈和伯恭殿丞登武江门楼怀杨叔武太保〉，叶 4 下。按黄志辉所编之《武溪集校笺》将此诗所提及之杨叔武，误作杨崇勋，不知杨畋又字叔武。李贵录已为文加以辨正。参见李贵录：〈余靖诗中若干人物考释——黄志辉《武溪集校笺》补正〉，《韶关学院学报》（社会科学版），2002 年 10 月第 23 卷第 10 期，42～43 页。

氏，史无未载。不过，以与其父杨琪合葬的慕容氏的可能性较大。①《宋史·杨畋传》记杨畋以进士及第，授秘书省校书郎、并州（即太原）录事参军。考梅尧臣有诗《杨畋赴官并州》，据朱东润所考，此诗撰于景祐元年（1034），则杨畋可能于是年登第并出仕为并州录事参军。② 杨畋名"畋"，本来是典型的武人名字。但他弃武从文，以科举之途登仕。常征认为当是出于杨琪之主意。③ 杨畋大概在宝元二年（1039）再迁大理寺丞、知岳州（今湖南岳阳市）。④ 庆历三年（1043）十月，他自殿中丞知岳州擢提点荆湖南路刑狱，驻衡州（今湖南衡阳市）。宋廷准备攻讨劫掠州县的湖南猺人（按：宋人文献又泛称他们为蛮人，下文猺蛮并称），黄捉鬼、邓和尚与唐和尚等部众，于是任命杨畋督师讨伐他。是年 37 岁。⑤

---

① 　杨琪妻慕容氏与其族弟杨文广妻慕容氏是否同出一门，待考。关于与杨家结姻的慕容氏与说部的杨门女将穆桂英的关系，可参汤开建：〈穆桂英人物原型出于党项考〉，载《西北民族研究》2001年第 1 期（总第 28 期），65～72 页。

② 　《宋史》卷三百〈杨畋传〉，9974 页；《梅尧臣集编年校注》，卷四，59 页。梅尧臣在这首诗里云："尝闻地近胡，寒气盛中都，车马行临塞，关山见落榆。吴钩皆尚壮，章甫几为儒，寄谢西曹掾，能吟秀句无。"考景祐元年正月丁丑（十六），仁宗命翰林学士章得象（978～1048）等五人权知贡举。三月戊寅（十八），试礼部奏名进士，己卯（十九）试诸科，辛巳（二十一）试特奏名。最后取得张唐卿、杨察及徐绶以下等进士五百一人，诸科二百八十二人，特奏名八百五十七人。考是科第六人而下并为校书郎、知县。杨畋初仕为校书郎，疑在是榜为第一甲六人以下。参《长编》，卷一百十四"景祐元年正月丁丑条"，2660 页；"三月戊寅条"，2671 页。附带一谈，清人所编修的《陕西通志》将杨畋及第的年份作庆历六年贾黯榜，此说大误。另李裕民教授亦指出光绪《山西通志》卷一四〈贡举谱〉将杨畋当作太原人为误。参见刘于义等（监修），沈清崖（编纂）：《陕西通志》，文渊阁《四库全书》本，卷三十，叶 43 上；李裕民：〈宋代太原进士考〉，《城市研究》1995 年 1 期，60 页。

③ 　《杨家将史事考》，46 页。

④ 　据蒋维锬所考，蔡襄在宝元二年在洛阳任西京留守推官时，撰有诗〈送安思正之蜀〉，提到杨畋与他交好，称"是时杨叔武，相值极欢诚。妙言发潜福，远意倍幽明。羞谀刺俗子，指急条边兵。过从岂云厌，时节忽峥嵘。"然后提到杨畋出守岳州，称"叔武守岳阳，别去方行行"，即是说杨畋在不久前自洛阳出守岳州。蔡襄在稍前的时间所撰的〈杨叔武北堂夜话〉，提到杨畋"夫君有高适，顾我慰寂寥"，于是在杨赴岳州任前，与蔡襄在北堂夜话，"潇洒开北堂，拂榻延良宵"，"垆灰寒更划，灯池落仍挑。相看数漏板，后会诚重要"。按蒋维锬怀疑这里所称的杨叔武不是杨畋，因蔡襄后来赠杨畋的诗只是称他为杨乐道，另据《宋史·杨畋传》，杨畋并未在西京任职。不过，蒋氏不知杨畋确另号杨叔武，而蔡襄在其诗集中有时又称杨畋为"杨龙图"（见下文），可见蔡襄对杨畋的称呼前后并不一致。至于杨畋在洛阳任职不见载于《宋史》的问题，蒋氏不知洛阳是杨畋祖居所在，而杨畋此时居于洛阳，可能不是为官，而是回籍守制，很有可能是守其生母慕容氏之丧。按蔡襄的诗没有说杨畋在洛阳做官。蒋维锬：《蔡襄年谱》，厦门大学出版社，2000 年 12 月，28 页；《蔡襄集》卷一〈杨叔武北堂夜话〉，12～13 页；〈送安思正之蜀·临字思正〉，14 页。

⑤ 　《宋史》卷三百〈杨畋传〉，9964 页；卷四百九十三〈蛮夷传一〉，14183 页；《长编》卷一百四十四，庆历三年十月戊申，3483 页。据《宋史·蛮夷传一》所描述，这次作乱的桂阳监蛮猺，"居山间，其山自衡州常宁县属于桂阳、郴、连、贺、韶四州，环约千余里，蛮居其中，不事赋役，谓之猺人。初，有吉州巫黄捉鬼与其兄弟数人皆习蛮法，往来常宁，出入溪峒，诱蛮众数百人盗贩盐，杀官军，逃匿峒中，既招出而杀之，又徙山下民他处。至是，其党遂合五千人，出桂阳蓝山县华阴峒，害巡检李延祐、潭州都监张克明。"按：北宋荆湖南路刑狱驻衡州，可参见王象之（？～1041 后）撰，李勇先校点：《舆地纪胜》第四册，卷五十五〈衡州〉，四川大学出版社，2005 年 10 月，2089 页。又这场猺乱，亦有学者称之为瑶族农民起义。专题论述此一事件的著作，可参阅向祥海：〈北宋黄捉鬼唐和尚领导的瑶族农民起义〉，《贵州民族研究》（季刊），1987 年第 3 期（总 31 期），1987 年 7 月，96～102 页。

据僧人守瑞（1025～1072）所编的《后住潭州云盖山海会寺语录》所记，杨畋就任荆湖南路提刑，经过潭州（今湖南长沙市）云盖山海会寺，曾与寺中高僧杨歧方会（996～1049）谈起禅来。方会邀他入院烧香，杨畋答应完成平乱之后再烧香。杨畋请方会给他指点前程，方会有颂云："示作王臣，佛祖罔措。为指迷源，杀人无数。"似乎预言杨畋此行多有杀业。①

杨畋初次出师便不利，他到湖南后，招募兵勇，深入猺人所居的山区讨击。但南方人久不习军事，杨畋所招的兵勇多半畏慑而不能战。杨畋率军转战两个月，到是年十二月，杨畋军抵孤浆峒，宋军前锋竟阵前退却，导致全军溃败。杨畋跌倒在山岩下，幸赖有浅草卸去下坠力而得以不死。宋廷见师出无功，是月己酉（十六），下诏湖南转运使郭辅之，倘不能剿平猺乱，就改用招抚之策。② 就在是年底，杨畋的族侄杨文广获荐担任捕盗巡检，讨伐横行于京西之军贼张海。推荐他任巡检的，很有可能就是杨畋。杨文广因平乱有功，得以在仕途上晋升。③ 但杨畋初登沙场，却成为败军之将，而且几乎命丧猺山。

庆历四年（1044）正月，当湖南的猺乱尚未平定时，受宜州（今广西河池市宜州市）羁縻之环州蛮人区希范（？～1045）与其叔区正辞（？～1045）率众500人攻破环州，建号反宋。宋廷即派内臣入内供奉官王昭明（？～1064）往宜州，招募兵勇入峒捕击蛮兵。④ 而在同年三月，宋廷改派殿中侍御史王丝（？～1047）代替张庚，担任荆南路体量安抚、提举捉贼之事，统领杨畋等讨伐猺人。又派内臣携带诏书，赏赐荆南路捕击山猺军士缗钱。⑤

对于湖南猺乱，该剿抑抚，宋廷一时没有定见。而由谁人统领平乱事宜，宋廷也是举棋不定。时任谏职的右正言知制诰欧阳修便大加批评，指宋廷"不惟任人不一，难责成功，兼彼数人一时到彼，不相统制"。但奏入不报。⑥ 杨畋在这各自为政、互不统属的体制下，自行招募兵勇，重整师旅，志切立功补过。其中他招到最得力的部属，是和他

---

① 赜藏主编，萧莲夫、吕有祥点校：《古尊宿语录》卷十九〈后住潭州云盖山海会寺语录〉（舒州白云峰嗣法小师守端编），中华书局，1994年5月，355页。又关于杨歧方会的生平，与及他在海会寺遇见杨畋的时间的讨论，可参阅赵嗣沧：《杨歧方会大师传》，（台北县三白重市：佛光文化事业有限公司，2001年3月），250～251页，267～268页。据赵嗣沧的意见，杨畋见方会，当是庆历五年二月由潭州往桂州（今广西桂林市）时经过云盖山。

② 《长编》卷一百四十五"庆历三年十二月己酉条"，3514页；《宋史》卷三百〈杨畋传〉，9964页。

③ 参阅〈北宋杨家将第三代传人杨文广（？～1074）事迹新考〉，393～397页。

④ 《长编》卷一百四十六"庆历四年二月癸卯条、戊申条"，3541页。

⑤ 《长编》卷一百四十七"庆历四年三月乙丑条"，3554页。

⑥ 《欧阳修全集》卷一百五〈论讨蛮贼任人不一札子·庆历四年〉，1596～1597页；《长编》卷一百五十二"庆历四年九月丙子条"，3701～3703页。据欧阳修所言，当湖南蛮乱起时，宋廷自升州（今江苏南京市）差刘沆（995～1060）知潭州，授龙图阁学士，令他专一蛮事。但刘沆未到湖南，又差杨畋为湖南提刑，令他专责蛮事。杨畋未到，又差周陵为本路转运使，令他负责平蛮。周陵差敕未到，宋廷又改派王丝为安抚使，授他以平蛮之任。但当王丝尚在路上，又改派徐的。

一样文武兼资、颇有将才、屡立战功的陶弼（1015～1078）。杨畋再度率兵深入敌巢，杀敌七八十人，并夺得猺人粮储。不过，他的剿敌努力，仍受到不少朝臣非议，包括与他有交情的人。例如他的好友欧阳修在是年三月便上言，反对他进剿之策。欧阳修指"新差杨畋，锐于讨击，与郭辅之异议，不肯招降"。他又说宋廷差派王丝到湖南之前，并未有明确指示该怎样做，他担心王丝到湖南后，会与杨畋同样主张进击猺人。他认为"蛮贼止可招携，卒难剪扑，而畋等急于展效，恐失事机。今深入而攻，则山林险恶，巢穴深远，议者皆知其不可。若以兵外守，待其出而击之，则又未见其利"。他又说杨畋之小胜，虽然"增我士气，畋之勇略，固亦可嘉"；但他担忧宋廷上下急于平乱，一听到杨畋小捷之报，就以为已打了大胜仗，结果不待成功，便行厚赏，另外再不肯招安猺人。他反对马上厚赏杨畋，免得诸处巡检捕贼官见杨畋获赏，就争相捕杀平民冒功。他指出杨畋等"自恃因战得功，坚执不招之议，朝廷亦恃畋小胜，更无招辑之心，上下失谋，必成大患"。他请求宋廷降诏奖谕杨畋等，令其执行招安之策，然后行厚赏。总之，欧阳修反对杨畋继续进兵猺峒。①

　　与欧阳修同年且和杨畋亦有交情的右正言、集贤校理余靖，② 也对杨畋锐意剿灭猺峒的做法表示异议。他除了担心传闻杨畋剿猺马上得到厚赏后，会导致湖南其他捕盗官兵，为了邀功，而滥杀平民冒功之负面影响外，他更批评杨畋不肯行招抚之策，而是"攻贼巢穴，意在荡除，由是贼出攻城，以争死命。虽闻朝廷屡令招抚，而杨畋鸷勇，但欲净尽贼徒"。他认为以武力剿平猺乱的代价是"若能尽贼，但恐百姓亦尽"。他认为杨畋坚决要讨平猺人，却同时教猺人痛恨他，不肯接受宋廷招抚。他且建议宋廷可以杨

　　① 《欧阳修全集》卷一百五〈论湖南蛮贼可招不可杀札子·庆历四年三月〉，〈再论湖南蛮贼宜早招降札子·庆历四年三月〉1597～1600 页；《长编》，卷一百四十七"庆历四年三月甲戌条"，3558～3561 页；沈辽（1032～1085）：《云巢编》，文渊阁《四库全书》本，卷八〈东上阁门使康州刺史陶公传〉，叶 4 下至 5 下；刘挚（1030～1097）撰，裴汝诚、陈晓平点校：《忠肃集》，中华书局，2002 年 9 月，卷十二〈东上阁门使康州团练使陶公墓志铭〉，243 页；黄庭坚（1045～1105）撰，刘琳、李勇先、王蓉贵校点：《黄庭坚全集》，四川大学出版社，2001 年 5 月，《宋黄文节公全集·正集》卷三十〈东上阁门使康州团练使知顺州陶君墓志铭〉，815 页；《宋史》，卷三百三十四〈陶弼传〉，10735 页；陶弼：《邕州小集》，文渊阁《四库全书》本。考陶弼也文武兼资，能诗善文，有诗集《邕州小集》一卷传世。据陶弼的墓志铭所记，杨畋以礼奉币致陶弼于幕下，陶因是感激，于是马上追随杨畋，并替他设谋划策，稍后即率所募士卒破敌于桃油平，于杨畋军中功第二，以功补授衡州司理参军。后又破太平峒，于杨畋军中功第二，以进士调授桂州阳朔县（今广西桂林市阳朔县）主簿。按《宋史·陶弼传》则称杨畋征蛮猺时，陶弼自行上谒，杨畋授他以兵往袭蛮猺。
　　② 在余靖的文集中，收有〈和伯恭殿丞登武江门楼怀杨叔武太保〉及〈又和寄提刑太保〉两首诗，其撰写的年月不详，从诗中提到杨畋的职衔为提刑推之，当是庆历三年以后。从诗句内容观之，余靖与杨畋交情不俗。例如〈和伯恭殿丞登武江门楼怀杨叔武太保〉一诗云："徙倚江边槛，旌旗望处遥。交情深慕蔺，风韵渴闻韶。寄远缄灵药，迎归舣画桡。伏波新荡寇，气入岭云飘"，另〈又和寄提刑太保〉一诗亦云："常记临岐把酒杯，芳心应得见归来。不从去日叮咛约，已向东风取次开。"均看出二人非浅的交情。参见《武溪集》，卷一〈和伯恭殿丞登武江门楼怀杨叔武太保〉，叶 4 下；卷二〈又和提刑太保〉，叶 5 上。

畋在孤浆峒战败之由，将他调走，而另委别人改行招抚之策。他强调"不可重惜杨畋而轻荆南一路百姓"。① 余靖之后又批评原任荆南体量捕盗事，负责协调平乱事宜的王丝毫不胜任。②

欧阳修及余靖的忧虑并非毫无道理，平定猺乱的战事在是年四月一方面仍在进行，而派往湖南平定蛮乱的军士，因炎夏发生瘴热，罹疾的人众多。仁宗大为忧虑，马上下令医官院遣医学一员，驰驿前往诊视。另外，仁宗也下令抚恤在平乱中被错杀的平民。③是月丁酉（初六），仁宗改派京西转运按察使杜杞（1005～1050）为广南西路转运按察使，委之专责讨平宜州蛮区希范。④ 不过，仁宗并没有采纳欧阳修及余靖的建议，撤换杨畋、改用招抚之策。⑤ 是年五月，杨畋再上捷报，其中像杨畋投笔从戎的原桂阳监（今湖南郴州市桂阳县）进士廖革，以一人独杀蛮兵 31 人的战功，授右班殿直、捉杀蛮贼之职。⑥

宋廷这时双管齐下，既命杨畋继续进讨，在同年六月，又命知潭州刘沆招谕桂阳监蛮人，有肯来降的，就次第推恩。到是年十月，刘沆陆续招降 2000 人，使散居所部。⑦

为了讨平猺乱，杨畋采用坚壁清野的战术，他将接近猺峒的民户，包括没有依附猺人的民户，尽数驱逐至两广，使敌人失掉巢穴。⑧ 据余靖所言，杨畋在平乱中，"锐于杀伐"。余靖认为要招抚蛮人，一定要撤掉"蛮人必不相信"的杨畋，虽然杨畋"曾经边任，身耐劳苦"，但他认为"不可恐畋之怨而不忧贼之疑而不降也"。他主张与杨畋近边

---

① 《长编》卷一百四十七"庆历四年三月甲戌条"，3561～3563 页。

② 《长编》卷一百四十八"庆历四年四月丁酉条"，3579 页；卷一百六十"庆历七年正月癸卯条"，3861 页。考王丝在庆历七年正月癸卯（二十八），以疾自请解职，宋廷将他自广南东路转运使、侍御史徙知通州。他何时调任广南东路转运使未载，可能是余靖上奏后调职。

③ 《长编》卷一百四十八"庆历四年四月癸巳、甲午、丙申条"，3574～3575 页。

④ 《长编》卷一百四十八"庆历四年四月丁酉条"，3578 页。

⑤ 考近期研究余靖的学者，也指出余靖没法改变仁宗委用杨畋剿平猺乱之主张。参见黄志辉：〈北宋中叶出色的政治改革家余靖〉，《韶关学院学报》（社会科学版）2002 年 4 月，第 23 卷第 4 期，98～100 页。

⑥ 《长编》卷一百四十九"庆历四年五月戊辰条"，3608～3609 页；"五月壬午条"，3613 页。考同月壬午（二十一），宋廷录潭州都监、东头供奉官张克明子张惇为三班奉职，张愉为三班借职，以张克明死蛮事而厚恤之。疑张克明即杨畋部属，讨猺人死战死。又宋廷没有撤换杨畋，后来余靖上奏，认为当是执政大臣曾保任杨畋，所以不肯移去杨畋之任。这执政大臣，很有可能是与杨畋有交情，后来提拔杨文广的范仲淹（989～1052）。《长编》卷一百五十三"庆历四年十一月壬午条"，3722 页。

⑦ 《长编》卷一百五十"庆历四年六月丁酉条"，3625 页；卷一百五十二"庆历四年十月壬子条"，3710 页。

⑧ 《长编》卷一百五十三"庆历四年十一月辛未条、壬午"，3720～3722 页。据余靖所奏，杨畋曾打杀九疑山（在桂阳监蓝山县）外蛮人的巢穴，致令这些失所的蛮人逃往连州（今广东清远市连州市）、韶州（今广东韶关地区韶关市）界打劫。考余靖在这年十一月，以南郊大典在即，而猺乱已接近平定，请求宋廷赦免从贼之人户，也招抚山猺人户，返回故土。他又请撤去杨畋及在九疑人下的兵甲，令前来归降的蛮人，入峒招谕其他蛮人来降。

差遣，另委他人招降蛮人。①

宋廷没有采纳余靖的建议，继续由杨畋统军平乱。是年十一月丙戌（二十九），应募入伍的进士区有邻等 14 人，以从杨畋破荡挑油平、能家等处巢穴有功，获授官职。是年十二月，杨畋军深入猺峒，首先在石石亥洞击破蛮兵，然后在庆历五年（1045）初陆续平定六峒。② 是年正月，庆历改革的主将范仲淹和富弼（1004～1083）在反对势力下离开宋廷，而获范支持的杨畋，所参与逾一载的平蛮战事也告终。是年二月，宋廷赏平蛮之功，杨畋自殿中丞迁太常博士，赐五品服。司马光《涑水记闻》、及《宋史·杨畋传》对杨畋这场逾一载的平蛮苦战，称他"讨叛蛮，与士卒同甘苦，士卒爱之"、"在山下讨蛮，家问至，即焚之，与士卒同甘苦，破诸峒"、"卒厉众平六峒"，道出杨畋之艰辛。③

是年三月，知潭州刘沆兼湖南路安抚使，统领善后工作。宋廷也在同月平定宜州区希范之蛮乱。杨畋大概如余靖所建议，给近处差遣，不预招安工作。④ 当然，宋廷在招抚蛮人之余，也有两手准备，提防蛮人拒降再战。同年八月乙亥（二十二），宋廷调整湖南人事，任唐州（今河南唐河县）、邓州（今河南邓州市）等州都巡检使、礼宾副使宋吉（？～1045 后）为荆湖南路捉杀蛮贼。九月，宋廷再依从刘沆的建议，将从杨畋等八路入讨蛮猺，荡平挑油平、能家等处巢穴捕斩首级有功的广勇军副都头夏吉以下 48 人、诸军十将至长行共 880 人，均递迁一资，并加支赐，以提高平乱的宋军士气。⑤ 不过，宋廷的主流意见仍以抚为主，十月戊午（初六），下诏湖南地方守臣，指示如闻湖南之猺人余党打算投降，令本路停止出兵攻讨，并且告谕猺人逃匿者可复归旧处，地方州

---

① 《长编》卷一百五十三"庆历四年十一月壬午条"，3722 页。

② 《长编》卷一百四十五"庆历三年十二月戊申条"，3514 页；卷一百五十三"庆历四年十二月甲辰条"，3725 页；卷一百五十四"庆历五年正月甲子条"，3735 页；卷一百五十七"庆历五年九月丁酉条"，3801 页。考庆历四年十二月，宋廷赏平石石亥洞蛮之功，内殿承制丌赟擢为庄宅副使，内殿崇班胡元（？～1045）为礼宾副使。庆历五年正月，宋廷又擢内殿承制宋守信（？～1049 后）为供备库副使，赏其平湖南蛮贼之劳。

③ 考湖南蛮黄捉鬼的余党唐和尚这时仍在桂阳监入寇，未完全平定。当范仲淹罢参政宣抚河东时，杨畋族叔杨文广即被延揽入范仲淹幕。很有可能是杨畋推荐的。在范仲淹的文集中，收录有〈和杨畋孤琴咏〉五言古诗一首（按：此诗作为何时待考）。从范仲淹与杨畋和诗论琴的事看，二人交情可以到知音的地步，相信范仲淹正是朝中支持杨畋平乱的人。方健教授的《范仲淹评传》即认为杨畋是范仲淹高山流水的琴中知音。参阅何冠环：〈北宋杨家将第三代传人杨文广（？～1074）事迹新考〉，398～399 页；《长编》卷一百五十四"庆历五年正月乙酉条"，3740～3741 页；"二月己亥条、癸亥条"，3747～3548 页；司马光撰，邓广铭、张希清校注：《涑水记闻》，中华书局，1989 年 8 月，卷十三，259 页；《宋史》卷三百〈杨畋传〉，9964，9966 页；卷四百九十三〈蛮夷传一〉，14184 页；范仲淹撰，李勇先、王蓉贵校点：《范仲淹全集》，四川大学出版社，2002 年 9 月，上册，〈范文正公文集〉，卷三〈和杨畋孤琴咏〉，52 页；方健：《范仲淹评传》南京大学出版社，2001 年 12 月，第一章〈生平述略〉，109～110 页。

④ 《长编》卷一百五十五"庆历五年三月壬戌、甲子条"，3759～3760 页。

⑤ 《长编》卷一百五十七"庆历五年八月乙亥条"，3799 页；"九月丁酉条"，3801 页；《宋史》卷三百〈杨畋传〉，9964 页。

县宜存抚之。①

　　宋廷一意招抚蛮人余党，但以唐和尚为首的蛮猺却不受招安，在桂阳监再度入寇。杨畋部将、新升礼宾副使之胡元、右侍禁郭正、赵鼎、三班差使殿侍王孝先等，与唐和尚军战于桂阳监蓝山县（今湖南蓝山县东北古城村）华阴峒口，胡元等兵败战死。宋廷在是年十一月二十一日，以胡元等战死，为杨畋"措置乖方"，于是将他降知太平州（今安徽当涂县），刘沆在十二月十一日亦责降知鄂州（今湖北武汉市）。而以右谏议大夫刘夔（？～1053 后）为龙图阁直学士知潭州兼荆湖南路安抚使，负责剿灭唐和尚。刘夔担忧唐和尚战胜胡元后，会更加聚众生事，并转成边患。他请得宋廷赐给他空头宣命十道，用来招安各处溪峒首领。②

　　庆历六年（1046）正月丙申（十五），宋廷以桂阳监之猺乱未止，权置都巡检使一员，统领平乱兵马。然后在是月庚戌（二十九）又厚恤在蓝山县阵亡的胡元等人。二月癸亥（十二），又从荆湖南路转运使周沆（？～1055 后）的建议，增给官军公使钱一千贯以犒设将校。是月己卯（二十八），宋廷徙骁将、华州（今陕西华县）都监、洛苑使蒋偕（？～1052）为荆湖南路钤辖，对付悍勇之桂阳监猺蛮。③ 仁宗又体恤平蛮将士因炎夏瘴雾所生之苦疾，是年四月甲寅（初三），又再令医官院拟定医方，遣派使臣颁给之。是月壬申（二十二），为便于平乱，以湖南都监、供备库副使宋守信（？～1056）兼知桂阳监，至平定猺乱才罢。④ 五月乙酉（初六），知潭州刘夔在招降不成后，进兵讨伐猺首唐和尚，败之于银江源，并击破其巢穴，但仍让唐和尚遁去。⑤ 宋廷以蛮猺未平，在九月乙巳（二十八），又再任户部判官、祠部郎中崔峄（？～1061 后）为荆湖南路体量安抚，命他前往湖南与众守臣商议讨除招安之策。⑥ 在这里顺带一提，当杨畋仍在太平州时，他的好友蔡襄在福州（今福建福州市）撰《梦游洛中十首》，并将之寄赠，诗序云："九月朔，予病在告，昼梦游洛中，见嵩阳居士留诗屋壁，及寤，犹记两句，因成一篇。思念中，来续为十首，寄呈太平杨叔武。"这是目前关于杨畋贬知太平州一年多

---

① 《长编》卷一百五十七"庆历五年十月戊午条"，3802 页。

② 《长编》卷一百五十七"庆历五年十二月己未至壬亥条"，3812 页；"十二月癸酉条"，3813 页；《宋会要辑稿》，〈职官六十四之五十一、五十二〉；《宋史》卷四百九十三〈蛮夷传一〉，14184 页。

③ 《长编》卷一百五十八"庆历六年正月丙申条、庚戌条"，二月癸亥条、己卯条，3819～3821 页；"三月辛巳条"，3822 页。宋廷在三月初一，又诏新任荆湖南路钤辖蒋偕，要他务宣布宋廷的恩信以招怀蛮人，倘蛮人不接受招安，才出兵掩捕，但不得过行威虐。因蒋偕在原州（今甘肃庆阳地区镇原县）时曾以残酷手法对付俘获的蕃部，故宋廷特有此诏以告诫蒋偕。

④ 《长编》卷一百五十八"庆历六年四月甲寅条、壬申条"，3825～3826 页。

⑤ 《长编》卷一百五十八"庆历六年五月乙酉条"，3826 页。

⑥ 《长编》卷一百五十九"庆历六年九月乙巳条"，3847 页。

的唯一记载。①

　　为了平乱，宋廷用尽了所有办法。十月壬戌（十六），当湖南转运使周沆上奏，称指使卒景贤招降得道州蛮党56户259人，宋廷立刻诏给其首领以次补官职。翌日（十七），宋廷又赐湖南讨蛮猺军士特支钱，以鼓励士气。然招安是否良方？文官主张安抚，武将却主张讨剿。同月辛未（二十五），知桂阳监宋守信便力主征剿，他指唐和尚聚众才千余人，但竟能为盗五、六年，不能讨平他，因为朝廷不许宋军穷追猛讨。他举荐衡州（今湖南衡阳市）监酒黄士元，说他熟悉溪峒事，若派得敢战之士2000人、引路士兵200人，并优给他们金帛，必定可以使之讨平蛮兵。他又请本路钤辖丌赟率兵合击，当可令蛮兵势穷投降。宋廷采纳他的攻伐之策，并在翌日（二十六），令知广州（今广东广州市）魏瓘（？～1056）与本路转运使专责提举捕讨蛮猺，以防唐和尚窜入广南，倘朝廷之复议不及，许他们便宜行事。同日御史中丞张方平（1007～1091）上言论事，他谈到湖南蛮猺之乱未平时，指出知潭州刘夔，虽是清素之士，却非应剧务之才。他言下之意，湖南平乱需要易帅，不过，他并不欣赏杨畋，在奏中批评"比来委任刘沆、杨畋等以便宜从事，兵连祸结，屡致沮伤，损国威灵，陷民涂炭，湖、湘以外，赋役烦兴，因循五年，贼势益大，抄掠残暴，不可胜计"。他且庆幸"若刘沆之轻疏，杨畋之迂率，近已除代而罢之"。总之，在张方平眼中，杨畋并非平乱之才。②

　　十一月癸未（初七），广东转运司上奏，因宋守信发兵大讨蛮猺，他们就遁入郴州（今湖南郴州市）黄莽山，由赵峒转入英州（今广东清远市英德市）、韶州界，依山自保，又时出抄掠。③

　　新任湖南安抚使的崔峄在庆历七年正月壬午（初七），向宋廷提出易帅的请求。他一方面严劾荆湖南路兵马都监、西上阁门使刘贻孙在猺乱未平之际，却动辄托疾求医，另一方面力荐杨畋复任平蛮之责。他称杨畋"战孤浆峒下，人乐为用，今欲殄贼，非畋不可"。宋廷准奏，一方面重贬刘贻孙为安远（即安州，今湖北孝感市安陆市）行军司

---

　　① 《蔡襄集》卷五〈律诗·梦游洛中十首〉，89～90页；《蔡襄年谱》，81页。按蒋维锬以蔡襄撰写此诗当在庆历七年九月。他的理据是没记载蔡襄在庆历六年九月有病，故将此诗系于庆历七年九月，他不考杨畋知太平州，乃在庆历五年十一月到庆历七年正月，故蔡襄撰写此诗，当在庆历六年九月，而非七年。又所谓蔡襄"病告"，大概只是小病，故没有记载，不足为佐证。

　　② 考宋守信入山讨猺蛮，可他期待与他会师合击猺人的广西钤辖丌赟却过期不至。转运使又劾他在连州纵容部属屠杀耕牛而市之。庆历七年八月丙辰（十四），宋廷责降丌赟为邕州（今广西南宁市）本城马步军都指挥使，永不叙用。至于张方平则始终不信任杨畋，他后来在庆历六年三月论监察御史里行孙抗责降时，又旧事重提，说"荆南蛮寇骚扰郡县，杀害黎民，为患七年，未能平殄。朝廷既移罢刘沆、杨畋等，欲新恩信以扬威灵。"参见《长编》卷一百五十八"庆历六年三月丙午条，3823页卷一百五十九"庆历六年十月壬戌条、癸亥条、辛未条、壬申条"，3847～3848，3850页；卷一百六十一"庆历七年八月丙辰条"，3884页；张方平（撰），郑涵（点校）：《张方平集》，中州古籍出版社，1992年10月，《乐全集》，卷二十二〈请选湖南安抚职司长吏等事〉，318～319页；卷二十五〈论责降御史〉，381～382页。

　　③ 《长编》卷一百五十九"庆历六年十一月癸未条"，3851页。

马，岳州安置。另一方面将杨畋换武资为东染院使、任荆湖南路驻泊兵马钤辖，统军平乱。宋廷的制文还特别说这番任命是"用名将之后也"。①

这年五月丁亥（初八），广南东西路转运使傅惟几与高易简上奏宋廷，称唐和尚使其子来降，请宋廷贷给他们粮米，让他们依旧居于其所保有的峒中。傅、高二人请宋廷下令，令杨畋马前往连州及韶州山下，向唐和尚等晓谕旨意。猺人需要向宋廷缴械，并以亲属为质子，而请求宋廷补授他们官职。己丑（初十），宋廷依从傅、高二人的建议，招安唐和尚以下四猺首，授以官职及任为峒主。杨畋独持异议，他认为"贼剽攻湖广七年，所杀不可胜计，今使饱资粮，据峒穴，其势必不久后乱"。他主张将蛮人招出峒外，授田为民，才是长久之计，而不是授他们官职与赍粮，以纳质子使还峒。但他的计议没有被傅、高二人接纳。②

庆历八年（1048）春，唐和尚等果然一如杨畋所料，复出阳山为乱。幸好杨畋早有准备，马上率众出岭外，从夏天到秋天，连战 15 场，终于击溃猺患。③ 杨畋从庆历三年十月投笔从戎，到庆历八年秋全歼猺乱，前后奋战五年，作为杨门子弟，他可算不堕杨门威名。

四、兵 败 广 南

皇祐元年（1049）三月甲午（初二），杨畋上奏宋廷，自言在岭外剿捉蛮贼，感染瘴雾之疾，请求恢复文资。是月十九日，宋廷体恤他五载征战劳苦，于是同意他的请求，复任他为屯田员外郎加直史馆知随州（今湖北随州市）。宋廷的制文对他称誉备至，还特别突出他出自将家，文武兼资的本事。制文还总结了杨畋平蛮的功绩：

> 以尔东染院事、湖南钤辖杨畋，出自将家，有文武器干。早由辞科，历任郡县，至提按之职。向以群蛮绎骚，湖岭未靖，故特命以使名，往专讨辑。逮兹二岁，溪洞帖然。而勤劳积时，重疴生疾。④

就在杨畋养病随州的时候，是年九月乙巳（初十），广南西路转运使已向宋廷奏报

---

① 《长编》卷一百六十"庆历七年正月壬午条"，3859 页；卷一百六十六"皇祐元年二月己卯条"，3987 页；《宋史》，卷三百〈杨畋传〉，9964，9965 页；《宋会要辑稿》，〈职官六十一之十〉、〈职官六十五之一〉。刘贻孙是仁宗朝号为儒将，在三川口兵败被俘的刘平之子。关于刘平及其诸子之事迹，可参阅何冠环：〈败军之将刘平（973～1040 后）——兼论宋代的儒将〉，载何著：《北宋武将研究》，283～340 页。又东染院使是诸司正使第五阶第二资，宋前期为七品武官，东染院使虽不算是高阶武官，但已比杨畋父现任的供备库副使为高。另崔峄在皇祐元年二月前已徙为河北转运使。

② 《长编》卷一百六十"庆历七年五月丁亥至己丑条"，3875 页；《宋史》卷三百〈杨畋传〉，9964 页；卷四百九十三〈蛮夷传一〉，14185 页；《宋会要辑稿》，〈兵十之九〉。

③ 《长编》卷一百六十"庆历七年五月己丑条"，3875 页；《宋史》卷三百〈杨畋传〉，9964 页。

④ 《长编》卷一百六十六"皇祐元年三月甲午条"，3991 页；《宋史》卷三百〈杨畋传〉，9964 页；《宋会要辑稿》，〈选举三十三之七〉、〈职官六十一之十〉；《欧阳修全集》，卷八十一〈杨畋屯田员外郎直史馆制〉，1183 页。考杨畋之制文旧题欧阳修所撰，但据《欧阳修全集》的点校者所考，欧阳修在皇祐元年已去朝不再担任知制诰之职，故此制文当非他所撰。

广源州蛮入寇邕州（今广西南宁市），首领是侬智高。① 一场比湖南猺乱更大规模的动乱即将爆发。宋廷为应付广源州蛮乱，徙原礼宾使知桂州（今广西桂林市）陈珙（？～1052）为洛苑使、广南西路钤辖兼知邕州，而调内藏库使、广南东路都监陈曙为广南西路钤辖兼知桂州。另任内臣入内供奉官高怀政往邕州，与广南西路转运使督捕蛮贼。② 为了增强防卫力量，在皇祐二年（1050）二月丙戌（二十三），宋廷应允广南西路钤辖司之请，在邕州罗徊峒置一寨，以扼来犯之广源蛮。③

杨畋大概在皇祐二年初已内召，任三司户部判官。他的好友，时任翰林学士、吏部郎中提举在京诸司库务的赵抃，大概听到他召入的消息，曾写了一首题为《闻杨畋病愈》的诗寄给他，诗云：“湖南杨叔武，消息有人传。连岁征蛮侥，经秋卧瘴烟。为时天未丧，勿药病还痊。云水溶溶去，凭诗寄此篇。”为他写制文的胡宿形容他：“谦退不伐，深博有谋。忠孝自将，历险夷而不改；文武更用，当剧易而靡辞。久宣领服之劳，实靖边隅之警。比资术学之力，擢参文史之筵。属司会之旷僚，赖时髦之济务。广中外之更试，成久大之蕴崇。”大大推许他文武兼资，能当繁剧之才能。是年五月戊子（初二），他奉命出使河东，任河东路计置粮草及处置盗铸铁钱。河东不仅是杨家将熟悉的地方，也是杨畋早年任并州录事参军时停留过的地方。④

是月戊申（二十二），广南西路转运使萧固（1002～1065）向宋廷报告，交趾发兵攻击侬智高，侬部众都遁伏山林。宋廷下旨令广南西路严备侬智高入寇。八月，侬军入寇，杀权邕州同巡检、右侍禁李江。⑤ 当广南战火已点燃时，杨畋因父于六月壬戌（初七）卒于淮南任上，即离开河东赴淮南奔丧。⑥

交趾发兵进攻侬智高并不成功，萧固偏偏差派在庆历七年八月以平蛮不力而被责降为邕州指使之庸将刀赞前往刺探敌情，可此庸将却擅自发兵攻侬智高，结果兵败被擒。侬向他查问中国虚实，他以为可将功赎罪，就极力劝说侬智高向宋廷输诚内属。侬智高于是放还刀赞，奉表请向宋廷岁贡方物。于皇祐三年（1051）二月乙酉（初四），萧固奏告宋廷侬智高请示内属。萧固极言侬智高必为南方之患，请赐他一官以安抚之，利用他来对付交趾，实行以夷制夷。萧固称侬智高才武强力，交趾必不能将之收归属下。但宋廷并没有马上接受萧固的建议，只下诏萧固与本路提点刑

① 《长编》卷一百六十七“皇祐元年九月乙巳条”，4014～4015页。

② 《长编》卷一百六十七“皇祐元年十二月甲子条”，4025页。

③ 《长编》卷一百六十八“皇祐二年二月丙戌条”，4034页。

④ 《长编》卷一百六十八“皇祐二年五月戊子条”4041页；《宋史》卷三百〈杨畋传〉，9964页；《清献集》，卷二〈闻杨畋病愈〉，叶7下至8上；苏颂（1020～1101）（撰），王同策、管学成、颜中其（点校）：《苏魏公文集》，中华书局，1988年9月，卷六十三〈行状〉〈朝请大夫太子少傅致仕赠太子太保孙公（抃）行状〉，963页。胡宿：《文恭集》，文渊阁《四库全书》本，卷十六〈杨畋可三司户部判官依前直史馆制〉，叶6下至7上。杨畋这时仍官屯田员外郎，职仍为直史馆。

⑤ 《长编》卷一百六十八“皇祐二年五月戊申条”，4042页；卷一百六十九“皇祐二年八月戊午条”，4053页。

⑥ 《欧阳修全集》卷二十九〈供备库副使杨君墓志铭〉，444页。

狱及钤辖司商议然后复奏。三月癸酉（二十二），萧固复奏侬智高奉表献驯象及生熟金银。宋廷诏广南西路转运司以本司的名义回答侬智高，以广源州本属交趾，若他与交趾一同进贡便许可。①

是年十月甲申（初六），杨畋将亡父杨琪与亡母慕容氏合葬于河南洛阳杜泽源，并请当时任知应天府（今河南商丘市）的欧阳修为其父撰写墓志铭。曾对杨畋平猺之策略有所批评的欧阳修，也终承认杨畋在平猺战事的功劳，是故他在墓铭上称许杨畋"贤而有文武材"②。杨畋在时望下，他虽在守制中，未几又为宋廷所召用对付侬智高。

侬智高因向宋廷一再贡物请内附不纳，加上与交趾为敌，估量拥有广源州山泽之利，又招纳到大量亡命之徒，包括广州进士黄玮、黄师宓等人，密谋入寇。他首先诈称峒中饥馑，部落离散，让知邕州陈琪信其力量微弱，而不作防备。然后在一晚将其巢穴焚毁，但骗他的部众说平生积聚今为天火所焚，唯一生路就是攻取邕州，据广州为王。结果他的部众听他驱使，他率众 5000 人沿郁江东下，攻破横山寨，杀守将寨主右侍禁张日新（？～1052）、邕州都巡检高士安（？～1052）、钦州（今广西钦州市）、横州（今广西横县）同巡检、右班殿直吴香（？～1052）。然后进攻邕州，皇祐四年（1052）五月乙巳（初一），侬智高攻破邕州，执杀知州北作坊使陈琪、通判殿中丞王乾祐（？～1052）、广西兵马都监六宅使张立（？～1052）、节度推官陈辅尧（？～1052）、观察推官唐鉴（？～1052）、司户参军孔宗旦（？～1052），宋官兵死者千余人。侬智高于是在邕州建大南国，自号仁惠皇帝，改年启历，大赦境内，封黄师宓以下党徒以中国官名。③

侬智高破邕州后，势如破竹，席卷两广。是月癸丑（初九）攻破横州。三日后（丙辰，十二）再破贵州（今广西贵港市）。十六日（庚申）破龚州（今广西平南县），十

---

① 据王安石所撰萧固墓志铭所记，萧固在庆历五年区希范之乱被平定后，以屯田员外郎知桂州兼广西都巡检，提举兵甲溪峒事。他到桂州后以怀柔手段，依蛮人旧俗治事，故广西安靖。他本来徙为荆湖南路提点刑狱，但宋廷以他在广南得力，就任他为广西水陆计度转运使，他用一贯策略，派人诱侬智高来归。参见王安石（撰），李之亮（笺注）：《王荆公文集笺注》，巴蜀书社，2005 年 5 月，卷五十七〈尚书祠部郎中集贤殿修撰萧君固墓志铭〉，1963 页；《长编》卷一百七十"皇祐三年二月乙酉条"，4078 页；"三月癸酉条"，4085 页。

② 《欧阳修全集》卷二十九〈供备库副使杨君墓志铭〉，444 页。

③ 《长编》卷一百七十二"皇祐四年四月丙戌条至五月乙巳条"，4142～4143 页；卷一百七十四"皇祐五年六月甲午条"，4214 页。邕州失守，知州陈琪的责任最大，他一开始不肯听司户参军孔宗旦的警告，提防侬智高入寇，然后当侬智高围城时，他又没有做好守城的工作，当广西兵马都监张立领兵自宾州（今广西南宁地区宾阳县西南）来援之兵马入城时，他犒赏军士于城上，不知是否放松了戒备，竟在行酒时被侬智高破城。他又贪生怕死，被执时向侬智高惶恐地呼万岁，请求自效，但侬智高仍将他杀掉。比起不屈而死的张立及孔宗旦，他实在差得太远。宋廷委这等庸才守邕州，实在失计。宋邕州官员只有权都监三班奉职李肃、指使武吉、武缘令梅微之及支使苏从因与侬智高的谋主黄师宓有旧获免不杀。孔宗旦要到皇祐五年六月甲午（二十六），才因知袁州（今江西宜春地区宜春市）祖无择（？～1053 后）的奏请，获赠太子中允。

七日（辛酉）又入藤州（今广西藤县）、梧州（今广西梧州市）和封州（今广东封开县东南）。十八日（壬戌）破康州（今广东德庆县）。到十九日（癸亥），侬军攻破端州（今广东肇庆市）。诸州的守臣包括知横州殿中丞张仲回（？～1052）、横州兵马监押东头供奉官王日用（？～1052）、知贵州州秘书丞李琚（？～1052）、知龚州殿中丞张序（？～1057）、知藤州太子中舍李植（？～1057后）、知梧州秘书丞江镃（？～1057）及知端州太常博士丁宝臣（？～1057），他们在内无劲兵，又乏坚城可守，外无援兵的情况下，均弃城逃命。只有知封州太子中舍曹觐（1018～1052）及知康州太子右赞善大夫赵师旦（？～1052）、康州兵马监押右班殿直马贵（？～1052），力战被执，不屈而死。①

是月丙寅（二十二），侬智高的兵锋已抵岭南第一重镇广州（今广东广州市），进围广州。知广州仲简与陈珙一样，是庸才一个。早在二十日，已有人来告急，称侬智高不日来犯，仲简竟以为报信者为妄，将之囚禁，并荒唐地下令："有言贼至者斩"。结果广州军民并未作守城准备。当侬军到来时，仲简才令民众入城，民众恐慌，纷纷争相以金贝贿赂守城门人，请求放他们先入，于是践死者众。来不及入城的民众被逼投降侬智高，而使侬军势力大增。至于他的手下广南东路钤辖王锴（？～1053后）也和他一样，是贪生怕死的懦夫一个，不敢出战。②

宋廷用人不当，致使侬智高横行两广。最让人不解的是，宋廷初闻侬智高起兵时，竟然诏进奏院不得随便奏报，幸而知制诰吕溱（？～1052）力持异议才作罢。宋廷得知侬智高入寇事态严重，在是月癸酉（二十九）首先命崇仪使知韶州陈曙（？～1052）领兵讨侬智高。闻战鼓而思良将，可惜宋廷所倚重的儒将重臣范仲淹却早于是月丁卯（二十三）卒于徐州（今江苏徐州市）。③

宋廷为了平乱，在六月乙亥（初二）起用两员均以父丧在家守制，被公认为有武干的儒臣余靖和杨畋。余靖被任为秘书监知潭州，杨畋为广南西路体量安抚提举经制盗贼。杨畋东山复出，他此年46岁。同月庚辰（初七），改任余靖为广南西路安抚使知桂州。并命同提点广南东路刑狱、内殿崇班、阁门祗候李枢，与原知桂州崇仪使陈曙为同捉杀蛮贼，做余靖的副手。仍命广南东路转运司、钤辖司发兵应援。初九日（壬午），再以陈曙为广南西路钤辖。翌日（十日，辛巳），再调在西边有战功的勇将张忠（？～

---

① 《长编》卷一百七十二"皇祐四年五月癸丑至癸亥条"，4144～4146页；《宋会要辑稿》，〈蕃夷五之六十二〉。

② 《长编》卷一百七十二"皇祐四年五月丙寅条"，4146页；卷一百七十四"皇祐五年正月庚申条"，4193～4194页。当侬智高自邕州顺流东下广州时，仲简命王锴领兵扼守端州。但王锴害怕，留军市舶亭不行，他不理仲简不许，自行率部返回广州城。他的部下海上巡检右侍禁王世宁（？～1052）请分兵守端州，他又不许。当蛮军抵广州城下，他命在城外的王世宁入城。王世宁行至南门，责备王锴怯懦。王锴怒杀王世宁。等到魏瓘继知广州，方查知王世宁冤死。于皇祐五年正月庚申（十九），宋廷责降王锴为文思副使、建州（今福建建阳市）都监。

③ 《长编》卷一百七十二"皇祐四年五月丁卯条，壬申条"，4146～4147页。

1052）为广南东路都监。十一日（甲申），原知广州的仲简徙任知荆南府（今湖北荆州市）的同日，宋将广、端都巡检使高士尧（? ~1052 后）又被侬智高败于市舶亭。广南形势甚为严峻。深孚众望的杨畋在十三日（丙戌），自洛阳应召抵都门外，他以丧服在身不敢入见。对于这位被认为"素习蛮事"而又是将门之后的儒臣，仁宗恩礼有嘉，特赐以所服御巾，召入对便殿，即日加起居舍人、同知谏院之官及差遣，派他出征侬智高。自仁宗以至宰相庞籍（988 ~1063）、枢密使高若讷以下，显然对杨畋平蛮充满信心。① 杨畋的好友梅尧臣撰诗《赤蚁辞送杨叔武广南招安》相赠，以壮其行色，诗中说"今令智者以智取，即见蚩醢传太官"，也认为杨畋可以马到成功。而送行的，则有知制诰蔡襄等人。② 杨畋的好友，时任翰林学士兼侍读学士权判流内铨、知通进银台司兼门下封驳事的赵抃，闻知杨畋奉命出征，曾赋诗《闻岭外寇梗》一首，表达他的关心，诗中说"刺史没身专捍御（康州赵潜叔死敌），谏官衔命救疮痍［起居赵（按：应作杨）叔武出使］。伏波死去今进继，大笔铭勋压海涯"。③ 不过，赵抃把杨畋比作东汉名将马援（公元前 14 ~公元 49），却是有点不吉利。

当杨畋出发广南时，宋廷进一步调整广南诸州的人事。六月丙戌（十三），宋廷命在庆历六年曾知广州，当年筑城有功的知越州（今浙江绍兴市）给事中魏瓘为工部侍郎、集贤院学士复知广州，代替仲简。宋廷并且增给魏瓘禁卒 5000，助他扼守广州。另外，又任洛苑副使、兼阁门通事舍人曹修（? ~1052 后）为广南西路同体量安抚经制盗贼，作杨畋的副手。十五日（戊子），又委知宜州、文思副使宋克隆（? ~1053 后）为礼宾使知邕州，命他招辑亡散，缮完城池，以慰安人民。另外，为了提高广州和桂州守臣的权力，以备御侬智高，宋廷又在十六日（己丑），诏知广州和桂州自今兼带经略安抚使。不过在十七日（庚寅），广、惠等州都大提举捉贼、西京左藏库副使武日宣，以及惠州巡检左侍禁魏承宪，却在广州城下被侬智高军杀死。宋廷有鉴于此，在二十三日（丙申），只好再调另一员悍将、原北作坊使忠州（今重庆市忠县）刺史知坊州（今

① 《长编》卷一百六十七"皇祐元年十月辛酉条"，4016 页；卷一百七十二"皇祐四年六月乙亥条"，4147 页"庚辰条至甲申条"，4148 页；卷一百七十三"皇祐四年十月己卯条"，4175 页；"十二月丙申条"，4185 页；《宋史》，卷十二〈仁宗纪四〉，232 页；卷三百〈杨畋传〉，9964 页；《武溪集》卷十四〈桂州谢上表〉叶 15 上至 16 上；〈乞解职行服状〉，叶 16 上至 17 下。余靖在韶州守制时，与知韶州陈曙结辑农兵，修缮堡障，共为防御之计。宋廷闻而嘉许他，并以他有武干，并任他平蛮之任。因韶州路远，余靖要到是年六月二十日才收到枢密院的委任状，宋廷命他在七月十六日到任，不用赴开封请示。又张忠号为勇将，以破贝州王则功第一，真定府路安抚使李昭述在皇祐元年十月曾奏劾他贪暴难制，请加以黜责，宋廷爱才，止徙他为定州路钤辖，后迁如京使资州（今四川内江市资中县）刺史。至于仲简走了运，宋廷以他守广州不失有功徙荆南府，却不知广州人对他有多大的痛恨。不过，宋廷最后查知真相，在皇祐四年十月己卯（初七），仲简自兵部郎中、天章阁待制落职知筠州。但言者仍不放过他，同年十二月丙申（二十五），他再责授为刑部郎中。

② 《梅尧臣集编年校注》卷二十二，624 页；《蔡襄集》卷六〈因书答河东转运使杨乐道〉，107 页。考蔡襄这首诗撰于至和二年（1055），他在诗中追述"前岁君提岭外兵，国门南路送君行"。

③ 《清献集》卷四〈闻岭外寇梗〉，叶 11 下；《苏魏公文集》，卷六十三〈行状〉〈朝请大夫太子少傅致仕赠太子太保孙公（抃）行状〉，963 页。

陕西黄陵县东北）蒋偕，为宫苑使韶州团练使、广南东路钤辖，加强广州的防御，并以礼宾副使王正伦（？～1052 后）为权广南东路钤辖，作为他的副将。另在二十七日（庚子），任命知宿州（今安徽宿州市）、司门员外郎朱寿隆（？～1053 后）提点广南西路刑狱。除了人事任命外，宋廷另诏广南东西路经蛮人蹂践处，不得催收夏税。又诏置广南东西路转运判官各一员。不过，平定侬智高之乱最值得注意的人事任命，却是在是月十四（丁亥），仁宗不顾文臣的反对，破格擢升他的爱将、彰化军（即泾州，今甘肃平凉地区泾川县）节度使狄青（1008～1057）为枢密副使。①

宋廷为统一两广讨伐侬智高的事权，接受谏官贾黯（1022～1065）的意见，以及余靖的请求，于七月丙午（初三），任余靖经制广南东西路盗贼，杨畋以下均受余靖节制。同月壬子（初九），宋廷令审官院善择长吏，存抚曾遭蛮兵攻破的连州、贺州、端州、白州（今广西玉林市博白县）等诸州的百姓。为了尽快获知军情，又诏自京至广州增置马递铺，仍由内臣一员提举。十四日（丁巳），宋廷又严令贩卖粮食给蛮兵者，为首者斩，从者配岭北牢城，运粮的舟车没收归官。宋廷当时估计侬智高的部众至少有 20 000 人，日耗粮 500 石。②

当杨畋仍未对侬智高发动进攻时，侬军已再度猛攻广州城。幸而魏瓘当年筑广州城时，早已做好凿井储水，以及缮造大弩等守城器具。侬智高包围广州城，并断绝流入城内水源，幸而城中之井水用之不竭，而城上所发的弩箭每击中蛮军，令蛮军气势稍屈。知英州苏缄（？～1076 后）募壮勇数千人，留提点刑狱鲍轲（？～1057 后）留守，亲自率军星夜赴援，于广州外 20 里驻兵为外援。他又捕杀侬智高谋主黄师宓之父，以及附从蛮军的盗贼 60 余人，并招安附贼之良民 6000 余人。另一方面，番禺县（今广东广州市番禺区）令萧注（1013～1073），从广州城突围而出，募得海上强壮 2000 余人，乘海

---

① 《长编》卷一百七十二"皇祐四年六月丙戌条"，4152 页；"丁亥至庚子条"，4153～4154 页；卷一百七十三"皇祐四年九月戊申条"，4171 页；卷一百七十三"皇祐四年十月甲申条"，4176 页；卷一百七十四"皇祐五年二月壬辰条"，4201 页。考宋廷本来已派原荆湖南路转运使、工部郎中王逵（？～1056 后）为太常少卿直昭文馆知广州，代替仲简。但因言者认为现时正当岭外用兵，王逵不是抚御之才，不宜任之，于是改任当年守广州的魏瓘。考曹修是马军副都指挥使、定国军（即同州，今陕西渭南市大荔县）留后曹琮（？～1045）之子，宋开国功臣曹彬（931～999）之孙。朱寿隆是真宗朝名臣朱台符子。宋廷因岭外诸州无备，命地方长吏修缮城垣。贵州的守臣虐待百姓，人不堪命。朱寿隆抵贵州，将苛待百姓的任事者械守送狱，并奏请宋廷罢之，于是贵州人为朱立生祠以报之。又蒋偕奉命援广州，他驰驿十七日，至广州城下。他入城后还没有与知州仲简揖礼，就力数仲简的罪状，说他留兵自守，不敢进击蛮军，另又纵部兵杀平民冒功希赏，实在罪可斩。仲简反驳蒋偕无权擅杀像他一样的侍从官。蒋偕盛怒下，声称"斩诸侯剑在吾手，何论侍从！"幸而得他的左右排解，才没有闹出武将杀文官之大事来。宋廷委宋克隆知邕州，可惜又是用人不当。他没有按宋廷的指示营葺守备，反而颇纵容士卒下山寨枉杀逃民，冒称杀贼获赏。当侬智高在皇祐四年十月甲申（十二）回师邕州时，他无法抵御，弃城而去。宋廷在皇祐五年二月壬辰（二十二）追究他弃城之罪，将他除名刺配沙门岛（今山东烟台市长岛县西北庙岛）。

② 《长编》卷一百七十三"皇祐四年七月丙午、壬子、丁巳条"，4162～4163 页；《宋史》卷三百二〈贾黯传〉，10014～10015 页。

船屯集珠江上流。萧军趁着飓风夜起，纵火焚烧蛮船，一时大火冲天。因大破蛮军，杀敌无数，萧注即日兵发番禺县门，率各路援兵及民户携牛酒刍粮进入广州城。这时本来往潮州（今广东潮州市）议盐政的广南东路转运使王罕（？～1057），也在外募兵入援广州，广州军民于是士气大增，更加强守备。侬智高见广州城屡攻不下，在是月十九日（壬戌）解围而去。侬智高从五月二十二日（丙寅）攻城，至七月十九日（壬戌）解围，前后计 57 日。①

广州转危为安，但侬智高大军，掳略大批妇女，从清远县（今广东清远市）渡江北上，继续攻略广南州县。侬军回攻贺州（今广西贺州市）虽不克，却在白田（今广西平乐县东南）遇上号称勇将的广南东路兵马都监张忠部，击杀张忠、虔州（今江西赣州市）巡检董玉（？～1052）、康州巡检王懿（？～1052）、连州巡检张宿（？～1052）、贺州巡检赵允明（？～1052）、贺州监押张全（？～1052）及贺州司理参军邓冕（？～1052）等文武官员多人，大胜宋军。②

让宋廷震动的是，张忠败死才两天，宋廷倚重的另一员勇将广东钤辖蒋偕，又在是月甲子（二十一）遇蛮军于路田，受到挫败。他虽得以身免，但麾下阵亡了一大批将官，包括南恩州巡检杨遽（？～1052）、南安军（今江西赣州市大余县）巡检邵余庆（？～1052）、权宜、融州（今广西柳州融水苗族自治县）巡检冯岳（？～1052）及广南西路走贼使臣王兴（？～1052）、芊用和（？～1052）等人。③

宋军两番覆师后，宋廷一方面厚恤张忠以下阵亡将校，安定军心，另一方面惩处失职官员，并提升有功将校包括萧注和苏缄，并列出优厚赏格，鼓励军民刺杀侬智高一众蛮首。最重要的是督促杨畋火速率军平乱。当杨畋抵达广南时，原本打算召诸将会英州商议进击，但侬智高已离开广州。大概鉴于宋军军纪不佳，于是杨畋上奏请将删定的康定行军约束以及赏罚格颁下，并置检法官执行。八月己卯（初七），宋廷却诏谕杨畋，

---

① 《长编》卷一百七十三"皇祐四年七月丁巳、壬戌条"，4163 页；"八月乙酉条"，4166 页；卷一百八十五"嘉祐二年二月丁酉条"，4473 页。考苏缄委以留守英州的提点刑狱的鲍轲，是一个贪生怕死的懦夫，他后来带其妻儿欲过岭北，至雄州（当为南雄州，今韶关市南雄市），得到知州萧勃（？～1052 后）的收留，二人后来反而劾奏广南东路转运使王罕没有应召到雄州议事。鲍轲后来在嘉祐二年（1057）二月，本来自京西路提点刑狱迁广南东路转运使。同年四月，却被御史发他在侬智高围广州时，避敌韶州，无所经画的旧事。宋廷令他恢复原职。

② 《长编》卷一百七十三"皇祐四年七月壬戌条"，4163～4164 页；"八月辛卯条"，4169 页；《宋史》卷三百二十六〈张忠传〉，10521 页。据李焘所记，援广州有功的知英州苏缄本来与洪州（今江西南昌市）兵马都监蔡保禄（？～1052 后），以兵八千人分兵据守边渡村，扼守蛮军归路。苏缄在路上布置槎木巨石几四十里。侬智高大军来到，果然不能前进，惟有绕道而行，入沙头渡江，由清远县经连州、贺州西归。蛮军被苏军布置的木石弄伤的很多，苏缄尽得蛮军所略夺之物。刚好张忠奉命从京师到来，就以军令夺了苏部的指挥权。张忠率军南下，遇敌于白田，临战，他对其部下说："我十年前一健儿，以战功为团练使，汝曹勉之。"张忠看不起蛮军，心存轻敌，于是不披甲而跃马向前。他的先锋军不争气，遇蛮军而奔逃，他被包围，虽然将两员蛮将拉下马，但他自己也马陷泥泞，不能奋出，而中蛮军凌厉的标枪而枉死。

③ 《长编》卷一百七十三"皇祐四年七月甲子条"，4164 页。

责备他在甲兵大集时，不火速进军，消灭蛮兵，却还要求颁格令，置检法官。宋廷指称既然令他节制诸将，关乎军旅战阵之事，杨畋自当从长处决，何须要宋廷中覆。宋廷且警告杨畋，若蛮军乘风势渡海，攻掠琼州（今海南海口市）及沿海诸州，就大事不妙。可宋廷不了解杨畋根本指挥不了诸将，才要求立法度、订赏格。宋廷又因没有充足之兵力防守各州，然知道不设防备，蛮军则轻易攻取，于是要求杨畋断蛮军入海之路，但那是强杨畋所难。①

宋廷开始对杨畋平乱的信心动摇。虽然翰林学士胡宿极力为杨畋说话，称许"杨畋谦默不伐，深沉有算，兼其忠孝出于天性，诚堪属以南伐，总兹师律"。他请求仁宗"宜申敕诸将，禀其节制，则军众有所统一，号令得以施行"。但宋廷并未采纳他的意见，增加杨畋的权力，②反而在是月辛卯（十九），因宰相庞籍的力荐，仁宗委新知秦州（今甘肃天水市）的另一员号称知兵的儒臣孙沔（996～1066），出任荆湖南路、江南西路安抚使，另委他宠信的内臣内园使、陵州（今四川仁寿县）团练使、入内押班石全彬（？～1070）做孙的副手，并许孙沔得以便宜从事。孙沔以南兵连为蛮军所败，士气低落不可用，请求仁宗增发骑兵，并增选偏将 20 人从征。另他也求赐武库精甲 5000 副，加强部队装备。但参知政事梁适（1001～1070）不同意，认为孙沔所请有点张大其事。孙沔几番争取，才予兵 700 随行。孙沔担心蛮军会越过岭北，于是向湖南和江西发檄文，声言大兵将至，令各地做好缮治营垒，以及准备宴犒大军。蛮军以为宋廷有大军在后，就没有北犯。当孙沔抵鼎州（今湖南常德市）时，宋廷再封加他为广南东西路安抚使，权位在余靖和杨畋之上，由他统领平蛮之战事。同年九月甲辰（初二），宋廷再任内殿承制、阁门祗候孙宗旦（？～1052）为荆湖南路、江

---

① 《长编》卷一百七十三"皇祐四年八月癸酉、丙子、己卯、乙酉、丙戌、丁亥、辛卯、乙未条"，4165～4169 页；《宋会要辑稿》，〈兵十四之二〉，〈蕃夷五之六十二、六十三〉；《宋史》卷三百三十四〈陶弼传〉，10735 页；《王荆公文集笺注》卷五十七〈尚书祠部郎中集贤殿修撰萧君固墓志铭〉，1963～1964 页。考宋廷在八月癸酉（初一），将原广南西路转运使、主客郎中刘文炳（？～1052 后）削五任官，责授均州（今湖北十堰市丹江口市）团练副使，坐失备御侬智高之罪。同月丙子（初四），再降前广南西路转运使、司封员外郎萧固知吉州（今江西吉安市），坐不察侬智高反之罪。同月乙酉（十三），降广南东路转运使、金部员外郎王罕为主客员外郎、监信州（今江西上饶市信州区西北）酒税。据李焘所考，王罕本来援救广州有功，但宋廷不知，却听信知雄州（按：当为南雄州）萧勃之劾奏，称他没有应召至雄州议事。另外宋廷也相信谏官知谏院李兑（？～1053 后）的劾奏，说王罕怯懦避贼，端居广州，而将他责降。同月乙未（二十三），宋廷又降提点广南西路刑狱、职方员外郎李上交（？～1052）为太常博士。至于追赠阵亡将校方面，宋廷在同月丙戌（十四），追赠张忠为感德军（即耀州，今陕西铜川市耀县）节度使，官其父弟子倳婿多人，又封其母女。奖功方面，宋廷在同月十五日（丁亥），擢萧注为礼宾副使仍权发遣番禺县事。另在同月辛卯（十九），擢知英州、秘书丞苏缄为供备库副使。值得注意的是，萧注与苏缄均由文资转授武资官。

② 考胡宿此奏撰写的月日不详，惟奏中称侬智高军顿于广州城外已六十余日，按侬军在皇祐四年五月二十二日围广州城，则胡宿此奏当上于在皇祐四年七月底。大概胡宿上奏时不知侬军已在七月底解围而去。参见《文恭集》卷八〈论征蛮〉，叶 1 上～2 上。

南西路兵马都监，作孙沔之偏裨。① 至此，杨畋平蛮的权力已一再被削弱，已事无可为。他可以做的是保存实力，为此，当他得知侬智高移军沙头（在邕州城外），准备渡江之际，即檄命令新败的蒋偕焚毁英州储粮，放弃英州，率残部北上退保韶州。另杨畋又召内殿承制亓赟、岑宗闵（？～1052）、西头供奉官阁门祗候王从政（？～1052）各率本部退守韶州。同时杨畋将他的檄文申报御史台及谏院。②

九月戊申（初六），蒋偕率部数千人抵贺州太平场，他轻敌大意，使夜蛮军攻入其营寨，将其袭杀。其部将庄宅副使何宗古（？～1052）、右侍禁张达（？～1052）及三班奉职唐岘（？～1052）亦被杀。全军几乎覆没。蒋的余众怕坐主将被杀之罪，多有意降敌。这时杨畋所委的机宜陶弼刚好率恃卒数十人从韶州南下，前往英州，会合诸将商议解救广州，恰巧碰上敌兵解围西往，于是舍舟抄陆路西行，往贺州太平场打算与杨畋会合。是月辛亥（初九），他在太平场发现蒋偕残部溃走山林，怕蒋军残部会降敌，马上矫杨畋之命，以布帛易为白旗数面，并削木为榜，揭榜道上，上书"招安蒋团练下败兵"，派随从十余人持白旗前往村落，晓谕蒋偕的败兵归返宋营，许以不死，并矫杨畋之命，将败兵绕路送往贺州就粮，然后送回杨畋的幕府，杨也得以收回败兵一千五百余人。杨畋后来还朝后，曾对人说："吾平贼湖外，所得者一陶某而已。"一方面可见他对陶的器重，但另一方面，也看到杨畋麾下无人。③

六天后（甲寅，十二），侬智高于龙岫峒再将桂宜柳州巡检、三班借职李贵所部击杀。宋军连败，宋廷追究责任，于是月丙辰（十四），将杨畋责降知鄂州（今湖北武汉市），落知谏院。他的副将曹修也被责降为荆南都监。而已死但宋廷未知的蒋偕责降为潭州都监。宋廷同时委苏缄和萧注并为广南东路都监兼管勾东西两路贼盗事，暂时替代杨畋及曹修的职务。十五日（丁巳），杨畋再被降为屯田员外郎，曹修再被贬为洛苑副使兼阁门通事舍人，蒋偕再责为北作坊使忠州刺史，亓赟也被责为内殿崇班。宋廷的制

① 《长编》卷一百七十三"皇祐四年八月辛卯、丙申条"；"九月甲辰条"，4168～4170页。据载孙沔初授知秦州时，他入见仁宗。他表示秦州事不足忧，他担心的反而是岭南的蛮乱。当宋廷接到张忠死及蒋偕败之消息后，仁宗对庞籍称许孙沔料事很准。于是庞籍推荐孙沔出任平蛮的重任。当梁适认为平南不必大张旗鼓时，孙沔反驳梁适，指当日就因宋廷无备，才弄到蛮军坐大，他指出今次不能指望于侥幸获胜。但他居京师两日被促令起行，宋廷只他七百兵。宋廷在是月丙申（二十四），诏许孙沔等若军中须人任使，可在江南东路抽调。

② 《长编》卷一百七十三"皇祐四年九月丙辰条"，4172页；《宋史》卷三百二十六〈蒋偕传〉，10520页。

③ 《长编》卷一百七十三"皇祐四年九月戊申条"，4171页；《云巢编》卷八〈东上阁门使康州刺史陶公传〉，叶5下至6上；《忠肃集》卷十二〈东上阁门使康州团练使陶公墓志铭〉，243～244页；《黄庭坚全集》，《宋黄文节公全集·正集》卷三十〈东上阁门使康州团练使知顺州陶君墓志铭〉，815页；《宋史》卷三百二十六〈蒋偕传〉，10520页；卷三百三十四〈陶弼传〉，10735页。又据宋人笔记所载，侬智高将起事时，陶弼已预感乱事将作，他曾写诗给杨畋，请他做好准备，诗云："虹头穿府署，龙角陷城门。"不过，这种荒诞的诗谶不过是小说家言，不足为信。参见王辟之（1031～1098后）撰，吕友仁点校：《渑水燕谈录》（与《归田录》合本），中华书局，1981年3月，卷六，78页；邹志勇：〈宋代诗谶的类型划分及心态解析〉，《晋阳学刊》2006年第4期，111页。

书批评杨畋："惟尔畋顷按湖外，有破荆湖之功，故起畋于庐中，其所以临遣之意厚甚。方贼势奔蹶，济沙头以迥，檄还前师，不时进击，而欲弃壁焚粮，为退保之计。夫统大兵之众，伐穷寇之党，顾出此策耶，朕所不取焉。"到皇祐五年（1053）正月甲子（二十三），当侬智高已被平定时，宋廷仍不放过杨畋，因言事者劾他"处事乖方，后师逗留"，再将他自屯田员外郎、直史馆知鄂州责授太常博士、知光化军（今湖北襄樊市老河口市西北）。①

杨畋此次受命平蛮，因一事无成，而被贬官降职。令人惋惜的是，他从皇祐四年六月奉命出都门，至九月被罢职。前后百天，他南北奔波，在未与敌军交锋前，却被一再削去平乱权力。他名位本不高，手上也没有可驱驰奋战的健儿，而且名义下拨归他调遣的悍将如张忠、蒋偕之辈，根本不受指挥。偏偏杨畋面对的，却是比猺山蛮人唐和尚势力大上百倍的侬智高大军。宋廷中枢对侬智高的势力及意图一开始就低估了，而平蛮用人又事权不专，加上地方素无准备，且两广守臣多为平庸之辈。如此一来，就算杨畋有通天本领，也无计可施。杨畋兵败广南，平情而论，过不在他。当时廷臣刘敞（1019～1068）总算为杨畋说了一番公道之话，他说："杨畋之官素微，又其行以使者往，而所与俱者蒋偕、张忠之徒，官皆在畋右，或宿将自负，颉颃作气，招之不来，麾之不往，且安得有功。"②杨畋在盛名之下再度出山，却无功而还，然而不幸中之大幸是他尚能保全要领，不致枉死蛮军之手，当然，他儒将之声名是受到损害了的。司马光后来便批评他是"儒者，迂阔无威，诸将不服"，而不再说他是文武兼资的儒将。③

平定蛮军，杨畋不成，余靖以至孙沔也好不了多少。最后，宋廷还是倚靠北宋一代名将狄青出马，几经辛苦，在皇祐五年（1053）正月丁巳（十六）于宾州（今广西宾阳县西南）归仁铺一役，方将侬智高平定。余靖和孙沔平蛮无功，他们却因出任狄青的副手，后来得以升官获赏，仕途得意。倘若杨畋并没有一马当先承担平蛮之任，而是稍后才追随狄青平蛮，可能他会像从叔杨文广一样以随狄青平蛮受赏，而不是被贬降职。杨畋的好友梅尧臣在是年二月撰诗《十一日垂拱殿起居闻南捷》，诗中讥刺因人成事的孙、

① 《长编》卷一百七十三"皇祐四年九月甲寅、丙辰、丁巳、戊午、己未条"，4172～4173 页；卷一百七十四"皇祐五年正月甲子条"，4196 页；卷一百八十六"嘉祐二年十月己巳条"，4493 页；《宋会要辑稿》，〈职官六十五之九、十〉；司义祖点校：《宋大诏令集》，中华书局，1962 年 10 月初版，1997 年 12 月二版，卷二百五〈起居舍人杨畋降屯田员外郎西上阁门副使曹修降洛苑使制·皇祐四年九月丁巳〉，766 页。因宋军连败，为了提高士气，宋廷于是月戊未（十六），特赐自京至广南西路马递铺卒缗钱。又于翌日（己未，十七），分别追赠岭南诸州死于王事的官员，其中知封州曹觐赠太常少卿；知康州赵师旦为光禄少卿。曹妻刘氏，以避贼死于林峒，追封彭城郡君，加赐冠帔，官其子四人。曹父修古获追赠工部侍郎，曹母陈氏赠颍川郡君。另外，宋廷又将原知龚州（今广西平南县）张序等十四人，以坐弃城之罪编配安置。他们要到嘉祐二年（1057）十月才获赦恢复自由。

② 《长编》卷一百七十四"皇祐五年二月癸未条"，4197～4198 页。

③ 《涑水记闻》卷十三，259 页。

余二人之余，也隐然有为杨畋抱不平的味道。①

五、学 士 儒 臣

　　杨畋在败军被贬后，倒有余暇替幼妹完婚。他大概在皇祐五年六月以后，当父丧满三年后，便将出于继母李氏、年方 18 的幼妹许配予河南望族、后来官至朝奉郎、太子中舍的张景儒，做他的继室。值得注意的是，杨畋虽将家出身，但为幼妹婚配，却选择了书香门第、儒门望族。② 至和元年（1054）二月辛酉（二十七），因擒获侬智高母及亲属而自知桂州、工部侍郎加集贤院学士的余靖，上奏宋廷，为杨畋和曹修请命，指出"臣前岁与起居舍人杨畋、阁门副使曹修同时受命经制贼盗，畋等各怀忠荩，并练权谋，当单车制御之初，值剧贼猖狂之际，虽英韶处置偶失机事，而连贺保全，皆由指授。今畋等旧官未复，而臣屡承宠命"。他更愿意将所授给他的集贤院学士及儿孙恩泽回纳朝廷，以换取杨畋与曹修待牵复旧官。余靖的慷慨执言，大概产生了良好效果，杨畋在是年三月后，即自太常博士直史馆知光化军徙知邠州（今陕西彬县），官秩也回升至屯田员外郎仍直史馆。他的好友蔡襄为他撰写制文。制文既为他平侬智高无功之事开释，又表扬他平猺山之功。③ 他在至和元年复起为起居舍人，出任河东转运使。当时知并州的

----

　　① 狄青于皇祐四年九月庚午（二十八）自枢密副使改任宣徽南院使、荆湖北路宣抚使、提举广南东西路经制贼盗事，统兵平蛮。自孙沔、余靖以下，均受狄青节制。《长编》卷一百七十三"皇祐四年九月癸亥条"，4174～4176 页；卷一百七十四"皇祐五年正月丁巳条"，4192～4193 页。从狄青南征的，包括杨文广。关于狄青平定侬智高之经过，可参考何冠环：〈狄青（1008～1057）麾下两虎将——张玉（？～1075）与贾逵（1010～1078）〉，载《北宋武将研究》，346～348 页。关于杨文广随狄青征侬智高的事迹，可参阅何冠环：〈北宋杨家将第三代传人杨文广（？～1074）事迹新考〉，402～408 页。考梅尧臣在这一首很生动而充满讥刺的诗，云："将军曰青才且武，先斩逗挠兵后强。从来儒臣空卖舌，未到已愁莎叶黄，徘徊岭下自称疾，诏书切责仍勉当。因人成功喜受赏，亲戚便拟封侯王，昔日苦病今不病，铜鼓弃掷无镖枪。"其中空卖舌的而称疾徘徊岭前的儒臣，显然是指孙沔；因人成功喜受赏的人，也包括了余靖。又朱东润所撰之《梅尧臣传》，也引述他赠诗杨畋及后来他所写这首诗的背景。朱东润：《梅尧臣传》，中华书局，1979 年 5 月，第八章〈监仓的前后〉，161～162 页。

　　② 《全宋文》第十四册，卷五百七十九〈陆经〉〈朝奉郎守太子中舍骑都尉赐绯鱼袋张君墓志铭·熙宁八年九月〉，218～219 页；第三十九册，卷一千七百零四〈张峋〉〈宋故寿阳县君杨夫人墓志铭·绍圣二年三月〉，556～557 页。按张景儒初娶三司盐铁副使杨日华之女，然后在皇祐五年续娶杨畋妹。杨畋妹卒于绍圣二年（1095）二月，年六十，则她年十八出嫁时，当为皇祐五年（1053）。考杨琪卒于皇祐二年六月，三年守孝，杨氏女出嫁当在皇祐五年六月后。又张景儒比杨畋妹年长十九年。

　　③ 余靖收到宋廷的敕诰是三月二十一日，宋廷收到他的表文大概至早要到四月，故宋廷若接受他的请求，牵复杨畋官职，至早也当在四月以后。至于蔡襄这道制文云："乃者南方有干纪之民，命师往征。属久治平，士不知战。以尔秉心孤直，礼为身检，荆蛮骚扰，亦尝殄平，起于丧卢，往为帅领。厥功未就，言者其兴，退守奉常，典荐军垒。念汝忠荩，屈处安恬，进复郎曹，易守边郡。坚尔诚节，毋忘寄委"。考蔡襄在至和元年七月自知制诰任权知开封府，则这道制文当撰于皇祐五年底，至和元年七月前。《长编》卷一百七十六"至和元年三月庚午条"，4225 页；《武溪集》，卷十五〈免充集贤学士表〉，叶 5 下至 6 下；〈谢充集贤学士表〉，叶 7 上至 8 上；《蔡襄集》卷十二〈制诰三·太常博士直史馆知光化军杨畋可屯田员外郎依前直史馆知邠州制〉，235 页；《蔡襄年谱》，118 页。

韩琦有诗相答，题为《次韵答运使杨畋舍人》，诗中颇称扬他在任上的劳绩，诗云："辂车勤按问，并部此先行。籴重伤农业，年丰报力耕。几时苏俗困，异日复民兵。公策方经远，提封可坐清。"① 到至和二年（1055），他的好友、权知开封府的蔡襄又有诗答他，题为《因书答河东转运使杨乐道》，可见是年杨畋仍在河东转运使任上。② 他另一位至友、从皇祐五年五月开始担任权御史中丞的赵抃，在他担任中丞的两年中，曾上奏举荐杨畋，认为宋廷应委杨畋以重任，不应将他放在地方，称许"杨畋有文武干，州郡不足见其材，宜擢近职，置之湖、岭嘉间，藉其威名以靖侥外"。当杨畋的文臣好友相继举荐他时，在嘉祐元年八月癸亥（十四），平定侬智高的英雄狄青，却因文臣之交相攻击，被罢枢使出判陈州（今河南周口地区淮阳县）。其中攻击狄青最烈的，正是杨畋的好友及支持者欧阳修和刘敞。狄青咽不下这口气，在嘉祐二年（1057）三月庚子（二十四）卒于陈州。③

　　杨畋大概在嘉祐三年（1058）中归朝任三司户部副使，官阶也升为吏部员外郎。是年续在京师担任国子监直讲的梅尧臣曾赠他诗一首，题为《杨乐道留饮席上客置黄红丝头芍药》，诗中云："我亦爱明月，常满不愿落，上弦过杨侯，乃值寒雨作，共饮三四人，不觉传鸣柝。"是年八月辛亥，宋廷原本委任他以户部副使、吏部员外郎的身份为契丹国母生辰使。但杨畋以他的曾伯祖父杨业死于辽人之手而推辞不任。宋廷只好改命权盐铁副使、工部郎中王鼎（？～1058）前往。作为杨门子弟，杨畋不忘家仇，这和他的族叔杨文广在晚年时仍上阵图请收复幽燕，精神上是一致的。④ 杨畋在是年底，已获授为天章阁待制。⑤ 杨畋在三司户部副使任上，曾与他的上司、三司使张方平意见不合。是年十二月，张方平奏请宋廷，将发给河北戍兵之军装，从河北土绢易为杂州绢。杨畋却密奏不可。⑥

　　张方平在嘉祐四年（1059）三月己亥（二十九）罢三司使任出知陈州。由包拯

① 韩琦撰，李之亮、徐正英笺注：《安阳集编年笺注》卷七〈次韵答运使杨畋舍人〉，306 页。又李之亮另一专文，则推论杨畋约在至和元年至嘉祐元年任河东转运使，唯并未据具体证据。李之亮：〈北宋河东路转运使编年〉，《华北水利水电学院学报》（社科版）2001 年 6 月，第 17 卷第 2 期，57 页。

② 《宋史》卷三百〈杨畋传〉，9965 页；《蔡襄集》卷六〈因书答河东转运使杨乐道〉，107 页；《蔡襄年谱》，125 页。

③ 《长编》卷一百八十三"嘉祐元年八月癸亥条"，4435 页；卷一百八十五"嘉祐二年三月庚子条"，4473～4474 页；《苏魏公文集》卷六十三〈行状〉〈朝请大夫太子少傅致仕赠太子太保孙公（抃）行状〉，963～966 页。

④ 《长编》卷一百八十七"嘉祐三年八月辛亥条"，4519 页；《宋史》卷三百〈杨畋传〉，9965 页；《梅尧臣集编年校注》卷二十八，1011～1012 页。关于梅尧臣在嘉祐三年在京师的活动及事迹，可参《梅尧臣传》，第九章〈最后的安排〉，201～205 页。关于杨文广上阵图请收复幽燕的始末，可参阅何冠环：〈北宋杨家将第三代传人杨文广（？～1074）事迹新考〉，427～430 页。

⑤ 梅尧臣在是年闰十二月，有诗和杨畋，题为〈次韵和酬杨乐道待制咏雪〉，可知杨畋此时已为天章阁待制。参见《梅尧臣集编年校注》卷二十八，1064 页。

⑥ 《长编》卷一百八十八"嘉祐三年十二月乙巳条"，4536 页；《宋史》卷三百〈杨畋传〉，9965 页。

（999～1062）以枢密直学士、右谏议大夫继任。杨家将与包拯乃得结缘为上司下属。值得一提的是，与杨畋有交情的欧阳修，这时却以翰林学士的身份上奏，反对由弹劾过张方平及宋祁的包拯出任三司使，不过，最后包拯仍出任此职。杨畋在是年（1059）五月，又判吏部流内铨。他在担任繁剧的差使之余，又以侍从的身份，先后上言国本之事，因仁宗年老多病，又无子嗣，故上言："愿择宗室之贤者，使侍膳禁中，为宗庙计。"据《宋国史》所载，他早于是年正月上奏，请仁宗早立皇嗣，不过此事的有无，尚待考证。①

杨畋在嘉祐五年初，改任为知制诰兼侍读。据时任秘阁校理的文同代他撰的《代杨侍读谢官表》所云，杨畋自请罢已做了近两年繁剧的三司副使职位，表文说"向蒙拔试，使办要烦，召至外台，入陪会省，簿领倥偬，财赋浩穰，顾区拨以非能，虑遣斥而不暇。止幸满岁，将从外官，甘终散僚，分绝荣路"。当宋廷改任他为知制诰兼侍读时，他即上表辞谢侍读的加职。自贬"臣少虽从师，久已废业，性弗解而自蔽，心不磨而愈昏，究极而未至，典籍之奥，讨论而莫精"。当然宋廷并没有批准其所请。② 他的友人宋祁且恭贺他一番，称他"气涵先觉，道肖至和。薄三代以搴英，溯九流而质要。奏文阙下，尝被赏于同时，折论书林，弗取资于孟晋。参筹计幕之次，磨墨翠坳之余。帝透乃衷，

---

① 《宋史》卷三百〈杨畋传〉，9965 页；《宋会要辑稿》，〈仪制三之二十四〉；《长编》卷一百八十九"嘉祐四年正月丙申朔条"，4546 页，"二月戊辰条"，4549 页；"三月己亥条"，4553 页；"三月己未条"，4554～4557 页；《宋史》卷三百〈杨畋传〉，9965 页。考张方平罢后，原本由吏部侍郎端明殿学士宋祁继任，但宋祁为言官所劾，不到十日便去职出知郑州（今河南郑州市），而由原权御史中丞包拯继任。又据《长编》引《宋国史·杨畋传》所载，杨畋曾因嘉祐三年冬河北地震，而嘉祐四年正月初一又发生日食，于是上奏仁宗，论早立皇嗣，"以答天戒"。唯李焘考证，河北地震其实发生于嘉祐二年二月，嘉祐三年冬河北并无地震，故杨畋不应于嘉祐四年正月上奏。《宋史·杨畋传》则照抄《国史》的说法而未有细考。又据《长编》所载，是年二月戊辰，宋廷授度支副使、户部员外郎唐介为天章阁待制，杨畋与唐介之官阶和差遣相近，是年五月又联名上奏，请将他们天章阁待制之位序立于复任的前辈廷臣之下，推测杨畋也在嘉祐四年二月戊辰，与唐介同授天章阁待制。

② 杨畋罢三司副使，改任知制诰兼侍读的确实年月不详，《宋史》本传只记在嘉祐四年正月上奏后改任知制诰，而未详其年月。考杨畋在嘉祐三年八月前已任三司副使，在文同代他写的表文中，他说做三司已满岁，要求解职，则他在嘉祐四年底可能已解三司职而改任知制诰兼侍读。据文同所撰一诗的记载，约在嘉祐五年，杨畋曾邀请他往其西城宅一聚，并将他在岭外所得一方名贵端砚相赠。文同称他为杨侍读，则杨在嘉祐五年带侍读当无疑。考文同是苏轼、苏辙的从表兄弟，又是苏辙的姻家，算是杨畋的晚辈，他在嘉祐四年召试馆职，判尚书职方兼编校史馆书籍，五年任秘阁校理。据《文同全集编年校注》的编者意见，文同〈谢杨侍读惠端溪紫石砚〉一诗当作于嘉祐五年。不过，该集编者失考嘉祐年间的"杨侍读"，就是大名鼎鼎、雅好书画的龙图阁直学士兼侍读的杨畋。文同在这首诗说："前日下秘阁，谒公来西城。公常顾遇厚，待以为墨卿。延之吐佳论，出口无杂声。语次座上物，砚有紫石英。云在岭使得，渠常美其评。因取手自封，见授嘱所擎。仓皇奉以拜，其喜怀抱盈。归来示家人，众目欢且惊。"又这篇〈代杨侍读谢官表〉，文集的校点者没有将之编年，因不知杨侍读即杨畋，也就不知杨畋曾任三司副使之年月，而推知此文的大概之撰写年时间。参见文同撰，胡问涛、罗琴校注：《文同全集编年校注》，巴蜀书社，1999 年 6 月，卷一〈庆历六年至治平四年·谢杨侍读惠端溪紫石砚〉，24～26 页；卷三十一〈未编年文·代杨侍读谢官表〉，1007～1008 页；〈附录一〉〈文同年谱〉，1030～1031 页；《宋史》卷三百〈杨畋传〉，9965 页。

公符斯议。试言丞相之府，初不淹时，一览尚方之帷，久之称善"①。

　　杨畋在嘉祐五年（1060）二月前，又曾担任三班院之差遣，挑选三班使臣。是年二月丙子（十七），他通过三班院长官上言，向宋廷奏请，以"诸路走马承受虽是使臣，缘预闻边要，主帅机宜公事，职任非轻，理合慎选，乞应中书制敕，院水公堂五院枢密院出职人，并依诸司人吏，更不预拣选走马承受差遣"。宋廷接纳了他的意见。②值得一提的是，杨畋在是年三月，因担任判吏部流内铨之故，而与当时身为选人的苏辙结下一段善缘。据苏辙撰于嘉祐七年五月的《杨乐道龙图哀辞并叙》忆述，当时任流内铨的杨畋见苏辙于众选人当中，即主动推荐苏辙，说"闻子求举直言，若必无人，畋愿得备数"。然后杨畋又邀苏辙至其家，与苏交谈之后颇有一见如故之感，并对苏辙大为赏识。③

　　是年十一月丁亥（初二）仁宗要擢升两名外戚李珣（1025～1098）及刘永年（？～1084）为观察使。当制的杨畋封还李珣及刘永年的词头，不肯草制词，并且上言仁宗，指太祖朝守边有功的名将如郭进等，均未尝有转官移镇之宠。他反对无汗马功劳，只是以外戚身份的李珣和刘永年而除观察使之高职。他认为这样做，恐怕天下人会说仁宗"忽祖宗谨重名器之训，开亲戚侥幸之门，曲缘私恩，轻用王爵"。仁宗起初执意不从，命其他知制诰草制，但范镇（1008～1088）上言支持杨畋，最后仁宗只好收回成命。④杨畋据理力争，自然得到宋廷士大夫的敬重，之后他的好友赵抃也援引他的做法，反对内臣、勾当御药院刘保信（？～1060）等四人升任遥郡团练使及刺史之职。⑤

　　杨畋大概在嘉祐五年底不再担任知制诰，而在嘉祐六年初改任知谏院，并自天章阁待制升任为龙图阁直学士兼侍读，成为杨门独一无二的"杨学士"。他的好友沈遘为他所撰的制文称许杨畋为"直清之操，卓尔不群；闳达之材，绰然有裕。出入内外，简在朕心。传不云乎，如有所誉，其有所试。其以畋升于延阁，长于谏臣"。另外沈遘所撰的《七言次韵和乐道出省后见寄》，也提及杨畋升任龙图阁直学士兼侍读，说"君从司会升延阁，更职华光奉讲论"。沈遘后来赠杨畋的《奉酬杨、祖二阁老中书省斋宿见寄》，也

---

　　①　宋祁：《景文集》，文渊阁《四库全书》本，卷五十六〈回杨舍人启〉，叶1上下。
　　②　《宋会要辑稿》，〈职官四十一之二十一〉；《长编》卷一百九十一"嘉祐五年二月壬午条"，4614页。
　　③　苏辙撰，曾枣庄、马德富校点：《栾城集》，上海古籍出版社，1987年3月，卷十八〈杨乐道龙图哀辞并叙〉，424页。
　　④　赵汝愚（1140～1196）编，邓广铭、陈智超等整理：《宋朝诸臣奏议》，上海古籍出版社，1999年12月，卷三十四〈上仁宗论李珣刘永年无功除授〉（杨畋撰），337页；《长编》卷一百九十二"嘉祐五年十一月丁亥条"，4648页；《宋史》卷三百〈杨畋传〉，9965页；卷四百六十四〈外戚传中·李珣传〉，13567页。
　　⑤　赵抃在奏状中说："近日知制诰杨畋等封还刘永年、李珣等转官词头，亦为无功滥有迁拜，已蒙朝廷追夺，今来保信等恩命，尤为僭滥，独未寝罢，内外异法，物论不平。"参见《清献集》卷九〈奏状乞检会前奏追夺刘保信等恩命〉，叶12下至13上。

说"词省非吾据，维应赖两公"，认为杨畋和祖无择应该留任知制诰。①

杨畋不负仁宗之知，担任谏官后，便屡屡进言。嘉祐六年（1061）正月，值嘉祐五年夏秋之交，久雨伤稼，而澶州河决，东南数路，大水为沴。他认为当是宗庙之礼恐有未顺之处，上奏请罢仁宗心爱的温成皇后（1024～1054）庙，并罢三圣并侑。他且说："城南立温成庙，四时诹日祭奠，以待制、舍人摄事，牲币、裸献、登歌、设乐并同太庙之礼。盖当时有司失于讲求，略无典据。昔商宗遭变，饬己思咎，祖己训以典祀无丰于昵。况以嬖宠列于秩祀，非所以享天心、奉祖宗之意也。"仁宗虽然宠爱温成皇后，但拗不过杨畋的正理，乃下其章给礼官并两制考议。众议南郊三圣并侑，温成皇后立庙，皆违经礼。仁宗于是改温成皇后庙为祠殿，仍在岁时遣宫臣行事，荐以常馔。②

是年二月，仁宗御试进士、明经诸科举人。杨畋获委为进士详定官。据李壁《王荆文公诗笺注》考订，当时一同担任进士详定官的王安石（1021～1086），以初考及复考所定的第一人，皆不允当，于是他想在行间另取一人为状元。但杨畋遵守旧法，认为这样更变状元的人选不妥当，不同意王安石的建议。王安石倒是很尊重杨畋这位名重士林的前辈，在他的诗集中，据考证，在嘉祐六年二月后不久，当他与杨畋共同担任进士详定官时，他撰写过多篇诗，送呈给杨畋，其中包括《和杨乐道韵六首》、《详定幕次呈圣从、乐道》、《书十日事呈乐道舍人、圣从待制》。试进士的工作完毕之后，王安石又撰诗《奉酬杨乐道》，描写他与杨畋共事的欢悦，"邂逅联裾殿阁春，却愁容易即离群。相知不必因相识，所得如今过所闻"然后又称扬杨畋"近代声名出卢骆，前朝笔墨数故区"。王安石在是年稍后又与杨畋诗赋往还，曾撰《次韵乐道送花》、《次韵杨乐道述怀之作》、《和杨乐道见寄》三首诗。杨畋比王安石长15岁，在一些事上二人意见未必一

① 沈遘与杨畋交好，在现存的沈遘文集中，共收有四首与杨畋唱和的诗，前两首当是杨畋尚任知制诰时所作，后两首则是杨畋"出省"罢知制诰时所作。《宋史》卷三百〈杨畋传〉，9965 页；沈遘：《西溪集》，文渊阁《四库全书》本，卷一〈赠杨乐道建茶〉，叶 8 上下；〈和杨乐道省中述怀〉，叶 8 下至 9 上；〈次韵和乐道出省后见寄〉，叶 14 上；卷二，〈奉酬杨、祖二阁老中书省斋宿见寄〉，叶 3 下至 4 上；卷六〈吏部员外郎知制诰兼侍读杨畋可依前官兼侍读充龙图阁直学士知谏院〉，叶 25 上；考沈遘约在嘉祐六年初任知制诰，杨畋升任龙图阁直学士知谏院也当在六年初。关于沈遘任知制诰年月之考辨，可参阅何冠环：〈北宋杨家将第三代传人杨文广（？～1074）事迹新考〉，409～410 页，注60。

② 《长编》卷一百七十六"至和元年四月辛丑条"，4258 页；卷一百九十六"嘉祐七年正月乙亥条"，4738～4739 页；卷二百四十一"熙宁五年十二月戊寅条"，5875～5876 页；《宋会要辑稿》，〈礼二十五之八十三、八十四〉；《宋史》卷九十九〈礼志二〉，2440 页；卷三百〈杨畋传〉，9965～9966页；王珪：《华阳集》，文渊阁《四库全书》本，卷四十五〈太祖配享议〉，叶 16 下至 17 上。考王安石在熙宁五年十二月论及此事时，仍引述杨畋之奏，认同他的意见。又《宋会要辑稿》误以为杨畋上言在嘉祐七年正月二十七日。

致，但二人交情显然颇厚，后来王安石为杨畋的遗集写序，也出于此。①

　　杨畋刚做完进士考试的详考官，不久又接受新的差遣。是年三月，宋廷因场务岁课多有亏损，虽然逐时科校，但三司始终没有减少旧额，于是任命曾任三司户部副使的杨畋于三司取天下课利场务五年并增亏者，限一个月别立新额。他的同僚王珪在送他的诗中即提到"乐道裁定诸路酤额，日赴省中"，赞扬他的恪尽阙职。②

　　是年七月，河北、京西、淮南、两浙东西都奏报大雨成灾。是年八月，杨畋与司马光联名上奏，请求仁宗减省在宫中近于豪奢之宴饮。同月乙卯（初五），宋廷即命杨畋以龙图阁直学士兼侍读、知谏院的身份详定宽恤民事。同月丁卯（十七），杨畋出任制科的考官，与翰林学士吴奎（1010～1067）、权御史中丞王畴（？～1065）、知制诰王安石、沈遘、司马光、胡宿等就秘阁考试制科。杨畋等上王介（？～1066）、苏轼（1036～1101）、苏辙论各六首。三人其后试策入第三及四等。苏辙本来因策文有批评仁宗的率直之语，而自问会遭到黜落。但司马光和杨畋均极力保荐，以他入第三等。范镇初时不同意，但杨畋好友三司使蔡襄却支持二人的推荐。考官中唯有胡宿以苏辙出言不逊，主张黜落他，仁宗最后裁决苏辙中选，并谕示众人"以直言召人，而以直弃之，天下谓我何？"时任宰相的韩琦认为苏辙策文中暗讽宰相，但因仁宗之言，只好将他置之下第，列第四等，授商州（今陕西商洛地区商州市）军事推官。这时王安石当制，也不满苏辙所上之策文而不肯为他撰写授官之制文。同为知制诰兼考官的沈遘，认为苏辙没有讥刺宰相此意就愿为苏辙撰写制文，称他有爱君之言。杨畋怕苏辙再受到攻击，就对仁宗说："苏辙，臣所荐也，陛下赦其狂直而收之，此盛德事，乞宣付史馆。"仁宗大悦，听从杨畋之建议，将苏辙的策文收入史馆，于是平息了此事。嘉祐七年五月，苏辙撰《杨乐道龙图哀辞并叙》即提到"予登制科，公以谏官为考官秘阁"，不忘杨畋提拔之恩。而在崇宁五年（1106）九月，即杨畋已卒46年后，当苏辙在晚年撰写其自传《颍滨遗老传》时，又详细记载当日应制举几乎落第，而杨畋一再提携的经过始末。苏辙对

　　① 王安石撰，李壁注：《王荆文公诗李壁注》，上海古籍出版社，1993年12月，据朝鲜活字本影印，卷二十九〈次杨乐道韵六首〉、〈用乐道舍人韵书十日事呈乐道舍人、圣从待制〉，叶1上至6上；〈详定幕次呈圣从、乐道〉，叶6上；〈奉酬杨乐道〉，叶8下至9上；卷三十一〈次韵乐道送花〉，叶16下至17下；卷三十三〈次杨乐道述怀〉、〈和杨乐道见寄〉，叶7下至8下；李德身编：《王安石诗文系年》，陕西人民出版社，1987年9月，134，144，146～147页。考担任这年进士考官的，据刘昌诗（？～1215后）家藏的赵抃撰的〈赵清献公充御试官日记〉的记载，初考官计有杨畋的好友沈遘和王安石；另外还有裴煜和后来为杨畋妹婿张景儒撰写墓志铭的陆经。至于担任覆考官的，有祖无择、郑獬（1022～1072）、李綖和王瓘。而担任详考官的，除了杨畋和王安石外，尚有别字圣从的何郯。刘昌诗（？～1215后）（撰），张荣铮、秦呈瑞（校点）：《芦浦笔记》，中华书局，1986年4月，卷五〈赵清献公充御试官日记〉，39～41页。

　　② 《华阳集》卷二〈留题吴仲庶省副北轩画壁兼呈杨乐道谏院龙图三首〉，叶11上下；《宋会要辑稿》，〈食货十七之二十四〉。

杨畋知遇之恩，可说是终身不忘。①

杨畋在是年闰八月甲午（十四），又与翰林学士胡宿、御史中丞王畴（？～1061）、侍御史知杂事王绰（？～1061）同考校诸路转运使副、提点刑狱的课绩。杨畋曾任监司多年，对此项工作自然驾轻就熟。②

杨畋于是年九月壬戌（十三），以知谏院的身份与司马光一同上言，请求在臣僚上殿奏事时，屏去左右内臣，免得泄漏机密。仁宗准奏，诏从今只教内臣的御药使臣及扶持四人在殿角备宣，其余的内臣都屏去。③ 对于内臣干政，杨畋是很有意见的，他以侍读担任经筵讲官有年，据宋人笔记所录，他便很不满前任的侍读将经筵讲论的《后汉书》中有关宦官乱政等部分削去，故特意将有关治道的部分采入，以备进读。④ 不过，他也为内臣升迁太慢的制度讲过一些公道的话。是年十月壬午（初三），枢密院以旧制内侍十年一迁官过于侥幸，建议将磨勘的时间加倍。杨畋此时即上言，认为"文臣七迁而内臣始得一磨勘，其法不均。宜如文武官例，增其岁考"仁宗接受杨畋的意见，诏内臣在入内高班以上的，仍旧可在十年磨勘一次。没有劳绩而有赃或私罪的，或公罪在徒以上的，就二十年磨勘一次。不过，在此事上，杨畋却为他的同僚批评，认为他以文臣的升迁与内臣相比为失当。⑤

杨畋身为谏官，可说是恪尽阙职，也不畏权贵。在是年十二月九日，他与司马光一同上奏，严劾皇城司贪赃枉法、庇护杀人犯。仁宗接纳他们的意见，将涉案的皇城司亲事官决杖配下军。是月十四日，他又与司马光上书，建议宋廷如复置丰州（今陕西区府谷县西北），不如将原在腹内的永宁堡（今甘肃甘谷县西西十里铺附近）徙于丰州故城。⑥

嘉祐七年（1062）正月十二日，他再次和司马光上言，以去年水灾请仁宗罢上元观灯。后来仁宗御宣德门观灯，也要特别向近臣解释一番。⑦ 是年二月，仁宗女充国公主（1038～1070）与夫婿李玮（？～1093后）不合，仁宗将涉嫌挑拨公主与驸马关系的内臣及公主乳母逐出宫外，公主以自杀要挟仁宗召还众人，仁宗爱女情深，打算依从。杨

① 《宋会要辑稿》，〈选举十一之八至十〉；《长编》卷一百九十四"嘉祐六年七月甲辰条，八月乙卯条"，4698 页；"八月乙亥条"，4710～4712 页；《栾城集》，卷十八〈杨乐道龙图哀辞并叙〉，424 页；《栾城后集》，卷十二〈颍滨遗老传上〉，1280～1282 页；〈附录二：年表本传〉（孙汝听编），1812 页；司马光：《传家集》，文渊阁《四库全书》本，卷二十二〈论燕饮状·嘉祐六年与王（杨）乐道同上〉，叶 7 上至 8 上。（按：原文作王乐道，据《长编》当为杨乐道）
② 《长编》卷一百九十五"嘉祐六年闰八月甲午条"，4717～4718 页。
③ 《宋会要辑稿》，〈仪制六之十三〉；《长编》卷一百九十五"嘉祐六年九月壬戌条"，4720 页。
④ 江休复（1005～1060）：《嘉祐杂志》，文渊阁《四库全书》本，叶 17 下。
⑤ 《长编》卷一百九十五"嘉祐六年十月壬午条"，4726 页；《宋史》卷三百〈杨畋传〉，9966 页。
⑥ 《传家集》卷二十三〈论皇城司巡察亲事官札子·十二月九日上。有旨，亲事官决配下军〉，叶 9 上至 10 下；〈论复置丰州札子·嘉祐六年十二月十四上〉，叶 10 上至 11 上。
⑦ 《传家集》卷二十三〈论上元游幸札子·嘉祐七年正月十二日上〉，叶 11 上下；《长编》卷一百九十六"嘉祐七年正月壬戌条"，4737 页。

畋这时与另外两位谏官司马光和龚鼎臣（1010～1086）力谏仁宗不要听从公主的话。起初仁宗执意不从，终因司马光的坚持，才收回成命。到三月，仁宗终于叫公主与驸马离婚，并责降公主。① 对于宗庙礼仪、祭天地大典，杨畋也是一丝不苟，尽他谏官的责任。据宋人笔记所载，真宗时已经以太祖和太宗配天于南郊大典，到仁宗时，他又想将其父真宗与太祖和太宗一起配天。杨畋对此极力反对，仁宗只好收回成命，仍以太祖和太宗配天于南郊。② 与杨畋同任谏官的司马光，在这期间曾作诗《又和并寄杨乐道》，表达他和杨畋同心合意谏诤仁宗的心情，他一方面称扬仁宗纳谏，说："圣主乐忠谏，曲从如转圜。玉色粹阳春，至仁生自然。所惭群臣愚，无以称开延。"另一方面，他又称颂杨畋，说自己"狂简昧大体，所依官长贤，有如骖之靷，左右随周旋。庶几助山甫，衰职无尤愆"。在另一首诗《秋夕不寐呈谏长乐道龙图》，他即以晚辈自居。③ 司马光虽然曾批评过杨畋的统军之才，但对于杨畋作为谏臣，是欣赏、敬佩的。

　　杨畋也不是天天埋首于奏章文稿中，有机会他也会和僚友及晚辈聚在一起谈诗论画赏书。据《蔡襄年谱》作者考订，在是年立春前后，他的好友、已于嘉祐六年四月回京担任翰林学士、权三司使的蔡襄，相约两三个僚友，曾造访杨畋的宅第，并与他论画谈诗。从蔡襄所撰的《和杨龙图芦雁屏》与《和杨龙图獐猿屏》来看，杨畋的画工书艺是入得大书画家蔡襄的法眼的。至于杨畋的居所环境，据蔡襄《过杨乐道宅西桃花盛开》的描写，可谓"城隈遗舍似山家，舍下新桃已放花。无限幽香风正好，不胜狂艳日初斜"④。

　　可惜杨畋能悠然自得的光景不多，他于是年四月卒，年仅56岁。他卒时的最后官位是龙图阁直学士、吏部员外郎兼侍读知谏院。⑤ 杨畋为官清廉，自奉甚俭，担任郡守时，

　　① 《长编》卷一百九十六"嘉祐七年二月癸卯条，三月壬子条"，4741～4743页；《传家集》卷二十三〈论公主宅内臣状〉，叶1上下。

　　② 王栐（？～1227后）撰，诚刚点校：《燕翼诒谋录》（与《默记》合本），中华书局，1981年9月，卷四，34页。按杨畋力谏仁宗不以真宗配天，事系嘉祐七年，但未系月日。

　　③ 《传家集》卷二〈又和并寄杨乐道十二韵〉，叶2上下；卷八〈秋夕不寐呈谏长乐道龙图〉，叶10下；考司马光集卷十一另有诗〈呈乐道〉，称"试忆昔年双桂会，只如前日梦魂中"，另〈和乐道自河外南辕过宜芳雨晴气和景物可爱马上偶成〉一首，未确定是否为杨畋所作，还是同是别字乐道的王陶（1020～1080）所作。《传家集》卷十一〈呈乐道〉，叶10上下；《全宋诗》卷五百五，〈司马光八〉，〈和乐道自河外南辕过宜芳雨晴气和景物可爱马上偶成〉，6143页；《宋史》卷三百二十九〈王陶传〉，10610～10612页。

　　④ 《蔡襄集》卷八〈律诗〉〈过杨乐道宅西桃花盛开〉，150页；〈和杨龙图芦雁屏〉、〈和杨龙图獐猿屏〉，153页；《蔡襄年谱》，169，176页。

　　⑤ 考杨畋逝世的月日，《长编》及《会要》均作嘉祐七年五月己酉（初三）；但苏辙的〈杨乐道龙图哀辞并叙〉及王安石的〈新秦集序〉均以杨畋逝于嘉祐七年四月某日甲子（按：嘉祐七年四月无甲子，五月甲子即十八日），杨文及王均撰于嘉祐七年五月，而苏辙与杨畋交情深厚，所记当可信，现从苏辙及王安石之说。又杨畋卒时之官，群书均作龙图阁直学士、吏部员外郎知谏院，唯王安石一文作尚书礼部郎中。参见《栾城集》卷二十八〈杨乐道龙图哀辞并叙〉，424页；《宋会要辑稿》，〈仪制十一之八〉；《长编》卷一百九十六"嘉祐七年五月己酉条"，4761页；《王荆公文集笺注》，卷四十七〈《新秦集》序〉，1616～1617页。

即便监司到来，也只菜果数器而已。他的别字为"乐道"，而为人做官真有"安贫乐道"的风骨。他死时家无余财，身后萧条，只以故衣成敛。据苏辙所记，杨畋患病时，苏辙去他寝处探望，杨畋没说什么，只说："死矣，将以寂灭为乐。"苏辙深情地回忆说，他认识杨畋于三年前，三年中相见了数十次。杨畋比他年长许多，地位也比他尊贵得多，但杨不以为嫌，见了苏辙即欢言笑语，终日不厌，浑然忘了他比苏辙既长且贵。杨畋之死，士大夫相与痛惜他的不幸，而苏辙以知遇之恩，伤痛尤甚，特别在目睹杨畋遗下一个才两岁（按：其实只有 8 个月）的儿子杨祖仁后，更是伤痛加倍。他的好友兼姻亲、开封府推官、度支员外郎李寿朋（？ ～1062）见此，即往见时为翰林侍读学士王素（1007～1073），称"杨公死无以敛，幸经筵诸公赙之"。王素除了立刻拿出赙金外，更对李寿朋表示他要将此事奏告仁宗。第二天经筵时，王素即向仁宗奏告杨畋死无以敛的苦况，请求仁宗恩恤。仁宗念杨畋功绩，即命内臣赐杨家黄金百两，还特别吩咐所派的内臣，不得接受贫寒的杨家的回赠。另外宋廷又追赠杨畋为右谏议大夫。除特赐黄金200 两外，本来在端午赐给经筵讲官的御飞白书扇，亦遣中使特别赐给，命放置在杨的枢处。因宋廷所赐及杨畋友人所赠，杨畋乃得以下葬，其遗属也得以克养。他的旧部陶弼感念其知遇之恩，特地折钱 5000 给杨畋家。是年五月杨家奉其枢归，卜定七月在洛阳下葬，大概葬于其父杨琪墓地所在的杜泽源。相信是应杨家之请，苏辙作哀辞一篇给执绋者歌之，其辞总结了杨畋之家世及功业，其辞曰：

> 嗟乎，杨公归来兮，洛之上，其土厚且温。生年五十六，有子以祭兮，何慕而不若人？天子怜尔，赠金孔多兮，家可以不贫。平生不为恶，死而有遗爱兮，虽亡则存。家本将家，有功而不坠兮，配祖以孙。为人至此，非有不足兮，可以无憾，而为为悲辛。嗟乎，杨公归来兮，家有弱子恃尔神。①

杨畋卒后，他的姻亲李寿朋除了打理其家事外，又将他的遗文遗稿编为 20 卷，取名《新秦集》，以杨家的世家为麟州治所新秦。李寿朋又请得当时任知制诰的王安石为文集写序。据王安石所说，杨畋所为文，"庄厉谨洁，类其为人"。他的友人韩维在多首诗中，既称许其文，又赞扬其诗，在《奉酬乐道》诗中，称许他"文章老益壮，欲掩李杜光。新诗来连翩，奔走获与藏，调高岂能继，爱重如琳琅"。在《次韵答和乐道侍读给事》诗中，又颂扬杨畋文章是"高文炳群宿，大论倾长川"。另在《奉和乐道》诗中说："昔闻有客荐扬雄，清世文章又见公。奏赋独高天下士，辞荣远继古人风。"至于其

---

① 《栾城集》卷二十八〈杨乐道龙图哀辞并叙〉，424～425 页；《长编》卷一百九十六"嘉祐七年五月己酉条"，4761 页；《王荆公文集笺注》卷四十七《新秦集〉序〉，1616～1617 页。《宋史》卷三百〈杨畋传〉，9966 页；王巩（1048～1117）撰、载建国整理：《闻见旧录》，收入《全宋笔记》第二篇，第六册，大象出版社，2006 年 1 月，11 页；《云巢编》卷八〈东上阁门使康州刺史陶公传〉，叶 9 下。考王巩为王素之子，王旦（957～1017）之孙，张方平之婿。又据苏辙所撰之〈杨乐道龙图哀辞并序〉所记，杨畋卒于嘉祐七年四月，得年五十六，而《长编》与《会要》均以杨畋卒于嘉祐七年五月己酉（初三），今从苏辙所记。又李寿朋为杨畋的外姻，惟他们具体姻亲关系不详。考杨畋父杨琪续娶之妻为李氏，可能是李寿朋为姊妹或族人。《欧阳修全集》卷二十九〈供备库副使杨君墓志铭〉，444 页。

词即"平易不迫，而能自道其意"。王安石说"读其书，咏其诗，视其平生之大节如此"。杨畋的《新秦集》到宋末元初，仍为《文献通考》所著录，然今天已不传，使我们无法更多了解杨畋的生平与思想，包括他对佛教的看法。①

六、将门遗泽

杨畋晚年得子，他的独生子杨祖仁（1061～1119 后）生于嘉祐六年九月，嘉祐七年四月杨畋死时虚龄两岁，实际只有八个月大。杨畋晚年续娶的妻子恭氏，虽然才 24 岁，但愿意守节不改嫁，其的墓志铭称她"不忍去，鞠育教诲，以至成人"。又说杨祖仁后来"莅官不苟，累升为大夫，夫人之力也"。② 杨祖仁在母亲、亲族以及姻亲李寿朋等照拂后读书出仕。在英宗（1032～1067，1063～1067 在位）朝出头的杨文广，与他这位族孙一家关系如何，可惜没有记载。杨祖仁在绍圣二年（1095）三月，于 35 岁

---

① 《王荆公文集笺注》，卷四十七〈《新秦集》序〉，1616～1617 页；《宋史》，卷二百九十一〈李若谷传附李淑传、李寿朋传〉，9742 页；马端临（1254～1323）：《文献通考》，文渊阁《四库全书》本，卷二百三十四，叶 23 下至 24 上。据《宋史·李寿朋传》所载，李寿朋对杨畋照拂甚至，他出知汝州（今河南汝州市）时，就尽推职田之入归前任的杨畋。杨畋死，他又经理其家事。考杨畋出知汝州之事，《长编》及《宋史·杨畋传》均不载，待考。关于杨畋对佛教的态度，除了苏辙所撰之哀辞说他临终前所说"死矣，将以寂灭为乐"的蛛丝马迹外，据尹洙所记，杨畋向他推许的友人李侍禁，是一个"笃行君子，然乐于佛氏之说"。另外杨畋的妹妹也笃信佛理，也许受乃兄影响。又韩维所撰唱和杨畋之诗具体年月不详。他与杨畋的交情相信不差，在他的〈览杨乐道洛下诸诗〉中，曾说读到杨畋的新诗时，"忽见新诗叹息频，君欲买山能遂否？它时愿作社中人"，可见他与杨畋是志同道合的人。不过，韩维集中所提到的"乐道"，暂未确定所指是杨畋，抑是王陶。例如韩维集中〈和乐道〉诗一首，诗中曾云"乐道改颍，岂吏民之望"，考杨畋从未出守颍（即蔡州），这首诗所提的乐道，可能是王陶，而非指杨畋。考王陶曾在嘉祐年间以劲枢密副使陈升之而被出知蔡州，比较符合韩维诗所说。韩维另有一首诗题为〈奉答乐道〉，云："禁职台纲伏旧儒，青林华屋俨高居，炎天久隔挥犀论，暇日聊胹载酒车。……东朝第一推调护，圣主宁容久卧庐"，也不能确定是写给杨畋抑是王陶的，参以王陶的生平，他屡贬屡起，此诗所言比较符合他的身份。此外韩集中尚收有〈奉和乐道席上见诒〉、〈再和乐道〉、〈乐道示长句辄次韵〉三首诗，不详是否和杨畋之作。《栾城集》卷二十八〈杨乐道龙图哀辞并叙〉，424 页；尹洙：《河南集》卷五〈李侍禁序〉，叶 2 上下；韩维：《南阳集》，文渊阁《四库全书》本，卷六〈奉酬乐道〉，叶 14 下至 15 上；〈次韵答和乐道侍读给事〉，叶 15 下至 16 上；卷八〈览杨乐道洛下诸诗〉，叶 14 下；卷九〈和乐道〉，叶 4 上；〈奉答乐道〉，叶 7 上下；〈奉和乐道席上见诒〉、〈再和乐道〉，叶 8 上至 9 上；〈乐道示长句辄次韵〉，叶 10 上；〈奉和乐道〉，叶 16 上；《宋史》，卷三百二十九〈王陶传〉，10610～10611 页。又杨畋早年与高僧杨歧方会之交往之事，可参阅注 19。

② 据杨畋妻恭氏墓志铭所记，她在二十二岁时嫁杨畋，"踰年生子祖仁，方八月，龙图公薨"，即是说杨祖仁在嘉祐六年九月生，杨畋在嘉祐七年四月逝世时他才八月，依现代人算法，他还未满一岁，但古人计法，他虚龄两岁。参见北京图书馆金石组编：《北京图书馆藏中国历代石刻拓本汇编》，第四十二册（北宋），中州古籍出版社，1990 年 2 月，〈志 3818〉，〈杨龙图妻恭氏墓志铭〉，29 页。按这墓志铭为魏介所撰，祁处恭所刻，拓片原为张钫所藏，后为原北平图书馆所藏。此一墓志铭亦收入新版《全宋文》，第 148 册，上海辞书出版社，2006 年，卷三二零二〈魏介·杨龙图妻恭氏墓志·政和三年七月〉，360～362 页。关于该墓志铭作者魏介，为洛阳人，自号伊川退叟。在政和三年任奉议郎、管勾温州（今浙江温州市）南真宫、赐绯鱼袋。见郭齐所撰之生平简历。

之年，以右宣义郎、签书崇信军（即随州）节度判官厅公事、赐绯鱼袋的官位，为其是年二月亡故的姑母篆写墓盖。① 从其职位去看，杨祖仁与父亲一样，从文官之途仕进，而相信也是自科举之途晋身，而不是靠恩荫补武职出身。魏介（？～1118后）于政和三年（1113）为杨祖仁母恭氏撰写的墓志铭说他"累升为大夫"，杨祖仁在宣和元年（1119）六月为游安民（1061～1119）书写墓志铭所列的职衔是"朝散大夫、前提点信州（今江西上饶市信州区西北）上清宫、赐紫金鱼袋"，其母恭氏则获封为长寿县太君。考杨祖仁在宣和元年59岁时，所授的散官朝散大夫，为元丰三年九月自中行郎中改，为文臣寄禄官三十阶之第十八阶，为从六品，属于中级的文官。论官职，杨祖仁虽然比不上亡父龙图阁直学士之清贵，却比乃父活得久。他卒年不详，有多少子女也不详，但以他的地位与身系传宗接代之重责，他应该娶妻生子，为他这一房的杨氏绵延不绝。他及他这一房的事迹有待出土的文献加以发明。②

在宋人现存文献中，声称是杨家将之后的，是宋宁宗嘉定十四年（1221）正月从金投宋的杨嗣兴。据四川安抚使安丙（1148～1221）所奏，杨嗣兴在"北界伪官"至定远大将军、貔虎军统军，他"元系先朝名将杨业之后，虽世受勇间，未尝一日忘本朝，思欲自拔来归，今乘机会抛弃家属，拾逆归正"。宋廷因此授他武修郎。③ 这个杨嗣兴是否真的是杨业之后，在南宋时已因年代久远，难以确定，他与杨畋一系的关系更加难以确定。

杨畋晚年所续娶的妻子恭氏自然值得多谈。她的墓志铭记她是开封人，至于她的家世就语焉不详，似乎出身寒门。她与杨畋一样"好读佛书，诣理趣，存心养性，喜怒不形。将终，澹然曾不以死生为念"。杨畋晚年有她这一个志趣相投，又为他留下子嗣的贤妻，也是他迟来的福分。她在政和三年五月乙酉卒于杨家尊贤之第，终年75岁。杨祖仁于是年七月乙酉葬其母于杨家祖坟洛阳县贤相乡杜翟里之西南隅。并请得他的好友奉议郎管勾温州（今浙江温州市）南真宫魏介，为亡母撰写墓志铭。魏介感叹"龙图公为世显人，赖夫人生子，不殒其后，而夫人克享眉寿，生得其养，死得其葬，呜呼，可以无憾矣"。杨畋一房得以延续下去，自然恭氏的贡献最大。④ 附带一谈，杨畋赖晚年所娶之妻恭氏，得以留下子嗣，有一点像他的一度上司包拯包龙图，不同的是，抚养包氏遗孤的包公贤媳崔氏，而杨畋遗孤得以长大成人，却有赖他那位肯守节的妻子恭氏长寿县太君。⑤

① 《全宋文》卷一七零四，〈张峋〉〈宋故寿阳县君杨夫人墓志铭・绍圣二年三月〉，556～557页。

② 〈杨龙图妻恭氏墓志铭〉，29页；《全宋文》，第149册，卷三二一八〈朱维・游安民墓志铭・宣和元年六月〉，265～267页。按该墓志铭原收入《芒洛冢墓遗文》四编，石刻史料新编本。撰写此墓铭的朱维（？～1119后）的职衔是"中大夫、充右文殿修撰、提举西京嵩山崇福宫、文安县开国男、食邑三百户、赐紫金鱼袋"为墓志铭篆盖的是武功大夫、改差充京西南路兵马钤辖王子武。朱维的生平简历见郭齐所撰的小传；龚延明：《宋代职官辞典》，571页，"朝散大夫条"。

③ 《宋会要辑稿》，〈兵十六之七〉。

④ 〈杨龙图妻恭氏墓志铭〉，29页。

⑤ 有关包拯晚年得子，由其媳崔氏抚养成人之事，可参阅孔繁敏：《包拯研究》，中国社会科学出版社，1998年4月，第二章第四节〈孝肃之风祖孙相传〉，71～77页。

杨畋亲属中另外值得一提的是杨畋之妹和其妹婿张景儒。张景儒字文通，祖上自许州（今河南许昌市）迁洛阳。他的曾祖父张谊在五代后唐时举进士，到后汉官至中书舍人。他的祖父张去华（938～1006）是建隆二年（961）的状元，在真宗朝最后官至工部侍郎致仕。他的父亲张师锡官至光禄少卿致仕。他的叔父张师德是大中祥符四年（1011）的状元，官至左谏议大夫。一门两状元，张门可以说是显赫的儒门。不过，他在举业却一再失利，最后只好以父荫补官出仕。他先娶三司盐铁副使杨日华之女，杨女死后，他续娶杨畋之妹。他的仕途并不太理想，历任河南府密县（今河南新密市东南30里）主簿、知郑州新郑县（今河南新郑市）、知泽州晋城县（今山西晋城市）。后以父致仕，恩授孟州（今河南孟州市）观察推官，又再历任郑州（今河南郑州市）观察、河阳三城（即孟州）节度推官。父死守丧，服除用荐改授卫尉寺丞，迁大理寺丞、太子中舍，历知河南伊阙（今河南伊川县西南古城村）、眉州彭山（今四川眉山地区彭山县）和河南长水（今河南洛宁县西四十里长水乡）三县，又曾管勾永兴路机宜，又签书永兴军判官，赐绯鱼银鱼。因他的家世，以及与杨畋的关系，曾任宰相或使相的大臣包括文彦博（1006～1097）、韩琦、曾公亮（998～1078）、宋庠（996～1066）及王德用（980～1058）出镇时都辟他为幕僚，都有能称。王德用曾荐他试学士院，可惜他只能升一任，当不上翰林学士。他在长水县时，三司每年要在该地买木材值数百万，全数配给民间，该地百姓都不堪其苦，他就平其估值，置场和买，人们都觉得方便。墓志铭的作者陆经说他"外质内明，恬于荣利，游诸公间，莫不善客待之"。他相交的多是将相名臣，他们都肯推荐他，可惜他仍是官运不济，无法得到大用。他于熙宁三年（1070）二月三日卒于洛阳永泰坊私邸，年仅53岁。他与杨畋妹育有四男四女，四男分别名为张浩、张洞、张澄和张涣，四人后来皆举进士。女四人，长适孟州观察推官李瞳，次适进士王格。有孙男五人，孙女一人。他有文集十卷，号《清白集》。熙宁八年（1075）九月，其家人将他葬于河清县（今河南孟津县东南25里）平洛乡上店村祖坟，并请得与张景儒同里的陆经为其撰写墓志铭。到元祐七年（1092）八月九日，他的长子张浩又将他的墓迁葬于洛阳县杜翟原，那是他的妻父杨琪及妻兄杨畋墓地所在。①

在杨门女性中，说部所大力描写的佘太君（即折太君）、穆桂英、杨八妹、杨九妹，尽是小说家的加工创造，没有真实的生平记录。而在真实的历史中，暂唯有杨畋之妹有翔实的史料记载她的生平事迹。据杨氏墓志铭所述，她自18岁归张景儒后，即侍奉家翁张师锡，并相夫教子。她出生于杨氏将门，长兄杨畋又是一代名臣，故家教极好，且知书识礼。墓志铭的作者对她的品格溢美不已，称她"生而警慧，智识过人，德性敦厚，

---

① 《全宋文》第十四册，卷五百七十九〈陆经〉〈朝奉郎守太子中舍骑都尉赐绯鱼袋张君墓志铭·熙宁八年九月〉，218～220页《宋会要辑稿》，〈选举一之一〉、〈选举二之五〉；《宋史》卷三百六〈张去华传附张师德传〉，10107～10111页。为张景儒撰写墓志铭的陆经，生平不详，墓志铭题其现官职为朝散大夫、行尚书兵部员外郎、直史馆、知河中军府兼管内劝农事、兼提举解州庆成军兵马巡检公事、轻车都尉、赐紫金鱼袋。《全宋文》的编者未能确定他是否字子履，籍属越州人，官至集贤殿修撰，擅长真行书，著有《寓山集》的陆经。该墓志铭由文林郎、前守广州司法参军乐温书，而由将仕郎、试秘书省校书郎、前权孟州观察推官李瞳篆盖，考李瞳即为张景儒的长婿。至于乐温的生平不详。

诚心悫固，虽刚介高洁，而济之以慈恕，故持己以严，待人以和，事先舅光禄公恪尽妇道，上承下御，一以礼法，闺门肃然"。墓志铭称张景儒因佐幕四方，故将家事尽委于杨氏。张景儒逝世后，杨氏一力持家，据载她"尽屏珠玑簪珥之饰，而自奉养愈俭薄，日阅佛书，教训子弟为事。居常寡言笑，而莫见其喜愠之色。与家人处，如对宾客，恭庄俨恪，靡有惰容。张氏，大族也，内外敬惮，服其有常德"。她对张氏族人家贫者，均尽力赒济。大概是杨门家风，她平生景慕节义，喜欢诸子与乡里的贤者交游。她事母延安郡太君李氏至孝。按李氏因深爱独女，没有随杨畋赴四方之任，而留下来陪伴爱女。当李氏病重时，杨氏亲侍汤药及起居至其寿终，而执丧哀不胜悲恸。她与亡兄一样，晚年信佛，颇识禅旨，对于家居浅狭，并未介意，平居焚香宴坐，泰然自如。她初染病时，自言此疾难愈，到明年仲春就会不起，并且自行准备后事。她到临终时神识不乱，宛如平时，与其亡兄逝世时的情景相若。杨氏于绍圣二年（1095）二月戊辰（初二）逝于家，年60。于是年三月癸卯（初八），葬于河南府洛阳县杜翟（泽）原，祔于张景儒之墓穴。杨氏因遇南郊祀恩，封寿阳县君，后因光国夫人朝谒禁中，为她请命服，而得赐冠帔。杨氏一生，虽早失怙，但为长兄提携照拂，得嫁入儒门，而相夫教子，福寿双全。对于精忠为国的杨家将，杨氏之福气未似不是杨门遗泽所致。她的墓铭说：

　　　　新秦之杨，○出弘农，重侯世将，既盛而隆。猗欤夫人，行茂○尊。靡矜靡盈，来嫔卿门。克媲其德，○○○名。顺其姑章，宜尔子孙。积善有贻，滥浚其源。报施之丰，逮于云昆。昭以铭时，○藏诸原。①

---

① 《全宋文》，卷一七零四，〈张峋〉〈宋故寿阳县君杨夫人墓志铭·绍圣二年三月〉，556～557页。考杨畋妹的墓志铭撰于绍圣二年三月，撰写人是左朝奉大夫、管勾西京嵩山崇福宫、上柱国、赐紫金鱼袋张峋（？～1095后）。书写墓志铭的是右朝奉郎、监兖州东岳庙、轻车都尉、赐绯鱼袋程公孙（？～1097后）。按张峋的生平不详，据《长编》及《宋会要》所记，在熙宁二年（1069）九月，他以太常博士提举两浙路常平广惠仓兼管勾农田水利差役事。到熙宁四年（1071）四月十八日以丁忧罢任，然言官却劾他在任并未推行新法。说他出巡只到过明州和越州，至于程公孙的生平，据《长编》及《宋会要》所记，他是程颐（1033～1107）的族子，吕公著（1018～1089）子吕希纯之妻兄，他在熙宁九年（1076）五月，以光禄寺丞管勾合卖太医局，到元丰元年（1078）四月，三司以程公孙所管勾的太医局熟药所在熙宁九年六月开所以来，至十年六月，收息钱二万五千余缗，所收的息钱倍于预计，于是请给程公孙及另一监官殿直朱道济减磨勘三年，依条例给赏，自今二年一比较。在元祐三年八月他以奉议郎授监在京商税院，为右正言刘安世所劾以执政姻亲见用。他在绍圣四年（1097）中，曾被京西转运使周秩辟为部僚，专察访外事，助新党诛除旧党之人，他被王巩批评为"素名能刺人事者也"，旧党人称程颐在绍圣四年十一月再被送涪州（今重庆市涪陵区）编管，也是程公孙所致。据说程颐语曰：族子至愚，不为足责，故人情厚，不敢疑。参见《宋会要辑稿》，〈职官二十二之三十七〉、〈职官二十七之十二〉、〈职官四十三之二、三〉；《长编》卷二百十八"熙宁三年十二月丁巳条"，5291页；卷二百二十二"熙宁四年四月癸酉条"，5406页；卷二百八十九"元丰元年四月丁卯条"，7071页；卷四百十三"元祐三年八月辛丑条"，10047～10048页；卷四百九十"绍圣四年八月壬辰条"，11625～11627页；卷四百九十三"绍圣四年十一月丁丑条"，11704～11705页；"十二月癸未条"，11707～11708页。

考墓志铭提到因曾入禁中而为杨氏请命服的光国夫人，原碑文作"○氏宗妇光国夫人"，不知道是杨氏宗妇抑是张氏宗妇。

在舞台上每当我们看到京剧《杨门女将》的佘太君一举手一投足的气派，特别是杨令公、杨六郎、杨宗保过世后，她独力撑起天波府，我们都会拍案欣赏艺术家对这个女中豪杰的伟大创造。笔者在上文那样花费篇幅笔墨介绍杨畋幼妹的生平，因为觉得杨畋妹的性情与生平，与说部的佘太君有着颇大的雷同。当然小说家不大可能看到这篇原埋于地下、近代才收于《千唐志斋藏志》的墓志铭，然有志从事杨家将故事再创造的文艺工作者，实在可以取材于这篇墓志铭的内容，将一个真实的杨门女性，以艺术加工的手段，谱写一个有血有肉的新杨门女将。那当是本文考索杨畋及其亲属生平事迹的一个成果。

七、余　　论

宋人对杨业、杨延昭父子之功业一直称誉备至，好像为杨畋父杨琪在皇祐三年撰写墓志铭的欧阳修，便称许杨业和杨延昭"父子皆为名将，其智勇号称无敌，至今天下之士至于里儿野竖，皆能道之"。爱屋及乌，许多文臣士大夫对出身杨氏将门又科举登第，在庆历年间发挥将门本色，率军奋战湖广猺山，立下战功的杨畋，即以儒将视之。例如欧阳修便许杨畋"贤而有文武材"。[①] 当杨延昭幼子杨文广在仁宗之世尚未出头时，杨畋自然成为重震杨门家声的唯一希望。可惜皇祐四年南征侬智高的恶战，却无情地证明杨畋的将才有限。他兵败被贬，幸而还能慢慢循文臣之仕途回升，并累任内外要职，最后膺学士侍读清望之选，成为杨氏将门罕有的学士儒臣。将家子而弃武就文，然后又改为武资参预戎行的人，在北宋并非罕有，好像与杨畋同时的刘平（973～1040），便与杨畋有相近的经历。二人不同的是，杨门要比刘氏将门显赫，而杨畋后来又回复文臣的身份。

杨畋因着科举登第的身份，透过座主、门生、同年、同僚的关系，与宋廷一众文臣建立了密切的交谊，加上杨氏将门与武臣之渊源，令他拥有一张很广泛的交际网络。在他数十年的仕宦生涯中，他一方面推荐别人，[②]另一方面也受到别人推荐，故此他在平定侬智高之战事中虽跌了一大跤，但在友朋的保护扶持下，得以在仕途中回升，得以膺学士侍读之清选，成为杨氏将门独一无二的学士儒臣。

杨畋曾被他的文臣同僚誉为文武兼资的儒将，作为武将，他领军出师时，倒有着他的祖辈杨家将诸人如杨业、杨延昭那种"舍身忘家"，以及"与士卒同甘苦"，而受士卒爱戴的美好传统。据苏辙所述，杨畋为将"能与士卒均劳苦，饮食比其最下者，而军行常处其

---

① 　按欧阳修在杨琪的墓志铭的铭文，又分别颂扬杨门各人，包括杨重勋（侍中）、杨业（太师）、杨延昭（防御）、杨琪（供备），铭云："杨世初徽自河西，弯弓驰马耀边陲。桓桓侍中国屏毗，太师防御杰然奇，名声累世在羌夷。时平文胜武力衰，温温供备乐有仪。好贤举善利岂私？恺悌君子神所宜。康宁寿考顺全归，有畋为子后可知。"《欧阳修全集》卷二十九〈供备库副使杨君墓志铭〉，444～445 页。

② 　杨畋推荐人任官的例子，除了前述的苏辙外，尚有罗承嗣（998～1072）。参见《北京图书馆藏中国历代石刻拓本汇编》，第四十册，〈志 745〉〈宋故银青光禄大夫检校太子宾客兼御史大夫右领军卫将军致仕骑都尉罗公墓志铭〉。

先，以此得其死力"。至于他的将才如何？那就言人而殊，司马光讥他是儒者迂阔，驾驭不了骄兵悍将而致无功，而苏辙则说他善于用兵、精于兵略，说他曾学李靖（571～649）兵法，知晓用兵出入变化之道，并曾评说："今之人，才不及古人，多将辄为所昏。"苏辙又说杨畋在南方练兵有方，从数千之卒至万人均能胜任。而据欧阳修所记，杨畋又曾将罕传兵书秘本《遁甲立成旁通历》相赠，对于行军打仗，杨畋是下了一番工夫的。平情而论，相比一般文臣，杨畋武干不差，至少不会比因人成事的余靖及孙沔逊色，他虽"家世将家"，又曾有平定猺山蛮乱之功，但他到底不能与在西北战场的打过硬仗、血战多回的真将才狄青相比，也不能与他祖上的杨门众将相比。另外，他的体格不佳，"素病瘦甚羸"，也影响他在沙场拼杀的能力。① 至于杨畋平定蛮猺，是否残暴地镇压"瑶族农民起义"，"扑灭革命烈火"？这牵涉观点与立场，与杨畋的才干无关。②

至于作为士大夫，杨畋有很高的艺术修养，既能诗，又擅书隶，"平居读书，勤苦过少年。好为诗，喜大书，皆可爱"，能作画，又通琴音。而为官则清廉自守，至死家无余财；另一方面，他在政海浮沉多年，磨炼出文臣那种世故谨慎，史称他"素谨畏，每奏事，必发封数四而后上之"。苏辙曾为他辩护，说"盖其谨畏循循者，所以为勇而人莫知之"。③ 证诸事实，苏辙所言非虚，杨畋任言官时，他所论的，包括请仁宗早定储位，

① 《宋史》卷三百〈杨畋传〉，9966 页；《涑水记闻》卷十三，259 页；《栾城集》卷十八〈杨乐道龙图哀辞并叙〉，424 页；《欧阳修全集》卷一百五十五，补佚卷二〈书遁甲立成旁通历后〉，2574 页；考《宋史》杨畋本传称他在猺山平蛮时，有家书至，他即焚之，表现他忘家报国的精神。关于杨畋的琴音造诣，参看注 33。杨畋所学的李靖兵法，相信是仁宗朝编为《武经七书》的《李卫公问对》。又杨畋送给欧阳修的罕传兵书秘本《遁甲立成旁通历》，据李裕民教授的意见，当是杨业原有，后传杨延昭、杨文广，再传杨畋，或是由杨延昭直接传给杨畋。此书已失传，具体内容不详。照李教授的意见，此书当属《汉书艺文志》中的兵阴阳家类。李裕民：〈杨家将新考三题〉，收入《杨家将研究·历史卷》，99～100 页。

② 以论述庆历年间湖南瑶（猺）族起事为主题的一些论着，对杨畋平乱之描述，多以负面的笔触，甚至有丑化他的倾向，说他兵败孤浆峒后，恼羞成怒，滥杀无辜。又说他知岳州时懦弱无能。参阅向祥海：〈北宋黄捉鬼唐和尚领导的瑶族农民起义〉，《贵州民族研究》（季刊），1987 年 7 月第 3 期（总 31 期），98～101 页；黄海舟：〈《岳阳楼记》首段注解四疑〉，《湘潭大学学报》（社会科学版）1987 年第 1 期，82 页；黄启昌：〈宋代湖南少数民族的反抗斗争〉，《民族论坛》1996 年第 2 期，82 页。另外有一些粗浅的著作，考证不清，便批评杨畋"令其平叛，则肆杀平民以邀功，如荆南路平叛武将杨畋之流。"尹永森：〈论余靖的吏治观〉，《韶关大学学报》（社会科学版）2000 年 12 月 第 21 卷第 6 期，31 页。

③ 关于杨畋"谨畏循循无所进，平居遇小事，若不能决"的问题，苏辙曾有一番辩解，当人们奇怪杨畋在战场上能勇以破敌，为何在与人行事上却谨畏如此。苏辙说人们"不知其中有甚勇者，人不及也。盖其谨畏循循者，所以为勇而人莫知也。"关于杨畋擅大书的问题，据欧阳修的记载，杨畋在生前曾对他说，他平生只学隶书，并告诉欧阳修，汉时隶书在镇州（今河北石家庄市正定县南）的最佳。欧阳修不甚识隶书，听了杨畋的话，马上派人往常山（即镇州或真定府）求得后汉《稿长蔡君颂碑》，并且收入他的《集古录》里。《长编》卷一百九十六"嘉祐七年五月己酉条"，4761 页；《宋史》卷三百〈杨畋传〉，9966 页；《栾城集》卷十八〈杨乐道龙图哀辞并叙〉，424 页；《欧阳修全集》卷一百三十六〈集古录跋尾卷三〉〈后汉稿长蔡君颂碑·光和四年〉，2142 页。

请求罢仁宗所宠的温成皇后庙祠，反对仁宗给外戚李珣和刘永年升官，以及请责降仁宗爱女兖国公主，都是批逆鳞之事且需要有莫大的勇气。王安石称许杨畋"数以言事有直名"，"数言事，无所顾望，所言有人所不能言者。故其卒，天子录其忠，赙赐之加等"，"所谓善人之好学而能言者也"，应该如实地反映出宋廷士大夫对杨畋之高度评价。①

平情而论，杨畋作为杨家将后人，他的儒将功业说不上成功，但他以将门之后转为儒臣，无论立德、立言方面，他都是成功的。北宋杨家将第四代出了他这样不凡的贤士大夫，既可说是一种异数，也可以说是多数宋代将门子弟自然走上的道路。像杨畋这样文武兼资，既有过人的文才，亦有相当的武干，那是将门余荫加上后天过人努力所致。在文臣操掌国柄的宋代，将门子弟要出人头地，文武双修是最可行不过的道路，退而求其次，改从科场仕进，也可能比在沙场拼杀相对容易。杨家将在仁宗朝及以后最有成就的人物，前有本文主角、第四代的杨畋杨学士，后有杨门第三代传人的杨文广。从仕途的顺逆而言，杨畋比杨文广平坦得多，倘杨畋不是仅得中寿，他在英宗及神宗（1048～1085，1067～1085 在位）之世，至少能位列翰林学士，官至丞郎，倘运气寿数和他一度的上司包拯相近，进入二府，本来也是顺理成章的事。叫人欷歔的是杨畋太早过世，使杨家将在神宗之世，只能倚靠年过花甲的杨文广独木支持，而杨文广也无法在朝中得到本家最有力的朝臣支持。过去我们谈论杨家将，从历史到文学，似乎遗漏了杨畋这个将门学士的重要人物。过去创造文学戏曲中的杨家将的作家，拼命将杨家将扯上寇准、包拯这些显赫的文臣，其实杨门本身已经有一位值得加以发挥的文武兼资的杨门子弟。值得一提的是，现存有关载杨畋生平事迹之资料已相对丰富，要在文学创作上对杨畋加以塑造，应该没有太大的难度。笔者期盼有心人将来能成功地创造出晓有光彩的杨学士乐道的传记故事来。

（2007 年 7 月 20 日初稿、2007 年 10 月 10 日修订、2008 年 7 月 21 日增补）

后记：

本文初稿承陕西师范大学张小平先生校读一遍，并指出数处需商榷之地方。笔者已据张先生意见作出修订，谨此致谢。笔者亦补充一些史料，修正一些提法论点。笔者再在 2008 年 7 月从新版的《全宋文》卷三二一八的《游安民墓志铭》找到一条关于杨畋独子杨祖仁在宣和元年的职衔与事迹。麟州新秦杨氏，以此而言，可说是与北宋王朝相终始。

---

① 《王荆公文集笺注》卷四十七〈《新秦集》序〉，1617 页。

"杨业之死"发覆

暨南大学　张其凡

20 世纪以来，杨业及杨家将的研究，一直是宋史研究的一个热点。自 1943 年重庆说文社出版卫聚贤的《杨家将及其考证》以来，有关杨家将的研究或通俗著作，迭有问世，络绎不绝。仅统计 1949 年以后的著作，即有田羽、沈起炜、郝树森、石梁、张立志、穆紫、纪振伦、常征等人的十余部专著刊行。至于研究杨家将的文章，就更多了。2007 年 2 月，人民出版社出版了蔡向升、杜雪梅主编的《杨家将研究·历史卷》一书，凡 95 万字，将迄今有关杨家将研究的论文大都收入。内中，余嘉锡先生的《杨家将故事考信录》一文，不仅年代较早，内容也最具价值，有关杨家将的史料，此文差不多已引录殆尽。20 世纪 80 年代以来，则以顾全芳、李裕民先生用力最勤，贡献最大。

在杨家将的研究中，"杨业之死"是一个重要课题。专门讨论"杨业之死"的文章，主要有下列几篇：降大任《有关杨业晚节的一个疑点》，载《山西师院学报》1979 年第 3 期；邓广铭、张希清《评杨业兼论潘杨关系》，载上海《文汇报》1981 年 4 月 6 日；阎立鼎《潘美陷害杨业考辨》，载《江苏师院学报》1981 年第 1 期；任崇岳《关于抗辽名将杨业的几个问题》，载《社会科学辑刊》1983 年第 2 期；闵安稳、杨德义《论杨业之死》，载《常德师专学报》1983 年第 2 期；方健《杨业之死的元凶是谁》，载上海《新民晚报》1994 年 9 月 15 日；管健《谈谈杨业的死因及其历史教训》，载《殷都学刊》2000 年第 3 期。《杨家将研究·历史卷》未收入阎立鼎、方健两文。此外，1984 年 5 月 30 日《解放日报》，刊发了叶哲《杨业及其死因的探讨》，惜乎过于简略，但也反映出，其他涉及杨业之死的观点，并未出几篇专论的观点之外。

上述诸文中，邓广铭、张希清之文最为详尽有力，论述周详，直指潘美为陷害杨业之人，对杨业之死应负主要责任。阎立鼎之文亦持同样意见。管健与方健之文则指王侁为元凶，且与其监军地位有关。降大任之文则以《辽史》记载为据，认为杨业晚节不保，被俘乞饶。闵安稳、杨德义之文，虽在诸文中最长，但所论不出邓、张之文。

本来，在此种情况下，关于"杨业之死"几无置喙余地。然笔者在 20 世纪 80 年代点校整理北宋张咏的文集《张乖崖集》时，从中发现了一条从未见人使用的新史料，并在拙文《北宋张咏〈张乖崖集〉版本源流及其价值》中披露过，该文刊发于东北师范大学《古籍整理研究学刊》1988 年第 2 期上。此刊物注意及者不多，注意及拙文者更少。2000 年 6 月，中华书局出版了笔者整理的《张乖崖集》，此文收入"前言"中。

李裕民先生在 2000 年第 6 期《晋阳学刊》刊出《杨家将新考三题》一文，指出刘吉是为杨业雪冤者。从行文看，他也未曾见过拙文。

今年在神木召开有关杨家将的学术研讨会，遂拟以《张乖崖集》中材料为本，细检有关诸文及相关史料，谨发其覆于此。是耶？非耶？敬希指正。

一、有关"杨业之死"的基本史料

为方便讨论与分析，首先将有关"杨业之死"的基本史料移录于下。

《宋史》卷五《太宗二》记载：

> （雍熙三年）五月丙子，命田重进屯定州，潘美还代州。徙云、应、寰、朔吏民及吐浑部族，分置河东、京西。会契丹十万众复陷寰州，杨业护送迁民遇之，苦战力尽，为所禽，守节而死。

《宋史》卷二七二《杨业传》所载，最为详尽：

> （雍熙三年）未几，诏迁四州之民于内地，令（潘）美等以所部之兵护之。时契丹国母萧氏，与其大臣耶律汉宁、南北皮室及五押惕隐领众十余万，复陷寰州。业谓美等曰："今辽兵益盛，不可与战。朝廷止令取数州之民，但领兵出大石路，先遣人密告云、朔州守将，俟大军离代州日，令云州之众先出。我师次应州，契丹必来拒，即令朔州民出城，直入石碣谷。遣强弩千人列于谷口，以骑士援拵中路，则三州之众，保万全矣。"（王）侁沮其议曰："领数万精兵而畏懦如此？但趋雁门北川中，鼓行而往。"（刘）文裕亦赞成之。业曰："不可，此必败之势也。"侁曰："君侯素号无敌，今见敌逗挠不战，得非有他志乎？"业曰："业非避死，盖时有未利，徒令杀伤士卒而功不立。今君责业以不死，当为诸公先。"将行，泣谓美曰："此行必不利。业，太原降将，分当死。上不杀，宠以连帅，授之兵柄。非纵敌不击，盖伺其便，将立尺寸功以报国恩。今诸君责业以避敌，业当先死拵敌。"因指陈家谷口曰："诸君于此张步兵强弩为左右翼以援，俟业转战至此，即以步兵夹击救之。不然，无遗类矣。"美即与侁领麾下兵阵拵谷口。自寅至巳，侁使人登托逻台望之，以为契丹败走，欲争其功，即领兵离谷口，美不能制。乃缘灰河西南行二十里。俄闻业败，即麾兵却走。业力战，自午至暮，果至谷口。望见无人，即拊膺大恸，再率帐下力战，身被数十创，士卒殆尽，业犹手刃数十百人。马重伤不能进，遂为契丹所擒。其子延玉亦没焉。业因太息曰："上遇我厚，期讨贼捍边以报，而反为奸臣所迫，致王师败绩，何面目求活耶！"乃不食，三日死。

宋人王称的《东都事略》卷三四《杨业传》、《隆平集》卷一七《杨业传》所载杨业之死，略与《宋史》本传同，但不及《宋史》本传所载详尽。李焘《续资治通鉴长编》卷二七所载，同于《宋史》本传。《宋会要辑稿》兵八之六所载，也全同于《宋史》本传。宋人上述记载的一致性，反映出其史源的相同。惜乎残本《宋太宗实录》，缺雍熙三年三月至十二月事，无法取以比较，以见其源。

此外，李裕民先生辑校的上海古籍出版社1993年8月出版的《杨文公谈苑》一书中，有记载杨业之死情况的"杨业"条，同《宋史本传》。

再看《辽史》的记载。《辽史》卷一一《圣宗二》载：

> （统和）四年秋七月丙子，枢密使斜轸遣侍御涅里底、干勤哥奏复朔州，擒宋将杨继业，及上所获将校印绶、诰敕。

> 辛卯，斜轸奏：大军至蔚州，营于州左。得谍报，敌兵且至，乃设伏以待。敌至，纵兵遂击，追奔逐北，至飞狐口。遂乘胜鼓行而西，入寰州，杀守城吏卒千余人。宋将杨继业，初以骁勇自负，号杨无敌，北据云、朔数州。至是，引兵南出朔州三十里，至狼牙村，恶其名，不进，左右固请，乃行。遇斜轸，伏四起，中流矢，堕马被擒。疮发不食，三日死。遂函其首以献。诏详稳辖麦室传其首于越休哥，以示诸军，仍以朔州之捷宣谕南京、平州将吏。自是宋守云、应诸州者，闻继业死，皆弃城遁。

《辽史》卷八三《耶律斜轸传》载：

> 斜轸闻继业出兵，令萧挞凛伏兵于路。明旦，继业兵至，斜轸拥众为战势。继业败走，至狼牙村，众军皆溃。继业为流矢所中，被擒。斜轸责曰："汝与我国角胜三十余年，今日有何面目相见？"继业但称死罪而已。初，继业在宋以骁勇闻，人号杨无敌，首建梗边之策。至狼牙村，心恶之，欲避不可得。既擒，三日死。

同卷《耶律奚低传》载：

> 时宋将杨继业陷山西郡县，奚低从枢密使斜轸讨之。凡战必以身先，矢无虚发。继业败于朔州之南，匿深林中，奚低望袍影而射，继业堕马。先是，军令须生擒继业，奚低以故不能为功。

《辽史》卷八五《萧挞凛传》载：

> 统和四年，宋杨继业率兵由代州来侵，攻陷城邑。挞凛以诸军副部署，从枢密使耶律斜轸，败之，擒继业于朔州。

《辽史》卷八五《耶律题子传》载：

> 当斜轸擒继业于朔州，题子功居多。

综观宋、辽双方对于"杨业之死"的相关记载，呈现出高度一致性；只是杨业出战前的记载，宋方为详；杨业战死情况，辽方记载为详。这种情况说明，宋辽双方的记载，显然均源自其前线之报告。在没有新的史料发现之前，只能以这些大致可信的记载为基础，讨论"杨业之死"。

二、关于基本史料的综合分析

导致"杨业之死"的宋辽之战，本是宋太宗雍熙三年（986）北伐辽国战役的尾声，由于杨业之死，使这次收尾的战斗引人入胜。现据上述基本史料，对这次战斗作些综合分析，以利于深入研究"杨业之死"。

（一）战事之名与结果

此次战事，宋方记载，最后败于陈家谷；辽方记载，则云战于朔州之南，最后擒杨业于狼牙村。谭其骧《中国历史地图集》第五册《宋辽金》，注"狼牙村"在朔州南，陈家谷又在狼牙村南。大而言之，此次战事，在朔州之南进行，称为"朔州之战"，较为适宜。《辽史》即称为"朔州之捷"。

雍熙北伐，宋军三路攻辽，潘美、杨业军为西路军。"朔州之战"发生时，宋东路曹彬军已大败逃回，中路田重进军退回定州，西路潘美、杨业一军亦已退回代州。当时，辽军挟战胜之威，以大军西援耶律斜轸军，企图收复前此为宋西路军攻占的云、应、寰、朔四州之地，并已攻占寰州。宋廷令西路军出兵，接应云、应、朔三州军民入宋境内，放弃四州之地。于是，潘美、杨业一军复出，而辽援军亦已到山西，与耶律斜轸军会合。于是，发生了"朔州之战"，结果宋军惨败，大将杨业被擒，上万宋军被歼，其预定任务——接应三州军民也未完成。"自是宋守云、应诸州者，闻继业死皆弃城遁"，辽军胜利收复四州地，且得其人民。宋军可谓完败，从此一蹶不振。

（二）杨 业 之 死

杨业在"朔州之战"中，中辽军埋伏，与辽军激战多时，转战至"狼牙村"（宋云"陈家谷"），受伤被俘。宋人说是："力战，身被数十疮"，"马重伤不能进，遂为契丹所擒"。辽方则记载是被耶律奚低射落马下，受伤被俘的。

杨业被俘后，三日而死。宋方与辽方均说是"不食三日而死"，辽方记载还有"疮发"为因，即"疮发"、"不食"，"三日而死"。按常理，"疮发"系外伤，不致影响饮食，可见"三日不食"是主动的。《辽史·耶律奚低传》云："先是，军令须生擒继业，奚低以故不能为功。"可知辽方对杨业是十分重视的，不希望他死去。杨业的主动绝食，引发箭疮更烈，导致死亡，因此，辽迁怒于射伤杨业的奚低，不计其功。

（三）杨业被俘后之表现

杨业被俘后之表现，《辽史》记载耶律斜轸责问："汝与我国角胜三十余年，今日何面目相见？""继业但称死罪而已"。降大任先生据此而云杨业"被俘乞命"，是其晚节的一个污点。顾全芳先生已驳正之。按《辽史》仅云"但称死罪"，并未云"乞命"。所谓"但称死罪"，是说除求死外无他语而已。辽方之记载如此，显然杨业被俘后不存在失节行为，而只求死而已。

三、宋朝官方对杨业死因的认定与处罚

雍熙三年五月，朔州之战，七月初，杨业战死后，《长编》卷二七载：

上（太宗）闻（杨）业死，甚痛惜。（八月）辛亥（15日），诏削（潘）

美三任，（王）侁除名，配金州，（刘）文裕，登州。赠（杨）业太尉、大同节度使，赐其家布帛千疋，粟千硕，录其子供奉官延朗等五人及（王）贵子二人。

《宋史》卷二七三《杨业传》，载太宗之诏甚详：

> 执干戈而卫社稷，闻鼓鼙而思将帅。尽力死敌，立节迈伦，不有追崇，曷彰义烈！故云州观察使杨业，诚坚金石，气激风云。挺陇上之雄才，本山西之茂族。自委戎乘，式资战功。方提貔虎之师，以效边陲之用；而群帅败约，援兵不前。独以孤军，陷于沙漠；劲果奰厉，有死不回。求之古人，何以加此！是用特举徽典，以旌遗忠；魂而有灵，知我深意。可赠太尉、大同军节度，赐其家布帛千四，粟千石。大将军潘美，降三官；监军王侁除名，隶金州；刘文裕除名，隶登州。

太宗之诏，是宋朝官方公开的对杨业死因的认定书，并据此处罚了三人，褒奖了杨业。

诏书认定，"群帅败约，援兵不前，独以孤军，陷于沙漠"，是杨业之死的原因，却并未涉及王侁、刘文裕迫杨业出兵之事。

平心而论，宋方记载出兵前杨业与王侁、刘文裕之争，不过是出兵方略之争，恐怕谈不上"嫉妒"、"陷害"之词。当时，宋军受命援接应、云、朔三州军民，杨业与王侁的主张不同，但目的却相同。本来，驻山西辽军数量不多，故此前宋西路军出兵后，辽军坚壁不出战，遂使宋军迅速攻占了四州之地。而此时辽军十多万，乘战胜宋东路曹彬军之声威，来援山西，战场上已呈现敌强我弱之势。杨业建议，引兵趋应州，吸引辽军，让云、朔之民出城进入石碣谷，宋军再以强弩手千人及骑士守住谷口，则三州之民可胜利撤回。王侁却认为这是"示弱"，主张率数万精兵直接出燕门北川，前往三州。杨业则认为这是必败之势。刘文裕则赞成王侁计划，潘美应该也是同意此计划的，王侁又以"无敌"之号激杨业，故杨业只得放弃主张而出兵，并要求潘美等人在陈家谷口整兵接应。结果，王侁等人先是误以为辽兵败走，欲争功，领兵离开了陈家谷口；继而听说杨业战败，即麾兵逃走，置杨业于不顾，导致杨业一军转战至陈家谷口而无兵接应，最终受伤被俘。潘、王、刘三人，带兵离开谷口，不支持杨业，并进而逃走，才是致杨业于死地的原因。太宗诏书也是如此认定的。

事后，宋廷的处罚决定，潘美较轻，王侁与刘文裕较重，可知当时认定王侁与刘文裕负主要责任，潘美负次要责任。邓先生等人认为潘美为主帅，当负主要责任，并认为处罚太轻。方健则认为王侁应负主要责任，并从监军角度论证。

按：为杨业之死，宋廷处分了三个人。但第二年二月，潘美即复官。《宋史》卷四六三《刘文裕传》有载："岁余，上知业之陷由王侁，召文裕还。俄起为右领军卫大将军，领端州团练使。"可知宋廷在事发一年后，又取消了对刘文裕的处分。这样，杨业之死的罪责，由王侁一人承担了。

《宋史》卷二七四有《王侁传》，仅与卷二七二的《杨业传》相隔一传。从本传可知，王侁为后周著名大臣王朴之子，宋兴后领兵东征西讨，颇立战功，并无甚劣迹，只是"性刚愎"而已。杨业之死的罪责，最终由他承担，等淳化五年（994）从贬地召回时，病死京师。即是说，王侁为此终身被贬了。从本传看，王侁与杨业无怨无仇，他与杨业的争论，基本是战略方针之争，并无陷害之意。虽然他以言语激杨业，但杨业身为副帅，也是应当先出阵的。王侁本人和家庭，与太祖、太宗并无亲密关系，不能算是太宗心腹，他之为都监，也是积功而至。至于领兵离开谷口与麾兵逃走，首先应责主帅潘美，史载归罪于王侁，仅云"美不能制"，实在是为潘美开脱，而加重王侁罪责，并最终由王侁独当其责了。然细究之下，亦难觅王侁陷害杨业之动机。

王侁为王朴之子，注意及者不多。然宋廷独责王侁，笔者却以为与此大有关联。

王朴，后周时官至枢密使，是周世宗最为倚任的主要辅臣，《旧五代史》卷一二八、《新五代史》卷三一有传。宋人王铚《默记》卷上载：

> 王朴仕周世宗，制礼作乐，考定声律，正星历，修刑统，百废俱起；又取三关，收淮南，皆朴为谋。……尝自谓："朴在，则周朝在。"

> 又周世宗于禁中作功臣阁，画当时大臣如李谷、郑仁诲与朴之属。太祖即位，一日过功臣阁，风开半门，正与朴像相对。太祖望见，却立耸然，整御袍襟领，磬折鞠躬，顶礼乃过。左右曰："陛下贵为天子，彼前朝之臣，礼何过也？"太祖以手指御袍云："此人若在，朕不得此袍着。"其敬畏如此。又《闲谈录》云：朴植性刚烈，大臣藩镇皆惮之。

从《默记》所载可知，太祖敬畏王朴甚矣。《默记》卷上又载，太祖赵匡胤陈桥兵变后入宫，曾拟诛杀周世宗二子，幸为潘美所谏而止。对于王朴之后，何尝又不会打击呢？《旧五代史》卷一二八《王朴传》注云："太祖、太宗在位，每称朴有上辅之器，朝列具闻。"可知太祖、太宗对王朴是念念不忘的，除称赞外，记恨之心未尝没有。将杨业之死的责任，全部归之于王侁一人，虽然事出有因，恐怕多少也有对王朴的一种报复心态。既曰："朝列具闻"，在调查杨业之死的报告中，特别点出王侁之言、行，颇有揣测迎合之嫌；再据此定罪，自可使人无异言了。据《宋史·王侁传》，王侁兄弟四人，王侁因获周世宗提携，最早升官，升迁虽不速，但也节节高升，然而杨业之死，独领其责，被太宗一棍子打死，再未能东山再起。其弟王僎，"坐征交趾军败诛"，事在太平兴国六年（981），尚死在王侁之前，也系太宗所为。其余二弟"备、偓，并进士及第，偓至太常博士"。赫赫有名的后周一代名臣王朴，在其子一代即衰落了，四子中一半死在太宗之手，一半归于籍籍无名之辈。安知太宗无报复王朴之心态而为此？

王侁既无陷害杨业之动机，太宗又有迫害王侁一家的嫌疑，故以王侁独领杨业之死的罪责，虽宋廷及太宗为之，亦窃以为不当也。

刘文裕赞同王侁意见，本亦负连带责任，但因为其为外戚，一年后竟免其责，未免太不公平公正了。如以王侁为"主谋"，刘文裕至少也是"协谋"，而不应无罪。

四、关于杨业死因的分析

朔州之战中，王侁反对杨业计划，并语激杨业出战，虽使杨业遭遇辽兵埋伏，处于危险境地，但陈家谷口大军的撤离，才是导致杨业战败被俘的直接因素。

如果说，杨业身为副帅，领前军出战，是采用哪种作战方案都会出现的局面，潘美也好，王侁、刘文裕也好，都不应因此而承担罪责。但是，杨业也在行前提请统帅潘美等人注意，请他率兵在陈家谷接应，甚至声泪俱下。史籍虽未记载潘美的反映，但他显然是应允了杨业的请求。然而，杨业率军刚一离开，潘美也率军离开陈家谷口，后来听说杨业战败，又匆忙领兵逃走，根本未打算援救。这一下，使杨业断了后援，置之死地了。宋方的记载，将这一次行动，亦归罪王侁，仅云"美不能制"，显然是为潘美开脱罪责之辞。故邓广铭、张希清二先生以为："杨业之死，潘美应负主要责任。"是有道理的。

管健与方健先生认为王侁、刘文裕是害死杨业的主凶，除过信宋人记载外，另一个重要理由就是疑忌武将的赵宋家法，王侁以监军能与主帅分庭抗礼，故对"美不能制"一语深信之，而以罪责归于王侁。

虽然，宋代重文轻武，监军权重，但宋初却不然，不能一概而论。

先看一个太祖时的例子。

宋太祖乾德元年（963）正月，以山南东道节度使、兼侍中慕容延钊为湖南道行营都部署，枢密副使李处耘为都监，将十州兵讨伐湖南张文表。① 此次出兵，宋军一举两得，消灭了荆南与湖南两股割据势力，大获成功。但在进军过程中，因斩抬高物价者，斥责慕容延钊部下小校司义，又对擅入民舍抢掠的慕容延钊围人"鞭其背"，李处耘与慕容延钊"大不协，更相论奏"。冲突的结果是："朝议以延钊宿将，贳其过，谪处耘为淄州刺史。处耘惧，不敢自明。"② 乾德四年（966）李处耘卒于淄州，年47。

这是一次典型的统帅与监军的矛盾与冲突。慕容延钊是自五代以来的宿将，李处耘则是太祖早年幕府的幕僚，"陈桥兵变"的主要功臣之一。延钊却因是"宿将"而占上风，处耘则被贬。

如果说慕容延钊与李处耘的例子是太祖朝的，离杨业战死时稍远了些，那再举一例，时间恰巧在杨业被俘以后。

雍熙三年七月，以张齐贤为给事中，知代州，与部署潘美同领缘边兵马，驻军防辽前线。包拯曾说："太宗朝以骁将杨业守之（代州），业没，继以给事中张齐贤守之，其慎重用人如此。"③ 可知张齐贤是因杨业战死而继任代州的。十二月，辽兵攻代州，张齐贤出动厢兵作战，出奇制胜，击败来犯辽兵。当其时，与张齐贤一同守代州的副部

---

① 《长编》卷三，《宋史》卷一，《太祖一》。
② 《宋史》卷二五七《李处耘传》。
③ 《包拯集校注》卷一《论边将一》，黄山书社，1999年6月，杨国宜校注。

署卢汉赟畏懦怯战，不敢出战。然而张齐贤获胜后"悉归功于汉赟"，由他上报捷音。故《宋史》卷五《太宗二》记载："代州副部署卢汉赟败契丹于土镫堡，斩获甚众。"第二年八月，太宗得知卢汉赟"未尝接战"，"罢为右监门卫大将军"。① 张齐贤进士出身，出知代州时，已经签书枢密院事，端拱二年（989），在代州三年后，又回朝任枢密副使。但就是这样一位文臣，也不免对代州副部署谦让三分，让功给他。其时，武将的地位，显然并未低于文臣，文武臣交往中，武臣地位还高些。

从上述两例可以看出，在宋初，虽已"右文抑武"，但五代遗习犹在，武将地位尚高，监军的文臣，尚不能与统兵的武将相拮抗。潘美是太祖、太宗信任的大将，长期驻宋代州雁门关一带，为御边大将。王侁、刘文裕辈与潘氏声望相去甚远，潘美还不可能"不足以制之"。潘美要卸责给王、刘两人，是办不到的。

然而，据宋人记载，杨业死前叹息说："为奸臣所迫，致王师败绩"，公开指责有"奸臣""迫"他，才"致王师败绩"的。"奸臣"指谁？按宋人记载，不是王侁、刘文裕即是潘美。

杨业既云"奸臣"，当为时人所公认者。从潘美、王侁、刘文裕三人的本传看，这三人都未被公认为是"奸臣"。宋人记载杨业叹息之语，是为了说明杨业死因，"奸臣"云云，当有其公识性，显非潘、王、刘三人。

五、有关杨业死因的新史料及分析

北宋治蜀名臣张咏的文集《张乖崖集》卷二《赠刘吉》诗云："冒死雪忠臣"，小注云："证杨业忠赤，为奸臣所陷；""谠言警贵侍"，小注云："重指中贵弄权。"在这两句诗与自注里，张咏明白指出，杨业为"奸臣"陷害，赖刘吉"冒死"上疏，才为之辩白，证实其"忠赤"的，而且还牵扯到"中贵弄权"之事，刘吉还警告了"贵侍"。按雍熙北伐时，张咏任职麟州通判，正在河东前线，对于杨业战死朔州之事，应该了解得比较清楚。他的记载，允称信史，差不多可算是第一手的可靠史料了。又《长编》卷二三七，熙宁五年八月庚子载，王安石对神宗亦言："杨业亦为奸人所陷，不得其死。"张咏与王安石所言，与杨业临死前的叹息一致。关于刘吉的情况，可见《杨文公谈苑》"刘吉"条，此不赘。

笔者在 20 世纪 80 年代整理《张乖崖集》时，发现了上述史料，1987 年撰成《北宋张咏〈张乖崖集〉版本源流及其价值》一文，在其价值中即提到了上述史料。该文发表于东北师范大学《古籍整理研究学刊》1988 年第 2 期上。该文后收入《张咏事文考述》，作为点校本《张乖崖集》的前言，见《张乖崖集》34 页，中华书局 2000 年 6 月版。然迄今已时隔多年，似乎尚无人注意这些史料，不免令人遗憾。李裕民先生虽在 2000 年指出刘吉是为杨业雪冤者，但他在撰文时亦未见过拙文。

从《张乖崖集》这条史料看，再与宋人记载杨业临死前的叹息之语及王安石之语

---

① 《长编》卷二七。

相结合，可以得出一个明确结论，即杨业出战是为"奸臣"或"奸人"所迫，从而战死的。此"奸臣"是一个"中贵"、"贵侍"。

那么，这个"中贵"、"贵侍"、"奸臣"是谁呢？既能迫杨业出战，则必为与潘美、杨业一道率宋西路军出河东的大臣。从第一节所引宋人记载看，只有潘美、王侁、刘文裕三人，实则不然。

检残本《宋太宗实录》卷三五，有两条雍熙三年的记载，迄今少人注意。原文如下：

（雍熙三年二月）丙午，以西上阁门使王侁、右监门卫将军侯莫陈利用并充并州驻泊都监。

壬子，以忠武军节度使潘美充云、应、朔州行营都部署，云州观察使杨业副之，磁州团练使郭超充押陈都监。

这两条记载中，潘美一军的都监，前后有王侁、侯莫陈利用、郭超三人。《宋史》卷四七〇《侯莫陈利用传》载："三年，诸将北征，以利用与王侁并为并州驻泊都监，擢单州刺史。"《宋史》卷四六三《刘文裕传》载，"从潘美北征"。《宋史》卷二七二《杨业传》载："雍熙三年，大兵北征，以忠武军节度使潘美为云、应路行营都部署，命杨业副之，以西上阁门使、蔚州刺史王侁，军器库使、顺州团练使刘文裕护其军。"再证以他书，刘文裕为监军亦无疑。

如是，潘美一军出征时，为都监监军者实有四人：王侁、刘文裕、郭超、侯莫陈利用。潘美显非"中贵"或"贵侍"，则杨业与张咏所指"奸臣"，当不出王、刘、郭、侯四人。

郭超，《宋史》仅一见，见于《宋史》卷二六一《郭琼传》，记载他与郭琼同为武将。刘文裕，据《宋史》卷四六三本传，知其为外戚，也是武将。郭超与刘文裕两人，显然都不能说是"中贵"，而且与太宗关系也不密切。如此，"中贵"则当指王侁、侯莫陈利用二人之一。恰巧，二人同时被任命为都监，也都挂职州刺史。

王侁，《宋史》卷二七四有传，同传15人，王侁名列第14位。王侁在其父王朴死后，被周世宗用为东头供奉官，由此踏上仕途。宋初太祖朝，王侁曾率军参加平定南唐之役，以功加阁门虞候。太宗朝，数受命出使，"多奏便宜，上（太宗）多听用"，升为通事舍人。太平兴国四年（979）征讨北汉，"护阳曲、塌地、石岭关储屯"，开始监军生涯。北汉平定后，"留为岚、宪巡检"，直至太平兴国九年（984），才"代还，迁西上阁门使"。北汉平定后，王侁曾在河东边境任巡检五余年，熟悉边事，故雍熙北伐时，命他监护潘美一军。《宋史》卷二七四"论赞"说，王侁"练习戎旅，颇著勋劳，然率强戾而乏温克，以速于戾，斯乃明哲之所戒"。既未称他为"中贵"，也未斥为"奸佞"。故虽然王侁实际上最终承担了杨业之死的主要罪责，但他显然不是那位张咏说的"中贵"，杨业斥责的"奸臣"和王安石所云"奸人"。

如此一来，四位监军之中，就只剩下侯莫陈利用了。正巧，侯莫陈利用正是"中贵"、"贵侍"，是一位当时公认的"奸佞之臣"。

侯莫陈利用，在《宋史》卷四七〇《佞幸传》中有传，在该传中的"佞幸"12 人中名列第 2，仅次于"弭德超"。据《长编》卷二九端拱元年三月记载：

> 太平兴国初，侯莫陈利用卖药京城，多变幻之术，眩惑闾里。枢密承旨陈从信得之，亟闻于上（太宗），即日召见，试其术颇验，即授殿直。骤加恩遇，累迁至郑州团练使。前后赐与，宠泽莫二，遂恣横，无复畏惮，至于居处服玩，皆僭乘舆宫殿之制。依附者颇获荐用，士君子畏其党而不敢言。

《宋史》本传所载略同。据《宋史》卷二七六的《陈从进传》，该卷论赞即说："从信所进邪佞以术蛊惑上心，犹不免于近侍之常态欤！"此"邪佞"，当指侯莫陈利用。

由上述记载可知，侯莫陈利用是宋太宗信任的心腹，称为"中贵"、"贵侍"正恰当。他又是当时公认的"邪佞之人"，《宋大诏令集》卷二〇三《责侯莫陈利用诏》中即说他："结党潜诬于善良，在官但恣于疏违，恶迹满盈，丑声沸腾。"端拱二年（989）三月，第三度为相的开国重臣赵普，费尽心机，才将侯莫陈利用处死，除了此害，"闻者快之"。因此，张咏所指陷害杨业的"中贵"、"贵侍"，杨业所斥的"奸臣"，王安石所称"奸人"，应是侯莫陈利用。

但是，在前引宋人记载中，并未涉及侯莫陈利用一字。除《宋太宗实录》及本传外，甚至未言及侯莫陈利用在潘美军中任监军。说怪不怪，当时是雍熙三年（986），三年多后，侯莫陈利用才被揭发处死，当其时，赵普未相，侯莫陈利用正为太宗宠信，权势熏天，"士君子畏其党而不敢言"。

朔州之战发生于五月，据李裕民先生考证，杨业战死于七月初，而责降潘美等三人、褒赏杨业在八月中旬。其间经历了一个多月之久。显然，宋朝廷是派人经过了一个多月的调查后才予以赏罚的，且宋方的记载明显是据官方公布的战事经过，故带有一致性。而官方公布的事实，应是据调查报告而来的。

宋方与辽方记载，有一点完全一致，即杨业被俘后三日，不食而死。而辽方记载的"但称死罪而已"与宋方记载杨业之语"何面目求活耶"如排除双方的主观因素色彩，其实意思一样，"求死"而已，并用实际行动实践了此点。宋、辽双方记载的这种一致性，反映出宋方派出的调查者大致得到了杨业之死的真实情况，因此杨业被俘的一番话："上遇我厚，期讨贼捍边以报，而反为奸臣所迫，致王师败绩。何面目求活耶！"当应有所本。包括这段话在内的调查报告，正是宋廷处罚潘美等人、褒扬杨业的依据。据《辽史》卷一一所载，辽方曾将杨业的首级函首宣谕，使宋朝云、应诸州守将望风而遁，宋朝调查者不难由此得知杨业死况，故记载与辽方大致相同。

张咏在诗中说刘吉"冒死雪忠臣"，说明杨业战死后的形势对杨业十分不利，杨业已被"冤曲"。到底如何"冤曲"，史无明文。但可以参照的，是仁宗朝宋夏三川口之战时的情形。当其时，鄜延路马步军副总管刘平战死沙场，鄜延路驻泊都监黄德和先是临阵脱逃，返回后，"言平降贼"，朝廷发禁兵包围了刘平的家。后来，殿中侍御史文彦博在河中府置狱，派庞籍前往调查，才"具得其实"。结果，"德和坐腰斩"，刘平受褒赠。① 可以设想，当时杨业也有可能被诬降敌，面临着全家被斩的危险，而侯莫陈利用正起了黄德和的作用。要翻案，确有"冒死"之险。而宋太宗八月的诏书，追赠杨业，处罚潘美等人，表明杨业之"忠赤"已为朝廷认可了。形势的转变，应与刘平一样，是派往前线的调查人的调查报告起了作用。

为刘平雪冤，是庞籍往前线调查后报告文彦博才得以实现的。刘吉如何能够为杨业雪冤呢？有理由相信，刘吉即是宋廷派往河东前线、调查朔州之战的主要官员。他的调查报告，直接与朝野流言相悖，且有触怒"中贵"之嫌。正是刘吉的调查报告，才使宋廷在三个月后褒赏了杨业。其时张咏在麟州，刘吉在河东调查时应找过张咏，写成调查报告后也应给好友张咏看过，故张咏才有"冒死"之语，才有"中贵"、"贵侍"之说，为我们留下了历史真相的蛛丝马迹。

从张咏的诗看，他所见到的刘吉的调查报告中，显然有"中贵"、"贵侍"弄权，迫杨业出战，并不援救之语，杨业叹息"为奸臣所迫"之语，是一系列事实的结语一环。调查报告上交朝廷，到太宗手中后，太宗正宠信侯莫陈利用，不愿处置他，故删去了有关"中贵"的全部文字，但不小心仍留下了杨业叹息之语。处罚有罪者时，亦未及侯莫陈利用。宋人史籍据以记载者，正是褒扬杨业、处罚潘美等人时公布的调查结果。这一结果，当然毫不涉及侯莫陈利用了，只留下了杨业叹息的破绽。当其时，刘吉及张咏均不敢言明真相，张咏也是在后来刘吉因故被贬时，在赠刘吉的诗中隐约道出了一些线索，为我们留下了联想的余地。

据史籍记载，雍熙三年的北伐，首先倡议者中，即有侯莫陈利用其人。《长编》卷二七，雍熙三年正月记载：

> 先是，知雄州贺令图与其父岳州刺史怀浦，及文思使薛继昭、军器库使刘文裕、崇仪副使侯莫陈利用等相继上言：自国家伐太原，而契丹渝盟，发兵以援，非天威兵力决而取之，河东之师几为迁延之役。且契丹主年幼，国事决于其母，其大将韩德让宠幸用事，国人疾之，请乘其畔以取幽蓟。上遂以令图等言为然，遂有意北伐。

边关有贺令图父子，内廷有薛继昭、刘文裕、侯莫陈利用三人，共同游说，终于使太宗发动了雍熙三年北伐辽朝之役。战事进行时，进言诸人全都上了前线。贺令图父子在雄州前线，薛继昭在曹彬军中为"前军先锋都监"②。于此可知，侯莫陈利用与刘文裕是以"首议者"的身份担任潘美军监军的，比之王侁、郭超，地位更加重要。然而，在讨论出兵战略时，侯莫陈利用却一言不发，实在令人奇怪和不解。以侯氏"中贵"身份、骄横之态，又为出兵攻辽之首议者，却在商讨出兵战略时不着一语，而事后侯莫陈利用也未向太宗报告战况，实在是不可能的，这样的报告是无须"冒死"的。唯一的解释只能是，调查报告中有关侯莫陈利用的部分在朝臣看到时已被删去，故未涉及侯

---

① 《宋史》卷三二五《刘平传》。
② 《太宗实录》卷三五，96页。

氏，未着一字。而赵普在端拱二年（989）历尽经艰辛方才处死侯莫陈利用，也不便旧案重提，以免触怒太宗，反而影响处置侯莫陈利用。因此侯氏虽被杀，王侁却仍独担了杨业之死的罪责。此后的宋代史籍中，自然也不会因为侯莫陈利用已死，而留下有关杨业之死的不同记载，那是会直接触怒宋太宗的。

只有侯莫陈利用这样"横恣无忌惮"的"中贵"，才能干出"弄权"、"陷害"杨业之事，杨业也才会叹息"为奸臣所迫"。而要揭露这一点，则确是要"冒死"才行。事后，杨业虽得昭雪，被证实是"忠赤"者得以追赠，真正的罪魁祸首侯莫陈利用却得以置身事外，太宗又乘机狠狠打击了王朴之子王侁，并最终使其独担罪名。太宗"借刀杀人"之计，可谓高矣。

至于刘吉为杨业雪冤的具体过程，所雪之罪名，由于史籍所载缺佚，今已无法考知。由于牵扯到太宗，故《太宗实录》等官方史籍中自不会着一语。

六、"杨业之死"余论

通过上述考察，杨业死因应该很清楚了。

杨业是出战辽军、失败无援而被俘，被俘后不食而死的。究其死因，身为主将的潘美有不可推卸之责，身为监军的刘文裕、王侁、郭超也负有相当责任，且应当由"中贵"而任监军的侯莫陈利用承担，惜乎太宗力加庇护，其时"士君子畏其党而不敢言"遂使侯莫陈利用之罪湮没无闻，而宋廷及太宗最终严厉处罚了王侁，让他独担了杨业之死的罪责。

但是，直接责任者虽已清楚，关于"杨业死因"的讨论却并未完结。杨业之死的深层次原因，与当时的政治与社会局势有关，简言之，与当时对武将压抑的苗头的出现有关。对武将的压抑，开国从龙诸将暂时尚不可及，而割据小国被灭后的降将，则首当其冲，杨业恰巧成为其代表者之一。英勇无敌的杨业，终是宋廷心腹之患，侯莫陈利用迫死杨业，或许正是在完成太宗的秘密任务？！

在宋朝自己培养的人才日益充斥朝廷内外的太宗朝，[1] 作为从各割据政权南唐、北汉来的归正投诚者，难免会受到歧视和白眼。王侁敢于挖苦杨业，杨业明知道送死而不得不出战，正是与这种气氛有关。非死不足以证忠诚，杨业的死也就成为必然了。为杨业雪冤的刘吉，原为南唐官员，杨业则原为北汉将领，二人可谓同病相怜。刘吉之所以"冒死"为杨业申冤，未尝没有惺惺相惜之意。

（2007 年 6 月初稿、2007 年 8 月改定于广州暨南花园）

---

[1] 详见拙文《论宋太宗朝的取士》，《中州学刊》1997 年第 2 期。

密云古北口杨令公祠碑刻拓片考略

国家图书馆　王菡

一、祠 庙 概 况

据笔者寡闻所知，国内目前有二座杨业祠庙，一在密云古北口，其修建最早，见于北宋记载；一在山西代县，系杨业第十四孙杨友、杨山兄弟二人奉旨为祭祀老令公、佘太君夫妇暨杨氏几代英烈而修建，1996 年 1 月公布为省级重点文物保护单位。根据宋人文集及国家图书馆所藏拓片，知密云古北口杨业祠庙历史沿革有序。据密云县介绍，冯玉祥将军驻扎古北口时，曾经修葺此庙。邓拓《燕山夜话》中为文记叙古北口杨业庙，当地道士管理，解放后曾修缮一新，反映该庙"文革"之前的状态。至今，道士用过的硬木桌子依然保存在庙中。北京市文物专家赵其昌有专文《古北口的杨业祠》，言及北宋使臣途经此地的诗作以及此地建祠怀念杨业的原因。但这两篇文章都没有提到祠庙中的碑刻资料。

密云县，北京之东北，《隋书》记载后魏时已经有密云郡建制，隋开皇十年（590）置檀州。① 《旧唐书·地理志二》记唐天宝元年（742）置密云郡，乾元元年（758）又改密云郡为檀州，领密云、燕乐二县。② 辽代此地为檀州武威军，领密云、行唐二县。③ 元代密云仍名檀州，属大都路。④ 明代密云县属顺天府所辖昌平州，《明史·地理志一》记载密云县"北有古北口。洪武十二年九月置守御千户所于此。三十年改为密云后卫。"⑤ 古北口，兵家重地，密云县西北八十里。魏晋时期已是重要关隘。唐代称之虎北口。辽金元明历代均为军事重镇，宋太宗意欲收复北方燕云十六州，宋琪为之谋划，琪本燕人，其策略首先意在幽州（今北京）。然而，宋人只有在出使辽国时才得步入幽州，杨业殉国后，宋代使节途经古北口时，除吟咏山川，又增加对英烈的缅怀。如今，古北口地处北京、河北省交界，出古北口，即为河北承德界内。

北宋时先后有刘敞、苏颂、苏辙、彭汝砺等人出使辽国时，在这里留下了颂扬杨业

---

① 《隋书·地理志中》，"后魏设密云郡，领白檀、要阳、密云三县"中华书局，1982 年，859 页。

② 刘宋萧常：《续后汉书·音义》卷四"白檀，渔阳县"。渔阳，即今密云。县南有白檀山。

③ 《辽史·地理志四》，中华书局，1987 年，497 页。

④ 《元史·地理志一》，中华书局，1976 年，1349 页。

⑤ 《明史·地理志一》，中华书局，1982 年，887 页。

的诗句。宋仁宗至和二年（1055）刘敞（1019～1068）奉使契丹，过古北口，既咏古北口，又谒杨业祠，有诗《杨无敌庙》，小序曰："在古北口，其下水西流。"诗曰："西流不返日滔滔，陇上犹歌七尺刀。恸哭应知贾谊意，世人生死两鸿毛。"①刘敞用贾谊自以为没有尽到太傅之责过分伤心，比喻杨业在陈家谷失利后的感慨，认为和杨业相比，一般人的生死不过是轻如鸿毛。此时距离雍熙三年（986）杨业殉国尚不到70年。刘敞有《公是集》。《宋史》卷三一九有传。宋神宗熙宁元年（1068）十一月，苏颂（1020～1101）路过这里，作诗一首《和仲巽过古北口杨无敌庙》，诗曰："汉家飞将领熊罴，死战燕山护我师。威信仇方名不灭，至今奚虏奉遗祠。"苏颂此番出使，其诗辑为《前使辽诗》，共30首，与张宗益（字仲巽）唱和的诗有多首。可惜张宗益瞻仰杨无敌庙所作之诗没有流传下来。苏颂在诗中将杨业比作汉代飞将军李广，后两句说明杨业在辽人心目中有着崇高的地位，至今仍在祭奠这位英雄。熙宁十年苏颂再度被派遣出使辽国，历时四月有余，所赋诗辑为《后使辽诗》，共29首，再次过古北口，又赋诗，题为"某向忝使辽于今十稔再过古北口感事言怀奉呈姚同事阁使"。苏颂是宋代科学家和名相，《宋史》卷三三九有传。宋哲宗元祐四年（1089）十一月，苏辙（1039～1112）出使辽国，今存《奉使契丹二十八首》，其中"古北口道中呈同事二首"，有"明朝对饮思乡岭，夷汉封疆自此分"之句。苏辙出使辽国之前，与杨业从曾孙杨畋有交往，到此想来更是深有感触，为杨业作诗《过杨无敌庙》，诗曰："行祠寂寞寄关门，野草犹知避血痕。一败可怜非战罪，太刚嗟独畏人言。驰驱本为中原用，尝享能令异域尊。我欲比君周子隐，诔彤聊足慰忠魂。"②诗中将杨业比作晋朝的大将周处（字子隐），将潘美比作领兵主帅司马彤。当年，司马彤逼周处带兵五千与强敌作战，却不给援兵，导致周处阵亡。这说明杨业死后100多年，人们对于陈家谷战役中潘美未能接应杨业，导致兵败且杨业壮烈殉国，仍然耿耿于怀。同时苏辙对一直未能收复燕云十六州，亦耿耿于怀，这种心情，在出使辽国时，一定分外强烈。另外，苏辙出使辽国时，惊讶地得知其兄苏轼在此地名声显赫，当他住进驿馆后，许多人知道宋使为苏东坡之弟，便纷纷向他打听苏东坡的事情。苏辙在惊异之余，写了《神水馆寄子瞻兄四绝》，第三首曰："谁将家集到燕都，逢见胡人问大苏。莫把声名动蛮貊，恐妨谈笑卧江湖。"苏辙忧国忧民，一生坎坷，乃治国良相，《宋史》卷三三九有传。元祐六年（1091），彭汝砺（1042～1095）为贺辽生辰使，过古北口时作诗《古北口杨太尉庙》，诗曰："将军百战死嵚岑，祠庙岩岩古到今。万里胡人犹破胆，百年壮士独伤心。遗灵半夜雨如霓，馀恨长时日为阴。驿舍怆怀心欲碎，不须更听鼓鼙音。"彭汝砺字器资，以为人正直著称，《宋史》卷三四六有传。

---

① 《公是集》卷二八，引自《全宋诗》卷四八八，北京大学出版社，1992年。以下引宋诗均出自《全宋诗》，不另。
② 苏辙：《栾城集》卷一六，四部丛刊本。

二、国家图书馆所藏相关拓片

今见密云县简介中说杨令公庙建于辽太平五年（1025），距杨业牺牲的雍熙三年（986），将近40年。《钦定日下旧闻考》卷一五三记载曰："城北门外有杨业祠。业以雍熙中为云州观察使，辽陷寰州，遇于雁门北陈家谷，力战不支，被擒，不食三日死，忠矣。然雁门之北口，非古北口也，祠于斯者，误也。"① 其实古北口之建杨业祠，大约不是误以为殉国于此，而实在因崇敬祀之，故苏颂有"威信仇方名不灭，至今奚虏奉遗祠"之句。国家图书馆今存该祠四件拓片，其一为明嘉靖四十五年（1566）"重建灵威杨无敌庙记"，其二为清康熙年重刻明成化十八年（1482）"重建灵威庙记"，其三为清道光元年（1821）"谒杨太尉祠诗"两章，其四福建金浦蔡元题"宋建灵威无敌太尉杨令公庙"匾额。其一其二碑石无存，内容较早，为本文重点。其三其四石刻今尚存于庙中，且年代稍近，本文略之。

该祠庙名称诸记载颇不一，有"灵威庙"、"灵威杨无敌庙"、"杨令公祠"、"杨业祠"、"杨太尉祠"、"杨令公庙"、"杨家庙"种种说法。无敌，是杨业在世时与辽作战果敢，屡立战功，"所向克捷"，人称之"无敌"；太尉，是殉国后追赠，《宋史》记载"可赠太尉、大同军节度使"②；令公，杨业身后累赠为太师中书令，③ 后世小说戏曲称杨业为"杨令公"，或者源出于此。这些名称似以"杨令公祠"（见于［光绪］《顺天府志》）和"杨令公庙"最通俗且敬重，故本文作为标题。

［光绪］《顺天府志·地理志六·祠祀》④ 记古北口杨令公祠之沿革曰："杨令公祠，在古北口，祀宋杨业，辽时已有之。明洪武八年，徐达重建，成化十七年，镇守监丞许常、都指挥王荣⑤重修，敕赐名威灵庙。"以下录碑文一通，称题名为"周洪范杨令公庙碑"，撰文时间与立碑相关人等均不详，而今古北口杨令公祠，无论成化碑还是康熙年重刻碑，均已无存，仅存碑额及碑座。幸而国家图书馆尚存清康熙重刻明成化年重建灵威庙记之拓片，可以与《顺天府志》记载校勘。《顺天府志》碑文录文差错尚少，但与此祠此碑相关之人物记载疏漏较多，比如，撰文者周洪谟，系北京国子监祭酒，蜀人，而《顺天府志》仅称"周洪范杨令公庙碑"；拓片之碑额为"重建灵威庙记"，而《顺天府志》称之为"敕赐名威灵庙"，差之甚远。以下是国家图书馆藏清康熙重刻明成化年重建灵威庙记之拓片录文：

　　赐进士及第、资善大夫、礼部尚书、经筵讲官、前翰林侍读学士北京国子
监祭酒蜀人周洪谟撰文，赐进士及第、兵科给事中仰升篆额，赐进士及第、户

---

① 于敏中等撰，北京古籍出版社，2000年，2455页
② 以上引文出自《宋史·杨业传》。中华书局，1977年，9305页。
③ 《欧阳文忠公全集》卷二九，"供备库副使杨君墓志铭"中言及。四部丛刊本。
④ 北京古籍出版社，2000年，758页。
⑤ 王荣，颍上（今属安徽）人。天顺年间任密云总兵，成化十年镇守密云。参阅《顺天府志·官师志九·前代武职表八》，北京古籍出版社，1987年，3310页。

部员外郎白玢书丹，钦差蓟州等处整饬边备兼巡抚顺天等府地方都察院右副御史李田、钦差巡按直隶监察御史李经、钦差镇守密云古北口等处御马监左监丞许常、右监丞吴雄、钦差镇守密云古北口等处都指挥同知王荣立石。

灵威庙记：灵威庙在密云县古北口城北一里，祀宋赠太尉、大同军节度使杨公者也，苏辙诗：行祠寂寞寄关门者是已。国朝洪武八年，太傅徐公达重建之，今百年，日就凋圮。成化辛丑，镇守左监丞许公常、都指挥王公荣图与重葺，且请于朝，敕赐今额，令每岁从宜设祭。既而遣人来，求笔其事于石。按：宋史本传，公讳业，并州太原人。幼倜傥任侠，喜骑射，所向克捷，国人号为无敌。太宗征太原，公劝其主继元降，帝遣中使召见，大喜，宠以连帅，授之兵 柄。会契丹 入雁门，公领数千骑，自西京出，至雁门北口，南向 背击之，契丹大败，以功迁云州观察使，自是 契丹 望见公旌旗，即引去。雍熙三年，大兵北征，以忠武军节度使潘美为云应路行营都部署，命公副之，连拔云、应、寰、朔四州，诏迁其民于内地。时 契丹 复陷寰州，公谓美曰：朝廷令取诸州之民，但领兵出大石路，先遣人密告云、朔州守将，俟大军离代州日，令云州之众先出，我师次应州，契丹 必来拒，即令朔州民出城直入石碣谷，遣强弩千人列于谷，日以骑士援于中路，则三州之众保万全矣。护军王侁沮其议，欲趋雁门北山中，鼓行而往。公曰：不可，此必败之势。侁曰：君侯素称无敌，今逗挠不战，得非有他志乎？公曰：业非避死，盖时有不利，徒令杀伤士卒，而功不立，今君责业以不死，当为诸公先。将行，泣谓美曰：此行必不利。因指陈家谷口曰：诸君于此张步兵强弩，为左右翼以援，俟业转战至此，即以步兵夹击救之，不然无遗类矣。美与侁阵于谷口，后违约失援。公与 辽 兵力战，自午至暮，果至谷口，望见无人，即抚膺大恸，再率帐下士力战，身被数十创，犹手刃数十百人焉，重伤不能进，遂为 契丹 所擒。其子延玉亦殁。公太息曰：上遇我厚，期讨 贼 捍边以报，而反为奸臣所迫以败绩。乃不食，三日死。帝闻之，痛悼甚□，下诏赠官，赐其家布帛千疋，粟千石，录其子延朗为崇仪副使，延浦、延训为供奉官，延环、延贵、延彬为殿直。潘美削职三等，王侁除名，隶金州。呜呼！公忠烈武勇，有智谋，练习攻战，与士卒同甘苦，故士卒乐为之用。谷口之败，先已灼见其机，而为群小所坏，良可悲矣！然而忠义之气，凛然犹存。此今日庙貌之所以新也。余故详摭史氏之说，以告欲知公遗迹者。时大明成化十八年壬寅冬十月初三日立。

令公系宋死节名臣，祠建于宋，石立于明，盖欲相传不朽。讵意迄今百年，字迹磨灭，恐后之慕公无所考也，因择吉捐俸重刊。

大清康熙五十五年岁次丙申二月谷旦，署理直隶古北口镇标中军印务、右营左都督、管游击事、仍记余功二次加一级宛平马璘题。

国家图书馆之拓片，系清康熙五十五年（1716）马璘重刻成化十八年（1482）碑。拓片上凡是"契丹"、"辽"诸字均被毁不可辨认，依［光绪］《顺天府志·地理志六·祠祀》录文方补充可读。由于其他字迹尚清晰，所以"契丹"、"辽"诸字被毁当是有意为之，其动机或为痛悼杨业之悲烈。京北长城，的确与徐达有关，据《明史·太祖本纪二》记载，洪武元年八月，"徐达入元都，封府库图籍，守宫门，禁士卒侵暴，遣将巡古北口诸隘"①。徐达（1332～1385），字天德，濠州钟离（今属安徽凤阳）人。明代开国第一功臣。从洪武六年（1373）出征西北师还，徐达镇守北平三年，洪武十四年再次镇守北平。洪武十八年病卒②。根据碑文记载，可以推知，徐达在镇守北平时，曾修建京北长城，古北口长城当是修建的第一批关隘之一，同时重新修葺杨令公祠，也说明祠庙元代尚存。从南宋至元，该祠是否修葺，已难知晓。而杨令公祠之有碑，则始于成化年，该祠名曾经敕赐。周洪谟（1420～1491）字尧弼，号箐斋、南皋子，明四川长宁人。正统十年（1445）进士，授编修。与修《寰宇通志》。成化年间先后担任南北国子监祭酒。官至礼部尚书。《明史》有传。有《箐斋读书录》、《疑耕录》等著述传世。成化十八年之碑文，内容以《宋史·杨业传》为主。

国家图书馆尚存碑阴拓片，其上乃明代捐俸者姓名，包括密云后卫都指挥佥事、指挥使、密云县知县、古北口仓大使等人（见附页）。

嘉靖四十三年（1564），古北口副将郭琥、兵备佥事张守中再次修葺杨令公祠，并立碑纪念。[光绪]《顺天府志·地理志六·祠祀》记此次修葺，而未及此碑，此碑至今亦仅存拓片在国家图书馆，碑额为"重建灵威庙记"。现录文如下：

重建宋灵威杨无敌庙记

嘉靖四十二年十月□□□□予叨兵备，偕郭公经略边事。过古北西门，公曰："此杨无敌庙也，止存一残碑，一杏树，见存庙貌尽无。"观此荒芜之状，遂思将军在当□随兵所向无敌，八子为将，又皆并雄于时，而六郎延环之功，至今赫赫。故父子忠良，为宋朝首称，而今何在欤？呜呼，将军庙虽荒芜，而忠良之心数千百年犹存于人心。读残碑之所载，知公到此危亡之地而心犹不忍背君恩，浩浩然激昂之气，可以与天地并焉。夫千百载之下见公之事者，尚爱慕如是，何潘美、王侁致公于死耶？果今古之人心有不同欤？夫君子同之而小人不同也，何哉？人，一也，有天理之心，有人欲之心。君子所存者天理，见忠良而爱敬之；小人所存者人欲，见忠良而妒忌之。当时既有潘美、王侁同行，此公所以必危也。若太宗以曹彬为云、应、朔等州都部署，以公副之，而斜轸虽强，彬必从公计，先避其锋，或不得已而约援于陈家峪口，彬必不肯失约而离去。公如何以危哉？公之危非公之不善于战也，乃不幸而遇王侁之小人。观其使人登逻台不见业报，即疑□□□□欲争其□乃□兵离峪口，此其心之所存，趋利误国，忌功害正，人欲横流，故所为如是也。潘美既知王侁有去志，而肯坚制之，挽其不行，候业战至此而并力张威以夹击，则业之成功或未可知耳，何至于大败耶？潘美不肯坚制王侁之去，亦皆妒忌之心，人欲为之

---

① 《明史·太祖本纪二》，中华书局，1982 年，21～36 页。
② 《明史·徐达传》，中华书局，1982 年，3723 页。

也。公将危之际，大息曰："上遇我厚，期讨□捍边以报。"而及为奸臣所迫，又不曰致己之死，而曰致王师败绩，此其心之所存，临难不违君，虽死不忘国。天理昭昭，故所为如是。当此之时，麾下之士尚百余人，感激公义，于□□背战无一生还者。非公之忠义之操素率于平时，焉能临难而感人如是乎？守中于郭将军嘉公之义，仍旧址复立公庙，筑地基丈余高，周围砌以石墙，高丈五尺，砖为门。于前内立正殿三间，塑公之象，后为堂三间，厢房六间，门楼一座，守庙军房三间，俱为坚致重新。春秋二祀，以表公父子忠良之节。□起于四十三年五月初一日，至十月则竣焉。郭公名琥，陕西人，亦公存心者乎，时为古北副将军也。

　　　钦差整饬密云等处兵备、山东提刑按察司金事闻喜张守中撰。嘉靖四十五年岁次丙寅五月甲午吉旦。

　　嘉靖四十五年之碑文，内容丰富。碑文非仅复述《宋史》相关章节，而是从人性角度进行分析，批判王侁、潘美"其心之所存，趋利误国，忌功害正，人欲横流，故所为如是也"，是他们人性缺失导致战役失败，又导致北宋损失重要的军事将领，可谓后果惨重。同时，作者还进行历史假设，假设曹彬为主帅，陈家谷一役将会彻底改观。事实上，曹彬对整个雍熙北伐的失利负有重要责任，即使他不会对杨业有失信行为，但他对东路军战机把握错误，使潘美、杨业西路军前期取得的辉煌战绩付之东流，直接导致雍熙北伐的失败。所以这一假设用意或善，但非属理性。碑文对杨业后代介绍，与史实颇有出入，据《宋史》记载，杨业诸子中最以战功显赫者为杨延昭，乃次子，陈家谷战役中同时殉国者名杨延玉，其余五子多荫封低级官员，而非武将。[1] 因此亦可以看出戏曲小说对人们思想影响之巨大。张守中，字大石，明代闻喜县人，嘉靖年举人。官授保定府通判，后升任通州知州。他在通州任职期间，政绩优等，任满晋升为密云兵备道道台，专管要地防守战备事宜。杨令公祠之修葺，当在此时。

　　碑文对祠庙建筑做了详细描述，别有意义，嘉靖四十二年张守中上任时，祠庙"止存一残碑，一杏树，见存庙貌尽无"。其残碑想是成化十八年"重建灵威庙记"碑。经过一番修葺，嘉靖四十五年时已颇具规模，"筑地基丈余高，周围砌以石墙，高丈五尺，砖为门。于前内立正殿三间，塑公之象，后为堂三间，厢房六间，门楼一座，守庙军房三间，俱为坚致重新。春秋二祀，以表公父子忠良之节"。如今古北口杨令公祠的建筑规模大致同此，前后两进，第一进为正殿三间，崇祀杨业，东西两面厢房，各三间；后院为第二进，有堂三间，崇祀杨门女将。地基高过周围房屋，可以远眺白河两岸风光，院内花木葱茏。山门两旁的粉墙上，书写四个一米见方的大字："威震边关"，仿佛杨家将的威武一直佑护着古北口。

　　碑阴为捐俸者题名，录有郭琥官职全称：钦差镇守延庆等处地方总兵官前军都督府

---

　　① 关于杨业后代，可参见何冠环：《北宋武将研究》，香港中华书局有限公司，2003 年，中专章研究。

镇西将军署都佥事郭琥。捐俸者人数不及成化年，且都在军中任职，亦与成化年间不同（见右图）。

成化康熙碑拓本（局部）

　　国家图书馆尚存清道光元年徐锟《谒宋杨太尉祠》和林从炯《杨太尉祠诗》二首诗之石刻拓片，该石刻为一长条整石，嵌于墙上，今存庙中。徐锟，嘉庆年间驻守于此，诗序曰："锟驻守于此逾八年，每过祠下，必瞻拜公像，觉凛凛然忠义之气旷百世而相感者，嗟乎。"徐锟在诗末注释中特别提到徐达对杨令公祠的贡献，诗曰："我来重汹中山石，俛仰宗功不可攀。"注文曰："祠重茸于锟祖，明追封中山王武宁公，今碑刻拽□于榛芜间无可稽者。"徐达，卒后追封中山王，谥武宁。徐锟自署襄平（今属辽宁）人氏，与徐达籍贯安徽凤阳相距甚远，或迁徙或因同姓而称祖。林从炯，温州人，曾经修道光《热河承德府志》，可知此时正在古北口一带任职。今存其诗集《玉甔山馆诗抄八卷文抄一卷》。

　　国家图书馆尚存匾额"杨令公庙"拓片，首题："宋建灵威无敌太尉"，尾题："闽金浦蔡元重建"。蔡元，清福建漳浦人，生平待考。该石刻今立于祠门前。

　　综上种种，古北口杨令公祠建于辽，至明代与修建长城同时，历次修茸并立碑。至今可知，有明初徐达、成化年间许常、嘉靖年间张守中、清康熙年间马璘、道光年间徐锟等，均参与其中。古北口一带长城以险峻雄踞于北京之北，杨令公祠数百年来与长城共存。

三、杨家将与长城

　　明隆庆二年（1568），在新任蓟、辽、保定总督谭纶竭力推荐下，戚继光总理蓟州、昌平、辽东、保定军务。戚继光一上任，就和谭纶一起上疏朝廷，建议重修长城。朝廷采纳了戚继光的建议。隆庆三年，戚继光调配士卒，开始了艰巨的筑台、修墙工程。此次所修长城，至今依旧巍峨耸立在京北，司马台长城上经常可以见到镌刻"万历五年石塘路造"墙砖，是为明证。戚继光镇守京北16年，"边备整饬，燕门晏然"，继任者亦循戚继光治军戍边思想行事，数十年边关无忧。[1] 随着关隘兵营的完备，古北口一带渐次居民稠密，农业生产欣欣向荣。

　　关于杨家将的古迹，在居庸关、八达岭一带流传甚广。居庸关长城附近有杨六郎拴

---

①　《明史·戚继光传》，中华书局，1982年，5616页。

马桩，传说他在打败辽兵之后，把马拴在这里。现在一进南口，关沟东部山头上，有一个如石柱的山峰，突出于山岭之上，犹如一个石桩，就是传说中的拴马桩。这样大的山峰，用来拴马，表现了人们对英雄人物的景慕。此外，在八达岭下数里关沟中的一块崖石上刻有杨五郎像，此像已经剥蚀得很模糊。杨五郎在五台山削发为僧传说由来已久，五台山建有五郎庙。在居庸关之上，关沟当中石滩上，有一块方形大石，表面平坦，传说是穆桂英点将台。

　　清初学者顾炎武曾考证古北口杨令公祠，《京东考古录》① 一书中有"辨一统志杨令公祠之误"一文，引《辽史》、《宋史》说明杨业与契丹转战于山西雁门关内外，当时幽、燕早已入辽，杨令公从未能到过这一带。至于杨延昭（杨六郎）、在杨令公战败身死之后，北宋更南退雁门关内，不可能来到辽南京附近的居庸关。穆桂英本是戏曲小说中人物，所谓遗址，当为附会。何以如此？这可能是由于明代俺达屡犯京北，长城为防鞑靼之用，杨家将抗辽英雄事迹，数百年之后依旧符合时代需求。继古北口杨令公祠，在长城附近附会杨家将遗址，应有激励戍边卫国情怀之作用。

---

① 　光绪十一年上海扫叶山房本。

杨业遗迹考论

山西省社会科学院　　顾全芳

宋朝 300 年间出现了许多可歌可泣的爱国民族英雄，如杨业抗辽、岳飞抗金、文天祥抗元等。杨业与文天祥相似，都是被俘后坚贞不屈而殉国。杨业与岳飞也有相似之处，都是以家族父子兵的形式，驰骋于千里疆场，又都是受奸臣迫害，慷慨赴死。岳飞死于卖国贼秦桧之手，而杨业则为王侁、刘文裕、潘美所逼。岳飞、杨业蒙难，其深层次原因，在于从宋立国之初，就重文轻武而对武将严加防范，生怕武将谋反而重演陈桥兵变，夺权篡国。所以有的学者把杨业、岳飞被害的元凶，归之于宋太宗与宋高宗。岳飞父子惨遭杀害，元凶确实是宋高宗，没有他的批准，不可能出现历史上罕见的冤案。然杨业父子被迫赴死，宋太宗事先并不知情，更谈不上指使或批准。

杨家将和岳家军爱国抗战的大无畏精神，在宋朝当时就产生了极为广泛而强烈的社会反响，并由此而出现了种种传说。这些传说历经千年而不衰，反而愈来愈丰富。直到今天，有关岳家军与杨家将的传说、戏曲、曲艺和影视作品，数以百计。许多传说和作品，脱离了真实的历史，或者仅有历史的影子。相比之下，杨家将的传说与艺术，似乎离历史真实更远一些。如果说岳家军的传说和艺术创作，是三分传说、七分历史，那么杨家将的传说和创作则相反，仅有三分历史。例如，以佘太君为首的杨门女将，多是由传说而来，连历史的影子都消失而无踪影。耐人寻味的是，不但杨家将的真实历史造就了不少历史遗迹，而且杨家将的传说造就了更多的杨家将遗迹。所以谭其骧教授曾经说过：“以前的地方志有个通病，往往把历史上的名人拉作本地人，也不可轻信”；“如杨家将故事流传很广，很多地方有遗址，我认为多半是靠不住的。”（《关于编修地方志的两点意见》，《百科知识》1982 年第 1 期）

本文考证有关杨业的遗迹，力图寻求这些遗迹的来源，分清历史和传说。其目的在于获得准确的历史知识，而不在于否定传说及由此产生的遗迹。实际上，在杨业壮烈殉国之后不久，民间便创作了许多与之相关的传说，而且同样有浓烈的爱国主义色彩。

一、杨家城与杨业品格的形成

杨业出生于麟州即今天的神木县杨家城，已经成为多数杨家将研究者的共识，本文不再考论。由于杨家城近年在神木县有关方面的领导和支持下，已经开始发掘与研究，笔者也不再考论。这里仅根据宋代有关麟州的几条史料，探讨杨业的性格及忠勇爱国精神的起源，供研究参考。

《宋会要辑稿·方域》六之五上记载："开宝五年十二月四日，诏曰：眷彼麟州，地连金泽，怀柔镇抚，实曰要区，俾分节制之权，以重藩宣之寄。宜升为节镇，以建宁军为名。唐建宁军节度。端拱元年，以建州军额同改镇西军。乾德初移治吴儿堡 新秦县 政和四年废银城、连谷二县并入。"《元丰九域志》卷四记载："麟州，新秦郡，镇西军节度。乾德五年升建宁军节度，端拱元年改镇西军节度。治新秦县。""县三。上，新秦。神堂、静羌二寨，惠宁、镇川二堡；有兔毛川。中，银城。州南八十里。银城、神木、建宁三寨，肃定、神木、通津、阑干四堡；有五原寨、屈野川。下，连谷。州北一十里，横阳一堡；有屈野川。"这里简要说明了麟州的历史地理沿革建制，所居县、寨、堡等，还略述了麟州的重要性。

欧阳修曾视察麟州。北宋麟州属河东路管辖，所以他所作的《河东奉使奏草》，是有关麟州的奏折。欧阳修说："今议麟州者，存之则固河东，弃之则失河外。若欲两全而不失，莫若择一土豪，委之自守。麟州城坚险，与兵二千，其守足矣。况所谓土豪者，乃其材勇独出一方，威名既著，敌所畏服；又能谙敌情伪，凡于守战，不至乖谋。若委其一州，则其当视州如家，击己休戚，其战自勇，其守自坚。又其既是土人，与其风俗情接，人赖其勇，亦喜附之，则蕃汉之民，可使渐自招集。是外能捍贼而战守，内可辑民以实边，省费减兵，无所不便，比于命吏而往，凡事仰于朝廷，利害百倍也。"（《欧阳文忠公集》卷二九；《供备库副使杨君墓志铭》）

欧阳修的这一奏折，为我们提供了有关麟州的许多信息。①麟州是军事要地，保有麟州，则河东即今山西平安；若失麟州，则黄河以西难守；②守住麟州的最佳选择，不是派兵派官守任，而是委任当地有实力有武装的豪强，自守麟州。实际上，杨业之父杨信及弟杨重训，正是五代末至宋初的麟州土豪，并且被委任官职。司马光在《资治通鉴》卷二九一中明确记载："初，麟州土豪杨信自为刺史，受命于周。信卒，子重训嗣，以州降北汉；至是，为群羌所围，复归款，求救于夏府二州。"正是由于杨业出身于土豪之家，使其成为胸怀大志、精通兵法的英武之士。

时至今日，有的杨家将研究者，以及一些杨家将的家谱、族谱，还在将杨业的父亲麟州土豪杨信，错换成山西原平的文人杨信，或者错改成火山王杨信，并把杨业说成是山西河曲人，这就有必要再次加以考实澄清。

五代至宋初，曾有过同姓同名的三位名人杨信："杨承信，《通鉴》作杨信，盖避汉隐帝讳，去上一字也。同时又有瀛州杨信，自有传。而杨业之父亦名信。"（钱大昕《二十二史考异》卷七五）河北瀛州人杨信，《宋史》有其传记，是宋太祖的亲信武将。他的弟弟杨嗣，"三迁崇仪副使，火山军监军"。杨嗣曾与杨业的儿子杨延昭，在河北共同抗辽多年，颇有战功，"嗣与延昭久居北边，俱以善战闻，时谓之'二杨'"（《宋史》卷二六〇、卷一六六）。这两位没有任何血缘关系，却亲如兄弟的武将，给后人造成了假象。由于杨嗣曾任火山军监军，一些地方志和轻信地方志的史学家，便将麟州杨信误传为曾任火山军节度使或刺史，人称火山王。其实，火山军是北宋太平兴国七年，以岚州雄勇镇置军。此时此地，麟州杨信早已去世，他怎么能去当什么节度使、刺史或火山王。更有甚者，有的史学家居然由此而断定麟州杨信是山西河曲人，从而证明杨业的籍贯是山西河曲。

另一位山西原平人杨信，是"以儒学称于乡，直五季乱，晦迹不仕"的文人隐士（详见拙作《杨家将研究中的失误》，《北方论丛》1985 年第 6 期）。这位不愿做官的文人的子孙后代，在宋朝都很有名，如杨震、杨宗闵、杨居中、杨执中、杨存中等，不但曾抗辽，而且曾抗金。杨宗闵曾在雁门关、岢岚军、汾州、麟州、府州、保德等地任军职。麟州杨信不是原平杨信，此二人的后代，当然也就没有任何血缘关系。很可惜，明清以来的一些家谱、族谱，甚至当代有的杨家将研究者，生拉硬扯，将两位杨信合二为一，从而把杨震、杨宗闵、杨存中等人，都拉进了杨家将行列。这种做法的动机可嘉，然效果极坏，给杨家将研究和杨家将后人造成了混淆视听、拜错祖先的后果。

欧阳修还在《供备库副使杨君墓志铭》中说，杨信的曾孙杨琪是"麟州新秦人也。新秦近胡，以战射为俗，而杨氏世以武力雄其一方"。这里又提供了这样的信息：麟州是多民族聚居地区，这里的民风重武而轻文，以习武从军为荣。这一点，可以从另一则史料中得到印证："麟、府州在黄河西，古云中之地，与蕃汉杂居。黄茆土山，高下相属；极目四顾，无十步平坦。""人性顽悍，不循理法"，"俗重死轻生"（上官融《友会谈丛》卷下）。可以说，幼少年时代生活在麟州的杨业，深受这种民俗民风的影响和熏陶，不仅练就了一身高超的武艺，而且更为重要的是，这种民风孕育了杨业重死轻生、忠贞不屈的优秀品格。

二、杨业庙与杨业的忠勇爱国精神

北京市密云县长城口的古北口，至今还保留一座杨业庙。这是一座最早建成的杨业庙。北宋的刘敞、苏颂、苏辙等人，曾先后出使辽国，都在途中必经之地古北口，拜谒了杨业庙，又都留下了赞颂杨业的诗。而杨业的侄重孙杨畋，则因杨业为辽国所害，拒绝出使辽国。这些事实都可以证明，早在杨业殉国后的半个世纪左右，古北口的杨业庙就已建成。此后，杨业庙曾多次修缮重建。"明洪武八年，徐达重建，祀宋杨业。成化时，镇守监丞许常、都指挥使王荣重修，敕赐名威灵庙"。嘉靖年间，"兵备佥事张守中、古北副将军郭琥重修"（民国《密云县志》卷二）。清代梁章钜曾"过古北口，见有大庙，土人呼为杨令公祠"（《浪迹丛谈》卷六）。50 多年前，经邓拓先生提议，对杨业庙又进行了重修。不幸的是，"文革"中被毁，直到近年才恢复重建。

现在的问题是，远在辽国境内的古北口，辽国人为什么会在此地建了一座杨业庙？是否因为杨业曾到过古北口，因而辽国人在此建庙呢？不是，杨业从未到过古北口。北宋太平兴国四年（979 年）宋太宗亲征太原，消灭北汉时，杨业应其主刘继元之召，归降了宋朝。宋太宗十分高兴，授刘继元为右领军卫大将军。将原名刘继业改名杨业，授杨业为左领军卫大将军。宋太宗消灭北汉后，不自量力，北伐辽国，直抵辽国南京（今北京市），结果在高梁河被辽军大败，宋太宗狼狈南逃。这次宋辽之战，杨业是否参加，史无记载。即使杨业参加了，也不可能到过古北口，因为宋军并未也不能到辽国

的军事要地、离辽南京城百多里的古北口。传说中说在这次宋辽大战中，杨业父子曾
"奋死救驾"，保卫宋太宗南逃。有的杨家将研究者把传说当作真人真事，一口咬定所
谓金沙滩杨业父子救驾，实有其事。理由呢？理由是杨业授左领军卫大将军。实际上，
所谓左、右军卫大将军，都是虚衔，不是实职。好比当今的大校、少将等，是军衔，不
是实职，而师长、军长等，才是实职。宋朝的虚衔，根本没有任何职权，杨业所授的左
领军卫大将军，既不能带一兵一卒，更不能去护卫宋太宗。刘继元名义上是右领军卫大
将军，也是有名无实，宋太宗甚至还派人去监视这位降皇。

　　是不是如有的史学家所说，杨业殉难于古北口，因而在此建造了杨业庙。也不是。
杨业在山西朔州重伤被俘后，"疮发不食，三日死。逐函其首以献。诏详稳辖室传其首
于越休哥，以示诸军"（《辽史》卷一一）。耶律休哥当时在辽国南京。在朔州重伤被俘
的杨业，立即被押送南京。朔州距南京有千里之遥，以当时骑马行走或坐马车行走的速
度，三日之内不可能将杨业押送到南京，更不用说到离南京北百余里的古北口。杨业绝
食殉难于从朔州到南京的途中，辽方即将其首送往南京，而杨业的身体，很可能被就地
埋葬。

　　顾炎武在《昌平山水记》中说："古北口城北门外有杨业祠。业以雍熙中为云州观
察使，辽陷寰州，遇于雁门北陈家谷，力战不支被擒，不食三日死，忠矣。然雁门之北
口非古北口也，祠于斯者误也。"这位明末清初的爱国志士认为，杨业祠建在古北口是
搞错了地方，错把古北口当作雁门北口。其实，辽国并非误建了杨业庙，而是有意在古
北口建造杨业庙。试想，古北口的杨业庙建于杨业殉国后半个世纪左右，当时的辽国人
怎能遗忘其当代史，错把北宋的雁门口当作辽国的古北口？当时的辽国人怎能不清楚，
半个世纪前，宋辽从未在古北口发生过战争？

　　也有人认为，古北口的杨业庙，是当地的汉族人偷偷地建造的，这是似是而非的猜
想。试问：作为辽国的交通要道，辽国的军政要员经常要经古北口往返于南京，辽国使
者也几乎每年都要经古北口往返于北宋的京都东京（今河南开封），他们能看不见或不
知道古北口出现了杨业庙吗？要是辽国统治者不允许出现杨业庙，杨业庙能如此长时期
地存在吗？

　　实际上，古北口的杨业庙，既非错建，更非偷建，而是当时当地的辽国人包括当地
的汉人和契丹人，甚至包括契丹族的统治者，有意在古北口建造的。契丹人在自己境内
建造杨业庙的动机，不仅是钦佩杨业高超的武功，更主要的是钦佩杨业忠贞不屈的爱国
精神。

　　在历史研究中，一些学者习惯于把一切都要作阶级或阶层分析，排队入座。殊不知
在精神文明方面，运用阶级分析法往往会失之偏颇。有的精神文明，例如忠诚爱国的爱
国主义精神，可以超越阶级、阶层，成为各民族共同的精神财富。在宋朝，杨业所爱的
国，当然是赵宋天下，他的为国捐躯，当然是忠于大宋皇朝。但是，杨业宁死不屈的爱
国精神，却成为包括契丹人在内的精神楷模。辽国人包括辽国统治者同样敬仰甚至倡导
这种精神。苏颂在《和仲巽过古北口杨无敌庙》诗中，有"威信仇方名不灭，至今遗

俗奉遗祠"之句；苏辙在《过古北口杨无敌庙》诗中，有"驱驰本为中原用，尝享能令异域尊"之句。欧阳修在《供备库副使杨君墓志铭》中，称颂杨家将"名声累世在羌夷"。这里的"仇方"、"异域"和"羌夷"，显然主要是指辽国和契丹族，杨业之所以在辽国有极高的名声和信誉，得到辽国的钦佩和尊敬，主要也在于杨业忠诚的爱国精神，这种精神，现在已成为我国各族人民共同的精神财富。研究杨家将的历史，主要目的也在于弘扬这种爱国主义精神。

山西代县鹿蹄涧村的杨将军庙，近年在开封修建的天波杨府，以及杨业修筑的堡寨等，多已有人详细考论，这里略而不论。

三、由传说而来的杨业遗迹

杨业在朔州重伤被俘后押往南京的途径有两条：一是从朔州北上今山西大同，再往东经居庸关抵达南京；一是从朔州往东经飞狐即今河北涞源，再北上至南京。后一条路虽有风险，却是捷径，所以辽国方面很可能走后一条路。由于杨业被俘后绝食三日殉国，辽国方面即将杨业之首送往南京，而其身体很可能就地安葬。河北唐县有杨业墓，很可能安葬着杨业的身体。这里之所以多次用"很可能"这一不确定词语，是因为实在找不到可靠的文字依据以证明杨业墓在何处。唐县在涞源之南不远，从朔州到涞源三日左右可能到达。一代名将杨业身首异处，魂归无处的悲壮结局，令后人忿叹。宋元以来，人们不愿看到杨业死后无地安身，便以自己的愿望，想象出了不少杨业之墓。这些传说中的杨业墓，分布在河北、北京、山西、陕西、宁夏甚至长江三峡等地。例如：《朔方道志》上记载：杨将军庙，在今镇戎县东北四十里青龙山。有断碑称：宋时杨将军与契丹战死处，其子都尉杨延玉陪祀。杨业父子从来没有到过宁夏固县一带，宋辽也不可能在宁夏交战，方志上所载的杨业庙和杨业墓，显然来自于传说。杨业的孙子杨文广，曾是镇戎军（宁夏固原）军政首领，防御西夏，或许由此而误传为杨业父子战死于宁夏。

有意思的是，1984年12月，河南《洛阳日报》刊出一则消息，说是洛阳新安县潼沟村出土了一块宋朝杨令公停灵碑，碑文记述了杨令公在此停灵的经过：北宋朝杨令公之丘陵也，有女孙杨宗保感祖之义，居庐于此，遂建道而为观焉。这新安县的所谓杨业墓，更是由传说而来。杨宗保是传说中的杨家将人物形象，这里又传说为是女性。在杨氏家族中，确实有人安葬于洛阳。那是杨业的侄孙杨琪，杨琪与其妻慕容氏，合葬于洛阳杜泽原。更有意思的是，在长江三峡，至今还保留着孟良梯的传说。所谓孟良梯，其实是白盐山绝壁上一排参差的方孔，是人凿成而供攀登的。然而在传说中，却成了孟良借此而爬上山顶，取走了埋在山顶的杨业遗骨。孟良是传说、戏曲和小说中的人物形象，孟良盗骨是传说而不历史，杨业遗骨曾埋在长江三峡之说，更是子虚乌有。

孟良盗骨还有另一种版本：杨业的首级被安放在幽州（今北京）昊天塔中，杨六郎派部将孟良和焦赞潜入幽州昊天塔，盗出杨业之首，逃到山西五台山，安葬于令公塔。辽南京确实有几座昊天塔。辽清宁五年（1059 年），秦越大长公主发心造十三级石浮屠一座，高二百尺，而昊天宝塔是其中之一。仅从时间上推算，杨业之首不可能曾安放在此塔。五台山靠近竹林寺的九龙岗，令公塔至今尚存，但也不可能在塔中安放杨业骨殖，而是接近神话的传说故事。

比孟良盗骨稍有依据的杨业墓，是在山西岢岚。清代的康基田在《晋乘搜略》卷二〇中曾说，"折与杨为姻娅。岢岚州掘地得石，拭视为杨氏墓碣，载折太君事。世传折太君即杨无敌夫人，想见当年臂指联络，协力边防，惜不传其事"，"姑阙所疑"。杨业的妻子究竟是谁，史无明文，笔者 20 余前也认为是折太君，后来仔细推敲，方知折太君也是传说中的艺术典型，而非真是折德扆之女、杨业之妻。康基田其实并未亲见此石碑，而是依据传闻而录，所以他也不十分肯定。即使曾真有其碑，也与洛阳杨宗保守灵碑相似，仅仅是依据传说而来的。这种由传说而来的所谓墓、碑，到处都有。梁山伯与祝英台是传说中爱情悲剧的男女主角，并非真人真事。然而，我国东南各地却有不少的所谓梁祝合葬墓，甚至引起争抢正宗梁祝墓的笑谈。孟姜女哭长城，是唐代出现的传奇故事，然而长城确实有。把传说作为历史，是要十分谨慎的。否则，蛇精白娘子，猴王孙悟空，以至七仙女和嫦娥，都会成为历史人物。君不见有的热心杨家将研究者，正在千方百计地试图将余太君、穆桂英、八姐、九妹、杨排风、焦赞、孟良、杨宗保，统统都变为历史上实有其人。但愿找到能说服人的铁证，而不是这样的恶性循环：本来是传说中的艺术典型，由这些艺术典型而出现了与之有关的所谓墓、碑、村、寨，明清以来的地方志和一些笔记杂录，记录了这些传说和墓碑村寨；而当代的一些学者，又把地方志和笔记杂录的记载，当作真实的史料加以引用，从而得出似是而非的结论。为了说明这种可怕的考证怪圈，下面再举几个与杨业有关的例证。

宋末元初人徐大焯在《烬余录》中，较早记录了"太平兴国五年，太宗莫州之败"，"杨业及诸子奋死救驾，始得脱归大名"。这显然是宋代的传说。在传说及宋元的戏曲中，杨业父子金沙滩大战救主，大郎、二郎、三郎牺牲，四郎被俘，五郎逃到五台山当了和尚。有的杨家将研究者考察了北京市郊的所谓金沙滩之后，十分肯定这就是杨业父子大战辽军救出宋太宗的战场。幸而这位学者可能没有到过山西繁峙县的金沙滩，那里也是传说中杨业父子救驾之地。

在传说中，人们不愿杨业被俘，而是让杨业碰死在李陵碑壮烈殉国。传说中的李陵碑，至少有三处，一在古北口，一在山西陈家谷，一在宁夏青龙山。这所谓的李陵碑，能证明杨业碰碑自杀？令人费解的是，李陵是西汉大将，出战凶奴战败被俘而投降了凶奴，与杨业的绝食殉国不可相提并论，为何传说杨业碰碑而死？

传说河南开封市内有杨家湖和潘家湖，两湖仅一堤之隔而湖水相通，但杨家湖水清而潘家湖水浊，喻义杨业之忠及潘美之奸。笔者曾去两湖看过，看不出有混浊之分。这能证明潘美是奸臣？

《汉语大辞典》有"石敢当"条目：旧时家门口或街衢巷口常立一小石碑或石雕武士像，上刻'石敢当'三字，民间以为可禁压不祥；清黄遵宪《李肃毅侯挽诗》之二：

生平自诩杨无敌，诸将犹夸石敢当。看来，在历代人民的心目中，杨业逐渐由忠勇无敌的战将，上升为能够"镇百鬼，压灾殃"的神灵。这能证明杨业真能如此神通广大？

笔者再次申明，有关杨家将的传说、戏曲、小说、影视等文艺创作，虽然是三分历史七分虚构，但其大多数是弘扬杨家将的忠勇爱国精神，因而不仅可以继承，而且应取其精华去其糟粕、发扬光大。作为历史研究，则应分清历史与传说，以期人们获得准确的历史知识。

北宋麟州史事丛考

浙江大学　包伟民

按北宋一朝，困于外敌，初年与辽国数兴战事，景德元年（1004）宋、辽订立澶渊之盟，自此两国间未再兵戎相见，维持了100多年的和平局面。但在西北地区，却一直与由党项族所建立的西夏政权和战不定，兵火未息。北宋时期宋夏关系对其国策的影响，可能并不在宋辽关系之下。因此西北宋夏接壤地区，作为赵宋国家的边防前线，就具有重要的战略地位。具体而言，除陕西路沿边外，就是河东路"孤悬河外"即位于黄河西侧的麟、府、丰三州地区。

本文讨论北宋时期麟州与宋夏和战的关系。

按麟州在两汉时期为朔方郡辖地，隋代开皇年间（581～600）于其地设胜州，唐代开元十二年（724），割胜州连谷、银城两县置麟州。后曾数次废而复置。天宝元年（742）并州都督张说率兵平定党项族之"乱"，又"请城麟州，所以安余种也"①。唐后期建军号为振武麟胜等州节度。② 此地长期胡汉杂居，民俗尚武，唐末五代年间，出现不少英勇善战的豪杰之士，最著名者，当属后入宋为抗辽名将的杨业及其家族。③山不在高，有仙则名，水不在深，有龙则灵。斯是麟郡，唯此英灵，驰名神州。

但北宋一朝，麟州久在兵戎之中，文事不兴，既无地志专书存世，正史载记之中相关记载也颇零散。谨略引文献，考订北宋麟州之史事，为攻守、堡寨、守臣等三篇，以待识者指议焉。

一、攻　守

按五代时期，麟州地区虽因地处边境，兼以胡汉杂居，中原政权常鞭长莫及，虽名义上不脱中央的管辖，其存亡也未引起朝廷足够的重视。北宋前期宋、辽、夏三边关系形成后，麟州以地处三国交界，为战守前线，才常进入最高决策者的视野，并因此在史策中留下一些记载。下文谨按年代次序，以长编之法，连缀与本节相关史事，并略加考订。④

---

① 张咏：《乖崖集》卷八《麟州通判厅记》。续古逸丛书本。
② 乐史：《宋本太平寰宇记》卷三八《关西道十四·麟州》，中华书局，2000年影印本。
③ 李裕民：《杨家将史事新考》，载氏著《宋史新探》，陕西师范大学出版社，1999年。
④ 孙昌盛：《论宋、夏在河东路麟、府、丰州的争夺》，《宁夏大学学报》（人文社会科学版）2005年第3期，27～33页，对北宋时期宋、夏间军事形势有所讨论，可参见。

公元 957 年，北汉麟州刺史杨重训（勋）以其地归顺后周

薛居正《旧五代史》卷一一七《周书第八·世宗纪第四》（中华书局点校本）：显德四年（957）十月"癸亥，河东伪命麟州刺史杨重训以城归顺，授重训本州防御使、检校太傅"。此事《资治通鉴》卷二九三系年月日同，《新五代史》卷十一系于广顺三年正月乙卯，疑误。据欧阳修《欧阳文忠公文集·居士集》卷二九《供备库副使杨君墓志铭》（四部丛刊本）所载，"杨氏世以武力雄其一方"，则杨重训家族当为拥有武力的麟州地方豪杰。杨重训后以避周恭帝柴宗训之讳，改名重勋（《长编》卷二建隆二年三月辛亥）。

公元 960 年，北汉侵掠河西地区

《续资治通鉴长编》（中华书局点校本，下文简称《长编》）卷一建隆元年（960）三月："先是，北汉诱代北诸部侵掠河西，诏诸镇会兵以御之。是月，定难节度使、守太尉、兼中书令李彝兴言：遣部将李彝玉进援麟州，北汉引众去。"

公元 961 年，北汉入侵麟州

《长编》卷二建隆二年（961）三月辛亥："北汉寇麟州，防御使杨重勋击走之。"

公元 963 年，麟州移治吴儿堡

清·徐松辑《宋会要辑稿》（中华书局影印本，下文简称《会要》）方域六之五："乾德初（963），移治吴儿堡。"又曾公亮编《武经总要·前集》卷一七《边防·麟府路》（中华书局上编 1959 年"中国古代科技图录丛编"影印明刻本，下文简称《武经总要》）："麟州，治新秦，古白翟地，汉武帝徙贫民实之，谓之新秦。后赫连勃勃有之。……秦置麟州，乾德元年迁于吴儿堡，即今城也，地形依险，三面孤绝，城中少水……"

公元 967 年，于麟州置建宁军节度

《长编》卷八乾德五年（967）十二月"己巳，置建宁军于麟州。庚午，以防御使杨重勋为留后"。又《会要》方域六之五："开宝五年十二月四日诏曰：'眷彼麟州，地连金泽，怀桑镇抚，实曰要区。俾分节制之权，以重藩宣之寄，宜升为节镇，以建宁军为名。'"按《会要》系于开宝五年疑误。

公元 984 年，麟州奏捷

钱若水等编《太宗皇帝实录》（四部丛刊本）卷二九太平兴国九年（984）三月"癸酉，麟州言阁门使田仁朗败戎人，斩首三百级，获驼马生口器甲千计"。

公元985年，党项李继迁攻麟州

《太宗皇帝实录》卷二九雍熙二年（985）四月庚寅"诏曰：'判四方馆事田仁朗……可特责授商州团练副使，令御史台遣吏监送赴任。'初李继迁率蕃部屡为边患，是岁二月攻麟州，汝州团练使曹光实领兵檄巡，为其所诱而殁，又围三族寨。麟州驰驿以闻。上遣仁朗与阁门使王侁、宫苑使李继隆、阁门副使董愿驰发边兵数千击之。仁朗兵至绥州，驻月余，奏请益兵，于是三族寨蕃将折御乜杀监军使者，与继迁合。上闻之，大怒，亟遣军器库使刘文裕自三交疾驰代朗仁。"

同年，三族寨诸蕃四十七族来降

《太宗皇帝实录》卷三三雍熙二年六月"辛卯，内客省使麟州巡检郭守文等上言：自四月至六月，三族寨诸蕃四十七族来降，已令复旧业；岌罗赋等一十四族拒命，寻率兵击之，斩首数千级，焚千余帐，获人马牛羊七千计"。

公元988年，改麟州为镇西军节度

《会要》方域六之五："（麟州）端拱元年（988）以建州军额同，改镇西军。"按《长编》卷二九端拱元年正月"甲辰，置建宁军于建州"。

公元996年，宋军分五路出击李继迁，麟州为其中一路

《太宗皇帝实录》卷七九：至道二年（996）九月"己卯，夏绥延行营上言两路合势，破贼于乌池，斩首五千级，生擒二千余人，获米募军主吃啰指挥使等二十七人，马二千匹，兵器铠甲数万，群臣称贺。先是，上（按：宋太宗）怒继迁，亲部分诸将攻讨，李继隆自环州，丁罕自庆州，范廷召自延州，王超自夏州，张守恩自麟州，凡五路率兵抵平夏，上皆先授以成算……独王超、范廷召至乌白池，与贼遇，大小数十战，虽颇克捷，而诸将失期，士卒困乏，终不能擒贼"。

公元999年，李继迁侵麟州万户谷

《长编》卷四五咸平二年（999）九月末："是秋，河西叛羌黄女族长蒙异保及府州所部啜讹等，引赵保吉之众寇麟州万户谷，进至松花寨。"

按：赵保吉即李继迁，据《长编》卷三二，淳化二年六月丙午，"李继迁闻翟守素将兵来讨，恐惧，奉表归顺。丙午，授继迁银州观察使，赐以国姓，名曰赵保吉"。

1000年，李继迁侵麟州浊轮寨

《长编》卷四七咸平三年五月癸未："李继迁寇麟州浊轮寨，钤辖、西京左藏库副使刘文质击走之。癸未赐诏嘉奖。"

1002 年，李继迁复以二万骑进围麟州

据《长编》卷五二，咸平五年（1002）六月癸酉（九日）："李继迁复以二万骑进围麟州，金明巡检使李继周击之。围未解，麟府浊轮部署曹璨请济师，上（按：宋真宗）曰：'麟州据险，三面孤绝，州将戮力，足以御贼，但忧城中乏水。'既而贼果据水寨。诏发并、代、石、隰州兵援之，又以六宅使宋思恭为并代钤辖，管勾麟、府军马。"乙亥（十一日）："李继迁率众攻麟州，四面负版薄城者五日。知州、阁门祇候卫居实屡出奇兵突战，及募勇士缒城潜往击贼。贼皆披靡，自相蹂践，杀伤万余人。丁丑（十三日）继迁拨寨遁去。"壬辰（二十八日）："上始闻麟州捷……诏以卫居实为供备库使，通判以下并迁秩，各赐锦袍金带，仍令籍立功将士以闻。"同书卷五三咸平五年十一月壬辰朔，"诏麟州给复一年"。

1002 年 12 月，迁麟州界勒厥麻三族人于宪州楼烦县

《长编》卷五三咸平五年十二月壬午："先是，麟州界首领勒厥麻等三族千五百帐，以浊轮寨失守，相率越河内属，遂分处边境。既而帅臣屡言勒厥麻常往来贼中，恐复叛去。乃命徙置宪州楼烦县，遣使赐金帛慰抚，俟贼界宁谧即放还。"

1007 年，西夏赵德明请于麟州行互市，宋廷不许

《长编》卷六七景德四年（1007）十月"乙未，麟州言赵德明于州西置榷场，请行互市。上（按：宋真宗）以延州已置，不许"。

1036 年，定麟州每年买蕃部马数额

《会要》兵二四之二："景祐三年（1036）四月，再定诸州买马额，比除自前放券时病患马数各二分，又正额外，更有省买额：……麟州蕃部马四百二十匹，省马不立额。"

1039 年，麟州请筑外罗城

《长编》卷一二三宝元二年（1039）二月"甲戌，知麟州、供备库使朱观请筑外罗城以护井泉，从之"。按据下文熙宁四年八月记事，这次筑罗城似未成功。

1039 年，命麟州三县皆注正官为县令

《长编》卷一二五宝元二年十二月己巳："诏吏部流内铨，自今府州府谷、麟州新秦、银城、连谷等县，皆注正官为县令。"所谓"皆注正官"，说明宋廷始此才将麟、府属县视同内地，不再以假官、摄官等非正任官员出任此地县令。

1040 年，诏麟、府州募归业人增补义军

脱脱《宋史》卷一九〇《兵志四·乡兵一》（中华书局点校本）："先是，康定元

年诏麟、府州募归业人增补义军，俾耕本户故地而免其税租。其制与弓箭手略同而不给田。"马端临《文献通考》卷一五六《兵考八》记事同，"麟府州"误乙为"麟州府"。按宋代边境地区多行乡兵之制，麟州义军是为一例。

1041 年，西夏赵元昊大举围攻麟州

《长编》卷一三三庆历元年（1041）八月戊子"麟州言：'元昊以前月戊辰，攻围州城。是月乙酉，逾屈野河西山上白草平，距城十五里按军。丙戌，破远宁寨，寨主、侍禁王世喆，兵马监押、殿直王显死之。焚仓库楼橹皆尽。复领兵攻府州……贼乃引退，纵兵四掠，刈禾稼，发窖藏，又徙围丰州。'麟、府二州皆在河外，因山为城，最为险固。……（麟）州有积粟可守，城中素乏水。围既久，士卒渴乏，或劝知州苗继宣取污沟之泥以饰坤。元昊仰视曰：'谍谓我无庸战，不三日，汉人当渴死。今尚有余以圬堞，谍绐我也。'斩之城下，解围去"。

1041 年 11 月，升麟州飞骑为禁军

《长编》卷一三四庆历元年十一月戊申，"升府州威远、麟州飞骑为禁军"。据《宋史》卷一八七《兵志二·禁军下》，麟州飞骑升禁军后，共置两个指挥的编制。北宋制度每一指挥额定兵员五百人。

1044 年，遣欧阳修到河东路，与转运使商议麟州废置事宜

早在庆历元年（1041），知并州杨偕就已上言，请将麟州迁往黄河东岸："麟、丰二州及宁远寨，并在河外，与贼接界，无尺帛斗粟之输以佐县官，而麟州岁费缗钱百万。今丰州、宁远寨已为贼所破，惟麟州孤垒，距府州百四十里，远在绝塞。……今请建新麟州于岚州合河津黄河东岸裴家山……故臣谓迁有五利，不然，则有三害……"（《长编》卷一三四庆历元年十月丁亥）。四年（1044）四月，宋仁宗又对辅臣提起有臣僚建议废麟州，"乃命右正言、知制诰欧阳修往河东，与转运使议之"（《长编》卷一四八庆历四年四月己亥）。五月丁丑，欧阳修奏上《论麟州事宜札子》，条列其"利害措置之说"四项：一曰辨众说，二曰较存废，三曰减寨卒，四曰委土豪，认为"若麟州一议移废，则五寨势亦难存，兀尔府州，便为孤垒，而自守不暇。是贼可以入据我城堡，耕牧我土田，夹河对岸，为其巢穴"，反对移废麟州之议（《欧阳文忠公文集·河东奉使奏草》卷上、《长编》卷一四九庆历四年五月丁丑）。宋廷从之，麟州因此得以存留如故。

1045 年，宋廷令边臣不得"生事"

《长编》卷一五七庆历五年（1045）十二月癸丑，"麟州言西界人马至屈野河西，寻令指使、殿侍魏智等引兵约回。智遇伏，为西人所执，知州领众逐贼至银川寨，贼遁去。诏河东经略司累戒逐路务遵誓诏，今西人本无斗意，而以兵迫逐为边生事，其边吏

并劾罪以闻"。

1057 年，宋军试图在屈野河西修筑堡寨失利

嘉祐二年（1057），并州通判司马光应昭德军节度使、知并州庞籍之命，出使麟州，考察处置西夏国人侵耕屈野河西土地事宜。当时"屈野河西一带田土，积年以来为夏虏所侵……虏之侵盗为日已久，谕之以理，则不肯退缩，逼之以兵，则动成战斗，召之复位界至，则偃蹇不来，春种秋获，无有已期"。司马光为了"不战而得所侵之地"，与麟州官吏商议，提出在屈野河西修筑堡寨："其本州官吏为臣言，州城之西临屈野河，自河以西，直抵界首五六十里，并无堡障斥堠，以此虏得恣耕其田，游骑往往直至城下，或过城东，州人不知。去岁已于河西置一小堡，以处斥堠之人……若乘此际急于州西二十里左右增置二堡，每堡不过十日可成，比至虏中再行点集，此堡已皆有备，虏不能为害。如此则麟州永无侵轶之虞。"庞籍接受了司马光的建议，令麟州修筑二堡。"五月五日，彼处兵官引一千许人，夜开城门，径往屈野河西，前无探候，后无策应，中无部伍，但赍酒食，不为战备"（以上见司马光《温国文正司马公文集》卷一七《论屈野河西修堡状》），以致被西夏军队击败，崇仪使、并代钤辖、管勾麟府军马郭恩战死（《长编》卷一八五嘉祐二年五月庚辰）。十一月，庞籍因此受责，"为观文殿大学士、户部侍郎、知青州"（《长编》卷一八六嘉祐二年十一月戊戌）。

1059 年，宋廷减罢麟州堡寨使臣

《长编》卷一八九嘉祐四年（1059）二月乙亥，"河东经略安抚使孙沔请废府州西安、靖化、宣威、清塞、百胜、中侯，及麟州横戎、神林、惠宁、肃定、镇川、临寨等十二堡寨使臣，其兵马粮草令旁近大寨番遣人守护之。复创麟州西裴、家垣寨积粮草，以应接麟州。诏存府州中侯、百胜、清塞，麟州镇川寨，余从之"。

1059 年 12 月，知麟州王庆民上麟、府二州图

《长编》卷一九〇嘉祐四年十二月乙亥（十四日），"知麟州王庆民上麟、府二州图"。十七日，宋廷下诏奖谕。（《欧阳文忠公文集·内制集》卷一七，《赐西京作坊使知麟州王庆民奖谕敕书》）。

1061 年，苏安静与西夏议定麟、府州边界

《长编》卷一九三嘉祐六年（1061）六月"庚辰，太原府代州钤辖、供备库使、忠州刺史苏安静上《麟州屈野河界图》。自郭恩败，敌益侵耕河西，无所惮。李思道、孙兆相继往议，皆不合。至是，安静与其国人辄移吕宁、拽浪獠黎始议定，其府州自……筑堠九；自蛇尾旁顺横阳河东岸西界步军照望铺间，筑堠十二；自横阳河西以南直埋井烽，筑堠六；自埋井烽西南直麟州界俄枝军营，筑堠三；自俄枝军营南至大横水……筑堠十二。……乃约自今西界人户毋得过所筑堠东耕种。其在丰州外汉寨及府州界蕃户旧

奢俄寨，并复修完，府州沿边旧奢俄寨三十三，更不创修。麟州界人户，更不耕屈野河西。其麟、府州不耕之地，亦许两界人户就近樵牧，即不得插立梢圈，起盖庵屋，违者并捉搦赴官及勒住和市。两界巡捉人员，各毋得带衣甲器械过三十人骑"。

1067 年，宋廷开放麟州与西夏的和市

按庆历三年（1043）宋夏议和后，宋朝在保安军设榷场与西夏贸易，不过榷场之外，沿边双方军民官私贸易不绝，麟州地界也是如此。庆历五年（1045），范仲淹曾上奏请在麟州创置榷场，未果（《范文正公集补遗·年谱补遗》）。嘉祐二年二月甲戌（十八日），庞籍上言，认为西夏国人侵耕屈野河西地不绝，"若非禁绝市易，窃恐内侵不已"，请权停陕西缘边和市。宋廷从之，"诏禁陕西四路私与西人贸易者"（《长编》卷一八五是日条）。不久即重新开放和市。治平三年（1066）九月，因夏国进攻庆州大顺城，再次禁绝边境和市。次年（1067）八月十二日，应河东路经略司上言，"诏夏国已上表谢罪，及差人进奉，所有和市依旧放行"（《会要》食货三八之三一）。

1071 年，麟州筑外城，包裹外井泉

《长编》卷二二六熙宁四年（1071）八月庚午，"知麟州、崇仪副使张居为西京左藏库使。先是，州城井泉不足，军民汲于城外沙泉，前后守欲筑城以包之，而土多沙砾，不果城。居命凿去旧土而筑之，城成，人以为便，故赏之"。

1071 年，放麟州蕃部结胜还夏国

《长编》卷二二八熙宁四年十二月"戊午，诏放麟州蕃部结胜还夏国，量给口券、路费。仍令经略司指挥，牒宥州于界首交割。应诸路去秋以后所获夏国人口，各令经略司选差官就便取问，如愿归并准此，愿留者存恤之。初，胜在夏国伪补钤辖，麟州部将王文郁略地至开光州，胜力屈而降，补供奉官。久之，谋窜归夏国，为人所告。上（按：宋神宗）曰：'胜力屈而降，家在西界，其欲归宜也，可听其去，而厚赏告者'"。

1081 年，宋军大举进攻西夏，麟州为出兵据点之一

《长编》卷三一六元丰四年（1081）九月乙巳，"是日王中正发麟州，祷祭祝辞云：'臣中正代皇帝亲征'。兵六万人，民夫亦六万余人……"

1082 年，麟州神木堡巡检高素战死

《长编》三二九元丰五年（1082）八月庚戌朔，"河东经略司言：'麟州神木堡与西贼斗敌，监押贾默以众先退，致贼杀巡检高素。'诏河东转运司劾罪"。

1083 年，西夏入侵麟州神堂寨

《长编》三三五元丰六年（1083）六月辛亥，"河东经略司言：'五月，西贼入麟

州神堂寨，知州訾虎等领兵出战，有功。'诏虎自今毋得轻易出入，遇有寇止令裨将出兵掩逐"。

1091 年，西夏大举入侵麟州

《长编》卷四六五元祐六年（1091）闰八月壬午，"是日夏人以十五万众入寇围麟州及神木等寨，诸将不敢与战，蕃汉居民为所杀掠，焚荡庐舍，驱掳畜产甚众"。同年九月七日，"枢密院言麟州界人常为西贼杀虏，烧荡屋舍者，令经略司人以老幼，屋以多寡，等第给赐钱绢。或焚毁粮草，或蹂践田苗，亦随宜赈济"（《会要》食货五九之四至五），当即因前月西夏入侵所颁之诏。

1114 年，废银城、建谷二县，并入新秦县

据《会要》方域六之五："新秦县，政和四年（1114）废银城、建谷二县并入。"同书又载："政和四年四月十四日，详定《九域图志》所编修官蔡经国札子：'照对旧《九域图志》，并载麟州管下新秦、银城、连谷三县，各有所管堡寨山川界分，本州今供，却只作新秦等县，其银城、连谷并属新秦。本所致未敢便作新秦一县修立，合取自朝廷指挥。'诏麟州管下新秦等三县，今后只以新秦县称呼，其银城、连谷县并废罢，并入新秦县。"

1126 年，金人攻陷麟州建宁寨，知寨杨震战死

徐梦莘《三朝北盟会编》（上海古籍出版社影印许涵度刊本）卷五八：靖康元年（1126）十月十七日，"金人攻麟州建宁寨，杨震……知麟州建宁寨。金人攻寨，欲降，震不从。时寨兵精壮者悉从折可求死于交城之战，所余老弱百数，守弗坚，震奋力守城，金人急攻，阅旬日，城中矢尽城陷，震死之。震之子名沂中，方从征河朔，得免于难。次子居中、执中亦被害"。

1129 年，麟州降金

脱脱《金史》卷三《太宗本纪》（中华书局点校本）：天会七年（1129）"二月戊辰，宋麟府路安抚使折可求以麟、府、丰三州降"。时为宋建炎三年。《（道光）神木县志》卷一《沿革》谓"建炎二年，没于金"，系年或误。

据前文可知，北宋时期麟州位于宋夏交界地带，实为边境军事堡垒型城市。据史载，唐代长庆年间（821～825）麟州辖户 1754，太平兴国年间（976～984）辖主户 2350，[1]到元丰年间（1078～1085），主客户合计 3860。[2]截止北宋后期崇宁年间

---

[1] 《宋本太平寰宇记》卷三八《关西道十四》。

[2] 王存：《元丰九域志》卷四《河东路·麟州》，中华书局点校本。下文简称《九域志》。

（1102～1106），辖主客户 3482，口 8684。①然据庆历四年（1044）欧阳修所奏，当时麟、府二州屯兵约 20 000，"大抵尽河东二十州军，以赡二州五寨；为河外数百边户，而竭数百万民财"②，或者欧阳修所言"河外数百边户"，专指汉族人户，而官府户籍册所载麟州主客户数，大多为蕃族熟户？麟州城中民户也绝少，据同年欧阳修所奏："麟州自经贼马后来，人户才有三二百家。"③

二、堡　　寨

堡寨是北宋政府在与西夏长期战争过程中发展起来的一种边境防御性军事据点。它不同于传统的行政性州县城市，其军事堡垒的性质十分明确。自北宋元符二年（1099）起，随着宋军对西夏军事战略的转变，修筑堡寨也成为宋军进攻拓边的一个重要手段。④

这些军事据点名称不一，除称堡、寨外，还有称城、称镇、称关的，但以称堡与寨最为常见。它们的规模，当然也不能与州府城市相比。元丰五年（1083），徐禧主持修建永乐城，上奏请于永乐城附近修筑六寨六堡以为屏障："寨之大者，城围九百步；小者，五百步。一寨用工略十三万余。堡之大者堡城围二百步，小者百步。一堡用工略万三千。其堡寨城围，务要占尽地势，以为永固。"⑤哲宗元祐末毕仲游上《论河外清野利害奏状》，提到修筑"非用扼控贼冲"的小规模据点，"只消修五百步城垒"⑥，与徐禧的说法相合，说明当时宋军修筑堡寨的规模基本如此。

不同堡寨相互之间的关系，至少据存世文献考察看不出十分明确的军事编制序列。大体说，寨的规模与地位要比堡为高，不少堡隶属于寨。元符二年（1090）八月，河东路经略安抚都总管司上报宋廷，称麟府、岚石路进筑四堡四寨毕工，宋廷下诏，令"以通秦堡隶通秦寨，宁河堡隶宁河寨，弥川堡隶弥川寨，大和堡隶大和寨，其逐堡使臣请给，人马粮食、草料，并于所管寨支请"，是为一例。⑦

堡寨有不同的类型，除宋军驻扎戍守者之外，也有一些属于边境蕃汉居民自保型据点。宋太宗雍熙二年（985）六月辛卯，内客省使麟州巡检郭守文等上言，称"自四月

---

①　《宋史》卷八六《地理志二·河东路·麟州》。下文简称《宋志》。

②　《欧阳文忠公文集·河东奉使奏草》卷上《论麟州事宜札子》。

③　同上书卷下《乞放麟州百姓沽酒札子》。

④　曾瑞龙：《拓边西北：北宋中后期对夏战争研究》，第四章《从妥协退让到领土扩张：论宋哲宗朝对西夏外交政策的转变与军事战略的兼容性》，（香港）中华书局，2006 年，125～164 页；李华瑞：《宋夏关系史》，第八章《宋夏缘边的城、寨、堡》，河北人民出版社，1998 年，221～311 页。

⑤　《长编》卷三二八"元丰五年七月戊子条"。

⑥　杨士奇：《历代名臣奏议》卷三三三，上海古籍出版社影印明刻本。据《长编》卷四八四"元祐八年六月甲子条"记事："提举河东路刑狱毕仲游为职方员外郎。"估计此奏当即仲游在河东宪臣任上所奏。

⑦　《长编》卷五一四"是月辛卯条"记事。

至六月，三族寨诸蕃四十七族来降"①，这里的"三族寨"显见是蕃族聚居的堡寨。这类堡寨就不一定有宋军驻扎，但常有"监军"监察当地蕃兵。又如宋人文献中常提到的所谓"护耕小堡"："弓箭手视之以为生，易其田畴，安其室家，时其糇粮，聚其畜产"，但又"不足守御"，平时并无驻军，只是带有一定防御功能的边民聚居点，一旦敌军来犯，"则委之而趋避"②。甚至还有一些堡寨，"楼橹粗完，见各量屯人马，亦有使臣管勾，即不为守御之计，遇有缓急，却令使臣人马与居民弃城而走，赴其它城寨，谓之走寨"③。正规驻军的堡寨，因所处战略位置不同，其在军事上的地位与规模当然也有差异。据前引庆历四年（1044）欧阳修所上《论麟州事宜札子》，谈到麟州所属五寨，"初建五寨之时……寨兵各有定数，建宁置一千五百人，其余四寨各止三百至五百"。后来兵冗，各寨驻军数量才有所增加。不过其中建宁寨置都巡检一员，规模与地位高于其他各寨。

由于戍守军兵增减不定，堡寨废置不常，宋夏沿边堡寨总数难以统计，总趋势是不断增加的。据曾巩于元丰三年（1080）十一月二十一日上言称："盖秦凤、鄜延、泾原、环庆、并代五路，嘉祐之间，城堡一百一十有二，熙宁二百一十有二，元丰二百七十有四。熙宁较于嘉祐为一倍，元丰较于嘉祐为再倍。而熙河城堡又三十有一。"④这些堡寨主要分布在陕西路，而河东路麟府地区堡寨数量不多，地位却很重要。

自庆历元年西夏攻陷丰州后，麟府地区所辖堡寨全都位于屈野河以东，沿河分布，占据形势，控扼要害，保护粮道，巡檄边境，下文对麟州所辖堡寨略加考订。⑤

浊 轮 寨

《长编》卷五三咸平五年十二月壬午："先是麟州界首领拉尔结玛等三族千五百帐，以浊轮寨失守，相率越河内属，遂分处边境……"又《武经总要》："浊轮寨，控合河路，至道中以重兵戍守，置浊轮寨，部署蕃户，三挨次一千五百帐徙于岚石州，给田居之，今陷于贼。"估计浊轮寨位于屈野河之西，咸平五年后未再复筑。

银 城 寨

《武经总要》称："银城寨，即麟州废县。"当指唐代张说"掩击党项于银城，大破之遂，奏置麟州"之地（《长编》卷一三三庆历元年八月戊子），后麟州移治新秦，此地遂废。据《长编》卷一八五嘉祐二年二月壬戌条所载，"大中祥符二年始置横阳、神堂、银城三寨，皆在屈野河东，以衙前为寨将，使蕃汉义军分番守之。又使寨将与缘边

---

① 《太宗皇帝实录》卷二九。
② 《长编》卷四七三"元祐七年五月癸未条"，所载熙河兰岷路经略使范育上言。
③ 前引毕仲游奏札，《历代名臣奏议》卷三三三。
④ 《曾巩集》卷三〇《请减五路城堡》，中华书局点校本。
⑤ 周群华：《宋麟府丰三州建置及其战略地位》，《四川文物》1995年第6期，59～64页，初步考证了麟、府、丰三州堡寨设置问题。

酋长分定疆境。……银城寨西至榆平岭四十里，西南至清水谷掌五十里，次南至洪崖坞四十里，次南至道光谷中岭上六十里"，则此地真宗时期已修复为兵寨。然《武经总要》称其"庆历中始筑"，《会要》方域一八之二五也载："银城寨，在麟州银城县，庆历五年置。"则是大中祥符二年后废而复置？又《武经总要》称其"西接西界榆平岭三十五里"，与前引《长编》卷一八五记载所称四十里不合，或者既废复置之时又移易了寨址？待考。总之庆历五年修筑以后，银城寨一直是麟州所辖的一个重要堡寨，至北宋末年未改，在《九域志》及《宋志》均见载。此寨熙宁十年卖官盐定额一百六十四贯六百一十三文（《会要》食货二二之五"盐法五·麟州"，下文有关麟州诸堡寨卖官盐年额文献出处同此）。

神 木 寨

其址即今神木县之所在，《雍正陕西通志》卷三《陕西布政司》："神木……本宋神木寨也。"它的隶属关系，《会要》方域一八之一六称"庆历八年置，在连谷县"，《九域志》系之于银城县，《宋志》则系之于新秦县，实令人诧异。联系前引《会要》方域六之五所载详定《九域图志》所编修官蔡经国的札子："照对旧《九域图志》，并载麟州管下新秦、银城、连谷三县，各有所管堡寨山川界分，本州今供，却只作新秦等县，其银城、连谷并属新秦。"估计麟州因系边境，居民稀少，州县行政一切以边防为要，各县辖境不十分固定，以致堡寨所隶县区也前后有所变动。到北宋末期，麟州三个属县实际已并成一个大的政区统一管辖，因此宋廷干脆废罢银城、连谷两县，而神木寨之系于新秦县，也是可以理解的了。

《长编》卷一八九嘉祐四年二月乙亥条有如下记载："河东经略安抚使孙沔请废府州西安、靖化、宣威、清塞、百胜、中候，及麟州横戎、神（林）［木？］、惠宁、肃定、镇川、临寨等十二堡寨使臣，其兵马粮草令旁近大寨番遣人守护之。复创麟州西裴家垣寨积粮草，以应接麟州。诏存府州中候、百胜、清塞，麟州镇川寨，余从之。"可能是当时宋夏关系相对缓和，所以边境有减损戍兵的举措。不过此后不久随着宋夏关系再度紧张，所减损使臣兵员估计也就再度增添了。

神木寨原为第三副将驻扎之地，元符二年八月后，随着宋军对西夏展开拓边行动，屈野河西岸大片土地被宋军控制，以致神木寨"已系近里"，所以宋廷下令第三副将移驻于大和寨（《长编》卷五一四元符二年八月辛卯、甲午）。此寨熙宁十年卖官盐定额一百九十七贯八百五十文。

横 杨 寨

《会要》方域一八之一七："横杨寨，在麟州新（泰）［秦］县，天禧四年置，治平元年再废。"所谓"再废"，说明此前也有废置。治平元年废寨后，文献中未再见有此寨记载。

建 宁 寨

此寨在银城县。据《武经总要》："建宁寨控张师岭一带戎马来路，康定中，贼陷宁远寨，特筑城，赐今名。东至府州中侯寨十二里，西至麟州五十里，东北至府州静化堡，北至静羌堡十七里。"则其前身为宁远寨。庆历二年五月丁未，宋廷奖赏修筑建宁等寨之功，河东路都转运使明镐因此从户部郎中迁官左司郎中（《长编》卷一三六"是日条"）。靖康元年十月金人攻陷建宁寨，知寨官杨震战死（《三朝北盟会编》卷五八"是月十七日条"）。此寨熙宁十年卖官盐定额八十八贯四百五十文。

神 堂 寨

此寨在新秦县。前引《长编》卷一八五嘉祐二年二月壬戌日记事已载："大中祥符二年始置横阳、神堂、银城三寨，皆在屈野河东。"《会要》方域一八之二六却称"神堂寨，麟州，庆历五年置，在新秦县"。估计是大中祥符二年初置后又省废，庆历五年复置。神堂寨为麟州主要堡寨之一，直至北宋末年不废（《九域志》、《宋志》）。此寨熙宁十年卖官盐定额二百七十九贯二百七十三文。

大 和 寨

大和寨为元符二年宋军拓边进筑的产物，此年八月辛卯（二十日），河东路经略安抚都总管司上奏称进筑八处堡寨完工，宋廷赐名其中修筑于大和谷者为大和寨，并添置第十三将，屯戍新拓边地区。同时，将原驻扎在神木寨的第三副将移驻大和寨（《长编》卷五一四是日条）。又据《宋志》所载："大和砦，地名大和谷，元符二年进筑，赐名。东至神木寨五十五里，南至弥川寨三十里，西至饶咩浪界堠七十里，北至清水谷三十里。"则此寨当在屈野河西岸地区。

静 羌 寨（堡）

《长编》卷二八七元丰元年闰正月丁丑日记事、《会要》食货二二之五"盐法五・麟州"、《九域志》及《宋志》均称"静羌寨"。《九域志》及《宋志》且载其在新秦县。《会要》方域一八之六却载："静羌堡，在麟州，庆历八年置，在连谷县。"《武经总要》也作"静羌堡"："控兔毛川一带贼路，东南至建宁寨十七里，西至镇州堡十二里，至州三十八里，南至黄河没遮川百里，北至西界。"或者在新秦县者为静羌寨，而在连谷县者为静羌堡？待考。静羌寨熙宁十年卖官盐定额为七十一贯八百四十三文。

神 堂 堡

《武经总要》："神堂堡，即麟州旧城也。咸平中废，庆历中修复。东至大堡津一百里，西至故麟州，南至银城寨四十里，北至建宁寨五十里。"未知这里所说的"麟州旧城"与"故麟州"两者究竟是什么关系，所指究系何地？《武经总要》下文"横戎堡"

条又载："横戎堡，废寨也。……东至神堂寨十五里，西控窟野河西界梁版谷，南至神堂堡十五里……"可知神堂寨与神堂堡确为两个并存的堡寨。但检《九域志》与《宋志》，皆只载神堂寨，而不载神堂堡，可能到北宋后期此堡已废。又当时陕西秦凤路环州通远县也有神堂堡，"大观二年置"（《会要》方域二〇之一四），应该与麟州此堡非一事。

横 阳 堡

横阳堡在连谷县。前引《长编》卷一八五嘉祐二年二月壬戌日记事，称"大中祥符二年始置横阳、神堂、银城三寨，皆在屈野河东"，《九域志》称其为镇，《会要》食货二二之五及《宋志》及则称其为堡。那么"横阳"一名是否可能同时设有堡、寨或镇，现存文献无法确证，目前只能视之为一地多名。又据前引《武经总要》，谓"横阳堡，天祐中置，北控横阳河一带贼路，东至府州靖化堡八十五里，西至西界不和市我友谷，南至故连谷县，北至横阳河"。则此堡之初置早在唐末天祐（904～907）年间，大中祥符二年实为重筑。此堡熙宁十年卖官盐定额二百三十九贯八百一文。

又据康兰英《神木县麟州城、黄羊城遗址考查札记》，现今在窟野河东店塔镇店塔村东北的山梁上有一古城遗址，当地民众称之为黄羊城，经考古调查，在"黄羊城出土的残碑上有'随侍横阳'、'复持将节'字样"，因此她认为"这是黄羊城就是当年横阳堡的实物依据，黄羊城应该就是宋时的横阳堡"。①

临 塞 堡

据成书于庆历四年的《武经总要》，当时麟州有临塞堡："临塞堡，东至镇川堡三十里，西至故连谷县路西界大横水谷约六里，南至州十三里，北至横阳堡八里。"前引元祐末年毕仲游所上《论河外清野利害奏状》，提到"契勘麟、府州界更有大沙窑堡、河西堡、临塞堡、中候四望堡、来远堡、金胜堡、横戎堡、奈远堡、焦山堡，亦系久来毁废堡寨"，则庆历后临塞堡即已废弃。至于是否系嘉祐四年应孙沔建请所废，待考。

阑 干 堡

《会要》方域二〇之一二："（陕西）［河］东路麟州连谷县栏干堡，治平三年置。"但《九域志》、《宋志》两书则均记其隶银城县。此堡熙宁十年卖官盐定额九十五贯五百五十一文。

镇 川 堡

镇川堡在新秦县。据《会要》方域二〇之二及《长编》卷一三六庆历二年五月丁

---

① 康兰英：《神木县麟州城、黄羊城遗址考查札记》，2007 年 8 月 21～22 日神木县"杨家将文化研讨会"论文。

未日记事，此堡为庆历二年置。《武经总要》载镇川堡的地理位置："镇川堡，居兔毛川西岭上。景德以前岁运麟州刍粮下营堡防援，即此地。今设城堡，扼塞岭三松木一带敌骑侵寇。东至静羌堡十三里，西至镇川堡（?）十三里，南至横戎堡二十五里，北至横阳河。"此堡地势重要，嘉祐四年孙沔请减废麟、府州沿边堡寨使臣，麟州独镇川堡不废。《九域志》及《宋志》均有记载，可证及至北宋末年此堡一直存在。镇川堡熙宁十年卖官盐定额为八十七贯九百四十五文。

横 戎 堡

《武经总要》有载："横戎堡，废寨也，地控横阳川贼路，庆历中重修。东至神堂寨十五里，西控窟野河西界梁版谷，南至神堂堡十五里，北至麟州十五里，西至白草平贼路。"然至元祐末年毕仲游上言时，已称"契勘麟、府州界更有……横戎堡……亦系久来毁废堡寨"。《九域志》及《宋志》均未载此堡，看来北宋后期此堡已久被毁废。前引嘉祐四年河东经略安抚使孙沔请废麟、府州十二堡寨使臣，包括横戎堡，此堡有可能即于嘉祐四年被废。

神 树 堡

《武经总要》载："神树堡，麟州旧寨也，咸平中废，庆历中修复。东南至通津堡，西至西界，南至黄河十里，即合河津路。"此后诸书均未再见关于此堡的记载，估计后已毁废。《武经总要》同卷又提到有"神树寨"，如"肃定堡"条下载："南至神树寨二十里"，"惠宁堡"条下载"北至神树寨二十里"，从这些记载分析，所指并非神树堡的地点，但此书麟州"堡寨十二"中并未见神树寨一条，府州所辖堡寨中也未找到神树寨的记载，待考。

肃 定 堡

肃定堡在银城县，庆历年间已置，《武经总要》载："肃定堡，地名清水谷，南至神树寨二十里，北至银城寨二十五里。"后毁废，因此至熙宁七年五月，知太原府刘庠"又请修筑惠宁、肃定、神木三堡，募民子弟技击剽锐者，籍为勇敢，以待陷坚走敌，流罪以下情可贷者，免杖，徙实河外"，宋廷"从之"（《长编》卷二五三"是月月末条"）。元祐末年毕仲游上言提到的敌军前来围攻时使臣与居民即弃城而走的"走寨"，也就是刘庠建请修筑的惠宁、肃定、神木等三堡。《九域志》与《宋志》均见载。熙宁十年，肃定堡额定卖官盐年额为三十八贯四百十八文。

惠 宁 堡

惠宁堡在新秦县，据《会要》方域二〇之一一，"庆历五年置"。《武经总要》载其方位："惠宁堡，西控泥多谷、窟野河一带贼路，西北至麟州，南至银城寨二十五里，北至神树寨二十里。"也是熙宁七年刘庠建请修筑、且被毕仲游提到的三个"走寨"之一。《九域志》与《宋志》见载。此堡熙宁十年所定卖官盐年额三十九贯二百九十三文。

神　木　堡

神木堡在银城县，与前文所述肃定堡及惠定堡相同，唯未见于《武经总要》所载之麟州十二堡寨，然《会要》方域二〇之四明载其"庆历五年置"。《九域志》、《宋志》，以及《会要》食货二二之五"盐法五·麟州"条，均同时记载神木寨与神木堡，说明这两个同名的寨与堡确系同时存在的边塞军事据点。元丰五年八月，据河东经略司上言，"麟州神木堡与西贼斗敌"，由于监押贾默率众先退，致使巡检高素战死。此堡熙宁十年所定卖官盐年额六十九贯六十三文。

通　津　堡

通津堡在银城县，《武经总要》载其方位："通津堡，筑城控合河津路，东至石马川路，南至黄河一百步，西至神树堡四十五里，北至府州一百十里。"可见它是与岚州黄河东岸合河津隔岸相对、确保麟州交通要道畅通的军事据点。《九域志》与《宋志》均见载，熙宁十年卖官盐年额二百八十贯八十二四文。

大　和　堡

大和堡为哲宗后期西向拓边时所筑，位于屈野河西岸，即前述元符二年八月辛卯河东路经略安抚都总管司所言修筑完工的四寨四堡之一，堡所在地点称"玛克密娘"，当时宋廷令"大和堡隶大和寨"。《宋志》载其方位"东至肃定堡界二十五里，南至清水谷二十里，西至松木晋堆界六十五里，北至银城砦二十五里"。

三、守　臣

存世文献关于北宋麟州守臣的记载更加零散，李之亮《北宋麟府丰三州守臣索隐》① 一文曾有考订，或有遗漏，下文谨略加补正：

杨　重　勋

杨重勋前朝留任守臣，宋初至开宝五年（972）前在任。前文引《旧五代史》，载显德四年（957）十月杨重勋降后周，"授重训（勋）本州防御使、检校太傅"，则当时留任杨重勋为麟州守臣，至赵匡胤代后周自立，杨重勋留任未变，因此才有建隆二年三月"北汉寇麟州，防御使杨重勋击走之"的记载（《长编》卷二是月辛亥条）。乾德五年（967）十二月于麟州置建宁军节度，杨重勋由本州防御使升任建宁军留后。开宝五年九月戊寅，杨重勋才从建宁军留后改为保静军留后。《长编》卷一三是日条之下自

---

① 文载《延安大学学报》（社会科学版）2001 年第 1 期，89～92 页。

注引杨亿《说苑》，谓："冯晖为灵武节度，有威名，羌戎畏服，子继业袭其位。杨重勋亦世有麟州，并禀命朝廷，而绥御蕃族，为西北边扞蔽。太祖因继业来朝，徙镇同州，命儒臣知灵州留务；召重勋授以近镇，别命武臣领州事。其后，二方终烦朝廷经略，议者多以此二事为失焉。"则杨重勋之易任，系宋太祖为进一步控制边郡武臣所采取的措施。

韩　崇　训

太平兴国四年（979）初任，咸平二年（999）再任。《宋史》卷二五〇《韩崇训传》载："崇训字知礼，乾德中以荫补供奉官……从太宗征河东还，以贝冀等州都巡检使权知麟州。雍熙中李继迁寇夏州，崇训领兵赴援，大败之。……（咸平）二年再知麟州，又败继迁于城下。"按韩崇训为彰德军节度使韩重斌之子，故能以恩荫入仕。宋太宗于太平兴国四年五月平北汉，则韩崇训出知麟州当在此月之后。从其本传文字看，雍熙中赴援夏州时，似仍在麟州任上。宋初常有由武臣长期出知边郡的现象。但其咸平二年之再知麟州，则为时不久。据《长编》卷四七的记载，咸平三年八月"甲寅，以如京使韩崇训为西上阁门使。崇训，重斌之子也，前知石州及麟州，李继迁再犯州境，崇训皆出兵击败之，于是召还"。

张　咏（通判）

985 年初任。张咏《乖崖集》卷八《麟州通判厅记》载："……（麟州）通判之职殆未尝设。雍熙二年夏六月，某始拜命，倅莅是邦……"则麟州于雍熙二年（985）始设通判之职，今特标出之。

刘　文　质

估计咸平初年（998）在任。据《宋史》卷三二四《刘文质传》："刘文质，字士彬，保州保塞人，简穆皇后从孙也。……徙知麟州，改麟府浊轮寨兵马钤辖，击蕃酋万保移走之。"可知刘文质先出知麟州，后再移任浊轮寨兵马钤辖。《长编》卷四七咸平三年五月癸未条载："李继迁寇麟州浊轮寨，钤辖、西京左藏库副使刘文质击走之。癸未，赐诏嘉奖。"刘文质咸平三年任浊轮寨钤辖，则其出知麟州当在此前。

卫　居　实

咸平五年（1001）在任。《长编》卷五二咸平五年六月丁丑条载："李继迁率众攻麟州，四面负版薄城者五日，知州、阁门祗候卫居实屡出奇兵突战，及募勇士缒城潜往击贼。贼皆披靡，自相蹂践，杀伤万余人。丁丑（十三日），继迁拔寨遁去。"

李　直　己

大中祥符七年（1014）在任。《长编》卷八三大中祥符七年九月庚戌条载："诏奖知麟州、礼宾副使李直已，转运使言其干事故也。"

王 仲 宝

天圣中（1023～1032）在任。《宋史》卷三一五《王仲宝传》载："王仲宝，字器之，密州高密人……天圣初，知镇戎军，改供备库副使，破康奴族，获首领百五十，羊马七千。诏奖其功。凡五年，还。巡护惠民河堤岸，迁供备库使、麟府路兵马钤辖、知麟州。"据《长编》卷一〇四，在天圣四年正月庚子，王仲宝因"破康奴族"受奖。

朱 观

宝元二年（1039）前在任。《长编》卷一二三载：宝元二年二月"甲戌，知麟州、供备库使朱观请筑外罗城，以护井泉"。又同书卷一二六康定元年三月甲申条载陕西安抚使韩琦上疏，有夹注曰："朱观六月六日以供备、忠刺为鄜延钤辖。"这里的"六月"，当指其上奏之前年即宝元二年，则朱观从知麟州移任鄜延路钤辖当在宝元二年六月。

安 俊

约庆历后期（1041～1048）在任。据《宋史》卷三二三《安俊传》："安俊，字智周，其先太原人……会葛怀敏败，命为秦凤路钤辖，复徙泾原，因条上御戎十三事，改原州，徙麟州，迁六宅使、贵州刺史，知忻州……"按葛怀敏在庆历二年十月败，则安俊知麟州当在此后。

苗 继 宣

庆历元年（1041）在任。《长编》卷一三三载：庆历元年九月壬申，"知府州、如京使折继闵为宫苑使、普州刺史，知麟州、礼宾副使苗继宣为礼宾使、资州刺史，并以城守之劳也"。"城守之劳"，指此年七月西夏赵元昊大举围攻麟州被击退事。

张 继 勋

庆历中（1041～1048）在任。《长编》卷一八五嘉祐二年二月甲戌条记事："庆历中，元昊既纳款，知麟州、礼宾副使张继勋奉诏定界至而文案无在者……"则庆历三年四月宋夏议和后，张继勋在知麟州任上。

王 亮

至和二年（1055）在任。《长编》卷一八五嘉祐二年二月甲戌条记事：庆历中宋夏议和后，麟州屈野河西70余里之地本皆宋境，但宋军所筑堡寨皆在屈野河东岸，为避免引起争端，禁吏民过河。西夏人因此不断侵耕河西之地。"及管勾军马司贾逵行边，见所侵田，以责主者，知州王亮惧，始令边吏白其事。经略司遂奏土人殿直张安世、贾恩为都同巡检，以经制之"。此条下李焘自注："张安世为都巡检，在至和二年十一月。"则王亮知麟州应该也在这一时期。

张 希 一

约至和元年（1054）前在任。据《长编》卷一八六：嘉祐二年七月癸亥，"降前知麟州、西上阁门使张希一知仪州，六宅使王守忠为辂州钤辖，以知并州庞籍言希一等前在麟州，不恤边患，致西人侵占屈野河外禁地也"。知张希一曾知麟州事，然其出知麟州时间未检到。至和元年五月戊寅，张希一任河北体量安抚副使（《长编》卷一七六"是日条"），估计其出知麟州在此任之前。

武 戡

嘉祐二年（1057）在任。据前文，嘉祐二年初司马光应知并州庞籍之命，出使麟州，考察处置西夏国人侵耕屈野河西土地事宜，当时麟州知州即为武戡。又《会要》职官六五之一五载："（嘉祐）二年七月二十八日，知麟州、六宅使、带御器械武戡除名、江州编管。"则武戡知麟州当在嘉祐元年、二年之间。

王 庆 民

按王庆民曾两次知麟州，第一次在嘉祐四年（1059）前后，第二次在熙宁三年至四年前后（1070～1072）。《长编》卷一九〇嘉祐四年十二月乙亥，"知麟州王庆民上《麟、府二州图》"，是为其第一次知麟州。又同书卷二一一熙宁三年五月丁巳条记事："是日，上（按：宋神宗）曰：'韩缜言王庆民部内城壁不葺，军械不修，弓箭手多是疲小虚名。数任之间，累为帅府所荐，朝廷迁擢不一，岂可不案治！……'"九月壬子，大理寺定王庆民等公罪："麟、府、丰州及堡寨官吏不申举修葺城橹、器甲及简选兵马等，当违制失公罪"，宋廷"诏知州、皇城使、嘉州防御使王庆民等、管勾军马司、通判、寨主、监押凡四十人降官罚金有差"（《长编》卷二一五"是日条"）。至熙宁四年正月，王庆民仍在知麟州任上（《长编》卷二一九"熙宁四年正月癸帽"）。据下文所考张居知麟州事，则王庆民离任当在熙宁四年八月前。

靳 宗 臣

治平三年（1066）后在任。韩维撰有《礼宾副使知沂州靳宗臣可崇仪副使知麟州勅》（《南阳集》卷一八），此敕当在韩维任知制诰任上所撰。据《宋史》卷三一五《韩维传》："（英宗）帝初免丧，简默不言。维上疏曰……进知制诰。"则其任知制诰在治平三年，靳宗臣之出知麟州也当在此之后不久。

张 居

熙宁四年（1071）前后在任。《长编》卷二二六"熙宁四年八月庚午条"记事：

"知麟州、崇仪副使张居为西京左藏库使。先是，州城井泉不足，军民汲于城外沙泉，前后守欲筑城以包之，而土多沙砾，不果城。居命凿去旧土而筑之，城成，人以为便，故赏之。"

王 文 郁

约熙宁（1068～1077）末年、元丰（1078～1085）初年在任。据《宋史》卷三五〇《王文郁传》："王文郁，字周卿，麟州新秦人，以供奉官为府州巡检，韩琦荐其材，加阁门祗候、麟府驻泊都监……知镇戎、德顺军，预定洮、河。迁左骐骥副使、知麟州。夏众践稼，袭败之，部使者劾为生事，夺郡印。未几，为熙河将，李宪讨灵武，文郁得羌户万余，迁路钤辖。"按"定洮、河"，当指熙宁六年宋军攻占熙、河、洮、岷、迭、宕等州（《长编》卷二四六、二四七），"李宪讨灵武"，当指元丰四年十一月宋军围攻灵州（《长编》卷三一九），则王文郁知麟州应在熙宁六年之后、元丰初年之前。

郭 忠 绍

元丰（1078～1085）中在任。《长编》卷三三七"元丰六年七月庚申条"记事：知镇戎军张世矩言："尝举知麟州郭忠绍为路分钤辖，今得知麟州訾虎书称：'近尝出师，朝廷指挥忠绍为虎照应，而忠绍以故颇怀怒君父。'观此固非忠孝，乞不用前状。"按同书卷三三四此年三月戊戌条有管勾麟府路军马郭忠绍的记载，则其在知麟州任上应张世矩之举当在此前。

訾 虎

元丰六年（1083）至八年（1085）前在任。元丰六年四月丁未（二日），河东路经略司上知麟州西京作坊使訾虎出界功状（《长编》卷三三四），知时訾虎在知麟州任上；元丰八年五月庚子，他的职衔已是"内藏库使、康州刺史、太原府路都监、兼河东第一将"（《长编》卷三五六），从麟州离任当在此前。

王 景 仁

元祐五年（1086）正月前在任。据《长编》卷四三七：元祐五年正月庚寅，"知麟州王景仁、通判魏缙罚金有差并冲替。……以本路将官宋整实病而摄入禁，致触阶而死，故有是责"。

孙 咸 宁

元祐六年（1091）九月前在任。《长编》卷四六六元祐六年九月甲寅："诏知麟州孙咸宁以斥候不明，致西贼攻扰，令先次冲替。"李焘原注："十一月八日咸宁降监当……"

王 献 可

元祐七年（1092）十一月前在任。《长编》卷四七八元祐七年十一月辛巳："知麟州、西作坊使王献可追一官，勒停。……坐不禀帅司节制，擅统领将兵击夏贼故也。"

燕 复

绍圣三年（1096）正月前后在任。岳珂《愧郯录》卷八《中司论事》（四部丛刊本）条载："李文简焘《续通鉴长编》载：绍圣三年正月己酉，御史中丞黄履言：'知麟州燕复以纳粟得官，年逾七十，耳目昏暗，郡务废弛，乞下本路体究，果如所闻，即乞罢免。'诏河东经略司体量以闻。""体量"的结果未检到。

张 世 永

绍圣四年（1097）四月前在任。《长编》卷四八五"绍圣四年四月丙戌日条"载："知麟州张世永复崇仪使，权发遣太原府路钤辖管勾麟府路军马事。"

王 舜 臣

绍圣四年（1097）八月前在任。《长编》卷四八九绍圣四年六月月末条载王舜臣职衔为"知麟州"，同书卷四九〇"是年八月壬午条"又载："知鄜州、崇仪使、成州刺史王舜臣权发遣熙河兰岷路钤辖"，则其离开知麟州之任当在八月前。若前条所述张世永事无误，则王舜臣在知麟州任上不足四月。

杨 宗 闵

靖康元年（1126）在任。《三朝北盟会编》卷五〇载：靖康元年七月二十七日辛卯，"知麟州杨宗闵告可求曰：朝廷命公解围，未审由何路以入？……"

韩 嗣 宗

建炎元年（1127）九月前在任。李心传《建炎以来系年要录》（影印文渊阁四库全书本）卷九建炎元年九月壬辰条载："武翼郎、知麟州韩嗣忠为将士所逐。诏镌秩罢之。"汪藻《浮溪集》卷九收录有一首《知麟州韩忠嗣降两官放罢制》（四部丛刊本），所载当为一事，未知此人之名应作"嗣忠"还是"忠嗣"，待考。

其 他

刘于义等所编《（雍正）陕西通志》卷二一《职官二·知麟州》条，除于前文所考北宋麟州守臣，列有韩崇训、刘文质、卫居实、王仲宝、王庆民、武戡、王文郁、訾虎等八位外，还列有曹璨、王凯、张亢、杨弘信、张岊、高惟信、杨震等七位，虽其中如曹璨曾任麟府路部署（《长编》卷五二咸平五年八月辛亥）、王凯曾任麟州都监

（《长编》卷一三三"庆历元年九月壬申条"）、张岊曾任麟府州道路巡检（《长编》卷一三三"庆历元年九月壬申条"）、杨震曾知麟州建宁寨等，然于宋人文献均未检到他们出知麟州的直接记载，未知清人的这些文字所据为何，或者雍正年间尚有后世不传的麟州旧志可资依凭？笔者蜗居南国，也无从查检其他陕西地方文献，姑且存疑待考。

从前文所考可知，北宋麟州因属边塞要地，守臣绝大多数由武臣出任，其中有些甚至还是出身于本地的勇武之士（如杨重勋、王文郁等），但因国策、大势的制约，终北宋 160 余年，不得不以防御守成为要务。

攻守、堡寨、守臣等三篇，连缀旧史以应友人所指派之功课而已，或有助于厘清北宋麟州史事之一二，笔者有幸焉。

麟州杨氏族属考

首都师范大学历史系　李华瑞

　　杨家将的故里是麟州，麟州的杨氏属何族？这在学界有两种看法。《资治通鉴》卷二百九十一，广顺二年十二月云："初，麟州土豪杨信自为刺史，受命于周。信卒，子重训嗣。（考异曰：'崇训'，或作'崇勋'。《世宗实录》作'崇训'。后盖避梁王宗训改名也。按考异则'重训'当作'崇训'。）以州降北汉；至是为群羌所围，复归款，求救于夏、府二州。"对这个记载，一种意见解释说"史称杨信一族为'土豪'，似为汉族"[1]。另一种意见则认为"杨信为'麟州土豪'，则杨氏当为世居麟州土著"。而麟州居民主要是党项部族，因此"《宋史·党项传》中的'杨家族'当即指麟州杨家。《神木县志》中的'杨家城'亦即指此"。[2]

　　这两种意见，前者并未作具体论证，因而属于一种猜测性的意见，无须多言；后一种意见似未见他人讨论过，为目前学界所仅见，且有一定的合理性。但是检索《宋史·党项传》中"杨家族"出场的历史背景，很难与麟州杨氏联系起来。

　　先看相关的记载。《宋史》卷四百九十一《党项传》云：

　　　　（淳化四年）是年，郑文宝献议禁青盐，羌族四十四首领盟于杨家族，引兵骑万三千余人入寇环州石昌镇。知环州程德玄等击走之，因诏屯田员外郎、知制诰钱若水驰驿诣边，弛其盐禁，由是部族宁息。

　　上述引文过于简略，很难看出杨家族的地区分布和事件原委。再看彭百川《太平治迹统类》对同一事件更为详细的记载：

　　　　淳化二年正月，命商州团练使翟守素率兵屯夏州。继迁闻守素将兵来讨，恐惧。七月，奉表归顺，授银州观察使，赐以国姓，名曰保吉。外示归顺，而阴与保忠相要结戎蛮，寇边不已。陕西转运使郑文宝建议以为银夏之北，千里不毛，但以贩青白盐与边民博籴粟麦充食，愿禁之，许商人贩安邑、解两池，售于陕西，官获其利，且困羌戎，则保吉可不战而屈。上从之。诏自陕以西，有私市青白盐者，皆坐死，募告者差定其罪，行之数月，犯法者益众。羌戎之

---

①　周伟洲：《早期党项史研究》，中国社会科学出版社，2004年，148页。

②　汤开建：《五代辽宋时期党项部落的分布》载《西北民族研究》1993年第1期，后收入氏著《党项西夏史探微》，台北允晨文化实业股份有限公司，2005年，147～148页。又见氏著《穆桂英人物原型出于党项考》载《西北民族研究》2001年第1期，重申："我怀疑世居麟州的杨家亦即《宋史·党项传》中的'杨家族'"。

食，四十二族首领盟于杨家族，引万余骑寇环州石昌镇，知州程德元与殿头高品、李神福等率三百骑击走之。后七日，复来寇，屠小康堡，内属万余帐亦叛，稍稍归保吉，而商人贩两池盐少，多取他径出唐、邓、襄、汝间，吏不能禁。四年八月，上命翰林学士钱若水驰传视之，弛新禁，复旧制，内属羌戎渐复归顺。①

这两段材料有两点值得注意：一是杨家族的地区分布只是说在银夏之北，或陕西以西，没有明指是麟州；二是四十四或四十二族"首领盟于杨家族，引万余骑寇环州石昌镇"，属于反叛朝廷的行为，这与杨家当时大致还是朝廷命官的身份不符。据欧阳修为杨琪所撰墓志铭可知，"新秦近边，以战射为俗，而杨氏世以武力雄其一方，其曾祖讳弘信为州刺史，祖讳重勋，又为防御使。太祖时为置建宁军于麟州，以重勋为留后，后召以为宿州刺史，保静军节度使，卒赠侍中。父讳光扆，以西镇供奉官监麟州兵马，卒于官"②。又据史乘所载，杨弘信为麟州刺史不久，卒于后周。③ 杨重勋卒于开宝八年七月，赠侍中。④ 杨光扆约卒于至道咸平年间。杨光扆死前仍以西镇供奉官监麟州兵马。⑤ 如果麟州杨氏聚众反抗朝廷，杨琪就不可能初以父卒于边补殿侍，继用从父杨延昭任为三班奉职，累官至供备库副使，历同提点河东、京西、淮南三路刑狱。再者，"四十二族首领盟于杨家族，引万余骑寇环州石昌镇"也表明杨家族不在麟州境内，因为环州在麟州的西南面，其间要经过府、银、夏、延、庆等州，麟州"自界首至府州五十七里。西至夏州三百五十里。……西南至银州一百八十里"⑥。银夏之西是盐州，盐州西南至环州约三百七十五里，延州"自界首至庆州一百九十里"，庆州"自界首至环州一百二十五里"⑦。杨家族等党项部落在如此路途遥远的奔袭中，没有受到宋守军的遏制是不可想象的。而且他们为何要舍近求远，绕过银、夏、延、庆等州寇掠环州石昌镇？这也与常理不合。实际上，环州是党项族聚集的重要地区，且与杨家族族名相类者也较其他地区为多，如称作：苏家族、独家族、傍家族、慕家族、鼻家族、郭家族、旺家族、梁家族、保家族。⑧ 较合理的解释，杨家族应是环州党项部落中的一支，或者至少是环州周围的原州、盐州、庆州中某一州的党项部落。由此可见，淳化年间聚兵抗宋的党项杨家族，不可能是麟州杨氏。

① 《太平治迹统类》卷二"太祖太宗经制西夏条"，江苏广陵古籍刻印社，1990 年，49～50 页。

② 欧阳修：《欧阳修全集》居士集卷二十九《供备库副使杨君墓志铭》，中国书店，1994 年，206 页。

③ 《资治通鉴》卷二九一"广顺二年十二月条"，中华书局，1982 年，9487 页。

④ 《宋会要辑稿》仪制一一之一九。中华书局，1997 年，2034 页。

⑤ 聂崇歧：《麟州杨氏遗闻六记》，《史学年报》第三卷第 1 期。收入氏著《宋史丛考》，中华书局 1980 年，387 页。

⑥ 王存：《元丰九域志》卷第四，河东路，中华书局，1984 年，166 页。

⑦ 《元丰九域志》卷第三，陕西路，120 页、108 页、114 页。

⑧ 汤开建：《五代辽宋时期党项部落的分布》载《西北民族研究》1993 年第 1 期，后收入氏著《党项西夏史探微》，台北允晨文化实业股份有限公司，2005 年，164～169 页。

尽管推论麟州杨氏是党项"杨家族"的论据不足以使人信服，不过这个看法确有启发性，它提醒人们思考杨家将的民族属性。笔者想顺着这个思路对杨家将与党项族之间的关系作进一步地探究。

为了说明问题，有必要了解秦汉以降麟州地区居民的来历与变化。

麟州初置于唐开元十二年（724），天宝以后领新秦、连谷、银城三县，治新秦。麟州设置前为"禹贡雍州之域，秦汉为云中郡，隋开皇二十年置榆林县，改为胜州"。先秦时麟州地区大致是一个多民族居住区，主要分布着戎、狄、汉等族，宋人说"麟州治新秦，古白翟地"。①战国时曾为匈奴的势力范围。秦汉以降至唐末五代，麟州居民约有四次大的变动。《元和郡县图志》卷五，关内道五，麟州（新秦下）：

> 汉武帝徙贫人于关中以西，及朔方以南，谓之新秦。

宋欧阳忞撰《舆地广记》卷十八《河东路上·下麟州》②叙新秦时所家按语云：

按汉书食货志：武帝以山东被水灾，民多饥乏，乃徙贫民于关以西，及充朔方以南新秦中。今之郡县，盖其地也。

这两条记载显系出自《汉书·食货志》，经查其原文为：

> 山东被水灾，民多饥乏。于是天子遣使虚郡国仓廪以振贫，犹不足，又募豪富人相假贷。尚不能相救，乃徙贫民于关以西，及充朔方以南新秦中，[应劭曰："秦始皇遣蒙恬攘郤匈奴，得其河南造阳之北千里地甚好，于是为筑城郭，徙民充之，名曰新秦，四方杂错，奢俭不同，今俗名新富贵者为'新秦'，由是名也。"]七十余万口。③

根据上述记载和应劭的考释，麟州新秦之地在秦汉时有两次大的移民迁入，其居民构成有了大的变化，当是以汉族为主，其他民族为辅。

汉朝末年天下"大乱，匈奴侵边，云中、西河之间，其地遂空，迄于魏晋，不立郡县"④。麟州在不立郡县的时期，又为匈奴之一支"赫连勃勃有之"⑤。这是麟州居民构成的第三次大变化，其中汉族之外的民族人口应有较大的增加。

第四次麟州居民构成的大变化与党项族的东迁南下紧密相关。隋唐之际，生活在祁连山麓、青海湖一带的党项人受吐谷浑政权和吐蕃帝国的挤压，开始向东南迁移，大致在武则天时期，灵、胜二州已有党项部落迁入。"圣历初，灵、胜二州党项诱北胡寇

---

① 曾公亮：《武经总要》前集卷十七《边防河东路麟府路废垒》，文渊阁四库本，台湾商务印书馆，1986年，726～516页。

② 四川大学出版社，2003年，516页。

③ 《汉书》卷二十四下《食货志第四下》，中华书局，2002年，1162页。

④ 《元和郡县志》卷五《关内道五麟州（新秦下）》。文渊阁四库本，台湾商务印书馆，1986年。

⑤ 曾公亮：《武经总要》前集卷十七《边防·河东路·麟府路·废垒》，726～516页。

边"①。唐玄宗开元九年，党项又联合六州胡扰边，"时叛胡与党项连结，攻银城、连谷，以据仓粮"。其被张说率领的唐军打得大败，"说统马步万人出合河关掩击，大破之。追至骆驼堰，胡及党项自相杀，阻夜，胡乃西遁入铁建山，余党溃散"。党项部族也分崩离析，张说乘乱招集党项部落，"复其居业。副使史献请因此诛党项，绝其翻动之计。说曰：'先王之道，推亡固存，如尽诛之，是逆天道也。'因奏置麟州，以安置党项余烬"②。张说的奏请很快得到唐廷同意，于开元十二年正式设置麟州。"唐开元十二年，割胜州之银城、连谷二邑，新秦郡并县。至十四年，又废郡，以属邑还隶胜州。天宝元年，复置。寻改为新秦郡。乾元元年，复为麟州，升为振武麟胜等州节度兼都护，以胜为支都"③。

自此至五代宋初，麟州成为党项族重要的聚散地之一。正如《新五代史》卷七十四《党项传》所记："部有大姓而无君长，不相统一。散处邠宁、鄜延、灵武、河西，东至麟、府之间。自同光以后，大姓之强者各自来朝贡。"《宋史》卷四九一《党项传》亦云："今灵、夏、绥、麟、府、环、庆、丰州，镇戎、天德、振武军并其族帐。"当时麟州大致分布着兀罗族、讹二族、结当族、折御乜族、折勒厥麻三族、庞青族、香叶、策木多二族、黄女族等党项族。④

根据以上麟州地区居民结构发展变动的史实来看，五代后期土豪杨氏的族属，已很难确定他们是否为单一的汉族或党项族。在"匈奴接荒，在河一曲，党项部族、汉民混居"⑤的历史条件下，他们在血缘上或许还可追记汉族的血亲，比如唐李绩的五代孙流落西部边区以后，仍还能保留祖先的记忆，《旧唐书》卷六十七 2492 页《李绩附李敬业传》云：

> 贞元十七年，吐蕃陷麟州，驱掠民畜而去，至盐州西横槽烽，蕃将号徐舍人者，环集汉俘于呼延州，谓僧延素曰："师勿甚惧，予本汉人，司空、英国公五代孙也。属武太后矵丧王室，吾祖建义不果，子孙流落绝域，今三代矣。虽代居职任，掌握兵要，然思本之心，无忘于国。但族属已多，无由自拔耳。此地蕃汉交境，放师还乡。"数千百人，解缚而遣之。⑥

像已经"胡化"成为蕃将的李绩五代孙，犹记得祖先的"蕃族"毕竟是少数，杨

① 《新唐书》卷一一六《陆余庆传》，中华书局，2003 年，4239 页。
② 《旧唐书》卷九十七《张说传》，中华书局，2003 年，3052～3053 页。
③ 《太平寰宇记》卷三十八《关西道十四·麟州》，文渊阁四库本，台湾商务印书馆，1986 年，469～327 页。
④ 汤开建：《五代辽宋时期党项部落的分布》，《西北民族研究》1993 年第 1 期，后收入氏著《党项西夏史探微》，台北允晨文化实业股份有限公司，2005 年，148～149 页。周伟洲：《早期党项族研究》，中国社会科学出版社，2004 年，265～266 页。
⑤ 《张乖崖集》卷第八《麟州通判厅壁记》，中华书局，2000 年，75 页。
⑥ 《资治通鉴》卷二百三十六"贞元十七年七月己丑条"，7597 页。

氏虽世居麟州，但五代以前的渊源已不可知。只是从"杨"姓依稀可知其与汉族的渊源关系，然而迄今并没有发现在杨信之前有关麟州杨氏来历的资料记载。[1] 虽然记述麟州杨氏第四代杨畋妹妹杨氏的墓志铭中说："新秦之杨，□出宏农。"[2] 但是此墓志铭作于绍圣二年，距杨信为土豪已100多年，而在早期欧阳修为杨琪作墓志铭时和其他记述麟州杨氏早期历史的文献均未提及，因而此处所说"新秦之杨，□出宏农"，显有为墓志铭主附会追溯历史高门显姓之嫌，这正是宋仁宗以后宋人为他人作墓志铭时较为普遍采用的一种做法。由于杨信之前的来历现今没有材料来判断，从而存在两种猜测：一是如宋人墓志铭中附会而来的"出宏农"杨氏，二是麟州杨氏大致与当时居住在西北地区的少数民族一样是借用汉族姓氏为自己部族的姓氏，对于这两种猜测笔者更倾向于后者。如宋仁宗以后，在以党项族为主体的西夏所辖区内，尚保有多个汉族姓氏，且多是上层统治者，其中包括杨姓。[3]

不过，由于长时间的"胡化"或"蕃化"，麟州地区的民风、民俗都表现为党项族的特色。党项人尚武和善骑射，"劲弓折胶，重马兔乳"[4]"好勇喜猎"[5]"西虏之俗，善骑射"[6]。杨氏也颇受此风俗的影响。杨业"少倜傥任侠，以射猎为事，所获比同辈尝倍。谓人曰：'我他日为将，用兵亦如用鹰犬逐雉兔耳'"[7]。《宋史》卷二百七十二《杨业传》说："业不知书，忠烈有武勇，有智谋。"这条记载经李裕民先生据欧阳修《书遁甲立成旁通历后》辨正，以为并不符合事实。实际上由欧阳修的记载可知，杨业连属于记载用兵与天时地利关系的《遁甲立成旁通历》一类的书也收集、钻研，更不必说那些常见的兵书了。因而可以肯定地说，正是因为杨业精于兵学，才能做到善于用兵，而绝不是一勇之夫。[8] 杨业能够熟读兵书，可能始自他弱冠事北汉世祖刘崇以后，也可能是受党项"以兵为务"[9] 习俗的影响，使其自幼喜好兵书，而后一种的可能性更大一些。西夏的建国者元昊就是自幼熟读兵书，"常携

① 杨光亮先生称："杨业是杨震第五子杨奉的后裔。"《杨氏家族历史上的两大亮点——从弘农杨氏到杨家将》，蔡向升、杜雪梅主编：《杨家将研究》（历史卷）人民出版社，2007年，137页，但未见具体论述，不知根据何在。

② 张峋：《宋故寿阳县君杨夫人墓志铭》（绍圣二年三月），《全宋文》卷一七零四，第39册，巴蜀书社，1991年，556~557页。此处引用资料系参阅何冠环先生提交大会论文《将门学士：杨家将第四代传人杨畋生平考述》而来，特附志于此。

③ 史金波：《西夏文化》，吉林教育出版社，1988年，187页。

④ 杜牧：《樊川文集》卷十五《贺平党项表》，四部丛刊初编（126），上海书店，1989年，3页。

⑤ 《西夏书事》卷十六"庆历二年七月条"。

⑥ 蔡襄：《端明集》卷十九《论地形胜负》，文渊阁四库本，台湾商务印书馆，1986年。

⑦ 江少虞：《宋朝事实类苑》卷五十五引《杨文公谈苑》，上海古籍出版社，1981年，721页；又《东都事略》卷三十四《杨业传》亦有相类似的记载。

⑧ 李裕民：《杨家将新考三题》，《晋阳学刊》2000年第6期。

⑨ 《太平寰宇记》卷三十七，关西道；又见《西夏书事》卷十六"庆历二年七月条"。

《野战歌》、《太乙金鉴》"①。杨业自少年时即有"我他日为将，用兵亦如用鹰犬逐雉兔耳"的雄心壮志，也从一个侧面透露出他喜好兵书的消息。杨氏世居麟州，与党项族通婚，实是当地普遍存在的一种社会现象。虽然就目前所见材料，还不能完全断言戏剧中说杨业之妻余太君即是府州党项族人折太君，但是"折氏世有府州，麟、府毗连，两州土豪结姻，固事理之所许也。……业妻之为折氏，似无可疑；至其是否为折德扆女，则不敢必也"②。党项酋豪普遍实行一夫多妻制，③ 这个习俗直到生活于宋真宗、仁宗时代的杨氏子孙仍保持着，杨业的侄孙杨琪"初娶穆容氏，又娶李氏"④。不特如此，杨琪与党项化的鲜卑穆容氏联姻，也是当地党项族和其他少数民族之间所保有的一种互通婚俗。若再从麟州整体社会风俗来看，其党项族的特征就更加明显。上官融《友会谈丛》记《麟州府》风俗云：

> 在黄河西，古云中之地，乃蕃汉杂居。黄茅土山，高下相属，极目四顾，无十步平坦。廨舍庙宇，覆之以瓦，民居用土，止若栅焉。架险就中，重复不定，上引瓦为沟，虽大澍亦不浸润。其梁柱棁题，颇甚华丽，下者方能细窥。城邑之外，穹庐窟室而已。人性顽悍，不循礼法，公事惟吏，稍识去就，除兹而下，莫吾知也。俗轻生重死，悔性亡义，凡育女，稍长，靡由媒妁，暗有期会，家不之问。情之至者，必相挈奔逸于山岩掩映之处，并首而卧，绅带置头，各悉力紧之，倏忽双毙，一族方率亲属寻焉。见不哭，谓男女之乐，何足悲悼。用彩绘都包其身，外裹之以毡，椎牛祭设，乃以其草密加缠束，然后择峻岭架木为高丈，呼为女栅，迁尸于上，云于飞生天也。二族于下击鼓饮酒，尽日而散。予大中祥符七年，随侍至，闻土人多言，却不之信，是时王师折惟中出巡边侥，拉予偕往，遂深入不毛，往往见女栅致于岭上，而新者毡角宛然，异俗如此，其低徊昵爱又如此，呜呼，州境去京不及二千里，而土风差殊可骇。……⑤

杨氏在五代宋初时期能世代统治以党项部族为主的麟州，其生活习性当与党项人已别无二致，换言之，他们可能是具有汉族血缘的党项人。这可从以下三方面得到验证。

（1）欧阳修在为杨琪所做墓志铭中，叙其家族兴起是这样描述的："杨世初微自河西，弯弓驰马耀边陲，桓桓侍中国并毗，太师防御杰然奇，名声累世在羌夷。……"⑥一语道破麟州杨氏是从"羌夷"中发展起来的。这里所言的羌，一般是

---

① 《续资治通鉴长编》卷一百十一"明道元年十一月壬辰条"，2593 页。
② 聂崇歧：《宋史丛考》379 ~ 380 页。
③ 汤开建：《党项风俗述略》，《西北民族研究》创刊号，1985 年。后收入氏著《党项西夏史探微》，台北允晨文化实业股份有限公司，2005 年，236 页。
④ 欧阳修：《欧阳修全集》居士集卷二十九《供备库副使杨君墓志铭》，206 页。
⑤ 陶宗仪：《说郛三种》第 4 册上海古籍出版社，1988 年，1367 页。
⑥ 欧阳修：《欧阳修全集》居士集卷二十九《供备库副使杨君墓志铭》，206 页。

指党项羌。

（2）前揭杨家将世居麟州为土豪，欧阳修说："所谓土豪者，乃其材勇独出一方，威名既著，敌所畏服。又能谍敌情伪，凡于战守，不至乖谋。若委以一州，则其当自视州如家，系己休戚，其战自勇，其守自坚。又其既是土人，与其风俗情接，人赖其勇，亦喜附之，则蕃汉之民，可使渐自招集。"故依靠和委任土豪御边曾是五代宋初的重要政策。灵州土豪冯晖之子冯继业在宋初觐见太祖时就说"灵州非蕃帅主之，戎人不服，虽卫、霍名将，必见逐矣"①。"五代之末，中国多事，四方用兵，惟制西戎，似得长策。于时中国未尝遣一骑一兵，远屯塞上，但任土豪为众所服者，以其州邑就封之，凡征赋所入得以赡兵，由是兵精士勇，将得其人，而无边陲之虞"②。当时与麟州相邻的其他党项族居住区，著名的土豪有府州折氏，为党项大部族，世居河西，自后晋、后汉以来"控扼西北，中国赖之"。后周时，世宗建府州为永安军，以折德扆为节度使。③ 丰州在麟州的北面，居有藏才族，亦是党项部落。宋太祖开宝二年，其首领王甲来归，宋置丰州以处之，未几，王甲卒，宋以其子王承美知州。"开宝五年授承美丰州刺史"④。夏州李氏和灵州冯氏更是雄居一方，毋用赘言。

（3）宋初有鉴于唐末五代藩镇跋扈，厉行削藩，这一政策也波及对西部土豪的委任，"太祖廓清天下，谓唐末诸侯跋扈难制，削其兵柄，收其赋入。自节度使以下，第其俸禄，或四方有急，则领王师行讨。事已，兵归宿卫，将还本镇。虽为长策。然当时大臣不能远计，亦以朔方李彝兴、灵武冯继邺徙于内地，自此灵夏渐敝，中国命将出守，发兵就屯，千里就粮，远近骚动，十年之中，兵民交困"⑤。因而到宋仁宗时西边战事告急，宋大臣又重新提出在西边委土豪御边。宝元二年，鄜延环庆副都部署刘平上攻守之策曰："招集土豪，授以职名，给衣禄金帛，自防御使以下，刺史以上，第封之，以土人补将校，勇者贪于禄，富者安于家，不期月而人心自定。"⑥ 庆历四年，欧阳修在论麟州防御问题时亦提出"今议麟州者，存之则困河东，弃之则失河外，若欲两全而不失，莫若择一土豪，委之自守麟州坚险，与兵二千，其守足矣""必用土豪，非王吉不可，吉见在建宁寨，蕃汉依吉而耕于寨侧者，已三百家，其材勇则素已知名，况其官守，自可知州，一二年间，视其后效，苟能善守，则可世任之，使长为捍边之守"⑦。刘平、欧阳修所言的土豪无疑都指的是"蕃族"。

---

① 《续资治通鉴长编》卷十"开宝二年九月庚戌条"，中华书局，1979 年，231 页。
② 《续资治通鉴长编》卷一百二十五"宝元二年闰十二月条"，中华书局，1985 年，2956 页。
③ 《宋史》卷二百五十三《折德扆传》。
④ 《宋会要辑稿》方域二一之九。
⑤ 《续资治通鉴长编》卷一百二十五"宝元二年十二月条"，2956 页。
⑥ 《续资治通鉴长编》卷一百二十五"宝元二年十二月条"，2957 页。
⑦ 欧阳修：《欧阳修全集》河东奉使奏草卷上《论麟州事宜劄子》，920 页。

　　有关党项族是源自羌族还是鲜卑族，目前在学术界还存在争议，经过半个多世纪的讨论，有一点已取得了共识，即不论西夏主体民族是出自羌系还是源于鲜卑，在其形成发展变迁过程中，已不是由历史上的单一民族发展而来，它是一个经过多民族融合后产生的新的共同体。① 实际上党项族不仅具有羌族、鲜卑血缘，而且还融合着汉族、吐蕃等族的成分。特别是在党项、汉族、吐蕃族杂居的地区更是如此。

---

　　① 参见拙文：《20 世纪党项拓跋部族属与西夏国名研究》，《宋夏史研究》，天津古籍出版社，2006 年，255 ~ 271 页。

神木县麟州城、黄羊城遗址考查札记

——兼论麟州建置时间和州治所在

榆林市文管会　　康兰英

早在 1984 年春夏之交，笔者和同事张泊、张仲权、冉春明，吴堡文管所宋铺生一行，在已故县文管所孙稼祥所长的陪同、协助下，赴神木县店塔镇黄羊城、皇娘城、杨城三处唐、五代至宋代城址，进行了考古调查。

黄羊城位于窟野河东、店塔镇店塔村东北的山梁上，城南有横阳河流经，东南距杨城（麟州城）约 20 华里。东、南、北城垣断断续续尚有部分残存。西城垣大部无存，偶见 0.4～0.8 米的夯土堆，并且能够辨认出大致走向。靠山沟边畔处未见墙体遗迹。墙体黄土夯筑，夯土内间杂碎石块和料礓石。残高 1.2～3.3 米不等。如图 1 所示。

图 1

城垣南北长约 320 米，东西宽约 260 米，面积约 83 200 平方米。平面呈西北向东南倾斜的、不很规整的长方形。

城内有一条因水土流失而形成的冲沟断面，文化堆积非常丰富，包含大量的唐、宋建筑构件，有长方形砖、方形砖，筒瓦、板瓦，兽面瓦当，如图 2 所示。

东　　　　　　　　　　南

西　　　　　　　　　　北

图 2

鱼形鸱尾和大量唐、宋名窑瓷器残片。在西城附近拣到的一块残碑，可辨识"随侍横阳"、"复持将节"、"一将之域事"等字样。如图 3 所示。

在当地村民家征集了一件宋代瓷砚。又在东南城外厚厚的瓦砾堆积下拣到了数十枚宋代铁钱。为我们带路的村民告知，前些年城内平整土地时，挖出了成堆的铁钱币，大部分锈蚀严重，字迹难辨。箭镞亦随处可见。丢弃此处乱石堆中的仅是其中一小部分。

黄羊城南有一座城，当地群众称之为皇娘城。亦位于窟野河东、店塔镇店塔村东北的山梁上，距黄羊城约 5 华里。该城的规模较小，城垣南北长约 160 米，东西宽约 120 米，面积约 19 200 平方米。平面呈长方形，从东南向西北由高向低倾斜。城墙系土石混作。残高 1～3 米不等。城内未见明显的文化堆积，仅在城东北山坡上发现有宋时期的瓷器残片（多为地方窑粗瓷）和少量的砖瓦等建筑构件、箭头等。让我们意外惊喜的是在黄娘城征集了两件阴刻"第一副将公用"的宋代黑釉瓷瓶。如图 4、图 5 所示。

图 3

这次调查始终有个问题困惑着我们，即黄羊城和皇娘城究竟是一座城的内、外城，还是各为一座城？带着这个问题，走访了当地一些年长者询问有关情况。听到的是美丽动人的故事和传说：有关夫妻分兵驻守，相互救援的故事；也有兄弟各自占山为王，暗中争胜的传说。显然都说明其并非一座城的内外城，而是各自分别独立的两座城。

图 4

实地踏勘时发现，两城之间被连绵的山峁和沟壑阻隔，没有道路可以往返通达。而只能从山梁上沿着又陡又窄、盘桓弯曲的羊肠小道下山，步行 5 华里左右再沿着另一条山路爬上山梁顶，方可由黄羊城抵达皇娘城。因此，不论从两城间的距离还是从两城间的交通联系看，似乎各为一座城。

《神木县志》（道光版）关于黄羊城是这样记载的："在县东北杨家城北边墙外 20 里，距县城 50 里。俗传杨继业妻折氏居此，故又谓之王娘城。即隋连谷镇，唐连谷县，贞观间属胜州。天宝元年，与银城并割隶麟州。宋政和四年皆废。入新秦。其城距山巅周围约三里，有南北二门，俱颓废，今为蒙古郡王旗伙盘地。"

图 5

从《神木县志》的记载看，"俗传杨继业妻折氏居此，故又谓之皇娘城"。这显然是指一座城。但是，折太君与杨继业联姻之事史书未见记载，这里用"俗传"二字，显为严谨慎重态度。县志为道光版，即使上溯至乾隆，折太君与杨继业联姻之事，以及我们在黄娘城听到的故事传说，安知非由小说、戏剧、曲艺附会？因此，作为一城的依据显然不力。

调查结束后，带着这一问题，致信对神木地方史颇有研究的孙稼祥先生，请教相关问题。回信中关于黄羊城，是这样写的："黄羊城遗址，亦称皇娘城、王娘城。范围亦七十亩，位于窟野河东岸山头之上。……"孙先生的回信和县志说法一致，黄羊城、皇娘城就是一回事，而该城址"范围亦七十亩"，和实地考察数字相差甚远。这里会不会有两方面的误差，其一，这段话中"范围亦七十亩"的"亦"字使用不当，会否是一百七十亩的误写？若此推测成立，与两城实地考察的面积之和接近。与县志记载"其城距山巅周围约三里"所推算的面积也接近。另一方面的误差，由于当时只是一般性的田野考古调查，时间短，工作相对粗糙，步测毕竟不同于仪器测绘，所得数据有误也是完全可能的。如果以上的推测成立，则两城实为一城。至于实地考察两城间的距离和道路问题，也可以找到一种权宜之解：会否是近千年的地貌变迁使然？

《续资治通鉴长编》卷一八五嘉祐二年二月壬戌日记事云："大中祥符二年（1009）始置横阳、神堂、银城三寨，皆在屈野河东"《九域志》称镇，《宋会要》食货二二之五及宋志称其为堡。以上几则史料，说明横阳堡始置于唐末，宋对其应是扩建或增建。

《宋会要》方域一八之十七："横阳寨，在麟州新秦县，天禧四年置，治平元年再废。"此处所提到的横阳寨，其建置时间与《长编》所载不一，而且治平年废弃后，史料中再未见到关于此寨的记载，是不相干的两堡寨，还是其中必有一误？待考。

黄羊城内出土的大量的唐宋瓷器及器物残片、建筑构建等，与史料关于黄羊城始建于唐末，历五代至宋互为印证。黄羊城出土的残碑上有"随侍横阳"、"复持将节"字样，此为黄羊城就是当年横阳堡的实物依据，黄羊城应该就是宋时的横阳堡。"黄羊"可能是"横阳"读音之讹。《神木县志》载：横阳堡，即隋唐之连谷县。那么，开元十二年所割连谷县应该是指宋时的横阳堡。

黄羊城和皇娘城的方位、形制相似，但规模、城墙墙体内含物不一，城内的文化遗迹和堆积相差较远，显然不是同期所建。两城之间的关系在找不到翔实充分的实物依据和史料支持前，这一问题依然只能存疑。

2002 年春，受神木县政府委托，由笔者主持，业务干部康宁武具体负责，郝建军、康卫东等同志参与，于是年 4 ~ 6 月对麟州城全面进行了考古调查、钻探和试掘。总钻探面积 40 万平方米，重点钻探面积 11 万多平方米。共布 6 米 × 6 米，探方 20 个，总揭露面积近 700 平方米。采集、出土、征集陶、瓷、石、铜、铁、建筑构件等标本 444 件，器物 84 件（组），钱币 95 枚。陶器多为晚唐 ~ 宋，瓷器有定窑、耀州窑、磁州窑、灵武窑的产品，多为介休窑、霍州窑以及当地民窑的产品。时代大致在中晚唐、宋、金、西夏、元。其中宋、金两代所占比例较大。石器以生活用品为多。建筑构建以唐、宋为多，也有少量属明代。这次工作收获颇丰。考古调查所获的资料，在《麟州城遗址调查、勘探工作报告》① 中已经全面介绍，这里不再赘述。

考古调查结束后，我们向县政府做了详细汇报并且呈送了书面工作报告，结语部分以实物对照史料，虽然也提了几点看法，但对于史料所说的麟州城的地理形势与建置，没有与该城西北20里和两座同时期的古城作比较和联系，并作进一步深入考证、研究。

麟州城究竟始建于何时？其州治在当时的连谷还是银城？

宋代上官融在《友会谈丛》（卷下）中云："麟、府州在黄河西，古云中之地，蕃汉杂居，黄茆土山，高下相属；极目四顾，无十步平坦。"他对麟州城的地理位置、地形地貌做了概括而又真实的描绘。对照今天所看到的位于神木县窟野河东山梁上的麟州城，虽历经千年的变化，与《友会谈丛》所描述的地形地貌依然相似。然而就是这么一块荒凉的"黄峁土山"，因其地接边外、形势险要，历来为兵家必争之地。五代、北宋时期，对于抵挡西北辽、夏东进南下，可谓军事要冲。

麟府一带北半部属风沙草滩区，多下湿滩地和海子，水草丰美，适宜畜牧，是唐、宋王朝多出良马之地。这里既是边防前线，又有重要战争资源"善马"的保证供给。唐、五代、宋时期，位于黄河西侧的麟、府、丰三州地处唐宋王朝与辽、西夏长期屡兴战事之地，"孤悬河外"的战略地位逐渐被认识、重视。诚如欧阳修的《河东奉使奏章》中所说："今议麟州者，存之则固河东，弃之则失河外，若欲两全而不失，莫若择一土豪，委之自守。麟州坚险，与兵两千，其守足矣。"欧阳修的《河东奉使奏章》中，麟州城"固河东"的军事价值已经提到了战略意义的高度。

从地理形势看，这两个城址得天独厚的条件很相似。而为什么麟州城的建置一定要选择今天的杨城？这就要从《旧唐书·张说传》卷九七、《资治通鉴》卷二一二、《册府元龟》卷九八六，关于麟州城的建置起因说起。唐开元八年（720），突厥人康待宾联合党项羌反唐，势力迅速壮大，攻占了胜州所属的银城、连谷二县，唐朝廷于开元九年（721）派兵部尚书王晙、燕国公张说前往镇压，擒获了康待宾，平息了叛乱。经张说奏请割胜州之连谷、银城，于唐开元十二年（724）设置麟州。《新唐书·地理志》亦载："割胜州之连谷、银城置之。"

麟州建置于唐天宝元年之说又是怎么回事呢？唐开元置麟州之后，此地历来胡汉杂居，群雄割据，战火不断，曾数次废而复置，置而又废。天宝元年（742），并州都督张说一举平定党项之乱，再次上奏"请城麟州，所以安余种也"② 可见，天宝元年说忽视了之前18年间数次废而复置的历史。将张说的两次奏请混为一谈所致。麟州始建年代应该确定为唐开元十二年。

史料"割胜州之连谷、银城置之。"向我们提出了一个需要思考的问题：今天我们

---

① 康兰英：《麟州城考古调查、钻探、试掘工作报告》，载蔡向升、杜雪梅主编：《杨家将研究》历史卷。

② 张咏：《乖崖集》卷八《麟州通判厅记》，续古逸堂丛书本。

所指的麟州城是当时的"连谷"还是"银城"？笔者根据实地考察所得数据与文献史料记载对照，应该是在银城。理由如下：

其一，《续资治通鉴长编》卷一三三庆历元年八月戊子：唐代张说"掩击党项于银城，大破之遂，奏置麟州"。又《武经总要》载："银城寨，即麟州废县"。这两段记载，明确麟州置于银城。

那么，银城寨故址今安在？《神木县志》（道光版）《舆地志》载：银城在县西南四十里。本汉圁阳地（或作圜阳），后魏置石城县，废帝改为银城。唐贞观间属胜州。天宝元年置麟州，割银城并连谷县隶之。宋政和四年，皆废，入新秦（今黄家石头村里许有古城一座，无知名者，疑即此）。

1990年新编《神木县志》第二章第一节"古城堡遗址"中关于银城遗址的记载如下："在县城南20公里的黄石头地村附近，土城遗址尚存。后魏文帝置石城于圁阳地，废帝改为银城。隋、唐仍为银城县，先后属胜州、雕阴郡，唐天宝元年改属麟州。"1990年新编《神木县志》第二章第一节"古城堡遗址"中关于银城遗址的记载显然沿袭了《神木县志》（道光版）《舆地志》的记载。但忽略了该县志"疑即此"三个字的不确定性。

道光版县志与新编县志关于银城的记载，距县城里程不一，所在方位也不相同，但关于该城的历史沿革则完全一致，特别是都提到该城是建在汉圁阳地。这显然是相互沿袭引用所造成的错讹。虽然《神木县志》（道光版）中以括号形式作了存疑之说明，但1990年新编《神木县志》则干脆省略了存疑之说，银城地理位置锁定依据显然不足。尚不知有无新的史料或者实物依据支撑？！

关于古圁水，史、志记载多有歧义，就连榆林市各县县志记载也不尽相同。秃尾河与无定河之说并存。近年来的考古新资料提示：古圁水确是无定河而非秃尾河，圁阳县在绥德县四十里铺附近，[①] 圁阴县在今横山县党岔一带。[②] 那么汉圁阳地自然也不在今神木县境内的秃尾河流域。

而《武经总要》载："银城寨，即麟州废县。"《续资治通鉴长编》卷一八五嘉祐二年二月壬戌日记事云："大中祥符二年（1009）始置横阳、神堂、银城三寨，皆在屈野河东"这两条史料关于银城的记载接近，且明确了它们的大概方位。与今天所看到的杨城、黄羊城、黄娘城"皆在屈野河"的地理位置吻合。

其二，宋时的横阳堡，隋唐时称连谷县，也就是今天的黄羊城。20世纪70年代出土于府谷县西南15公里傅家焉村的《折惟忠妻李夫人墓志铭》即由"曾孙婿东头供奉官权麟州横阳堡兵马监押张天成书并篆盖"[③]，显然横阳堡隶属麟州，而不是州治所在。

---

① 康兰英主编：《榆林碑石》，三秦出版社，2003年，4页。
② 2002年横山县党岔元盆洼出土的"拓跋守寂墓志铭"中有"拜大将军、兼十八州部落使。徙居圁阴之地，则今之靖边府也。"见《榆林碑石》，224页。
③ 《榆林碑石》，256页。

也就是说，麟州治不在连谷。当时割连谷、银城置之，那么，连、银二者必有其一，横阳城（隋唐时连谷）已经排除，只能是银城。

其三，银城故址至今没有充分的依据确定其所在，而当地群众一直称麟州城为杨城，或许杨城就是银城之读音的讹传？及至后来因为是杨家将的先祖诞生于此，称其为杨家城也就顺理成章了。至于《神木县志》中《神木县治沿革新考》"银城县条"："唐贞观二年置，贞观四年属于银州（银州北周置，故城在今米脂县东北，五代时，为西夏所据。）"之说，又与《武经总要》载："银城寨，即麟州废县。"不相吻合。笔者以为，两银城各有所指，非一回事也。

麟州城作为唐宋边关历史的载体，探讨、研究其历史价值，挖掘和保护其文化内涵，对于研究古代军事史、边关建置、少数民族史、民族关系史有不可替代的重要价值。期望有更新、更多的考古发现以提供研究。

因为亲历了麟州城、黄羊城的考古调查，目睹了古城的遗迹遗物，在查阅、搜集了相关文献史料的基础上阐述了以上议论。由于本人水平所限，谬误难免，祈请方家指正。

考古调查资料应该能为史家提供佐证和便利，"闲云不成雨，故傍碧山飞"。这就是拙文提交的初衷。

麟州寨堡考

神木县杨家将研究会　焦拖义

麟州为唐宋边寨重镇，其辖区在今陕西北部的神木县境。麟州从唐开元间（724）置，历五代、宋，到金兴定初（1217）罢，建制延续近 500 年。因处西北少数民族入侵中原必争之地，故历代修筑了不少军事性寨堡。特别是宋代，为阻止西夏侵袭河东，构筑了严密的防御体系，"堡寨星联，边维屏列"。各种史志典籍对此多有记载。这些寨堡今何在？不少文史工作者曾通过考古发掘、史料考证，取得了不少成果，但因史志记载多有出入，还有不少问题未弄清楚。笔者在从事地方史志工作后，曾经对神木境内的遗址进行过一些实地考察。本文拟对麟州所属县城、川塞和重要寨堡做一些粗浅考证，以就教于专家。

一、县　　城

麟州从唐开元建制，领属新秦、连谷、银城三县，一直至宋政和四年（1114）虽辖境有增损，辖县未变。乾德初（963），州治从麟州城移吴儿堡，到乾德五年升为建宁军，又移治旧所。

新秦　麟州州治所在地。据《元和郡县图志》（以下简称《元和志》）记载："初，汉武帝徙贫人于关中以西及朔方以南，谓之新秦。天宝元年，置以为县，取旧地名"（按这里的记载有误，按原文意思是将贫人迁徙关中以西及朔方以南的新秦中，而按地理位置说，新秦中在关中以北不在以西。对照《汉书》可知，应是将"关中以西的贫人迁徙朔方以南新秦中地"或"西"为"北"误）《旧唐书》说："新秦，天宝元年，分连谷、银城二县地置。"《新唐书》说："新秦，开元二年置，七年又置铁麟县。十四年州废，皆省。天宝元年复置新秦。"新旧唐书记叙略有出入，但都肯定，新秦建于天宝以前的开元年间。关于"新秦"地名的来由，《元和志》说，取"汉旧名"，可见在更早以前，即有"新秦"之称。史念海先生在他的《新秦中考》一文中对"河南地和新秦中"做了详细考证，他引《汉书》臣瓒注"秦逐匈奴，以收河南地，徙民以实之，谓之新秦"，河南地是指阴山之下黄河以南的地方，因为"河南地的富庶是可以和关中相媲美，关中可以称为秦中，则河南地亦可称为新秦中"[①]。新秦中原不是建制名称，而是泛指一个地区。唐以前是否有新秦建制，现还找不到确切资料。《太平寰宇记》

---

①　史念海：《黄土高原历史地理研究·新秦中考》，737 页。

（以下简称《寰宇记》）、《元丰九城志》（以下简称《九域志》）、《宋史》都说新秦为麟州属县，州治所在地。新秦所在地即现在神木县杨家城，因从杨弘信到子重勋孙光扆几代守麟州，杨弘信长子继业孙延昭皆以武力雄其一方，因而得名。它位于神木县城北约 15 公里窟野河东岸山顶上。据山而建，依地势呈不规则形，西临窟野河，南北两面沟壑环绕，多处绝壁，地势险要，易守难攻，为典型的军事性城堡。整个城分为东西城两部分。1992 年陕西省考古研究所对麟州城进行过试掘，发现中晚唐时期，麟州城有规模较大的建筑群体。2002 年，陕西省榆林市文管会曾组织人员对遗址进行考古调查，钻探试掘，东城存有大量唐代遗物，西城主要是五代宋的遗存，由此可知最先建的东城是新秦，五代、宋扩建西城。① 2006 年，古麟州城被列为国家级文物保护单位。

　　连谷　《元和志》载："本汉圁阴县②地，属西河郡，在今银州儒林县（今佳县境），隋文帝于此置连谷镇，炀帝改为连谷戍，大业十三年废戍。贞观八年于废戍置连谷县，属胜州，天宝元年割属麟州。"《旧唐书》、《新唐书》记叙一致，后来的地理书多因袭。连谷县城位于屈野河东岸，横阳河北的山梁上，距神木县城 25 公里，遗址尚存，四面城垣，断续可辨，宋时又在此建横阳堡（寨）。因传杨业之妻折氏曾在此驻兵故俗称皇娘城、王娘城，后讹传为黄羊城，今即名黄羊城。20 世纪八九十年代神府煤田考古队、陕西省文物普查队、陕北考古队进行调查，经考古发掘，有不少收获，征收到两个刻有"第一副将公用"的黑釉瓷罐（见 128 页图 6），还有刻有"随侍横阳"等字样的残碑。榆林市文管办主任、研究员康兰英有详细的考证文章。③ 她考定今黄羊城即宋时的横阳堡，隋唐时称连谷县。

　　银城　《元和志》载"银城，中下。北至州四十里。本汉圁阴地，属西河郡。汉末大乱，匈奴侵边，云中、西河之间，其地遂空，讫于魏晋，不立郡县。后魏时置石城，废帝改为银城关。周武帝二年移于废石龟镇城，即今县里是也。贞观因之，属胜州，开宝元年属麟州"。《寰宇记》新旧唐书与《元和志》一致。《九域志》记银城，"州南八十里"《陕西通志》（明嘉靖版，下同）、《神木县志》（清道光版，下同）记："在县西南四十里"，《九域志》与省志县志说法一致，因《九域志》是以古麟州城为坐标，省志县志是以今县城为坐标，（明清地理志，省志县志都估计古麟州到今县城距离为 40 里）而《九域志》与《元和志》相差 40 里。为什么相差 40 里？原因不外乎二，一是计算有误，一是所指地址不一致。《寰宇记》基本因袭《元和志》。《寰宇记》比《九域志》成书早近 100 年，这期间银城是否迁徙？从《元和志》看银城名称多次变更，城址多次迁徙，隶属也先后归银州、胜州，最后归麟州，可以肯定银城遗址不止

---

　　① 蔡向升编：《杨家将研究·麟州考古调查报告》，351 页。

　　② 圁阴在圁水之阴，《汉书地理志》作圖阴，惠帝五年置，属西河郡。《水经注》，中华书局，1962 年，1618 页。以神木境内的秃尾河为圁水，其他书记圁水为无定河，史念海教授考证为窟野河，谭其骧主编：《中国历史地图集》标明圁阴、圁阳县在秃尾河下游两岸山梁上，至今有汉代城堡遗址，较为可信。

　　③ 康兰英：《神木县麟州城黄羊城遗址考察札记》。

一处（先不说银城寨堡）。在古麟州南面 40 里、80 里处都有古城遗址。在今县城东山梁上和县东 15 里处有两处古城堡遗址，经考证都不是银城旧址（见后寨堡考），而在今县城以南 40 里处的窟野河东岸山梁上有一坐古城遗址，可以断定为银城遗址。不管距离远近，可以肯定银城在银州、胜州之间。地理志地方志记载得很清楚，银州旧属汉圁阴地，圁阴在神木西南，银城在窟野河中下游的可能性大。现在所说的银城遗址在黄石头村东北山梁上，当地居民世代相传，称为银城。还有不少传说，此城与窟野河西山上的城堡（西岸石窑村山上有旧城堡遗址），据传为父子相守，互相应援。笔者曾两次实地考察，在那里拾到不少陶片、瓷片。经专家认定为北朝、隋唐、宋时遗物。遗址四面断垣残墙犹存，残高一至三米，规模较大，南北约两公里，东西约一公里，东城墙（即古东门）缺口处有长石条堆砌，在上山入口处还有两堵石墙保存完好，现南城墙修有一座玉帝庙，据当地人说，已经年代久远，因无碑刻，无从确定具体年代。在城墙高处瞭望东面和北面，烽火墩台相连（图 1）。可以断定，此遗址为一处银城遗址，详情待考古认定。

东城墙　　　　　　　　　　　　　　　　　北城墙

图 1　银城遗址

吴儿堡　　《武经总要》载，麟州"乾德元年迁于吴儿堡，即今城也"。《宋会要》也载："乾德初，移治吴儿堡"，省志、县志都持此说，可以肯定麟州州治曾迁于吴儿堡。吴儿堡的名称来源，据《关中胜迹图志》记："赫连勃勃破义真于长安，迁其人筑此以居之，因名。"[①] 在迁移时间上，《元一统志》说："周显德五年，刘崇不宾，移至小堡。"宋太祖乾德元年为公元 963 年，而周显德五年为公元 958 年，较之早了几年，不知《元一统志》的依据从何而来。至于麟州治在吴儿堡的时间，《武经总要》说即"今城也"可见修书时吴儿堡还在。《武经总要》修于庆历七年（1047），从《宋史》看，此时州治早已移麟州新秦。《神木县志》说，麟州在乾德五年升为建宁军后，"复

---

　　① 清毕沅：《关中胜迹图志》卷二四，三秦出版社，2004 年，731 页。

还旧治"。关于迁治原因，《元一统志》说"刘崇不宾"，其他志书未提到。"刘崇不宾"多少透露了麟州移治吴儿堡的原因。

赵宋王朝是从后周夺取政权于公元 960 年建国的。此时北汉刘崇政权还存在，而且是宋王朝的主要对手之一。据《长编》载：建隆元年（960）三月，"先是，北汉诱代北诸部侵掠河西。诏诸镇会兵以御之"。是月定难军节度使李彝殷，遣都将李彝玉进援麟州，北汉引众去。这里的河西是指麟、府，此时的夏、麟、府归宋。建隆二年二月，"北汉侵麟州，防御使杨重勋击走之"，三年四月，"北汉攻麟州，防御使杨重勋击走之"。乾德元年十二月，永安军节度使折德扆败北汉军数千人，于府州城下，获其卫州刺史杨璘。①北汉占据河东并、代、晋阳等地，与宋对峙，不断过河扰麟、府州，宋朝廷可能出于抗击北汉的考虑，将麟州州治从新秦（杨家城）移治屈野河西的吴儿堡，并在新秦建"神木堡"、"神木寨"，以抵御北汉进攻。

北汉在公元 979 年被宋灭亡，而宋与夏矛盾不断加深，因夏在麟州西，故又将州治移屈野河东新秦，以窟野河为屏障阻扼夏人。由此推断，麟州移治吴儿堡的时间不会很长，《神木县志》说乾德五年复还旧制可能有依据，北汉到灭亡十数年间已经无力西顾。

图 2　吴儿堡遗址（北城墙）

《武经总要》记吴儿堡"地形依险，三面孤绝，城中少水"。但没有说明吴儿堡的具体地址，其他史志也没有标明。《神木县志》载：吴儿堡"在县西南五十里，土城旧址尚存，周围皆绝壑，外环以山，只有西北一经出入，极为险峻，土人名其地曰旧城"。笔者曾实地考察吴儿堡遗址（图 2）。旧城遗址所处地势与上面两书描写完全一致，遗址土墙还有当时夯土打桩孔眼，有的还有朽木遗存，南北两侧是深沟，东临河川，西北与后山相连，即为出入路径，遗址内有大量宋、金砖瓦、陶瓷片，还拾到金代大定通宝铜钱，此城在州治迁徙后仍存在很长时间，才逐渐衰落。《武经总要》说"今城是也"，可见当时还有城的规模，只不过州治已迁移。

二、川　　塞

麟州因处冲要之地，是河东屏障、关中前哨、中原跳板，因其地势险要，易守难

---

① 《长编》卷一"建隆元年三月己巳条"；卷三"建隆元年四月戊申条"，中华书局，1992 年。卷四"乾道元年十二月乙亥条"。《续资治通鉴》（以下简称《续通鉴》毕沅撰，岳麓书社），5，14，21，35 页。

攻，故唐宋时有效遏制了西北少数民族的东向南侵。《九域志》、《宋史地理志》都指明麟州有"屈野川、兔毛川，五原塞"。

屈野川　即今经县城西过的窟野河川。窟野河从北到南纵贯神木。上游两大支流由口外流入，东为发源于内蒙古伊金霍洛旗境的勃牛川，西为发源于内蒙古准格尔旗境的乌兰木伦（旧称沙河），两支流在店塔镇石拉沟汇合为窟野河，南流200余里，经县城南下，在贺家川镇沙峁头村汇入黄河。窟野河古为交通战略要道。《武经总要》载："窟野河路自麟州过河西入盐州约七百里，南至银州约三百里，控窟野河一带贼路，西北至麟州，南至银州，以西则地势平易，可行大军。"从窟野河所处地理位置分析了它的重要战略地位。其北接内蒙，游牧民族马队可以沿宽阔的川谷长驱南下；西面是毛乌素沙漠（宋以前为草原），地势平坦开阔，利于大部队机动作战，宋时夏与宋接壤区。李继迁就是在今屈野河西的红碱淖（古称地斥泽）起家的。窟野河上游连谷新秦之间的横阳河川（今店塔镇境）浊轮川（原永兴乡境）是连接丰、府州的通衢大道，是河东输饷、运兵的重要信道。唐宋时的连谷、新秦、银城三县城都建在窟野河东山梁，濒临河川。黄河流经麟州东面，南北走向，唐宋时麟州堡寨大多分布在两河川谷山梁。五代时，占据河东的北汉曾多次西向入侵麟州。后夏、麟、府出兵渡河助宋灭北汉。《武经总要》说："至道中，五路出师一将出窟野河路。"宋庆历前后，西夏不断蚕食窟野河之西宋地，原定界首在河西五六十里，但因无堡障斥侯，夏人恣意侵耕河东之田，游骑往往直到州县城下，甚至侵扰河东。[①] 庆历四年，欧阳修视察麟州，站在城头，感慨战乱给人民带来的灾难，于是他吟道："宣恩来到极西州，城下羌山隔一流。不见耕桑见烽火，愿封丞相万户侯"。同时写下名传千古的《渔家傲·麟州秋词》。唐宋时吐蕃、突厥、北汉、西夏多次侵犯麟州，屈野河川发生过多次大的战役，凭借险要地形，堡寨据点，严密防守，得以保全。五代战乱时，地方豪族据险防守，使生灵遭涂炭，《资治通鉴》载："初，麟土豪杨信，自为刺史，交命于周，信卒，子重训嗣。"[②] 唐宋两朝麟州始终掌握在朝廷之手，直至南宋金人占据整个北方，麟州才沦入金人之手。

兔毛川　它是麟州的一个重要关隘。《神木县志》记，兔毛川即县城西面绕二郎山南侧汇入窟野河的川谷，今称西沟。这条河川虽然不宽，但直通边墙（长城）外。唐、宋时这里是吐蕃、西夏入侵麟州的重要关口。兔毛川出口处，南北两山连绵逶迤十数里，濒临窟野河，全是悬崖峭壁，无路可通，像两道天然屏障。宋代在兔毛川对面的山梁上修筑了几座堡寨。庆历初，西夏李元昊在攻陷丰州后，继而攻麟州。此时，麟府输馈之路尚未畅通。宋将张亢奉旨护送朝廷赏物到麟州，西夏派数万兵马在柏子寨（兔毛川附近）邀截，张亢只将三千士兵，他趁顺风之势发起攻击，夏兵自相践踏、坠崖死伤无数。夏人数次出战，与宋兵大战于兔毛川，张亢一面加固东山工事，同时在山后

① 司马光：《论屈野河西修堡状》。
② 《资治通鉴》卷二九一"庆历二年后周，广顺二年十二月丙戌条"。

埋伏强兵劲弩，然后诱敌进入伏地，发奇兵攻击敌阵，夏兵大败而逃，① 此后很长时间夏兵不敢轻易来犯。此前，庆历元年，麟州都监，麟府路沿边都巡检使王凯曾在兔毛川以六千之师破敌三万之众，李继隆也曾在兔毛川俘获敌数千计。②

　　五原塞　《寰宇记》、《九域志》、《宋史地理志》都记：银城有"五原塞"。《陕西通志》、《神木县志》载："五原城在县境"。《汉书》记："汉元朔二年，收河南地，置朔方、五原郡。"太初三年，"光禄勋徐自为出五原塞外列城障至卢朐（即克鲁沦河）"，③ "命游击将军韩说将兵屯之。秋，勾黎湖单于，坏光禄诸亭障（寨堡）"。唐欧阳詹有诗："五原东北晋，千里西南秦。"《寰宇记》说："后魏曾于此立石城县，即旧银城废县。"此后汉与匈奴在五原反复争夺数十年。在今神木县南，即银城以东，南北几十里的范围内，近年来一大批盗墓者，挖掘出很多秦汉时的文物墓葬。有匈奴饰品、军需物品、刀箭兵器、秦汉钱币，还有不少用圆木砌方坑埋葬数具甚至数十具尸骨的墓室。可以断定，这里是汉代古战场。笔者曾实地察看，也见过不少文物，可惜这些文物都散失。各种史志记载并非空穴来风。可以说五原塞、五原城，汉时曾在神木县境，或者说神木曾归五原。《神木县志艺文》有不少咏诵麟州的诗词，将麟州地称为五原，这些诗人中有唐代著名的边塞诗人李益、欧阳詹、卢纶等。当然，确切结论，还待进一步考证。另外，《神木县志》还载："五原城在县西北边墙外，超害梁村山顶（今神木中鸡镇与内蒙伊旗交界处），距城九十里，旧址尚存。"在宋史中，未见有关五原塞战事的记载。

三、寨　　堡

　　有宋一代，宋朝廷为抵御外侵，在麟州修筑了不少军事性的防御寨堡。《武经总要》介绍了麟州的横阳堡、临塞堡、静羌堡、镇川堡、建宁砦、神堂寨、横戎砦、通津堡、神树堡、肃定堡、银城堡、惠定堡等 12 堡寨。《九域志》介绍麟州三县寨堡，新秦："神堂、静羌二寨，惠宁、镇川二堡，有兔毛川。"银城："银城、神木、建宁三寨，肃定、神木、通津、兰干四堡，有五原塞，屈野川。"连谷："横阳一镇，有屈野川。"《武经总要》修成于康定中（1040～1041），《九域志》修成于元丰年三年（1080）。后堡寨还有增损，前亦有兴废。《宋史地理志》载，政和四年，废银城、连谷二县入新秦，除以上寨堡外，还记有"大和砦和大和堡"，宋代史志典籍记录寨堡资料，不少名称互异。

　　《长编》记："咸平五年（1002）继迁围麟州，陷浊轮、军马（具体地不祥）等寨。大中祥符二年（1009），始置横阳、神堂、银城三寨，皆在屈野河东。"④ 司马光曾建议在屈野河西 20 里修筑二堡，以遏制夏人侵耕河西之田，废弃横戎，临塞二堡，但

① 《长编》卷一三六"庆历二年五月癸卯条"。
② 《长编》卷一三三"庆历元年九月壬申条"。
③ 《汉书》卷六《武帝记》，中华书局，1962 年，170、201 页。
④ 《长编》卷一八五"嘉祐二年二月壬戌条"。

因夏人突袭未果。① 《长编》记："河东经略安抚使孙沔请废府州西安、靖化、宣威、清塞、百胜、中侯及麟州横戎、神木、惠宁、肃定、镇川、临寨等十二堡寨使臣，复创麟州西裴家垣寨（在窟野河西），积粮草以应接麟州。"（②杨偕《修宁远寨疏》："宁远寨，在河外，介麟丰二州之间"）宁远寨应在今神木大柳塔与府谷大昌汗交界处。庆历四年范仲淹奏请在麟府境修堡寨，张亢总其役，筑清塞、百胜、中侯、建宁、镇川五寨，而麟府输饷之路始通。

宋朝廷所修堡寨因根据不同需要而筑，又历时长，不少为旧垒重新，一地多名，或多地一名，史料记载多有出入，今根据实地考察、考古资料和其他典籍互相参校，对麟州的浊轮寨、神堂堡、惠宁寨、横阳寨、静羌寨、镇川堡、建宁寨、道津堡、大和堡等，作粗略考证。

浊轮寨 遗址在永兴乡所在地北山梁上，坐落于麟州城东南10余里处，是麟州城的重要藩卫，其下为浊轮川。浊轮川为东西走向，从府谷境入神木，在石堼则入窟野河。这是西部少数民族进入中原的重要信道，也是扼制麟州城的咽喉，要实施对麟州围攻时，必须先占据浊轮寨。《武经总要》言其"控合河路，至道（995～997）中以重兵戍守，置浊轮寨"。唐时即在此置浊轮川总管。雍熙二年（985），李继迁在葭芦川（今佳县境），诱杀都巡检曹光实，占据银州，转而攻麟州。六月，宋朝廷派王侁率军入浊轮川，斩首五千级，继迁遁去。③ 咸平三年（999），李继迁又犯麟州浊轮寨，被钤辖、西京左藏库使刘文质击败。④ 咸平五年六月，李继迁又以二万骑兵进围麟州，向东攻击，攻陷浊轮军马（遗址不祥）等寨，包围麟州城。麟府浊轮部署曹灿向朝廷求援，朝廷发诏并、代、石、隰州兵支持，麟州知州卫居实奋力出击，迫使继迁拔寨遁去。⑤

神堂寨（堡） 《长编》记大中祥符二年始置，在屈野河东。《宋会要》又称庆历五年置。《武经总要》："即麟州旧城池，咸平中废，庆历中修。东南至大堡津一百里，西至故麟州，南至银城寨四十里，北至建宁寨五十里。"从大中祥符至庆历中经过30多年，《宋史》记范仲淹曾于庆历中督修神堂堡。《神木县志》载："在县东南六十里，今名张家石寨，有土城并神庙。"县志与《武经总要》记叙不一致。其遗址在今栏杆堡镇境内，是麟州重要寨堡。元丰年间西夏入侵神堂堡，被知州訾虎击败。绍圣间，夏人寇麟州，神堂堡出兵击败。⑥

惠宁堡 按《宋会要》记，修建于庆历五年，《武经总要》载其"西控泥多谷，窟野河一带贼路，西北至麟州，南去银城寨二十五里，北至神树寨二十里。"从这些记载，可大致断定此寨在窟野河以东，银城寨以北，麟州以南，今神木城以东。具体地址

① 司马光：《论屈野河修堡状》。

② 《长编》卷一八九"嘉祐四年二月乙亥条"。

③ 《宋史》卷二七二《曹光实传》，《宋史》卷四九一《党项传》。

④ 《宋史》卷三二四《刘文质传》。

⑤ 《长编》卷五二"咸平五年六月癸酉、丁丑条"，1136页。

⑥ 《长编》卷三三五"元丰六年六月辛亥、绍圣四年八月癸未条"。

待考。

横阳寨（堡） 它在连谷县，西临窟野川，南濒横阳川，位于屈野川、横阳川与大横水川（疑即横阳河对面东西走向的考考乌素河）交汇处，东北连丰、府州，西接夏，北通内蒙，南连银绥，是重要的军事战略据点，从隋代设连谷镇、连谷戍，到唐、五代一直有重兵驻防。《武经总要》谓横阳堡，天祐中置，并说"南至故连谷县，北至横阳河"，因为连谷县址在横阳河北，如果横阳堡在连谷县北，横阳河在他的南面还隔着连谷，可见这种说法有矛盾。地理志说连谷有"横阳一镇，有屈野川"，连谷县城、横阳镇、横阳堡或在一处，互辖或邻近。康兰英考连谷县城有两处遗址，可能分别为城、寨、堡，或旧寨新修。

静羌寨 亦有堡、寨两种称谓。《武经总要》记："控兔毛川一带贼路，东南至建宁寨十七里，西至镇川堡十二里，州三十八里，南至黄河没遮川百里，北至西界。"按此说很难确定其在何处，兔毛川在窟野河西，建宁寨在兔毛川对面窟野河东山梁上，镇川堡在窟野河东 60 里处，麟州在兔毛川北三里处。西至镇川堡（后有考证），说明在镇川堡东，而镇川堡西距兔毛川 60 里，如何"控兔毛川一带贼路？""南至黄河"，黄河这里为南北走向，静羌只能在黄河以西。那么静羌寨究竟在哪里。从其控兔毛川一带贼路，张亢曾在兔毛川发奇兵胜夏人，疑即为县城东山旧城，此寨元时曾为云州治所。

镇川寨（堡） 即宋张亢所筑五堡之一，在县东南 60 里，牛栏川东山梁上，遗址尚存。《九域志》谓银城有"兰干堡"，兰干堡在今栏杆堡村山梁上。另距栏杆堡五里的牛栏河东岸焦家坡村南山上有一处宋代寨堡遗址，考古确定为北宋寨堡，恰在麟州东南 60 里，与史书记载吻合。其内有大量宋代陶瓷碎片，可能即为镇川遗址，[①] 张亢筑清塞、百胜、中侯、建宁、镇川五寨，欧阳修《论麟州事宜疏》说：以 250 里之地，列此五寨，正好麟府五寨间相距 250 里，俱在麟州以东。据《神木县志·古迹》，中侯、百胜二寨属神木地，在麟府交界处。中侯寨在县东南 80 里，今名堡子中焉，在原瓦罗乡，遗址尚存，土城残缺不全，但轮廓可辨。百胜寨，在县东南 100 里，今名王家寨，在沙峁乡，土城碎砖瓦陶瓷遗存很多。

建宁寨 《武经总要》："建宁寨控张师岭一带戎马来路，康定中（1040～1041）贼陷宁远，特筑城，赐今名。"麟州在乾德五年（967）升为建宁军，建宁寨承建宁军旧名。张亢因麟州款路未通，筑建宁寨，夏人出争，张亢与战于兔毛川，发奇兵败之，遂筑五堡（包括建宁寨）为五原屏蔽。《武经总要》记其方位"东至府州中侯寨十二里，西至麟州五十里，东北至府州静化堡，北至静羌堡十七里"。但从张亢凭借建宁寨与夏人会战于兔毛川看，此寨必与兔毛川接近。《神木县志》记建宁寨在今县城东 30 里，名院家寨子，有土城寨墩遗址，可能即是建宁寨遗址。建宁寨为麟州重要寨堡，直到靖康元年（1126）十月金人攻陷建宁寨，知寨杨震与二子战死，才为金人所据。

---

① 《中国文物地图集·陕西分册》，639 页。

　　通津堡　按《武经总要》说"筑城控合河津路,东至石马川(今在府谷县境)路,南至黄河一百步,西至神树堡四十五里,北至府州一百十里"。这里说的合河津路,即为岚州黄河东岸合河津(在山西兴县裴家川),与此相对的黄河西岸合河村,山梁上有一外宋代寨堡遗址,地面散有大量陶片、瓷片等,经考古鉴定为宋代遗存,① 可能是通津堡。

　　大和寨　《宋史·地理志》载:"大和寨,地名大和谷,元符二年(1099)进筑,赐名。"元符二年八月,河东路经略安抚都总管司言,麟府、岚石路,进筑太和谷等堡寨毕工,诏:"大和谷赐名大和寨",又诏"以大和寨隶麟府路"、"大和堡隶大和寨"。②《县志》记载在县西南90里,遗址在今太和寨乡所在地,太和寨村的南山梁上。城址狭长,东低西高,由几级阶地组成,北、东、南三面为深沟,南、北宽约500米,东西连绵数里,西面

图3　大和寨遗址

山峁延伸为连接外界之路,越往东,遗存愈多,有宋代陶瓷、砖瓦,有庙基、石狮子,西寨门尚存,以石块砌筑(图3)。金代曾置太和县,归葭州。

---

　　① 《中国文物地图集·陕西分册》,639 页。
　　② 《长编》卷五一四"元符二年八月辛卯条",12224 页。

"出自疏外"与"忠勇自效"

——再谈杨业和他的时代

北京大学中国古代史研究中心　邓小南

　　杨家将的故事,在中国历史上传诵几近千载;其感染力量、感召意义,播撒民间,亦召唤学界。相对于传说的丰富广博,得见于史册的资料却实属有限。近代以来对其事迹的追索考订,对其故事流传脉络的溯源梳理,到今天几乎已是题无剩义。从杨业的家世、生平到其子孙后裔、家族男女,从那一时代的背景到一代名将的遭遇,都有了许多精当的讨论。①

　　杨业生活的时代,铸就了他的事迹,也造就了他的悲剧。长久以来,研究者甄别辨正相关史事的虚实异同,也探究揭发从陈家谷口事件到洗雪诬枉的台前人物与幕后因由。本文则在借鉴勾勒的基础上,试图将视野稍许拉开,借以讨论杨业悲剧的深层缘由。

一、"杨无敌"与"杨家将"

(一)"杨无敌":事迹与声名

　　北汉时期的杨业(杨继业、刘继业),在史料记载中呈现出来的,基本上是一位骁将形象。经历着五代以来的动乱纷纭,这种对外(对辽对宋)战事中英勇善战所向克捷的人物,既是北汉统治者所需要,也是一方民庶所期待的。之所以"国人号为'无敌'",② 正是百姓们寄予保境安民厚望的反映。

　　开宝二年(969)、太平兴国四年(979),宋太祖、太宗曾经两度征讨北汉。在此期间,杨业始终为捍卫北汉而苦苦奋战,虽其颇为骁勇,但战事中亦时有败衄。③ 他对

---

　　① 蔡向升、杜雪梅主编:《杨家将研究·历史卷》,人民出版社,2007年。

　　② 李裕民辑校本:《杨文公谈苑》"杨业条",上海古籍出版社,1993年(据《宋朝事实类苑》四库本参校,下同)。

　　③ 《东都事略》卷二八《党进传》,《宋史》卷二七四《田钦祚传》,《续资治通鉴长编》卷十"开宝二年二月乙亥条",卷十六"开宝八年正月条"。

于一方生聚的惦念，促使他曾于宋军围城之际劝说北汉主出降，① 也导致他最终归降于宋。不过，这并未影响他在时人心目中的"无敌"形象。

杨业从来不曾料到，当其归宋之后，随着保境安边功业的建树，随着"杨无敌"威名的增长，"无敌"声望竟然成为他的牵累，成为僚辈诸将嫉妒的对象。《续资治通鉴长编》卷二一太平兴国五年十二月丁丑条，说：

> 业自雁门之捷，契丹畏之，每望见业旗即引去。主将戍边者多嫉之，或潜上谤书，斥言其短。

此后杨业的悲剧，亦与此相关。

雍熙三年（986）宋军再举北伐，

> （杨业）副潘美进讨，自云应路，以王侁、刘文裕监其军……会岐沟大军不利，班师，（诏）美部迁四州民于内地。

针对杨业"取四州民"、次第撤退的建议，

> 侁沮之曰："今精兵数万，何畏懦如此？趋雁门北川中，鼓行而往可也。"文裕亦赞成之。业曰："不可。必败之势也。"侁曰："君侯素号'无敌'，逗挠不战，岂有他志乎？"业泣下，曰："业非爱死也。但时有未利，杀伤士众，而功不立。今君责业以不死，当为诸君先死耳。"

屡建战功且洞察战场形势的杨业，被军事指挥经验不足却刚愎自用的王侁、刘文裕逼至"泣下"，不得不决计冒死赴险，使人们明显地感觉到"素号'无敌'"这一说法对于他的压力。

临行前，杨业部分属下，泣别主将潘美，

> 即部帐下骑兵数百人，自石碣路趋朔州。将行，泣谓美曰："业本太原降将，当死，上不杀，宠以爵禄，委我以兵柄，顾愿立尺寸功为报，岂肯纵虏不击而怀他志哉！今诸君责以避敌，当先死于敌。"因指陈家谷口曰："公于此张步兵，分强弩，为左右翼为援，业转战至此，以步兵击之，不然无遗类矣。"②

军情紧急，不容犹疑。而在议论措置的整个过程中，作为主将的老练军事家潘美，似乎自始至终未发一言。他所秉持的态度，先是默许王、刘意见，迫杨业死拼；继而败约，随王侁等自陈家谷口撤离，最终导致了杨业遇难、生民失陷的悲剧。这背后有未曾表述

---

① 《续资治通鉴长编》卷十"开宝二年六月条"载，契丹援兵至太原，杨业言于北汉主曰："契丹贪利弃信，他日必破吾国。今救兵骄而无备，愿袭取之，获马数万，因籍河东之地以归中国，使晋人免于涂炭，陛下长享贵宠，不亦可乎！"北汉主不从。同书卷二十"太平兴国四年八月丁巳条"，李焘注文引《国史·杨业传》云："孤垒甚危，业劝其主出降，以保生聚。"

② 以上三段引文，并见《杨文公谈苑》"杨业"，李裕民辑校本，上海古籍出版社，1993年，132~133页。

的多重原因，既与宋初的监军制度有关，亦与潘美对于"无敌"杨业的忌妒之心有关。①

杨业兵败被擒的经过，目前所能看到的时间较早、叙述较为详悉的记载，来自《杨文公谈苑》：

> 业至暮达谷口，望见无人，抚膺大哭，再率帐下决战，身被十数创。业抚下有恩，时从卒尚百余人，业谓曰："汝等各有父母妻子，傥鸟兽散，尚有得还报天子者，毋与我俱死。"军士皆泣不肯去。其子延（昭）【玉】死之，业独手刃百余人后就擒，太息曰："上遇我厚，为奸臣所逼致败，何面目虏中求活哉？"遂不食三日而死。②

对于这一事件，《辽史》中有许多渲染。从圣宗本纪到耶律斜轸、耶律德威、耶律奚低、萧挞凛、耶律题子、耶律谐理、耶律斡腊等人的传记，都予以详略不同的记述，无不以此为功。其中记叙最为详尽的，是《辽史》卷八三《耶律斜轸传》。斜轸时任契丹北院枢密使，战事中为山西路兵马都统。先曾击破贺令图及潘美军，继而在

> 斜轸闻继业（按即杨业）出兵，令萧挞凛伏兵于路。明旦，继业兵至，斜轸拥众为战势。继业麾帜而前，斜轸佯退。伏兵发，斜轸进攻，继业败走，至狼牙村，众军皆溃。继业为流矢所中，被擒。斜轸责曰："汝与我国角胜三十余年，今日何面目相见！"继业但称死罪而已。初，继业在宋以骁勇闻，人号"杨无敌"，首建梗边之策。至狼牙村，心恶之，欲避不可得。既擒，三日死。

战事中，射落杨业使其坠马的辽将奚低，战后未获赏拔，《辽史》中的解释是："先是，军令须生擒继业，奚低以故不能为功。"③ 可见，能够生擒"杨无敌"，是当时关键性的目标。对于契丹将领来说，此举无疑充满着成就感，被视为重大的功勋。

宋人有关杨业事迹的记载，史料源头接近，尽管情节详略有别，内容上并无重大的矛盾差互。对于杨业随从人等的去向下场，除《杨文公谈苑》外，《续资治通鉴长编》、《宋会要辑稿·兵》《宋史》等书中也都有记载。据说"其败也，麾下尚百余人，业谓曰：'汝等各有父母妻子，与我俱死，亡益也。傥敌人散去，尚可还报天子者。'众皆感泣，不肯去，遂俱死，无一生还"④。所谓"无一生还"，或过其实；但其帐下士搏杀"殆尽"，能够提供见证的幸存者亦必寥寥。⑤ 特别是，有关杨业被俘之后言行的传

---

① 余嘉锡：《杨家将故事考信录》，载《余嘉锡论学杂著》（下册），中华书局，1977年，458页；李裕民：《杨家将新考三题》，载《晋阳学刊》2000年6期，67～73页；王菡：《潘美传》，1～6页；李裕民：《序》，114～123页"陈家谷之战"，中华工商联合出版社，1995年。

② 可参看《东都事略》卷三四《杨业传》、《宋史》卷二七二《杨业传》。

③ 《辽史》卷八三《奚低传》。

④ 《续资治通鉴长编》卷二七"雍熙三年八月条"。

⑤ 李裕民先生经严密考订后曾经指出，所谓"无一生还"之说不可靠。见《杨家将疑难问题考辨》，首届全国杨家将历史文化研讨会论文。

闻与记载，应该主要来自辽方，对于《辽史》中的说法，我们不能不予以足够的重视。

对《辽史·耶律斜轸传》所载"业但称死罪而已"，历来有不同的认识与评说。清代四库馆臣曾经对比《宋史·杨业传》，指出二者对于杨业说法的记述不同。在《辽史·耶律斜轸传》的"考证"中，馆臣援引《契丹国志》，称"此传'但称死罪'之语似未足信"。今查《契丹国志》卷七《圣宗文武大孝宣皇帝》统和四年（986）八月条"擒宋杨业"条下，① 有曰：

　　　杨业力战，自日中至暮，手刃数百人。马重伤，不能进，遂擒之。业太息曰："主上遇我甚厚，何面目求活？"乃不食三日而死。

《契丹国志》一书，在现存通记辽朝之事的史籍中成书最早，但其内容，基本是据宋人所修相关史传材料抄撮攒录而成。如研究者所指出，该书应成于元代初年的南方书贾之手。② 上引文字，与成书于理宗绍定二年（1229）的陈均《九朝编年备要》卷四、雍熙三年八月"契丹陷寰州"条下相应文字基本相同。尽管前者立足于辽，后者立足于宋，二者叙事出发角度不同，但对应处之行文却惊人地相似：

　　　业力战，自日中至暮，手刃数百人，马重伤，不能进，遂为敌所擒。业太息曰："上遇我甚厚，何面目求活于敌中？"乃不食三日而死。

显然，《契丹国志》一书有关杨业死事的记叙，并不能提供独立的资料信息。

倒是《辽史》卷十一《圣宗纪（二）》中的说法，印证了前引《杨文公谈苑》等书所述杨业死因："中流矢，堕马被擒，疮发，不食三日死。"③ 杨业在力战过程中身受创伤，但其直接死因，不仅在于"疮发"亦且在于"不食"；也就是说，不完全是由于伤重乃至无法救治，也是由于他拒绝进食而导致速死的。目前所见史料中，宋方记述皆提及杨业不肯求活于敌中（"何面目求活耶！"）；而辽方的记载，也明确说杨业面对斜轸的质问，"但称死罪而已"。这种不愿乞活、但求速死的心态，正是杨业"不食"的直接原因。

至于四库馆臣所怀疑的杨业"但称死罪"之语，不过是两军交战之后，失利战将的寻常表达。杨业死前的慨叹，实际上已经无从确知，今人亦不必胶着于此。迫杨业至死，并非辽方君臣之初衷。如余嘉锡先生所说，"盖爱其忠勇，欲俟其屈服而后重用之，如后来康保裔王继忠之比"④。在当时情况下，杨业能够求生而选择了绝食至死，仅就这一做法来看，即无愧于"忠勇"二字。他生前一向"无敌"的英雄气概，他死前表现出来的忠勇精神，无不为其对手所钦敬。

英雄崇拜的心理，超越于民族界限之上。⑤ 辽境内祭奠杨业的祠宇，是以"杨无敌

————————————

①　《辽史》卷十一《圣宗二》系此事于统和四年七月丙子。

②　刘浦江：《关于〈契丹国志〉的若干问题》，载氏著：《辽金史论》，辽宁大学出版社，1999年。

③　《辽史》标点本断作"疮发不食，三日死"。

④　余嘉锡：《杨家将故事考信录》，载《余嘉锡论学杂著》（下册），463页。

⑤　李裕民：《杨家将新考三题》，《晋阳学刊》2000年6期，67~73页。

庙"而著称的①。奉使北行的宋臣，路过此处，自然具有"驰驱本为中原用，尝享能令异域尊"②，"威信仇方名不灭，至今边塞奉遗祠"③的感慨。从至和到元祐，先后出使辽朝的刘敞、苏辙、苏颂、彭汝砺等人，都有"过杨无敌（杨太尉）庙"的诗作遗存。

北宋时，虽然士大夫多有称道杨氏"父子名将"、"家世将家"者，④但杨业乃至其子延昭（延朗）一直是以"杨无敌"的个人形象与称号闻名于世的。欧阳修在为杨业和其侄孙杨琪所做墓志铭中，说道：

> 君之伯祖继业，太宗时为云州观察使，与契丹战殁，赠太师、中书令。继业有子延昭，真宗时为莫州防御使。父子皆为名将，其智勇号称"无敌"，至今天下之士至于里儿野竖，皆能道之。⑤

回首当年的苦战，令人多少有些惊异的是，当年率军鏖战沙场的，竟然是一批老将。事件中的主角"无敌"将军杨业，生年不详，众家推断不一，雍熙三年（986）至少年逾半百（亦有估计年逾花甲者）⑥；主将潘美，淳化二年（991）去世时 67 岁，雍熙战役时已经 62 岁。战事中骁勇顽强的王贵，73 高龄，年逾古稀。贺怀浦则是建议发起雍熙北伐的边将贺令图父，太祖贺皇后（赵匡胤妻贺氏）兄。贺氏死于后周显德五年（958），时年 30 岁；贺怀浦既是其兄长，至迟应生于 928 年。到雍熙三年，年岁亦应在 60 上下。

（二）"杨家将"：附说"家军"与"家兵"

前辈学者早已指出，"杨家将"这一说法是迟至宋末元初才出现的。⑦张政烺先生在其"《十二寡妇征西》及其相关问题"一文中说：

> "杨家将"一词首见于元代徐大焯《烬余录》甲编。封建时代，兵为将有。史称"撼山易，撼岳家军难"。"杨家将"这一称呼，可能宋代已经有了。

"杨家将"、"岳家军"，本来寓意类似。但"岳家军"的称谓，至少在岳飞生前已经广泛传布；而"杨家将"的说法，则产生于距杨业祖孙三代前仆后继事迹⑧将近 200 年

---

① 有关古北口杨业庙宇，已有不少考订文章，兹不赘。

② 《栾城集》卷十六《过杨无敌庙》。

③ 《苏魏公文集》卷十三《和仲巽过古北口杨无敌庙》。

④ 苏辙：《栾城集》卷十八《杨乐道龙图哀辞（并叙）》称杨业裔孙杨畋"家世将家，有功于国"。

⑤ 《欧阳文忠公集》卷二九《供备库副使杨君墓志铭》。

⑥ 李裕民：《杨家将史事新考·杨业生年考》，载氏著：《宋史新探》，陕西师范大学出版社，1999 年，聂崇岐：《麟州杨氏遗闻六记·记杨业战死以后》，载氏著：《宋史丛考》，中华书局，1980 年，王菡：《潘美传》，中华工商联合出版社，1995 年，87 页。

⑦ 余嘉锡：《杨家将故事考信录》，载《余嘉锡论学杂著》（下册），421～423 页；张政烺：《〈十二寡妇征西〉及其相关问题》，《张政烺文史论集》776～777 页，中华书局，2004 年；杨光亮：《新编〈太原史话〉杨家将一节商榷》，《晋阳学刊》2001 年 3 期，86 页。

⑧ 杨业孙文广卒于熙宁七年（1074）。

之后。

确如张先生所说，"封建时代，兵为将有"，因而会有"杨家将"、"岳家军"一类称呼。然而，尽管我们在东汉以来的史籍中经常看到某些人物率领家兵守卫征战的事例，① 却很少见到直接以"某家兵"、"某家将"冠名者。唐诗中所见"汉家兵马"、"汉家将"，往往是指代或者泛称②；而史部中如"汉家兵马"、"唐家兵马"、"晋家兵马"之类，则多是边疆政权、边疆民族对于中原军队的指称。③

唐后期至五代，藩镇将领、牙兵"父子相袭，亲党胶固"④，主帅与亲将、牙兵之间亦常结成拟血亲的父子关系，但仍然绝少见到"某家兵"、"某家将"、"某家军"的称谓。当时"兵骄则逐帅，帅强则叛上"⑤，使得一方军帅的地位并非稳定。兵将与军镇、驻地紧密地结合在一起，因而"魏博兵"、"成德兵"、"河东兵"等，成为军队的特定"标签"。

北宋时期，兵将私属结合本是"祖宗家法"之大忌，全国正规军队无论"守京师"还是"备征戍"，原则上都隶属朝廷，是"天子之卫兵"⑥。尽管时人经常称颂如曹彬、种世衡等父子祖孙为"世将"、"世代将家"⑦，尽管"将家子"被认为具有"阔达"、"沉雄"的特有禀性，⑧ 却很少有人把这些"将家"群体、出身"将家"者称作"某家将"。杨家的情形亦是如此。欧阳修在颂扬杨业"父子皆为名将"的同时，称其侄孙杨琪"生于将家"，琪子杨畋"出自将家"⑨；苏辙亦称杨畋"家世将家"⑩；但也就很自然地止步于此。

"某家军"是与"某家将"接近的说法。有意思的是，今天我们所注意到的宋代"某家军"一类称呼，大多首先自敌方叫响开来，逐渐为普遍的称谓。五代以来，党项折氏家族世居府州，控扼西北；北宋中后期，宋夏战争中，折克行知府州，他"在边三十年，善拊士卒，战功最多，羌人呼为'折家父'"⑪。南宋前期，岳飞在率领所部平定游寇曹成的过程中，军威树立，于是"成闻飞将至，惊曰：'岳家军来矣！'即分

① 《后汉书》卷一〇一《朱俊传》、卷一〇四上袁绍传、《三国志》魏志卷十六《任峻传》等。
② 《李太白集》卷十四《送族弟绾从军安西》中"汉家兵马乘北风，鼓行而西破犬戎"句等。
③ 《旧唐书》卷一九八《高昌传》"先是，其国童谣云：高昌兵马如霜雪，汉家兵马如日月"云云；卷一九五《回纥传》"不与唐家兵马斗"；《新五代史》卷七二《四夷附录（第一）》"（耶律德光）谓其左右曰：杨光远言晋家兵马半已饿死，何其盛也！"等等。
④ 《旧唐书》卷一八一《罗威传》、《旧五代史》卷十四《罗绍威传》、《资治通鉴》卷二六五，天祐三年正月条。
⑤ 《新唐书》卷五十《兵志》。
⑥ 《宋史》卷一八七《兵志（总序）》。
⑦ 《群书会元截江网》卷二二《将帅·国朝世将》。
⑧ 《华阳集》卷三五《李昭亮授依前检校太傅同中书门下平章事充昭德军节度使加食邑实封功臣制》，《栾城集》卷二四《洛阳李氏园池诗记》。
⑨ 《文忠集》卷二九《供备库副使杨君墓志铭》、卷八一《杨畋屯田员外郎直史馆制》。
⑩ 《栾城集》卷十八《杨乐道龙图哀辞（并叙）》。
⑪ 《宋史》卷二五三《折克行传》。

道而遁"；对金作战中，"岳家军"的名声日益响亮，以致女真军队为之语曰："撼山易，撼岳家军难!"①也是在这一时期中，韩世忠、张俊、吴玠等所统领的军队，开始有了"韩家军"、"张家军"、"吴家军"一类称呼②。

这类称呼一旦出现，由于其简明亲切，很容易广泛流传开来；在动荡的岁月中，这种体现着凝聚力的说法，也会带给民众些许安慰与期望。而从宋廷的角度来看，尽管为生存起见，南宋修改了不少北宋政策，默认领兵大将职权加重，但与此同时，执著于防微杜渐的宋廷官僚，却始终对大将专兵、"将"与"兵"的紧密结合充满了警惕。③ 高宗朝东南地区诸大将兵柄的解除，正与此相关。光宗时宋廷议更蜀帅，宰相留正进言说："西边三将，惟吴氏世袭兵柄，号为吴家军，不知有朝廷。"④ 当时被命帅蜀的丘密，也认为"吴家兵太专，他日必有可虑"⑤。

"将门出将"的说法，中国自古即深入人心；杨业父子的忠勇故事，在北宋中期也已经流传颇广；但"杨家将"的称呼却出现甚晚。⑥ 这一现象，或许与两宋时期的氛围风气以及当时将门、将家的普遍际遇有关。

二、"出自疏外"与"忠勇自效"

《续资治通鉴长编》卷四八"咸平四年（1001）四月乙巳条"有一记载，说：

> 以保州刺史杨嗣、莫州刺史杨延朗并为本州团练使。北作坊使、绣州刺史无棣张凝为赵州刺史，南作坊使、高州刺史李继宣为西上阁门使、领康州刺史。上谓宰相曰："凝旧事太宗藩邸，犹有称其才者。嗣及延朗并出疏外，以忠勇自效，朝中忌嫉者众；朕力为保庇，乃及于此。继宣虽不逮二三辈，然亦熟边事，不易得也。"时嗣与延朗并为缘边巡检，勇于战斗，以名称相上下，边人谓之"二杨"。

这段话中，尤其值得注意的是真宗对于杨嗣与杨延朗二人"出自疏外（并出疏外）"而"忠勇自效"的说法。

---

① 《宋史》卷三六五《岳飞传》。
② 《建炎以来系年要录》卷一三七"绍兴十年七月乙卯条"，《金佗续编》卷二一《章尚书颖经进鄂王传之五》，《宋史》卷三九一《留正传》。
③ 黄宽重：《从害韩到杀岳：南宋收兵权的变奏》，见氏著：《南宋军政与文献探索》，新文丰出版公司，1990 年，105 ~ 139 页。
④ 《宋史》卷三九一《留正传》。
⑤ 《贵耳集》卷上，《宋史》卷三九八《丘密传》。
⑥ 西北地区"杨家族"出现颇早，但只涉及部落族属，而与军将无关，参见《宋史》卷四九一《党项传》、汤开建：《五代辽宋时期党项部落的分布》，《西北民族研究》1993 年 1 期，117 ~ 118 页。另有学者认为，"杨家族"与麟州杨氏不一定相关，而应是环州及周边地区党项部落中的一支，见李华瑞：《麟州杨氏族属考》（首届全国杨家将历史文化研讨会论文）。

（一）出自疏外：杨业死因的背后

称杨延朗"出自疏外"，是谈其出身背景，在真宗心目之中，这当然并非单指延朗一代，而应该是包括了杨业在内的。"疏外"这一表述，言简意赅，点破了宋初十分重要的历史事实。

"亲""疏"问题，与"功""过"等范畴不同，由于其敏感性，宋初统治者及士人、史家绝少谈及，影响却深刻而实在。① 所谓"疏外"，自然是相比较而言的。因此，我们需要自这一角度出发，排比一下与杨业死事相关的几位主要人物。

首先是主将潘美。他在后周至宋初的历史上南征北战，有其重要功绩。在宋初的高级武将群体中，潘美无疑是得到太祖、太宗信赖的一位。他曾事周世宗于潜邸，世宗在位时，他即与赵匡胤有着密切友好的关系。《宋史·潘美传》中，说"先是，太祖遇美素厚。及受禅，命美先往见执政，谕旨中外"②。也就是说，新皇帝委派他作为个人代表，担负关键性的试探、观察与沟通责任。后人称"太祖太宗时诸节度皆解兵柄，独潘美不解"；更有传闻说，"太祖无事时，常召潘美辈禁中议政，或与之纵饮，至令宫女解衣，无复君臣之礼"③。这种狎昵的往来，正说明彼此关系的特殊。太宗即位之后，潘美仍然颇受宠信。潘美的儿子惟熙，于太平兴国（976~984）年间娶了太宗弟秦王廷美的女儿④；雍熙二年（985）闰九月，太宗为第三子韩王（即真宗赵恒）迎娶了潘美女儿为妃。⑤ 次年北伐失利，潘美虽因败约不援，而于是年八月被"削秩三等，责授检校太保"，但不足半年，"明年二月，复为检校太尉。端拱初，知真定府；未几，复为并代都部署、知并州。淳化二年（991），就加同平章事"，同年六月卒，赠中书令，谥武惠。咸平二年（999）八月，配飨太宗庙庭。⑥

其次是作为监军的王侁、刘文裕。宋初的监军，往往是帝王亲近。这两人共同的特点，即是"早膺任使，久侍轩墀"⑦。王侁是后周枢密使王朴之子，在太宗朝，他曾被

① 笔者在《近臣与外官：试析北宋初期的枢密院及其长官人选》，《国际宋史研讨会论文集》，河北大学出版社，2002年一文中，曾经针对宋初的枢密院，讨论过当时的"亲""疏"与人事等问题。

② 《宋史》卷二五八《潘美传》。

③ 王巩：《随手杂录》。

④ 应在太平兴国四年（979）九月至七年四月，即廷美封秦王至其勒归私第之间。《名臣碑传琬琰集》下卷（一）引《实录·潘武惠公美传》，称"惟熙娶王氏，延和县主"，除个别情形外，宋代县主通常为赵姓宗室女，此处记载恐有漏误。

⑤ 《宋会要辑稿·后妃》一之三，《宋史》卷二四二《后妃传（上）》。这位潘氏（后追封章怀皇后），一说为惟熙女，即潘美孙女。可参看王菡"潘皇后小考"（《潘美传》149~152页）。

⑥ 《名臣碑传琬琰集》下卷（一）《潘武惠公美传》，《续资治通鉴长编》卷二七"淳化二年六月甲戌条"。《宋史》卷二五八《潘美传》卒年有误。

⑦ 《宋大诏令集》卷九四《王侁刘文裕除名配金登州制》。

命往来西边就军中事项"多奏便宜,上多听用"①;雍熙战役时,他是云应等州兵马都监。北宋初期,自五代后周基盘发展而来的痕迹还相当明显,人事的继承性也是若隐若现。在五代王朝递嬗过程中,后汉血胤的"承继者"北汉与后周视若仇雠;而在此时,相对于杨业这样的北汉降将,王侁自然感觉到自身作为监军、作为大宋朝廷"自己人"的强势,其"强戾""刚愎"而缺乏温厚宽容,显然不完全是性格方面的原因。杨业事迹昭雪后,他被除名隶金州。②

身为赵宋外戚的刘文裕,其祖姑是太祖、太宗的祖母。这层关联本系疏属,原不算十分近密,但他在太祖时即投靠晋王光义,"太宗在藩邸,多得亲接"③。其弟刘文质,也长期被太宗倚为耳目。④ 陷失杨业事发,刘文裕一度被削籍配隶登州,不久即被召还:"岁余,上知业之陷由王侁,召文裕还,俄起为右领军卫大将军、领端州团练使。"⑤而与太宗个人关系不深的王侁,直至淳化五年才被召还,成为整个事件中贬黜相对严厉的一人。

与杨业同役死于军阵之中的将领,除其子延玉外,一是附于《宋史·杨业传》的王贵,二是贺怀浦。⑥《续资治通鉴长编》卷二七"雍熙三年八月条",在述及杨业被擒时,说:

> 其子延玉与岳州刺史王贵俱死。业初为敌所围,贵亲射杀数十人,矢尽,张空拳,又击杀数十人,乃遇害。

针对这段话,余嘉锡先生早已指出:

> 然长编称岳州刺史王贵者亦误,据隆平集、东都事略及宋史,贵乃淄州刺史,非岳州也。考是时尚有岳州刺史贺怀浦,与业俱死,长编删去怀浦之名,因误以其官加诸王贵,而冶迹统类从之耳。宋史外戚传云:"贺令图,父怀浦,孝惠皇后兄也,仕军中,为散指挥使,太平兴国初,出为岳州刺史,领兵屯三交。雍熙三年,从杨业北征,死于阵。"宋会要(第三十四册礼四十四)赙赠类,特恩加赐者,有岳州刺史贺怀浦,与业同阵殁,赐钱百贯,绢百足,酒二十瓶,羊十五口,长编盖以怀浦首谋北伐(见令图传中)以致偾军辱国,故削其名,然能与业同死,亦谈杨家将事所当知者。⑦

也就是说,当时的死事将领,还有淄州刺史王贵和岳州刺史贺怀浦。

贺怀浦是赵匡胤夫人贺氏的兄长,他的儿子贺令图曾经"隶太宗左右",其后多年

---

① 《宋史》卷二七四《王侁传》。
② 《宋史》卷二七四《王侁传》。
③ 《宋史》卷四六三《外戚传上·刘文裕传》,参见何冠环:《宋太祖朝的外戚武将》,载氏著:《北宋武将研究》,67~68页。
④ 《苏学士集》卷十四《内园使连州刺史知代州刘公墓志》。
⑤ 《宋史》卷四六三《外戚传上·刘文裕传》。
⑥ 贺怀浦战死情况不详。
⑦ 余嘉锡:《杨家将故事考信录》,《余嘉锡论学杂著》(下册),457页。

握兵边郡。贺令图一生举止轻率，是一"轻而无谋"的人物，却"恃藩邸旧恩"，得到太宗宠信。雍熙战役的发动，与他的建议有直接的关系。①

排比过以上材料，杨业出自"疏外"，实在是不言而喻。对于这一点，杨业本人显然心知肚明。诸书都曾记载杨业勉强再战前的一段话：

> 将行，泣谓美曰："业本太原降将，当死，上不杀，宠以爵禄，委我以兵柄，顾愿立尺寸功为报，岂肯纵虏不击而怀他志哉！今诸君责以避敌，当先死于敌。"②

此时充溢于杨业心中的，显然不仅是悲壮情怀，也有挥之不去的"本太原降将"的委屈。

造成杨业悲剧的，既有主将与监军贪功、忌妒的态度和心理作祟，又有背后更深层次的因素。一方面，我们看到，杨业在边将中以"无敌"著称，"主将戍边者多嫉之。或潜上谤书，斥言其短，上皆不问，封其书付业"③，太宗以这种方式显示开明与信任的姿态，以树立新朝坦荡的用人形象。富弼的感言"杨业本河东降将，太宗得之，信任不疑。每纳谤书，一一付业，使边将安心以立事"④，正是由此而发。

而另一方面，在太宗的时代，带军将领中的"亲""疏"分野，无疑仍然是帝王心中的重要界域。太宗个人的防范、猜忌倾向，远甚于太祖；培植爪牙、控御军将，不敢须臾大意。熙宁五年（1072）八月，神宗曾经与王安石等比较太祖与太宗御将之得失，神宗批评太宗时"将从中御"，即不如太祖。对此，

> 王安石曰："太祖知将帅情状，故能得其心力。如言郭进反，乃以其人送郭进，此知郭进非反也，故如此。此所以如进者皆得自竭也。……其后郭进乃为奸人所摧，至自杀。杨业亦为奸人所陷，不得其死。将帅尽力者乃如此，则谁肯为朝廷尽力！此王师所以不复振，非特中御之失而已！"
>
> 上曰："祖宗时从中御将帅，盖以五代时士卒或外附而叛，故惩其事而从中御。"⑤

显然，当"祖宗时"，五代纷更扰攘的阴影仍然浓重地笼罩在帝王心上。长久以来，军事将领随政治风云变化而投靠他主、改换门庭的现象，并非罕见。较其兄长更加着意于"事为之防，曲为之制"的太宗，骨子里对于"亲""疏"之别也更加敏感。由此带来的戒惕和排抑，当时的潘、王、刘等人自然无不心领神会，这也正是杨业不得不以身赴死的重要原因。而朝廷对于死事将领的善后安排，也使我们注意到上述心理对于太宗判断力之影响。

后人在《宋史·杨业传》等史料中看到的杨业牺牲后宋廷之褒赠赐予与惩处失责

---

① 《宋史》四六三《外戚传上·贺令图传》。

② 《杨文公谈苑》"杨业"。

③ 《续资治通鉴长编》卷二一"太平兴国五年十二月丁丑条"。

④ 《宋史全文》卷三"太平兴国五年十二月丁丑条"注文引富弼语（应系富弼为《三朝宝训》所作注文）。

⑤ 《续资治通鉴长编》卷二三七"熙宁五年八月庚子条"。

者的措置，实际上是刘吉等人仗义伸张的结果。余嘉锡先生在其《杨家将故事考信录》中即敏锐地洞察到对于杨业待遇的前后变化。他引用《宋会要辑稿·礼》卷四四中的材料，注意到杨业死事消息初至时宋廷的微薄赐赠，比较了观察使去世后通常的赙赠数额以及同时阵亡者的待遇，推断说：

> （杨）业以观察使殉节，所赐绢布，乃较善终者减半，又无钱与羊酒，反
> 不如同时阵没之贺怀浦。虽加赐粟，亦甚少，其待之之薄如此，知业此时必为
> 人所谗谤矣。其后赠官赐厚赙，并严谪潘美等，《长编》叙之于八月辛亥，是
> 月丁酉朔，辛亥为月之十五日，盖其事久而始明，是必有人为之申雪矣。

李裕民教授在《杨家将新考三题》中，引张咏《赠刘吉》诗作（《张乖崖集》卷二），进而指出"冒死雪忠臣（证杨业忠赤，为奸臣所陷）"者为刘吉。对杨业由薄到厚的赙赠，对潘美及王、刘等人的贬谪，正与这昭雪经过契合。

献身沙场而需要洗雪，正说明陈家谷口事件并未随杨业的牺牲而结束。相形之下，富弼有关太宗对杨业"信任不疑"的说法，无法不令人质疑。战事前、战事中与战事后的波折，使我们想到杨业悲剧的整个历程恐怕不仅仅导因于二三侪辈的阴暗心理；联系到这一时期的类似事件、整体形势，[①] 我们不得不思考背后更深层次的原因。透过丰富纷纭的历史事件、错综复杂的人物关系，观察历史现实，是研究者经常面临的挑战。时至今日，我们不应再把自己的思路局限于某些个人品行及"忠""奸"二字之上。

（二）忠勇自效：杨业形象的确立

太平兴国四年（979）五月，杨业归宋；八月，太宗自幽州回师之后，他被除授为郑州防御使。制辞中称：

> 百战尽力，一心无渝；疾风靡摇，迅雷罔变。知金汤之不保，虑玉石之俱
> 焚；定策乞降，委质请命；忠于所事，善自为谋。[②]

这篇文辞，以"百战尽力，一心无渝；疾风靡摇，迅雷罔变"的说法，称赞了杨业为北汉苦战的精神；"知金汤之不保，虑玉石之俱焚；定策乞降，委质请命"，褒扬了他在战局中的明智考虑；而"忠于所事，善自为谋"，则肯定了"各为其主"前提下的抉择。

《宋史》卷五《太宗本纪二》，记载雍熙三年（986）云应寰朔战事，称杨业"苦战力尽，为（契丹）所禽，守节而死"。杨业得到昭雪之后，太宗显然深感痛惜，于是下诏说：

> 执干戈而卫社稷，闻鼓鼙而思将帅。尽力死敌，立节迈伦，不有追崇，曷
> 彰义烈！故云州观察使杨业，诚坚金石，气激风云，挺陇上之雄才，本山西之

---

① 何冠环：《论宋太宗朝武将之党争》，载氏著：《北宋武将研究》，（香港）中华书局，2003年，87～135 页。

② 《续资治通鉴长编》卷二十"太平兴国四年八月丁巳条"，李焘注文。

茂族。自委戎乘，式资战功，方提貔虎之师，以效边陲之用，而群帅败约，援
兵不前，独以孤军陷于沙漠，劲果猋厉，有死不回。求之古人，何以加此！是
用特举徽典，以旌遗忠；魂而有灵，知我深意。可赠太尉、大同军节度。①

太宗朝，应该说正处在"走出五代"的关键时期。从五代十国文臣武将"各为其主"，
到倡导效忠赵宋王朝的忠诚气节，杨业提供了一个榜样。对于帝王来说，杨业的"尽
力死敌，立节迈伦"，是足以打动他的主要因素。本来出自疏外，却以其"诚坚金石，
气激风云"、"劲果猋厉，有死不回"的气节超越群伦（"群帅"），这正是真宗所说的
"忠勇自效"。

潘美的贬斥诏书，颁行于八月辛亥日，应与褒赠杨业同时。诏书称：

> 忠武军节度、检校太师潘美，位处殿邦，任隆分阃，总貔貅之族，执金鼓
> 之权。昨以云朔吏民，不忍委于戎敌，因令南徙，俾总援兵。经涂非赊，精甲
> 甚众，不能申明斥堠，谨设堤防，陷此生民，失吾骁将。据其显咎，合正刑
> 书。尚念久在边陲，累分忧寄，爰伸念旧，特示从轻。可削三资，为检校
> 太保。②

虽然指斥潘美"陷此生民，失吾骁将"之"显咎"，但诏书中的表述，显然谨慎小心。
在太宗心目中，此类过失全然与"奸邪"无涉，因而"爰伸念旧，特示从轻"。读到诏
书的人，无疑都能体会到太宗既要笼络"出自疏外"而"忠勇自效"者，又要安抚
"累分忧寄"之"旧人"的苦心。

"疏外"的观念，随着赵宋王朝的安定与统治年代之久远，逐渐淡出，不再为人所
措意，即便帝王亦是如此③。北宋中期治平（1064～1067）年间，议宿卫诸将，提到杨
业的嫡孙文广，英宗说："文广名将后，且有功。"④ 自杨业死后已过去了80年，此时
沉淀在人们记忆中的，是大宋的无敌名将。

杨业"尽力死敌，立节迈伦"的事迹得到确认，其"忠勇""无敌"形象在其后
的岁月中成为楷模式的标志。继杨业之后，宋廷以张齐贤镇守代地，尹洙曾说到当时的
背景："属杨继业初没，敌数出扰边。"⑤ 在宋人心目中，将"无敌"杨业之亡殁与
"敌"之出扰联系起来，使其压力骤然凸显。

端拱二年（989），时任知制诰的田锡，在其议论边事的奏疏中，谈到当时的御戎
之策，建议厚给将帅，使之养置亲兵。为证明这一建议的意义，他说："昨来杨业陷

---

① 《宋史》卷二七二《杨业传》。
② 《名臣碑传琬琰集》下卷一《潘武惠公美传》，《宋大诏令集》卷九四《责潘美制》文字有
不同。
③ 这种状况，与北宋政治的整体走势相关。陈峰曾经分析过宋英宗朝及以后潜邸将领在武将群
体中影响的下降，见氏著：《北宋武将群体与相关问题研究》，中华书局，2004年，52～53页。
④ 《宋史》卷二七二《杨文广传》。
⑤ 《河南集》卷十七《张公（宗海）墓志铭（并序）》。

阵，访闻亦是无自己腹心从人护助捍御，以致为敌人所获。"① 太宗朝防范边将，亦戒惕其培植厅直亲兵。但目前所见有关"杨业陷阵"的宋方材料，几乎无一例外地说到其"帐下"、"从卒"的拼死相随，则其"为敌人所获"之根本原因，是否在于"无自己腹心从人护助捍御"，值得考虑。田锡以杨业牺牲之事作为个人建议的因由，以印证其意见，增重其分量，实际上反映出时人心中对于杨业陷敌事的普遍痛惜。

庆历（1041～1048）时，张方平进呈的《郊禋赦书事目》中，首条即"录用近代有功边将子孙"，以为边臣之劝。而他所称扬的御寇守边名迹卓著的"本朝将臣"，第一名就是杨业。② 包拯在论边事、边将的奏疏中，也曾两度向仁宗提及"骁将杨业"。庆历五年，身为监察御史的包拯"累曾上言，以河北沿边将帅未甚得人，特乞精选"；他出使契丹归朝，再度进言"论边将"，更明确地以杨业作为慎重择将的标准。③ 皇祐元年（1049），他以户部副使身份进对天章阁御制策，忧心忡忡地谈及边事，再度强调要效法"先朝以骁将杨业守代州"的措置。④

杨业和他的事迹、家人，在渐次远去之后，获得了更多的敬意与尊重。在历史留下的依稀痕迹之上，既印有时代变化的清晰脉络，又带着后人追念的浓烈色彩，值得我们探究与深思。

---

① 《咸平集》卷一《上太宗答诏论边事》。
② 《乐全集》卷二十。
③ 杨国宜校注：《包拯集校注》卷一《论边将（一）》，黄山书社，1999 年。
④ 《包拯集校注》卷二《天章阁对策》。

府州折氏及其与杨家将的关系

　　中国评话、小说、戏曲中演义的杨家将故事早已家喻户晓，折太君是故事中的一个核心人物。经过千百年来说话人、小说家和戏曲艺人的塑造，折太君已经不是一般的巾帼英雄形象，她完全是一个超人、完人。史籍所载杨家将祖孙三代（杨业、杨延昭、杨文广）为宋守边，相继几近百年（杨业投宋的 979～杨文广逝世的 1074），传说中的折太君至少也活了这么久。她年逾百岁还可以指挥三军，临大阵、捍大敌；入朝则持正论、辟邪说、决大政，俨然为国家柱石；在家则举止有方，把子弟们教导得一个个父慈子孝兄友弟恭。有祸事临头时（杨家常遭奸臣陷害），全家人都能处变不惊，临危不惧，且最终都能化险为夷。杨家应付所有的事情，折太君都是主心骨。折太君的形象如此高大完美，那是因为中国老百姓把对于社会的所有美好的愿望和期待都背负在她的身上。所以折太君必须要有超人的本领，还要有超常的寿命。

　　史籍所载杨家将抗辽的事迹，除了五代文献有缺、杨业的先世和自己的宦迹不甚清楚外。入宋以后，官私所修诸史皆有载述，相互比次，脉络还是比较清楚的。而折太君这个为老百姓所熟悉和喜爱的人物，宋代的国史、实录、会要，私家所修诸史，如王称《东都事略》、曾巩《隆平集》、司马光《资治通鉴》、李焘《续资治通鉴长编》（以下简称《长编》）、彭叔融《太平治迹统类》等，皆不着一字，这不免令人遗憾。折太君，实有其人。一般人对此大多不知，她并非汉族女子，而是党项族的后裔。

一、府州折氏是党项族

　　北宋时，杨业战死及其子、孙抗辽立功事已在民间流传。平话艺人开始编织杨家将故事，由于故事还不像后来的那样丰富，折太君之名亦不彰显。到南宋末，徐大焯著《烬余录》一书，叙及杨家将故事，提到"折太君"之名。清人李慈铭为之注曰："业娶府州永安军节度使折德扆女，今山西保德州折窝村，有大中祥符三年折太君碑，即业妻也。"《乾隆一统志》卷一二二《保德州·陵墓》条，《保德州志》卷二《古碛类》均录有《折太君墓》，它在州南 40 里折窝村。但是《折太君碑》至今无拓本传世。清人毕沅《关中金石记》卷上有《折克行神道碑跋》云："世以此碑为《折太君碑》，折太君、德扆之女，杨业之妻也；墓在保德州折窝村，非此也。"《折太君碑》大中祥符三年（1010）立，《折克行碑》政和六年（1116）立，显为二碑，不知何以误传为一碑？前碑之有无存没，疑不能明，尚须进一步查考。

　　宋、明人所著姓氏书，记府州折氏，只述世系，不载其族属。唯宋邓名世《古今姓氏书辨证》卷三八称："又羌族有河西折氏，世家云中，为北蕃大族。自唐以来，世为麟、府州节度使。"羌族，此处即党项族。宋人著书，涉及党项族常以羌、党项互指。邓书所概叙河西折氏事，也与党项折氏事迹相合，当是指折太君所自出的折德扆这一支折氏家族。倒是官方所修书，语及折氏，径称为党项。如《五代会要》卷二九《党项传》："长兴元年（930）十二月，以党项折家族五镇都知兵马使折之正为检校尚书右仆射。"《宋史》卷四九一《党项传》："太祖建隆二年，代州刺史折乜理来朝。乜理，党项之大姓，世居河右，有捍边之功，故授以方州。"《长编》卷二《建隆二年十二月乙未条》："代州刺史折仁理，党项蕃部之大姓也。世居河西，接邻北境。上以其有捍边之功，召令入觐。"这里《宋史》与《长编》所记为一事，折乜理、折仁理似为一人。梳理诸史所记，府州折氏为党项大姓之一，当无疑义。

　　党项族原居于今青海省东南部和四川省松潘以西的山谷中，没有君长，各以大姓为部落，大姓复分为小部落，不相统一。唐初招抚，后陆续内徙，人口繁衍，各部落族帐遍布于西北边。灵、盐、夏、宥、银、麟、府是其主要居地，河东石、岚、云、代亦有世居大姓。云中（大同）折氏即其一。

　　新、旧《唐书·党项传》胪列内徙党项之大姓，并无折氏。欧阳修《新五代史》始明言党项"大姓有细封氏、费听氏、折氏、野利氏，拓拔氏最强"[1]。薛居正《旧五代史》亦同。唯《五代会要》无明文，但云党项大姓"有细封氏、费听氏、析利氏、颇超氏、房当氏、米禽氏、拓拔氏"[2] 已故西夏学家韩荫晟先生研究认为，此"析利氏"疑是"折氏、野利氏"之误，盖误"折"为"析"，又脱"氏、野"二字。又《宋会要辑稿》明言"折氏世为云中大姓，唐有折宗本者补振武缘河五镇都知兵马使。宗本子嗣伦、麟州刺使，嗣伦子从阮，自晋汉以来，独据府州、控扼西北、中朝赖之"[3]。查检《五代史》、《宋史》、《隆平集》、《东都事略》诸书记载，亦多云折氏为云中大姓，皆可以佐证韩先生之说。

二、府州折氏世系宦历

　　综合诸史所记，约略可知，折氏虽为云中大姓，世守府州，但在晚唐以前，并无显赫人物，故新、旧唐书，均不明载其姓氏族属，唐林宝《元和姓纂》著录元和（801～820）以前国内各民族姓氏来源及其谱系，但不载府州折氏。大约到唐末五代时期，党项折氏始成强大之族，守边有功，遂为中朝所重。如前引《宋会要辑稿》所载"折宗本者，补振武缘河五镇都知兵马使"可能是折氏出镇府州之第一人。振武即唐之振武军节度，下辖胜州、府谷等沿河五镇。五代时，李克用踞河东，以缘河五镇为府谷镇，

---

　　① 《四夷附录·党项》卷七四。
　　② 《党项传》卷二九。
　　③ 《方域》21《边州·府州条》。

折宗本，折嗣伦父子代为镇将，嗣伦又升为麟州刺史，子从阮于后唐同光中（923～926）为府州刺史，自此折氏"世守麟府，权势日重，遂成'大姓'"，著于《五代会要》、《五代史》等史册。折氏自唐末仕于唐，五代时于后唐、后晋、后汉、后周至宋，皆附顺于中央政权。后晋石敬瑭以云中、河西（麟府一带）赂契丹以酬援立之恩，折从阮由是以府州地附于契丹。晋出帝石重贵绝交拒辽，折从阮应诏出师击辽。此时，折氏为后晋北面屏藩，折从阮仕宦通显。开运初（944），晋出帝加从阮检校太保，迁本州团练使。兼领朔州刺史、安北都护、武振军节度使、契丹西南面行营马步都虞侯。后汉刘知远篡晋，又为折氏增秩。升府州为永安军，析振武之胜州并沿河五镇隶之，以折从阮为永安军节度、府胜等州观察处置等使，赐功臣名号，又命其子德扆为府州团练使，授从阮武胜军节度使。后周代汉、折氏又仕之。为静难军节度使（镇邠宁），其子德扆为永安军节度使。父子俱领节镇，时人以为荣耀。显德二年（955），从阮卒，后周依制赠中书令。折德扆，即折太君之父，入宋以后，仍镇府州。德扆卒，宋以其子御勋领汾州团练使、权知州事，为永安军留后。御勋卒，弟御卿拜永安军节度使。五代宋初，契丹曾数次南侵，皆被折氏挫败。宋倚为长城。所以《宋史·折德扆传》说府州折氏"自晋、汉以来，独据府州，控扼西北，中国赖之"。嗣后，折氏又有五代相继守府州，专与西夏对抗。这样，若由折从阮镇府州算起，折氏父子兄弟相继捍卫边境，历200余年，比北宋、辽、金、西夏几个王朝的延续时间还要久。若从折氏盛唐时徙于云中算起，迄于宋、金之际，绵历将近500年，世代仕宦于中原王朝，将门之风递世不绝，确与杨家将十分相似。折太君出嫁前就生长在这样一个世代簪缨之族，以武雄于北边，名播于外邦的将门世家。她和杨业的匹配真可以称得上门当户对。为醒眉目，现附《折氏世系宦历表》如下：

折氏世系宦历表

人　名	年　代	宦　历	资料来源
折宗本	唐	振武缘河五镇都知马使	《宋会要辑稿·方域二一·边州·府州》条
折嗣伦（宗本子）	后唐同光中	麟州刺史	《旧五代史》卷一二五《折从阮传》
	后唐长兴初	府州刺史	
折从阮（折嗣伦子）	后唐同光	河东牙将领府州副使、迁刺史	《旧五代史》卷一二五《折从阮传》
	后唐长兴	加检校工部尚书	
	后晋开运	加检校太保迁本州团练使，兼领朔州防御使、安北都护、振武军节度使、契丹西南面行营马步都虞侯	
	后晋天福	永安军（府州升军）节度使，府州、胜州等州观察处置使	
	后周广顺二年	静难军节度使（镇邠宁）	
	显德三年	卒，赠中书令	

续表

人 名	年 代	宦 历	资料来源
折德扆（从阮子）	后周广顺	永安军节度使	《宋史》卷二五三《折德扆传》
	宋乾德二年	卒，赠侍中	
折御勋（德扆子）	宋乾德二年	领汾州团练使、权知州事	《宋史》卷五三《折德扆传附子御勋御卿传》
	开宝二年	永安军留后	
	开宝九年	泰宁军节度使	
	太平兴国二年	卒，赠侍中	
折御卿（御勋弟）	北宋初	府州兵马都使	《宋史》卷二五三《折德扆附子御卿传》
	开宝九年	闲厩副使、知府州	
	太平兴国四年	以军功迁崇仪使	
	淳化三年	迁府州观察使	
	淳化五年	永安军节度使	
	淳化六年	卒，赠侍中	
折惟正（御卿子）	淳化六年	洛苑使，嗣父知州事	《宋史》卷二五三《折德扆附子御卿传》
折惟昌（惟正弟）	景德二年	嗣兄知州事，兴州刺史	《宋史》卷二五三《折德扆附子御卿传》
	大中祥符七年	卒，弟惟忠继其职	
折惟忠（惟昌弟）	咸平二年	以兄惟信与西夏战，没于阵，补西头供奉官，擢阁门祗侯	《宋史》卷二五三《折德扆附子御卿传》
	大中祥符七年	以兄惟昌卒，为六宅使，知府州，兼麟府路都巡检使，领普州刺史，再迁左藏库使，拜嘉州刺使，改资州，迁简州团练使。丁母忧，起复云摩将军	
	天圣中	卒，赠耀州观察使	
折继宣（惟忠子）	宝元二年	嗣父知州事。绌为左监门卫将军，楚州都监	《宋史》卷二五三《折德扆附子御卿传》
折继闵（继宣弟）	宝元中	西京作坊使，权知州事	《中国考古学会第一次年会论文集·折继闵神道碑》
	庆历二年	以功迁宫苑使，普州刺使。以失事夺宫苑使，后复官	
	庆历六年	叙功迁果州团练使，麟府路兵马钤辖，仍知州事	
	皇祐二年	卒，弟继祖嗣知州事	
折继祖（继闵弟）		侍禁迁西染院，累转皇城使，成州团练使。卒，兄子克柔袭州事	《中国考古学会第一次年会论文集·折继闵神道碑》
折继世（继祖弟）	熙宁四年	延州东路巡检使，领忠州刺使，以左麒麟使，果州团练使卒	《中国考古学会第一次年会论文集·折继闵神道碑》

续表

人　名	年　代	宦　历	资料来源
折克行（继闵子）	熙宁三年	以战功擢知府州，官至泰州观察使。卒，赠武安军节度使	《金石萃编》卷一四七《折克行神道碑》
折可大（继闵孙）		中亮大夫，吉州防御使、知府州，卒，赠耀州观察使	《中国考古学会第一次年会论文集·折继闵神道碑》
折可求（继闵孙克行子）		右武大夫、康州刺使，充太原路兵马都监，知府州，兼麟府州管界都巡检使，兼河东第十二将	《中国考古学会第一次年会论文集·折继闵神道碑》
折可存（继闵孙克行子）	宣和元年	以荫补入仕，以功迁秉义郎，阁门祗候，升第四副将。伐夏有功，升阁门宣赞舍人。以第四将从征方腊，迁武节大夫，平宋江，迁武功大夫	《宋故武功大夫河东第二将折公墓志铭》，《北京大学学报》（哲社版）1978 年第 8 期
	靖康元年	河东第二将，降金，旋逃旧宋地	
	建炎四年	卒	
折可适（折从阮六世孙，父克俊，从父克行）		荫补披带班殿侍，充鄜延路经略司准备差使	《姑溪居士后集》卷二〇《折渭州墓志铭》北京图书馆抄本
	元丰五年	迁第一部将、第三将，改第七将	
	元祐六年	进环庆路兵马都监，移泾原第三将	
	绍圣二年	知简州兼安抚。坐与夏战败，削十三官，以权第十三将留用责效	
	元符元年	以取天都山功，迁东上阁门使，洛州防御使，泾原路兵马钤辖，天都山建为西安州，知州事，累迁明州观察使，泾原路副使都总管	
	崇宁三年	进武进军节度观察留后步军都虞候，升泾源路经略安抚使，马步军都总管、知渭州	
	崇宁五年	淮康军节度使	
	大观四年	卒	
折可通（可适弟）		知岢岚军	《姑溪居士后集》卷二〇《折渭州墓志铭》北京图书馆抄本

人　名	年　代	宦　历	资料来源
折彦野（可适子）		秦凤路第一副将	《姑溪居士后集》卷二〇《折渭州墓志铭》北京图书馆抄本
折产质（彦野弟）		朝清郎	《姑溪居士后集》卷二十《折渭州墓志铭》北京图书馆抄本

表 1 共列府州折氏九代宦历，未尽所有男性子孙。折氏嗣裔繁盛，仅折继闵就有孙22 人，"可"字辈，入表 5 人，余皆荫补为郎；曾孙"彦"字辈 28 人，除一人早亡，多半皆荫补入仕。像这样数百年簪缨不替，代生虎臣的将门世家，在宋代无可比者，在中国历史上也不多见。宋朝以右文抑武为国策，长期养成官僚队伍文弱之气，而又金瓯不完，边圉不固。由于汉臣文弱，只得宠遇边地番将，寄以阃外之任。尤其在西北边，名将多出于世居其地的少数民族。他们在《宋史》立传的就有不少。如王承美、李继周、李显忠、高永年、刘绍能皆出自党项族。北宋垂亡之际，劲兵多在西北，名将多出番族。如李显忠，本为延州边将，父子为宋守边。金人陷陕西，显忠辗转奔于宋。坚决抗金，立功疆场，为南宋"中兴十将"之一。倚番将为干城作为中朝的一项御边之术，始于唐代，唐朝因此出了许多少数民族著名将领，但也酿成了安史之乱。北宋似乎承袭了唐朝的做法，番将却世代效忠，绝少有倒戈内扰者。可见宋廷的抚御之方更胜一筹。有一个奇怪的现象：宋廷任命的汉族边吏往往不恤番情，滋扰生事，而克敌建功者却是番将居多。府州折氏，世代与西夏角胜，几无败衄，即是一例。折氏也因此与西夏结成世仇。《金史·循吏·张奕传》记载："奕至境上，按籍各归所侵土，还奏曰：'折氏世守麟府，以抗夏人。本朝有其地遂以与夏。夏人夷折氏坟垅而戮其尸，折氏怨入骨髓而不得报也。今复使守晋宁，故激怒夏人使为鼠侵，而条上其罪，苟欲开边衅以雪私仇耳。独可徙折氏他郡，则夏人自安。'朝廷从之，遂移折氏守青州。"这条材料说明前表所列折氏第八代守将折可求降金后又逃去，折氏降金者其他人并未逃去，尚为金守晋宁军。晋宁军本宋以葭芦寨改，辖地跨黄河，葭芦寨在黄河西岸，地接麟州，而麟府既为夏人所踞，双方构衅，自不可免。金廷既迁折氏于青州，府州折氏的世家族望也就坠落了。

三、折太君与杨业

府州折氏与杨家联姻，有地缘关系，亦由于两家门第相当，家风亦相似。诸史记载杨业先世，并不清楚。《宋史·杨业传》云："杨业，并州太原人"。《隆平集》卷七〇说："杨邺，或曰继邺，麟州人。"《长编》卷九云："继业，本名重贵，姓杨氏、重勋之兄，幼事北汉世祖（刘崇），遂更赐以姓名。"《东都事略》与《宋史》皆云杨业父名信，为后汉麟州刺史。据《新五代史》卷七〇《东汉世家》载，北汉刘崇之子承钧无子，养以为承钧子，赐业姓名为刘继业。杨业既为刘崇养为诸孙之一，业父信死后，麟州刺史之职就由业弟崇勋承袭了。据《通鉴》卷二九三载："显德四年冬十月，北汉麟州刺史杨重训（崇勋避刘崇讳改）举城降。这样，杨业兄弟分仕汉、周。"折太君祖父折从阮、父亲折德扆，曾仕后汉，从阮为武胜军节度使，德扆为府州节度使。郭威建后周，折氏又仕于周。折、杨二家联姻，必在二家并仕后汉时。史册未记载折太君与杨业的年龄。稽考诸史，折德扆仕后汉至汉隐帝乾祐三年，此前早就是府州节度使。时年33岁，其女当十六七岁。杨业此时年岁亦相当，其父杨信为后汉麟州刺史，业本人正被刘崇养以为孙，家门贵盛。至迟此时与折氏已有婚约。麟、府二州相邻，两家往来并不困难。戏曲演义有一出《七星庙》讲的就是折、杨结成美满婚姻之事。在戏里，折太君名赛花，与杨业途中邂逅，双方产生爱意。后二人因一点小误会就动起武来，折赛花设计骗杨业至七星庙俘获了他，并提出了婚事。这时候杨业和杨家只好"听命"于她了。这是一系列杨家将故事中少有的一出喜剧。入宋以后第八个年头，杨业副潘美征辽，战死于陈家谷，时年当50余岁，已和折太君生有七子。长子延玉，随父殁于阵，余六子，宋廷录为官。

折太君在民间传说中虽然声名显赫，但古代史家并不记录她的功绩。方志所载她做的唯一重要的事是为杨业之死辩冤。

雍熙三年（986），宋师伐辽，兵分三路。西路军以检校大师、忠武军节度使潘美为帅，云州观察使杨业副之。初战连连获胜，"诸军连拔云、应、寰、朔等州"。东路军曹彬亦得涿州，但以冒进乏粮，又值炎署，旋即退出涿州，被辽军追击溃败。宋太宗闻曹彬等军败，下令各路军退屯边境，诏令潘美军护云、应、寰、朔之民迁于内地。这时副帅杨业建议潘美，我师出大石路，走朔州南之石碣谷，掩护四州之民挨次撤退，避开敌人锋芒（这时辽将耶律斜轸已陷寰州），可保兵民安全。监军王侁反对，他用话激杨业说："领数万精兵而畏懦如此，但趋雁门北川中，鼓行而往。"[1] 另一监军，外戚刘文裕又附和其议。按王侁的主张，宋师不退反进，不避敌而要寻敌决战。身为主帅，军事经验丰富的潘美不能不知这是取败之道，但他却不置可否。杨业指出："此必败之势也。"王侁心怀叵测，又以恶毒之语激杨业："君侯素号无敌，今见敌逗挠不战，得非有他志乎？"[2] 于是杨业不得不出战了。《宋史》本传记载："（业）将行，泣谓美曰：'此行必不利。业太原降将，分当死，上不杀，宠以连帅，授之兵柄，非纵敌不击，盖伺其便，将立尺寸功以报国恩。今诸军责业以避敌，业当死于敌。'因指陈家谷曰：'诸君于此张步兵强弩，为左右翼以援，俟业转战至此，即以步兵夹击救之，不然，无遗类矣。'"[3] 杨业走后"自寅至巳"，未见退回谷口，王侁以为辽兵败退，便领军离开

---

① 《宋史》卷二七二《杨业传》。
② 《宋史》卷二七二《杨业传》。
③ 《宋史》卷二七二《杨业传》。

谷口去争功。潘美离谷口往西南行20里，听说杨业战败，不去救援，竟麾兵退走了。"业力战，自午至暮，果至谷口，望见无人，即拊膺大恸，再率帐下士力战，身被数十创，士卒殆尽，业犹手刃数十百人，马重伤不能进，遂为契丹所擒，其子延玉亦没焉。业因太息曰：'上遇我厚，期讨贼捍边以报，而反为奸臣所迫，致王师败绩，何面目求活耶？'乃不食三日死"①。

从《宋史》的记载来看，杨业被潘美、王侁逼死的情节是清楚的。但当时宋太宗接到的战报并无这些情节，很可能被潘、王等所隐瞒，反诬杨业沽勇躁进，自取其败。故宋廷对他的赗赠很薄，才及同级官吏善终者的一半。此必有人谗谤，诿过于业所致。其人非潘、王而谁？

《宋史》所云杨业"可赠太尉大同军节度，赐其家布帛千匹，粟千石"。此必有人为之申雪；真相大白后，宋廷才与以赠官厚赗的。为之申雪者，正是杨业之妻折太君。诸史不载其经过，清光绪十年《续修岢岚州志·节妇类》有杨业妻折氏。下注云："业，初名继业，仕北汉，任建雄节度使，娶折德扆女，后归宋，赐姓杨。折性敏慧，尝佐业立战功，号杨无敌。后业战死于陈家谷，潘美王侁畏罪，欲掩其事，折上疏辩夫力战获死之由，遂削二人爵，除名为民。"方志所云潘、王所受处分是不确的，因为潘美并未被除名。宋廷为赠杨业官，厚赐其家，专下诏有云："群帅败约，援兵不前，独以孤军，陷于沙漠"，"大将军潘美降三官，监军王侁除名隶金州，刘文裕除名监登州。"此诏书对潘美等人应负的责任含糊其辞，只说"群帅败约，援兵不前"。宋廷其他文件也没有瘤伏潘美的奸恶。其实潘美嫉恨杨业，由来已久。杨业于太平兴国四年（979）降宋，即为郑州防御使、知代州。潘美时为三交驻泊兵马都部署，恰是杨业的顶头上司。第二年，杨业于雁门关大败契丹，以功迁云州观察使。《宋史》说："自是契丹望见业旌旗，即引去。主将戍边者多忌之，有潜上谤书，斥言其短。"主将当是潘美。雍熙三年征辽，西路军连拔云、应、寰、朔四州，其实是杨业之功，元人修《宋史》，尽据《实录》，《实录》又据当时奏报。潘美既为主帅，故《实录》四州之功尽归于潘美。潘美掠杨业之功，对照《辽史》就可以看出。《辽史》中凡叙及雍熙三年宋伐辽之役，多以杨业为辞，而少言潘美。如卷八三《耶律休哥传》："统和四年（辽年号）宋复来侵，其将范密（《宋史》未见此人），杨继业出云州……"；同卷《耶律斜轸传》："统和初，宋将曹彬、米信出雄易，杨继业出代州……继业陷山西诸郡，各以兵守，自屯代州。"又卷八五《耶律题子传》："统和四年，宋将杨业陷山西城邑，题子从北院枢密使耶律斜轸击之，败贺令图于定安。"同卷《耶律谐理传》："统和五年（当作四年），宋将杨继业来攻山西，谐理从耶律斜轸击之，常先锋，侦候有功。"同卷《耶律奴瓜传》："统和四年，宋将杨继业来侵，奴瓜为黄皮室纠都监，击败之，尽复所陷城邑。"宋、辽交兵，杨业总是在阵前与辽人搏战，故辽人多知其为领兵之将。上引诸传数言杨业陷山西诸郡，盖是辽史臣据辽将眼见之实书之。不仅如此，杨业的勇武，

---

① 《宋史》卷二七二《杨业传》。

早就声闻辽境。他弱冠之年，仕于北汉，多次与辽兵交战，以骁勇闻名。杨无敌之号，起于北汉时，也可能是辽人所称。辽人未知有潘美，就熟知杨业其人了。所以耶律斜轸责问被俘的杨业有："汝与我国角胜三十余年"之语。杨业之于辽虽为夙敌，但辽人也敬重他的忠勇。杨业死后，辽人于古北口外立庙祭祀，世称无敌庙。古北口在今北京密云县东北 120 里，为出入长城之口。宋臣使辽，来回皆经古北口，往往于无敌庙题诗以悼念这位闻名遐迩的民族英雄。苏辙《栾城集》卷六○有《古北口杨无敌庙诗》云："行祠寂寞寄关门，野草犹知避血痕。一败可怜非战罪，太刚嗟独畏人言。驰驱本为中原用，尝享能令异域尊。我欲比君周子隐，诔彤聊足慰忠魂。"周子隐乃晋周处字，处仕于西晋，元康六年（296），秦雍氐羌反，立齐万年为帝。晋惠帝诏以处为建威将军，隶于安西将军夏侯骏讨之。处与梁王司马彤素有隙，彤、骏使处以五千兵击齐万年七万之众，处不欲战，彤、骏逼使进战而不发救兵。处自旦战至暮，弦绝矢尽，力竭而死。晋廷薄责司马彤而不加罪。苏辙以周处比杨业，司马彤比潘美，真是惟妙惟肖。可见宋人已知潘美为陷害杨业的罪魁。宋廷对杨业牺牲之善后也是令世人不平的。《宋史·潘美传》不仅掠杨业战功，云"美独拔寰、朔、云、应等州"，又载"骁将杨业死之，美坐削秩三等，责授检校太保。明年复为检校太师，知真定府。未几，改都部署，判并州，加同平章事，数月卒"，而且官职比原来还高了。《王侁传》载"侁坐除名，配隶金州……会赦移均州团练副使"，《外戚刘文裕传》云："上知业之陷由王侁，召文裕还，俄起为右领军卫大将军，领端州团练副使。逾月，迁客州观察使，出为镇州兵马部署。"这简直是官运亨通了。

在等级特权制度之下，在无处不在的人身依附性关系网中，身居要津的人物妨贤害能、假公济私、裙带之风、活动关节的事是不能根除的。忠直死于沟壑，苟且者华衮于朝的不平事何代无有！在苏子由诗中提到的那个周子隐，以《除三害》一出戏文而家喻户晓的英雄，是历史上许多冤死的贤者之一，他的冤案却没有人负责！杨业也很不幸，但他幸运的是有一位贤明的妻子，党项人的后裔折太君。由于折氏的抗疏剖白，潘美等害贤的劣迹才得以败露。折氏不仅为杨业一人申了冤，也让潘美之流的奸邪恶名昭彰。这岂不是对历史的一大贡献！让天下后世的人仍能明白：公道人心是永不可泯的。

略论中华民族的气节

——兼论杨业的归宋和殉国

浙江大学历史系　　何忠礼

在世界各国中，中华民族是最讲气节的一个民族，这当是千百年来儒家思想长期熏陶的结果。南宋末年，民族英雄文天祥在他就义前夕写下的绝笔——《自赞》云："孔曰成仁，孟曰取义，惟其义尽，所以仁至。读圣贤书，所学何事，而今而后，庶几无愧。"[①] 一语道出了他那坚贞不屈的气节，是来自于孔孟的教导。中华民族是一个由汉族和55个少数民族经过长期融合而形成的伟大民族，在长达数千年的融合过程中，各族人民虽以友好交往为主，但由于一些统治者的穷兵黩武或野蛮掠夺，也不乏侵略与反侵略的历史。到了近代，各族人民为了中国的独立和解放，又与内外反动势力展开了不屈不挠的斗争。这一切也进一步锤炼和造就了中国各族人民的气节。

但是，气节问题非常复杂，站在不同的立场（不同民族、不同政权、不同阶级、不同集团），对气节会有不同的要求：一切先进阶级和正义力量总是希望唤起人们的气节以反抗强暴、解除压迫，建立一个公平的社会；而一些反动势力则企图宣扬所谓"气节"，来欺骗人民，以维护其腐朽统治。由于立场不同，对某个人的所表现的气节也会有截然不同的评价：例如历史上的儒家学者，一方面充分肯定成汤、武王革命，一面又大肆歌颂伯夷、叔齐"耻食周粟，隐于首阳山，遂饿而死"[②] 的气节。又如南宋初年荆湖地区发生的钟相、杨么起义，到绍兴五年（1135），随着起义军重要将领黄佐、杨钦、夏诚等人相继叛变投敌，最后造成起义失败。黄佐等人的行动，在起义军看来是丧失气节的叛变行为，但在南宋政府看来却是"弃暗投明"的正确举动。再如南宋末年，保卫襄阳达六年之久的吕文焕，最终投降了元朝，在宋人看来这是"丧失气节"，但在元朝政府看来，却是"深明大义"。如此等等，不乏其例。另外，与气节有关的"衍生物"也不少，别的姑且不论，就是不分是非曲直的江湖义气、为了争个人短长和面子的意气用事，往往也被视作气节。由此可见，正确理解气节，既是评价历史人物的需要，对坚持和发扬优良气节、摒弃一切不健康的所谓"气节"也具有现实意义。一

---

① 《宋史》卷四一八《文天祥传》。
② 蔡节编：《论语集说》卷四《述而第七》。

千多年前的名将杨业，他的归宋和殉难，为人们诠释了什么是真正的气节，人们应该坚持的是怎样的气节，足以成为中华民族发扬气节的典范。

一、气节的特点及其表现形式

什么是"气节"？翻开上海辞书出版社 1999 年版的《辞书》，上面作了这样的解释："节操。如：革命气节、民族气节。《史记·汲郑列传》：'〔汲黯〕好学，游侠，任气节，内行修絜。'"那么，"节操"又是什么呢？《辞海》的解释是："政治上和道德上的坚定气节和操行。由政治信仰和道德理想决定。是坚定信念和坚强意志力的统一。在有阶级的社会中，由于阶级利益、政治信仰和道德理想的不同，节操的性质和所起的作用也不同。"上述解释，基本上是正确的，但也存在着两个问题：一是举例不确。所言汲黯"任气节"中的"气节"，实际上既非革命气节，也非民族气节，而是一种敢于犯颜直谏的优良品质。二是将气节与节操完全等同起来也不尽妥当。气节是主观的内省的自觉行动，而节操有时候却带有外力强加的成分。如在封建社会里，妇女守寡被看成为是一种节操，但这种节操往往是慑于社会舆论的压力或家族势力强制的结果，并非完全出自本人内心世界的气节。总之，气节问题十分复杂，不是三言两语能够说得清楚。

那么，究竟什么是气节呢？笔者认为，气节乃是一个人在面临生死存亡的重大关头或是在诱惑性非常强烈的场合下，所表现出来的坚定的道德信仰和操守。这种道德信仰和操守，不是偶然产生的，而是植根于人心坎的一种根深蒂固的品质和自觉的行动。一时一事的思想和行为，江湖义气、意气用事以及在外力强加下的表现，皆非真正的气节。

气节有着自己的特点和表现。

从特点来说，主要有这样三点：第一，气节具有强烈的阶级性和民族性，它大多与阶级的、国家的和民族的利益联系在一起。其次，它的信仰和操守具有长期性和坚韧性，很难受外界的影响。第三，它往往以牺牲自我、克制自我作为实现道德信仰和操守的归宿。

根据气节的以上三个特点，我们可以将自古以来受到人们肯定的优良气节，归纳为以下两个方面的表现。

一是表现为面对强暴，为了国家、民族和最大多数人民的利益而"不屈不挠"的斗争精神。通常人们所说的"杀身成仁，舍生取义"，"宁可站着生，不可跪着死"，"宁为玉碎，不作瓦全"，"宁死不屈"，"视死如归"，"人生自古谁无死，留取丹心照汗青"等，就是这种气节的生动体现。

二是表现为自觉地遵循严格的道德规范，不受客观环境的变化而改变自己的操守。通常人们所说的"富贵不能淫，贫贱不能移，威武不能屈"，"冻死不拆屋，饿死不掳掠"，"贫贱之交不可忘，糟糠之妻不下堂"等，就是这种气节的生动体现。

因为气节具有强烈的阶级性，故由于政治信仰和道德理想的不同，或受麻痹和欺骗太深，有人也会将没落阶级的垂死挣扎、亡命之徒的负隅顽抗、坚持摧残人性的习俗和行为，视作是一种气节。不过，这是一种负面的气节，受到大多数人唾弃的气节。今天我们要宣扬和坚持的气节，应该是正面的、积极的，对国家、民族、大多数人民有利的气节。

二、提倡和发扬中华民族的优良气节，是立国之本

自改革开放以来，社会经济获得迅速发展，人民生活得到很大提高，思想活跃，精神振奋，这是当前我国社会生活的主流。但是，不可否认，由于过分地强调了物质利益和享受，轻视了思想道德的教育，也出现了拜金主义和极端个人主义的倾向。一些人在金钱、美色的诱惑下，抛弃了正确的理想和道德，丧失了诚信，行为放纵，生活腐化，面对国家、民族和社会的利益，变得漠不关心，甚至做出了有损国格和人格之事。在这些人的眼中，竟然不知道气节为何物，这实在非常危险。因此，提倡和发扬中华民族的优良气节，是抵抗外敌入侵、捍卫民族独立的需要，也是建设社会主义精神文明、抵制一切腐朽思想侵袭的需要，概而言之，是立国之本。

中华民族的优良气节很多，当今我们首先需要发扬的是这样两个方面的气节。

第一，以国家和人民的利益为第一的气节。以往，人们多指革命气节和民族气节，笔者认为，在和平环境中，我们不妨将这两种气节合并为一种气节，即以国家和人民利益为第一的气节。

在历史上，具有这种气节的英雄人物很多。远在 2100 多年的西汉，出现了一位气节卓然的人物，他就是苏武。汉武帝天汉元年（前 100），时任中郎将的苏武奉命出使匈奴，因其副使张胜卷入匈奴的内部斗争而受到牵连。匈奴单于先要他投降，苏武以为"屈节辱命，虽生何面目以归汉！"遂引佩刀自杀，经人劝救，乃得不死。在匈奴的西汉降臣卫律又对他诱降道："苏君，律前负汉归匈奴，幸蒙大恩，赐号称王，拥众数万，马畜弥山，富贵如此。苏君今日降，明日复然。空以身膏草野，谁复知之！"苏武仍拒绝投降。匈奴单于又将苏武幽囚于大窖中，不予饮食。天雨雪，"武卧啮雪与毡毛并咽之，数日不死，匈奴以为神"。于是再将他迁至北海（今俄罗斯贝加尔湖）边牧羊。"武既至海上，廪食不至，掘野鼠去草实而食之。杖汉节牧羊，卧起操持，节旄尽落"[1]。历经 19 年的艰苦磨难，至汉昭帝始元六年（前 81），因汉与匈奴和好，才得以返国。于是"苏武牧羊"遂成了顽强不屈、永远不忘故国这一气节的代名词。

在唐代，则有张巡、许远不怕牺牲，勇守睢阳（河南商丘）的气节传之后世。唐玄宗末年，发生了安史之乱，肃宗至德元年（756），叛军包围睢阳。睢阳太守许远和真源令张巡在孤立无援的情况下共同苦守危城，和叛军前后进行了大小 400 余战，杀敌十二万，"城中粮尽，易子而食，析骸而□"，乃至括城中妇人（包括张巡自己的妻妾）

---

[1] 《汉书》卷五四《李广苏建传》。

为军食。"（妇女）既尽，以男夫老小继之，所食人口二三万，人心终不离变"。张巡"每与贼战，大呼誓师，眦裂血流，齿牙皆碎"。坚守一年多后，城陷，张巡、许远皆壮烈牺牲。张巡死前，叛军将领尹子奇问张巡："闻君每战眦裂，嚼齿皆碎，何至此耶？"张巡答道："吾欲气吞逆贼，但力不遂耳。"尹子奇不信，"以大刀剔巡口，视其齿存者不过三数"。张巡临死前大骂道："我为君父义死，尔附逆贼，犬彘也，安能久哉！"① 张巡这种坚贞不屈、气壮山河的气节，真可谓惊天地，泣鬼神，如果中国百姓人人都有这种气节，还有哪一个侵略者敢来侵犯？

在北宋，有杨家将前赴后继长期守卫边关的感人气节，尤其是杨业的归宋和殉国，可视为古人发扬气节的典范，对此本文将在后面作专门论述。

到南宋后期，又涌现出了无数具有高度民族气节的抗元英雄，如李庭芝、姜才、马塈、张世杰、陆秀夫、谢枋得、文天祥等人。尤其是状元出身的文天祥，他面对蒙古军的大举南下，都城临安危急之秋，不仅毁家纾难、率先勤王、屡仆屡起，而且在战败被俘、押解到大都的三年零二个月时间里，不管敌人如何威胁利诱，软硬兼施，他都不为所动，直至壮烈牺牲，实现了自己"留取丹心照汗青"的誓言。他的气节也一直受到后人歌颂。

从元、明、清三朝起直到近现代，具有以国家和人民的利益为第一的气节的人就更多，限于篇幅，不再一一列举。

第二，淡泊名利，经得起财、色诱惑，经得起困难折磨，不讲儿女情长的气节；不怕权势威逼、敢讲真话实话，敢于抵制一切错误路线和错误政策，一心为公的政治气节。这种气节乍看起来与道德没有两样，实际上，它却有着比道德更深刻、更严格的内涵。在和平环境中，发扬这种气节更有其重要意义。

在历史上，具有这种气节的有名人物也很多。如春秋时期柳下惠的"坐怀不乱"，这是一种能自觉抵御美色诱惑的气节。三国时期的管宁，年轻时与华歆一起在园中锄菜，见地有片金，管宁挥锄与瓦石不异，华歆拾起后看了一下，又将它掷去。又一次，两人同席读书，有坐轿子的达官贵人路过，管宁读书如故，华歆废书出观。管宁遂"割席分坐"，曰："子非吾友也。"② 后来，魏文帝征管宁为太中大夫，魏明帝又征他为光禄勋，他皆固辞不就。管宁这种视金钱为粪土，视富贵为浮云的气节，被后人传为美谈。北宋的包拯以不阿权势、公正执法著称，史载："人以包拯笑比黄河清，童稚妇女亦知其名……京师为之语曰：'关节不到，有阎罗、包老。'"③ 这种品质也决非一般有道德之人可以做到，可以视为是做官人的气节。明代大臣于谦在瓦剌侵犯时，挺身而出，为保卫北京城立了大功。他为官36年，勤政爱民，两袖清风，虽屡次得到景泰帝

---

① 《旧唐书》卷一八七下《忠义下·张巡传》。

② 刘义庆：《世说新语》卷上之上《德行第一》。

③ 《宋史》卷三一六《包拯传》。

的赏赐，但一无所受。后来，于谦被人陷害而死，"及籍没，家无余赀"①。他生前曾作《白灰吟》诗一首，② 实为他自己崇高气节的写照。徐九经是明代著名的清官，他在知句容县时，"清介爱民"，曾画一菜于壁上，对人说："吾民不可有此色，士大夫不可不知此味。"他作为一个小小芝麻官，坚持以民为本，敢于与为非作歹的达官贵人作斗争，就是因为具有"为官不与民做主，不如回家卖红薯"这一政治上的气节。

　　正因为中华民族的历史上，有这么多气节凛然的英雄人物作为顶梁柱，他们为了国家和人民的利益前赴后继，坚持奋斗，不怕牺牲，才会有我们今天自立于世界民族之林的中国，才会有国土面积达到 960 万平方公里、人口达到 13 亿的中国。否则国家早已灭亡，民族早已分裂。正因为各个朝代都有一批淡泊名利，经得起财、色诱惑，经得起困难折磨，不讲儿女情长、不怕权势威逼、一心为公的人物，才对当时的政治清明起到了一定的推动作用，并为子孙后代树立了一种正气。在当前错综复杂的国际环境中，我们要捍卫国家的独立和最广大人民的利益，就必须坚持和发扬上述古人的气节，才能经受得住一切风浪的考验。在和平的环境中，发扬这些气节，对于廉政建设，削除腐败，树立社会正气，建设和谐社会同样也具有不可估量的作用。

　　但是，说到发扬优良气节，当今社会上有几种模糊认识必须澄清。

　　一种认为，气节中所表现出来的"杀身成仁"与同样体现儒家思想的"以民为本"有矛盾，与今天所谓的保障人权更相背离，因此不能提倡。笔者以为，这种看法并不正确和全面。就以上面提到张巡的气节而言，他为了坚守睢阳，竟然杀死二三万妇女作为守城将士的军食，看似何等残酷和没有"人性"！对于类似情况，我们认为必须看大局、算总账，以最大多数人的利益为出发点。换言之，以这样惨重的代价，能够换来什么？究竟值不值得？有无重大意义？睢阳本是江淮屏障，睢阳一失，叛军就可以乘虚直捣江淮，而江淮地区此时已成为唐王朝唯一的财富来源地，也就是唐王朝的生命线。历时一年多的睢阳保卫战虽然以失败告终，却沉重地打击了安史叛军，使他们无力再向江淮地区进扰，从而为唐王最后平定安史之乱获得了经济上的保障，意义可谓重大。加之，安史叛军所到之处，烧杀掳掠，非常残暴，黄河流域经过安史叛军蹂躏以后，"东至汴郑，达于徐方，北自覃怀，经于相土，人烟断绝，千里萧条"③，被杀死的百姓何止几十万、上百万！如果睢阳不守，叛军直下江淮地区，那么这种惨绝人寰的局面又会在那里重演。由此可见，张巡的死守睢阳，虽然损失极为惨重，但换来的是安史之乱的平定，换来的是江淮地区成千上万百姓免遭锋镝之灾，无论看大局或是算总账，都是值得而有意义的。因此，张巡守睢阳的气节，应该得到充分肯定。

　　又一种认为，无论是文天祥的抗元或是史可法的守扬州的抗清，都是为了维护腐朽

---

　　① 《明史》卷一七○《于谦传》。

　　② 于谦所作的《白灰吟》谓："千锤万击出深山，烈火焚烧若等闲。粉骨碎身全不惜，要留清白在人间。"见《于谦集》拾遗，中国文史出版社，2000 年点校本。

　　③ 《旧唐书》卷一二○《郭子仪传》。

的宋、明王朝，发扬这种气节并不值得，甚至说他们"不钟爱人的生命"，是旧王朝的"殉葬品"。笔者认为，这种看法是完全错误的。因为政权的腐朽决不能成为听凭敌国入侵并加以灭亡的理由。文天祥、史可法等人当时所面临的是外族的野蛮入略和残酷的屠杀，面对的是国家的破亡，他们所要保卫的并不单单是赵宋王朝或朱明王朝，而主要的是一个国家和民族，显示的不仅仅是忠君思想，而是宁死不屈的民族气节。如果不是崇高的民族气节在激励着文天祥、史可法以及扬州数十万百姓，仅仅为了一个旧王朝（而且皇帝已一俘一死，两个政权此时实际上已经灭亡），决不会作出如此重大的牺牲。虽然文、史等人没有见到恢复故国的一天，但"我以我血荐轩辕"的气节，永远成为中华民族不畏强暴、反抗侵略的巨大精神力量，从历史的长河来看，他们的鲜血没有白流。

三、杨业的归宋和殉国是坚持崇高气节的典范

公元 907 年唐朝灭亡以后，藩镇割据的局面进一步加深，在中原地区先后出现了后梁、后唐、后晋、后汉、后汉五个朝代，史称"五代"。在南方地区，同时或先后建立了吴、南唐、南汉、前蜀、后蜀、吴越、闽、荆南、楚九个割据政权，在北方的太原地区，后来又建立了北汉国，史称"十国"。

在"五代十国"时期，南方各国尚相对保持安定，而在中原地区，却战乱不息：一是各地节度使们互相攘夺，政权如走马灯般地更换。二是在北方由契丹族所建立的辽朝，不断派军队入侵中原，掠夺子女、财富，而依仗契丹势力建立起来的北汉，常与中原王朝发生战争。史载：北汉主刘崇"以重币求援于契丹，仍称侄以事之。契丹伪册为英武皇帝。及周世宗嗣位，崇复乞师于契丹，以图入寇"①。公元 960 年正月，后周归德军节度使、殿前都点检赵匡胤，通过陈桥兵变，黄袍加身，夺取了后周政权，建立起北宋，从此中国才逐渐走向统一。

当时摆在北宋面前的社会主要矛盾有两个：一是中央政权和地方割据势力的矛盾；二是汉族与契丹贵族之间的民族矛盾。中国要实现统一，结束战乱局面，必须消灭各地割据势力；中原王朝要稳固，必须有效地抵抗辽军入侵，并乘胜收复被契丹人占领已达数十年之久的幽云十六州。为此，宋太祖继承了周世宗先南后北、先易后难、各个击破的统一方针，于乾德元年（963）正月起，开展统一战争，先后消灭了南平（原先的荆南）、长沙（原先的楚国）、后蜀、南汉和后唐。开宝九年（976）十月，宋太祖去世，除吴越国和福建漳泉地区（原闽国的一部分）以外，北宋基本上统一了南方。

太宗继位后，北汉主刘继元"遣其子续质于契丹，纳重币以求援"②，企图从军事上继续对抗北宋的统一事业。太平兴国四年（979）二月，宋太宗亲率大军征北汉，四月二十二日进抵太原城下。北汉军队经过十余天激烈的抵抗之后，刘继元在大将杨业的

① 《旧五代史》卷一三五《僭伪列传第二》。
② 《续资治通鉴长编》卷一九"太平兴国三年正月条"。

劝说下，才率其官属出城投降，至此北汉宣告灭亡。

杨业，"幼倜傥任侠，善骑射，好畋猎"。早年即投身北汉军队，"以骁勇闻。累迁至建雄军节度使，屡立战功，所向克捷，国人号为'无敌'"。当北宋军队猛烈围攻太原，"孤垒甚危"的紧急关头，人称"杨无敌"的北汉大将杨业却劝说刘继元主动向北宋投降，"以保生聚"①。杨业的归宋，看似是一种失节行为，实际上却是崇高民族气节的表现。其原因有二：首先，杨业并非贪生怕死之辈，他是顺应了历史发展的潮流和广大百姓迫切需要实现国家统一的愿望，才做出了这一举动。因为只有国家统一，才能结束自唐朝后期以来绵延百年的混战局面，才能有效地抵抗辽朝的入侵。所以杨业考虑的不是少部分北汉统治者的利益，而是包括北汉人民在内整个中华民族的利益。其次，早在宋太祖时，北宋曾以诏书招北汉主刘继元投降，许以平卢军节度使，时任北汉宰相的郭无为，从国家大局出发，也力劝刘继元归降，但遭到刘继元的拒绝。"无为仰天恸哭，拔佩刀欲自裁，为左右所持"。刘继元却怀疑"无为有异志"，"遣人缢杀之"②。如果杨业不是为了最广大百姓的利益，而只顾自己的身家性命，有郭无为的前车之鉴，作为一员大将，他岂敢再劝刘继元降宋？

杨业归宋以后，宋太宗因他长于边事，被任命为代州兼三交驻泊兵马都部署。杨业守代州（山西代县）日，增筑了大量城垒，有力地巩固了边防，这些城垒，直到仁宗朝仍对防御契丹南侵发挥着重要作用。③ 太平兴国五年三月，契丹入侵，杨业率士兵数千骑，大败契丹，以功迁云州观察使。自是契丹"每望见业旗即引去"，足见他威名之重，从而成为北宋前期最杰出的抗辽名将，但由此也带来了戍边诸将的嫉妒，"或潜上谤书，斥言其短"④。

雍熙三年（986）正月，宋太宗以天平军节度使曹彬为幽州道行营前军马步水陆都部为统帅，以河阳三城节度使崔彦进为副统帅，统率诸军，兵分三路伐辽：东路以侍卫马军都指挥使、彰化军节度使米信为幽州西北道行营马步军都部署，沙州观察使杜彦圭为副都部署，自雄州（河北雄县）直捣燕京；中路以侍卫步军都指挥使、静难军节度使田重进为定州路都部署，由定州（河北定县）出飞狐（河北涞源县东北），取蔚州（河北蔚县）；西路以忠武军节度使潘美为云、应、朔等州行营都部署，云州观察使杨业为副都部署，出雁门关（山西代县西北），攻山后诸州。曹彬与崔彦进驻米信军，东路军拥兵达十数万之众，成为这次北伐的主力。按太宗计划，东路军主力应该采取持重缓行的方针，目的是将辽军主力吸引至幽州附近，以减轻中路军和西路军进军的压力，待西路军占领山后诸州，中路军占领蔚州后，三军再一起直捣燕京。

西路军接连攻克云（山西大同）、应（山西应县）、寰（山西马邑）、朔（山西朔县）

---

① 《宋史》卷二七二《杨业传》。
② 《新五代史》卷七八《刘旻传》。
③ 包拯：《包孝肃奏议集》卷一《对策》。
④ 《续资治通鉴长编》卷二一"太平兴国五年十二月丁丑条"。

四州，军队到达桑干河。可是，由于作为北伐主力的东路军在岐沟关（在河北涿州西南）因缺粮和冒进被辽军打得大败，中路军和西路军虽然进军顺利，也只得奉命班师。

当西路军主帅潘美率主力退回代州（山西代县）时，就接到关于护送云、应、寰、朔四州之民迁往内地的诏令。此时，辽军在打败曹彬的东路军以后，由萧太后亲自率领的十余万辽军立即向西挺进，并迅速攻陷寰州。面对汹涌而至的辽军，杨业主张驻守代州的宋军应该北上应州，以吸引契丹军队来拒，则云、朔二州民众趁机可由石碣谷撤退，并派遣强弩千人于谷口，以骑士援于中路加以接应，"则三州之众，保万全矣"。应该说，杨业的建议风险最小，获胜把握最大，但是却遭到监军王侁和刘文裕的反对。他们认为杨业领精兵数万，不应畏懦如此，而应该由雁门北上，直接奔赴朔州，并不惜与辽军主力展开决战。杨业认为不可，王侁竟说："君侯素号无敌，今见敌逗挠不战，得非有他志乎？"杨业回答道："业非避死，盖时有未利，徒令杀伤士卒而功不立。今君责业以不死，当为诸公先（死耳）。"他在出兵前，指陈家谷口（在山西朔州东南）与潘美等人约定："诸君于此张步兵强弩，为左右翼以援，俟业转战至此，即以步兵夹击救之，不然，无遗类矣。"

杨业在保护朔州之民后撤时，果然被优势之敌战败，他边战边退，自中午一直战斗至傍晚。当杨业退到陈家谷口时，不料潘美、王侁等人的军队竟然失约他去。杨业望见无人，只得"再率帐下士力战，身被数十创，士卒殆尽，业犹手刃数十百人。马重伤不能进，遂为契丹所擒，其子延玉亦没焉"[1]。杨业虽然被俘，却拒不投降，三日后，终于绝食而死，表现了崇高的民族气节。

杨业读书不多，但其深明大义却大大地超过了一般读书人。他的抗辽殉国，与他的归宋一样，表现出了一种非常自觉、非常理性的气节。首先，当他为了保证安全撤退四州百姓，向主帅提出的一套最佳作战方案遭到否决后，又提出了减少伤亡并战胜辽军的第二套方案。当第二套方案因主帅的食言而被破坏后，再继续奋勇杀敌，直至壮烈殉国。据史载，杨业战转至陈家谷口时，尚有士卒百余人，他对大家说："汝等各有父母妻子，与我俱死无益也，傥敌人散去，尚可还报天子者。""众皆感泣不肯去，遂俱死，无一人生还。"[2] 说明杨业非常珍惜人的生命，只有当民族大义和个人生命发生冲突时，他才选择了前者。总之，杨业归宋与殉国这两个方面的表现，看起来似乎有些矛盾，实际上却是他那崇高气节的完美统一，历史上具有这样气节的人极为罕见，因而更值得后人学习。

（2007 年 6 月 26 日定稿）

---

① 《宋史》卷二七二《杨业传》。
② 《续资治通鉴长编》卷二七"雍熙三年八月条"。

论杨家将历史知名度的形成和提高

西北师范大学　　李清凌

　　杨家将和岳家军等英雄群体一样，是中国千百年来家喻户晓、无人不知的英雄形象。杨家将历史知名度的形成和提高，与宋朝以来中原历代皇朝所遇到的边患、广大劳动人民遭受战争磨难以及其对帮助民众解脱艰难困厄的英雄的期盼分不开。杨业父子的真实事迹和品格能够满足统治阶级和劳动人民共同的精神企盼，这是杨家将故事得以长久流传，而且越传越被人们喜欢的主要原因所在，而理学的倡导、史学的考证和文艺的不断铺陈扬厉也从不同的角度提升了杨家将的历史知名度。

一、历代社会对民族英雄的不断呼唤

　　我国历史自从中唐"安史之乱"以后，直到近代晚期，长久地陷入民族矛盾冲突的漩涡。这是统一的多民族国家形成过程中不可避免的一个环节或历史阶段，它也给各族民众带来了历史性灾难。五代、宋时的吐蕃、契丹、蒙古，明代北方的鞑靼、瓦剌、兀良哈等蒙古三部以及女真武装势力，清代的西蒙古、青海蒙古、西番各族，等等，都曾与中原皇朝进行过长期的掠夺与反掠夺、分裂割据与维护统一局面的战争。加上明清后期外来侵略势力的干扰以及贯穿于整个历史时期的自然灾害，一千多年来，中原皇朝统治者的主要精力都用到应付战争、赈济灾荒、维护社会稳定及其统治上去了，无暇顾及国家的进步和发展，"国泰民安"就已经是他们的奢望。

　　与此同时，劳动人民则付出了更加沉重的历史代价。他们除了要向整个统治阶级提供优裕的物资需求外，一切战争的物资费用全部要由他们来承担，而比这更惨的还是他们的丧家之痛、流离之苦和各族统治集团无休止征战中，由他们白白地付出生命。例如：

　　宋太宗至道年间（995～997），宋朝对西夏用兵，"百姓馈送粮草，死者十余万人"，"关西父哭子，弟哭兄，妻哭夫，悲哀之声，感动行路"。①

　　宋仁宗庆历年间（1041～1048），朝官余靖上言："今自西垂用兵，国帑虚竭，民亡储蓄，十室九空。"② 还是宋仁宗时期（1023～1063），富弼在《论河北流民》札子中，详述了他亲眼看到河北灾荒，流民"扶老携幼，垒垒满道"，"逃命逐熟"的惨相。

---

① 李焘：《续资治通鉴长编》卷四一"至道三年七月丁卯条"。

② 《宋史》卷三二〇《余靖传》。

他说："臣亲见而问得者，多是镇、赵、邢、名、磁、相等州下等人户……十中约六七分是第五等人，三四分是第四等人，及不济户与无土浮客。"①

南宋孝宗隆兴二年（1164），淮甸流民二三十万避乱江南，结草舍遍山谷，暴露冻馁，疫死者半，仅还者亦死。②

战乱灾荒给民众带来的损失，连"奢淫自纵"，不知危殆的后晋出帝石重贵那样的人，也深觉不安，他在罪己诏中说"频年灾沴，稼穑不登，万姓饥荒，道殣相望……仍属干戈尚兴，边陲多事。仓廪不足，则辍人之粮食；帑藏不足，则率人之资财；兵士不足，则取人之丁中；战骑不足，则假人之乘马。虽事不获已，而理将若何！"就是说，社会战乱，"甲兵不暇休息，军旅有征战之苦，人民有飞挽之劳，疲瘵未苏，科徭尚急"，招致天怨神怒，频年灾荒，人民雪上加霜。他把这一景象的出现，看做是"上天垂谴，凉德所招"，因而不得不"省过兴怀，侧身罪己"。③ 古代各个皇朝包括宋、元、明、清时代，统治阶层每遇战乱不休，灾荒频仍的时候，都会出现后晋出帝这样的思想状态。而在计无所出的时候，一些稍有责任感的统治者，甚至还会产生希望上天早生圣人，代替自己治理人民的念头。史载五代后唐明宗李亶即位后，"每夕宫中焚香，仰天祷祝云：'某蕃人也，遇世乱为众推戴，事不获已，愿上天早生圣人，与百姓为主。'"④ 这不仅是后唐明宗一人的呐喊，也反映了历史对英雄的呼唤！

人民群众和统治阶级有些相似，他们除了祈求老天、神灵的佑助外，也只有寄情于民族英雄了。

杨家将是宋朝著名的英雄群体。他们的第一位代表人物杨业，其主要事迹据《宋史·杨业传》记载是这样的：

雍熙三年（986），宋兵北征契丹，以忠武军节度使潘美为云、应路行营都部署，命业副之。以西上阁门使、蔚州刺史王侁，军器库使、顺州团练使刘文裕护其军。诸军连拔云、应、寰、朔四州，师次桑干河。会曹彬之师不利，诸路班师……诏迁四州之民于内地，令美等以所部之兵护之。时，契丹国母萧氏，与其大臣耶律汉宁、南北皮室及五押惕隐领众十余万，复陷寰州。业谓美等曰："今辽兵益盛，不可与战。朝廷止令取数州之民，但领兵出大石路，先遣人密告云、朔州守将，俟大军离代州日，令云州之众先出。我师次应州，契丹必来拒，即令朔州民出城，直入石碣谷。遣强弩千人列于谷口，以骑士援于中路，则三州之众，保万全矣。"

侁沮其议曰："领数万精兵而畏懦如此。但趋雁门北川中，鼓行而往。"文裕亦赞成之。业曰："不可，此必败之势也。"侁曰："君侯素号无敌，今见

---

① 吕祖谦：《宋文鉴》卷四五。

② 中国社会科学院历史研究所资料编纂组编：《中国历代自然灾害及历代盛世农业政策资料》有关部分。

③ 《旧五代史》卷八三《少帝纪三》。

④ 《旧五代史》卷四四《明宗纪第一十》

敌逗挠不战，得非有他志乎？"业曰："业非避死，盖时有未利，徒令杀伤士卒而功不立。今君责业以不死，当为诸公先。"

将行，泣谓美曰："此行必不利……"因指陈家谷口曰："诸君于此张步兵强弩，为左右翼以援，俟业转战至此，即以步兵夹击救之，不然，无遗类矣。"

美即与侁领麾下兵阵于谷口。自寅至巳，侁使人登托逻台望之，以为契丹败走，欲争其功，即领兵离谷口。美不能制，乃缘交河西南行二十里。俄闻业败，即麾兵却走。业力战，自午至暮，果至谷口。望见无人，即拊膺大恸，再率帐下士力战，身被数十创，士卒殆尽，业犹手刃数十百人。马重伤不能进，遂为契丹所擒，其子延玉亦没焉……乃不食，三日死。

杨业作战勇敢，兵略高明，遭遇叵测，壮烈牺牲，这一切，都跃然于纸上。而从他劝其主刘继元降宋"以保生聚"，出谋划策，确保云、应、寰、朔四州之民"万全"撤退看，他的爱民之意，护民之情也是非常真诚的。对此，《宋史》作者进一步申述说：

"业不知书，忠烈武勇，有智谋。练习攻战，与士卒同甘苦。代北苦寒，人多服毡罽，业但挟纩，露坐治军事，傍不设火，侍者殆僵仆，而业怡然无寒色。为政简易，御下有恩，故士卒乐为之用。朔州之败，麾下尚百余人，业谓曰："汝等各有父母妻子，与我俱死无益也，可走还报天子。"众皆感泣不肯去。淄州刺史王贵杀数十人，矢尽遂死。余亦死，无一生还者。闻者皆流涕。"①

杨业有七个儿子，② 其中延昭功绩最为显赫。史载他智勇善战，所得奉赐悉犒军，未尝问家事。出入骑从如小校，号令严明，与士卒同甘苦，遇敌，必身先行阵，克捷，推功于下，故人乐为用。在边防20余年，契丹畏惧，目为杨六郎。及卒，帝嗟悼之，遣中使护榇以归。河北之人多望枢而泣。

像这样一个卫疆护民、世代忠勇、彪炳史册的英雄世家，难道不正是人们企盼已久的那个偶像群吗？

二、理学家的证善和政治家的提倡

古代社会，一个英雄形象要在社会上树立起来，他就必须符合统治阶级的意识形态。杨家将英雄群体的特征，就是在他们身上体现出来的忠义精神。忠，即忠于国家、君王；义，指行为符合儒家名教，包括爱民、护民的思想举动。这都是封建统治阶级最需要、最提倡的，也与理学思想互相合拍。

唐末五代以来，国家政治生活中弥漫着奸臣窃命、帝王蒙尘、暴力横行、斯文扫地

---

① 《宋史》卷二七二《杨业传》。
② 杨业的七个儿子，除随父陷敌的延玉外，还有延朗，为崇仪副使，延浦、延训并为供奉官，延环、延贵、延彬并为殿直，他们多是杨业牺牲后被提拔的。

的恐怖气氛。赳赳武夫，目无纲纪，视篡权为理法，竟喊出"天子宁有种邪？兵强马壮者为之尔"①的口号，这无异于为那些"起于军卒，暴至富贵"的军人们作伥，制造社会无休止的动乱。针对这一现象，宋初以来，孙复、石介、胡瑗等就以提倡儒学节行而知名，宋仁宗前后的周敦颐、程颢、程颐、张载等创立理学，从世界观、人性论等方面提出理则，倡导个人品格的修养和君臣大义、为官之道。以范仲淹为代表的一些政治家更是身体力行，践行名节，奖掖忠勤报国，力抑侥幸图进、不知廉耻的仕风。南宋中期以后，最高统治者又把理学提升为国家指导思想，使以提倡儒家伦理纲常为宗旨的意识形态逐渐占据了社会主流地位。

然而宣传理学，倡导忠义名节的精神不能停留在空谈上，它需要以真人真事为典型，将深奥的哲理转化成形象化的东西，这样才能收到事半功倍的社会效果。人们从杨家将的行事中提炼出"忠义"这一理学家和历代统治者企盼已久的品格，作为杨家将的标签、统治者的期许和政治宣传的口号，从而奠定了杨家将历史知名度历久弥高、千年不衰的理论依据。正是由于经过了儒学——理学思想的陶冶，封建主流舆论的揄扬，杨家将的英雄事迹、忠义之气才能如此显赫地变成官民、古今同仰共重的一角。

早在杨业殉职不久，宋太宗就于雍熙三年（986）八月十分痛惜地下了一道悼念和奖励杨业的诏书，其文云：

> "生着勤劳，执干戈而卫社。殁加赗宠，听鼙鼓以申哀，不有追崇，曷彰茂烈！云州观察使杨业，诚坚金石，节茂松筠，俾塞上之威名，本山西之茂族。自升环卫，甚着忠劳，方提貔虎之师，以效边陲之用，群师违庚，援兵不前，独以孤军，陷于强敌。劲节焱厉，有死不回，求之古人，何以加女！是用举兹徽典，旌此遗忠，魂而有灵，知我深意。可赠太尉、大同军节度使，赐布帛千疋，粟千硕。"②

杨业被表彰之后，他的六个儿子也被提拔或任官，从此以后，杨家将的忠义事迹越来越多，名声也越来越大。同时，人们对杨家将的景仰之情也顺着历史的管道不断地流淌。

与杨业同一朝代的苏辙在《过杨无敌庙》中写道：

> "行祠寂寞寄关门，野草犹知避血痕。一败可怜非战罪，太刚嗟独畏人言。驰驱本为中原用，尝享能令异域尊。我欲比君周子隐，③诔形聊足慰忠魂。"④

诗文除表达了作者对杨业无限的同情、颂扬和抱打不平的情怀外，还透露出两个历史信

---

① 《新五代史》卷五一《安重荣传》。

② 《宋大诏令集》卷二二〇《褒恤上・杨业赠太尉大同军节度使制》。

③ 周子隐，晋人，名处，字子隐，义兴阳羡人，吴郡阳太守鲂子。曾仕吴，入晋为新平太守，转广汉，以母老罢归，寻除楚内史，迁御史中丞。元康七年，以建威将军讨氐羌齐万年战死，追赠平西将军。元帝为晋王，策谥曰孝（严可均辑：《全晋文》卷八一《周处》）。

④ 北京大学古典文献研究所编：《全宋诗》卷八六四，苏辙：《过杨无敌庙》。

息：一是北宋时期，也就是杨业死后不久，北方宋辽边界地区就已经为杨业建了庙，反映了时人对他的敬重。二是"尝享能令异域尊"，反映了杨业的事迹也让不少辽国人对其肃然起敬。

笔者 40 多年前，路过山西代县雁门关，在关门北侧路旁山崖下看到一座古庙，当时受人为破坏，已是面目全非，据说那里供奉的就是曾经把守雁门关的杨家将。此庙不知是否为苏辙所见者？其肇建年代也无由知道，若就是宋朝人所奠的基址，则千余年来，人们相沿缮修、保存，用以纪念杨家将，殊属珍贵的文化遗址。总之，对于杨家将的研究和宣传，宋元以来历代从未止息，即使在明清思想钳制极严的政治思想背景下，也没有出现限制杨家将故事或作品流传的事情，这本身就说明历代思想家、政治家对杨家将英雄群体的期许和推崇。

三、史学的记述和钩沉

在杨家将历史知名度的形成和提高过程中，史学也起了关键性的作用。宋元以来，历代史学家将散见的档案、公众流传、古迹遗存、各种文字记载等史料不断地加以搜集整理，使有关杨家将的史事失而复得，臻于完善，加强了人们对这个英雄群体的认同感。

（1）档案的利用：《宋史》资料数据的一个重要来源是档案。其中的《杨业传》、杨业子《延昭等附传》、《王贵附传》以及分见于该书其他传记中有关杨业、延昭、延昭子文广等杨家将的事迹，都是依据宋时遗留的档案写成的。前引《宋大诏令集·杨业赠太尉大同军节度使制》那篇制文，更是原原本本的档案。它的文字与《宋史》有出入，当是后者经过了史家的加工润色。此外，宋《太宗实录》中有关杨业的记载，也应是依据当时的第一手档案资料写成的。

（2）公众流传：公众流传是历史传播最早和最基本的形式，从一定意义上讲它也是最可信的历史。有关杨家将的英雄事迹，早在宋朝当时，甚至是当事人杨文广等还活着的时候就已经在广大民众中传开了。学人熟知和常引的欧阳修给杨业侄孙杨琪写的《墓志铭》就是一个明证。该文中说：

> 新秦近胡，以战射为俗，而杨氏世以武力雄其一方……君之伯祖继业，太宗时为云州观察使，与契丹战殁，赠太师、中书令。继业有子延昭，真宗时为莫州防御使。父子皆为名将，其智勇号称无敌，至今天下之士至于里儿野竖，皆能道之……杨世初微自河西，弯弓驰马耀边陲。桓桓侍中国屏毗，太师、防御杰然奇，名声累世在羌夷。①

从这段话的"至今天下之士至于里儿野竖，皆能道之"一句可知，早在欧阳修撰写这篇《墓志铭》的皇祐三年（1051）之前，有关杨家将的事迹就早已广泛地流传了，因而才"至今"——欧阳修时代，天下人从四民之首的"士"，到草根阶层的"里儿野

---

① 《欧阳修集》卷二九。

叟"，还能熟练地给你讲出来，由此也可以看到杨家将故事在当时公众流传中的普及程度。至于元明以后各历史时代，杨家将故事的流传就更广泛了，说是家喻户晓、妇孺皆知一点也不过分。广泛持久的公众流传当是杨家将历史知名度形成和提高的最基本最直接的推动力。

（3）古迹遗存：有关杨家将的历史遗迹，包括古战场、城堡、关隘、村落、坟墓、祠庙等，在我国南北各地所在多有存留。人们以这些遗存为指证，心仪英雄的伟烈。地方史志专家则将其明确地加以记载，以为地方和他们的著作增光。

据雍正《山西通志》记载：崞县有折太君墓，"在州南四十里折窝村。相传即杨业妻、折德扆女也"。崞县又有"杨六郎寨，在阳武峪，即杨延昭驻兵地"。① 繁峙县有"宋杨兴墓，在县西十五里，业子。七郎墓，在县西十五里晏头村，业子"。② 广昌县，"宋六郎坟，在县南范家台"。③广灵县有"六郎城，在林关峪，宋将杨延昭所筑，址存"。代县有"杨六郎寨，雁门关北口东山上"。④

陕西宜川县有"七郎山，在县城西南。三峰鼎峙，壁立千仞，相传宋将杨业之子七郎屯兵处"⑤。合阳县有"杨宣抚永庆墓，在县西南五十里马村。杨业后，旧有墓碑，为人窃去"⑥。"邠州紫薇山，在州城内西南隅，连跨外郭，上有宋金时屯兵故砦，山有后稷砦，相传内有宅，宋杨延昭所居"⑦。神木县有"杨家城即镇西军，中有碑志、宫室，遗址尚存，在县治北三十里"⑧。"杨家墓，在北门外子城内，俗传为六郎墓"⑨。洋县有"宜娘子关，在县东八十五里。宋置，因杨文广妹宜娘子守此，故名"⑩。

广东感恩县"温汤泉，在城北七十里，其东即宋时镇州地，今为黎人杂处，旁有石城遗址，名杨文广坝"⑪。该坝"石城遗址有马迹，碑题杨成军马到此"⑫。

广西永宁县有"穿岩山，在城南，俗传杨文广妹征柳救兄所开，有碑记"⑬。荔浦县有"蜈蚣峡，在青山，昔杨文广征蛮，立营于此，内外各五营，规模森列犹存"⑭。又荔浦县有"杨文广城，在县治西二十五里，宋杨文广征蛮过此，筑土城以居，址尚

① 《山西通志》卷六〇《古迹》。
② 《山西通志》（四库本）卷一七四《陵墓三》。
③ 《山西通志》卷一七三《陵墓二》。
④ 《山西通志》卷一五《关隘七》。
⑤ 《陕西通志》（四库本）卷一〇《山川三》。
⑥ 《陕西通志》卷七一《陵墓二》。
⑦ 《陕西通志》卷一三《山川六》。
⑧ 佚名纂修：《神木县志》卷三《城垒》。
⑨ 佚名纂修：《神木县志》卷三《陵墓》。此处六郎墓与前引山西广昌县六郎坟，当有一处是义冢。
⑩ 《陕西通志》卷一六《关梁一》。
⑪ 《广东通志》（四库本）卷一三《山川四》。
⑫ 《广东通志》卷五三《古迹志·感恩县》。
⑬ 《广西通志》卷一三《山川》。
⑭ 《广西通志》卷一四《山川》。

存……铁帽，在小木岩之旁，约重二百余斤，俗传宋杨文广征蛮时遗此，历年久远，光彩如新……铁枪，在小木岩之后，红山之上，俗传杨文广所遗"①。宜山县有"羊角山，在河池所西五里，其麓有宋杨文广故垒……谢表岭在城西五十里，传杨文广得胜回朝于此拜表，故名"②。柳城县有"磨枪隘，在县南四十里，相传宋杨文广征侬智高磨枪处"③。

　　类此记载，在山西、河北、陕西和甘肃的宋辽、宋夏边界地区，在南方杨家将活动过的两广等地还有许多。其中有的是历史遗迹，有的是文化遗存。前者更接近于史实，而后者则多是人们仰慕英雄的思想文化的反映，其间附会历史的成分较多。如上引广西荔浦县小木岩旁的铁帽，方志载"约重二百余斤"，仅从重量分析，就不可能是"杨文广征蛮时遗此"的，试想，谁能戴得起200余斤重的铁帽！然而人们将这么多的地方、"文物"和古迹与杨家将挂钩并不是偶然的，只要经过认真的分析，我们就可以从中发现前人对杨家将的崇拜、追思和精神期盼；也可以发现这些文化现象对于杨家将历史知名度的提升确实起了不小的作用。

　　《山西通志》作者有一段辨证杨家将遗址的文字，从另一个侧面反映了杨家将遗址广泛存在的情况。该文云：

　　　　"《京东考古录》、《一统志》载杨令公祠，在密云县古北口，祀宋杨业。按《杨业传》，生平未尝至燕，况古北口又在燕东北二百余里，地属契丹久矣，业安得而至此？且史明言雁门之北口，而以为密云之古北口，是作志者东西尚不辨，何论史传哉？又按《辽史·耶律色珍传》：继业败走至狼牙村，与《宋史》略同。《密云县志》：威灵庙在古北口北门外一里，祀宋赠太尉大同军节度使杨公。成化十八年礼部尚书周洪范记引宋史全文，而不辨雁门北口之非其地。《丰润县志》令公村，在县西十五里，宋杨业屯兵拒辽于此。有功，故名。并承《一统志》而误。"④

在这里，作者认为杨家将祠庙只能建在其活动过的地方，因而认为像古北口那样的地方不可能有杨业祠。殊不知人们对英雄的敬仰是不受地域、国界和民族限制的，何况建立祠庙多在元明清统一时期，更何况像《丰润县志》据民间传说记载，那里曾是"杨业屯兵拒辽"的地方呢？《明一统志》卷一《京师》下记载："杨令公祠，在密云县古北口，祀宋杨业。"编撰于《山西通志》之后的《大清一统志》转录了这一记载，⑤ 而没有采用《山西通志·辨证》的观点，殆即出于此因。由此我们也可以看到有关杨家将的遗存，事实上已经超出了其活动过的范围。

　　（4）文献记载：关于杨家将的事迹，宋元人所作的史书、笔记多有记载。明代宋

---

①　《广西通志》卷四四《古迹》。
②　《广西通志》卷一六《山川》。
③　《广西通志》卷一九《关梁》。
④　雍正：《山西通志》卷一七九《辨证》。
⑤　乾隆：《大清一统志》卷七《顺天府四》。

镰、王世贞、顾祖禹等，清代顾炎武、翟灏、俞樾、李慈铭、潘祖荫、焦循等诸家也都做过记录与考证。① 《宋史》及山西、河北、陕西、甘肃、广西、广东等省的地方志、金石录等史学文献中更是所在多有，它们从不同的层面为杨家将历史的真实性提供了证据。这里再举两个笔记、地方志的例子。

（1）笔记。与杨业事迹联系密切的最早的一种笔记，是宋初人杨亿口述、黄鉴笔录，后经宋庠整理，今人李裕民先生辑校的《杨文公谈苑》。它对杨业的记载为后来许多学人所据依。如在杨业祖籍问题上。古书对此说法不一，有麟州说、并州太原说等多种。分歧当出在将祖籍与新籍未加区别上。杨业祖籍麟州，最早就见于《杨文公谈苑》，其文云："杨业，麟州人……"② 杨业殉职时，杨亿才 12 岁。此前一年，他以早慧，由宋太宗亲试诗赋，授任秘书省正字。他不仅是以时人记时事，而且作为《宋太宗实录》、《册府元龟》等书的主要编纂者，杨亿又是一位大史学家，其述说应是有根据和可以相信的。其后，欧阳修给杨业侄孙杨琪所作《墓志铭》中说"杨氏，麟州新秦人也"③。新秦即麟州治所，在今陕西神木县北。司马光《资治通鉴》谓杨业的父亲杨信是"麟州土豪"④，曾巩《隆平集》也说："杨邺（业），或曰继邺，麟州人。"⑤ 这些史学家、政治家、著名学人的记述，都印证了杨亿的说法。由此，关于杨业的祖籍问题似可据以定案了。杨业是并州太原人一说，那当是就杨业的迁居地所说的。

笔记对于保存杨家将真实历史的贡献，还可以举宋末元初人徐大焯《烬余录》的一段记载为例：

> 太平"兴国五年，太宗莫州之败，赖杨业扈驾，得脱险难……先是帝出长垣关，败契丹于关南，旋移军大名，进战莫州，遂为契丹所困。杨业及诸子奋死救驾，始得脱归大名。密封褒谕，赐赉胼蕃云云……雍熙三年春，业副潘美北伐，会萧太后领众十万犯寰，业出战，死之；长子渊平随殉；次子延浦，三子延训，官供奉；四子延环，初名延朗，五子延贵，并官殿直；六子延昭从征朔州功，加保州刺史。真宗时，与七子延彬，初名延嗣者，屡有功，并授团练使。延昭子宗保，官同州观察，世称杨家将"。⑥

这段话对正史有四点补充：一是太宗莫州之败、《宋史》只记作，十一月，"戊午，驻跸大名府。诸军及契丹大战于莫州，败绩"⑦ 并无细节的陈述，上引这段话则将太宗莫

① 蔡连卫：《"杨家将"小说传播研究》，山东大学博士学位论文，2006 年 5 月。

② 杨亿口述、黄鉴笔录、宋庠整理，今人李裕民辑校：《杨文公谈苑》，上海古籍出版社，1992 年，132 页。

③ 《欧阳修集》卷二九《供备库副使杨君墓志铭》。

④ 《资治通鉴》卷二九一"后周广顺二年十二月甲午条"。

⑤ 曾巩：《隆平集》卷一七《武臣》。

⑥ 徐大焯：《烬余录》甲编，望炊楼丛书，谢家福辑刻本，苏州文学山房补刻民国 13 年（1924），6 页。

⑦ 《宋史》卷四《太宗纪一》。

州之败、杨业及诸子奋死救驾、始得脱归大名的情节交代得十分清楚；二是将杨业诸子的排行交代清楚了，帮助史学家解决了一个悬而未决的问题；三是交代了杨宗保是杨延昭的儿子。《宋史·杨延昭传》中说延昭死后，朝廷"录其三子官……子文广"① 没有说出其他两个儿子的名字。对此，曾巩《隆平集》卷一七《武臣·杨邺（业）传》中有说明。其文云：延昭"卒年五十六，诏录其子传永、德政、文广有差，门客之类，亦试艺而官之"。具体说出了延昭三个儿子的名字，但其中并没有宗保。《烬余录》所记宗保，或是延昭上述三个儿子中某一个的别名，或是延昭另一个儿子，因当时年幼而未给官者？后世小说、戏剧中写杨宗保是杨延昭的儿子，当以这一记载为依据；四是指出了"杨家将"这一称号早在延昭、宗保在世的时候就叫响了。

（2）地方志。虽然地方志中的许多资料是转录正史的，但也有一些录自传闻，为正史所无的记载。如前引述的许多历史遗迹，大都不见于史传。四库本雍正《山西通志·列女·保德州》有这样一段记载："杨文广，杨业之孙。妻慕容氏，州南慕塔村人，雄勇善战。"② 这个"雄勇善战"的鲜卑慕容氏女子，其名不见于正史。然而，她的英勇事迹不就是小说、戏剧等文学作品中杨家女将的原型吗？这类珍贵的地方志记载，至少会给后世文艺创作家以深刻的灵感刺激！

近人对杨家将史事的研究，如卫聚贤的《杨家将考证》、余嘉锡的《杨家将考信录》、叶国庆的《杨文广平蛮考》，20 世纪 80 年代常征著的《杨家将史事考》、聂崇歧的《麟州杨氏遗闻六记》、郝树侯的《杨业传》、沈起炜的《杨家将的历史和传说》，李裕民先生对有关杨家将文献的整理以及《杨家将新考三题》③ 等相关考证性文章，台湾学者张遐民的《杨业父子忠勇事迹考：就史志谈"杨家将"》，等等，不仅为杨家将史事的钩稽、考证和宣传作出了新的贡献，也为杨家将文学的创作打下了新的可靠的基础。

四、文艺作品的铺张扬厉

从文艺作品的创作、传播来看，杨家将主题可谓占尽了风骚。历代文艺家几乎应用了所有的文艺形式来创作有关杨家将的文艺作品。

宋代的欧阳修、曾巩、刘敞、苏颂、彭汝砺、苏辙等著名文学家，都以散文或诗歌的形式抒发过对杨家将的赞美之情。当时话本和以讲唱为主的评话十分流行，杨家将的忠勇故事就被艺术家写成话本和评话，广泛地讲唱铺陈。④ 宋元时代的戏曲艺术院本、杂剧⑤中也多见杨家将内容的作品。

---

① 《宋史》卷二七二《杨业传附子延昭传》。
② 《山西通志》卷一五七《列女九》。
③ 李裕民：《杨家将新考三题》，《晋阳学刊》2000 年第 6 期。
④ 《宋代评话中的杨家将故事》，《山西大学学报》1980 年第 2 期。
⑤ 有关杨家将的杂剧，今天能够见到完整文字的，是臧懋循《元曲选》著录的《谢金吾诈拆清风府》①和《昊天塔孟良盗骨》②。

明代以杨家将为题材的小说、戏剧、曲艺等文艺作品层出不穷，其中小说最著名的有《北宋志传》、熊大木的《杨家将演义》（又叫《杨家府演义》、《杨家通俗演义》）等。杂剧有《开诏救忠》、《破天阵》、《活拿萧天佑》、《黄眉翁》以及《三关记焦光赞建祠祭主》、《金箭记六使私离三关》、《金铜记六使私离三关》等，明中、后期，民间还流行演唱杨家将故事的打弹、市巷里歌等曲艺。对于当时小说、戏曲流行的情况，明人叶盛《水东日记》有一段描述，他说：

"今书坊相传射利之徒伪为小说杂书，南人喜谈如汉小王（光武）、蔡伯喈（邕）、杨六使（文广），北人喜谈如继母大贤等事甚多。农工商贩，钞写绘画，家畜而人有之；痴骏女妇，尤所酷好，好事者因目为女通鉴，有以也。甚者晋王休征、宋吕文穆、王龟龄诸名贤，至百态诬饰，作为戏剧，以为佐酒乐客之具。有官者不以为禁，士大夫不以为非；或者以为警世之为，而忍为推波助澜者，亦有之矣。"①

清代新出现的以杨家将为题材的小说，著名者如《北宋金枪全传》（又名《北宋金枪倒马传》）、无名氏撰《天门阵演义十二寡妇征西》、《平闽全传》（又名《杨文广征蛮十八洞》）、《杨文广平南全传》、《说呼全传》、《万花楼》、《五虎平西》、《五虎平南》等。戏剧名作如《昭代箫韶》、《铁旗阵》等，都从一个侧面宣传、提升和普及了杨家将的名气。正是借助于这些通俗的艺术形式，才使杨家将的英雄事迹占据了勾栏、瓦肆、里巷、舞台和一切文艺可以渗入的领域，影响着人们的文化生活、政治取向和行为。

到了近现代，电影、电视剧、艺术画以及当今方兴未艾的网络文学、电子游戏等，也以极大的热情争相以杨家将故事为题材。文艺不同于史学，但它以特殊的形式宣扬和普及了杨家将的英雄事迹，在杨家将历史知名度的提升上甚至起了其他宣传形式不可替代和无法比拟的巨大作用。可以想见，杨家将这一常见常新的文艺主题以及其中的历史人物和艺术虚构形象，如杨继业、佘太君、杨六郎、杨文广、杨宗保、穆桂英、杨排风、八姐、九妹、孟良、焦赞、寇准、八贤王；反面人物如潘仁美、王钦、萧太后，等等，都将与三国故事、水浒、岳家军等著名历史题材、文艺创作形象一样，作为传统文学艺术文化的重要内容，作为通俗化的历史政治文化、思想文化的组成部分而永无停息地流传下去。

当然还应当看到，宋朝以后，社会上层弥漫着一股重文轻武的政治风气，即使像杨家将这样的英雄群体，统治阶级的宣传表彰也是很有限的。流传至今的官方文献除了《宋大诏令集》中的《杨业赠太尉大同军节度使制》和《宋史》中的那篇《杨业传》外，其他文献就很少了。因而，从主流倾向看，宋元明清以来杨家将故事主要是在广大平民百姓中流传，他们是历代普通民众心目中的偶像。因此，可以说杨家将历史知名度的形成和提高，一定程度上借助了民间的力量。

---

① 叶盛：《水东日记》卷二一《小说戏文》。

"一败可怜非战罪"

——杨家将悲剧成因试析

湖北大学　葛金芳

一、杨家将悲剧实乃时代悲剧、制度悲剧

宋哲宗元祐四年（1089）十一月，苏辙出使辽国，途经密云县古北口（时属辽境）的杨业庙（此庙为辽朝所建），作《过杨无敌庙》诗：

> 行祠寂寞寄关门，野草犹知避血痕。
>
> 一败可怜非战罪，太刚嗟独畏人言。
>
> 驰驱本为中原用，尝享能令异域尊。
>
> 我欲比君周子隐，诔形聊足慰军魂。①

辽朝在宋辽交界之处，为宋朝的抗辽名将立祠祭祀，说明杨业在辽朝君臣心目中是个顶天立地的大英雄。《宋史·杨业传》载，杨业自北汉归宋后，屡立战功，犹以雁门关一战威慑天下："会契丹入雁门，（杨）业领麾下数千骑自西陉出，由小径至雁门北口，南向背击之。契丹大败……自是契丹望见业旌旗，即引去。"② 前引苏辙诗"一败可怜非战罪"句，说明宋人早就明白，陈家谷之败非杨业之过，而是另有原因。历来史家多认为监军王侁是害死杨业的主犯。近有李裕民先生作《杨家将新考三题》③ 合乎情理地说明，逼死杨业的主犯是主帅潘美。潘美妒贤嫉能，与刚愎自用的监军王侁沆瀣一气，非将杨业置于死地不可。李先生此文将学界的认识推进一大步，其功不可没。此前有香港宋史学者何冠环先生在《论太宗朝武将之党争》④ 一文中，认为杨业在宋初军队中属于北汉河东军系，而太宗一系的军中诸将如潘美、王侁之流党同伐异，排挤打击以杨业为代表的河东军系，亦即是军中派系斗争害死了杨业。拙文欲再深究一步，在宋辽对峙的北宋初年，宋朝是多么需要杨业之类"老于边事"、"忠烈武勇，有智谋"的戍边宿将，而潘美、王侁之流缘何竟敢下此毒手，借辽人之刀杀本朝宿将，陷杨业于必

---

① 苏辙：《栾城集》卷一六《过杨无敌庙》。

② 《宋史》卷二七二《杨业传》，标点本，第 27 册，9303 ~ 9304 页。

③ 李裕民：《杨家将新考三题》，《晋阳学刊》2000 年第 6 期。

④ 何冠环：《论太宗朝武将之党争》，原载香港中文大学《中国文化研究所学报》，1995 年，新第 4 期。又收入何著《北宋武将研究》。中华书局，2003 年，87 ~ 135 页。

败之地？特别是在杨业之前，史称"屡有战功"① 的抗辽名将郭进被逼自杀，逼死郭进的是监军田钦祚；② 杨业之后，北宋武将遭到猜忌、压抑之事更是愈演愈烈。此类事例反复发生，说明宋代武将集团命运多舛，其后必有更为深层的制度原因。好在学界已有不少成果论及宋代的军事体制，除上引李裕民、何冠环等大作外，王曾瑜先生的《宋朝兵制初探》有开创之功，③ 陈峰的《宋史论稿》中的大部分文章亦涉此题。④ 此外还有张其凡、邓小南、张邦炜等众多学者的相关论文。⑤ 这些成果为本文的考察提供了极大的教益和方便。

筆者认为，杨家将之悲剧，实乃宋太宗统治时期的时代悲剧。可以说，太宗时期逐步形成的"守内虚外"、"强干弱枝"、"右文抑武"之三大国策是此类悲剧一再发生的制度背景，此其一。宋太宗在得位不正的心理阴影下，处心积虑地推行"将从中御"、猜忌、贬抑武将等举措，极大地削弱了前线将帅的财权、事权和主动性，此其二。若从战场局势看，可以认为，监军体制是逼死杨业的直接导因，此其三。由于前两点学界前贤已有相当充分的具体研究⑥，本文拟就第三点认识稍作申论。

二、战争形势分析：以西路军为重点

雍熙三年（968）正月，太宗命曹彬、田重进和潘美兵分三路伐辽，意欲收复燕云十六州之地，史称"雍熙北伐"。东路是主力，由曹彬率领 20 万大军从雄州出发，攻取幽（今北京）、蓟（今天津）二州。中路军以田重进为统帅，出飞狐口（今河北涞源县北），趋蔚州（今河北蔚县）。西路军以潘美为主帅，杨业为副帅，出雁门（今山西雁门），攻云中（今山西大同）、朔州（今山西朔州）。三路宋军兵力达 30 余万，精锐尽出。起初进展顺利，东路军攻下涿州等地，中路军攻下蔚州等地，西路军连克云中、朔州等地。五月，形势逆转，东路军主力与耶律休哥率领的辽军在岐沟关（在涿州西南 40 里，今河北涞水县东）决战，宋军大败，死伤过半。太宗急令回师。六月，辽军主力转而向西，再陷寰州（今朔州东北），寻歼宋西路军。七月，太宗命潘美、杨业护送云、朔、寰、应四州吏民南徙宋境。作为"老于边事"、身经百战的副帅杨业，深谙辽军军情和边地形势，提出了一个可称"万全"的作战方案，来实现太宗的战役目的。

① 《太宗皇帝实录》卷四一"雍熙四年六月庚子条"。燕永成点校本，甘肃人民出版社，2005年，105～106 页。

② 《宋史》卷二七三《郭进传》。

③ 王曾瑜：《宋朝兵制初探》，中华书局，1983 年。

④ 陈峰：《宋史论稿》，山西人民出版社，2004 年。

⑤ 张其凡：《论宋太宗》《历史研究》1987 年第 2 期。邓小南：《导向的确立——兼谈宋初"欲武臣读书"与"用读书人"》，朱瑞熙等编：《宋史研究论文集》第十一辑，巴蜀书社，2006 年，61～91 页。张邦炜等：《五代北宋前期部署问题探讨》，朱瑞熙等编：《宋史研究论文集》第十一辑，巴蜀书社，2006 年，35～60 页。

⑥ 除前引王曾瑜、张其凡等成果外，还可参阅漆侠：《宋太宗与守内虚外》，《探知集》，河北大学出版社，1999 年，151～167 页。

杨业对主帅潘美、监军王侁等人说:

> 今辽兵益盛,不可与战。朝廷止令取数州之民,但领兵出大石路,先遣人密告云、朔守将,俟大军离代州日,令云州之众先出。我师次应州,契丹必来拒,即令朔州民出城,直入石碣谷。遣强弩千人列于谷口,以骑士援于中路,则三州之众,保万全矣。①

在十余万辽军的凌厉攻势下,仅凭西路军数万人,要在宋军战略退却的危急态势下,实现保护三州数万吏民的安全南迁,确是一个不易完成的艰巨任务。按照杨业的方案,宋军可以先从代州出动,从大石路(今山西应县东南大石口)北上,前出至应州。与此同时,派人密告云、朔两州守将,当宋军北上之时,最北端的云州吏民先行南撤。当宋军抵达应州时,杨业估计,占据寰州的辽军必来寻战。此时,即让朔州吏民出城,经石碣谷南下撤离。为防辽军追击,杨业建议率先在石碣谷口埋伏好强弩,让射手杀其锐气,同时,在中路用驰援之骑兵冲击辽军。这样,三州吏民就可以安全地撤回内地了。当时辽军的主力在雁门山以西的北川一带,而宋军则在雁门山以东的代州附近。杨业这个方案的实质就是避开了辽军主力之锋芒,以宋西路军主力之佯动牵制辽军主力,影响其运动方向。在此过程中寻找空隙以撤退三州吏民。应该说,杨业设想周全,符合战场实际情况:既能避开气势正盛的辽军主力,又能完成撤退三州吏民的任务,何乐而不为呢?

谁知志大才疏、骄傲轻敌的王侁完全不顾宋军已从战略进攻转向战略退却之情势,讥笑杨业是怯懦畏战。他说:

> 领数万精兵而畏懦如此。但趋雁门北川中,鼓往而行。②

王侁的意思是,西路军可以越过雁门山,进入雁门山以西的北川之中,大摇大摆地"鼓往而行",便于与辽军主力接战,却只字不提宋军掩护三州吏民南撤的主要任务。另一名监军刘文裕立即表示附和,主张按王侁的意思办。杨业当即表示反对,说"不可,此必败之势也。"为什么是必败之势?据当时战场形势分析,辽军在击败中路宋军之后,气势正旺。辽军主力希望乘此锐气,从河北战场转战山西,击败宋朝偏师西路军。另一方面,宋军东路主力大败,无论如何会影响西路军的士气,何况西路军只是数万人的偏师而已。在这种情况下,宋军当然不能意气用事,逞一时之勇,主动撞到辽军的枪口上去送死,这是再简单不过的道理。如前所述,宋军此时已从战略进攻转向战略退却,西路军的主要任务是掩护三州吏民南撤而已,有什么必要到雁门山以西的北川之中与辽军主力正面对撞呢?

王侁也许并不认为自己理亏,但在杨业的反诘之下,他拿不出任何站得住脚的理由

---

① 《宋史》卷二七二《杨业传》,标点本,第 27 册,9304 页。《续资治通鉴长编》卷二七"太宗雍熙三年八月条",标点本,621 页。

② 《宋史》卷二七二《杨业传》,标点本,第 27 册,9304 页。《续资治通鉴长编》卷二七"太宗雍熙三年八月条",标点本,621 页。

来为自己的错误主张辩护，气急败坏之下凶相毕露，只得拿出监军的杀手锏，指责杨业有异心他志：

> 君侯素号无敌，今见敌逗挠不战，得非有他志乎？①

杨业原是北汉降将，在宋太宗太平兴国四年（979）五月归降宋朝。宋太宗因其洞晓敌情而又骁勇善战，授予左领军卫大将军，让他知代州并兼三交驻泊兵马部署，负责山西前线防务。杨业没有辜负宋朝的信任，第二年春，即率军从代州西出雁门，在雁门北川中与潘美军南北夹击辽军，大获全胜。时在太平兴国五年三月：

> 癸巳，潘美言自三交口巡抚至代州，会敌十万众侵雁门，令杨业领麾下数
> 百骑自西陉处，由小径至雁门北口，南向与美合击之，敌众大败。杀其节度
> 使、驸马、侍中萧咄索，生擒马步军都指挥使李重诲，获铠甲革马甚众。②

前引《宋史·杨业传》所云契丹见杨业军旗即避走就在此战之后。

杨业以降将身份受到王侁"有他志"的诬蔑，百口莫辩，悲愤已极，只得违背常理与常识，表态出战：

> 业非避死，徒令杀伤士卒而功不立。今君责业以不死，当为诸公先。③

杨业明知，以西路军之一部欲在雁门北川的信道上挡住辽军十万主力，是不可能有取胜的希望的。所以出战之前，泣告主帅潘美，预作安排：要求事先在陈家谷口（今朔州西南）埋伏步兵、强弩，并兵分左、右翼为后援，等他转战此地，"即以步兵夹击救之，不然者，无遗类矣"④。

潘美与王侁虽然答应了杨业的请求，事先陈兵陈家谷口，但当杨业在前线鏖战之时，监军王侁却事先离开了谷口，随后主帅潘美也离开了谷口，"乃缘灰河西南行二十里，俄闻业败，即麾兵却走"⑤。值得注意的是"西南行"三个字。灰河即今恢河，是桑干河上游，在朔州境内从西南向东北流去。所谓雁门北川，就是灰河河谷地带，也是宋辽交界地带的交通要道，辽军常取此道深入宋境劫掠。潘美如欲为杨业助阵，则当沿灰河河谷向东北行，"西南行"显然是退往宋朝辖区之举。所以，潘美"俄闻业败，即麾兵却走"就一点也不奇怪了！潘美根本就没有准备上前线与辽军交锋。听到杨业战败的消息时，他已在"西南行"的退却途中。这说明潘美心里是清楚的：以杨业数千人之偏师，要挡住数万辽军之铁骑，是断断无此可能的。他既已在退兵途中，当然不会践约死守陈家谷了。

---

① 《宋史》卷二七二《杨业传》，标点本，第27册，9304页。《续资治通鉴长编》卷二七"太宗雍熙三年八月"，标点本，621~622页。
② 《续资治通鉴长编》卷二一"太平兴国五年三于癸巳条"，标点本，473页。
③ 《宋史》卷二七二《杨业传》，标点本，第27册，9304页。《续资治通鉴长编》卷二七"太宗雍熙三年八月条"，标点本，622页。
④ 《续资治通鉴长编》卷二七"太宗雍熙三年八月条"，标点本，622页。《宋史》卷二七二《杨业传》所载略同。
⑤ 《续资治通鉴长编》卷二七"太宗雍熙三年八月条"，标点本，622页。

可怜杨业从中午战至傍晚，转战至陈家谷，却看不到一个援兵，"拊膺大恸"之余，只得"再率帐下士力战"，结果"身被数十创，士卒殆尽，业犹手刃数十百人，马重伤不能进，遂为敌所擒"。① 被俘后绝食三日而死，死前叹息说：

> 上遇我厚，期捍边破贼以报，而反为奸臣所妒，逼令赴死，致王师败绩，何面目求活于异地！②

这说明杨业头脑很清楚，这次战败被俘，并非自己的过错，而是被潘美、王侁等妒贤嫉能的奸臣所害死的！

三、监军体制是害死杨业的直接原因

由上述战场形势检索不难看出，是监军王侁的错误意见，断送了抗辽名将杨业的性命。作为西路军副帅的杨业，其军中地位在一人之下（主帅潘美）、万人之上，他明知凶多吉少，仍旧被迫出战，怕的不是王侁这个下级，而是王侁身后的监军体制！按宋朝军制，监军是皇帝派到前线军中的耳目，往往由皇帝心腹担任，其主要职责，并非决策指挥，而是监督军中主帅，防其"异志"生乱。遇到异常情况，监军们背靠皇权，"口含天宪"，握有应急处置之权。凡得罪监军的将帅，往往没有好下场。在杨业看来，与其受监军诬陷而死，不如前线战死，以明心志。这样说绝非猜测之词。事实上，早在太平兴国年间（976~984）已有抗辽名将郭进因不堪监军田钦祚之"凌轹"而自杀身亡之事发生，且"左右无敢言者"。③ 同为抗辽前线主将的杨业不会不知此事。如与监军王侁闹翻，杨业深知难免郭进被欺凌至死的下场，于是只得孤注一掷，死里求生了。

而主帅潘美在杨业与监军王侁、刘文裕的激烈争执中并未表态，至少史籍上未留下潘美的片言只语，此点耐人寻味。作为主帅，潘美不仅完全清楚战场形势，而且其本人亦非庸才，而是富有作战经验，④ 应该清楚杨业的主张是正确的，是完成太宗撤退三州吏民的万全方案，但他却在这场争论中一言不发。这有两个可能：一是他和王侁都是太宗一系的军中新贵，要排挤、打击以杨业为代表的北汉军系——这是何冠环先生的看法。⑤ 一是潘美自己妒贤嫉能，要置杨业于死地——这是李裕民先生的看法。⑥ 现在，我提出第三种可能：那就是潘美虽然贵为主帅，却与杨业一样同在监军王侁、刘文裕的监控之中。如果支持杨业，则必然处在王侁等的对立面，而监军可不是随便能得罪的；如果反对杨业，则实在找不出杨业方案的破绽来，且要承担招致败绩的连带责任。在这种两难情况下，潘美老成圆滑的一面表露无遗。他听任杨业与王侁反复争执，自己却始

① 《续资治通鉴长编》卷二七"太宗雍熙三年八月条"，标点本，622页。
② 《续资治通鉴长编》卷二七"太宗雍熙三年八月条"，标点本，622页。
③ 《宋太宗实录》卷四一，《宋史》卷二七三《郭进传》，曾巩：《平集》卷一六。又陈锋：《宋初名将郭进事迹述评》，《西北大学学报》2002年第1期，有详细考述。
④ 《宋史》卷二五八《潘美传》。
⑤ 前引何冠环：《论宋太宗朝武将之党争》一文。
⑥ 前引李裕民：《杨家将新考三题》。

终不发一言。这样，不管结果如何，自己都可以推卸责任：按王侁的方案打，杨业如胜，这是自己参与讨论决策的结果，讨论过程中并未反对王侁这个方案，至少是在我主帅默许的情况下通过这个方案的；杨业如败，则这个方案是王侁提出、刘文裕赞同的，我的责任并不大。而从战事发展的过程来看，潘美已经料定杨业之行胜算不大，故在王侁离开陈家谷之后，也率军向宋朝辖区撤退了。如果此番推测还有几分道理的话，则监军体制的淫威亦是潘美采取圆滑态度的促成因素之一。事实上，人在采取某种重大决策，或在重要辩论中如何表态，其时必做多方面、多因素之考量、权衡，此乃人之常情。事情很可能是，潘美妒贤嫉能，巴不得号称“杨无敌”的杨业在此战中吃些苦头；杨业果败，则可借此打击、削弱北汉军系的实力；这样做还可以与监军们保持一致，避免与其搞坏关系；而万一杨业战败，则自己责任不大，这是王侁等人的馊主意——一举几得，何乐而不为呢？或许在潘美看来，一言不发实在是困境之中高明至极的处理办法，谁也抓不住我的把柄。

　　事情的发展在相当程度上证明了潘美的考虑是有一定道理的。潘、王、刘三人因“败约，援兵不前”事后遭到宋太宗的申斥和处分：王、刘二人除名发配，而潘美连降三级，处分最轻。一年以后，宋太宗改变看法，认为杨业遇害应由王侁承担主要责任。① 潘美责任再获减轻。

　　综上所述，监军体制应该是导致杨家将悲剧的直接原因。经过20世纪多次运动风暴的人，相信都有这个体会：一个政策下来，一场运动过去，多少知识分子（如1957年反右）、干部、群众及其家庭（如“文化大革命”）同遭劫难。记得改革开放初期，邓小平就说过，一个好制度，可以使坏人少犯错误，一个坏制度，可以使好人做不成好事。从这个意义上说，杨家将之类的悲剧在宋代多次反复上演，其时的制度背景难辞其咎。这是时代悲剧、制度悲剧。具体个人当然有责任，但个体毕竟是时代的产物。当代新制度主义认为，人性如水，制度如渠，水渠的走向规定着河水的流向，亦即制度是规范人性的渠道。当悲剧反复发生的时候，除了要无情拷问个人的良知以外，我们必须再问一句：制度出了什么问题？——或许这是考察杨家将悲剧所应得出的一个重要启示，这个启示对我们今天深化经济和政治体制改革不无裨益。

---

　　① 《宋史》卷四六三《刘文裕传》。

杨家将与北宋武将世家

西北大学文博学院　　陈峰

在中国历史上，"将门世家"现象长期存在，可以说将门构成了古代武将群体中的重要力量。北宋即有一批武将世家活跃于当世，而杨家将便是其中的代表之一。目前，学界对杨家将已有相当的研究。① 但就杨家将与北宋武将世家比较方面，仍有进一步探究的必要。

一

将门现象在宋以前已长期存在，成为军中影响甚大的一种传统。据《史记》卷七五《孟尝君传》记载，孟尝君早年曾对其父曰："文（孟尝君名田文）闻将门必有将，相门必有相。"可见"将门有将"之说在孟尝君之前当流传已久。以后，此说更成为传播甚广的谚语。如曹魏时期，曹植在上疏中有"谚曰：'相门有相，将门有将'"②的言辞；南北朝时，同样的谚语见诸史籍记载③；隋炀帝也对群臣曰："将门必有将，相门必有相，故不虚也。"④揆诸史乘，还有类似的记载。如西汉时，赵禹对大将军卫青说："吾闻之：'将门之下必有将类。'"⑤等等。

先秦时期，将门世家颇为活跃，著名者如：秦国自王翦之后，王氏三世为名将（王翦、王贲和王离），蒙氏两代为名将（蒙骜、蒙恬和蒙毅）；赵国之赵氏两世为主帅（赵奢、赵括）。还有乐羊、乐毅及乐乘等几世在数国统军的现象。这一时期，最突出者则莫过于楚国的项氏世将，如太史公所称："项氏世世为楚将，封于项，故姓项氏。"⑥

秦汉以降，"将门出将"的现象依旧绵延不绝。如秦汉时之李氏将门，先后出名者

---

① 主要有余嘉锡：《杨家将故事考信录》，《辅仁学志》1945年12月，13卷1、2期；沈起炜：《杨家将》，上海人民出版社，1979年；郝树侯：《杨业传》，山西人民出版社，1984年，等。更多的研究论文，收录于蔡向升、杜雪梅主编：《杨家将研究》（历史卷），人民出版社，2007年。

② 《三国志》卷一九《魏书·任城陈萧王传》。

③ 《魏书》卷六二《李彪传》；《资治通鉴》卷一一五《晋纪三十七》义熙五年三月。

④ 《隋书》卷七〇《杨玄感传》。

⑤ 《史记》卷一〇四《田叔传》。

⑥ 《史记》卷七《项羽本纪》。

有李信、李广、李蔡、李当户及李陵等数世，号"李氏世将"①；周勃、周亚夫两代则皆居西汉大将之位。在汉代，因陇西等六郡"处势迫近羌胡，民俗修习战备，高上勇力鞍马骑射"，故良家子弟往往从军而产生将门，如赵充国便因此成为西汉中叶名将，其子赵卬亦追随至中郎将。与此同时，辛武贤与其子辛庆忌以军功分别至破羌将军、左将军，辛庆忌之诸子也继为将领，"皆有将帅之风"②。两汉之际的耿弇，在东汉的建立过程中功勋卓著，为一时名将，以后其子弟也多为将领，史称："三世为将"③。

三国、魏晋南北朝时期，高门世族把持军权的现象更为突出。如孙吴之陆氏，自陆逊挂帅之后，其子陆抗继拜大司马、荆州牧，领兵镇守荆州重镇。陆抗死后，其子"晏及弟景、玄、机、云，分领抗兵"，其中陆晏和陆景兄弟官至裨将军、偏将军。④

隋唐时期，军队中继世为将的现象依旧非常普遍。如隋朝名将韩擒虎出身将门，其父居北周大将军之位，韩擒虎之弟韩僧寿亦为隋将，其家族统军者多人，故修史者曰："韩擒虎累世将家，威声动俗。"⑤唐初名将薛仁贵之后，其子薛讷继为大将，"后突厥扰河北，武后以讷世将，诏摄左威卫将军、安东道经略使"。薛仁贵弟薛楚玉及其子薛嵩、其孙薛平、其重孙薛从，则数世为将。⑥中唐名将张守珪一门三世为将，名振河西。⑦出身将家的李晟，"世以武力仕，然位不过裨将"。但自李晟立功成名后，家族数代统军为大将，其子李愬又再为名将。⑧至于中唐以后、五代之时，藩镇割据下的世代为将、垄断军职的现象，更屡见不鲜。如典型的河朔三镇的父死子继、兄终弟及之类。这当然又是一种特殊背景下的极端化现象。

二

北宋时期，"将门"作为根深蒂固的传统延续下来，"世为将家"依然为当世一种颇为普遍的现象，而将门世家也始终在武将群体中占有重要的地位。中国历史上影响甚大的"杨家将"，便是北宋时著名的武将世家之一。

杨业本人便出身将门之家，北汉时已位居节镇，为当时著名将领，号称"杨无敌"。归宋以后，杨业长期驻守代北，任判代州兼三交驻泊兵马都部署，即河东北部守军总指挥，加云州观察使，为抗辽名将。杨业战死后，其子弟多迁补军职。其中长子延昭在宋真宗朝又以河北前线守将闻名，历保州缘边都巡检使、知保州兼缘边都巡检使及高阳关副都部署等，积官莫州防御使。杨延昭之子文广，曾追随范仲淹于陕西对夏前

① 《史记》卷一〇九《李将军列传》。
② 《汉书》卷六九《赵充国、辛庆忌传》。
③ 《后汉书》卷一九《耿弇传》。
④ 《三国志》卷五八《吴书·陆逊传》。
⑤ 《隋书》卷五二《韩擒虎传》。
⑥ 《新唐书》卷一一一《薛仁贵传附讷、嵩、平、从》。
⑦ 《新唐书》卷一三三《张守珪传附献诚、献恭、煦、献甫》。
⑧ 《新唐书》卷一五四《李晟传附愿、宪、愬、听、琢》。

线，又"从狄青南征"，历广西钤辖、知宜州、定州路副都总管等，加防御使衔。在宋英宗朝，杨文广被提拔为禁军侍卫步军都虞候，① 此职属三衙管军之一的高级军职。由此可见，杨业一门在北宋为大将三世，是当世武将世家中的代表之一。

杨业被公认为宋初名将，其子杨延昭也有乃父遗风，"智勇善战，所得奉赐悉犒军，未尝问家事。出入骑从如小校，号令严明，与士卒同甘苦，遇敌必身先，行阵克捷，推功于下，故人乐为用。在边防二十余年，契丹惮之，目为杨六郎"。杨文广同样是一名有为的禁军高级将领，也有军功在身，宋英宗即承认："文广，名将后，且有功。"②

杨家将及其事迹虽颇得世人传颂，但由于杨业出身北汉降将，既对宋朝建国无功勋可言，又与宋朝天子无亲密关系，因此在北宋并非属于显赫的武将世家。宋初以来，因开国有功、追随皇帝以及前朝宿将等背景原因，军中早有一批将门世家，甚至权贵，绵延不绝。

首先，宋初功臣大将石守信、高怀德、张令铎、王审琦、李处耘、韩重赟诸家，都是军旅高门世家。其中继世为将者，以张令铎和韩重赟两家为代表。宋初功臣将门中三世及以上为将者，以石守信、王审琦和李处耘三家为突出。石守信曾任三衙最高军职的侍卫马步军都指挥使，显冠诸将。石守信诸子皆以荫补武职，其中长子保兴在宋太宗朝，先后历夏绥麟府州钤辖及延州路副都部署等。到宋真宗时期，历知威虏军及澶州等，拜棣州防御使。石保兴之子元孙在宋仁宗朝历并代州兵马钤辖、殿前都虞候及鄜延副都部署及缘边安抚使等，加观察使衔，跻身高级将领之列。石守信另一子保吉，以娶宋太祖女延庆公主的缘故，在宋太宗朝已授节镇。宋真宗朝，石保吉曾出任河北诸路行营都部署，驻屯定州。景德初，宋真宗北上亲征，石保吉又承担护驾重任。其子从武者，也官至武阶中的诸司使。③

王审琦在宋初任殿前都指挥使，是当时禁军的重要将帅。其九子皆以父荫补武职。其长子承衍尚宋太祖女昭庆公主，在宋太宗朝授彰国军节度，先后出知天雄军府兼都部署、贝冀都部署等职，为河北驻军重要将领。其次子承衍，历知延、代、并州及天雄军等，"皆兼兵马钤辖"。王审琦其余诸子，则为西上阁门使以下武官。王审琦的第三及第四代后裔中，不乏诸司使、副使及领刺史者。④

李处耘是宋初的枢密副使，曾多次以监军的身份参与用兵。其次女为宋太宗皇后，诸子皆继世为将，而以继隆、继和兄弟最为出名。李继隆"以父荫补供奉官"，在宋太祖朝已出任军职。宋太宗即位后，李继隆以外戚身份继续武将生涯，历定州都部署、河西行营都部署及灵、环十州都部署等要职，又先后出任侍卫马军都虞候、都指挥使等三

① 《宋史》卷二七二《杨业传附延昭、文广》。

② 《宋史》卷二七二《杨业传附延昭、文广》。

③ 《宋史》卷二五〇《石守信传附保兴、保吉、元孙》。

④ 《宋史》卷二五〇《王审琦传附承衍、承衍》。

衙将帅之职。景德初，宋真宗赴澶州，李继隆与石保吉同率军担任护驾任务。"公二纪宿卫，四换节旄"，"功臣之号，凡三加焉"。① 李继和"少以荫补供奉官，三迁洛苑使"，历知镇戎军及并、代钤辖，长期镇守西陲。景德初，参与了对契丹的军事行动。后出任殿前都虞侯，领端州防御使。李继隆另一弟继恂，官至洛苑使、顺州刺史。② 李处耘的第二代后裔仍继续为将，其中李继隆之子昭亮，"四岁，补东头供奉官"。历并代路副都部署及真定路都部署等，又先后获迁步军及殿前副都指挥使等要职，授节钺，成为又一代大帅。李昭亮之子唯贤，历知莫州、冀州等，终四方馆使、领遥郡团练使。③ 李继隆从子昭逊，至供备库使。④

根据以上情况可见，宋初功臣诸将不仅本人为当时禁军的核心将领，而且其子弟也因家门背景在武职上获得顺利发展，遂出现了几代为将的现象。

其次，宋初还有许多开国将领，如王全斌、郭守文、尹崇珂、刘廷让、崔彦进、张廷翰、张琼、杨信、曹彬、潘美、党进、马全义、何继筠、李进卿、李汉超、李谦溥、荆罕儒、贺惟忠、李汉琼、刘遇、李怀忠、米信、田重进、刘廷翰及崔翰等将领，虽然在地位及特权上不及功臣为高，但由于不断得到拔擢，加之人数更多，于是也涌现出诸多将家，其中既有几代为将者，也有一世多人扬名军旅者。其具有代表性者主要有：何继筠、李汉超、李谦溥、王全斌、马全义和曹彬诸家。

何继筠在宋初以战功拜建武军节席。其子何承矩自幼追随乃父征战，以荫补武职。在宋太宗、真宗朝，长期镇守沧州、雄州等，又兼任制置河北缘边屯田使及缘边安抚使，累迁西上阁门使、齐州团练使，为当时河北重要边臣。其诸子也荫补武职。⑤

宋初著名边将李汉超，长期担任关南兵马都监及巡检之职，镇守关南要地，授观察使。其子守恩，"少晓果善战"，随父从军。"汉超卒，擢为骁猛军校，累官至陇州刺史、知灵州"。后在护送军粮途中，遇夏军伏击而战死，同时死难者还有李守恩之子望之、李守恩之弟守忠等。⑥ 可见李氏一门从军多人。

李谦溥在宋太祖朝长期任隰州刺史兼晋、隰缘边巡检使，以防御北汉，官至济州团练使。李谦溥弟谦升至如京副使，李谦溥长子允则历镇定高阳三路行营兵马都监、知镇州及潞州等，终宁州防御使。李谦溥次子允正"以荫补供奉官"，在宋太宗、真宗朝，先后任并代马步军钤辖、鄜延部署及知定州兼镇定都钤辖等，积官客省使、遥郡团练使。"累典边任"。⑦

王全斌在宋初以参加平定李筠之叛，拜安国军节度。乾德二年，王氏作为主帅指挥

① 杨亿：《武夷新集》卷一〇《李继隆墓志铭》，影印文渊阁四库全书本。
② 《宋史》卷二五七《李处耘传附继隆、继和》。
③ 《宋史》卷四六四《外戚中·李昭亮传》。
④ 《宋史》卷二五七《李处耘传附继隆、继和》。
⑤ 《宋史》卷二七三《何继筠传附承矩》。
⑥ 《宋史》卷二七三《李汉超传附守恩》。
⑦ 《宋史》卷二七三《李谦溥传附允正》、卷三二四《李允则传》。

了征服后蜀的战役。王全斌诸子多为武职，其中王审钧官至崇仪使、富州刺史，曾任广州兵马钤辖等，"以击贼死"。王审钧之孙凯，在宋仁宗朝累迁侍卫步军、马军副都指挥使等，授节度观察留后。王凯之孙诜，娶蜀国长公主，官至留后。①

马全义为宋初勇将，从征李重进，"录功居多，改龙捷左厢都校、领江州防御使"。宋太宗时，其子知节以荫补供奉官，年仅 18 岁便奉命监彭州兵。后参加了镇压李顺造反的行动。咸平初，改知秦州、延州兼鄜延驻泊部署等。景德间，迁任签书枢密院事、枢密副使和知枢密院事等，成为参与大政的武将代表。后因与大臣王钦若等不和，出知天雄军、贝州兼部署等，授彰德军留后。②据王安石记载：马知节死，其子洵美"终西京作坊使、英州刺史"；另一子之美，"终内殿承制、阁门祗候"。马知节孙辈 16 人，其中"庆宗今为右班殿直，庆崇今为文思使、知恩州"③。

这批将门中最为突出者还是曹彬家族。曹彬出身于后周外戚，又为周世宗亲信，但由于入宋后处处表现得忠谨谦恭，从而赢得三朝的信赖，先后出任征讨南唐的主帅和雍熙北伐的主力大将，两为枢密使，死后追封济阳郡王，可谓极武将之荣。正因为曹彬的受宠，加之曹氏门规较严，其子弟便在武途中获得显著发展。仅曹彬死时，其亲族、门客及亲校就有十余人被授官。据李宗谔《曹武惠王彬行状》④记载：曹彬七子：璨、珝、玮、玹、玘、珣及琮，唯有玘为文官，其余六子皆为武臣。曹彬诸子以璨、玮及琮在军中的地位最高，影响也最大。

曹璨，"以父任为供奉官，彬为上将，璨常从行"。在宋太宗时代，曹璨曾长期在河北、陕西前线出任边将。宋真宗朝，曹璨历殿前都虞候、侍卫马军副都指挥使、殿前都指挥使等三衙要职，授节钺，"在禁卫十余年"，为当时高级将领的代表。史称："璨起贵胄，以孝谨称，能自奋厉，以世其家。"⑤曹玮为宋真宗时代的西北前线大将。当其年仅 19 岁时，便在乃父的推荐下出任同知渭州。其后历知邠州兼环庆路兵马都钤辖、知秦州兼泾原仪渭镇戎缘边安抚使、鄜延路副都部署以及环庆秦等州缘边巡检安抚使等，为一时名将。天禧四年，曹玮为宣徽北院使、签书枢密院事，授节度观察留后，又参与最高军事决策。后因遭宰相丁谓所忌，被贬出朝，改知天雄军及真定府、定州都部署等，拜节镇⑥。曹琮则早年为其父节镇下衙内都指挥使。曹彬卒，"特迁西头供奉官、阁门祗候"。以后也有与乃兄相同的经历，在宋仁宗朝至侍卫步军及马军副都指挥使，成为继曹璨之后的禁军三衙将帅。⑦

---

①　《东都事略》卷二〇《王全斌传》，影印文渊阁四库全书本；《宋史》卷二五五《王全斌传附凯》。

②　《宋史》卷二七八《马全义传附知节》。

③　王安石：《王文公文集》卷八三《检校太尉赠侍中正惠马公神道碑》。

④　杜大珪：《名臣碑传琬琰之集》中卷四三，影印文渊阁四库全书本。

⑤　《东都事略》卷二七《曹彬传》，《宋史》卷二五八《曹彬传附璨》。

⑥　《宋史》卷二五八《曹彬传附玮》。

⑦　《宋史》卷二五八《曹彬传附琮》。

因资料所限，可查到的曹彬第三代后裔人数虽然不算少，但已不完整，并且其事迹也多不详。现据有关史料考证可知，曹氏第三代中为武臣者有：曹璨之子仪，曹玮四子僖、倚、俣、倩，曹琮之子佺、修，曹玘之子佾及傅等人。而真正可称为武将并有事迹者主要有仪、僖、俣及修几人。据宋人记载：曹仪曾出知邠州，迁军职至侍卫步军都虞候，出为泾原副都部署。景祐元年，当其同宗女被册为宋仁宗皇后时，曹仪遂成为外戚，"乃请解军职，而易廉车之任"①。曹僖武职至礼宾使，曾知西北前线的仪州事，又曾上治夏之策，可见为边将无疑。曹俣官至供备库副使，死于对西夏的战争中。曹修则历洛苑副使兼阁门通事舍人等武职，曾任"广南西路同体量安抚经制贼盗"，为南疆带兵武将。②另外，曹佾、傅昆仲乃宋仁宗曹皇后同胞兄弟。其中曹佾自右班殿直历殿前都虞候、知澶州、河阳等，授节钺，封济阳郡王，死于宋哲宗时期，可谓极武臣之荣。③曹傅则官至荣州刺史。④其余同辈官高者为皇城使、防御使，低者为大小使臣。⑤

在曹彬第四代及以后的子嗣中，任将职者仍绵延不绝。曹佾之子评至平海军节度使，在宋徽宗朝曾任马军副都指挥使；⑥另一子诱至安德军节度使，曾在宋徽宗时以枢密副都承旨的身份权勾当侍卫马步军司公事。⑦曹诱之孙湜，尚宋徽宗女崇德帝姬，继为武职。⑧曹璨、玮及琮的后裔，也有统军为将者，其中曹诵在宋哲宗、徽宗时期，曾任侍卫马、步军司主官；⑨曹琮之孙诗，又娶鲁国大长公主，继为武职。⑩特别值得提到的是，到北宋灭亡之际，曹氏后人曹曚仍以外戚身份为禁军大将。如宋钦宗曾说："曹曚戚里，岂识兵事。"⑪郭倪《侍卫马军司题名记》又作曹蒙。还有史料记载：靖康元年正月，"李纲充亲征行营使，侍卫步军副都指挥使曹蒙充亲征行营副使"⑫。以后，马军都指挥使曹蒙与给事中王云出使金军营。⑬据宋人王明清云："曹武惠诸子，名连玉字。玉字生人字；慈圣光献，昆季也。人字生言字，言字生日字，日字生水字，水字生丝字。"⑭可见曹蒙当为曹曚之误。如作曹曚，便意味着曹彬一门在北宋为将五代，若作曹蒙，则说明曹氏六世将门。从曹彬到曹曚数代统军，曹氏将门可谓与北宋王朝相始终。

---

① 《隆平集》卷九，影印文渊阁四库全书本。

② 《长编》卷一七二"皇祐四年六月丙戌条"。

③ 《宋史》卷四六四《外戚中·曹佾传》。

④ 李宗谔：《曹武惠王彬行状》，杜大珪：《名臣碑传琬琰之集》中卷四三。

⑤ 王安石：《曹武穆公玮行状》，杜大珪：《名臣碑传琬琰之集》中卷四三。

⑥ 郭倪：《侍卫马军司题名记》，载于周应合：《景定建康志》卷二六《官守志·侍卫马军司》，影印文渊阁四库全书本。

⑦ 《宋会要辑稿》职官三二之六～七，中华书局，1957年影印本。

⑧ 《东都事略》卷一一九《外戚传》。

⑨ 《宋会要辑稿》职官三二之六～七。

⑩ 《东都事略》卷二七《曹彬传》。

⑪ 李纲：《梁溪集》卷五〇《乞种师道听节制札子》，影印文渊阁四库全书本。

⑫ 《靖康要录》卷一，台湾文海出版社，1967年影印本。

⑬ 《靖康要录》卷三。

⑭ 王明清：《挥麈录·前录》卷二，影印文渊阁四库全书本。

　　再其次，北宋建国初，前朝遗臣故将虽因不属于赵宋勋臣、亲信，无法得到重用，但因一部分人在特定时期内得以留用，加之地位颇高，故不仅其本人在短期内扮演了将帅角色，而且其后裔中也不乏跻身武将者。如魏仁浦、吴廷祚、符彦卿、韩令坤、慕容延钊、王景、郭从义、武行德、侯益、孙行友、赵晁及折德扆等，其中以慕容延钊、侯益及折德扆诸将家为突出。

　　慕容延钊在后周末任殿前副都点检，因在赵匡胤代周后听命新朝，遂迁殿前都点检。曾在出征荆、湘地区的行动中出任主帅之职。其弟延忠至磁州刺史，延卿至虎捷军都指挥使。其子德业至卫州刺史，德钧至尚食副使。而其次子德丰八岁即补山南东道衙内指挥使。"延钊卒，授如京使"。宋太宗朝，慕容德丰长期守延州、灵武等地。咸平时，迁客省使，历知镇、贝及瀛州等，加颍州团练使。慕容延钊从子德琛，"以延钊荫补供奉官"，曾任并代钤辖等，加遥郡刺史。慕容延钊的第三代后裔虽然继续为武职，但地位已降至使臣。①

　　侯益出身旧藩镇，宋初，其五子中除一人为文官外，其余皆居武职。其中仁愿至左金吾卫大将军、蓬州刺史；仁遇，西京内园使；仁兴，右屯卫将军。仁愿之子延济，至西京作坊使、康州刺史。而侯益次子仁矩一系最显。侯仁矩在宋初历祁、雄二州刺史，"治军有方略"。其子延广，"仁矩卒，补西头供奉官"，出护延州军兼缘边巡检。淳化时，侯延广知灵州，以对付李继迁势力。至道间，病死于知灵州兼兵马都部署任上。其子至东染院使，其孙继为武官。②

　　折德扆一门既是北宋将门世家中的突出代表，也是旧藩镇和番将中的特殊家族。折氏出身党项族，自唐末已产生了代表人物折宗本。③ 从后晋开始，折从阮便成为割据府州的藩镇。④ 后周时，折从阮与其子折德扆并为节度使。宋初，折德扆听命，遂继续留用。折德扆死后，其后裔长期镇守府州，以抗击西夏的进攻。其中折德扆长子御勋、次子御卿还获授节钺，五世孙可适为宋神宗和哲宗朝名将，长期转战西北，历知镇戎军、泾原副都总管等职，迁侍卫步军都虞候，拜节镇。⑤ 史称："虽不无世卿之嫌，自从阮而下，继生名将，世笃忠贞，足为西北之捍，可谓无负于宋者矣。"⑥

　　最后，宋太宗朝以降，新成长起来的将领（尤其是皇帝潜邸出身的亲信）逐渐成为武将群体中的核心力量，其后嗣因同样获得各方面的特权和机会，这就为其从军为将创造了优越的环境，遂不断孕育出新的将门之家，如王超、高琼、范廷召、葛霸、丁罕、张凝、曹利用、冯守信、张耆、夏守恩、狄青、刘平、赵振、姚兕、种世衡、王

　　① 《宋史》卷二五一《慕容延钊传附德丰、德琛》。
　　② 《宋史》卷二五四《侯益传附仁矩、延广》。
　　③ 《宋会要辑稿》方域二一之一。
　　④ 《旧五代史》卷一二五《折从阮传》。
　　⑤ 《宋史》卷二五三《折德扆传附御勋、御卿、克行、可适》；《宋会要辑稿》方域二一之一～二一之八。有关折氏家族的研究，可参见戴应新《折氏家族史略》，三秦出版社，1989 年。
　　⑥ 《宋史》卷二五三"论曰"。

珪、宋守约、刘仲武、苗授、和斌及刘延庆等将家。而在这些家族中尤以王超、高琼、姚兕、种世衡诸家为代表。

王超为宋太宗和真宗朝的禁军大帅，曾任侍卫马步军都虞候和河北前线主帅。其子德用在宋仁宗朝出为大将，入居枢相。王德用弟德基，官至延州观察使、鄜延经略使；德恭，官至蕲州刺史。"鲁公（王超）之孙二十八，皆以材武闻于时，继登显仕，或遥领州郡，或擢在横班"①。其中王德用之子咸融，官至左藏库使、眉州防御使；② 王德用长子咸熙早卒，生二子，"伯讳泽，以强敏习知民政，累典州郡，终皇城使。仲讳渊，字巨源，结发为右侍禁、阁门祗候，七迁至皇城使、阁门通事舍人，更历烦使，出权陕州兵马钤辖"。后迁西上阁门使。王渊死，其子四人官居内殿崇班、供备库副使以下；长孙补三班奉职。苏颂评价道："尝读前史，观国朝以来将相大臣子孙保有其家室迨数世而不坠门法者，不十数家，而建雄军节度使、鲁国武康王公（即王超）其一也。"③

同样历仕宋太宗、真宗两朝的禁军大将高琼，其后嗣为将的情况更为突出。《宋史·高琼传》称高琼有继勋、继宣、继忠、继密、继和、继隆及继元等七子。其中继勋在宋真宗朝，历鄜延路钤辖等。宋仁宗即位后，高继勋再历侍卫步军及马军副都指挥使等要职，先后出任泾原路副都总管、真定府定州路都部署等，授节钺。可谓继乃父之后又一位禁军高级将领。高继宣"以恩补西头供奉官"，历泾原路钤辖兼安抚使等，授捧日天武四厢都指挥使、眉州防御使。又据王珪于熙宁九年记载，高琼共有 14 子，继勋、继宣之外诸子从武为将情况概略为：继忠，四方馆使、荣州团练使；继和，崇仪副使；继伦，西头供奉官；继密，内殿承制、阁门祗候；继隆，引进使、陵州团练使；继元，东上阁门使、嘉州刺史；继荀，右侍禁；继芳，供备库使、忠州刺史；继颙，左侍禁；继丰，供备库使、昌州刺史；继敏，内殿承制；继昌，西头供奉官。当时高琼孙辈情况为："西京左藏库副使遵度等六十三人"；曾孙辈："左班殿直士先等一百四十五人"；四世孙："东头供奉官公庠等七十一人"；来孙："右班殿直世祚等十三人"④。需要说明的是，这里所提到的高琼孙辈以下后人的任职情况，仅为王珪于熙宁时所见，自然不表明最后的官爵，同时各代又只提及最长者，则其余级别更高者也不能显现。如高遵裕"以父任累迁供备库副使、镇戎军驻泊都监"。后虽为宋英宗高后从父，仍历秦凤路沿边安抚副使、知镇洮军及熙州等，加团练使、龙神卫四厢都指挥使，长期在西陲前线领兵作战。高琼四世孙公纪至集庆留后。高琼五世孙世则在北宋末为东上阁门使，曾随康王赵构出使河北，充参议官，至华州观察使。⑤

姚兕之父姚宝原为普通武将，战死于定川砦之役。姚兕在宋神宗朝历鄜延、泾原都

---

① 苏颂：《苏魏公文集》卷六〇《西上阁门使王公墓志铭》，影印文渊阁四库全书本。
② 《宋史》卷二七八《王超传附德用》。
③ 《苏魏公文集》卷六〇《西上阁门使王公墓志铭》。
④ 王珪：《华阳集》卷四九《烈武高卫王王神道碑铭》，影印文渊阁四库全书本。
⑤ 《宋史》卷四六四《外戚中·高遵裕传附公纪、世则》；《东都事略》卷四二《高琼传》。

监及鄜延路总管，累迁东上阁门使、通州团练使。其弟麟，"亦有威名，关中号'二姚'"。宋徽宗朝，姚麟迁至殿前都指挥使，成为北宋后期著名禁军将领。姚兕之子雄、古，也是当时有名的边将。其中姚雄"年十八即佐父征伐"，在宋徽宗朝至侍卫步军副都指挥使，授节钺。史称："熙河十八年间更十六帅，唯雄三至，凡六年。"姚古"亦以边功，官累熙河经略"。靖康元年，勒兵勤王，为河东制置使。姚古之子平仲，早年在西北为将，靖康间率军赴开封勤王，出任种师道麾下都统制，以夜劫金营失败而被贬。① 从姚宝算起至姚平仲，姚氏在北宋中后期为大将凡四世。

种世衡为宋仁宗时期陕西前线著名边将，殉职时任环庆路兵马钤辖。其子古、谔、谊，"皆有将材，关中号曰'三种'"。种古以乃父殉职之故入仕，历知镇戎军及环庆路钤辖等；种谔，"以父任累官左藏库副使"，历知泾州及鄜延副总管等，迁龙神卫四厢都指挥使，加凤州团练使；种谊，历熙河副将、知兰州等，迁东上阁门使、保州团练使。在种氏第三代后裔中，种朴"以父任右班殿直"，历熙河兰会钤辖兼知河州及安抚洮西沿边公事，后战死；种师道"以荫补三班奉职"，历泾原都钤辖及侍卫马军副都指挥使等，从童贯讨伐燕京，为都统制，拜节钺。以得罪当权者致仕。靖康元年，他出任同知枢密院、京畿两河宣抚使及河北、河东宣抚使等；种师中历知庆阳府、秦州、侍卫步军及马军副都指挥使，加奉宁军承宣使。靖康之难中，种师中任河东路制置副使，战死沙场。② 元人修史时指出：种氏一门自种世衡立功青涧，"至师道、师中已三世，号山西名将"③。

三

杨家将的事迹在宋代以后影响甚大，并几乎家喻户晓，其实北宋时期其他将门之家业绩显著者也不乏其人。诸如曹彬之后曹玮，李进卿之后李延偓，杨信之弟杨嗣，孙行友之后孙全照，韩重赟之后韩崇训，李汉超之后李守恩，马全义之后马知节，何继筠之后何承矩，王全斌之后王凯，侯益之后侯延广，王超之后王德用，赵振之后赵珣，种世衡之后种古、种谔、种谊、种朴、种师道及种师中，郭遵之弟郭逵，刘贺之后刘昌祚，姚兕之后姚麟、姚雄、姚古，王珪之后王光祖及王禀等，皆有相当显著的事迹可述。

如马知节、曹玮、王德用、赵珣、郭逵、种氏诸将、姚氏诸将和王禀等人，事迹相当著名，可称为北宋各个时期的名将。如马知节在早期任地方守将时，便颇为称职。当入主枢密院后，注意武备建设，反对因循苟安，所谓"当是时，契丹已盟，中国无事，大臣方言符瑞，而知节每不然之，尝言：'天下虽安，不可忘战去兵。'"史称："知节将家子，慷慨以武力智谋自许，又能好书，宾友儒者，所与善厚，必一时豪杰，论事謇

① 《宋史》卷三四九《姚兕传附麟、雄、古》；《苏魏公文集》卷五四《陇干姚将军神道碑铭》。
② 《宋史》卷三三五《种世衡传附古、谔、谊、朴、师道、师中》，《宋史》卷二三《钦宗纪》。
③ 《宋史》卷三三五"论曰"。

謇未尝有所顾忌。"①

曹玮在长期担任御夏前线大将的过程中，不仅招抚羌部，巩固要塞，屡败敌犯，并多次极具预见性地提出遏制西夏的方略。史称："将兵几四十年，未尝少失利。""沉勇有谋，喜读书，通《春秋三传》，于《左氏》尤深"，"多奇计，出入神速不可测。"② 宋人有关曹玮善用兵的记载颇多，③ 明人对其也有相当高的评价。④ 清代王船山则认为："玮之为将，非徒言无勇，徒勇无谋，稽其后效，概可睹矣。"⑤ 堪称一代名将。

王德用与庸懦的乃父不同，年轻时便表现出果敢和多谋的良好素质，及至为大将后，又善于治军，还勇于向宋仁宗建议停用阵图。故史称："德用将家子，习知军中情伪，善以恩抚下，故多得士心。虽屡临边境，未尝亲矢石、督攻战，而名闻四夷。""至于精神折冲，名闻四夷，矫矫虎臣，则德用具有焉。"⑥

赵珣不仅善武，而且能文，曾被宋仁宗召见，"阅武技，又试策略于中书，条对数千言"。据记载，赵珣随父在西北时，"访得五路徼外山川邑居道里，凡地之利害"，上《聚米图经》、《五阵图》及《兵事》等，就连宰臣吕夷简也承认："用兵以来，策士之言以万数，无如珣者。"⑦ 赵珣出任西陲边将后，骁勇善战，表现出良将的素质。以后在定川砦战役中，赵珣为泾原路都监，率军配合大将葛怀敏作战，英勇无比，最终战死。"既没，人多惜之"⑧。

郭逵，"慷慨喜兵学，神宗尝访八阵遗法，对曰：'兵无常形，是特奇正相生之一法尔。'因为帝论其详"。"每战，先招怀，后战斗，爱惜士卒。不妄加诛戮。其杀贼妇女老弱者，皆不赏"。交趾势力骚扰边境，他受命统军南征，追敌至富良江岸（今越南境内红河），斩其太子洪真，迫使交趾求和。"犹隐然为一时宿将"⑨。

种氏诸将皆为北宋中后期著名边将，其中种谔"善驭士卒，临敌出奇，战必胜，然诈诞残忍，左右有犯立斩，或先剔肺肝，坐者掩面，谔饮食自若，敌亦畏其敢战，故数有功"。种谊，"倜傥有气节，喜读书，莅军整严，令一下，死不敢避，遇敌，度不胜不出，故每战未尝负败"。种师道为北宋后期宿将，在军队中享有很高的威望。种师中亦"老成持重，为时名将"故元人修史时评说道：种世衡"诸子俱有将材，至师道、

① 《宋史》卷二七八《马全义传附知节》；《马正惠公知节神道碑》，杜大珪：《名臣碑传琬琰之集》上卷一九。

② 《宋史》卷二五八《曹彬传附玮》。

③ 《涑水记闻》卷六、沈括：《梦溪笔谈》卷一三《权智》（四部丛刊续编本）等都有记载。

④ 李材等：《将将纪》卷一五，四库全书存目丛书，齐鲁书社，1997 年影印。

⑤ 《宋论》卷三《真宗》。

⑥ 《宋史》卷二七八《王超传附王德用》、"论曰"。

⑦ 《长编》卷一三二庆历元年五月戊午。

⑧ 《宋史》卷三二三《赵振传附珣》。

⑨ 《宋史》卷二九〇《郭逵传》。

师中已三世，号山西名将"。①

姚氏诸将皆以军功显达，姚兕"力学兵法，老不废书"，姚麟"为将沉毅。持军不少纵舍。宿卫士尝犯法，诏释之，麟杖之于庭而后请拒诏之罪，故所至肃然"。史称："姚氏世用武奋，兕与弟麟并有威名，关中号'二姚'。兕之子雄，亦以战功至节度使。"②

王禀是宋仁宗朝勇将王珪之后，也是北宋末著名的抗金将领。他以侍卫马军副都指挥使、河东路马步军副都总管身份，坚守太原城长达250余天，英勇善战，顽强地抗击了金军的大规模进攻，从而为开封城第一次守卫战的胜利起到了重大的支持作用。城破后，王禀不屈自尽。③

在北宋将门之家中，继世为将而有所作为的情况已如上所述。但与杨家将相比，纵然许多将门权位更为显赫，或延续的更久，当世的影响甚至更大，不过其后世影响却并不突出，似乎唯有种氏可与比肩。其原因主要还在于杨家将感人的抗辽事迹，特别是杨业不屈而死、冤死的悲剧，受到后人的传颂，并以故事、戏曲的作品形式广为流传。

事实上，北宋将门还存在着大量无能平庸之辈，特别是在高级将领世家之中又更为突出，又进一步与杨家将形成反差。宋初石守信、王审琦等高门子弟，其依赖家门功勋而安享官爵富贵，且又表现平庸的情况自不用说，其他许多将帅后裔无所作为的现象也同样存在，对此可以通过《宋史》诸将列传的记载得到印证。有关这方面典型的例证有：

北宋中叶的禁军大将葛怀敏，因出身背景和交际广泛，颇受时人器重。"怀敏平生未识偏伍，亦与一书生无异"④。果不其然，时隔仅一年，葛氏便全军覆没于定川寨之役。宋仁宗朝后期的许怀德，依赖父荫为将，虽历仕殿前都指挥使等三衙要职，授节钺，可谓权位显赫。但"自初擢守边，连以畏懦被谪"，如庆历初任鄜延路副都部署时，"坐出塞讨贼逗留不进，所部兵夫弃随军刍粮，法当夺官"⑤。以后"在宿卫十四年"，也无所作为，所谓"时遭承平，保宠终禄"⑥。

潜邸亲随出身大将张耆，完全依靠攀龙附凤而身居将职，遂无论是在统军，还是作战中多有不良表现。⑦ 其诸子以父荫分居将位，但皆难称其职。其子张得一，昏庸无

---

① 《宋史》卷三三五《种世衡传附谔、谊、师道、师中》《论曰》；陈郁：《藏一话腴》内编卷下，影印文渊阁四库全书本。

② 《宋史》卷三四九《姚兕传附麟、雄、古》、"论曰"。

③ 李华瑞：《北宋抗金名将王禀事迹述评》，《中州学刊》1995年2期。

④ 韩琦：《周历边塞陈利害奏》，载于李之亮等：《安阳集编年笺注》之《附录一·韩琦诗文补编》卷二。

⑤ 《长编》卷一三四"庆历元年十二月甲申条"。

⑥ 《宋史》卷三二四《许怀德传》。

⑦ 参见拙作《北宋潜邸出身将领述论》，载于《漆侠先生纪念文集》，河北大学出版社，2002年。

能，庆历时守贝州，激起王则兵变。他不仅不能平叛，反而"每见贼，必呼'大王'，先揖而后坐，坐必东向。又为贼将讲僭拟仪式"，后被诛杀；① 另一子张可一，"坐与群姊贼杀其妻，弃市"；张利一曾任定州总管，因治军无方，被改调他处。以后试图进入三衙，但遭到臣僚的反对；② 张诚一官至客省使、枢密都承旨。据苏轼等元祐初上奏可知，张诚一曾因"无故多年不葬亲母"及私开乃父棺木"掠取财物"等事，被贬官；③ 张希一"以父耆任，累官引进使"，历河北缘边安抚副使、真定府路总管，加防御使衔，也无值得一提的事迹可言；④

北宋末期的刘延庆，号称将家之子，积官至侍卫马军副都指挥使，加节钺，在战场上却怯懦无谋。童贯组织的所谓北伐，他以宣抚司都统制督兵十万，既"行军无纪律"，又临敌"烧营而奔"，结果"契丹知中国不能用兵，由是轻宋"。靖康之难中，刘氏率军参加守开封城，依旧只顾逃命，终为金军追骑所杀。⑤ 诸如此类等等。

至于有关北宋将门子弟中存在贪享乐、多无能的情况，到北宋中期已相当严重。范仲淹在天圣时即指出："将门出将，史有言焉。今将家子弟蔑闻韬钤，无所用心，骄奢而已。"⑥ 以后，大臣贾昌朝也反映："近岁恩幸子弟饰厨传，沽名誉，不由勋效，坐取武爵者多矣。其志不过利转迁之速、俸赐之厚尔，御侮平患，何望于兹？"⑦ 河东帅臣明镐巡边时则发现，"时边任多纨绔子弟"，甚至行军时还有倡妇同行。⑧ 这些纨绔子弟出身的将官一旦踏上战场，便暴露出一副可怜相，如韩琦所反映："魏昭晒、王克基未尝出离京阙，便使领众御戎，昨来暂至延州，皆已破胆。"⑨ 按：魏昭晒为宋初枢密使魏仁浦之孙、驸马魏咸信之子，⑩ 王克基乃开国功臣大将王审琦后裔、驸马王承衍之孙。⑪ 熙宁初，有人反映："今之命帅，则唯用侍从贵官，遣将则多以阀阅子弟，素不谙练兵术。"⑫ 这种局面至北宋后期，并无改观。如宋钦宗也不得不承认：曹彬后裔曹曚虽任侍卫马军副都指挥使，但无力应付战事，所谓："曹曚戚里，岂识兵事。"⑬

① 《长编》卷一六二"庆历八年闰正月丁卯条"。
② 《栾城集》卷四五《乞定差管军臣僚札子》，中华书局，1990年校点《苏辙集》本。
③ 《苏轼文集》卷二《缴进张诚一词头状》、卷三八《张诚一责受左武卫将军分司南京》。
④ 《宋史》卷二九〇《张耆传附希一、利一》。
⑤ 《宋史》卷三五七《刘延庆传》。
⑥ 《范文正集》卷八《上执政书》。
⑦ 《长编》卷一三八"庆历二年十月戊辰条"。
⑧ 《长编》卷一三七"庆历二年六月乙未条"。
⑨ 韩琦：《周历边塞陈利害奏》，载于李之亮等：《安阳集编年笺注》之《附录一·韩琦诗文补编》卷二。
⑩ 《宋史》卷二四九《魏仁溥传附咸信》。
⑪ 《宋史》卷二五〇《王审琦传附承衍》。
⑫ 钱顗：《上神宗乞择将久任》，《宋朝诸臣奏议》卷六四《百官门》。
⑬ 李纲：《梁溪集》卷五〇《乞种师道听节制札子》，影印文渊阁四库全书本。

四

北宋将门之产生，实与北宋沿袭军旅世家的传统有关。如仅以《宋史》中的武臣列传为线索，便可以清楚地看到将门出身者在武将群体中占有很大的比例。而武将世家在北宋时期的盛行，既受到延续传统的影响，还与当世其他因素有着直接的关联。

第一，在中国古代历史上，武将选举和培养的非制度化（或可称独特性），在观念上往往对武备知识持有隐秘认识，因此，在提拔、任用武将的过程中，人为因素（特别是世袭制残余）的影响更大。这就造成军事才能的培养主要依赖军营和战场上的实际锻炼。此外，武将的升迁传统上侧重于实效性的军功战绩，而较少考虑系统的文化修养及道德标准。正因为如此，武将之家便拥有自身独特的优势，其子弟生长于军旅，对军事活动耳濡目染，又有更多的机会参与作战。于是，武将后备队伍的培养，遂主要依赖军队内部，特别是武将家族来完成。

第二，宋太祖在实施"收兵权"的同时，对武将上层又进行了拉拢、收买，给予其家族诸多方面的优待。甚至采取了与其联姻的做法，以争取他们的效力，并化解彼此的矛盾。如石守信、王审琦、高怀德等将帅不仅获得了安保富贵的待遇，而且数家都与赵宋皇室建立了婚姻关系，使得这种富贵又加上了一层保险。宋人对此大加赞赏，所谓："由是高、石、王、魏之族俱蒙选尚，寻各归镇几二十年，贵盛赫奕始终如一。"① 宋太宗登基后，虽然加大了对军队将帅的防范力度，但却将乃兄另一手的做法沿袭下来。由此遂形成了拉拢和收买上层武将的祖宗之法，以后北宋诸帝立武臣之女为皇后几乎成为定制。② 在这一祖宗之法的作用下，不仅一批批高级将领及其家族获得了稳固的地位，为其子弟从武为将打开了方便之门，而且如前述李处耘、曹彬及高琼等将门之后还在外戚身份的支撑下，长期把持禁军将帅之职，形成数世长盛不衰的高门将家。

与此同时，北宋时期武将之间互相联姻的现象也相当普遍，而这又对将门的形成和稳定具有一定的支持作用。如：曹彬之子玮曾娶潘美之女，曹玮一女嫁王超之子德基，③ 王超之子德用娶宋初节度使宋延渥之女，④ 宋真宗朝大将葛霸之子怀敏娶王超之女，⑤ 等等。这种联姻自然产生相互支持的作用，能够促进和巩固将门的地位。像曹彬、王超家族的鼎盛，当与其保持和其他高级将帅联姻有一定关系。张昭允则原为文职性的大理评事，以娶潘美之女，换右班殿直，累迁西上阁门使、河西马步军钤辖。宋真宗即位，"以昭允章怀皇后妹婿，颇被亲信"，至镇、定、高阳关行营马步都钤辖。⑥ 可见张氏在武职上的发展，与潘美家族的关系颇大。

---

① 王曾：《王文正笔录》，影印文渊阁四库全书本。
② 这可从《宋史》卷二四二、卷二四三《后妃传》得到充分的说明。
③ 王安石：《曹武穆公玮行状》，《名臣碑传琬琰之集》中卷四三。
④ 欧阳修：《王武恭公德用神道碑》，《名臣碑传琬琰之集》上卷一九。
⑤ 《宋史》卷二八九《葛霸传附怀敏》。
⑥ 《宋史》卷二七九《张昭允传》。

　　然而，宋朝毕竟不存在固定的世袭及门阀制度，这就决定了将门现象仍具有一定的不稳定性。如果过度依赖家门功勋而缺乏战场锻炼，便不能不极大地退化承担武将的能力，随着荫补资格的逐渐下降，纨绔子弟就很难保持重要的官爵，遂被排挤出武将群体。正因为如此，北宋两世、三世为将者不少，而三代以上为将者就相当有限了。只有像曹氏、高氏、种氏、姚氏及折氏等少数将门，能保持数世鼎盛。曹氏和高氏数世不衰，主要在于军功加外戚身份的互相支撑。而种氏、姚氏及折氏之盛，则主要依赖长期在西北御夏战争中的军功维系。

　　杨家将主要凭军功得到发展，出名者延续三代，从而成为北宋武将世家之一。但由于杨氏既没有与皇室、权贵联姻，除了旁支后裔杨畋科举入仕外，其直系子孙也没有在科举仕途上获得支撑，而杨文广之后又缺乏军功的延续，因此杨家将在三世之后，遂淡出世人的视野。

从杨业、狄青看北宋武将的悲剧色彩

华中科技大学历史研究所　罗家祥

　　杨业与狄青所处的时代与环境不同，其进退出处与平生经历亦有较大差异，但均为北宋名将。千百年来，其英雄事迹受到了无数文人雅士及市井百姓的颂扬讴歌，尤其是杨家将的故事以种种形式广为流传，更使得杨业成为家喻户晓、妇孺皆知的英雄人物。然而在某种意义上讲，杨业与狄青可谓殊途同归，均无善终。前者不得不钻进近似于人为设计的圈套力战不屈身死，后者则在盛名之下饱受侮辱、猜忌以至莫须有的诬陷，年仅 50 便郁郁而终。从政治史及政治文化史的角度看，这两位名将背后的悲剧色彩及其成因实有深入挖掘和从本质上加以认识的必要。

一、杨业、狄青的名将风范与不朽功业

　　中国古代的兵学著作认为，身为将帅必须具备智、仁、敬、信、勇、严以及三隧、四义、五行、十守等重要素质。[①] 根据这些价值观念和价值标准，杨业与狄青均无可置疑地在北宋乃至在整个中国古代的军事史上占有重要地位。约言之，作为北宋名将，杨业与狄青在如下几方面具有共同特征：

　　其一是骁勇善战，精通兵法战阵，有勇有谋。在北宋许多文臣或一般文人眼里，杨业与狄青均为一介武夫，但其实并非那么简单。杨、狄二人自青少年时代起即在刀光剑影中浴血奋战，靠显赫的战功逐渐成为威名远扬的著名将领，其过人的军事才能与战争智能是有目共睹的。此外，二人均通晓兵学和战争谋略。过去一般认为杨业不知书，近人通过研究，证实其精于兵学；[②] 狄青则实际上是一位儒将，在范仲淹的指点下，他不仅精通《左氏春秋》等传统经典，而且通过"折节读书，悉通秦、汉以来将帅兵

---

　　① 王符：《潜夫论》卷五《劝将》引孙子云："将者，智也，仁也，敬也，信也，勇也，严也。"刘安《淮南子》卷一五《兵略训》云："将者必有三隧、四义、五行、十守。所谓三隧者，上知天道，下习地形，中察人情；所谓四义者，便国不负兵，为主不顾身，见难不畏死，决疑不辟罪；所谓五行者，柔而不可卷，刚而不可折，仁而不可犯，信而不可欺，勇而不可凌也。所谓十守者，神清而不可浊也，谋远而不可慕也，操固而不可迁也，知明而不可蔽也，不贪于货，不淫于物，不滥于辩，不推于方，不可喜也，不可怒也。"
　　② 李裕民教授通过细致缜密的考证，证实杨业不仅知书，而且精通兵法，可参见《杨家将新三题》，《晋阳学刊》2000 年第 6 期。

法"①。因此北宋文臣简单地视杨业、狄青为一般"武人",这实际上是文人的偏见和刻意的贬损。

其二是在每次战斗中身先士卒,且有功不伐,以诚待人,具有极强的人格感召力。史称杨业"练习攻战,与士卒同甘苦","为政简易,御下有恩,故士卒乐为之用"②。而狄青亦"行师先正部伍,明赏罚,与士同饥寒劳苦","尤喜推功与将佐",故"所出常有功"③。从有案可稽的材料看,杨业与狄青均具有忠信仁爱的传统美德。杨业在力战不支、慷慨赴死之前,还曾力劝其部属:"汝等各有父母妻子,与我俱死无益也。倘敌人散去,尚可还报天子者。"而"众皆感泣不肯去,遂俱死,无一人生还"④。尹洙以贬死,而狄青仍"悉力赒其家",其所为与当时官场陋习大相径庭⑤。

第三,杨业与狄青不仅仅都是能征惯战的大将,而且都具有丰富的阅历和过人的政治智能。早在开宝二年(969)六月宋太祖率兵亲征北汉、契丹遣其将南大王来援时,杨业就曾向北汉主刘继元建议:"契丹贪利弃信,他日必破吾国,今救兵骄而无备,愿袭取之,获马万数,因籍河东之地以归中国,使晋人免于涂炭,陛下长享贵宠,不亦可乎?"但未被采纳⑥。杨业所云实际上涉及北汉何去何从的政治问题。而狄青,史称其"为人慎密寡言,其计事必审中机会而后发",笔者认为《宋史》对狄青这种秉性和行事风格的概括不仅仅是针对其军事指挥艺术而言,还应包括其政治行为艺术在内。显然,杨业与狄青的才能与智能远远超出了一般将领。

正因为这些卓尔不凡的优秀品质,杨业与狄青得以在各自所处的时代脱颖而出,并在其戎马生涯中建立起赫赫战功,分别得到当朝帝王非同一般的嘉许、倚重与宠爱。尤其是狄青,起家行伍而最后竟位极人臣,官至枢密使。

北汉时,杨业"弱冠事刘崇,为保卫指挥使,以骁勇闻。累迁至建雄军节度使,屡立战功,所向克捷,国人号为'无敌'"⑦。因此在归宋之前,杨业即以其威名为宋太宗所垂青,并"尝购求之"。太平兴国四年(979),北汉亡,杨业降宋,因其"老于边事,洞晓敌情",很快即历右领军卫大将军、郑州刺史,迁代州兼三交驻泊兵马都部署,重返故地,为北宋王朝拱卫北部边疆。在任内,杨业忠于职守,振军经武,加强边备,史有明载。据包拯讲,"先朝以骁将杨业守代州,创筑城垒,于今赖之"⑧。

---

① 《宋史》卷二九〇《狄青传》,中华书局,1977年,9718~9719页。
② 《宋史》卷二七二《杨业传》,9305~9306页。
③ 《宋史》卷二九〇《狄青传》,9721页。
④ 李焘:《续资治通鉴长编》卷二七"太宗雍熙三年八月附条",中华书局,2004年,622页。
⑤ 《宋史》卷二九〇《狄青传》,9721页。
⑥ 李焘:《续资治通鉴长编》卷一〇"太祖开宝二年六月条",228页。又《宋史》本传亦载宋太宗亲征太原时,"业劝其主继元降,以保生聚"。有关杨业何时劝刘继业降宋,一些史籍所载有相互矛盾之处,蔡连卫博士:《杨业入宋考》一文考释甚详。见《山西大学学报》2005年第4期,98~102页。
⑦ 《宋史》卷二七二《杨业传》,9303页。
⑧ 包拯:《包孝肃奏议》卷一《对策》,上海古籍出版社文渊阁四库全书影印本,1987年,第427册,83页。

　　因为长期与辽人打交道，杨业对宋辽边疆情势了如指掌，加之精通兵法，善于用兵，尤其重要的是，杨业具有对北宋王朝来说不可多得的忠勇品格。在为北宋王朝效命疆场八年间，他不辱使命，出生入死，累建奇功，威震契丹。太平兴国五年（980）三月，"契丹入雁门，业领麾下数千骑自西陉而出，由小径至雁门北口，南向背击之，契丹大败。以功迁云州观察使，仍判郑州、代州。自是契丹望见业旌旗，即引去"①。宋太宗雍熙三年（986），宋遣三路大军再次大举北伐契丹，潘美为西路军主帅，杨业副之。西路军连取云、应、寰、朔四州，但因东路军统帅曹彬指挥失误，致整个战局逆转。为完成掩护四州百姓内迁的使命，杨业的正确建议得不到采纳，反为监军王侁、刘文裕及主帅潘美威逼，不得已慷慨舍身赴死，一代名将终化作一缕北宋忠魂。

　　狄青与杨业所处的时代相隔较远，所处的环境有较大差异。杨业殉难于宋太宗雍熙三年（986），狄青辞世于宋仁宗嘉祐二年（1057），二者辞世时间相距逾70年，杨业建功立业在北宋立国之后的宋太宗时期，狄青则扬名于各种"祖宗之法"业已形成并得到信守、北宋王朝的统治基本上稳定下来的宋仁宗时期。但狄青西讨南征，同样表现出卓尔不群的军事才能，淋漓尽致地展示了名将风范，② 宋廷对其评价是"优负智谋，素推骁果"，"擅贾复折冲之能，得亚夫持重之体，报功居最，腾誉寖高"。③

　　狄青之成名，始于宋仁宗宝元初年爆发的宋夏战争。史载："宝元初，赵元昊反，诏择卫士从边，以青为三班差使、殿侍、延州指使。时偏将屡为贼败，士卒多畏怯，青行常为先锋。凡四年，前后大小二十五战，中流矢者八。破金汤城，略宥州，屠咩、岁香、毛奴、尚罗、庆七、家口等族，燔积聚数万，收其帐二千三百，生口五千七百。又城桥子谷，筑招安、丰林、新砦、大郎等堡，皆扼贼要害。尝战安远，被创甚，闻寇至，即挺起驰赴，众争前为用。临敌被发、带铜面具，出入贼中，皆披靡莫敢当。"④ 在宋军败多胜少、将领大多怯战惧战的情况下，狄青以骁勇善战、战功显赫成为众所瞩目的著名将领。

　　当然，尹洙、韩琦、范仲淹等人的知遇与奖掖对狄青的成名也起到了重要作用。尹洙曾以"良将材"将狄青荐于韩、范，范仲淹引导其博览群书，"悉通秦、汉以来将帅兵法，由是益知名。以功累迁西上阁门副使，擢秦州刺史、泾原路副都总管、经略招讨副使，又加捧日天武四厢都指挥使、惠州团练使"⑤。后来在给宋仁宗的奏疏中，范仲淹还曾将狄青排在"材武可用将佐"的第一等第一名推荐给朝廷⑥。庆历和议后，狄青

　　① 《宋史》卷二七二《杨业传》，9303～9304 页。

　　② 何冠环博士：《狄青（1008～1057）麾下两虎将——张玉（？～1075）与贾逵（1010～1078）》及《狄青（1008～1057）故事的传述者——狄家将第二代传人狄谘（？～1092 后）与狄咏（？～1097 后）》两文，载何著：《北宋武将研究》，中华书局（香港）有限公司，2003 年。上述两文虽主旨不在狄青，但对其诸方面的情形仍有详尽的论述。

　　③ 《宋大诏令集》卷一〇五《武臣三·狄青落起复加恩制》，中华书局，1962 年，388 页。

　　④ 《宋史》卷二九〇《狄青传》，9718 页。

　　⑤ 《宋史》卷二九〇《狄青传》，9718～9719 页。

　　⑥ 范仲淹：《范文正奏议》卷下《奏边上得力材武将佐等第姓名事》，文渊阁四库全书本影印本，第 427 册，54～55 页。

徙真定路副都总管，历侍卫步军殿前都虞候、眉州防御使，迁步军副都指挥使、保大安远二军节度观察留后，又迁马军副都指挥使，后又以彰化军节度使知延州，擢枢密副使。

宋仁宗皇祐年间平定广源侬智高一战，将狄青的一生推向了事业辉煌的顶峰。侬智高反宋后，"陷邕州，又破沿江九州，围广州，岭外骚动"，宋廷先后遣杨畋、孙沔、余靖等领兵进讨，均无胜绩。狄青上表请缨，以宣徽南院使、宣抚荆湖南北路、经制广南盗贼事的身份率兵进剿。狄青南下后，整顿军纪，指挥若定，率兵巧取天险昆仑关，大败侬智高于归仁铺，一举平定了广南战乱。返回汴京后，"帝嘉其功，拜枢密使"①，进入了最高统治集团的核心。

作为一代名将，杨业和狄青在身后也可以说是备极哀荣。杨业力战被俘身死之后，宋太宗闻之痛惜，特下诏予以褒奖，极尽称美之辞："故云州观察使杨业诚坚金石，气激风云。挺陇上之雄才，本山西之茂族。自委戎乘，式资战功。……独以孤军，陷于沙漠。劲果猋厉，有死不回。求之古人，何以加此。"并赠太尉、大同军节度，赐其家布帛千匹、粟千石。② 同杨业相比，狄青虽然没有杨业为北宋尽忠死节的悲壮事迹，但同样得到北宋王朝的极度礼遇。嘉祐二年（1057）狄青因"疽发髭"辞世，"帝发哀，赠中书令，谥'武襄'"。甚至直到11年后的熙宁元年（1068），宋神宗还根据当时的政治需要，"考次近世将帅，以青起行伍而名动夷夏，深沈有智略，能以畏慎保全终始，慨然思之，命取青画像入禁中，御制祭文，遣使赍中牢祠其家"③。按传统中国社会的一般价值标准，身为人臣有此盖棺定论，似乎足以流芳千古、光耀门庭了。

以上可见，杨业与狄青各自所处的特殊历史环境为之功成名就提供了机遇和平台，靠着自身素质与主观努力，他们最终奠定了在宋代军事史乃至中国军事史上的地位。杨、狄二人在战争生涯中表现出来的指挥才能、战争艺术，毫无疑问是中国传统兵学史宝库中的重要内容。尤其是杨业，其人格风范、精神风貌以及悲壮事迹随着杨家将故事的广泛流传，更是超越了民族界限，产生了极为深远的影响。

二、功名背后的悲剧色彩

然而，回到北宋当时的历史环境，透过杨业、狄青生前的各种遭际与身后道道耀眼光环形成的巨大反差，我们则又不难看到，这两位著名将领身上也闪现出浓烈的悲剧色彩，从而为我们思考宋代乃至整个传统中国的政治体制及其运作提供了重要的个案。

杨业和狄青虽然所处的时代不同，个人的经历及最后的人生结局有异，但其悲剧色

---

① 《宋史》卷二九〇《狄青传》，9720 页。

② 《宋史》卷二七二《杨业传》，9305 页；《宋大诏令集》卷二二〇《杨业赠太尉大同事节度使》，959 页。

③ 《宋史》卷二九〇《狄青传》，9721 页。又宋神宗撰有《祭狄青文》，给狄青以极高评价，见吴曾：《能改斋漫录》卷一四《记文·神宗御制祭狄青文》，上海古籍出版社，1984 年，417 页。

彩则有明显的共同特征。这首先就表现在他们生前重大的军事活动几乎总是处于宋廷的监控、掣肘与防范当中。在此种政治环境中，他们一方面为自己获取功名、建功立业，为保卫北宋政权、保卫边疆的黎民百姓，以自己的忠勇与智慧浴血疆场；另一方面，他们均缺乏最基本的信赖，不得不忍受着来自于宋统治集团内部的轻蔑、猜忌甚至诋毁，承担着极大的政治风险。毫无疑问，这种特殊的政治环境使杨业与狄青均难以淋漓尽致地焕发出名将风采。

杨业战死之前监军王侁、刘文裕的所作所为及由此造成的严重后果就是典型的例证。为保四州百姓安全南撤，当杨业提出切实可行的作战方案时，监军王侁先是"沮其议"，称杨业是"领数万精兵而畏懦如此"，讥讽嘲弄之意溢于言表；复则武断强迫杨业"但趋雁门北川中，鼓行而往马邑"，另一监军刘文裕"亦赞成之"。当杨业称执行这一方案为"必败之势"时，王侁则曰："君素号无敌，今见敌逗挠不战，得非有他志乎？""得非有他志"一语，终于将一代名将杨业逼上了不归路。挟皇权而飞扬跋扈的监军王侁对军情懵懂无知又"欲争其功"的各种蠢举和丑行，史籍有详细记载。① 然而，宋廷为伺察、防范武将篡逆而派出的此类"口含天宪"的监军，竟能动辄以"有他志"对武将诬陷威逼，并以荒唐、粗暴的方式对生死攸关的军事行动横加指责与干涉。

同其他将领一样，杨业也受到严密的监控与防范，还表现在出战时不能拥有少许亲兵和贴身护卫。杨业战死不久的端拱二年（989）正月，知制诰田锡上疏曾对宋太宗实施"将从中御"，每战必降以阵图，必授以方略等做法进行规谏，同时认为将帅应该在奖赏士卒方面有些自主权，"将帅行恩信，恤士卒，必丰财货，方得士心"，他指出"近代侯伯，各有厅直三五十人，习骑射为腹心，每出入敌阵，得以随身"，而"后来不敢养置"，并以杨业为例加以说明："昨杨业陷阵，访闻亦是无自己腹心，以致为敌所获。"② 田锡所云无不在理，但他或许并不清楚上述在军事上幼稚至极的荒唐做法正是宋太宗本人自鸣得意的杰作：既达到了钳制、防范武将的政治目的，又可表现他自以为高明的军事才能。田锡的规谏当然不可能为宋太宗所采纳，但其奏疏中披露的有关杨业为敌所获的原因，适足以证实杨业乃是宋廷各种防范武将措施的直接受害者之一。

狄青所处的时代与经历与杨业不同，但也如出一辙地受到各种猜忌与防范。宋仁宗庆历四年（1044）六月，当宋廷采纳韩琦、范仲淹的建议，欲以狄青知渭州时，右正言、同修起居注余靖多次上疏极论狄青不可独当一路，指其"骤至行间，未著大功，蒙恩超擢，又其为性率暴鄙吝，偏裨不伏"，强烈要求"须别得渭州知州，与青缓急商量战守之势"，并对"自来武臣在边，多被文臣掣肘，不若专委武臣，责其成功"的说法大加驳斥。③ 所以王夫之说："狄青初起，抑弗能乘其朝气，任以专征，不得已而委

---

① 李焘：《续资治通鉴长编》卷二七"太宗雍熙三年八月附条"，621～622页。

② 李焘：《续资治通鉴长编》卷三〇"太宗端拱二年正月附条"，675～676页；又见田锡：《咸平集》卷一《上太宗答诏论边事》，文字稍异。

③ 赵汝愚：《宋朝诸臣奏议》卷四〇《上仁宗论狄青不可独当一路》，上海古籍出版社点校本，1999年，721～722页。亦可见《续资治通鉴长编》卷一五〇"仁宗庆历四年癸卯条"。

之文臣。"① 余靖后来随狄青同征侬智高，得以一睹狄青的大将风采，并在狄青去世后撰有旨在表彰狄青的《宋故狄令公墓铭并序》，但毫无疑问，余靖在论奏狄青知渭州诸疏是别有一番深意的。

狄青率昔日部属宣抚广南成行之前，宋廷在是否派遣监军、派何人监军的问题上也有过激烈的争论。刘敞便是积极主张派遣监军的代表人物之一，他声称"上古王者之遣使命将也，必为之设介贰参佐，非独司纪纲，广谋策而已，亦所以谨大事、备不然也"②。所谓"谨大事、备不然"云云，其所指也是十分明显的，即担心狄青趁机起兵反宋。如果派人随军伺察，派谁合适呢？宋廷原拟由原入内都知任守忠为副，以宦官为监军，因有人极力劝谏才作罢。③ 谏官韩绛则谓"武人不宜专任"，要以文臣副之。只是因为宰相庞籍变相为昔日的部将担保，认为"青起行伍，若以文臣副之，则号令不专，不如不遣"，才得到宋仁宗的同意，并下诏岭南皆受狄青节制，才有狄青归仁铺之捷。④

杨业与狄青的个人悲剧还在于他们所拥有的名将品格与卓越战功同宋廷防范武将的用心在本质上构成了不可调和的内在矛盾，从而成为最高统治集团之大忌，这就注定他们在获取功名后无有宁日，一直到生命结束。尽管杨业和狄青对北宋王朝忠贞不二、恪守臣节，但通过现存的史料，我们甚至可以清楚地感受其在生命最后时刻的各种悲怆、痛苦与无奈。

杨业是名将，也是忠诚信义之士，他至死对北宋、对宋太宗都是怀有感恩之情的。其所以然，是因为他在归宋之前曾依附北汉，并为之披肝沥胆，不仅以各种方式与契丹周旋，也曾频与新建的北宋政权发生战事。自以为可以成就一番盖世功名的宋太宗正在用人之际，不仅未记前嫌，反而因其"老于边事"，委以重任，让其重返北疆捍边，因此杨业在赴死之前对此仍念念不忘："业，太原降将，分当死。上不杀，宠以连帅，授之以柄"，对"上遇我厚"难以释怀。他所梦寐以求的是"期捍边破贼以报"，在他看来，只是时乖命塞，"反为奸臣所嫉，逼令赴死致王师败"，以致壮志未酬。⑤

但远离北宋政治中心的忠诚信义之士杨业并不明白，正是他誓要舍命相报的宋太宗主导织成的专制独裁之网，才使他最终陷入了万劫不复的境地。小小一个西上阁门使、蔚州刺史王侁，人格卑下，对军事懵懂无知，何以敢在早已威名远播的杨业面前颐指气使、飞扬跋扈，并恣意进行侮辱嘲弄？是因为王侁有"监军"这一特殊身份。关于潘美、刘文裕等其他几个当事人与杨业之死的关系，李裕民教授早已著文阐明，兹不赘述。透过监军王侁施之于杨业的污言秽语，我们至少可以判明宋廷对杨业的基本态度：①杨业不过是一降将，降将随时可能再次反宋；②杨业不过是一介武夫，所有的武将均

---

① 　王夫之：《宋论》卷四《仁宗》，中华书局，2003 年，93 页。
② 　赵汝愚：《宋朝诸臣奏议》卷六五《上仁宗论狄青宣抚当置副使》，722 页。
③ 　《宋史》卷三三三《李兑传》，10696 页。
④ 　《宋史》卷三一一《庞籍传》，10200 ~ 10201 页。
⑤ 　李焘：《续资治通鉴长编》卷二七"太宗雍熙三年八月附条"，621 ~ 622 页。

在严密监控之列，何况还是降将？杨业在慷慨赴死之前，虽因"上遇我厚"而忍辱负重，但明言"为奸臣所嫉，逼令赴死"，其间难以名状的悲怆孤愤之情溢于言表。

与杨业不同，狄青起行伍而为枢密使，十余年间平步青云，诚如当初反对除狄青枢密副使的贾黯所云："国初武臣宿将，扶建大业，平定列国，有忠勋者，不可胜数。然未有以卒伍登帷幄者。"[①] 狄青从除枢密副使到除枢密使，曾遭到过众多官僚士大夫的反对，如范仲淹、庞籍、韩贽、王举正等，但却因得到宋仁宗的垂青而官运亨通。个中原因，首先是狄青对宋廷有着一如既往的忠诚；其次是狄青的杰出军事才能在数次化解边疆危机起到重大作用；第三是他在复杂危诡的官场上具有一定的生存智能，即如后来宋神宗所说的"深沈有智略，能以畏慎保全终始"。最能说明问题的，是"青奋行伍，十余年而贵，是时面涅犹存。帝尝敕青傅药除字，青指其面曰：'陛下以功擢臣，不问门地，臣所以有今日，由此涅尔，臣愿留以劝军中，不敢奉诏。'"[②] 总的来看，因为有宋仁宗的庇护，狄青在仕途上是颇为顺利的。

然而，仕途顺利的狄青最终也未能幸免于以悲剧结束其一生。如果说杨业是因为受到监军王侁等人的威逼而不得不赴死殉宋，那么狄青则完全是因为朝中文臣的无端猜忌，受到蓄谋迫害而亡。据王楙《野客丛书·附录》记载，哲宗即位后的"平章军国重事"、四朝元老文彦博是将狄青迫害致死的主谋："狄青为枢密使，自恃有功，骄蹇不恭……朝廷患之。时文潞公当国，建言以两镇节度使出之，青自陈无功而受两镇节旄，无罪而出典外藩，仁宗亦然之。及文公以对，上道此语，且言狄青忠臣。公曰：太祖岂非周世宗忠臣？但得军情，所以有陈桥之变，上默然。青未知，到中书，再以前语白文公。文公直视语之曰：无他，朝廷疑尔。青惊怖却行数步。青在镇，每月两遣中使抚问，青闻中使来，即惊疑终日，不半年疾作而卒。皆文公之谋也。"所谓"得军情"，即是得军心。根据这段材料所云，文彦博是唯恐"得军情"的狄青成为赵匡胤第二，得到宋仁宗的默许而精心策划了一场不可谓不残忍的政治谋杀。[③] 狄青作为两宋寥寥无几的杰出将帅之一，他可以运筹帷幄指挥千军万马，可以在腥风血雨中纵横驰骋，但在这场政治迫害中却一筹莫展，郁郁以终。

据有案可稽的史料记载，积极参与这一政治谋杀的实际上还有北宋名臣欧阳修、刘敞等人。欧阳修虽曾做过枢密副使，但与韩、范不同，只是个不折不扣的不懂边事、不

---

① 《宋史》卷三二〇《贾黯传》，10015 页。

② 《宋史》卷二九〇《狄青传》，9719 页。又如《晁氏客语》载："五代郭崇韬既贵，而祀子仪为远祖；本朝狄青，人劝尊梁公，辞曰：'予鄙人岂可以声迹污梁公'"。

③ 有关狄青出知陈州一事，《宋史》卷三〇二《吕景初传》所载与《野客丛书·附录》（文渊阁四库全书影印本，第 852 册，803 页）所载有矛盾之处："（景初）数诣中书白执政，请出青。文彦博以青忠谨有素，外言皆小人为之，不足置意。"大概文彦博起初是不欲将狄青贬出的。又《长编》卷一八三仁宗嘉祐元年七月丙戌条载有吕景初对文彦博云："青虽忠，如众心何！盖为小人无识，则或致变。大臣宜为朝廷虑，毋牵闾里恩也。"（4428～4429 页）也许因吕景初此语牵扯到了文、狄二人的同乡关系，为避嫌和自全计，文彦博最终改变了对狄青的态度。

懂军事的文臣。在狄青被罢免枢使之前，欧阳修曾经多次上疏论奏狄青，其中宋仁宗至和三年（1056）所上一疏是最为全面、在士大夫中最具代表性，也是最值得玩味的，其中有云：

> 臣切见枢密使狄青，出身行伍，号为武勇。自用兵陕右，已著名声，及捕贼广西，又薄立劳效。自其初掌机密，进列大臣，当时言事者已谓不便。今三四年间，虽未见其显过，然而不幸有得军情之名。……且武臣掌机密而得军情，不唯于国家不便，亦于其身未必不为害。然则青之流言军士所喜，亦其不得已而势使之然也。臣谓青不得已而为人所喜，亦将不得已而为人所祸者矣。为青计者，自宜退避事权，以止浮议。而青本武人，不知进退。近日以来，讹言益甚。或言其人身应图谶，或言其宅有火光。道路传说以为常谈矣，而唯陛下犹未闻也。且唐之朱泚，本非叛者，仓卒之际，为军士所迫尔。大抵小人不能成事而能为患者多矣。泚虽自取族灭，然为德宗之患亦岂小哉？夫小人陷于大恶，未必皆其本心所为，直由渐积以至蹉跌，而时君不能制患于未萌尔。故臣敢昧死而言人之所难言者，唯愿陛下早闻而省察之尔。如臣愚见，则青一常才，未有显过，但为浮议所喧，势不能容尔。若如外人众论，则谓青之用心有不可知者，此臣之所不能决也。但武臣掌机密而为军士所喜，自于事体不便，不计青之用心如何也。伏望圣慈深思远虑，戒前世祸乱之迹，制于未萌。密访大臣，早决宸断，罢青机务，与一外藩，以此观青去就之际心迹如何，徐察流言，可以临事制变。且二府均劳逸而出入，亦是常事。若青之忠孝出处如一，事权既去，流议渐消，则其诚节可明，可以永保终始。夫言未萌之患者，常难于必信。若俟患之已萌，则又言无及矣。臣官为学士，职号论思，闻外议喧沸而事系安危，臣言狂计愚，不敢自默。①

欧阳修是五代史专家，对五代时期武将、包括宋太祖赵匡胤以禁军统帅篡位史实了如指掌；他又是著名学者和散文大家，所撰写的文字极富文采和说服力；同时，欧阳修与范仲淹等曾在政治上相互引为同类，在奖掖后学、发现人才方面也有一定建树，曾官居枢密副使和参知政事，在北宋的政坛也具有一定地位。但面对这篇奏疏，我们却不得不说：这是一篇危言耸听的文字，是一篇诬枉不实的文字，还是一篇自毁长城的文字，并在以后的宋代历史上产生了极其恶劣的潜在影响。此后不久，欧阳修再次借宋仁宗因水灾许中外臣僚上封言事之机附会董仲舒的天人感应之说，上疏论奏狄青。他说，"至于水者，阴也，兵亦阴也，武臣亦阴也"，旧调重弹，要求罢免狄青，"为国家消未萌之患"②。

除欧阳修外，刘敞亦力请罢免狄青。据《长编》载，他在知制诰任上即有此议，出居外任时所云则更为严厉：

---

① 《宋朝诸臣奏议》卷四六《上仁宗乞罢狄青枢密之任》，494～495页。

② 赵汝愚：《宋朝诸臣奏议》卷四〇《上仁宗论水灾》，413页。

敞出知扬州，又极言："今外说纷纷，虽不足信，要当使无后忧，宁负青，无使负国家。"并谓宰相曰："向者天下有可大忧者，又有可大疑者，今上体平安，大忧去矣，而大疑者尚在。"具以青事告之，宰相应对唯唯。敞既至官，拜表，又遍遗公卿书曰："汲黯之忠，不难于淮阳，而眷眷李息。"朝廷皆知为青发也。

加之有人称"青家狗生角，且数有光怪"，又京师大水时，"青避水徙家相国寺，行止殿上，人情颇疑"，欧阳修等人的意见最终为宋仁宗所接受，狄青被罢知陈州，① 不到半年即死于陈州任所。

杨业与狄青的死非同时，但均死于非命，这是无可辩驳的事实。现今我们可以随意看到中国古代无数文人骚客留下的传之久远的不朽诗文，其中将自己的心灵感受刻画得细腻入微的名篇佳作不胜枚举，但我们只能从他人的记载中感觉杨业慨叹"为奸臣所嫉，逼令赴死"时的无奈和悲怆，只能看到文彦博直视狄青，告之曰以"无他，朝廷疑尔"、"青惊怖却行数步"的惶恐，以及狄青在镇时"惊疑终日"的简略记载，而对杨业与狄青辞世之前的心灵感受却了无所知。他们的赫赫战功与名将风范使之流芳千古，但同时也使之死于非命。

三、"恐武症"：悲剧的成因及其影响

那么，究竟是什么促成了这两起悲剧的发生、导致两颗将星郧落呢？答曰：是北宋王朝立国伊始便已患上的"恐武症"。而随着岁月牵延，北宋王朝的"恐武"情结也在不断发生着明显变化，与之相应的一系列御将之策对宋代武将及宋朝军政也产生着愈来愈大的负面影响。②

宋太祖赵匡胤沿袭五代禁军将领改朝换代的故伎，在赵光义及一群后周禁军将领的支持下发动"陈桥兵变"，篡夺了后周政权。为防止其他武将以其人之道还治其身，从北宋建立伊始，北宋的最高统治者便患上了严重的、不可治愈的"恐武症"，史籍中有关宋太祖"杯酒释兵权"的记载活灵活现地集中反映了北宋帝王的这一心结，因而对武将的防范顺理成章地成为"事为之防，曲为之制"的首要内容。不过，宋太祖虽然提防武将，"用天下之士人，以易武臣之任事者"，但其御将之策仍有章可循，即"太祖虽削武臣之权，然一时赏罚及用财集事，皆听其专，有功则赏，有败则诛"③。因此，武将在职权范围内仍有较大的自由度，加之赏罚分明，武将基本上能正常发挥作用，也没有对军政造成大的负面影响。

---

① 《宋史》卷三一九《欧阳修传》亦记此事云："狄青为枢密使，有威名，帝不豫，讹言籍籍，修请出之于外，以保其终，遂罢知陈州。"

② 陈峰教授：《北宋武将群体与相关问题研究》一书第七章对北宋驭将之策的演变及其影响作了精审考论，可资参考。中华书局，2004年，303～327页。

③ 《宋史》卷二八五《贾昌朝传》，9615页。

宋太宗在"斧声烛影"中兄终弟及，其"恐武"情结又掺入了新的时代内容，并有进一步的畸形发展。在位期间，宋太宗一方面制造了赵宋宗室内部一幕幕骨肉相残的惨剧，另一方面试图通过一些文治和武功证明自己是真命天子。当两次北伐失败、建立盖世武功的设想幻灭后，宋太宗便将巩固手中皇权当成了唯一政治目标。宋太宗所谓"国家若无外忧，必有内患。外忧不过边事，皆可预防，惟奸邪无状，若为内患，深可惧也。帝王用心，常须谨此"①云云，主要是担心朝臣朋党比周，夺取赵宋江山，武将当然是防范的首要对象。淳化二年（991），度支使李惟清在奏御时曾与宋太宗谈及数倍于开宝、太平兴国年间的财政开支问题，认为主要原因是将帅未得人，"边事未宁，屯兵至广"导致开支倍增，建议精择有如卫青、霍去病那样的将帅，"庶节费用"。宋太宗的回答颇令人玩味："此一时也，彼一时也。今之獯狁，群众变诈，与古不同。朕每计之，自有成算。至于选用将帅，亦须深体今之机宜。如韩、彭古名将，若以彼时之见，便欲制今之敌，亦恐不能成功名。今纵得其人，未可便往时，委之能成功业。此乃机事，卿所未悉。"随即让未悉"机事"却又好管闲事的李惟清做了盐铁使。② 从其故弄玄虚的所谓"深体今之机宜"、"机事"等语中，不难看出宋太宗对将帅的选任用心极为深刻。与宋太祖"所用之将专而不疑"完全不同，宋太宗还采取"将从中御"的荒唐做法，其内容包括图阵形、规庙胜、尽授纪律、遥制便宜、主帅遵行、贵臣督视等，可谓名目繁多，花样迭出。其目的不仅仅是为了标榜宋太宗本人自以为高超的用兵方略，更重要的是为了对武将进行有效控制和防范。

大体说来，从太祖在位期间一直到杨业所处的时代，"恐武"还主要地表现为帝王的一种阴暗心理，其中的玄机还并未为所有文臣参透。因此，尽管宋太宗以各种形式对武将高度防范和掣肘，但仍有田锡之类的官员疏请适当放松武将的军事指挥权、财政自主权以及允许武将适当培植贴身心腹，甚至王禹偁还明确提出"抑儒臣而激武臣"③ 的建议。但从太宗后期开始，随着北宋最高统治集团治国方略和内部政治形势的变化，随着宋辽、宋夏关系的演化，"恐武"以及如何防范武将逐渐为所有官僚士大夫心领神会，④ 并成为一种普遍认同的价值观念而弥漫朝野，变成众多官僚士大夫根深蒂固的自觉意识。一些士大夫对武将的恐惧与防范意识甚至超过了帝王，时或将其作为一种廉价的效忠手段而滥用。于是，"恐武"成为两宋最高统治集团的核心政治价值观念。据时人披露，仁宗统治时期，宋廷居然发展到"每命将帅，必先疑贰，非近幸不用，非姻旧不委"⑤ 的程度。在这种情况下，曾有降将背景的杨业与径由行伍起家的狄青出现前文所述的结局虽有一定的偶然性，但实已寓于不可避免的必然性之中。

---

① 李焘：《续资治通鉴长编》卷三二"太宗淳化二年八月丁亥条"，719 页。
② 李焘：《续资治通鉴长编》卷三二"太宗淳化二年四月辛巳条"，714 页。
③ 李焘：《续资治通鉴长编》卷三〇"太宗端拱二年正月附条"，673 页。
④ 李焘：《续资治通鉴长编》卷四二"太宗至道三年九月壬午条"，左正言、直史馆孙何表献五议，其中之一即建议太宗选儒臣统兵，太宗"览而善之"。
⑤ 《宋史》卷二八五《贾昌朝传》，9615 页。

　　需要指出的是，杨业与狄青的遭遇不仅仅是个人悲剧，而是两宋时期整个武将群体的缩影。狄青之后，像王韶那样能得到急欲富国强兵的宋神宗的支持，又能与宰相王安石"实同心膂，无异说"、成就一番功业的将领毕竟是凤毛麟角，更多的将帅要么报国无门、仰天长啸，要么随波逐流、同流合污，要么"知畏法而已，不敢法外以立功"①，聊尽人事以听天命，难有大的作为，处于异常尴尬的境地。从北宋狄青含冤而死到南宋岳飞引颈受戮，我们可以清楚地看到两宋之间一以贯之的御将之策所产生的灾难性影响。

　　宋王朝与生俱来的"恐武症"及其恶性发展，对两宋历史发展走向的影响也至为深刻。"得贤将者，兵强国昌。不得贤将者，兵弱国亡"②。两宋的民族关系异常复杂，大规模的民族战争时有发生，相对 320 年的统治时间来说，值得夸耀粉饰的承平时期实在不多，武将群体应该说是须臾不可或缺。但面对频繁的民族战争，宋统治集团又始终处于两难的境地：每当战事发生，每当这些战事有可能危及赵宋统治时，宋廷便希望卫青、霍去病转世，为之出生入死，扶大厦之将倾；但另一方面，又唯恐这些武将功高震主，取赵宋而代之，所以并不想真正让其发挥作用。其结果是宋方在民族战争中总是胜少败多，宋真宗咸平二年（999）闰三月，京西转运副使朱台符上疏论及北宋养兵百万却每战必败的原因时有云：

　　　　将帅者，王之爪牙，登坛授钺，凿门推毂，阃外之事，将军裁之，所以克敌而致胜。近代动相牵制，不许便宜，兵以奇胜而节制以阵图，事惟变适而指踪以宣命，勇敢无所奋，知谋无所施，是以动而奔北也。"③

朱台符主要是针对宋太宗统治时期的情况而言，但也道破了宋王朝在民族战争中屡屡败北的根本原因。追根溯源，应该说这种状况都与宋王朝的"恐武症"有直接和间接的关联。而杨业与狄青之所以分别以不同形式的悲剧终其一生，也就毫不令人感到意外了。

---

① 吕中：《大事记讲义》卷一《序论》，文渊阁四库全书影印本，第 686 册，194 页。
② 《六韬·龙韬》，文渊阁四库全书影印本，第 726 册，26 页。
③ 李焘：《续资治通鉴长编》卷四四"真宗咸平二年闰三月庚寅条"，937 页。

杨业与宋初河东诸将

中国社会科学院历史研究所　江小涛

一、环境和时代

在我国北方，从横山经代北迄于燕蓟，历来是胡、汉互为出入的区域。以其地近羌胡，故民俗修习武备，崇尚勇力，良将辈出。如《汉书》卷六九《赵充国辛庆忌传》云："秦、汉已来，山东出相，山西出将。……何则？山西天水、陇西、安定、北地处势迫近羌胡，民俗修习战备，高上勇力鞍马骑射。故《秦诗》曰：'王于兴师，修我甲兵，与子皆行。'其风声气俗自古而然，今之歌谣慷慨，风流犹存耳。"① 隋唐为民族融合大发展的时期，缘边各地胡汉杂处、风习相染的情形愈益普遍。安史以后，在中央权威日趋势微的情况下，以藩镇为代表的地方军事势力逐渐成为左右帝国政局的关键力量。他们既可为国扞边、应诏勤王，更多则是以武力为资本固结成一个个既得利益集团，甚至公然挑战中央权威。由此，中国历史又迎来一个武人专政的时代。

在武人势力裂土自雄的格局中，代北以南、以太原为中心的河东地区更凸显出其独特的区位优势。此地"东阻太行、常山，西限龙门、西河，南有霍太山、雀鼠谷之隘，北有雁门、五台诸山之险"，"山川险固，风俗尚武，土多战马，静则勤稼穑，动则习军旅"。② 退则可以自成邦国，进则可以逐鹿中原，因而自古以来即是兵家必争必据之地。

十世纪初，随着大唐帝国的消亡，新一轮的势力角逐臻于白热化，其影响所及也已超出单纯的军事与政治范畴。在当时众多地方武力中，以沙陀突厥部为主体、以河东地区为根据地的"河东军事集团"③ 成为北方政治舞台上的强劲力量。半个多世纪里，这

---

① 按：赵充国，陇西上卦人（今甘肃天水县西南），后徙金城令居（今甘肃永登县西北）。辛庆忌，狄道人（今甘肃临洮），为辛姓陇西郡望之发端者。文中所提天水、陇西、安定、北地四郡俱为甘肃、宁夏之地，所云"山西"盖指崤、华以西也，与今所谓"太行以西"义有不同。彼时与北胡相接之郡主要是"缘边九郡"：五原、朔方、云中、代郡、雁门、定襄、北平、上谷、渔阳。这些地区在历史上素来胡、汉互为出入，民风习气固相类也。

② 司马光：《资治通鉴》（以下简称《通鉴》）卷二八四，后晋开运元年（944）八月记事载郭威语及注文。

③ 该集团的前身为"代北军事集团"，谓由李克用建立的，以沙陀三部落为核心，集结了代北五部之众（吐谷浑、鞑靼、回鹘、奚、突厥之属）及汉人的军人政治集团。从唐中和三年（883）担任河东节度使，到梁开平二年（908）去世，李克用以太原为中心，苦心经营二十五年，将代北集团进一步发展成"河东军事集团"。这个集团不仅支撑了李克用的割据政权，也成为五代时期后唐、后晋、后汉及北汉诸政权赖以建立的基础。樊文礼：《试论唐末五代代北集团的形成》，《民族研究》2002 年第 2 期。

个集团的核心成员都是北方内战最活跃的参与者和政权的有力竞争者。尽管他们仍保有若干"异族"的特征，却并不认为自己是"外来者"。相反，他们已经自视为中原王朝体系的一部分甚至代理人。

李克用在与朱温的角逐中，以李唐宗室自居，时时以"勤王讨逆"为旗号。天祐元年（904），当朱温弑唐昭宗的噩耗传来，李克用便"南向恸哭，三军缟素"①。天祐四年（907），朱温废昭宣帝（唐哀宗）自立后，四川王建派使者游说李克用"各王一方"。李克用拒之，且回了一封措辞堂皇的信，内中有云："仆经事两朝，受恩三代，位叨将相，籍系宗枝，赐鈇钺以专征，征苞茅而问罪。……累朝席宠，奕世输忠，忝佩训词，粗存家法。……誓于此生，靡敢失节，仰凭庙胜，早殄寇雠"。②李克用此举既是出于策略的考量，也在一定程度上反映了他的政治取向，并非全是惺惺作态。此后，他的继承者李存勖仍奉唐朝正朔，其"恢复大唐"的尝试，主要依据即是唐朝的权力也是由边疆军事贵族的权力孕育而来的，其"龙兴之地"恰恰是在太原。同光元年（923）冬十月己丑，他在御崇元殿的制书中说："仗顺讨逆，少康所以诛有穷；缵业承基，光武所以灭新莽。咸以中兴景命，再造王猷，经纶于草昧之中，式遏于乱略之际。朕以钦承大宝，显荷鸿休，虽继前修，固惭凉德，誓平元恶，期复本朝，属四海之阽危，允万邦之推戴。……"③这表明，太原李氏在争夺霸业、重建秩序的过程中也完成了观念意识的转变。

此后石晋、刘汉继起，其族属或"西夷"，或沙陀，皆发迹于太原。彼等虽都有过勾引外族、父事契丹的情事，而对内莫不以中原之主自居。

及郭威代汉、赵宋代周，情形又为之一变。统治者的正统意识更加自觉，其集团内部河北、河南籍的武将数量陡增，但河东籍将领仍是武人群体中极为重要与显赫的部分，在地域分布上形成了三足鼎立的态势。④且这些将领不论出于何地，大都跟"河东军事集团"有甚深的渊源关系。与此同时，刘崇外倚契丹之援，苟且自立于太原，可视为河东武人政权的余绪，直到太平兴国四年（979）宋太宗平定北汉，这股势力才归于歇绝。

这种特定的时空背景成就了为数众多的河东武将，为他们建功立业、显身扬名提供了广阔的舞台，而杨业则堪称个中翘楚。本文拟从进身途径、政治立场以及人际关系等方面比较杨业和宋初其他河东将领之间的异同，并通过这种比较，对造成杨业悲剧命运、造就杨业历史形象的内外原因加以述说。

---

① 薛居正等：《旧五代史》卷二六《武皇本纪下》，中华书局点校本。
② 《旧五代史》卷二六《武皇本纪下》。
③ 《旧五代史》卷三十《庄宗本纪四》。
④ 参何冠环教授对宋初三朝武将地理分布所作的统计和分析。见氏著：《北宋武将研究》，中华书局（香港）有限公司，2003 年，21～23 页。

二、进身途径

当李克用崛起于代北之际，其所凭借的资本多为部族军，既有沙陀本部，亦有边疆蕃、汉各部，战力顽强而剽悍难治。李克用为求其效命致力，也并无约束之意。如《旧五代史》卷二十六《武皇本纪下》所云："是时，亲军万众皆边部人，动违纪律，人甚苦之，左右或以为言。武皇曰：'此辈胆略过人，数十年从吾征伐，比年以来，国藏空竭，诸军之家卖马自给。今四方诸侯皆悬重赏以募勇士，吾若束之以法，急则弃吾，吾安能独保此乎！俟时开运泰，吾固自能处置矣。'"不仅如此，为了罗致和笼络那些"骁勇之士"，李克用往往不论其族属，不论其出处，多赐以宗姓、养为义儿，结以恩信、授以重任，从而锻造出一支所向披靡的"虎狼之师"。①

随着越来越深地卷入中原事务，李克用和他的继承者又适时采取了兼收并蓄的政策。在这一过程中，河东军事集团的兵将构成也发生了重大变化。以地域而论，从早期的以代北地区为主逐渐过渡到以河东人为主；就族属而言，胡、汉杂处的情形更为普遍，且汉人的比重日益增加。此后虽政权迭更，而河东籍的将领始终活跃异常。直到北宋初期，"河东诸将"仍在武人群体中占有举足轻重的地位。②

宋初河东武将的来源或进身途径，大体有四种类型。

（一）凭借勇武军功扬名立万

唐末以来的纷乱局势为武人提供了大显身手的舞台，也为枭雄们实现其宏图野心提供了绝好的机会。所谓"时势造英雄"、"形势逼人强"，确乎是不变的真理。广明元年（880），当黄巢北渡江、淮，矛头直指长安时，寄居在鞑靼部的李克用便喜不自胜，酒酣而呼："人生世间，光景几何，曷能终老沙堆中哉！"③从五代到北宋，各政权的建立者们莫不是以军功致身显位，又凭借军事实力、抓住时机而终登"大宝"。流风所及，其麾下武将的绝大多数也是凭借军功武勇受知于人主而扬名立万、获取富贵。这是当时武人进身的常态。

具体而言，又可分为两类：

一是将门子弟出身，既以父祖关系跻身行伍，又能克绍箕裘，凭自己的武功而名震一时。如罗彦瑰，并州太原人。"父全德，晋泌州刺史，彦瑰得补内殿直。"出帝石重贵遣使宣慰大名，"募军中骁勇士十人从行，彦瑰备选"。开运末，曾受契丹之命为护

---

① 欧阳修：《新五代史》卷十四《唐家人传第二》载："初，太祖起于云、朔之间，所得骁勇之士，多养以为子，而与英豪战争，卒就霸业，诸养子之功为多，故尤宠爱之，衣服礼秩如嫡。"《旧五代史》卷五三《李存信等传》亦云："昔武皇之起并、汾也，会鹿走于中原，期龙战于大泽，蓄骁果之士，以备鹰犬之用。故自存信而下，皆锡姓以结其心，授任以责其效。"

② 以河东与代北之间具有的深厚渊源，本文所及的"河东"同时涵盖了这两个地区。此外还包括与河东隔河相对、守望相助的麟、府、丰三州。

③ 《旧五代史》卷二五《武皇本纪上》。

圣指挥使。在赴幽蓟途中，听说刘知远在太原称帝，遂归后汉。此后历仕汉、周，显德中从向训收秦、凤有功。赵匡胤策动陈桥兵变，他又旗帜鲜明地予以支持，使后周宰相范质等俯首听命，由此成为北宋的开国功臣。此后参加过平定泽潞、辽州之战等重大军事行动，所至有功。①

慕容延钊，太原人。父章，襄州马步军都校、领开州刺史。延钊"少以勇干闻"，初隶郭威帐下。后周时期，参加过高平之战、平定淮南等战争。与赵匡胤同掌殿前司，关系友善。太祖代周后，又能折节输诚、镇定北方。此后参与平定李筠叛乱，又在收复荆、湖的行动中担任主帅。其弟延卿，官至虎捷军都指挥使。延钊死后，其子德丰继为名将。②

王全斌，并州太原人。其父事庄宗，为岢岚军使，"因以隶帐下"。"及庄宗入洛，累历内职"。显德中参加过平秦凤、平淮南和北伐诸役。入宋后，与慕容延钊率军讨平李筠叛乱，指挥了建隆四年（963）的乐平大捷。征讨后蜀，任北路大军主帅，夺利州、下剑门、入成都，立有首功。但因善后问题处置失当，导致蜀中军民大规模的骚乱。事后受到降官处分，被褫夺军权。其子审钧，曾为永兴军驻泊都监，战死。曾孙王凯为仁宗时期名将，"治军有纪律，善抚循士卒，平居与均饮食，至临阵援桴鼓，毅然不少假。故士卒畏信，战无不力，前后与敌遇，未尝挫衄"。③

郭守文，并州太原人。"父晖，仕汉为护圣军使，从周祖征河中，战死。守文年十四，居丧哀毁，周祖怜之，召隶帐下。广顺初，补左班殿直，再迁东第二班副都知。""沉厚有谋略，颇知书"。入宋后，相继参与了平定后蜀、南汉、南唐、北汉及雍熙北伐诸役，受命剿平西北诸蕃，晚年"以内职总兵镇常山"，破辽兵于唐河，功勋卓著。且爱兵如子，所得禄赐悉以犒赏士卒，以致家无余财。去世时，"军士皆流涕"。太宗感念其功，为真宗纳其女，即章穆郭皇后。④

袁继忠，其先振武人，后徙并州。父进，仕周为阶州防御使。继忠以父任补右班殿直。平泽潞、讨并汾、征后蜀，"悉预攻战"。雍熙北伐，继忠为定州路行营马步军都监，隶田重进麾下，所向有功。诸路败归，继忠为中路军殿后，统驭有方，行列甚整。⑤端拱元年十一月，契丹大举进攻定州，继忠（时为监军）力主出战，并与都部署

①　脱脱等：《宋史》卷二五〇《罗彦瓌传》，中华书局点校本。
②　《宋史》卷二五一《慕容延钊传》。
③　《宋史》卷二五五《王全斌传》。传中盛称全斌"轻财重士，不求声誉，宽厚容众，军旅乐为之用"。且黜居十余年，亦能恬淡自若。"蜀中事件"的真实情形，殆可深考。
④　《宋史》卷二五九《郭守文传》。王禹偁：《小畜集》卷二八《郭公墓志铭》，《四部丛刊初编》本。
⑤　《宋史》卷二五九《袁继忠传》。

李继隆共同指挥，取得了唐河大捷，使久已低迷的宋军士气为之一振。①

呼延赞，并州太原人。父琮，周淄州马步都指挥使。少为骁骑卒，太祖以其材勇，补东班长、入承旨、迁骁雄军使，从讨西川。太宗亲选军校，以赞为铁骑军指挥使。从征太原。然有勇无略。②

周广，其先应州神武川人。父密，初事后唐武皇为军职，明宗时官至河东马步军副都指挥使。事晋，历邠、延、晋三镇节度使。广幼从其父为牙校。后周时参加过讨伐慕容彦超、平定淮南诸役。太祖乾德三年（965），受命训练雄武诸营。开宝二年（969），从征太原，为攻城楼橹战棹都部署。③

此外，尚有若干可判明为胡族出身的世家将领。如郭从义、④ 郭崇、⑤ 安守忠、⑥ 杨承信、⑦ 石曦⑧和康延泽、康延沼兄弟⑨等。入宋后，这些人的军事生涯的高峰期已经过去，或老病而死，或赋闲荣养，未能有较大作为。值得一提的是，郭崇因与赵宋有姻亲关系（其子守璘娶李处耘长女，太宗纳处耘次女，即明德李皇后。守璘之女又为仁宗皇后），在死后的数十年间哀荣备至。⑩ 安守忠于"太祖居藩日"，即"素相厚善"。加上他本人谦谨低调，且又深通谋略、精于治道，因而仍能受到信任，有所作为。⑪

二是起于布衣，全凭自身奋斗建功名、取富贵。

如党进，朔州马邑人。"幼给事魏帅杜重威，重威爱其淳谨"。"重威败，进以膂力隶军伍"。开宝中，参加历次讨伐北汉的战役，所向有功。虽朴直无文，然亦有黠智。⑫

① 李焘：《续资治通鉴长编》（以下简称《长编》）卷二九"太宗端拱元年十一月条"记事。中华书局点校本。

② 《宋史》卷二七九《呼延赞传》。

③ 《宋史》卷二七一《周广传》，《旧五代史》卷一二四《周密传》。

④ 《宋史》卷二五二《郭从义传》："其先沙陀部人"，后晋时徙家太原。父绍古"事后唐武皇忠谨，特见信任，赐姓李氏"，与庄宗、明宗俱有渊源，从义以此得补内职。

⑤ 《宋史》卷二五五《郭崇传》：应州金城人，"父祖俱代北酋长"。

⑥ 《宋史》卷二七五《安守忠传》：并州晋阳人。父审琦，为周平卢军节度，封陈王。《旧五代史》卷一二三《安审琦传》："其先沙陀部人也"。

⑦ 《宋史》卷二五二《杨承信传》：其先沙陀部人。父光远，仕晋至太师、寿王。承信幼以父任，自义武军节院使领兰州刺史，历宣武、平卢二军牙校。《旧五代史》卷九七《杨光远传》。

⑧ 《宋史》卷二七一《石曦传》：并州太原人，晋祖弟韩王晖之子。系出昭武九姓之胡。

⑨ 《宋史》卷二五五《康延泽传》：父福，晋护国军节度兼侍中。《新五代史》卷四六《康福传》言其蔚州人，世为军校。以骑射事晋王为偏将。据该传记载："福世本夷狄，夷狄贵沙陀，故常自言沙陀种也。福尝有疾卧阁中，寮佐入问疾，见其锦衾，相顾窃戏曰：'锦衾烂兮！'福闻之，怒曰：'我沙陀种也，安得谓我为奚？'闻者笑之。"由此度之，康氏或出于北部奚族。

⑩ 《宋史》卷二五五《郭崇传》，卷二四二《后妃传上》。

⑪ 《宋史》卷二七五《安守忠传》。

⑫ 《宋史》卷二六〇《党进传》。党进在北国亦甚有威名。据《长编》卷十八"太宗太平兴国二年五月庚午条"记载：辛仲甫出使契丹，辽景宗问："闻中朝有党进者真骁将，如进之比凡几人？"仲甫对曰："名将甚多，如进鹰犬之材，何可胜数！"

张廷翰，泽州陵川人。"初为汉祖亲校"。入宋后，参加了平定扬州、征讨西川等役。①

辅超，忻州秀容人，家世业农。超少勇悍有力，晋开运中应募，隶澶州军籍。入宋后，参加了平定李筠叛乱、收北汉、雍熙北伐诸役。②

李进卿，并州晋阳人。少以骁勇隶护圣军。乾德二年（964）征西川，任归州路行营步军都指挥使。开宝二年（969），太祖亲征河东，进卿为在京都巡检。其子延渥亦为名将，于景德元年（1004）指挥瀛州保卫战，大败辽军。③

杨美，并州文水人。"状貌雄伟，武力绝人，以豪侠自任"，初隶郭威帐下。与赵匡胤亦为旧交。参加过平西川和开宝九年（976）征讨北汉等役。④

李汉超，云州云中人。"始事邺帅范延光，不为所知。又事郓帅高行周，亦不见亲信。会周世宗镇澶渊，汉超遂委质焉"。太祖时参加了平扬州、讨北汉诸役。为宋镇守关南十余年，"政平讼理"，契丹不敢侵犯。其子守恩，"骁果善战有父风"，久任边陲，声绩颇著。咸平三年（1000）在知灵州任上殉国。⑤

李谦溥，并州盂县人。"少通《左氏春秋》。从晋祖入汴，补殿直"。谦溥与赵家为邻里故旧，从后周到太祖朝，守边二十余年，一直是扞御太原刘氏的中流砥柱。⑥

贺惟忠，忻州定襄人。"少勇敢，善骑射"。自荐于周祖郭威，得隶帐下。为人刚毅果断，洞晓兵法。宋初戍守易州，"缮完亭障，抚士卒，得其死力，每乘塞用兵，所向必克，威名震北边，故十余年间契丹不敢南牧"。⑦

薛超，辽州平城人。"少有勇力。乾德初，应募为虎捷卒"。历经伐后蜀、平北汉、徐河战役、雍熙北伐等重大军事行动。⑧

杨重进，太原人。少有膂力，初隶郭威帐下。曾参加平定北汉和雍熙北伐。随即在"君子馆之战"中力战阵亡。⑨

此外尚有白重赞、⑩ 薛怀让、⑪ 药元福、⑫ 李万超、⑬ 武行德、⑭ 侯章、⑮ 侯益、⑯

---

① 《宋史》卷二五九《张廷翰传》。

② 《宋史》卷二七一《辅超传》。

③ 《宋史》卷二七三《李进卿传》。

④ 《宋史》卷二七三《杨美传》。

⑤ 《宋史》卷二七三《李汉超传》。《长编》卷四七"真宗咸平三年九月条"记事。

⑥ 《宋史》卷二七三《李谦溥传》。

⑦ 《宋史》卷二七三《贺惟忠传》。

⑧ 《宋史》卷二七五《薛超传》。

⑨ 《宋史》卷四六三《贺令图附杨重进传》。

⑩ 《宋史》卷二六一《白重赞传》：宪州楼烦人，其先沙陀部族。"少从军，有武勇"。

⑪ 《宋史》卷二五四《薛怀让传》：其先戎人，徙居太原。少勇敢，喜战斗，得隶庄宗帐下。

⑫ 《宋史》卷二五四《药元福传》：并州晋阴人。幼有胆气，善骑射。初事邢帅王檀，以勇敢闻。

⑬ 《宋史》卷二六一《李万超传》：并州太原人。"幼孤贫，负贩以养母"。晋祖起并门，应募隶军籍。

⑭ 《宋史》卷二五二《武行德传》：并州榆次人。"家甚贫，常采樵鬻之自给"。

⑮ 《宋史》卷二五二《侯章传》：并州榆次人。自谓"我粗人，以战斗取富贵"。

⑯ 《宋史》卷二五四《侯益传》：汾州平遥人。祖父以农为业。李克用据太原，益以拳勇隶麾下。

扈彦珂①等前朝元老。当周、宋鼎革之际，此辈已是末日黄花，或者寿终正寝，或者成为新主"削藩"的首选对象。所以，当他们中的某些人不识时务地在宋太祖面前为自己评功摆好时，便招来"此异代事，何足论也"的讥讽。② 他们中的绝大多数起于草泽，亦终归于草泽。惟侯益一人"硕果仅存"，在他的儿孙辈里，涌现出侯仁矩、侯延广两位名将，终于使"汾州侯氏"也跻身北宋武将世家的行列。

（二）由结砦自保、据险自守的地方土豪发展成既受朝廷爵命、又具世袭色彩的一方重镇

自来家族式地方武力的形成，大体须具备四个方面的条件：一是据有险要的山川形势；二是处于诸种军事政治势力际会交接之所；三是民风剽悍，具有尚武斗力的精神与传统；四是存在着受人拥戴、众所服膺、堪为本地重心所系的势家大户或部族酋豪。以此标准衡量，唐末五代以来的麟、府、丰三州恰好是孕育此类势力的丰厚土壤。

此三州均处黄河西岸，倚山带水，形势险绝。作为一个完整的地理单元，麟、府、丰地区东望并、代，南连延、绥，西接灵、夏，北屏河曲，自唐中期以来既是党项聚居之地，也是西北各藩、北方诸胡与中原地区间的过渡地带。唐朝以此阻扼吐蕃，更欲隔绝吐蕃与北胡之间的勾连结合。李克用以降，此地作为河东屏障的地位日益突出。入宋以后，这里更成为宋、辽、西夏三股势力折冲争斗的焦点地区。麟州杨氏、府州折氏和丰州王氏便是在这种对峙和较量中涌现出来的具有代表性的地方豪强。

朝廷对于此类力量的运用，一则以安辑部众，充实边疆；二则是抵御外敌，使之成为国之藩屏。前者侧重于安定内部，消弭反侧；后者侧重于建立事功，以收鹰犬之效。总之是要化消极因素为积极因素，在扦边斗争中既争取到地利人和，又能大大节省政府开支。而运用之手段，通常是承认其在当地的特殊地位，委以官职，许以世袭，久任责成，使酋豪们在观念意识上将"保家"与"卫国"高度统一起来。如鄜延环庆路副都部署刘平在宋仁宗宝元二年（1039）所上《乞选用酋豪各守边郡》的奏疏中说："……五代之末，中国多事，四方用兵，唯制西戎似得长策。于时中国未尝遣一骑一兵远屯塞上，但任土豪为众所伏者，以其州邑就封之，凡征赋所入，得以赡兵。由是兵精士勇，将得其人，而无边陲之虞。"③ 神宗熙宁年间，张方平在延和殿奏对时也表达了同样的见解："太祖不勤远略，如夏州李彝兴、灵武冯晖、河西折御卿，皆因其酋豪，许以世袭，故边圉无事。"④

1. 麟州杨氏

麟州杨氏的第一代，即杨业的父亲杨信。（本名杨弘信，避宣祖讳而改。）欧阳修

---

① 《宋史》卷二五四《扈彦珂传》：代州雁门人。"幼事王建立，以谨厚称"。
② 《长编》卷一〇"太祖开宝二年冬十月己亥条"。
③ 赵汝愚：《宋朝诸臣奏议》卷一三二，上海古籍出版社校点本。
④ 苏轼：《苏轼文集》卷一四《张文定公墓志铭》，中华书局校点本。

在为杨业的侄孙杨琪所作的墓志铭中说:"(杨琪)麟州新秦人也。新秦近胡,以战射为俗,而杨氏世以武力雄其一方。其曾祖讳弘信,为州刺史。"① 司马光亦云:"初,麟州土豪杨信自为刺史,受命于周。"②

所谓"土豪",按照欧阳修的说法,"乃其材勇独出一方,威名既著,敌所畏服,又能谍敌情伪,凡于战守,不致乖谋"。③ 杨信既以武力称雄,为一方土豪,于乱离之际据地自保,且自称刺史("自为刺史")。其后"仕汉为麟州刺史",也就是说他的刺史身份得到了后汉朝廷的认可,④ 既而又受命于后周。

杨信死后,其子重勋⑤继任麟州刺史。重勋曾依违于后周、北汉之间⑥,而卒归于赵宋。乾德五年(967),置建宁军于麟州,以重勋为节度观察留后。⑦ 开宝五年(972)八月癸卯,建保静军于宿州。同年九月戊寅,"徙建宁留后杨重勋为保静留后"。⑧ 聂崇岐先生分析认为:"重勋继父据有麟州,周时叛附不常,而兄时又仕北汉,宋之所以内调之者,盖惧其复通敌国耳。"⑨ 这既符合宋太祖防范武臣的一般心态,也跟杨重勋当时的尴尬处境完全相符。开宝八年(975)七月,杨重勋死于宿州刺史、保静军节度使任上。⑩ 重勋死后,其子杨光扆以西头供奉官监麟州兵马,卒于官。⑪

杨氏主持麟州军政,自杨信、杨重勋至杨光扆,历三世而止。事实上,自杨重勋内徙宿州后,麟州长吏的任用已不再有"世卿"的性质。在以后的岁月里,麟州的军政事务大多由朝廷直接掌控。这种政策的转变一开始就有人非议。⑫ 后来随着对夏战争的

① 《欧阳修全集》卷二九《供备库副使杨君墓志铭》,中华书局点校本。
② 《通鉴》卷二九一"周太祖广顺二年(952)十二月条",中华书局点校本。
③ 《欧阳修全集》卷一一五《河东奉使奏草卷上》。
④ 王称:《东都事略》卷三四《杨业传》,文海出版社影印本。《宋史》卷二七二《杨业传》亦谓:"父信,为汉麟州刺史。"
⑤ 杨业之弟,本名崇训。避北汉世祖刘崇之讳,改"崇"为"重";又避后周恭帝宗训之讳,改"训"为"勋"。
⑥ 《通鉴》卷二九一,周太祖广顺二年(952)十二月:"信卒,子重训嗣,以州降北汉;至是,为群羌所围,复归款,求救于夏、府二州。"同书卷二九三,周世宗显德四年(957)冬十月:"癸亥,北汉麟州刺史杨重训举城降,以为麟州防御使。"其注文云:"太祖广顺二年,杨重训以麟州归款,中间必又附北汉也。"
⑦ 《长编》卷八"太祖干德五年十二月己巳、庚午条"。
⑧ 《长编》卷一三。
⑨ 聂崇岐:《麟州杨氏遗闻六记》,《宋史丛考》,中华书局,1980年,385~386页。
⑩ 徐松辑:《宋会要辑稿》礼四一之五二,中华书局影印本。《欧阳修全集》卷二九,《供备库副使杨君墓志铭》。
⑪ 《欧阳修全集》卷二九《供备库副使杨君墓志铭》。
⑫ 《长编》卷一三"太祖开宝五年九月戊寅条"注文引杨亿《说苑》云:"冯晖为灵武节度,有威名,羌戎畏服,子继业袭其位。杨重勋亦世有麟州。并禀命朝廷,为西北扞蔽。太祖因继业来朝,徙镇同州,命儒臣知灵州留务,召重勋授以近镇,别命武臣领州事。其后,二方终烦朝廷经略,议者多以此二事为失焉。"

日益激烈，麟州既为最前线，又担负着往绥、延等地转输粮草的重任，因而频繁受到西夏的攻击，疲弊已甚，州将不州。于是朝廷围绕麟州的存废展开了激烈的争论，顺带又对"弃用世守之臣"的政策作进一步的反思。

如欧阳修在庆历四年（1044）五月的《论麟州事宜札子》中说："凡招辑蕃、汉之民，最为实边之本。然非朝廷一力可自为，必须委付边臣，许其久任，渐推恩信，不限岁年，使得失不系于朝廷之急，而营缉如其家事之专，方可收其远效，非二年一替之吏所能为也。""今议麟州者，存之则困河东，弃之则失河外。若欲两全而不失，莫若择一土豪，委之自守。……若委以一州，则其当自视州如家，系己休戚，其战自勇，其守自坚。又其既是土人，与其风俗情接，人赖其勇，亦喜附之，则蕃、汉之民可使渐自招集。是外能捍贼而战守，内可辑民以实边，省费减兵，无所不便，比于命吏而往，凡事仰给于朝廷，利害百倍也。"①

此时杨氏在麟州已然失去根基，光扆的子孙也已弃武从文。② 欧阳修遂以麟州建宁寨土豪王吉为荐。朝廷虽未能全然恢复久任酋豪的政策，却也就此打消了放弃麟州的念头。

2. 府州折氏

府州在唐末为"河西蕃界之地"③，"其地险绝，实捍西戎"④。府州折氏，其先为党项之一部，世居云中为大族。⑤ 折氏的第一代折宗本，在唐代担任过振武缘河五镇都知兵马使。⑥ 李克用入据河东，为制驭代北诸部，免除其经略河朔、南下争霸的后顾之忧，对折氏家族竭力拉拢。将宗本之子折嗣伦延揽于帐下，"凡力所不能制者，悉命统之"。因其家族所在置府谷镇。其后嗣伦又为麟州刺史，从而掌握了麟、府地区的控制权。⑦ 后唐天祐七年（910）升镇为县，次年升县为州，以嗣伦之子从阮（从远）为府

① 《欧阳修全集》卷一一五《河东奉使奏草卷上》。

② 《欧阳修全集》卷二九《供备库副使杨君墓志铭》。

③ 马端临：《文献通考》（以下简称《通考》）卷三二二《舆地考八》。中华书局影印商务印书馆《万有文库》本。

④ 《宋会要辑稿》方域二一之一。

⑤ 《宋会要辑稿》方域二一之一谓"折氏世为云中大族"。《旧五代史》卷一二五《折从阮传》云其"代家云中"。《宋史》卷二五三《折德扆传》亦称其"世居云中，为大族"。

⑥ 《宋会要辑稿》方域二一之一。戴应新：《折氏家族史略》所引《折继闵神道碑》，陕西三秦出版社，1989年，67页。

⑦ 《折氏家族史略》所引《折嗣伦碑》，54页。李之仪：《姑溪居士后集》卷二〇《折渭州墓志铭》，《丛书集成初编》本。《旧五代史》卷一二五《折从阮传》。

州刺史。① 此后历晋、汉，入周、宋，折氏遂世为府州雄长。②

据《宋史》卷二五三《折德扆传》的记载，北宋时期折氏一门历掌府州军政者凡六世十二人：折德扆——御勋、御卿——惟正、惟昌、惟忠（皆御卿之子）——继宣、继闵、继祖（皆惟忠之子）——克柔、克行（皆继闵之子）——可大（克行子），加上可大之弟可求，共计十三人。③其历时之长、势运之盛、出将之众，均属罕见。正如《传赞》所评论的："折氏据有府谷，与李彝兴之居夏州初无以异。太祖嘉其向化，许以世袭，虽不无世卿之嫌，自从阮而下，继生名将，世笃忠贞，足为西北之捍，可谓无负于宋者矣。"

3. 丰州王氏

丰州，始建于隋开皇年间。隋炀帝大业七年（611）废州，归五原郡。唐武德元年（618）置丰州总管府。六年（623）废。贞观四年（640），分灵州之地置丰州都督府，专领蕃户。天宝初改九原郡。乾元元年（758）复为丰州。后唐改天德军。神册五年（920），辽太祖攻下丰州，更名应天军。后复为州。④

丰州王氏为内附蕃官，世守边地，为中朝屏障。据记载：王承美，丰州人，本河西藏才族（党项之一部）都首领。其父王甲初事契丹，开宝二年（969）以丰州归降宋廷，遂授承美丰州衙内指挥使。开宝四年（971），王甲去世，以承美为天德军蕃汉都指挥使、知州事。次年移丰州刺史。太平兴国中多次与契丹作战，以功授本州团练使。景德元年（1004）入朝，又以守边岁久、卓有劳绩，迁本州防御使。大中祥符五年卒，赠恩州观察使。⑤

承美死后，其子王文玉（初名怀玉，实为承美之长孙）继知州事。天圣二年（1024）文玉卒，遗表请以长子王余庆继领州事。因余庆年幼，便发生了一场继任风波。有承美之孙王怀信者，"擅入丰州，犒设首领，杀狗为誓，欲夺余庆位"。其事为管勾麟府路军马公事高继忠、知府州折惟忠等人制止，遂改以文玉之侄王怀钧为右班殿直、知丰州，另授

---

① 《通鉴》卷二八四，后晋开运元年（944）夏四月记事注文所引宋白语。《旧五代史》卷一二五《折从阮传》。《宋史》卷二五三《折德扆传》。《通考》卷三二二，《舆地考八》。

② 《旧五代史》卷一二五《折从阮传》：后晋开运初，从阮迁府州团练使。《通鉴》卷二八六：后汉天福十二年（947）四月，升府州为永安军，以从阮为节度使。同书卷二八九：后汉乾祐三年（950），从阮移镇武胜军（邓州），府州一度降为团练州，以从阮子折德扆为本州团练使。同书卷二九二：后周显德元年（954）五月，复置永安军于府州，以德扆节度使。《宋史》卷二五三《折德扆传》：建隆二年（961），德扆入朝，待遇有加，复遣归镇。

③ 《折氏家族史略》所附《折氏家族大事记》，116～123页。王昶：《金石萃编》卷一四七《折克行神道碑》。北京中国书店，1985年据扫叶山房本影印。

④ 脱脱等：《辽史》卷四一《地理志五》，中华书局校点本。并参王文楚点校乐史：《太平寰宇记》卷三九《关西道》，中华书局，2007年11月。

⑤ 《宋史》卷二五三《王承美传》。《长编》卷十"太祖开宝二年冬十月戊戌条"。《宋会要辑稿》方域二一之九～十一。

余庆三班借职。① 王氏子孙虽世袭知州，但朝廷仅视其为普通蕃官，未曾获得如府州折氏那样的专断之权。由于威望不够，"以致藏才各置首领，而不常至丰州"。②

仁宗年间，宋、夏交恶，麟、府、丰各州迭遭攻击。丰州偏悬一隅，情势尤为险恶。庆历元年（1041），终被元昊攻破，知州王余庆等战死。③ 嘉祐六年（1061）九月，朝廷命郝质、郭霭重修丰州城。同年十二月修成，即委郭霭为内殿承制、知丰州。④ 神宗元丰元年（1078），王氏子弟余应"乞叙归明，继袭管勾丰州。诏以为麟州都监，候满二年，差知丰州"。⑤ 但到元丰六年（1083），王余应即因"非守边之才"而罢职。⑥ 事实上，自复建丰州后，知州大都由朝廷选武臣充任。所谓"丰州王氏"，其势力已归于歇绝。

（三）仅凭特殊关系坐至显位

如晋阳李洪信、洪义兄弟，为后汉高祖刘知远皇后李氏之弟。史书说"洪信无他才术，徒以外戚致位将相。敛财累钜万，而吝啬尤甚"。及郭威代汉，洪信恐惧益甚，"即请入朝，恳辞藩镇"。其弟"洪义素怯懦"，却以外戚而坐至节帅。乾祐年间，郭威发难，洪义"狃于肺腑之戚，而无外凛之志"，仓皇失据，束手归顺。"汉室之亡，由洪义也"。⑦

张从恩，并州太原人，为石晋后家。⑧ 其父存信曾任河东蕃汉马步军都指挥使，"武皇赐姓名，眷同亲嫡"⑨。从恩为世家子，"颇无赖"。后晋时以外戚身份迭任要职。契丹侵扰河朔，从恩一退再退，仅能完守。及辽主进军汴梁，从恩时镇潞州，急欲投降。从事高防谏曰："公晋室之亲，宜尽臣节。"从恩不听，乃弃城而去。后归刘知远，尸位素餐，直至宋初。⑩

刘美，章献明肃刘皇后之兄（实则前夫）。本为蜀中龚姓银匠，后伪造身份，遂称

---

① 《宋史》卷二五三《王承美传》。《长编》卷一〇二"仁宗天圣二年八月丁丑条"。《宋会要辑稿》方域二一之十一、十二。

② 《长编》卷一二四"仁宗宝元二年八月戊辰条"。

③ 《长编》卷一三三"仁宗庆历元年八月乙未条"。

④ 《长编》卷一九五"仁宗嘉祐六年九月丁丑条"。同年"十二月丙戌、丁亥条"。《宋史》卷八六《地理志二》系此事于嘉祐七年（1062），且云"以府州萝泊川掌地复建为州"。

⑤ 《长编》卷二九二"神宗元丰元年九月庚寅条"。《宋会要辑稿》方域二一之十三。

⑥ 《长编》卷三三八"神宗元丰六年八月庚子条"。

⑦ 《宋史》卷二五二《李洪信传》。

⑧ 《宋史》卷二五四《张从恩传》云："晋祖镇河东，为少帝娶从恩女。"按《旧五代史》卷九一《张从训传》："高祖之镇太原也，为少帝娶从训长女为妃。"从训者，从恩之兄也。邵晋涵《考异》"疑《宋史》系传闻之讹"。《通鉴》卷二八六，后汉高祖天福十二年正月记事所引注文亦止称"张从恩盖后族也"。

⑨ 《旧五代史》卷九一《张从训传》。

⑩ 《宋史》卷二五四《张从恩传》，《宋史》卷二六一《李万超传》，《旧五代史》卷八二《少帝纪二》。

并州武将世家之后。真宗宠幸刘氏，因而屡欲委刘美兵柄，"以皇后恳让故，中辍者数四"。尽管如此，亦官至侍卫马军都虞侯、节度观察留后。卒赠太尉、昭德军节度使。其子从德"齿少无才能，特以外家故，恩宠无比"。官至兵马都总管，卒赠保宁军节度使。从广"少出入禁中，侍仁宗左右，太后爱之如家人子"。官至马步军副都总管，卒赠昭庆军节度使。从德之子永年亦官至步军副都指挥使，卒赠崇信军节度使。[1]

（四）兼而有之者

以出身论，则或出于世家、酋豪，或起于草泽岩穴；以因缘论，则或出于外家、缘于裙带，或出于藩邸亲信（所谓"云从龙，风从虎"者是也），甚或宦者亦在此列；以生平行止而论，则皆功业可观，勋劳夙著，堪称名将。三者兼而有之且相互转换，这在宋初的河东武将群里亦不乏其人。试举数例。

1. 杨业

杨业出身麟州土豪，却没有世守父业，而是随刘崇去了太原。[2]《宋史》说他"弱冠事刘崇，为保卫指挥使，以骁勇闻"[3]。《长编》谓"（刘）继业本名重贵，姓杨氏，重勋之兄。幼事北汉世祖，遂更赐以姓名"[4]。因此，于刘崇而言，即便有羁縻杨信的考量，杨业也算是"随龙"之士；对北汉政权来说，杨业也类同宗室子弟。[5] 加上他"屡立战功，所向克捷"，遂为各方所推重。入宋后，杨业一系子孙相继，忠勇自效，于"麟州杨氏"之外别立系统，成为北宋朝声名显赫的武将世家。

2. 李处耘

据《宋史》卷二五七《李处耘传》记载：

李处耘，潞州上党人。虽出身将门（其父肇仕后唐至检校司徒，讨伐王都时战死），主要靠自身军功起家。后汉初，折从阮帅府州，召处耘于门下，委以军务。从阮后历邓、滑、陕、邠四节度，处耘皆从之。周世宗时，得隶赵匡胤帐下为都押衙，成为"从龙"亲信。"陈桥兵变"，处耘有襄赞定策之功。此后平二李、抚扬州、伐荆湖，处

---

① 《宋史》卷四六三《外戚传上》。

② 按《旧五代史》卷一三五《刘崇传》："汉祖镇并、汾，奏为河东步军都指挥使。逾年，授麟州刺史"。同书卷九九《高祖本纪上》："（天福）六年七月，授北京留守、河东节度使。"则刘崇于天福七年（942）为麟州刺史。从这时起，杨业即入刘崇帐下。天福十二年（947）刘知远称帝，以刘崇为太原尹、北京留守。杨业便随刘崇去了太原，从此离开麟州老家。

③ 《宋史》卷二七二《杨业传》。

④ 《长编》卷九"太祖开宝元年九月条"记事。

⑤ 聂崇岐先生谓"睿宗（刘钧）子侄辈皆以'继'字联名，其改杨重贵为刘继业，盖亦子视之也"。（《麟州杨氏遗闻六记》，《宋史丛考》，377 页。）余嘉锡先生则谓"业与承钧年相若，必不呼之为父。疑崇以长子湘阴公赟早死无后，养业为孙"。（《杨家将故事考信录》，载《杨家将研究——历史卷》，人民出版社，2007 年 2 月，16 页。）要之，无论是作为刘崇之孙，还是作为刘钧诸子，杨业已凭借这种虚拟的亲戚关系成为北汉宗室的心腹将领。

耘皆积极从事，所向有功。官至枢密副使（宋初多以"藩邸亲信"掌枢密），方面军都监。史书称他"有度量，善谈当世之务，居常以功名为己任"，"临机决事，谋无不中"，是一位既能谋划定策、又能统兵实战的军事全才。讨伐荆湖时因"临事专制，不顾群议"，与主帅慕容延钊发生摩擦。考虑到慕容延钊是前朝宿将的代表性人物，此时需以安抚为要，加上赵普（即所谓"权臣与处耘有宿憾者"）使坏，太祖贬了李处耘的官。但处耘死后，太祖追念不已。开宝中，为太宗纳其次女为妃，即后来的"明德皇后"。① 此后他的儿子继隆、继和以将家子和外戚的双重身份受到重用。

李继隆善骑射，有城府，严于御下，颇有乃父之风。是宋朝敢于喊出"阃外之事，将帅得专"的为数不多的将领之一。几乎参与了太宗、真宗两朝的所有重大战役，虽有君子馆私自撤援和五路伐夏师老无功的败迹，仍堪称战功卓著的一代名将。李继和"习武艺，好谈方略，颇知书，所至干治"。经略西北，颇有劳勋。"然性刚忍，御下少恩"。继隆之子李昭亮"虽以恩泽进，然习军中事，既统宿卫，政尚严，多所建请"，且"练习近事，于吏治颇通敏，善委任僚佐，以故数更藩镇无他过"，② 亦可谓能克绍箕裘者也。像这样"联戚畹之贵，秉旄继世"的武将世家，在宋代实为凤毛麟角。

3. 张永德

并州阳曲人，出身富家子。后周时以郭威女婿的身份而备受重用。高平之战，收复淮南，永德均立有功勋。官至殿前都点检，权倾一时。后遭世宗疑忌，被解除兵权。永德虽为前朝勋戚，但"夙识太祖，潜怀尊奉"。赵匡胤娶王饶之女（孝明皇后），永德主动出资赞助。所以，他虽非太祖亲信，却也是老交情。史称其人精通天文术数，入宋后又醉心于炼药养生，态度端正，表现甚好，因而使宋太祖尽释疑虑，直以方外待之，荣宠而终。③

4. 米信

旧名海进，本奚族，少勇悍，以善射闻，以军功自效。"太祖总禁兵，以信隶麾下，得给使左右，遂委心焉，改名信，署牙校"。太祖亲征扬州，米信救驾有功。此后参与过平定太原和雍熙北伐。凭着特殊的关系和十足的忠劲，其人虽"不知书，所为多暴横"，又屡次"专恣不法"，皇帝依旧是对他优容有加。④

5. 尹宪

并州晋阳人。太宗藩邸亲信。尹宪以"随龙"的身份进入军界，亦能振举厥职，以军功自效。攻岚州，破宁武军，初试锋芒；知夏州，败李继迁于地斤泽，一战成名。

---

① 《宋史》卷二五五《郭崇传》、卷二四二《后妃传上》载：李处耘的长女嫁郭崇之子守璘，生女为仁宗郭皇后。是其女儿、外孙女均为皇后。

② 《宋史》卷四六四《外戚传中》。

③ 《宋史》卷二五五《张永德传》。

④ 《宋史》卷二六〇《米信传》。

此后长期屯守河北，堪称老成持重。①

6. 石普

其先幽州人，徙居太原。父通，事太宗于晋邸。普十岁给事邸中，以谨信见亲。史称他"倜傥有胆略，凡预讨伐，闻敌所在，即驰赴之。两平蜀盗（李顺、王均），大小数十战，摧锋与贼角，众推其勇。颇通兵书、阴阳、六甲、星历、推步之术"。太宗"藉其善战，每厚遇之"。真宗时，终以刚强自负、言祥瑞事忤上意而遭贬黜。②

此外，宦官之中亦有干练知兵、屡建战功者。如张继能，并州太原人。继能虽为宦者，然"沉密知兵，颇勇敢，喜读书"。太宗时参与过对西夏的作战，专任监军。真宗时参与平定四川王均和广西陈进的大规模叛乱，大中祥符年间复任职西北，"西人畏而不敢犯"。邓守恩，并州人。十岁以黄门事太宗。"莅事干敏，以强果称于时"。淳化中，随王继恩入川平定李顺叛乱。"咸平初，为入内高班。契丹入寇，命石保吉为镇、定都部署，以守恩为都监"。此后又多次奉使蒇平叛逆、巡视边防。③

三、政治立场

唐末五代为中国历史上的一段变乱时期。对于这一时期的史事，传统史家罕有褒词，不是讥之以"僭窃交兴，称号纷杂"，就是斥之为"峻法以剥下，厚敛以奉上"。而最为人诟病的焦点，则是"礼崩乐坏"、道德沦丧。欧阳修在《新五代史》卷五四《冯道传》的序论中说："礼义，治人之大法；廉耻，立人之大节。盖不廉，则无所不取；不耻，则无所不为。人而如此，则祸乱败亡，亦无所不至。况为大臣而无所不取，无所不为，则天下其有不乱，国家其有不亡者乎！"

欧阳修生值北宋中期，彼时政治秩序的重建已经完成，士大夫的主体意识正在觉醒，新儒学的复兴呼之欲出。欧阳修以修史为手段，致力于儒家正统史观的树立与弘扬，因而发为此论，是十分正常的。然而"乱象"并非五代十国所专有，中国历史上类似的时代也非一次。若以长时段历史联系与演变的视角来看，我们往往发现，在攻伐杀掠、篡窃交兴的表象下面，新的秩序和因素也在酝酿之中并为自己的发展开辟道路。比方说，枭雄们乘乱渔利，一旦粉墨登场，往往会转而构建秩序、巩固局面，这样他们就由此前的混乱制造者转化成新的稳定性力量；割据者为了维护自家权力，也往往竖起"保境安民"的旗子，客观上使一方生聚免于战乱之苦，使小环境得到更为细致的规划和发展；在北方，"华夷"的隔阂日益淡漠（前已略及），这方面的正反事例都有，总的状况则是新的共同体意识走向深入。凡此种种，都在宋朝立国后的环境、规制和社会格局中有确切的反映。

以个体的政治立场和观念而言，当人们生逢乱世，为求自保（身家性命、一方生

---

① 《宋史》卷二七六《尹宪传》。
② 《宋史》卷三二四《石普传》。
③ 《宋史》卷四六六《宦者传一》。

聚乃至自家政权，都在要保之列），更多以现实的利益为考量而不是以道德的准则为依归，实为普遍与自然之事。其区别往往只表现在程度和方式上面。对其行为的判断，也当主要依据客观造成的结果，而不全是一成不变的道德律令。当然，动机与结果之间通常有着密不可分的关联，"正心诚意"和"丧心病狂"的分野也会判若云泥。本节所涉及的，仅仅是在当时社会政治的大环境下，河东武将之政治立场与取向的若干类型。

（一）无确切之立场，一切以现实利益为转移

彼等或投靠异族，或依违于中原、异族之间，或依违于中原各政权之间，或依违于某政权的不同势力之间，其变易之速令人目不暇接。

先以石敬瑭为例。在他以前，河北诸镇每有叛乱，常引契丹为援，如刘守光、张文礼、王处直、王都等辈皆是。此类行径，在当时实属平常。而父事契丹且许以割地者，当以石氏为始。后唐清泰三年（936），潞王李从珂迫令石敬瑭离开巢穴太原，移镇郓州。石敬瑭于危疑急迫之际向契丹求援，兼以所许报酬远高于其他叛臣，因而契丹也能为之尽力。有这样的主子，冯道才会在奉使契丹时毫不迟疑，且振振有词道："陛下受北朝恩，臣受陛下恩，何有不可！"[①] 宜其"视丧君亡国未尝以屑意"，"事四姓十君"而恬然自得也。[②]

石敬瑭死后，他的继承人石重贵在景延广等人的影响下与契丹交恶。开运三年（946），契丹大举南侵，晋军统帅杜重威（其先朔州人，后移家太原。重贵姑父）投降，且欲以石敬瑭第二自荐，卒致后晋灭亡。[③] 与此同时，太原主帅刘知远的态度也摇摆不定。他明知少主必危，"而未尝论谏。契丹屡深入，知远初无邀遮、入援之志"。及闻契丹主入汴，他又迅即奉表称贺输诚，喜得契丹主"赐诏褒美，呼帝为儿"。后见契丹在中原胡来，势难持久，"乃议建号焉"。[④] 史书说："契丹主分遣使者，以诏书赐晋之藩镇。晋之藩镇争上表称臣，被召者无不奔驰而至。"[⑤] 这种景况，石重贵大概始料未及吧？

再如汾州侯益。其人初事后唐，"从明宗讨赵在礼于邺。会诸军推戴明宗，益脱身归洛，庄宗抚其背出涕"，似乎要为庄宗尽忠的样子。"明宗立，益面缚请罪"，立刻向新主输诚。后晋初年效命于石敬瑭，官至使相，荣宠无比。一旦契丹入汴，他又"率僚属归京师，诣契丹主，自陈不预北伐之谋。契丹授以凤翔节度"。刘知远称帝后，侯益"貌顺朝廷，心怀携贰"，不久便跟后蜀孟昶勾勾搭搭。等到王景崇打败了蜀军，侯益又"惧，即谋入朝"。先用"臣欲诱之出关，掩杀之耳"的鬼话为自己勾结后蜀寻找借口，又厚赂史弘肇等人，极力诬陷了解内情的王景崇，由此激成景崇之叛。郭威起兵

---

① 《旧五代史》卷七五《高祖纪一》，《旧五代史》卷一二六《冯道传》。
② 《新五代史》卷五十四《冯道传》。
③ 《旧五代史》卷一○九《杜重威传》。
④ 《旧五代史》卷九九《高祖纪上》。《通鉴》卷二八六"后汉高祖天福十二年正月条"记事。
⑤ 《通鉴》卷二八六"后汉高祖天福十二年正月条"记事。

后，他先是怯懦避战，既而临阵之际又借口"士卒无斗志"、"占候不祥"，连夜向郭威输诚。史书讥讽说："侯益在晋、汉时，数为反复，观其受命契丹，私交伪蜀，赤冈之战，复夜谒周祖，宗属长幼，遭景崇鲸鲵，殆无噍类，推其心迹，岂怀贰之罚欤？"①

（二）"识时务者为俊杰"，能依据政局形势的变化做出明智的选择

由五代入宋的河东诸将大都有过历事数朝的经历，而并不拘泥效忠于某一个政权。武将以外，文臣亦复如此。这是变乱时期的人情常态，既有切身利益的考量，也是"与时俱进"的表现，只不过形迹心思不像第一类人那么寡廉鲜耻罢了。

宋太祖起于介胄之中，历事汉、周，对袍泽同列的人情心态感同身受，对前朝治乱之迹、兴衰之由亦了然于胸。因此，其"逆取"政权的方式虽与前代无异，而"顺守"江山的手段却能独上层楼。既以"事为之防，曲为之制"为治国理政的基本方略，在消弭祸源的同时，又施以宽仁之道；在解决问题的同时，又尽量减少了震荡。史称："太祖有天下，凡五代之臣，无不以恩信结之，既以安其反侧，亦藉其威力，以镇抚四方。"②"太祖事汉、周，同时将校多联事兵间，及分藩立朝，位或相亚。宋国建，皆折其猛悍不可屈之气，俯首改事，且为尽力焉。"③

这种政策的直接效果，是使众多饱历沧桑的武夫悍将对新政权油然生出难得的归属感，从而一改往日的焦躁和疑虑，为自己能够成为识时务、明事理的"俊杰"而感到庆幸与快意。这样，宋太祖就在从容安定局面的同时，也有效扭转了武人们的"乱世心态"。

（三）以忠忱守节为职志，以"中朝正统"为依归

杨业是骁勇善战的武将、优秀的职业军人，并不是一个政治家，其政治立场如何，主要取决于他所效命的政府和主子。他感于刘崇父子的知遇之恩，为北汉尽心竭力、尽忠尽职，这是很自然的。尽管他对契丹的贪欲和破坏性有所认识，但要说他对于天下大势早具卓识，在刘继元计穷降宋以前就力劝其"易帜举义"，未免让人难以置信。归宋以后，他又感于太宗对他的信任和器重，以事北汉者事宋，直至壮烈捐躯。这正表明了他德行的纯粹和操守的前后一贯，道义的力量超越了政治。在五代时期篡窃交兴、"四维"扫地的乱世背景下，这种人格形象尤为难得。所谓"正统价值"，实亦无过于此。一旦统治者需要倡导忠节、砥砺人心，杨业便成了最理想的标本。这也正是他能够被宋辽双方以及后世共同尊崇纪念的原因。

除杨业外，还有不少河东籍将领在政权鼎革之际表现出忠贞不贰的气节、行己有耻的德性，或者至少也是纯良念旧的情怀。其中就有不少出身"夷狄"的将领，他们对

---

① 《宋史》卷二五四《侯益传》。
② 《宋史》卷二七一。
③ 《宋史》卷二六一。

中土政权的认同和对操守的执著，常常会让某些汉族将领为之汗颜。

如前面提到的郭崇，应州金城人，父祖俱为代北酋长。弱冠以勇力应募为卒，为人重厚寡言有方略。当石敬瑭将云应之地割让给契丹时，郭崇"耻事之，奋身南归"。赵宋代周后，他又"追感周室恩遇，时复泣下"。监军陈思诲暗中告状，太祖宽容回应："我素知崇笃于恩义，盖有所激发尔。"①

杨承勋、杨承信兄弟，沙陀部人。后晋开运初年，其父杨光远勾结契丹，据青州叛乱。石重贵派兵讨伐，杨承勋"劫其父以降"。契丹南下灭晋，杨承勋死难，以杨承信继任父职。后承信历仕汉、周、宋诸朝。史书评价说："（承信）虽叛臣之子，然累历藩镇，刻励为政而不苛，故能始终富贵。其卒也，蒲民（承信时镇河中）表乞祠之，则其遗爱之在人者可知矣。"②

薛怀让，其先戎人，后徙居太原。开运中，契丹岁扰边陲，怀让屡与之战。及杜重威降契丹，"怀让亦在籍中，非其志也"。刘知远起兵太原，怀让杀辽将步健，奉表归汉。③

侯章，并州榆次人，开运末屯兵陕州。契丹入中原，与赵晖、王晏谋，斩契丹将刘愿，送款于汉祖。建隆中罢节镇，居常怏怏。某日于朝堂与故旧言晋、汉间事，时有轻忽章者，章厉声曰："当辽主疾作谋归，有上书请避暑嵩山者，我粗人，以战斗取富贵，若此谀佞，未尝为之。"坐中有惭者。④

李万超，并州太原人，以战功迁军校。开运二年（945），晋军与契丹会战于阳城，万超流矢贯手，拔矢复战，神色自若。以功迁肃锐指挥使。契丹灭晋时，李万超以本部兵马屯潞州，主帅张从恩弃城逃遁。契丹使至，专领郡务。万超奋然谓部下曰："我辈垂饵虎口，苟延旦夕之命，今欲杀使，保其城。非止逃生，亦足建勋业，汝曹能乎？"众皆跃然喜曰："敢不唯命。"于是杀辽使，推前左骁卫大将军王守恩为帅，归附刘知远。史弘肇统兵先至潞州，谓之曰："得复此州，公之力也。吾欲杀守恩，以公为帅，可乎？"万超慷慨道："杀契丹使以推守恩，盖为社稷计尔。今若贼害于人，自取其利，非宿心也。"其后又劝降泽州刺史翟令奇。刘知远得泽、潞，便在战略上对契丹取得了十分优势的地位。入周后，李万超又历任数州，所至有善政，境内肃然。⑤

武行德于开运末被契丹俘虏，"乃伪请于契丹以自效，契丹信之"。其后行德谓诸将曰："我辈受国厚恩，而受制于契丹，与其离乡井、投边塞，为异域之鬼，曷若与诸君驱逐凶党，共守河阳，姑俟契丹兵退，视天命所属归之，建功业，定祸乱，以图富贵可乎？"众素服其威名，皆曰："所向惟命，不敢爱死。"行德即杀契丹监使，分授器甲，由汜水倍道抵河阳，率众大败契丹节度使崔廷勋。"时契丹兵尚充斥，行德厉士

---

① 《宋史》卷二五五《郭崇传》。
② 《宋史》卷二五二《杨承信传》。
③ 《宋史》卷二五四《薛怀让传》。
④ 《宋史》卷二五二《侯章传》。
⑤ 《宋史》卷二六一《李万超传》。《通鉴》卷二八六"后汉高祖天福十二年二月条"记事。

卒，缮甲兵，据上游，士气益奋，人望归之"。后又派兵护驾，送刘知远入汴梁。①

　　在赵匡胤代周之际，也出了三位"不识时务"的将领：韩通、李筠、李重进。

　　韩通、李筠都是太原人，李重进祖籍沧州，生在太原。此三人均为周室重臣，李重进更是周太祖郭威的外甥。陈桥兵变时，韩通任侍卫马步军副都指挥使、在京巡检，总领京师防卫。闻变后"自内廷惶遽奔归，将率众备御"，被军校王彦升杀了满门。② 李筠时为昭义节度使，驻守泽、潞、沁已有八年，为一方重镇。太祖即位，遣使慰谕。李筠并不买账，反而当着御使的面在郭威画像前"涕泣不已"，终于外引北汉叛乱，旋即兵败自焚。③ 李重进在世宗时官至侍卫马步军都指挥使，与赵匡胤分掌禁军大权。恭帝嗣位，重进出镇扬州，仍领宿卫如故。赵匡胤称帝后立刻夺了他的兵权，且令其移镇青州。李重进被逼而反，结果招致与李筠同样的下场。④

　　此三人虽有匡扶周室之心，可惜均非成事之材。韩通"性刚而寡谋"，又听不进他那聪明儿子的建议；李筠"恃勇专恣"，暴而无谋；李重进犹疑万端，又为身边奸细（翟守珣）所卖。是以三人皆不旋踵而亡。此宋太祖之幸，也是这三个人的不幸。

　　尽管如此，他们的立场和取向也得到了人们的认可。太祖在优恤韩通的诏书中承认其行为是"临难不苟，人臣所以全节"。《宋史》单独为三人立传，而不以"叛臣"视之。原其用心，"则归于正名义、扶纲常而已"。⑤

四、人际氛围与杨业的悲剧

　　杨业事汉 28 年，长期孤悬于河东一隅，其间且多次与后周、北宋交战。归降以后，虽仍受到宋太宗的信任和重用，但与其他将领相比，他毕竟"来迟一步"，朝中既无根基，也缺乏袍泽间通常具有的交情，在人际关系上存在先天的缺陷。在这种情况下，显赫的战功和名声（尤其是在敌方享有的名声）足以成为自身之累。这中间既有"风必摧之"的效应，也有军头相轻的因素。陈家谷遇难之前，掣肘和抹黑的情事就已发生。可以说，杨业是在一种缺乏善意、理解和宽容的环境下为国守边的，这对他的心理不无影响。一旦在特殊的情势激荡下，以其刚烈忠耿的性格，便会有"不忍言说"的悲剧发生。

（一）孤独的少数

　　后汉乾祐三年（950）冬，郭威以"靖难"的名义起兵叛汉。次年正月正式称

---

① 《宋史》卷二五二《武行德传》。
② 《宋史》卷四八四《周三臣传》。《长编》卷一"太祖建隆元年春正月甲辰条"。
③ 《宋史》卷四八四《周三臣传》。《长编》卷一"太祖建隆元年四月至六月条"记事。
④ 《宋史》卷四八四《周三臣传》。《长编》卷一"太祖建隆元年九月至十一月条"记事。按《长编》所载，太祖即位伊始，李重进就请求入朝，有心归顺，却遭拒绝，以致按捺不住，铤而走险。其被逼而反之状明甚。
⑤ 《宋史》卷四八四《周三臣传》。《长编》卷一"太祖建隆元年春正月戊申条"。

帝，代汉建周。与此同时，镇守太原的后汉宗亲刘崇也自立为帝，北倚契丹，南抗中朝。以此为标志，北部中国的形势又有了新的变化。前此占据舞台中央的沙陀军人政权已退据河东一隅，以河北、河南为中心的汉族武将开始占据主导地位。由后周入北宋，这一趋势持续发展。河东籍将领中的绝大多数也在政权鼎革之际转入新的主流集团并成为其中的重要分子。相比之下，仍在太原刘汉政权服务的将领便成为形单影只的少数，并随着河东本土势力的衰微而日益的边缘化。不幸的是，杨业正是这少数中的一员。

（二）敌意的氛围

太原虽然只是"弹丸黑子"之地，却是一块难啃的硬骨头。建隆初年，张永德入朝觐见太祖，太祖访以攻汉策略，永德忠告曰："太原兵少而悍，加以契丹为援，未可仓卒取也。"① 开宝二年（969）春宴，太祖密谓宰相魏仁浦曰："朕欲亲征太原，如何？"仁浦曰："欲速不达，惟陛下慎之。"②

事实上，后周和北宋的许多将领在跟北汉的长年交战中都领教了对方将士的剽悍勇武和顽强不屈。

根据《宋史》卷四八二《北汉刘氏世家》等书的记载，直到太平兴国四年（979）北汉政权灭亡，太原方面主动投降的将领为数很少——代州将桑珪（显德元年）③，辽州佐圣军使田绍斌（显德四年）④，捉生指挥使路贵（建隆三年），拱卫指挥使王超、散指挥使元威、侯霸荣（建隆四年）⑤，刺史杜延韬、拱卫都指挥使冀进、兵马都监侯美（乾德二年），耀州团练使周审玉等四人（乾德二年），招收指挥使阎章⑥、招收指挥使樊晖（乾德五年），偏成寨招收指挥使任恩、⑦ 军校翟洪贵、⑧ 乌玉砦主胡遇、左胜军使李琼（开宝元年），宪州推官史昭文、知岚州赵文度、牙队指挥使陈廷山、⑨ 麟州刺史结齐罗、兵马都监嘉且舍鄂⑩（开宝二年），胡桃砦指挥使史温（太平兴国二

① 《长编》卷一"太祖建隆元年八月条"记事。《宋史》卷二五五《张永德传》。
② 《宋史》卷二四九《魏仁浦传》。
③ 《新五代史》卷七〇《东汉世家》。按照《通鉴》卷二九二"后周世宗显德元年五月乙巳条"的记载："代州桑珪既叛北汉，又不敢归周，婴城自守，北汉遣兵攻拔之。"由此可见，这只能算是一次未遂的投降。
④ 《宋史》卷二八〇《田绍斌传》。
⑤ 根据同书记载，侯霸荣"未几，复奔太原"。后杀刘继恩，又被北汉相郭无为所杀。
⑥ 《长编》卷八"太祖乾德五年三月丙辰条"作"言章"。
⑦ 《长编》卷九"太祖开宝元年春正月乙巳条"作"任守恩"。
⑧ 《长编》卷九"太祖开宝元年四月条"记事。
⑨ 《长编》卷十"太祖开宝二年二月条"记事。《宋史》卷二五八《曹彬传》。
⑩ 《长编》卷十"太祖开宝二年夏四月条"记事。

年)，宣徽使范超①、马军都指挥使郭万超（太平兴国四年）。

从这些记载中还可以发现，较为密集的投降情事大都发生在周、宋大举进攻的时候，如高平之战、乐平之战（平晋之战）、辽州之战、李继勋首次北伐、太祖亲征和太宗亲征。彼等在孤危穷蹙的处境下，不得已而降。且在投降者中间，真正像样的高级将领为数甚少，多为普通将校。

与其危若累卵的国势相比，北汉将士的旺盛斗志简直让人吃惊。开宝二年（969），宋太祖亲征北汉，刘继元闭城坚守。太祖以诏书招其出降，"而并人及继元左右皆欲坚守以拒命"，并且杀了主张投降、动摇军心的宰相郭无为。太平兴国四年（979），太宗对北汉发起"最后一战"。城中将士在大军压境、北援已绝的情况下，"犹欲坚守"。②直到刘继元降宋的前夜，其马军都指挥使郭万超才逾城投降，"继元帐下亲信因之渐亡去"③。甚至在继元已降、国家已亡的情况下，仍有孤忠之士奋力苦战，如杨业等。④

论者常谓这种斗志只是表面现象。之所以如此，是因为北汉的统治者特别是刘继元对南降者执行了血腥滥杀的恐怖政策，是严刑酷法之下不得已而为之的举动。此说不无道理，事例也有不少。⑤但笔者以为，还有一个更为重要的原因，就是北汉君臣对自身政权的特殊认同感。

如前所述，自唐末以来，河东地区在相当长的时间里一直是北方军事政治的重心，被视为龙兴之地。刘知远在称帝以前镇守太原达七年之久，对河东地盘苦心经营、呵护备至，"由是河东富强冠诸镇，步骑至五万人"。⑥称帝南下时又即刻委任乃弟刘崇为太原留守。隐帝时，朝政被史弘肇、杨邠、郭威等人把持，刘崇便在太原"罢上供征赋，收豪杰，籍丁民以益兵"，为自全之计。⑦后来又以此为本钱跟后周、北宋抗衡。从天福六年（941）刘知远为河东节度使到北汉灭亡（979），刘氏在太原统治了38年，宗脉绵延，家国一体，盘根错节，牢不可破。

---

① 根据同书记载，范超来降，攻城者疑其出战，擒斩之，可谓冤枉。一则说明当时战况之惨烈，二则说明宋方将士很难相信北汉人员会主动投降。

② 《新五代史》卷七○《东汉世家》。

③ 《宋史》卷四八二《北汉刘氏世家》。

④ 《长编》卷二○"太宗太平兴国四年八月条"记事。

⑤ 《宋史》卷二八○《田绍斌传》："周显德四年，领五十骑来归，（刘）钧屠其父母家属。"《宋史》卷四七○《佞幸传》："赵赞，并州人。性险诐辩给，好言利害。初为军小吏，与都校不协，因诬营中谋叛，刘继元屠之无遗类。"《新五代史》卷七○《东汉世家》："（郭无为）欲摇动并人，而并人守意益坚。宦者卫德贵察无为有异志，以告继元，继元遣人缢杀之。"《长编》卷二○，太宗太平兴国四年五月己卯朔："北汉宣徽使范超来降，攻城者疑超出战，擒之以献，斩于纛下。既而北汉主尽杀超妻子，枭其首，投于城外。"《宋史》卷四八二《北汉刘氏世家》："继元性残忍，在太原，凡臣下有忤意，必族其家。自太祖亲征及遣将攻伐，因之杀伤不可胜纪。"

⑥ 《通鉴》卷二八六"后汉高祖天福十二年正月条"记事。

⑦ 《新五代史》卷七○《东汉世家》。

　　且杀子之仇、夺鼎之恨刻骨铭心，也使刘崇君臣对中原政权抱有敌忾之心。这种情绪和心理具有相当强的惯性，难以在赵宋代周之初就完全消失。而憋屈困顿的现实处境，足以酿发出更为浓烈的"悲情意识"。由此而形成的认同感和向心力，可以想见。即便是在偏居一隅、江河日下，甚至要仰乞外族为援的情况下，其保家卫国的意志也不容小觑。

　　宋太祖曾以和解与盛气的双重口吻给刘承钧传话："君家与周氏为世仇，宜其不屈。今我与尔无所间，何为困此一方之人也？若有志于中国，宜下太行以决胜负。"承钧答曰："河东土地兵甲，不足以当中国之十一；然承钧家世非叛者，区区守此，盖惧汉氏之不血食也。"① 其言绝无妄自菲薄之态，且有绵里藏针之效。

　　李筠败亡，北汉宰相卫融被擒。太祖责之曰："汝何故劝刘钧举兵助李筠反耶？"融曰："犬吠非其主，臣四十口受刘氏丰衣美食，不忍负之。陛下纵不杀臣，臣亦不为陛下用，终当间道走河东尔。"太祖怒，令左右以铁挝击其首，曳出将戮之。融大呼曰："大丈夫死或重于泰山，或轻于鸿毛，今之死正得其所尔。"太祖闻之曰："此忠臣也。" 遽命释之。②

　　开宝二年（969），太祖亲征晋阳，遣偏师围岚州。知州赵文度危蹙请降，待罪行宫。太祖命释之，赏赐甚厚。史书说："文度之降也，其母在太原，世以不能死节罪之。"③

　　又据《长编》卷二一，太宗太平兴国五年春正月记载："初，刘继元降，其官吏将卒往往亡命山林，久未归服。于是降诏抚谕，令所在陈首，悉与洗涤前罪，等第给赐钱帛，县次续食，传送上都，当令先问其所欲，随以处之。"

　　这简直就是胜利者在失败者面前服软。如果不是因为他们的抵抗意志还很坚强、抵抗行动还很激烈，又何至于此呢？蜀中之乱，殷鉴不远；一为之甚，岂可再乎！

　　这条材料也提示我们：宋太宗之所以高看杨业，不仅是因为他"无敌"的名声、守边的经验和高尚的操守，更为重要的，是他在北汉旧臣中的特殊影响力。优待杨业就意味着对那些"久未归服者"的怀柔，一如唐太宗对待魏征那样，其在安反侧、收人心方面的效应是不可低估的。

　　于是，那些渲染"汉将刘继业"如何"深明大义"、"竭诚归心"的文字便可以有新的解说：只有这样的形象最合乎太宗皇帝的胃口，只有这样的改造最合乎现实政治的需要——既然你们北汉人心目中的战神、抵抗意志的象征都"如此如此"，你们又何苦

　　① 《新五代史》卷七〇《东汉世家》。
　　② 《宋史》卷四八二《北汉刘氏世家》。
　　③ 《宋史》卷四八二《北汉刘氏世家》。

"那般那般"呢？①

然而，宋太宗终归不是唐太宗，其多疑的天性、狭窄的胸襟注定了这项政策要大打折扣。至道中，当李继隆诬陷另一位北汉降将田绍斌时，宋太宗竟不假思索，脱口大骂："此昔尝背太原来投，今又首鼠两端，真贼臣也！"②

同时，也很难指望他手下的军头将领们能够领会"圣心"，切实认真地执行优降怀柔的政策。相反，长期的隔膜、对立已经在"中朝"和太原之间造成一条难以逾越的鸿沟。在宋方将领的眼里，他们的对手通常是一群顽钝不化、死拧难缠甚至曾令他们蒙羞含恨的叛将和亡命之徒。正统派和胜利者的倨傲更妨碍他们对昔日的敌人友爱亲诚，平等相待。在这种情况下，北汉降将们往往要忍受充满抵触和敌意的人际氛围。杨业虽能得到皇帝的恩宠，却难以在日常交往中赢得侪辈的善意。

此外，有关材料在涉及北汉降、俘之将时，不是注明"未见"，就是云其"不知所终"，入宋后续有表现者微乎其微。由是观之，他们连"自效"的机会也被剥夺了。

（三） 艰难的自效

咸平年间，宋真宗曾谓宰相曰："（杨）嗣及延昭，并出疏外，以忠勇自效。朝中忌嫉者众，朕力为保庇，以及于此。"③ 按杨嗣者，瀛州人。真宗时"与延昭久居北边，俱以善战闻，时谓之'二杨'"。其兄杨信，显德中隶太祖麾下为裨校，"遭遇两朝，恩宠隆厚"，官至殿前都指挥使，领节镇。④ 如此背景经历的人也在"疏外"之列，则他人可知。也可见当时"裙带官"的泛滥有多严重。

由此而推，那些在人际关系方面先天不足的人，非自效无以自立，非拼命无以自

---

① 《长编》卷十"太祖开宝二年六月条"记载："时契丹遣其将南大王来援，屯于太原城下，刘继业言于北汉主曰：'契丹贪利背信，他日必破吾国。今救兵骄而无备，愿袭取之，获马数万，因籍河东之地以归中国，使晋人免于涂炭，陛下长享福贵，不亦可乎？'北汉主不从。"按：继业发为此语，主要还是为北汉着想。彼时北汉连年迭遭周、宋攻击，疲弊已甚。而契丹又以宗主之国、救援之功而需索无度。（《新五代史》卷七〇《东汉世家》云：北汉"地狭产薄，以岁输契丹，故国用日削。"）长此以往，实难以支撑。且自刘钧以来，北汉与契丹矛盾重重，备受压抑。继业等愤懑不满，也在情理之中。

《国史·杨业传》（《宋史·杨业传》等书本此）谓"孤垒甚危，业劝其主出降以保生聚。继元既降，上遣中使召业，得之喜甚"。又载宋太宗授杨业郑州防御使《制词》云："……知金汤之不保，虑玉石以俱焚，定策乞降，委质请命，忠于所事，善自为谋。"李焘对此深表怀疑，以为："若业劝降，则当与继元俱出见，何用别遣中使召乎！"并委婉指出："疑制词意有所在，故特云尔。"而制词的真实用意，当如笔者所断。正因为如此，李焘：《长编》卷二〇"太宗太平兴国四年八月条"载述杨业归降事时取《九国志》、《五代史》而弃《国史》。据《新五代史》卷七〇《东汉世家》和《宋史》卷四八二《北汉刘氏世家》，劝降者乃北汉退休枢密使马峰。以其卑鄙自私的秉性和尸位素餐的官品，宜有此举。

② 《宋史》卷二八〇《田绍斌传》。

③ 《宋史》卷二七二《杨业附杨延昭传》。

④ 《宋史》卷二六〇《杨嗣传》。

明。这种自效的过程，往往充满了艰辛与苦涩。

首先是人主的猜忌令人震惧惕息。宋太祖为了周知外情，监视臣属，不但自己经常微服私访，还要派心腹之人四处巡察。郭崇因感念旧恩被监军陈思诲告发，太祖虽外示豁达，还是忍不住要派人"觇之"，以策万全。① 司马光说："国初草创，天步尚艰。故祖宗即位之始，必拔擢左右之人以为腹心羽翼。岂以为永世之法哉，乃遭时不得已而然也。"② 太宗任用亲信监视文武，更达到令人骇异的泛滥程度。③ 近乎病态的猜忌常常蒙蔽人主的眼睛，也容易被奸佞利用，成为冤情悲剧的祸源。

至道二年（996），西北的战事十分不顺。先是浦洛河（灵州川）粮草被劫，继而是五路大军师出无功。宋太宗邪火正旺，要清算前方的武将。于是，出身河东降将的田绍斌便首当其冲的成了替罪之羊。

田氏时任灵州马步军部署，负责护运粮草。按照他的稳健战法，本来可保无虞，且已试验成功。无奈押运官白守荣等根本不买他的账，贪功出击，招致败绩。唯有田绍斌所部全师而返，顺便还救了白守荣一命。为此，田绍斌一度受到太宗的褒奖。等到李继隆等出师不利，为求自保，便将浦洛河失败的责任推到田绍斌身上，且诬田氏握兵自重，欲图方面，心怀异志。这正戳到了太宗的痛处，盛怒之下，将田绍斌拿问法办。后来干脆又有人上章说："田绍斌尝被疑……皆怀怨望，不宜委以戎寄。"④

李继隆之所以在出师失利后如此恐惧，以至做出这般不光彩的诬陷之事，正是因为他在作战时违背了太宗皇帝的"成算"。（太宗令其由赤柽、苦井路赴李继迁巢穴。继隆认为这条路线"回远乏水"，改由橐驼路径趋。）⑤ 在太宗眼里，"不遵庙算"的罪过远远大于打一场败仗。实际上，五路进攻失败的真正祸首是宋太宗本人：以怒兴师，兵家大忌！可他是绝对不会自我反省的。

其次是同侪的嫉妒和倾轧不可避免的。杨业屯守代北有年，屡立战功，声威远播，以致"契丹望见业旌旗即引去"。于是"主将戍边者（潘美）多忌之，有潜上谤书斥言其短"。⑥ 田绍斌勇悍善战，令西戎帖服。与同事的关系便"颇不叶"。转运使宋太初

① 《宋史》卷二五五《郭崇传》。
② 《宋朝诸臣奏议》卷六九，司马光：《上神宗论郭昭选除合职》（治平四年七月上，时为御史中丞）。
③ 《宋史》卷四七〇《佞幸传》："赵赞，并州人。性险诐辩给，好言利害。初为军小吏，与都校不协，因诬营中谋叛，刘继元屠之无遗类……太原平，隶三司为走吏，又许本司补殿直，太宗颇任之。……令专钩校三司簿，令赞自选吏十数人为耳目，专伺中书、枢密及三司事，乘间白之。太宗以为忠无他肠，中外益畏其口。……太宗谓侍臣曰：'君子小人如芝兰荆棘，不能绝其类，在人甄别耳。苟尽君子，则何用刑罚焉？'"只有多疑成性的宋太宗会对这种阴险凶恶的小人感兴趣，也只有自以为是的宋太宗能够说出上述这番歪理。可惜的是，他"甄别"的能力并不像自我期许的那样高明。
④ 《宋史》卷二八〇《田绍斌传》，卷二七七《裴庄传》。
⑤ 《宋史》卷二五七《李继隆传》。
⑥ 《宋史》卷二七二《杨业传》。

按部灵州等地，多违法贸市，被田氏揭发。"太初心衔之，及还朝，言绍斌之过"。①

有时同辈贪功邀赏的情事可以达到寡廉鲜耻的程度。太祖时，袁继忠（其先振武人，后徙并州）奉命讨伐北汉，"累入其境，破三寨，擒将校二人，得生口、马牛羊、铠仗逾万计。"近成主将"惧无功受谴，以诚告继忠"。袁继忠很大度，即"以所获分与之"。② 相比之下，他的处世态度较田绍斌远为成熟，因而能跟"战友"们相安无事。

总的说来，田绍斌的生平遭际跟杨业最为相似——他早于杨业归降，并为此付出被刘钧灭门的惨痛代价，自是与北汉不共戴天。入宋后，竭力自效，宋初三朝的历次重要战事（平叛，统一，与辽、夏作战），田氏几乎无役不从，且所向有功，勋劳卓著。究其缘由，一是报太祖天高地厚之恩（太祖爱其骁勇，贷其盗马之罪而赐以白金，故能得其死力），二是"太原降将"的先天缺陷使他不得不拼命表现以求信任。此种心态亦与杨业如出一辙。即便如此，仍每每受到上司与侪辈的构陷，或代人受过（李继隆、白守荣等），或遭池鱼之殃（傅潜之谴）。而人主对他的猜忌和嫌弃，也始终如噩梦般挥之不去，以致数十年仕途偃蹇蹉跎。可见北宋君臣对太原降将的猜忌和歧视是根深蒂固的。倘无"凡逾百战，未尝以为惮；屡被废斥，未尝以为慊"的忠忱精诚，他的命运怕是比杨业还悲惨。③

---

① 《宋史》卷二八〇《田绍斌传》。
② 《宋史》卷二五九《袁继忠传》。
③ 《宋史》卷二八〇《田绍斌传》。文中说他性格"暴戾"，略有微词。殊不知，正是这种"强势"性格救了他一命。相比之下，杨业就显得过于老实厚道，在王侁、刘文裕等人的催逼下，明知"此行必不利"，还得前去送死，临行前发出"业，太原降将，分当死"的悲苦感叹。其情其景，委实让人涕下。

论元代的杨家将杂剧①

上海师范大学　　虞云国

　　杨家将演义与狄青野史、水浒传说、岳飞故事堪称是由宋代史事衍化而成的四大英雄传奇，且不论其文学成就的优劣高下，即以四大英雄传奇成型过程而言，既潜藏着下层民众审美情趣的发展轨迹，也蕴含着他们价值观念的丰富内涵。余嘉锡论宋元之际杂剧小说云：

　　　　试更取其杂剧小说而观之，往往取两宋名将之事，演为话本，被之管弦，莫不欲驱胡虏而安中国。故扮演杨继业父子，为其能拒辽也；装点狄青，为其能平蛮也；描写梁山泊诸降将，为其招安后曾与征辽也；推崇岳武穆，为其能破金也。其他牵连以及古之贤臣勇士，皆所以鼓忠义之气，望中国复强。②

　　关于杨家将的史实考证，前辈学者成绩卓著。③ 本文拟以元代杨家将杂剧为素材，论述其在杨家将传说成型过程中的地位，并据以勾画出杨家将故事在元代的轮廓，并对其所折射的宋元之际民众心态做初步的探索。

一、元杂剧在杨家将传说中的地位

　　北宋杨家将故事，因小说戏曲广为宣传，几乎妇孺皆知。纵观其流变，则大体可分为三期五段。在杨家将传说的衍化过程中，元杂剧居于承前启后的重要序位。

　　第一期为北宋时期，是从史事向传说衍化的酝酿期。在杨业死后，杨家将传说已在宋辽两地逐渐流传。及至杨业之子延昭身后（约自仁宗朝起），这一故事虽然基本上仍采取史事形式在口头传播，但已有口传者或有心或无意的附益成分。皇祐三年（1051），在为杨业侄孙杨琪所作的墓志铭里，欧阳修已点明：杨业"父子皆为名将，其智勇号称无敌。至今天下之士，至于里儿野竖，皆能道之"。④

---

　　① 本文为上海市教委中国古代史重点学科研究成果之一。
　　② 余嘉锡：《杨家将故事考信录》，《余嘉锡文史论集》，岳麓书社，1997 年，393 ~ 461 页。
　　③ 余嘉锡：《杨家将故事考信录》，《余嘉锡文史论集》，岳麓书社，1997 年，393 ~ 461 页（以下凡引余氏论断，皆出自此文，不再出注）；聂崇歧：《麟州杨氏六记》，《宋史丛考》下册，中华书局，1980 年，376 ~ 387 页；常征：《杨家将史事考》，天津人民出版社，1980 年；郝树侯：《杨业传》，山西人民出版社，1984 年；李裕民：《杨家将史事新考》，《宋史新探》，陕西师范大学出版社，1999 年。
　　④ 欧阳修：《居士集》卷二九《供备库副使杨君墓志铭》。

《宋史》杨业本传述其勇武，谓"契丹望见业旌旗，即引去"，虽不无夸饰的成分，但余嘉锡提示："《辽史》于擒其他宋将，仅一书或再书，独于杨业之擒之死，则既见于纪，复见参与陈家谷一战诸将之传，且大书特书，不厌其烦。此何故欤？岂非以素日畏之重之，而喜其一旦成擒乎？"《宋》、《辽》二史成书虽在元代，但原始记载却出自北宋时双方的修史机构，故而《宋史》的夸饰，《辽史》的窃喜，分别反映了北宋时期南北政权对杨业的评价。

杨业死后，辽人在古北口为其立祠祭奠，曰"杨无敌庙"。契丹人一方面因其被擒致死而喜不自禁，一方面因其身前忠勇无敌而奉为神灵。治平四年（1067），苏颂以送伴契丹使过其庙，有诗云："汉家飞将领熊罴，死战燕山护我师。威信仇方名不灭，至今遗俗奉遗祠。"① 诗中表露出杨业威名在敌国广泛流传的史实，而传说分明掺入了北方民族的神秘遗俗。余嘉锡指出："昔匈奴杀李广利而终祀为贵神。契丹之立业祠，得无亦类是乎？"苏颂之诗或可为其佐证。

刘敞也有祭杨无敌庙诗："西流不返日滔滔，陇上犹歌七尺刀，恸哭应知贾谊意，世人生死等鸿毛。"② 此诗题下原有注云："在古北口，其下水西流"。题注特别揭出"水西流"的水文现象，令人想到后来杨家将传说中的相关细节。据元代杂剧，潘仁美在攒箭射死杨七郎后，命人抛尸桑干河，尸体也是"不往下流，返往上流"③。两者之间似有一种由史实向传说衍化的草蛇灰线。

元祐四年（1089），苏辙出使辽朝，也有诗咏杨无敌庙："行祠寂寞寄关门，野草犹知避血痕。一败可怜非战罪，太刚嗟独畏人言。驰驱本为中原用，尝享能令异域尊。我欲比君周子隐，诛彤聊足慰忠魂。"④ "尝享能令异域尊"，也反映了契丹境内关于杨家将传说腾播人口的史实。末句运用了西晋勇将周处（字子隐）被梁王司马肜逼遣而战死的典故来祭悼杨业，甚至欲以追诛潘仁美来告慰忠魂，证明仁美陷害杨令公的传说早在北宋中叶后已经不胫而走。

第二期为南宋偏安至元明之际，是从史事到话本再到戏曲的第一创作周期。大体以宋元易代为界，第二期又可分为两个阶段。前一阶段为南宋，此即余嘉锡所谓，杨家将"今之流俗之所传说，必起于南渡之后"。其主要表现是将北宋民间的口头传说在瓦子勾栏里敷演开讲，基本上采取话本讲史的形式，标志着由真实史事向艺术创作的首次转型。其根本原因就在于中原沦丧，痛定思痛，如果北宋前期能够倚重杨业，攻取燕云，也就不会有靖康之祸。于是，忠勇无敌的杨家将就成为思慕的对象，与其有关的故事就流播人口，盛传里巷。余嘉锡推断："当时必有评话小说之流，敷演杨家将故事，如讲史家之所谓话本者。盖凡一事之传，其初尚不甚失实，传之既久，经无数人之增改演

---

① 苏颂：《苏魏公文集》卷一三《和仲巽过古北口杨无敌庙》。
② 刘敞：《公是先生集》卷二八《杨无敌庙》。
③ 《开诏救忠》第三折，收入涵芬楼版《孤本元明杂剧》。
④ 苏辙：《栾城集》卷一六《过杨无敌庙》。

变，始愈传而愈失其真。使南宋之时，无此类话本，则元明人之词曲小说，不应失真如此也。"当时的话本小说中，"朴刀局段"类就有《杨令公》，"杆棒之序头"类则有《五郎为僧》，南宋罗烨指出，话本善于"冷淡处提掇得有家数，热闹处敷演得越久长"①，这一论断当然适用于该期的杨家将话本。遗憾的是，不仅未见有南宋杨家将话本传世，就连名目也仅知以上两种。但可以推测，这一时期的杨家将话本应不在少数，才能为下一时期杂剧杨家将的繁荣提供了充实的素材。

南宋后期，谢维新在其编纂的类书《古今合璧事类备要后集》卷六三说："真宗时杨畋，字延昭，为防御使，屡有边功，天下称为杨无敌，夷虏皆画其像而事之。"元代成书的《事文类聚外集》卷五在上述纪事后复有"云以御鬼疾"等文字，也就是说既能避鬼，又能防病。这条记载与史实出入颇大。杨无敌是指杨业，延昭则是杨业之子，而据欧阳修上述所作墓志铭，杨畋即杨琪之子，乃杨业的侄曾孙，延昭的堂侄孙，如今都拉扯在一人身上。最大可能就是余嘉锡所说，谢维新这条材料"采自俚俗传闻而非出自故书雅记"。又据《烬余录》甲集载，太平兴国五年（980），宋太宗在莫州被契丹围困，因杨业父子奋死救驾才得脱险。但据《续资治通鉴长编》卷二一，此年太宗仅至大名（今属河北），并未到过莫州（今河北任丘），因而所谓杨业父子救驾云云，自然是把南宋话本中的虚构情节当成历史真实而记入了史料笔记。凡此种种，无不印证了南宋杨家将传说之植入人心，其中讲史话本起了不容低估的作用。

后一阶段为元代。杂剧成为这一时期最主要的艺术样式，杨家将传说尽管并不排斥以话本说史的形式继续流行，但同时已融入了杂剧的主流。诚如余嘉锡所说："话本既真假参半，及改为杂剧，又复有所增损涂饰，然犹出于文人作者之手，事虽谬而文尚工。"作为戏曲，其表现方式比说史无疑更为细腻传神，情节上也更讲究矛盾冲突。因而将杨家将故事由讲史改编为杂剧，在艺术上有一个精雕细刻的过程，在故事上也有一个充实加工的过程。这对丰富杨家将传说，无疑是一种颇具意义的再创作。

流传至今的杨家将杂剧共有五种，分别为《开诏救忠》、《谢金吾》、《昊天塔》、《活拿萧天佑》、《破天阵》。②其中，《谢金吾》与《昊天塔》收入明臧晋叔的《元曲选》，其余则收入《也是园孤本元明杂剧》，都不署作者名。《昊天塔》一名《孟良盗骨殖》，据元代钟嗣成说，乃其同时代杂剧家朱凯所作，清人焦循也说"元人朱凯作孟良盗骨殖"③。余嘉锡认为《谢金吾》就是《私下三关》，钟嗣成说与他"交有年"的

---

① 罗烨：《醉翁谈录》甲集卷一《小说开辟》。

② 《孤本元明杂剧》最末一本《黄眉翁》，虽然也搬演杨家将故事，但余嘉锡并不将其视为元代作品。而从《破天阵》里列名杨六郎帐下二十四将的李瑜与呼延必显，在《黄眉翁》列举二十四将姓名时却被淘汰出局，也足证《黄眉翁》不是与《破天阵》同期的元代作品，应出自明人之手，故本文不予论列。

③ 清栋亭刊本《录鬼簿》卷下，收入《录鬼簿（外四种）》，上海古籍出版社，1978年；焦循：《剧说》卷二。王国维：《宋元戏曲史》第十章《元剧之存亡》也主此说。

王仲元即是《私下三关》的作者①。至于《也是园》藏杨家将杂剧，虽不题姓名，但余嘉锡认为，"观其风度，实元人所作"，甚至从"诸剧词气不平如此"，判定其"必宋遗民之所作"。除了余氏所说的思想、风格，三剧出场的契丹主将都是韩延寿，与《谢金吾》、《昊天塔》完全吻合，也为元杂剧说提供了有力的内证。而《活拿萧天佑》中说王钦若原名贺驴儿，乃契丹派入中原的细作，也与《谢金吾》如出一辙，反证前者也是元代作品。而有学者认为，《谢金吾》中皇国姑怒打枢密使王钦若，大闹法场救下杨六郎的故事，来源就是金朝院本中的《打王枢密爨》。②

现存五种关于杨家将的元杂剧，虽然还不能涵盖今日所见杨家将故事的全部内容，但架构主干已经形成。惟其如此，余嘉锡认定："杨家将故事之流行也久矣，杂剧因而成之耳"。由于南宋关于杨家将的说话未见传本，元代传世的五本杨家将杂剧就弥足珍贵，此即余嘉锡所说："由是杨家将之名，遂为人所盛称，可谓豹死留皮，殁而不朽"。总之，元代杨家将杂剧，对中国戏曲史、民间文学史，乃至宋元民间心态史的研究，都是极有价值的文献史料。

第三期为明清两代，是从戏曲到话本再到戏曲的第二创作周期。大体以明清易代为界，可以分为两个阶段。明代是前一阶段。长篇讲史小说在这一时期空前繁荣，臻于鼎盛。自明初《水浒传》成型后，杨家将故事也开始了化零为整的再创作。这种再创作，在明代中期终成正果，其标志就是由小说家熊大木编纂的《全像两宋南北志传》（亦称《全像按鉴演义南北两宋志传》）中的《北宋志传》。这部《南北两宋志传》虽题"陈继儒编次"，但眉公只是挂名，梓行此书的三台馆主人卷首序云：③"昔大木先生，建邑之博洽士也，遍览群书，涉猎经史，乃综宋事，汇为一书，名曰《南北宋两传演义》。"熊大木编纂的讲史小说颇多，与宋史相关的还有《大宋中兴通俗演义》，④ 其自序署"时嘉靖三十一年（1552），岁在壬子冬十一月望日"，由此可以推断他的活动年代。《南北两宋志传》共二十卷，每卷五回，共一百回，该书前集十卷五十回为《南宋志传》，后集十卷五十回为《北宋志传》，前后十卷之间，书商有一段按语："是传前集纪（计）一十卷，起于唐明宗天成元年石敬瑭出身，至宋太祖平定诸国止。今续后集一十卷，起宋太祖再下河东，至仁宗止。收集杨家府等传，总成二十卷。取其揭始要终之意。并依原成本，参入史鉴年月编定。"⑤ 这段按语表明，熊大木是在"收集杨家府等传"基础上综合加工成《北宋志传》的，由于要与"原成本"《南宋志传》相匹配，不仅"参入史鉴年月"，而且在内容框架上，杨家将传说虽占主要比重，但仍是与前集相衔接的断代讲史体。这种急就章式的汇总改编，不能不影响到作品的艺术成就。熊大

① 清棟亭刊本《录鬼簿》卷下，收入《录鬼簿（外四种）》，上海古籍出版社，1978年。

② 陶宗仪：《南村辍耕录》卷二五《院本名目》；常征：《杨家将史事考》，天津人民出版社，1980年，292页。

③ 三台馆主人即出版商兼小说家余象斗。

④ 此书即后来《说岳全传》的最早蓝本。

⑤ 熊大木：《南北宋志传演义》，群众出版社，1997年，322页。

木也有自知之明云："句法粗俗，言辞俚野，本以便愚庸观览，非敢望于贤君子也。"①此书后来有各种本子，较著名的是玉茗堂批点绣像《南北宋传》。尽管《北宋志传》在艺术性上远不能望《水浒传》之项背，但毕竟为杨家将故事奠定了一个总体框架，不仅摄取了现存五本元代杨家将杂剧的故事梗概，而且还有杨家将第三代以及杨门女将的传奇内容。因而，《北宋志传》不仅在杨家将传说的演变史上，而且在古代讲史小说中，自应有其一席之地。

其后，则有晚明面世的《杨家府演义》。如果将其与玉茗堂批点绣像《南北宋传》进行比较，不难发现两书同出一源。据《杨家府演义》卷首署名"秦淮墨客"在"万历丙午长至日"的序，此年即万历三十四年（1606），也是该书"剞劂告成"的始刊之年。据其初刊本印章，秦淮墨客即纪振伦，字春华，生平不详。有人认为《杨家府演义》的作者就是熊大木，但缺乏有力的佐证。倘若秦淮墨客之序不伪，则其"剞劂告成"时，距熊大木改编《大宋中兴通俗演义》已52年，他或许已经谢世。与《北宋志传》相比，《杨家府演义》删刈了前书中与杨家将无关的枝蔓，在情节上有所充实，杨家将故事以长篇话本小说的形式得以最终定型。《北宋志传》与《杨家府演义》作为流传广泛的长篇讲史小说，反过来又为其后的戏曲提供了或改编、或创作的庞大素材。

后一阶段为清代，杨家将传说再度经历了由长篇讲史小说变身为戏曲的再创作。这一时期，虽以清代为主，但也不排除明末已出现据以改编的杂剧与传奇②。但这种改编与再创作的高潮则在清代前期，其中最著名的应推乾隆年间的宫廷大戏《昭代箫韶》，居然达二百四十出之多。《昭代箫韶》是各自独立又内在关联的系列传奇，敷演的就是杨家将故事，编剧王廷章虽也参考了有关杨家将的元明杂剧与传奇，但据其乾隆刻本《凡例》云：主要乃"依《北宋传》为柱脚，略增正史为纲领创成新剧"。这里所说的《北宋传》，就是指明代熊大木编刊的《北宋志传》。降至晚清，慈禧太后尤喜观剧，命人将《昭代箫韶》里的传奇改编为京剧剧本，直接影响了至今仍在戏曲舞台上搬演的不同剧种的杨家将戏曲。

对杨家将传说的第二创作周期，余嘉锡这样评价："泊至明清好事之徒，更取宋元人所写故事，撰为通俗演义，编为戏剧，以流俗人之所知，易其所不知，遂尽去其古典之词，务求明白易晓，而其事实乃愈变愈舛，去史传之所纪载者益远矣。"

明代胡应麟看出在明代戏文（即传奇）、元代杂剧与宋金话本之间，从内容到形式都有一条连续衍化的轨辙。他认为："今世俗搬演戏文，盖元人杂剧之变；而元人杂剧之类戏文者，又金人词说之变也。"③ 在杨家将传说衍化史中，也不难找出南宋话本—元代杂剧—明代小说—清代戏曲之间的发展链。由于南宋话本这一环节的文本缺失，元

---

① 熊大木：《大宋中兴通俗演义》，群众出版社，1997年，630页。
② 明祁彪佳：《远山堂剧品》列有《金牌》，云"叙杨延昭事"；《曲海总目提要》卷一一列有明施凤来所著《三关记》，即说："此剧有据《杨家将演义》者，亦有与相左者。"
③ 胡应麟：《少室山房笔丛》卷二五《庄岳委谈下》。

杂剧中的杨家将故事就是这一传说现今所能见到的时代最早的创作型文本，其研究价值是不言而喻的。

二、元杂剧所见之杨家将故事

在元杂剧的表演中，相关故事情节的交代，一方面通过剧情的演绎，另一方面则通过角色的科白。现存元代的五本杨家将杂剧，倘若按故事发展线索，其先后次第大体是《开诏救忠》、《昊天塔》、《活拿萧天佑》、《谢金吾》、《破天阵》。但当时整个杨家将传说尚未以长篇讲史小说的形式最终定型，故而个别故事情节也有前后错位的情况。南宋杨家将故事在话本里怎样展开，因无话本传世，已难揣测。估计公案类话本《杨令公》，应以杨业杨令公抗辽死节为中心，也就是后来杨家将传说的主干；至于杆棒类话本《五郎为僧》，应该敷演杨五郎在五台山出家为僧的传说，想来还有使用杆棒与前来番兵对阵的情节。但元代杨家将杂剧是以南宋话本故事为改编依据的，故而对元杂剧中杨家将故事轮廓的钩稽，一方面能够据以推断南宋杨家将话本的若干内容，另一方面也能钩沉元代杨家将传说的基本框架，对进一步研究杨家将戏曲与小说，应该是不无意义的。为此，我们钩隐索微，对照排比，制成下表。

元明杨家将故事情节比较表

杨家将故事梗概	元杂剧相关出处	明《北宋志传》相关回目	明《杨家府演义》相关回目	备注
杨令公娶佘太君，生七子	《开诏救忠》头折；《活拿萧天佑》第二折；《谢金吾》第二折；《昊天塔》第一折	60回《八王进献反间计 光美奉使说杨业》	1卷1回《宋太祖受禅登基》	《志传》云："有二妹在旁"；《演义》云："又生二女"
潘仁美从征北汉，与杨令公结一箭之仇	《开诏救忠》头折	67回《宋太宗议征北番柴太郡奏保杨业》	1卷2回《汉继业调兵拒宋》、4回《太祖传位与太宗》	《志传》仅云仁美"在河东被公（杨业）羞辱"；《演义》则作"继业将标枪中仁美之马"，后因令婆而"左股中箭"落马
杨令公受宋招安	《开诏救忠》头折	60回《八王进献反间计 光美奉使说杨业》	1卷5回《太宗招降令公》	《志传》记令公归宋尚不是山穷水尽之时
潘仁美请驾入幽州，杨家父子八人大救驾	《开诏救忠》头折、第三折	66回《太宗驾幸五台山 渊平战死幽州城》；67回《宋太宗议征北番 柴太郡奏保杨业》	1卷5回《太宗招降令公》、6回《太宗驾幸昊天寺》	《志传》记太宗入幽州，无关潘仁美阴谋

杨家将故事梗概	元杂剧相关出处	明《北宋志传》相关回目	明《杨家府演义》相关回目	备注
杨四郎在混战中不知所在	《开诏救忠》头折	67回《宋太宗议征北番 柴太郡奏保杨业》	1卷6回《太宗驾幸昊天寺》	《志传》、《演义》皆有四郎在番邦招亲的故事
杨六郎招为郡马	《谢金吾》第三折	67回《宋太宗议征北番 柴太郡奏保杨业》	1卷7回《太宗敕建无佞府》	
宋太宗敕建清风无佞楼	《开诏救忠》头折；《活拿萧天佑》头折；《谢金吾》楔子	76回《九妹女误陷幽州 杨延德大破番兵》	1卷7回《太宗敕建无佞府》	
潘仁美挂印为帅，杨令公与六郎、七郎为先锋	《开诏救忠》头折	67回《宋太宗议征北番 柴太郡奏保杨业》	1卷7回《太宗敕建无佞府》	
潘仁美借口会合来迟，欲斩杨家父子	《开诏救忠》头折	68回《呼延赞大战辽兵 李陵碑杨业死节》	1卷7回《太宗敕建无佞府》	
潘仁美逼令杨令公父子黑道日出兵	《开诏救忠》第二折	68回《呼延赞大战辽兵 李陵碑杨业死节》	1卷7回《太宗敕建无佞府》	
杨家父子被困两狼山虎口交牙峪	《开诏救忠》第二折；《昊天塔》第一折、第二折；《活拿萧天佑》头折	68回《呼延赞大战辽兵 李陵碑杨业死节》	1卷7回《令公狼牙谷死节》	
杨七郎突围求援，被潘仁美攒箭射死	《开诏救忠》楔子；《昊天塔》第一折、第二折	69回《瓜州营七郎遭射 胡原谷六使遇救》	1卷8回《令公狼牙谷死节》	
杨令公撞死李陵碑；杨六郎杀出重围告御状	《开诏救忠》楔子；《昊天塔》第一折、第二折；《活拿萧天佑》头折；《谢金吾》第三折	68回《呼延赞大战辽兵 李陵碑杨业死节》；69回《瓜州营七郎遭射 胡原谷六使遇救》	1卷8回《令公狼牙谷死节》；2卷9回《杨六郎怒斩野龙》	
党太尉智拿潘仁美及二副帅	《开诏救忠》第三折		2卷10回《寇准勘问潘仁美》	
寇莱公赚取潘仁美陷害杨家将口供	《开诏救忠》第三折	70回《六使汴京告御状 王钦定计图八王》	2卷10回《寇准勘问潘仁美》	《志传》勘问口供乃御史台官李济

续表

杨家将故事梗概	元杂剧相关出处	明《北宋志传》相关回目	明《杨家府演义》相关回目	备注
八大王设计让杨六郎诛杀潘仁美，再利用大赦，开诏救忠臣	《开诏救忠》第三折	70回《六使汴京告御状 王钦定计图八王》	2卷11回《八王设计斩仁美》	《志传》仁美乃"罢职为民"，并未被杀
杨令公托梦六郎，命取回吊在昊天塔上的骸骨	《昊天塔》第一折	94回《六使议取令公骸 孟良误杀焦光赞》	6卷39回《真宗封征辽功臣》	《志传》、《演义》俱有十余年后令公复显灵事，云前取骸骨为假
杨六郎部署岳胜守三关，准备与孟良私下幽州	《昊天塔》第二折	73回《樵夫诡计捉孟良 六使单骑收焦赞》	2卷14回《六郎三关宴诸将》	《志传》、《演义》俱作孟良只身前往。《志传》94回、《演义》6卷39回有十余年后孟良、焦赞复入幽州望乡台取真骸骨事
杨六郎与孟良取回杨令公骨殖，火烧昊天塔	《昊天塔》第三折	73回《樵夫诡计捉孟良 六使单骑收焦赞》；74《孟良智盗骍骝马 岳胜大战萧天右》	2卷14回《六郎三关宴诸将》；3卷15回《孟良带马回三关》	《志传》、《演义》俱作孟良从红羊洞取回骸骨
杨六郎护送骨殖经五台山，与出家为僧的五郎相会，五郎击退番兵	《昊天塔》第四折	69回《瓜州营七郎遭射 胡原谷六使遇救》	2卷9回《杨六郎怒斩野龙》	《志传》、《演义》俱作六郎与五郎初次相会乃在狼牙谷突围往东京途中
王钦若原名贺驴儿，是北番派入的细作	《活拿萧天佑》头折；《谢金吾》楔子、第三折	69回《瓜州营七郎遭射 胡原谷六使遇救》	2卷9回《杨六郎怒斩野龙》	《志传》、《演义》俱作王钦
番帅韩延寿挑战，八大王举荐杨六郎	《活拿萧天佑》头折			
杨六郎部署战将，准备应战	《活拿萧天佑》第二折			

杨家将故事梗概	元杂剧相关出处	明《北宋志传》相关回目	明《杨家府演义》相关回目	备注
杨六郎刺死敌将耶律灰，焦赞活捉萧天佑	《活拿萧天佑》第三折	76回《九妹女误陷幽州　杨延德大破番兵》	3卷17回《张华遣人召九妹》	《破天阵》头折仍有萧天佑；《志传》、《演义》说其孽龙出世，最后被杨五郎念神咒劈死
杨六郎得胜班师，寇莱公三关封赏	《活拿萧天佑》第三折			
王钦若与谢金吾定计诈拆清风无佞楼	《谢金吾》楔子	76回《九妹女误陷幽州　杨延德大破番兵》	3卷17回《张华遣人召九妹》	
谢金吾强拆清风无佞楼，佘太君修书告诫六郎	《谢金吾》第一折	77回《枢密计倾无佞府　金吾势毁天波楼》	3卷18回《杨六郎私下三关》	
杨六郎私下三关见佘太君，被王钦若拿住	《谢金吾》第二折；《破天阵》头折	77回《枢密计倾无佞府　金吾势毁天波楼》	3卷19回《杨六郎私下三关》	
焦赞杀谢金吾家十七人	《谢金吾》第三折；《破天阵》头折、第二折	77回《枢密计倾无佞府　金吾势毁天波楼》	3卷19回《焦赞夜杀谢金吾》	
王钦若监斩杨六郎与焦赞，皇国姑劫夺法场	《谢金吾》第三折			
皇国姑上殿论理	《谢金吾》第四折			
王钦若通敌败露被处死	《谢金吾》第三折			《破天阵》中仍出现王钦若
杨六郎赦免贬汝州，王钦若假传圣旨欲加害，胡太守李代桃僵救六郎	《破天阵》楔子、头折	78回《焦赞怒杀谢金吾　八王智救杨郡马》	3卷19回《焦赞夜杀谢金吾》、20回《朝臣设计救六郎》	

续表

杨家将故事梗概	元杂剧相关出处	明《北宋志传》相关回目	明《杨家府演义》相关回目	备注
寇莱公兵困铜台城	《谢金吾》第三折；《破天阵》楔子	78回《宋君臣魏州看景 王全节铜台交兵》	3卷20回《朝臣设计救六郎》	《志传》、《演义》救铜台与破天门俱作二事，且被困者以真宗为首
韩延寿调兵遣将，颜洞宾布天门阵	《破天阵》头折	83回《吕军师布南天阵 杨六使明下三关》	4卷24回《椿精变化揭榜》	《志传》、《演义》俱作吕洞宾
呼延必显访得杨六郎	《破天阵》头折	80回《八王赍诏求六使 焦赞大闹陈家庄》	4卷21回《真宗出赦寻六郎》	《志传》、《演义》访杨六郎者俱作王全节
杨六郎招集焦赞等旧部将，与子宗保往救铜台城	《破天阵》第二折	80回《八王赍诏求六使 焦赞大闹陈家庄》；81回《呼延赞途中遇赦 杨郡马大破辽兵》	4卷21回《真宗出赦寻六郎》、23回《六郎兴兵救驾》	《志传》自80回起，《演义》自26回起，故事情节多逸出元杂剧交代的框架
杨六郎调遣众将与宗保，部署攻打天门阵	《破天阵》第二折	84回《宗保遇神授兵法 真宗出榜募医人》	4卷25回《六郎明下三关》、26回《宗保遇神授兵书》	《破天阵》宗保仅在领命时与父亲略有对白与唱词
众将合力齐破天门阵，杨六郎射死韩延寿，活捉颜洞宾	《谢金吾》第三折；《破天阵》第三折	86回《宗保部众看天阵 真宗筑坛封将帅》；87回《黄琼女反投宋营 穆桂英破阵救姑》；88回《宗保议攻迷魂阵 五郎降伏萧天左》	5卷30回《黄琼女反辽投宋》、31回《令婆攻打通明殿》、32回《钟离救回吕洞宾》	《破天阵》对杨宗保仅有一句交代。《志传》、《演义》宗保跃为破阵主角，又衍出佘太君与穆桂英等女将故事
寇莱公排宴庆贺破阵成功	《破天阵》第四折	89回《宋真宗下诏班师 王枢密进用反计》	5卷32回《钟离救回吕洞宾》	《破天阵》对杨宗保的褒奖无异于其他部将

倘若将现存的元代杨家将杂剧与明代的长篇讲史对比，不难发现关于杨家将传说衍化的几个问题。其一，杨家七兄弟在元杂剧中都已有交代，但杨门女将除佘太君外，穆桂英与杨八妹、杨九妹却尚未露面。其二，元杂剧中虽已有杨宗保破天门阵的记载，但着墨不多，依然以杨六郎为主角，与《北宋志传》与《杨家府演义》中杨宗保一跃成为破阵主角截然不同。其三，元杂剧中杨家将故事，其故事下限只到破天门阵为止，大体只是明代《北宋志传》与《杨家府演义》故事情节的一半。由此可以推断，在杨家将故事中，第三、四两代（即宗保、文广）与杨门女将的部分，其主体应该形成于入

明以后。总之，杨家将传说，印证了顾颉刚关于层累地造成古史的理论：时代愈后，传说被愈拉愈长，其具体表现就是衍生出了杨家将故事的后半截；时代越后，传说中的中心人物也愈放愈大，其具体例证就是杨宗保破天门阵的事迹越来越神化，越来越繁复。通过钩沉元代杨家将杂剧的故事梗概，我们虽然还不能完全揭开南宋杨家将传说的庐山真相，但至少能够窥见这一传说在元代流播的基本面目。

三、杨家将杂剧所见宋元之际的民众思想

学术界久有重写思想史的提法，而关注历史上普通人的"一般思想"，则是重写思想史的关键之一。金克木先生指出：所谓一般思想，是指"没有专著的普通人的思想"，"他们自己不写书或则不能写，别人会代他们写，记下他们的事和话，也会提炼一下改头换面写成故事、小说、戏曲之类，这些东西本来是从不识字不读书的人那里来的，所以一回去被他们知道了又传播开来。"① 准此而论，元代的杨家将杂剧，虽是知名或佚名的书会才人的作品，但因消费对象是一般的下层民众，故而提炼的是普通人的思想与心态，实在是抉发宋元之际下层民众思想心态的绝佳史料。我们不妨就以此为依据，对当时的一般思想作一梳理，或可略助宋元思想史之重写。

（一）"宋朝家显高强，北番家痛遭殃"：让戏场代偿失落的战场

众所周知，自北宋与契丹对峙以来，其后相继与西夏、金朝、蒙元兵戎抗争，在与北方政权的较量中，从总体上而言，宋朝不仅从未占过上风，而且先是被女真灭了北宋，退缩东南一隅，最后连南宋也被蒙元所取代，汉族民众成了被压迫民族，做了蒙元的臣民。面对着异族的统治，咀嚼着屈辱的往事，相比之下，与狄青抗击西夏，岳飞大败女真一样，杨家将当初也曾令契丹闻风丧胆，《宋史》卷二七二《杨业传》说杨业"所向克捷，国人号为'无敌'"，"契丹望见（杨）业旌旗，即引去"，这让一般民众感到，倘若当初杨家将不遭陷害而获得重用，依靠他们保家卫国，人民或许能够安居乐业，后来北宋亡于金、南宋亡于元的悲剧，也许就不会发生。基于这种认识，通过元杂剧讴歌杨家将的神勇无敌，表彰他们保家卫国的辉煌战绩，对普通的汉族老百姓来说，不啻是一种无奈的安抚与慰解，也让他们找回亡国遗民的一种自尊与自信。

元杂剧对杨家将的勇武极尽赞美之词。杨令公胆气贲张地唱道："想着俺雕弓能劈千斤重，单枪不怕三军众，也曾将番国攻，也曾将敌阵冲。一任他八方四面干戈动，那一个敢和俺出马共争锋。" 皇亲国戚称颂他："他也曾斩将搴旗，耀武扬威，普天下哪一个不识的他是杨无敌！"② 杨六郎则数落番兵："量你这番贼房寇，我将你小觑低微。昏邓邓征尘荡起，嗔忿忿对垒迎敌。呀哎，你个番奴犹自说兵机，你可便虚张声势要相持，临军对阵走如飞。我直教三军齐唱凯歌回。骂你个番也波贼，番贼怎对敌？我可便

---

① 金克木：《道·理·〈列子〉》，《探古新痕》，上海古籍出版社，1998 年，104 页。
② 《昊天塔》第一折；《谢金吾》第三折。

活挟你，回朝内。"朝廷重臣推许他："则这个杨郡马英雄夺第一，端的是四海无及。"① 杨七郎豪气干云地自许："则俺这弟兄每英雄奋勇寰中少，则那番兵胆大何须道？""俺如今大杀番兵这一遭，岂肯轻也波饶。我可便自暗约。若今番两军厮撞着，乱纷纷尘荡了旗，湿浸浸血染了袍，我直杀的他苦淹淹无处逃。"② 不仅"杨家父子多雄壮"，就连六郎的结义兄弟也都是"忘生舍死安邦将，大胆雄心敢战儿"③。孟良自诩道："若放了他一个儿抹的着回家路。唉，兀的不屈杀俺宣花也这柄蘸金斧。"④ 余嘉锡指出："庶民之好恶，则殊不然。苟有人能为之灭贼杀敌，则仰之如天神，亲之如父母，惟恐其不尊且安也。"元杂剧对杨家将的歌颂，就是通过对当年他们"雄镇三关二十秋，番兵不敢犯白沟"的历史追忆，⑤ 表达南宋遗民在现实生活中无法实现的愿望："宋朝家显高强，北番家痛遭殃"，"番兵皆顿首，贼寇尽归降"，"剿灭了腥膻太平"⑥。

为了烘托杨家将的神勇，元杂剧一方面矮化番将，例如番将土金宿作打油诗云："我做将军委实高，诸般武艺不曾学。骑着骆驼上阵去，吊下驴来跌折腰。"⑦ 另一方面，则大肆渲染杨家将对番兵番将的血腥杀戮。不仅个性暴躁的孟良声称："但撞着无干罢，直杀的他似芰蒲刈苇，截瓠开瓜"；"也不是我杀人心忒狠毒，管教他便人亡马倒都做血糊突"⑧；杨六郎也一再夸耀："直杀的城河鲜血滚，遍地死尸横"；"我直杀的高阜处骨碌碌人头乱滚，低洼处骨突突鲜血模糊"⑨；甚至杨令公下场诗亦云："时间略展英雄手，尸横千里血流河。"⑩ 凡此种种，已超出正常心态，从心理分析角度说，实际上是当时一般汉族民众对宋朝在战场上一再失利乃至最终亡国的一种心理代偿，对元朝民族压迫下怨愤情绪的一种心理宣泄。

（二）"便死也不将他名节毁"：深入朝野的名节观

强调节概，向来是中国儒家思想的要义之一，但两宋时期民族战争的硝烟不绝，民族气节与爱国主义成为弥漫朝野的普遍风尚。在宋学的鼓吹下，民族大义在宋代，尤其在南宋大为凸现，"杀身成仁"、"舍生取义"，成为上至将相下至民庶普遍认同的道德规范。《宋史》卷二七二《杨业传》强调其节烈云："乃不食，三日死"，"尽力死敌，立节迈伦"。故而杨家将传说在南宋以后，也注入了民族气节的时代内涵。尽管杨继业由北汉降宋，并不太适宜竖为坚持节概的典范，但杨家将传说从夷夏大防出发，强调杨

---

① 《开诏救忠》第二折；《活拿萧天佑》头折。
② 《开诏救忠》头折。
③ 《开诏救忠》头折；《谢金吾》第二折。
④ 《昊天塔》第三折。
⑤ 《谢金吾》第二折。
⑥ 《活拿萧天佑》第四折；《破天阵》头折；《活拿萧天佑》第三折。
⑦ 《开诏救忠》头折。
⑧ 《昊天塔》第二折、第三折。
⑨ 《破天阵》头折、第二折。
⑩ 《开诏救忠》第一折。

业不降契丹，就便于后人在民族气节上做足文章。而在元杂剧中，也确为杨家将的气节，竖起了一座不朽的丰碑，折射出生活在元代的南宋遗民与一般南人的民族思想与故国情怀。

对南宋遗民而言，闻见父母之邦先丧于金，后亡于元，自然会追思故国。尽管蒙古族已入主中国，但在当时一般人看来，夷夏之别，判若泾渭：宋朝是天朝大国，正统所在。在元杂剧里，不仅杨令公等主角说契丹入侵是"侵犯大邦"，连番将韩延寿也不得不承认自己是"侵犯天朝边境"；杨七郎则理直气壮地声称："我直教那番兵纳礼拱皇朝"①。尽管已是"故国不堪回首月明中"，但一般人还是愿意在梦中与在戏中对故国吟唱："把清风楼重建一层来，着杨六郎元镇三关去，直把宋江山扶持到万万古。"② 也正是这种家国情结与民族大义，杨令公的鬼魂告诫六郎："您若是和番家忘了戴天仇，可不俺望乡台枉做下还家梦。"③

对杨令公撞死李陵碑的描写，是所有杨家将小说与戏曲中最浓墨重彩的篇章。在元杂剧中，杨令公临死前有科白云："他杀不如自杀。此处乃李陵碑，不如我撞碑而死，皇天可表。"死后，其鬼魂唱道："想着俺做一世雄，肯投降苟自容？拼的个触荒碑一命终，至今草斑斑血染红，一霎儿还怕恐。"④对杨令公撞碑殉国，朝中有人赞道："他他他，也则为俺赵社稷，甘心儿撞倒在李陵碑，便死也不将他名节毁。"连敌国对手韩延寿也对英雄致敬："可怜金刀老令公，英雄今日撞碑薨。"⑤ 元杂剧中的所有烘托，就是旨在凸出杨七郎所说："俺如今一门尽节，博得个青史名标。"⑥ 杨家将所体现的名节，与民族气节相关，但名节的内涵当然远不止此，这种广义的名节，经宋学倡导也已深入一般民众的思想观念。元杂剧中，党彦进称赞寇准立朝有节，就是恰当的例证："你端的忠肝义胆施仁义，更那堪坚刚节操无私弊，真乃是存诚守分将江山立。"⑦

著名史家吕思勉指出："因异族的压迫，而引起了全民族的觉醒，替民族主义，建立了一个深厚的根基，这也是祸福倚伏的道理。北宋时代可以说是中国民族主义的萌蘖时期。南宋一代，则是其逐渐成长的时期。"⑧ 他还认为，士大夫在其间高倡恢复，直接推动了民族主义的崛起。"宋儒的恢复论，就民族主义言之，实放了万丈的光焰。此等议论，一时看似无甚效力，然潜伏人心，其力之大，实乃不可思议"。他得出结论说："中国民族主义的发达亦只是八百年来的事情（从南宋时代算起）。"⑨ 元代杨家将

---

① 《开诏救忠》头折。
② 《谢金吾》第四折。
③ 《昊天塔》第一折。
④ 《开诏救忠》楔子；《昊天塔》第一折，"一霎儿"原作"一灵儿"，据文义改。
⑤ 《谢金吾》第三折；《开诏救忠》楔子。
⑥ 《开诏救忠》头折。
⑦ 《活拿萧天佑》头折。
⑧ 《吕著中国通史》，华东师范大学出版社，1992 年，441 页。
⑨ 《中国民族精神发展之我见》，《吕思勉遗文集》上册，1997 年，184、181 页。

杂剧所张扬的家国情结与民族气节，正是宋元之际士大夫对民族主义大力鼓吹以后在大众文艺中的形象再现。

<h3 style="text-align:center">（三）"凭着俺忠孝把名驰"：一般民众的伦理观</h3>

宋代继五代政权纷更之后，重新建立君主集权政治，以"儒术治国"，对冯道之流二三其德痛加针砭，倡导"人道惟在忠信"①；而宋代基层社会也已完成家族制度的重要转型，孝道更是维系新型家族组织的有力纽带，故而大倡"圣人之德，莫加于孝"②。经过数百年朝廷的倡导与宋学的鼓吹，忠孝成为两宋朝野广泛认同的价值观念。及至宋元易代，这一价值判断已经根深柢固地植入人心而不能有所摇撼，这在元杂剧中就有例证，杨令公告诫七郎道："为臣者必尽其忠，为子者当以尽孝也。"③

尽忠报国是忠义的主要内涵，具体化作报效君主、保卫社稷的实际行动。《宋史》卷二七二《杨业传》论其忠义，说他一再表示："将立尺寸功以报国恩"，"上遇我厚，期讨贼捍边以报"。元代的杨家将杂剧将一般民众的忠义思想表达得连篇累牍，淋漓尽致。杨令公上场诗的核心就是忠义："威震边关气势雄，丹心耿耿作元戎，匣中三尺昆吾剑，永保皇图建大功。"交牙峪恶战中，他一腔忠义对七郎说："想着俺父子苦征恶战，漾人头厮摔，噙热血相喷，保宋国江山，稳胜盘石。"而七郎的回答也不离忠字："则俺这父子忠心扶社稷，怕甚么番兵奋怒起枪刀。"④ 七郎唯一的遗憾就是："俺父子全忠不到头，功劳汗马一时休，可怜战死三边上，不得生封万户侯。"而令公化为鬼魂，对六郎说的还是为臣尽忠之道："儿也，你回到圣明朝，备把我这冤情讼。我也不望加官赐宠，只要个一体君臣有始终。"⑤ 杨六郎的唱词，更把尽忠报国说成与生俱来的天命："似这等尽忠的和那报国的是从天命，博一个青史内去标名。"⑥ 而佘太君看到六郎气晕过去，担心的还是谁来为国尽忠："倘若有些好歹呵，你可着谁搭救宋山河？"⑦ 杨家将的忠义有口皆碑。孟良下场诗赞云："杨六郎父子尽忠，于宋国竭力见功。"⑧ 皇国姑表彰道："则这满城京城百姓每尽知……提起他父子每端的痛悲，一辈辈于家为国。"⑨ 以至于君主也将杨家将树为典范："因他父子每尽忠报国，先帝与他家造下一座门楼，题曰清风无佞楼"。⑩ 最具讽刺意义的是，连奸佞潘仁美诬陷杨令公也以

---

① 朱熹：《四书章句集注·论语集注》卷一。
② 司马光：《传家集》卷一七《进古文孝经指解表》。
③ 《开诏救忠》头折。
④ 《开诏救忠》头折。
⑤ 《昊天塔》第一折。
⑥ 《破天阵》头折。
⑦ 《谢金吾》第二折。
⑧ 《开诏救忠》头折。
⑨ 《谢金吾》第三折。
⑩ 《谢金吾》楔子。

忠敬为说辞："你这老匹夫，不忠不敬。"① 但由此也足证忠义思想深入一般民众的骨髓。

杂剧《昊天塔》的主要情节描写杨六郎带杨令公的骸骨回归故里，他对父亲的哀思与为父报仇的誓愿，成为剧本的主旋律，完全是一出表彰孝道的戏。找到骸骨后，孟良对杨六郎道："哥也，你牢背着亲爷的灰骨匣，孝名儿传天下，说什么的孟宗哭笋，袁孝拖笆。"② 当然，无论当时的精英思想，还是民众思想，都认同忠臣出孝子之门的说法，因而忠孝一体，相提并论亦在一般人的情理之中。在元杂剧中，杨六郎就说："俺可便奉天行道休疑忌，凭着俺忠孝把名驰。"杨七郎也说："俺端的辅佐皇朝，保安宗庙。俺一家儿行忠孝，端的是建立功劳，则落的万古人称道。"③就连寇准宣读圣旨，也是忠孝并提："杨延景全忠全孝，舍性命苦战沙场。"④

（四）"当今圣明主，不受奸臣误"：一般民众的政治观

元代是外族入主的时代，易代的战争使小民百姓身历了战争的残酷，更让他们缅怀盛世的安定。整个元代社会经济衰退，赋役沉重，民生凋敝，在阶级压迫之外，汉族民众还必须忍气吞声地直面民族压迫。因而对一般人而言，元代是他们欲做良民而不得的时代。惟其如此，元代社会的普通民众对治世的向往反而更见热烈急切，这在关于杨家将的元杂剧中颇有表现。且听杨六郎的唱词："想当初摄梯航万国朝，抚偏邦四海清，托赖着圣明君治太平。"而其部将焦赞道："呀，皆因是当今天子重贤良，今日个削除残害定家邦。黎民道泰尽荣昌，一齐的受享，则愿的千邦万国永伏降。"⑤ 不仅杨家将，其他朝臣也有类似的表达，太尉党彦进唱："一来是吾皇仁圣，则俺这文武忠直，都则为纳表称臣能逊礼，称尊道寡善垂衣。见如今四海民欢会，则愿的八方无事，更和那万国来仪。"⑥ 而无名殿头官的上场诗，也许更能道出一般民众的政治诉求："圣人在上，八方宁静，四海晏然，黎民乐业，五谷丰登，天下太平。"⑦ 归结起来，一般民众的理想治世，其前提必须是人主圣明、臣僚忠直，其局面则是四海太平、万邦来朝，带给老百姓的是五谷丰登、安居乐业。

但是，现实却是故国已亡，南宋遗民们痛定思痛，皇帝不能骂，就追恨奸臣。于是，怒斥奸佞就成为元代杨家将杂剧的主题之一。这一方面固然是剧情忠奸对立的需要，另一方面更是一般民众通过历史剧对政治观的一种表述。这样，先是潘仁美，后有王钦若，就铁定被铸成了陷害杨家将一门忠良的奸臣。潘仁美上场诗云："狡狼奸雄腹

---

① 《开诏救忠》头折。
② 《昊天塔》第二折。
③ 《开诏救忠》头折、第二折。
④ 《昊天塔》第四折。
⑤ 《破天阵》头折；《活拿萧天佑》第四折。
⑥ 《活拿萧天佑》头折。
⑦ 《开诏救忠》头折。

内藏，一心则待损忠良，蒙恩受爵居官位，倚势奸馋显志刚。"① 在杂剧里痛骂奸佞，成为元代民众在政治上发泄不满的集中表现。杨令公指斥潘仁美："见如今边关上，都是这奸臣贼子，不能定乱除危。"杨七郎更是怒骂："则这个不识字的元戎心性恶，他则待灭绝俺父子根苗。"② 倘若说杨家将因为位居潘仁美之下，还不敢当面直斥，寇准的叱骂就全无顾忌："堪恨那害忠良狠毒的潘仁美，送了许多保皇家英勇的征夫。……则那他罪同山岳，性狠如狼，心毒如虎。"③ 太尉党彦进也曾痛快淋漓大骂王钦若："你是个欺心坏法陋面贼"，"谁不知诌佞人是你一个王枢密"，"你从来不真实，负心贼，你这般昧地瞒天，诌佞奸僻。"④

普通民众如此大快人心地骂奸贼，揆之常理，自然应该认识到奸臣不过是昏君的孪生毒瘤，但因忠敬观念的浸染，在杨家将杂剧里就呈现出这样的政治思维：皇帝是明君，只因奸佞欺蒙而不知内情。寇准斥潘仁美是"谋害忠良，欺着圣主"⑤。佘太君面对王钦若的迫害，依然坚信："这都是王枢密、王枢密的计策，故意教谢金吾、谢金吾来拆坏，强把着宋真宗、宋真宗来顶戴。"⑥ 皇国姑虽然怒揭王钦若的老底："萧太后使你为奸细，几年间将帝主明欺"，⑦ 皇帝总是受蒙蔽的。总之，在奸佞当道、皇帝不知的局面下，普通民众的政治期望就是佘太君的两句唱词："谢得当今圣明主，不受奸臣误"，⑧ 盼望明主"剿除了奸臣贼子，宋江山万载兴隆"⑨。

对奸佞之臣及其帮凶的倒行逆施，普通民众通过剧中佘太君之嘴诅咒道："难道你有官防无世界！"⑩但倘若人君不察，忠良依然求告无门，政治照旧污浊不堪。于是，在一般民众的政治设计中，就期待能影响人主、扭转乾坤的有力人物出现，来充当民众愿望与明君政治的纽带，杨家将杂剧中的八大王就是这样的人物，关键时刻有了他，杨家将就能逢凶化吉。这位八大王凭借着特殊身份，其角色定位则是"手提敕赐黄金简，专打奸臣佞子头"⑪，只有他，才敢暗示杨六郎诛杀奸佞，再钻空子开诏救忠，六郎谢道："我这里急忙，拜扬，大王，多谢了仁慈皇上。"八大王则归恩圣上："万万载皇基永固，一齐的拜谢吾皇。"⑫ 杨家将杂剧里还有一个皇国姑，也是类似人物，敢于直接与奸佞王钦若叫板："遮莫你有势力，有职位，到底是我天朝部下泼奴婢，我可也不怕

---

① 《开诏救忠》头折。
② 《开诏救忠》头折、楔子。
③ 《开诏救忠》头折。
④ 《活拿萧天佑》头折。
⑤ 《开诏救忠》第三折。
⑥ 《谢金吾》第一折。
⑦ 《谢金吾》第三折。
⑧ 《谢金吾》第四折。
⑨ 《开诏救忠》第四折。
⑩ 《谢金吾》第一折。
⑪ 《开诏救忠》第三折。
⑫ 《开诏救忠》第四折。

你，不惧你，我须是天潢支派没猜疑。来来来，我敢和你做头抵。"① 一般民众从根本上是期盼明君政治的，但深知不常可得而退求其次，希冀有这类大人物作为奸佞当道下的救星与福音。虽然在君主政体下，这种人物也不常出，但对一般民众而言，这样的认识却是他们政治观中的应有之义。

南宋罗烨在论及当时话本时指出："说国贼怀奸从佞，遣愚夫等辈生嗔；说忠臣负屈衔冤，铁心肠也须下泪。……说人头厮挺，令羽士快心；言两阵对圆，使雄夫壮志。"② 这一论断，无疑也适用于元代的杨家将杂剧。杨家将杂剧传达了元代普通民众的喜怒哀乐，蕴含着他们的价值观念，诚如余嘉锡所谓"实一时人心之所同"。元代杨家将杂剧所折射出的当时普通人的心态思想，自然还要广泛丰富。③ 但以上四题，关系到一般民众的民族观、伦理观与政治观，亦可谓荦荦大者。余嘉锡指出："杨家将事虽杂剧小说，先民之志节，立国之精神存焉。"这正是我们首先关注这些问题的原因所在。其中关乎民族观与政治观的话题，在外族入主的专制君权下，一般说来，应该属于敏感性话题。所幸元代尚无类似清代的文字狱，故而一般民众仍敢托言优孟，发露心迹。后人虽可以讥刺元代的蒙古统治者因文化程度所限，尚未将其视为问题；我们却不妨因此而肯定蒙元帝国在文化政策上的开放性与宽容度，那是满清王朝文化专制政策无法相提并论的。

---

① 《谢金吾》第三折。

② 罗烨：《醉翁谈录》甲集卷一《小说开辟》。

③ 例如，对于科举制的肯定态度，对于强调物证人证的证据法意识，对于尊卑贫富流动不居的认识，等等。

杨家将戏剧在四川的流传

四川大学 刘复生

在川剧的形成过程中，受到过许多外来戏曲的影响，其中影响最大的，莫过于与四川毗邻的陕西戏剧，主要就是秦腔。不仅包括戏曲唱腔形式，也包括杨家将在内的戏剧内容，都深受陕西戏剧的影响，清代川剧中的杨家将戏几乎都是由陕西戏剧流传进入的。川剧中的杨家将戏成为社会生活中扬善去恶、弘扬正义的有力武器。20 世纪 50 年代，对包括杨家将戏在内的川剧中做了整理改编工作，《穆桂英》、《五台会兄》等剧目成为川剧中的经典之作。

一、秦剧对四川戏剧的影响

四川有悠久的"戏剧"传统。唐代"蜀戏"已闻冠天下，宋代更有"戏出一棚川杂剧"之语。经过元代百年沉寂之后，明代迎来了延续至今的"川戏"的诞生。但遗憾的是，唐至明代四川"戏剧"的完整剧本未能流传下来，也未能窥见有关杨家将戏剧的踪影。清代，杨家将戏剧在四川开始上演。那么，杨家将戏剧是何时流入四川，又是如何流入四川的呢？这基本上是一个问题的两个方面。这得从川剧的形成说起。

川剧唱腔以高腔为特征，清人吴好山《成都竹枝词》中说"川人终是爱高腔"。历来的戏曲史家都认为，川剧高腔是江西弋阳腔的变种，这意味着川剧主要是从江西传入的。这始于李调元《雨村剧话》中"弋腔始于弋阳，即今高腔"之说，学界对此已有辨析，认为川剧高腔与弋阳腔不是一码事，弋阳腔传入四川是在川剧已有高腔戏班之后。[1] 这一"新说"虽尚未得到普遍认可，但它为川剧起源提出了一个新问题，值得深入思考，这对川剧史的研究具有重要意义。吴氏《成都竹枝词》中说："高腔从古重川班"，川剧高腔应是四川地方民俗文化的产物。

我们说川剧是四川地方戏曲艺术的产物，但并不否认在它形成过程中，受到过其他戏曲艺术的重要影响。其中影响最大的，当属陕西的地方戏剧。这种影响与清初入川的移民浪潮相关，从整体上来说，入川移民以"湖广"为主，但不同地方又有所不同。清乾隆《绵州志》卷五载："蜀地近西秦，土著而外，四方流寓者大约吴、粤居一二，楚居三，秦居五，故染秦俗尤多。"川陕相邻，秦民可以很容易事实上也不断有陕西移民进入四川北部，一些地方杂染"秦俗"就不足为奇了。民间出于各种原因的自然交

---

① 邓运佳：《川剧高腔不源于弋阳考》，《戏曲艺术》1991 年第 3、4 期。

流是包括陕西戏剧在内的秦俗流入四川的重要原因。康熙《绵竹县志》卷三十六载陆箕永《绵竹竹枝词》："山村社戏赛神幢，铁板檀槽柘作梆。一派秦声浑不断，有时低去说吹腔。"陆氏在康熙五十一年曾任绵竹县令。一派秦声，充分说明"秦俗"已经深入到了四川绵竹地区。"秦声"，极有可能就是指秦腔。其实不仅是绵州（治今四川绵阳）或绵竹（县名同今，属绵阳市），以嘉陵江流域南充为中心的川北地区，包括与秦地相近的西充、三台、遂宁、渠县、达县、蓬溪、阆中等地，陕西移民最多，常有秦腔戏班到这里演出。

清代的四川，商业繁盛，各地商人纷纷到此淘金，为了聚集乡情，在四川各地建立了许多会馆。陕西商人入川所建，叫陕西会馆或西秦会馆、三秦会馆。陕西移民最多的川北，不少城市都有这类会馆的设立，而会馆活动最吸引众人的就是各类戏班的演出。嘉庆年间，定晋岩樵叟所撰《成都竹枝词》中说："会馆虽多数陕西，秦腔梆子响高低。观场人多坐板凳，炮响酹神散一齐。"① 陕西会馆数量最多，说明有大量陕西商人入川，进而充分说明，秦腔传入四川，川陕贸易往来发挥了重要作用。② 据现有资料，清代四川的陕西会馆分布甚广，以成都最多。康熙二年（1663），陕西人在陕西街修建的陕西会馆，被认为是成都历史上最早的会馆。清初四川临时省会的川北阆中、秦蜀要津绵阳、川南盐都自贡、川东重镇重庆等地，甚至在甘孜州金川县也建有较大的陕西会馆。嘉庆年间，杨燮（六对山人）《成都竹枝词》说："戏班最怕陕西馆，纸爆三声要出台。算学京都戏园子，迎台吹罢两通来。"陕西会馆中上演各类戏班戏，大概规章严格，或许也是高手云集，一般不敢擅自在此演出。

江西巡抚郝硕曾于乾隆四十六年（1781）说，据他的缜密搜访，昆腔、石牌腔、秦腔、弋阳腔、楚腔等，在江、广、闽、浙、四川、云贵等地"皆所盛行"，此则论者所谓"清代川剧诸腔杂陈"③。清代四川戏剧理论家李调元《雨村剧话》中说："钱氏《缀白裘》外集有秦腔，始于陕西。……蜀谓之乱弹。"④ 是否叫"乱弹"这里姑且不论，但这说明，秦腔在钱氏编辑该书的乾隆年间（1736～1795）就已经传入四川了。同时代严长明撰《秦云撷英小谱》记，乾隆时著名的秦腔表演艺术家赵三寿是四川绵州人，另一名秦腔名角魏长生是四川金堂人。雍正七年（1730）四川总督黄廷桂在一份奏折中说："驻藏銮仪使周瑛，抵藏之后，竟于川省兵丁中，择其能唱乱弹者，攒凑

---

① 定晋岩樵叟：《成都竹枝词》，嘉庆乙丑（1805）刊印。本文所引《竹枝词》，除注明者外均见林孔翼辑《成都竹枝词》（增订本），四川人民出版社，1986 年。

② 宋俊华：《山陕会馆与秦腔传播》，《文艺研究》2006 年第 2 期。该文通过考察山陕商帮的商路走向以及山陕会馆的分布情况，揭示山陕商帮的商路与秦腔传播的戏路之间的关系，并以秦腔传播为切入点，分析商业对中国戏曲传播的影响。

③ 邓运佳：《中国川剧通史》第十一章第一节《清代川剧诸腔杂陈》，四川大学出版社，1993 年。

④ 《缀白裘》（新集）是清代刊印的戏曲剧本选集，由钱德苍根据玩花主人的旧编本增删改订，自乾隆二十八年至三十九年（1763～1774）陆续编成，并由他在苏州开设的宝仁堂刊行。

成班，各命分认角色，以藏布制成戏衣，不时装扮歌唱，以供笑乐。"① 此之"乱弹"即指秦腔而言。乾隆三十六年清廷用兵金川，有秦腔艺人张银花随军演出，清代什邡有秦腔戏班"庆华班"与"金贵班"，黄炎培先生在1936年的《蜀道·蜀游百绝句》中说："蜀曲亢音与秦近。"均可见清代秦腔在四川的广泛传播和影响。也就是说，一般认为源于江西弋阳腔的川剧高腔可能受秦腔的影响更大，如前论者所说，川剧本不源于弋阳腔。

在明代，地方戏班在四川各地出现。至清雍正（1723～1735）、乾隆（1736～1795）年间，随着"花部"②的勃兴，外地的昆腔、高腔、梆子腔、皮黄腔相继传入，与四川戏曲结合，逐渐演变成"川昆"、"高腔"、"胡琴"（即皮黄）、"弹戏"（即梆子腔），以及本省民间的"灯戏"，构成川剧的昆、高、胡、弹、灯五种声腔。除前面所言高腔之外，秦腔对川剧的重要影响还可以从"弹戏"和"胡琴"两种表演形式中看出。

弹戏，即乱弹，又称"盖板子"、"川梆子"，因用盖板胡琴为主奏乐器和以梆子击节而得名，属梆子系统，源自陕西的秦腔。清乾隆年间严长明《秦云撷英小谱》记载，当时在陕西西安汇集了许多梆子腔戏班。秦腔流入四川，与川北灯戏、高腔长期共处，互相融汇，又采用四川语言，便逐渐形成了这一独具风格的四川梆子。

胡琴戏，皮黄腔，其主要伴奏乐器是"小胡琴"。一般认为，川剧的胡琴源于徽调和汉调，也吸收了陕西"汉中二黄"的成分。但清乾隆五十年（1786），由安乐山樵（吴长元）所著《燕兰小谱》卷五记载："蜀伶新出琴腔，即甘肃调，名西秦腔。其器不用笙笛，以胡琴为主，月琴应之，工尺咿唔如话"，正是对四川胡琴腔的很好描述。道光八年（1828）华胥大夫（张际亮）着《金台残泪记》卷三中也说，这个西秦腔是"乾隆末始蜀伶，后徽伶尽习之"，因此，很可能川剧中的胡琴戏更多地受到了西秦腔的影响，而非由徽调、汉调传入。

很清楚，清代的秦腔和陕西戏剧对四川戏剧有着重要影响。据统计，清代以来传统地方戏曲中的杨家将剧目，以秦腔最为丰富，达30种，其他陕西省地方戏曲也有26种，③陕西杨家将戏剧给四川带来的影响是巨大的。虽然秦腔在四川演出的剧目没有流传下来，但其中必然包括秦腔中众多的杨家将剧目。在前述"一派秦声"的清代绵竹著名的"年画"中，杨家将戏剧形象即已跃然其上，这在自贡的西秦会馆中也得到进一步的证实。自贡西秦会馆俗称陕西庙，是清初陕籍商人来自流井（今属自贡）经营盐业，为联络乡情而建。乾隆元年（1736）开始动工，乾隆十七年（1752）竣工。道光七至八年（1827～1828），进行过维修扩建。这是一种民间重要的公共建筑形式，其

---

① 黄延桂：《奏报驻藏銮仪使周瑛官箴折》，《宫中档雍正朝奏折》第12辑，台北故宫博物院，1978年，833页。

② "花部"是指昆山腔以外的各种地方戏曲，取其花杂之义，故也称"乱弹"。深为下层观众欢迎，主要流行于乡村小镇。多上演下层民众喜闻乐见的剧目，如三国、水浒、杨家将等历史故事。

③ 周华斌：《杨家将演义（校注本）》附录《杨家将戏曲剧目小辑》，北京出版社，1981年。

入口因观演需要的戏楼前区空间而相当开阔，戏剧表演是当时庙会和集会的一个最受群众喜闻乐见的形式。遍布全馆的多达数百件石木雕石刻，最富艺术特色。石木雕刻内容十分丰富，其中有许多戏剧场面和戏剧形象，塑造了包括杨家将在内的大量山西、陕西人的家乡人物，其中就包括戏剧《杨门女将》、《杨宗保挂帅》中的杨家将的形象。受其影响，建于清光绪年间的重庆酉阳龚滩镇的西秦会馆的戏楼和包括杨家将戏剧形象在内的雕梁画栋与自贡西秦会馆非常类似。

二、清代以降四川戏剧中的杨家将戏

李调元（1734~1802）《雨村剧话》卷下记有"杨六郎"剧，内容大抵与焦循（1763~1820）《花部农谭》记载的花部《两狼山》剧相似，叙述北宋与契丹的战争中，老将军杨业受督师潘仁美陷害，战死于两狼山。其子六郎延昭向朝廷诉状，潘仁美被监送京城，由寇准审明，将潘罢职充军。可惜的是，李调元所述乾隆、嘉庆时期的剧本已不可见。

虽然杨家将戏剧在清代流行于四川是可以肯定的，但到底四川流行有哪些杨家将戏目却没有具体的材料可以说明。清宣统元年（1910）四川成都人傅崇矩（1875~1917）编撰的《成都通览》有《成都之戏》① 一节，仅列戏名，剧情失载。今考，傅氏所记，至少有下列 12 出剧目为杨家将戏：

《洪羊洞》：六郎杨延昭命孟良往辽邦洪羊洞盗取杨令公骸骨，焦赞知而尾随入洞，孟良误为敌将，于黑暗中将焦赞用斧劈死。孟良认出尸体后哀悔不已，命随从头顶骸骨回家后自刎身亡。六郎闻知，呕血病重身亡。

《天门阵》：辽兵犯境，吕洞宾携柳树精助辽将白天佐摆设天门一百零八阵。汉钟离助宋，命分请五郎延德及妻马氏，五郎需降龙木作斧柄，孟良、焦赞至穆柯寨盗取宝木。宗保为穆桂英所擒，为桂英所爱而成婚。后杨宗保挂帅，分授诸人破阵之计，大破天门阵。

《降龙木》：内容与《天门阵》略同，突出盗取降龙宝木，双方由此展开的激烈争战。

《审潘》：杨令公碰死后，杨六郎逃出两狼山，辗转回京，在八贤王赵德芳的支持下，状告勾结辽邦的潘洪。县令寇准许受命主审，设巧计夜审潘洪，得到潘洪的口供，终被处死。

《昊天塔》：元杂剧作品《昊天塔孟良盗骨》是最早在戏曲中出现的一部杨家将故事。写杨令公撞死李陵碑后，骨殖被辽人挂在昊天塔，幽魂受辱，托梦六郎搭救。六郎与部将孟良前去盗遗骨，辽将韩延寿派兵追来。六郎逃至五台山，与失散多年的兄长杨五郎相会。五郎计杀韩延寿，祭奠亡父。

《盗令出关》：杨四郎延辉被擒后，改姓名，与铁镜公主成婚。辽邦萧天佐摆天门

---

① 傅崇矩：《成都通览》，成都时代出版社，2006 年，133~134 页。

阵，佘太君亲征。杨四郎思母，被公主看破后以实告之。公主计盗令箭，助其出关，私回宋营，母子兄弟相会。四郎复回辽邦，被萧后得知，公主代为求情免死。

《辕门斩子》：杨六郎败于穆桂英，愤怒而归。穆桂英在战场上擒杨宗保后结为夫妇。宗保回营，决按军法当斩。孟良、焦赞、佘太君、八贤王请求赦免，杨延昭执意不从。穆桂英率穆瓜及部兵，来献降龙木，入帐求情，并力任攻破天门阵，杨始准其情，赦免宗保。

《拨火棍》：孟良偕杨排风辞别佘太君，飞马偕至三关。焦赞亦轻视之，孟唆使杨与焦比棍，排风又棍打焦赞。杨延昭点将，令杨排风出阵，大败韩昌，救回宗保。

《佘塘关》：佘塘镇守佘塘关，其女佘赛花先后许给杨继业、孙安，惹发战事，佘彪助战孙家父子。佘赛花迎战杨继业，继业逃往七星庙中。二人互慕，终化嫌隙而成婚。

《金枪会》：辽邦主请宋太宗赴金枪会，太宗长子在杨家二子护送下践约。会中，辽主要宋让出天下，战事遽起金沙滩。大郎、二郎殉国，三郎被马踏，四郎、八郎被擒，五郎、六郎、七郎保父杀出重围。此战后，五郎赴五台山削发出家。

《回营探母》：宋、辽金沙滩一战后，辽邦青莲公主招赘八郎为驸马。18 年后，佘太君率兵征辽。八郎回营探母，青莲公主以宝物三件嘱转赠佘太君、查氏夫人、八姐、九妹。八郎与结发妻查氏在小营内互诉久别重逢之情。戏名中另有《回营》一目，可能为此剧的异名。

《北天门》，内容与《回营探母》小异。金沙滩大战之后，四郎杨延辉失落番邦，被招为驸马。15 年后，佘太君与六郎杨延景前来征番，延辉欲过营探母，公主知真情后，计盗令箭，使之过关。延辉回营，被宗保擒，延景审问，兄弟相认，并拜见太君与妻孟夫人。回关时又为韩昌所擒，肖银宗怒欲斩之，公主乞情得免。

以上十二部清代杨家将戏，也基本上是秦腔传统戏目。可以说，清代川剧中的杨家将戏基本上是从陕西传入的。剧目和内容都不尽一致，如《回营探母》改作《八郎回营》，《北天门》改作《四郎探母》，《佘塘关》改作《七星庙》等，不一一详述，以此可以窥见川剧艺术家们对传入的杨家将戏不全是"依样画葫芦"，而是做了许多改编工作。

民国初年，随着第一个川剧团体"三庆会"的成立，川剧艺人群英荟萃，川剧事业兴盛一时。各类戏班活动频频、戏目大增，其中杨家将戏目数量相当可观，各戏班一般都有杨家将戏上演，内容大大超出了以上 12 出杨家将戏，来源也显示出了多样性。如 20 世纪 30 年代成都春熙大舞台易主时，开幕首日的打炮戏压轴剧目为杨家将戏《牧虎关》，本为京剧，然剧中人高旺乃由川剧名老生天籁客串。① 除以上剧目外，经常上

---

① 何韫若：《锦城旧事竹枝词》，四川省巴蜀文化研究会印行，2000 年，136 页。《牧虎关》剧情写杨氏父子被害后，部将高旺愤权臣骄横，弃妻子出关逃隐。后佘太君受命出征，使杨八妹乔扮男装，取高旺回。行至牧虎关，守关者即高旺之妻子，高旺不知。城下激战数合，后与白发老妻相认，始得入关。

演的还有《战洪州》、①《五台会兄》、②《李陵碑》、③《拦马》④ 等。抗战时期，全国戏曲演出中心转移到了四川，各种剧种涌入四川，促进了川剧艺术的发展。为抗战宣传服务，1941 年 2 月重庆市"川剧演员协会"成立，积极编演抗日救亡新川戏。同时，川剧艺人也从传统剧目中改编演出一大批揭露投降卖国，歌颂民族气节，激发人民爱国精神的剧目。杨家将戏成为弘扬正义、激发民族情感的有力武器。

三、20 世纪 50 年代对川剧杨家将戏的清理和改编

20 世纪 50 年代，全国都展开了对旧戏的整理工作。中国旧剧形式一般比较适宜于表现历史的故事，杨家将戏剧是各剧种中的重头戏。以京剧为例，1951 年统计，京剧的全部旧剧目中，有北宋杨家将戏 18 种，⑤ 其实各地的杨家将戏远不止此数，⑥ 此不详述。

川剧是一个大戏种，对其传统剧目的发掘、整理、鉴定和改编工作也大规模地开展起来，这项工作受到周恩来、邓小平、陈毅、贺龙等中央领导的重视。1952 年包括《五台会兄》等整理后的川剧参加了全国戏曲会演，此后成立了西南川剧院，作为川剧的研究和实验机构。1955 年，成立了川剧剧目鉴定委员会，有计划地大规模地开展了剧目发掘、鉴定、整理工作。除以上所列外，清理的杨家将传统大幕剧还有以下六出⑦：①《九龙山》，又名《收杨再兴》：杨家将后裔杨再兴聚兵九龙山，岳飞奉命征讨，最终收降杨再兴于帐下，同抗金兵。②《九龙屿》，又名《大战余化龙》：辽兵犯境，攻占九龙屿，杨延昭奉诏御敌。柯腊寨主张洪被辽兵射死，辽嫁祸于延昭，张洪女从娘领兵攻宋，后误会消除，归顺宋朝，杀死辽将余化龙，收复九龙屿。③《老辕门》：辽兵犯境，佘赛花挂帅，杨继业为先锋，驻扎黑桃园。继业自恃武勇，擅自出战失败，后戴罪立功，挽回败局。又名《黑桃园》。④《杨八姐挂帅》：杨家父子为国捐

---

① 《战洪州》剧情：穆桂英挂帅出征，因先行官杨宗保在出征时误卯，桂英欲正军法，经众将与延昭求情得赦免，改责四十军棍。亦即《点将责夫》。

② 剧情详后。

③ 《李陵碑》剧情：杨业受困两狼山，遣子七郎回雁门关求救被害，杨业孤立无援，经苏武庙，见李陵碑，碑上注云：庙是苏武庙，碑是李陵碑，令公若到此，卸甲又丢盔。遂愤极疲极触碑而死。该剧传入四川可能较晚，三十年代初，川剧知名生角黄桂禄从陕西来川的"汉二黄"剧团学习生角戏《李陵碑》，参见谭韶华著《川剧群星》，巴蜀书社，1988 年，361 页。

④ 《拦马》剧情：杨家军金沙滩一战失败，宋将焦光普，流落辽邦，隐姓埋名，以开酒店为生。杨八姐乔装入辽地打探军情，酒店遇焦。光普欲取杨身上所携出关凭证腰牌，以便返宋。二人误会打斗，后明辨身份，共同杀却辽将，同离险境。

⑤ 田汉：《为爱国主义的人民新戏曲而奋斗》，《人民日报》1951 年 1 月 21 日。

⑥ 周华斌：《杨家将戏曲剧目小辑》统计京剧中清代以来的地方戏曲中杨家将戏有二十五种，《杨家将演义（校注本）》附录，北京出版社，1981 年。陶君起编《京剧剧目初探》的统计为四十多部，中国戏剧出版社，1957 年。

⑦ 在 1949 年之前，传统戏多以手抄本、木刻本或口述流传下来，一个剧目往往有多个传本。以下据四川省川剧艺术研究院等编《川剧剧目辞典》的材料，四川辞书出版社，1999 年，新编或今人改编的大幕杨家将剧不在此列。

躯后，辽兵再犯境，杨八姐挂帅出征，假扮道童潜入辽界，与流落辽境的杨延辉合计，计取镇国三宝，得胜回朝。⑤《战洪州》：辽兵犯境，杨延昭被困洪州，宗保突围回朝搬兵。朝廷向佘老太君求救，宗保妻穆桂英有孕，仍最终挂帅出征洪州。宗保擅自出战，受杖笞，桂英晓之以理。最终桂英斩辽帅，解洪州之围。内容即人们熟知的《穆桂英》或《穆桂英挂帅》。⑥《倒铁旗》：红毛国向宋廷进贡一铜弓铁牌，称宋朝有人能开此铜弓者则年年进贡，无人开弓则进贡事就应颠倒。杨洪遣子杨龙、杨虎应召。杨龙被红毛国刺死，杨虎为兄报仇，取得令箭，砍倒铁旗，杨八姐杀死红毛国王。各得封赏，天下太平。

一些传统大幕剧与清代杨家将戏非常接近，或名异实同，说明川剧中的杨家将戏是在不断的"改编"中发展的。如《穆柯寨》，内容与前列《天门阵》近；又有《包公夜审潘洪》或《调寇审潘》，内容与前列《审潘》近；又有《女探母》、《四郎探母》等，与前列《回营探母》、《北天门》内容相近。大幕剧常被析为多个折子戏上演，如《战洪州》，其中有《讲花园》、《点将责夫》两出常演折戏；《穆桂英》中，有《桂英打雁》、《新辕门》等常演折戏，都是深受群众喜爱、流传甚广的优秀剧目。

对传统川剧的整理改编，原则是"取其精华，弃其糟粕"，主要是从"思想性"出发的。正如重庆市戏曲工作委员会主任委员张德成在《川剧选集·序言》中说："我们把本市十年来整理、创作、改编的优秀剧目，编选成《川剧选集》，陆续出版。这些剧目，具有较高的思想性和艺术性，并经过舞台实践的考验，受到广大观众的欢迎。"①以改编的大幕戏《穆桂英》②为例，弹戏，共七场。取消了旧本中破"罗汉阵"、"八门阵"等神秘之法，取消了翁媳会面的暧昧之词，取消了带孩子出战和用生孩子的污血淤了白天佐而打胜仗一类的构思和安排等。整理本情节可谓环环紧扣，妙趣横生，深受观众喜爱，成为众多穆桂英戏剧中的经典之作。

就折戏来讲，通过整理和精心打造，一些剧目得到了广泛流传，以单折戏《五台会兄》为例。该剧传抄本甚多，五十年代有两个整理本，一是由蜀音等搜集整理本，载《川剧选》第一集③，注明为"蜀音等修改"。原本附剧情简介：宋将杨延昭（六郎），奉母命到北番昊天塔盗取父骨，归还之时，道经五台山。天色已晚，乃到庙中借宿。其兄杨延德（五郎），前在金沙滩兵败失散，因愤恨朝中奸佞当权，在五台山削发为僧。于是弟兄相会，互叙离情。二是载于四川省戏曲研究所编的《四川地方戏曲选》第四辑的《五台会兄》，为川剧名角吴晓雷等整理并亲自出演，饰演杨五郎。此剧是川

　　　①　《四川地方戏曲选》第四辑，四川人民出版社，1960 年 6 月。《川剧选集》，重庆人民出版社，1961 年 6 月。

　　　②　由四川省川剧剧目鉴定委员会和成都市川剧院加工整理，载于四川省戏曲研究所编《四川地方戏曲选》第三集，905～985 页，四川人民出版社，1960 年。

　　　③　宝文堂书店出版，1954 年印行，小 32 开，1～9 页。宝文堂书店开办于清同治元年（1862），是一著名的老书店，数十年来以出版通俗唱本著称，清末书店开办打磨厂胡同内，现在位于北京东四八条内的中国戏剧家协会大楼内办公。蜀音等搜集整理《川剧选》仅出此一集。

剧胡琴戏之一，唱演并重，唱腔融进京剧、汉剧之长，嗓音刚劲有力，韵味悠长，声情并茂。其吴派唱腔，风行全川。表演则以"醉身法"和"程序十塑像"著称，五郎做出的各种罗汉造型，美不胜收，被认为是川剧中之极品。在一九五二年举行第一届全国戏曲会演中，吴晓雷主演的川剧《五台会兄》轰动一时，获一等奖。其中杨五郎有大段唱功："眼望见金乌往西坠，雀鸟归林玉兔催。我祖籍赤州火塘内，父子八人把宋归。"在演唱时采用了先唱散板，然后自然上板的唱法，为京剧名宿所钟爱①。

《五台会兄》是清代川剧《昊天塔》的变种，蜀音整理本与吴晓雷演出本稍有差异。除少量唱词不同外，吴本尾腔至杨六郎延昭唱"到兄的房内慢叙家常"结束，蜀音本则后面还有二十四段对唱，是相认，互叙衷肠，六郎将父尸骨展示其兄的一段内容。吴晓雷主演的《五台会兄》被拍摄成舞台艺术纪录片，极大地扩大了吴本《五台会兄》的影响力，促进了其流行由于改编的"示范"作用，上演的川剧杨家将戏目数量有所减少，而若干范本剧目的演出则长盛不衰。

四、结　语

杨家将故事在四川的广泛流传，不仅川剧，连川北深受群众喜爱的皮影戏中，《杨家将》故事也是最常见的戏目之一。故事深入民间，在社会生活中常以各种形式表现出来，主要就是得益于杨家将戏剧的传播。20 世纪 30 年代，内江开面馆的李三兴被川军败兵洗劫，欠高利贷 23 元，被迫将妻子抵债。四川谐联大师刘师亮有感作联："十八载夫归家，哪管它颠沛流离，高唱回营杨八顺；廿三元妻逼嫁，受这种经济压迫，谁怜失所李三兴。"联中"杨八顺"指川戏《八郎回营》中的八郎延顺，虽流落番邦 18 年，最终还能夫妻团聚，一时广泛流传。民国时期四川秘密会社组织袍哥会内部有五个等级，分别称为头排、三排、五排、六排、十排。排行中无二、四、七、八、九，各有所忌，行八、九忌杨家将八姐九妹之称，表示"不敢僭越"的敬重之意，均可见杨家将故事在四川民间有着极大的影响。

同全国许多剧种一样，20 世纪 50 年代的杨家将戏也经历了一场戏剧"大跃进"，新编川剧兴盛一时，杨家将戏沉寂下来。"文革"后，传统杨家将戏目再次上演，《五台会兄》、《拨火棍》、《三岔口》、②《杨八姐智取金刀》③ 等是时常出演的剧目。如今成都新型的著名顺兴茶楼中，杨家将川剧仍然不时上演。在四川甘孜州康定城（炉城），川剧活动与时兴衰，70 年代后期川剧复苏，自发成立有业余川剧团。述说铁镜公

---

① 京剧泰斗裴盛戎看过该剧后大受感动，觉得这个唱法挺别致，将来可以用在京剧里，参见刘琦著：《裴盛戎传》第十四章《谈艺》，河北教育出版社，1996 年。

② 《三岔口》剧情：杨延昭部将焦赞，因打死王钦若女婿谢金吾，被发配沙门岛。途中，杨延昭遣部将任堂惠暗中保护。行至三岔口一小店，店主刘利华欲救焦赞，误以为任堂惠欲加害焦赞，发生激斗，后双方认出，前嫌尽释。

③ 《杨八姐智取金刀》剧情是：杨老令公头碰李陵原告殉国，金刀流落异邦。杨八姐乔装易性，潜往北国，以自己的机敏与智勇，取回杨老令公的金刀。

主带着小阿哥来宋营探母的杨家将故事《女探母》，铁镜公主在琴声中一段西皮导板："营门战鼓响咚咚，杨家将令果然威风"，现今人们仍能在康定城中听到这段唱腔，或许就是清代川剧传入当地传统的延续吧！

除四川及重庆外，川剧还流行于云南、贵州等地。云南有众多的川剧团，其所上演的杨家将戏甚至影响及于其他民族，如傣剧中有《杨家将》、《穆桂英挂帅》等，就是根据川剧改编的。在贵州，以贵阳"花溪川戏"最为有名，在同属花溪区的青岩古镇和花溪镇都盛行一时。早在清代末期，青岩镇就有川戏队成立，至20世纪六、七十年代，已经有了第四代传人。"文革"期间活动中断，花溪的川戏活动沉寂了下来，但川剧活动在当地并未消失。在贵阳之南28公里的青岩古镇至今仍保留着热爱川剧的传统，川剧爱好者在1982年自发成立了川剧业余组，"藏于小巷内的一间宽敞的堂屋里，一阵开场锣热闹地敲响，63岁的车培新老人唱起了川剧《杨家将》选段——《五台会兄》：'五台山并非是阳关大道，岂容他过往人借宿一宵。不放心到客堂看个清楚，叫一声远来客休贪眠宿。'虽是熟悉的腔调，但在这样的环境中听来，却是特别的亲近、悠远"①。在边远古镇上，川剧《五台会兄》等仍然唱响不绝，不仅表现出川剧的魅力，也散射出杨家将故事的魅力。

---

① 赵红薇：《感受青岩传统文化》，《贵阳日报》2006年5月21日。

论杨家将故事戏

中国艺术研究院　刘文峰

杨家将故事戏是中国传统戏曲文化中的瑰宝。千百年来，杨家将故事戏脍炙人口，久演不衰。戏曲舞台上塑造的杨继业、杨六郎、杨宗保、杨文广、余太君、穆桂英等艺术形象，家喻户晓，深入人心，成为英雄典范，学习楷模。杨继业、杨延昭、杨文广都是历史人物，杨业和他的父亲杨信先为北汉的大将，北汉亡，投诚大宋。杨家父子长期驻守在雁门关一线，抗击契丹入侵，为保卫中原政权和人民的安宁，前仆后继，英勇作战，立下不朽的功勋。他们的事迹在《宋史》、《辽史》中有简单的记载。

杨家将的历史记载虽然不多，但其传说故事却非常丰富，至今在晋北、冀北、陕北还留有许多杨家将的遗迹。北宋欧阳修在《供备库副使杨君墓志铭》中说："君（墓主人杨琪）之伯祖继业，太宗时为云州观察使，与契丹战殁，赠太师中书令。继业有子延昭，真宗时为莫州防御使，父子皆名将，其智勇号称无敌。至今天下之士至于里儿野竖，皆能道之。"这就是说，杨业、杨延昭父子的英雄事迹，在他们死后不久就已经以口碑的形式流传开了。口碑传说的作者，无疑是那些与杨业、杨延昭一起作过战从前线回来的将士们。

杨家将活动的前期，我国正处于一个民族分裂、战争不断、自然灾害频繁的时期。在五代十国时期长达半个世纪的混战中，平民百姓不是作为士兵和役夫死于战场，就是作为平民死于乱兵之手。如后梁乾化元年（911）的梁、唐之战中，梁军数万被唐军歼灭，河南至河北千里间横尸遍野。后唐又一次攻梁，南出晋南、豫北，所过之处路断行人，十年之内"田无麦禾，邑无烟火"。又如乾化三年（913），梁军十万纵掠洛阳。周攻汉，郭威令士兵入城大掠十天。战火之外，苛捐杂税、水患旱灾，使百姓田园损毁，人畜死伤，陷于深重的灾难之中。唐末五代之际的诗人杜荀鹤作的《山中寡妇》，就是当时情景的真实写照。诗曰：

> 夫因兵死守蓬蒿，麻衣衫鬓发焦。
> 桑柘废来犹纳税，田园荒尽尚征苗。
> 时挑野菜和根煮，旋吹生柴带叶烧。
> 任是深山更生处，也应无计避征徭。

乱离的年代，人民群众呼唤安定乾坤的英雄豪杰，杨家将应运而生。他们先是辅佐北汉，后在宋朝为臣，抵御契丹所建立的辽国的入侵。宋朝是我国历史上一个比较软弱的王朝，外患不断，最后亡于外敌，所以遗民们更加追思那些血战保国的将领。于是杨家将的故事得以广泛流传，在流传过程中，民间加入了许多神奇的人物和故事。在宋末元初徐大焯所著的《烬余录》中，第一次出现了杨家将的名称。其曰：杨业战殁，"长子延平随殉，次子延浦、三子延训官供奉，四子延环、五子廷贵并宫殿直，六子延昭以从征朔州功，加保州刺史，七子延彬屡有功，并授团练使。……延昭子宗保，官同州观察使，世称杨家将。"并从杨文广的事迹中创造出了一个杨宗保，还杜撰了杨家将父子救援宋太宗的情节。明朝中后期和晚清，也是面临外敌入侵，朝廷积弱的局面，无论是官方还是民间，无论是理想还是现实，都需要杨家将这样的民族英雄。杨家将的故事也得以在这个背景下流传开来，被编成各种形式的文艺作品。其中杨家将故事戏更是丰富多彩，流传深远。

　　在我国各地的传统戏曲中，都有杨家将故事戏，其中尤以梆子戏中的杨家将故事戏为多，从杨继业和佘太君在《七星庙》中婚配到《老征东》中穆桂英挂帅出征，形成了一个完整的系统。除去同一内容不同剧名的戏，共计94种。其中，除部分取材于小说《北宋杨家将演义》和《北宋杨家将传》以及清代宫廷大戏《昭代箫韶》外，大部分取材于民间传说。

一

　　杨家将故事戏反映了宋代尖锐的民族矛盾和频繁的民族战争，其中主要是宋与辽之间的战争。如《金沙滩》中，辽国天庆王设宴金沙滩，欲谋害宋王。杨继业知其有诈，派杨大郎替宋王前往。宴间，大郎以袖箭射死天庆王。大郎、二郎战死，三郎被马踩死，四郎、八郎被番邦掳去，五郎出家。杨继业痛失众子，同六郎保驾还朝；《唐儿府》中，八贤王赵德芳赴北国金钱大会，被困唐儿府。佘太君挂帅，前往救援，破唐儿府，救八贤王还朝；《陈家峪》中，宋太宗命杨继业、潘仁美北征契丹，连克云、应、寰、朔四州。萧太后命耶律色珍反攻，夺取寰州。宋兵战败，杨继业领兵迎敌，于陈家峪被俘。萧太后劝杨继业投降，杨誓死不从；《两狼山》中，契丹入侵，奸臣潘洪企图借机陷害杨家父子，当殿自请为帅，指名杨继业为先行。杨识其奸，呈请宋王命呼延赞为监军。兵至雄州，击败韩昌。至雁门关，潘洪按兵不动，杨家父子孤军迎敌，被困两狼山。杨继业命七郎突围搬兵，被潘乱箭射死；杨继业又命六郎搬兵。救兵不至，人马冻饿陈家峪中，继业无奈，碰死李陵碑前；《困铜台》中，宋太宗偕柴郡主北国观景，被沙里木所困。八贤王赵德芳命杨延景出兵，杨因无父令不肯承命。赵德芳暗许郡主与杨延景，杨乃出兵火烧葫芦峪，战败沙里木，救回太宗及柴郡主；《金枪会》中，萧银宗于九龙峪设下金枪大会，请宋王赴宴，欲报杀夫之仇。宋王命八贤王赵德芳挂帅，寇准、吕蒙正参谋，杨宗保护驾前往，于九龙峪被困。时杨延景镇守高唐州，闻听八贤王赴宴，领兵前往救驾，败番兵，救宋王君臣还朝；《洪羊峪》中，北番入侵洪羊峪，杨延景奉命征剿，被困边庭。奸臣王强诬奏杨延景降番，太宗不察，命王强抄斩杨家满门，幸得吕蒙正献计，命王强伴驾游街，借机打了王强，挨过行刑时刻，救得杨府众人性命。八贤王又奏准太宗，令穆桂英挂帅，前往洪羊峪解围，杨延景得救。宋辽两国的战争，是中华民族历史上，中原汉族政权与北方少数民族契丹所建立的政权之间的争战。有辽国进攻中原而引发的战争，也有宋朝为夺取燕云十六州失地而进行的战争，还有宋、辽两国的统治者为报私仇而引起的战争。战争的双方有胜有负，但辽国常常处于主动进攻的地位，宋朝常常处于防守的地位。战争给宋辽两国的人民带来巨大的生命和财产损失，对中原地区的经济、文化造成巨大的破坏。因此在杨家将故事戏中，被同情者、受肯定者往往是宋朝，被否定者、受批评者往往是辽国。这也可以看出杨家将故事戏的编演者是站在中原朝廷和大汉族的立场上安排戏剧矛盾和冲突的。

在杨家将故事戏中，宋王朝除了与契丹所建立的辽国的矛盾外，还有与辽东、西夏、金川等地方政权之间的民族矛盾和战争。如《杨家将征东》中，辽东金鹏造反，杨延景前去征讨，大将焦赞、孟良相继阵亡。延景上表告急，宋王又命宗保挂帅，孟怀远、焦茂义为先行，前往援助。怀远上阵受伤，为张晓霞救之，二人结为夫妇，击退辽兵。怀远携妇归，宗保扶枢回朝；《十二寡妇征西》中，西番入侵，杨宗保出征，被害金山峪。刘青得令回朝搬兵，杨府女将出马，大败番兵，报仇回朝；《安广庆吃粮》中，宋仁宗接位，金川蛮王龙斗虎打来战表。杨文广带兵征伐，孟怀远、焦茂义出战，连败数阵。杨文广挂榜招军，安广庆吃粮投军，得赵公明相助，收伏龙斗虎。在宋代，这些少数民族建立的政权，与宋朝的矛盾虽然不是主要的矛盾，但对中原政权亦构成了一定的威胁，杨家将经常被调去平息他们的叛乱。

二

杨家将故事戏塑造了以杨继业、杨延昭、杨宗保、杨文广为代表的杨家四代英雄形象。

历史上的杨继业本名叫杨重贵，他是麟州的土豪杨信的儿子。杨信在戏曲中被改名火山王杨滚（一作杨艾）。他占据麟州，自称刺史，先后归附过后汉、后周。为了结交当时任河东节度使的刘崇，派少年的杨重贵到太原。杨信死，以其子杨崇勋（杨业的弟弟）继任刺史，又以麟州归附了北汉刘崇。年少英武的杨重贵很受刘崇的看重，他以杨重贵为养孙，改名为刘继业。刘继业先担任保卫指挥使、建雄军节度使，防御辽国的入侵。他骁勇善战，所向无敌，国人号称无敌。北宋太平兴国四年（979），宋灭北汉，刘继业归顺。宋太宗素知刘继业威名和对防御辽国有丰富经验，命为左领军卫大将军、郑州防御使，并复其姓名为杨业，派他到代州前线防御辽国入侵。辽国大军从雁门关大举进攻，杨业从小路率领数百骑兵绕到辽军背后，与潘美的部队前后夹击辽军，杀死辽国节度使驸马侍中萧咄李，生擒马步军都指挥使李重海，缴获很多兵甲战马。杨业因功升云州观察使。以后辽国望见杨业的旌旗，就不战而走。太平兴国五年（980），辽景宗率十万大军攻雁门。杨业率军突袭辽军，辽军大败而回。七年（982）四月，辽军分路攻宋，杨业统军败辽军于雁门关下，斩辽兵三千人，俘万余人。

雍熙三年（986），宋太宗派出三路大军征讨辽国，其中潘美为西路军主将，杨业为副将。起初各路进展顺利，杨业一路夺取了辽国的寰、朔、云、应四州，但由于曹彬、米信率领的东路军进攻幽州失利。宋太宗命令各路人马班师，后又命潘美等率领大军将收复四州的民众迁移到内地。此时，辽国十余万大军已经反击，当潘美、杨业撤军至朔州南面的狼牙村时，辽兵已攻陷寰州。辽军兵力占有很大的优势，杨业向潘美进言，不宜同辽兵争锋，主张绕道而行，避开正面强大之敌，保证撤退的宋军将士和被迁的四州群众安全回到宋朝境内。这个作战计划遭到监军王侁、军器库使刘文裕等人的反对。而作为主将的潘美，由于嫉妒心理的作怪，他没有支持杨业的意见。杨业力争不果，只能冒险出击，结果兵败陈家谷口，得不到救援。当契丹追兵蜂拥而至时，杨业身边仅存100多名将士，感到再战，也是徒劳，便命他们自谋出路，若能生还也好回去把这次战斗的情况向宋太宗报告。众将士为杨业的真诚所感动，皆死战不愿离去。这时契丹兵越围越多，最后部下将官和士兵全部壮烈殉难，73岁的老将王贵亲手射杀了数十敌，箭打光了，还举着空弓肉搏至死。百余人皆奋战至死，无一人生还，只剩下身负十数处重伤的杨业，仍奋力杀敌，直到坐骑受了重伤不能行动，才被契丹兵所俘，杨业的儿子杨延玉也在这次战役中战死。杨业被俘后，绝不向契丹低头投降，他想到自己对宋朝一片忠心，却遭到奸臣陷害，以致兵败被俘，无限悲愤，决心用绝食而死来表白自己的一片赤胆忠心。这位威震敌胆的沙场老将，在绝食三天后，死于被押解往燕京的途中。在杨家将故事戏中，编演者觉着杨继业被敌俘房，绝食而亡，不足以表现杨家将的英勇壮烈，而改为杨继业兵困两狼山，内无粮草，外无救兵，碰李陵碑而亡。在碰碑前杨继业有两段唱腔，抒发了他此时此刻悲壮的感情：

叹杨家秉忠心大宋扶保，
到如今只落得兵败荒郊。
恨北国萧银宗打来战表，
要抢夺我主爷锦绣龙朝。
贼潘洪在金殿帅印挂了，
我父子倒做了马前的军槽。
金沙滩双龙会一战败了，
只杀得血成河鬼哭神号。
我的大郎儿，替宋王把忠尽了，
二郎儿短剑下命赴阴曹。
杨三郎被马踏尸首不晓，
四、八郎落番营无有下梢。
杨五郎弃红尘修真学道，
七郎儿被潘洪箭射在芭蕉。
只剩下杨延昭随营征讨，
可怜他尽得忠，又尽孝，
血染沙场、马不停蹄，为国辛劳。
可怜我八个子把四子丧了，

> 我把四子丧了，我的儿啊！
>
> 眼见得年迈人无有下梢。
>
> 魍魉臣贼潘洪又生计巧，
>
> 诳我主到五台快乐逍遥。
>
> 又谁知中了那奸贼笼牢，
>
> 四下里众番奴有如海潮。
>
> 多亏了杨延昭一马来到，
>
> 一杆枪保圣驾闯出笼牢。
>
> 有老夫领人马困在番道，
>
> 那时我东西杀砍，左冲右挡，
>
> 虎撞羊群，被困在两狼山，
>
> 内无粮，外无草，盼兵不到，
>
> 眼见得我这老残生，
>
> 就难以还朝！我的儿啊！

杨业死后，宋廷听信谗言，抚恤菲薄，只给他五品官应得的一半物品。后来得知杨业是绝食三日而死，非常壮烈，宋太宗才下诏表示痛惜，称杨业"诚坚金石，气傲风云"。当时许多人听了杨业受陷害以及同部下一起英勇不屈壮烈牺牲的可歌可泣的事迹后，都为之流下热泪。为了褒奖杨业为国捐躯的英雄行为，宋太宗追赠杨业为太尉、大同节度使。他的儿子延朗（后改名延昭）、延浦、延训、延环、延贵、延彬亦因此得到升迁。潘美受降职三级的处分，王诜则被罢官除名。

杨家将第二代的代表人物是杨业的儿子杨延昭。在秦腔等梆子剧种中，称为杨延景或杨延景。他从小喜欢玩行军作战的游戏，杨业看了以后说："此儿类我。"以后出征，必然带杨延昭同行。杨延昭就在这样的环境中成长为一个职业军人。雍熙三年北伐，杨延昭与父兄一起出征，攻击朔州的时候，杨延昭作为前锋，身先士卒，冲锋陷阵，被流矢射穿了手臂，他带伤继续勇猛作战。杨业阵亡以后，杨延昭由供奉官升迁为崇仪副使。后来又担任保州缘边都巡检使，在河北的边防前线任职。北宋咸平二年，辽国南下进犯。杨延昭在遂城，城小又没有做好防守的准备，遭到了辽军的猛烈围攻，城中人心惶惶。杨延昭召集城中壮丁，发放武器，配合宋军，全力固守。当时正值隆冬，杨延昭命人挑水浇在城墙上，一夜之间就冻成了坚冰，城墙光滑难登，辽军只好撤退。杨延昭出奇计保全了遂城，显示了他卓越的军事才能，他因此功被授予莫州刺史。咸平四年，辽国又南下进攻，杨延昭在羊山埋伏精兵，自己率领部队与辽军交锋，将辽军引诱在伏击圈，与伏兵一起夹击，辽军大败，杨延昭因功被加封为莫州团练使。他和当时另外一位边防骁将杨嗣，并称为二杨。咸平六年，杨延昭又被任命为缘边都巡检，后又迁为宁边军部署。景德元年，宋真宗将杨延昭的兵马增加到上万人。以后澶渊定盟，杨延昭因为守边的功劳，屡次升迁，景德二年，杨延昭被授予高阳关副都部署。杨延昭在大中祥符七年，卒于任上，终年57岁。宋真宗听到这个消息，极为悲痛，派使者护灵而归，河朔的百姓，多望枢落泪。

在杨家将故事戏中，杨延昭不仅是位英勇善战、满腹韬略的元帅，而且是一个孝子、严父、义士。他的儿子杨宗保违法军令，与穆桂英成亲，他执法如山，不肯轻饶；他父亲杨继业的遗骨被辽国放在昊天塔中，供士兵演练箭法。他得知后，心如刀绞，痛苦万分，派人盗骨。焦赞、孟良为盗骨不幸遇难，他为失去了爱将而痛不欲生，悲伤过度而亡。

杨延昭作风简朴，号令严明，每战都身先士卒，获得奖赏，与部下一起分享，所以部下乐于为他效命。杨延昭镇守边防20多年，辽国对他非常敬畏，称他为杨六郎。杨延昭为保卫宋朝的边防而披肝沥胆，赢得了百姓的爱戴，发扬了杨家将的威名。

杨宗保史无记载，在杨家将故事戏中他是杨延昭的儿子，他是民间文艺家塑造出来的一个艺术形象。有关杨宗保的戏有《穆柯寨》、《辕门斩子》、《天门阵》、《杨宗保探地穴》、《破洪州》等。在《穆柯寨》中，为取"降龙木"，杨宗保先与穆桂英刀枪相见，后相互爱慕，冲破重重阻力，结为恩爱夫妻，大破天门阵，大战洪州，为保卫边关立下赫赫战功。

根据史书记载杨文广为杨延昭的儿子，是杨家将的第三代。但在杨家将故事戏中，杨文广成为杨宗保的儿子，是杨家将的第四代。据史书记载，杨文广字仲容，"以班行讨贼张海有功，授殿直"，范仲淹宣抚陕西时"与语奇之"，曾把他收为部下，后又随狄青南征，最后官至定州路副都总管，迁步军都虞候。有关杨文广的剧目有《金丝囊》、《杨斌坤征西》、《杨文广征西》、《朝阳图》、《王世宽大闹相国寺》、《安广庆吃粮》、《龙凤台》、《钳子山》、《竹子上》、《草桥关》、《老征东》等。剧中的杨文广除《杨文广征西》中是主角外，在其他剧中都不是主要角色。杨文广的形象远不如杨继业、杨延昭、杨宗保生动。由此可见他在群众中的影响远不如他的祖辈和父辈大。

三

杨家将故事戏表现了杨继业与佘赛花、杨延昭与柴郡主、杨宗保与穆桂英三代人的婚恋故事，塑造了一批巾帼英雄形象。《七星庙》中，佘赛花射猎，遇杨继业，二人相互爱慕，私订终身。后杨继业的父亲杨滚、崔龙的父亲崔子建均以与佘赛花的父亲佘洪有婚约为由，要纳聘娶亲。佘洪无奈，其子佘英献计，叫继业与崔龙比武，胜者入赘。继业、崔龙正在比武间，佘赛花闯入，打败崔龙。赛花兄弟佘英却一旁帮助崔龙，继业不服，将佘英擒去。赛花怒，为弟报仇，继业佯装不敌，逃至七星庙，赛花追去，被继业智擒之。后二人倾心相谈，继业、赛花缔结良缘。《状元媒》中宋太宗偕柴郡主北国观景，被沙里木所困。八贤王赵德芳命杨延景出兵，杨因无父令不肯承命。赵德芳暗许郡主与杨延景，杨乃出兵火烧葫芦峪，战败沙里木，救回太宗及柴郡主。因郡主早许东山傅峦之子，回朝后太宗不允杨延景亲事。赵德芳以四面金铜相逼，太宗方命傅、杨两家比武争亲。幸老将刘荣暗助杨家，才打败傅峦，杨延景与郡主成婚。《穆柯寨》中，辽国摆天门大阵，杨延景奉旨破阵，命焦赞、孟良前往穆柯寨讨取"降龙木"，遇穆桂英，战败而归。杨宗保与穆桂英复战，亦被擒。桂英爱宗保才貌，遂与宗保成亲。延景负气亲率兵征讨穆柯寨，又被穆桂英打于马下。宗保助战，杀死穆天王。桂英与宗保夫妇情笃，舍却父仇，携"降龙木"下山投宋。

杨家将三代人的婚姻爱情都是建立在抗击外来侵略，保家卫国的事业基础之上的。杨家的男儿是杀敌的好汉，杨家的媳妇、杨家的女儿、甚至杨家的烧火丫头也都是杀敌的英雄。《佘太君征南》、《穆桂英征东》，《杨八姐闹馆》、《杨八姐找刀》、《八姐盗发》，杨排风《打焦赞》、《打孟良》、《打韩昌》，充分展示了杨门女将的飒飒英姿和高超的武艺。杨门女将，历史无考，大部分是艺术家的虚构。这些巾帼英雄形象，不仅反映了广大人民群众的理想，而且反映了一定的历史真实。因为在梆子戏兴起的明末农民大起义队伍中，确实有不少巾帼英雄存在，如李自成军中的红娘子等。

这些巾帼形象，不仅具有美丽的相貌，而且深通韬略，武艺高强，在战场上驰骋冲杀，胜过须眉，表现出胸怀大志、朝气蓬勃的精神风貌。在剧中，她们无论是在反抗强权暴政和封建压迫的政治斗争中，还是在保卫国土、抵御外来侵略的战场上都起着举足轻重的作用，反映了明末以后正在觉悟中的中国妇女要求解除封建压迫，投身于反帝反封建的革命洪流和民族解放斗争的强烈愿望。

这些巾帼形象，还有一个共同特点，就是她们的爱情婚姻都具有反封建礼教的传奇色彩，如佘赛花与杨继业，穆桂英与杨宗保，她们的爱情不是产生在花前月下，也未遵循"父母之命，媒妁之言"的古训。她们与她们所钟情的男子，几乎都是由刀枪相拼的劲敌而成为恋人，进而结为夫妻的。她们的爱情产生于两军对阵的战场上，双方的厮杀之中。吸引男女双方的，除俊美的相貌外，主要的是高超的武艺及战斗中所表现出来的精神气质。保家卫国，建功立业的志向将她（他）们的命运联结在一起。在这种传奇式的恋爱和婚姻中，这些巾帼英雄始终处于主动和积极的一面，其表达爱情之直率、大胆，即使今天的青年男女们亦望尘莫及。然而又不使人感到唐突，因为她们这种表达爱情的方式是符合她们的身份和特定环境的。这些巾帼人物，大都出身于绿林豪杰家庭，没有受到封建礼教的毒害，且又处于占山为王，官府、王法管不着的地方，她们的武艺又高于对方一筹，所以才会有如此的爱情表达方式。这是杨家将故事戏中的爱情剧目超越其他爱情戏的地方。

四

战争对于人类，是巨大的灾难。战争使许多人家破人亡、妻离子散、无家可归，有家难回。杨家将故事戏，除了反映波澜壮阔的战争场景和你死我活的忠奸斗争场面外，还表现了父子之间、母子之间、兄弟姐妹之间的骨肉深情。如《金沙滩》血战后，杨继业通过大段唱腔表达的父子之情：

听得一言魂飘荡，

三魂渺渺在何方！

挣扎扎睁眼用目望，

杨大郎、杨二郎！父的儿呀！

睁眼还在人世上。

转过面来拿本上，

宋王爷家听端详。

太平年间设宴筵，

文武臣宣在当殿上。

仁美奸贼把驾诓，

调虎离山谋家邦。

我主五台把香降，

臣父子保驾出朝堂。

仁美下书调番将

兵围五台有损伤。

奸贼一旁拿本上，

言说为臣谋家邦。

喝喊一声往外绑，

正当午时一命亡，

多亏了八主贤爷拿本上，

才救继业在世上。

胡儿设会把主诓，

大郎替主命有伤。

金沙滩中大炮响，

就把杨家大半伤。

折臣子大郎二郎杨延广，

不见四郎和八郎，

主啊你手按胸前想，

这才是谁忠谁奸谁不良？

……

耳内里忽听天鼓响，

儿的亡魂归天堂。

站立佛殿泪两行，

思想我妻佘太娘。

离朝之时对我讲，

他的言语记心上，

当面间交与我八个子，

回朝她要儿四双。

金沙滩折了五员将，

回朝去怎对佘太娘！

再入如《北天门》中，身在异国他乡的四郎杨延辉对母亲、对南朝的思念：

杨延辉坐宫院自思自叹，

思想起当年事好不伤惨。

天庆王设下那双龙大宴，

我弟兄八只虎来到沙滩。

金沙滩与番邦一场鏖战，

恨只恨本宫被绑赴北番。

谁料想萧太后不肯问斩，

招东床与公主结为姻缘。

在北国流落十五载，

母子们远隔在天边。

我好比蛟龙离大海，

我好比猛虎离深山。

我好比离群一孤雁，

我好比舟船困浅滩。

虽说是离宋营路程不远，

在本宫却似隔万重高山。

望天朝想起那朝王金殿，

不由人泪珠儿洒湿衣衫。

高堂母年迈人难得相见，

举家人何一日才能团圆？

四郎探母的故事，发生在金沙滩大战的十五年之后，宋辽两军在雁门关前摆下大战场。这时，金沙滩战败被俘后隐姓埋名、将自己的姓拆分开来，改名木易而与辽国铁镜公主结为夫妻并育有一子的杨四郎，听说母亲也在阵前，便起了思乡念母之心。他向公主哭诉一番，袒露真情。辽宋虽为夙敌，杨家与辽皇室更有血海深仇，但杨家将的忠勇，却是连他们的仇敌都心存敬意的。因此，公主得知真相后，非但没有怨恨四郎，反而骗得由老娘萧太后亲掌的过关令箭，成全丈夫探母心愿。不过，公主也提出了条件，要求四郎必须一夜之间返回辽国宫廷，交回令箭，否则让太后发现真情，公主孩子就人头不保了。四郎拿着令箭急急出关，会六弟与两个妹妹、探母亲、看"前妻"（被俘前四郎已娶妻），然后又急急返回辽国。虽然他马不停蹄地争取时间，但十五年离别后相逢，老母、弟弟妹妹与妻子自然要苦苦相留不愿他再离开，直到他说明迟回去的严重后果，才得以挣脱离开。结果，最终回去的还是稍迟了些而露了馅。萧太后怒气冲冲，要杀他泄恨，多亏公主一哭二闹三上吊外带摔孩子，才使得太后不得不发慈悲给他留了条命。这是一出非常吸引人的唱功戏，剧情紧迫而感人，角色众多行当齐全，除了没有花脸外，老生青衣老旦小生小丑，都有精彩发挥与表演之处。而最感人的一幕是"见娘"，四郎与佘太君相见后的母子对唱。

佘太君唱：

> 一见娇儿泪满腮，
> 点点珠泪洒下来。
> 沙滩会，一场败，
> 只杀得杨家好不悲哀。
> 儿大哥长枪来刺坏；
> 你二哥短剑下他命赴阴台；
> 儿三哥马踏如泥块；
> 我的儿你失落番邦，
> 一十五载未曾回来；
> 唯有儿五弟把性情改，
> 削发为僧出家在五台；
> 儿六弟镇守三关为元帅；
> 最可叹你七弟他被潘洪就绑在芭蕉树上，
> 乱箭钻身无处葬埋。
> 娘只说我的儿今何在？
> 延辉！我的儿啊！哪阵风将儿你吹回来？

杨延辉唱：

> 老娘亲请上受儿拜！
> 千拜万拜也是折不过儿的罪来。
> 孩儿被困在番邦外，
> 隐姓埋名躲祸灾。
> 多蒙太后的恩似海，
> 铁镜公主配和谐。
> 儿在番邦一十五载，
> 常把我的老娘挂在儿的心怀。
> 胡地衣冠懒穿戴，
> 每年间花开——儿的心不开。
> 闻听得老娘征北塞，
> 乔装改扮过营来。
> 见母一面愁眉解，
> 愿老娘福寿康宁永和谐无灾。

这一段对唱，感情真切自然，动人肺腑，不仅初听者为之动请，多次看此剧者，亦无不悲伤落泪。与《四郎探母》的结局不同，在《三关排宴》中，萧太后没有饶恕铁镜公主盗令箭私放杨四郎探母的行为，佘太君也没有原谅杨四郎投降辽国做了驸马的行为，他们夫妻都双双自尽。《四郎探母》重在表现母子之情，反映了人民群众希望民族和解的愿望；《三关排宴》重在表现民族的大义，反映了人民群众在受到外来侵略时的斗争精神。两者在不同的历史环境下有不同的积极意义，不可以此而否彼。

杨家将故事戏所表现的爱国之情、儿女之情、夫妻之情、兄弟姐妹之情是与忠奸斗争交织在一起的。作为忠臣杨家将的对立面，在杨家将故事戏中的奸臣有《陈家峪》、《两狼山》中的潘仁美（一作潘美、潘洪），《破雄州》中的奸贼王毓美，《乾坤带》中的庞元，《天波楼》中的奸臣王若钦、谢金吾，《洪羊峪》、《孟良盗马》中的奸臣王强，《金鞭记》中的奸相庞文保等。他们或是里通外国，出卖国家利益；或是阴谋陷害杨家，致杨家将于牢狱和血火之中；或千方百计破坏杨家的婚姻。杨家将故事戏中的反面人物，有历史人物，也有虚构的人物，其故事大都是按照戏剧冲突的需要虚构的。杨家将故事戏艺术地反映了北宋年间的民族矛盾和宫廷斗争，但不是真实的历史。正是在这民族的、宫廷的、家庭等的多种矛盾构成的冲突中，编演者塑造出一个个鲜活的人物形象，包括反面的人物形象。

在我国传统戏曲中，梆子剧种中的杨家将故事戏是最多、最系统的。这是因为梆子戏和杨家将的故事产生在同一地区。现将《中国梆子声腔剧种大词典》中的杨家将故事戏，按故事发生的时间先后列表作为本文的附录供大家研究参考。

表1　梆子剧种杨家将故事戏一览表

剧　　名	题材来源	故事梗概	剧种、特色	主要版本
七星庙 （本戏）	事见《昭代萧韶》	周世宗时，北汉刘崇联合火山王杨艾攻河东。杨艾令杨怀亮去佘塘关金彪处下书，约期为三子杨继业娶佘赛花过门。不料佘彪将赛花另许孙通之子孙荣，约杨、孙两家刀枪抢亲。兵至佘塘关，杨艾锤死孙通父子。继业枪挑佘氏兄弟，佘彪大劫，遂毁婚。继业虽杀死二兄，赛花仍追继业不舍，继业败入七星庙，赛花追至，即成婚配，七星童依次投胎，后生七员虎子。杨怀亮出关，战赵匡胤、郑子明、高怀德等，兵困盘河弯。杨艾挥兵连踏五座营寨，忽见赵匡胤身现金龙，知是帝王真象，乃下马归降。此剧又名《佘塘关》、《紫金带》、《马踏五营》，其中同名折戏《七星庙》、《马踏五营》可单独演出	南路、东路、西路秦腔，云南、四川、贵州梆子及山西北路梆子剧目。甘肃靖远清嘉庆古钟有铸目。前半部为刀马旦武工戏，后半部分为念做工戏。全剧为大净、老丑、武生、武旦为主的文武场面、唱做打工并重戏	①《甘肃传统剧目汇编·秦腔》第一集书录本；②《陕西传统剧目汇编·汉调桄桄》第三集书录刘汉斌、金林华口述本；③山西省忻州地区戏剧研究所藏安秉琪口述北路梆子抄录本

续表

剧　　名	题材来源	故事梗概	剧种、特色	主要版本
七星庙（本戏）	事见《昭代萧韶》	五代北汉末，杨滚、佘洪、崔子建、呼延平等同僚居官。杨滚知佘洪有女赛花，才貌双全。特为己子继业求婚，佘洪犹豫未决；崔子建亦为子崔龙向佘家求婚，佘洪年老健忘，信口应之。一日，佘赛花射猎，遇杨继业二人相互爱慕，私订终身。后杨滚、崔子建均以与佘洪有婚约，要纳聘娶亲。佘洪无奈，其子佘英献计，叫继业与崔龙比武，胜者入赘。继业、崔龙正在比武间，佘赛花闯入，打败崔龙。赛花兄弟佘英却一旁帮助崔龙，继业不服，将佘英擒去。赛花怒，为弟报仇，继业佯装不敌，逃至七星庙，佘赛花追去，被继业智擒之。后二人倾心相谈，继业、赛花缔结良缘	山西蒲州、中路、北路、上党梆子及河北梆子剧目。与前剧《七星庙》略异，为同目异本。净、武生、武旦重打工喜剧	①《山西地方戏曲汇编》第三集刊行上党梆子本；②山西省戏剧研究所藏卫立庭收藏蒲剧本；③《河北梆子传统剧目汇集》第三十四集书录刘和山口述本
七星庙（本戏）	事见《昭代萧韶》	北汉佘洪将女赛花许婚与杨滚之子继业，后又惧势贪利，改许董龙。杨继业兴师问罪，擒赛花之兄佘安、佘方。赛花出马为兄报仇，继业斥责其负约，赛花方知父亲不义，佯败，引继业至七星庙，申诉衷肠，在庙中拜天地成亲。董龙兄弟赶来，被继业与赛花斩于庙前。此剧又名《杨继业招亲》、《佘塘关》	山东、河北梆子及豫剧、宛梆剧目。与前两剧《七星庙》又略异。刀马花旦、武小生唱做武打应工戏。传统剧目中佘太君多由老旦扮演，唯此剧为刀马旦应工。董龙或作崔龙	山东省艺术研究所藏时华亭口述山东梆子本
泗水关（本戏）		杨滚义子怀亮回家路上，被盘石峪崔虎阻拦，遂枪挑崔虎。圣怒，命杨滚带领继凯、继康、继业等三子前往征剿。至盘石峪，怀亮说明原委，滚反将杨家枪法教之。后遇赵匡胤，双方战在一处。赵不敌，被打落马，现龙形，杨遂投赵，并以钢锤换赵匡胤带以作信物。此剧又名《杨滚教枪》、《锤换带》	河北梆子、山西中路梆子	①《河北梆子传统剧目汇集》第三十四集刘洪山口述河北梆子油印本；②山西省戏剧研究所藏中路梆子抄录本

续表

剧　名	题材来源	故事梗概	剧种、特色	主要版本
教枪 （小戏）		赵匡胤接帝位后，与高怀德同征北汉，被困狮子岩。北汉杨滚之义子高怀亮，乃高行周之子、高怀德之弟。怀亮为救其兄，临阵击败崔龙，北汉王命杨滚捉拿怀亮。杨滚佯与怀亮交战，暗将杨家祖传之花枪教怀亮，并放怀亮逃走。杨滚出兵狮子岩，与匡胤交手，因敬服匡胤，遂投宋	蒲州梆子。须生、武生重武打戏	剧本佚。山西运城市文化局有存目
九龙峪 （本戏）		北汉令公詹宏，不满刘王无道，借送女践杨延景婚约，欲托杨家引荐投宋。途中为刘龙所杀，詹女春阳怒斩刘龙，直驰雁门。时八贤王与寇准为韩昌围于九龙峪，春阳挥戈上阵，力助杨家救出八贤王君臣。自己却不幸被韩昌暗伤，饮恨捐躯	山西北路、中路、上党梆子剧目。武旦为主重唱打工戏	①山西人民出版社刊行《山西地方戏曲汇编》第三集上党梆子本；②山西省戏剧研究所藏中路梆子抄录本
老南唐 （本戏）		杨六郎打死潘豹后远逃，宋太宗将杨家满门判斩。适南唐黑桃园张英犯宋。八千岁保本，命余太君挂帅、杨继业及其子为先锋南征，不料被困南唐。六郎突围，被王禅老祖救去，八郎中箭回营。时七郎在杜家寨招亲，闻讯后同妻杜金娥率家丁前往南唐救父，杀死张英，举家凯旋而归。此剧又名《八虎阵》、《困南唐》	豫剧剧目。武生、武旦唱打工并重戏	剧本佚。剧情据牛和尚口述整理
摸摸天 （本戏）		南唐老道余洪之子请八千岁观景，杨继业父子保驾，被困千尺山腰。杨七郎在杜家寨闻讯后，携妻杜金娥率家丁南唐救父，不料亦被围困。适王禅老祖从空中经过，始搭救其君臣还朝。（因王禅老祖台词有："有吾当显神通，摸摸天怪凉啦"。故名）。此剧又名《困南唐》	豫剧剧目。武生、武旦唱做打工并重戏	剧情据党新春口述整理

续表

剧　名	题材来源	故事梗概	剧种、特色	主要版本
金沙滩 （本戏）	事见《北宋杨家将演义》第十六回	宋太宗在五台山还愿后，在幽州玩景，被北辽天庆王困于幽州，杨继业父子救驾解围。天庆王设宴金沙滩，欲谋害宋王。杨继业知其有诈，派杨大郎替宋王前往。宴间，大郎以袖箭射死天庆王。大郎、二郎战死，三郎被马踩死，四郎、八郎被番邦掳去，五郎出家。杨继业痛失众子，同六郎保驾还朝。此剧又名《七郎八虎闯幽州》、《闯幽州》、《双龙会》、《金沙滩点将》、《杨继业数儿》。其中有折戏《双龙会》、《数儿》可单独演出	中路、西路秦腔，豫剧、宛梆，山西上党、中路、北路、蒲州梆子，河北、山东、东路、莱芜梆子剧目。须生、武生丁净唱做武打戏	①民国陕西省城南院门义兴堂书局秦腔刊行本；②长安书店刊行李瑞阳秦腔整理本；③《甘肃传统剧目汇编·秦腔》第一集书录本；④山西人民出版社刊行《山西地方戏曲汇编》第三集上党梆子本；⑤《山东地方戏曲传统剧目汇编·莱芜梆子》第八集书录奚凤贤口述本
五郎出家 （小戏）	事见《北宋杨家将演义》第十七回，元关汉卿及朱凯《昊天塔孟良盗骨》杂剧	金沙滩战后，杨家损兵折将，杨五郎愤权奸用事，悲兄弟凋零，毅然出家为僧。此剧又名《五台山》、《五郎削发》、《盖天幅》	西路、中路秦腔，云南、贵州、河北、山东、东路撒子，山西北路、上党、中路梆子及豫剧、宛梆剧目。武生唱做工戏	①民国西安德华书局刊行秦腔本；②山西人民出版社刊行《山西地方戏曲汇编》第三集上党梆子本；③《山东地方戏曲传统剧目汇编·东路梆子》第三集书录杨文香、刘长庚、房凤亭口述抄录本
杨七郎打擂 （本戏）	事见《北宋杨家将演义》第四回	潘仁美之子潘豹，在天齐庙设下擂台，扬言将挫败天下英雄。杨继业之子延嗣，酒醉出游，打死潘豹；潘仁美扯杨继业上殿。适番邦犯宋，宋王命杨氏父子出征，将功折罪。豫剧另一种演法是：杨继业率子游天齐庙，通潘豹立擂。时七郎年方7岁，上台打擂不分胜负。大郎延平怒斥潘豹欺弟年幼，上擂台将潘豹撕为两半。此剧又名《打潘豹》、《劈潘豹》、《天地庙》。其中有折戏《天齐庙》可单独演出	东路、西路秦腔，山东、蒲州梆子，豫剧及宛梆剧目。武生、须生、大净唱做打并重戏	①《甘肃传统剧目汇编·秦腔》第一集书录本；②河南省戏剧研究所藏豫剧抄录本；③山东省艺术研究所藏山东梆子抄录本；④山西省戏剧研究所藏李威凤收存蒲州梆子抄录本

剧 名	题材来源	故事梗概	剧种、特色	主要版本
杜家寨 （本戏）		杨七郎在天齐庙打死潘豹后，畏罪潜逃。行至深山遇虎，虎被七郎打死，坠落杜家花园。杜员外爱其武，佯称私养家虎被打，激怒七郎，杜女金娥出府，以拳相对，二人不分胜负，员外见喜，将金娥许之。此剧又名《杨七郎招亲》	豫剧剧目	剧本佚。剧情据尤新春口述整理
太君征北 （本戏）	事见《北宋杨家将演义》第十三回	宋时，辽国下来战表，太宗命佘赛花挂帅出征，杨继业为先锋。继业头阵即败，佘欲斩之。适七郎携妻秀英归，入帐讲情，始恕，后秀英争先，众将协力，大破敌军。此剧又名《辕门斩夫》	西路秦腔剧目。武生、武旦唱做打并重戏	有《甘肃传统剧目汇编·秦腔》第一集书录本
佘太君征南 （本戏）		陶天官之女金屏，飘彩择婿，杨八郎之子宗义中彩。马国舅强争彩球，被宗义打死。马太师奏明朝廷，佘太君被问斩。八千岁赵德芳讲情，命佘太君挂帅平安南王之乱，不料杨家将皆败敌手；陶金屏私至边关助战，亦败下阵来。后杨宗英下山，方战败敌兵，凯旋回朝	豫剧剧目。生、旦、净、丑唱做打并重戏	河南省戏剧研究所藏抄录本
杨六郎招亲 （本戏）		余化龙出兵犯境，宋太宗命杨延景、岳胜征讨，杨与岳分兵而进。杨兵过凤山，为展荣之女重阳招为驸马，二人同往杀敌。重阳疆场立功，身负重伤而亡。延景回朝，请旨修建女侯庵供之。此剧又各《女侯庵》	西路秦腔剧目武生、武旦武打应工戏	《甘肃传统剧目汇编》第二集书录本
唐儿府 （本戏）	事见《北宋杨家将演义》第四回	宋太宗时，八贤王赵德芳赴北国金钱大会，被困唐儿府。杨延景回朝求救，于中山王傅谦处招得岳胜等兵将三千，又收焦赞、孟良。佘太君挂帅，前往救援，破唐儿府，救八贤王还朝。此剧又名《焦赞招婆娘》、《神钟楼》	南路秦腔剧目。剧中"六郎被骗"、"焦赞装新"两场为喜剧。须生、花脸、正旦、老旦唱做武打并重戏	陕西省艺术研究所藏程海清等口述抄录本
陈家峪 （本戏）	事见《北宋杨家将演义》第十八回	宋太宗命杨继业、潘仁美北征契丹，连克云、应、寰、朔四川。萧太后命耶律色珍反攻，夺取寰州。宋兵战败，杨继业领兵迎敌，于陈家峪被俘。萧太后劝杨继业投降，杨誓死不从	中路秦腔剧目。须生反串武生武打应工戏	陕西省艺术研究所藏张树民口述抄录本

剧　名	题材来源	故事梗概	剧种、特色	主要版本
两狼山（本戏）	事见《北宋杨家将演义》第十八回及《昭代萧韶》	宋太宗时，契丹入侵，奸臣潘洪企图借机陷害杨家父子，当殿自请为帅，指名杨继业为先行。杨识其奸，呈请宋王命呼延赞为监军。兵至雄州，击败韩昌，至雁门关，潘洪按兵不动，杨家父子孤军迎敌，被困两狼山。杨继业命七郎突围搬兵，被潘乱箭射死；杨继业又命六郎搬兵。救兵不至，人马冻饿陈家峪中，继业无奈，碰死李陵碑前。此剧又名《两狼关》。其中有折戏《苏武庙》、《李陵牌》常单独演出	南路、西路、东路、中路秦腔，豫剧及河北、山东、莱芜梆子剧目。甘肃靖远清嘉庆古钟有铸目。文武须生、大净、武生唱做打并重戏	①民国西安德华书局刊行秦腔《李陵碑》折戏本；②《甘肃传统剧目汇编·秦腔》第一集书录本；③山东人民出版社 1955 年刊行本；④《华东戏曲丛刊》第十五集书录本；⑤《中国地方戏曲集成，山东省卷》书录本；⑥《陕西传统剧目汇编·汉调桄桄》第四集书录孙太正口述本；⑦《河南传统剧目汇编·豫剧》第一集书录刘东法口述本
李陵碑（本戏）	事见《北宋杨家将演义》第十八回，《孤本元明杂剧·八大王请诏救忠》及《昭代萧韶》	宋、辽交兵，杨继业被擒，萧银宗劝其归降，杨不允，欲杀之，复令其草场牧羊。时继业八子延顺已为辽驸马，私往送饭，继业拒食；延顺去后，继业拔草食之。后遇牧羊仙人指点："老羊"命丧北国。继业感慨往事，遇李陵碑，推之不倒，遂碰碑一死。后六郎搬兵归，战胜萧银宗，班师还朝。此剧又名《碰碑》、《苏武庙》、《两狼山》	河北、山东、莱芜、东路梆子及山西蒲州、上党、北路、中路梆子剧目。须生、武生、花脸唱做武打并重戏	①《山东地方戏曲传统剧目汇编·莱芜梆子》书录胡庆松、程庆全、奚凤贤口述本；②《河北梆子传统剧目汇集》第三十四集书录赵殿元口述本；③山东省艺术研究所藏张继爱口述山东梆子本；④山西省戏剧研究所藏中路梆子抄录本；⑤山西省临汾蒲剧院藏蒲州梆子抄录本
天波府（本戏）	事见《北宋杨家将演义》第十八回及《孤本元明杂剧·八大王请诏救忠》	潘洪逼杨继业碰碑而死，杨家闻之甚痛，佘太君恳请八贤王伸张冤屈。贤王告准御状，呼必显奉旨前往雁门关擒拿奸佞，潘洪被押而归。此剧又名《斩黄龙》、《八郎送饭》	西路、中路、东路秦腔剧目。老旦、须生、正生唱做工戏	陕西省艺术研究所藏刘兴汉口述抄录本

剧 名	题材来源	故事梗概	剧种、特色	主要版本
天波楼 （本戏）	事见《北宋杨家将演义》第二十七至二十八回、金院本《打王枢密爨》；元杂剧《谢金吾诈拆清风府》；明施凤来《三关记》传奇，《摘锦奇音》有《六郎私下三关》	兵部王强私通辽邦，为陷害镇守三关的杨六郎，差女婿谢金吾拆毁杨家无佞天波楼，伤及佘太君。杨六郎闻讯，偕焦赞私下三关。杨府苍头领焦赶至谢府门前，焦赞怒杀谢金吾全家。王强奏与宋王，欲斩六郎及焦赞。八贤王保本，并由孟良获得王强罪证，宋王赦免杨六郎及焦赞。此剧又名《醉焦赞》、《焦赞杀府》	西路、南路秦腔及枣梆剧目。山西上党梆于另有同名连台本戏。黑脸唱做工并重戏	①《甘肃传统剧目汇编·秦腔》第二集书录本；②山东省艺术研究所藏薛保廷、唐群贤口述枣梆抄录本；③陕西省艺术研究所藏孙太正口述秦腔抄录本
天波楼 （连台本戏共三本）	事见金院本《打王枢密爨》、元王仲元《杨六郎私下三关》杂剧、无名氏《谢金吾诈拆天波府》杂剧、无名氏《杨六郎调兵破天阵》杂剧、明施凤来《三关记》传奇及《北宋杨家将演义》第二十六至三十一回	第一本《天波楼》。宋真宗时，奸臣王若钦、谢金吾借故拆毁杨府天波楼，以灭杨家威风。佘太君差八姐、九妹至三关搬六郎回府相商，焦赞闻知，亦欲回京。六郎与焦约法三章：返京后不吃酒、不上街、不杀人。至杨府，焦与侍儿夜至谢府，杀死谢金吾全家，并题诗在墙。王钦若上殿奏本，真宗怒，差寇准至天波府提人。 第二本《忠臣庙》。寇准说明来意，焦赞拒不伏绑。经六郎相劝，焦始伏绑上殿。经八贤王讲情，真宗始赦六郎及焦赞死罪，将六郎发配汝州，焦赞发配邓州。既发配，王钦若又奏请真宗至汝州太守张济处索取六郎人头。八贤王知，急令张济保六郎性命。张济为难，其弟张源以死替六郎；六郎暗返天波府藏匿。孟良、岳胜、陈林、柴干闻六郎被害，深感保国无有下场，遂将帅堂改灵堂哭祭六郎，祭毕各自散去。 第三本《英雄会》。王钦若暗将六郎死讯告辽邦，萧银宗遂以"树叶藏琼浆，池水成醇酒"之谎言，骗来真宗前往观景，困真宗于魏州。王钦若逼真宗降辽，为八贤王所阻，并突围回朝搬兵。六郎遵母命，复聚旧部，又赴邓州访回焦赞，率众直抵魏州，杀败辽兵，救出真宗，王若钦亦被处死	此剧为山西上党梆子剧目。须生、二净唱做兼重戏	①山西人民出版社1957年刊行段二淼、李春枝整理本；②山西人民出版社刊行《山西地方戏曲汇编》第三集书录本

剧　名	题材来源	故事梗概	剧种、特色	主要版本
	事见《北宋杨家将演义》第十九回	箭头会（小） 杨继业被困北番，七郎回朝搬兵，至雁门关被潘洪乱箭射死。余太君设箭头会，邀八贤王赵德芳赴宴。宴中贤王发现箭头甚异，太君言明七郎被害情由，贤王设计捉拿潘洪。此剧又名《水清桥》、《掰箭会》	西路、南路秦腔，河北梆子及山西中路梆子剧目。老旦、须生唱做工戏	①《甘肃传统剧目汇编·秦腔》第一集书录本；②《河北梆子汇编》第九集书录本；③《河北梆子传统剧目汇集》第三十四集书录朱景金口述本
五台会兄（小戏）	事见《北宋杨家将演义》第十九回及《昭代萧韶》	杨延景从昊天塔盗取其父杨继业遗骨，路经五台山，住宿寺院，偶遇见杨五郎。弟兄相会，叙旧而别。此剧又名《五台山》、《兄弟会》	南路、西路秦腔，贵州、河北梆子及山西北路梆子剧目。文武须生。滚角唱做工戏	①长安书店刊行王喜中整理秦腔本；②《甘肃传统剧目汇编·秦腔》第二集书录本；③河北省艺术研究所藏河北梆子抄录本
撰御状（小戏）	事见《北宋杨家将演义》第二十回及《昭代萧韶》	杨六郎至都，写御状，告潘洪十大罪状，宋太宗不信，八贤王助杨申辩。此剧又名《告御状》	中路秦腔，山东、东路梆子剧目。须生唱做工戏	①《山东地方戏曲传统剧目汇编、东路梆子》第二集书录房源成口述抄录本；②陕西省艺术研究所藏秦腔抄录本
告御状（本戏）	事见《北宋杨家将传》第十九至二十回	杨继业碰死李陵碑前，七郎又被潘仁美乱箭射死。六郎逃回汴京，将潘之罪恶写成冤状欲诉宋王。潘之同党贺元，路遇六郎，强拉于己府欢宴。六郎酒醉，贺从其身搜出御状，喂麻药于六郎之口，以墨涂面，将其弃之街市，欲使其死。八贤王认出六郎，令人拾回南清宫，用开窍宝簪救醒，保其上殿告状。宋王命呼必显拿回潘仁美。此剧与前《撰御状》为同目异本	西路秦腔剧目。须生、花脸唱做工戏	《甘肃传统剧目汇编·秦腔》第二集书录本
打杨八（小戏）		沙里木犯境，余太君率四子二女出征。八郎延顺杀死沙里木，七郎延嗣割下人头回营请功。八郎与其争执，余太君错打八郎四十军根，后知其冤屈，复命杨继业打七郎，以解怨气。八郎为七郎求情，七郎免受责。此剧又名《打八郎》。豫剧剧情略有不同，为八郎再次出战，被韩昌所俘，改名王敖，萧太后许女成婚。小生、花脸、老旦唱做工戏	山东梆子及豫剧、宛梆、怀调剧目	①山东省艺术研究所藏王会春口述山东梆子抄录本；②河南省戏剧研究所有存目

剧　名	题材来源	故事梗概	剧种、特色	主要版本
雁门关（本戏）	事　见《北宋杨家将演义》	杨延昭与韩昌大战于雁门关，宋仁宗命余太君领兵助战。余太君之子延辉、延顺十二年前被辽兵擒去，分别改名木易光、王司徒，并分别配碧莲、青莲二公主。二人闻母至，欲过关探母。延顺探母后欲归，被孟良、焦赞强留；宗保以延顺令箭诈开雁门关，大败辽兵。韩昌求助于辽帅耶律休哥，合兵御宋。萧后闻延顺探母，欲斩青莲，碧莲讲情始免。青莲、碧莲请兵擒延顺，萧后许之。及会战，青莲被延顺原配蔡秀英所擒，碧莲为延辉原配夫人孟金榜所擒。萧后疑二人降宋，忿极，将延辉父子及延顺子绑在城楼欲斩。余太君闻讯，亦将碧莲、青莲绑在将台要杀。萧后病女，双方互换被绑之人。时辽国小将孟怀远，本系孟良之子，杀死韩昌与耶律休哥，亦回宋认父。宋军直逼辽都，萧后无奈投降，宋、辽从此休战。此剧又名《南北和》	山西蒲州、中路梆子、河北梆子剧目。生、旦、净、丑行当齐全，唱做武打并重戏	《河北梆子传统剧目汇集》第三十一集书录耿翠云口述本
雁门关（连台本戏，共五本）		第一本《万寿宫》。北宋时，杨继业第八子延光，闯幽州时失落辽邦，改名王敖，招赘萧银宗女梨花公主，夫妻镇守吐鲁番。萧银宗为报前仇，纠集五国人马，以国舅萧天佐为帅、王敖为先行，犯宋。三关元帅杨宗保与妻穆桂英疑王敖为己之八叔，部将焦光普假充杨宗保上阵被俘，宗保向朝中求救。时宋仁宗于万寿宫设宴为太后庆寿，太后念杨家功高，命庞妃为余太君敬酒，庞妃待宠，故意推辞；太后斥之，并赏赐余太君等忠良。第二本《乾坤带》。庞妃父庞元，因未得太后赏赐，心怀忌恨，欲害忠良。适贼人谢大被妻殴打出走，为庞元同党纪朝俊知，收入府内，并命其夜入呼丕显府盗御赐乾坤带及家传贵宝七星剑。既得，又命谢入宫行刺仁宗。事发，谢被庞同党韩天化杀，因有呼家之物，呼丕显全家被监。时杨宗保告急，呼丕显随庞元带罪出征。至三关，焦光普奉八郎之命返回。庞元知其情，逼死焦光普，并奏杨家通敌叛国。八郎讨战，呼丕显诈败被擒。第三本《明公断》：宋仁宗闻庞元奏，欲将杨家满门问斩。庞元同党贺朝俊乘机骗谢大之妻、妹入府，欲霸占之；适察院请贺议事。贺恐与己不利，遂偕二女逃出，被巡夜之包公抓获。包公正欲审问，又逢寇准前来相告杨家被绑之事。包、寇二人急忙入宫保本，仁宗准奏，命余太君带罪出兵。第四本《金沙滩》：余太君率兵直抵三关，解庞允、韩天化回京；罗正邦因解粮误期，亦被拿回。时杨八郎劝得呼丕显伪降北国。八郎与四国王爷正在金沙滩大战，得知余太君亲自领兵临阵。第五本《雁门关》。杨八郎央梨花公主盗来萧银宗令箭，入关探母，商议破敌大计。余太君命八郎取萧银宗首级。八郎返辽，趁入宫探病之机，刺死萧银宗，携妻梨花逃出。萧天佐闻变，率兵追赶。八郎将萧之首级及妻儿交呼丕显先行。只身御敌，身陷重围，自刎而死。时杨宗保率兵至，大败辽兵。及还朝，包拯已审清庞元谋刺仁宗一案，仁宗大封功臣，严惩庞元等人	上党梆子剧目。其中第一本《万寿宫》有折戏《拜寿封官》。第二本《乾坤带》有折戏《审普大战》。第三本《明公断》有折戏《拿府大审》；第四本《金沙滩》有折戏《接关夺印》。第五本《雁门关》有折戏《望宫》、《探母》、《刺宗》可单独演出。须生、老旦、丑、小旦唱做打兼重戏	①中国戏剧出版社1960年刊行《中国地方戏曲集成·山西省卷》书录《金沙滩》、《雁门关》两本；②山西人民出版社刊行《山西地方戏曲汇编》第三集书录本

剧　名	题材来源	故事梗概	剧种、特色	主要版本
清官册 (本戏)	事见《北宋杨家将演义》第二十四及《昭代萧韶》	宋太宗时，北国胡儿造反，潘仁美为帅，杨延景为先行往征。至雁门关，因潘加害延景，兵困边关。杨延景托八贤王告准御状，差呼丕显拿回潘仁美，交御史刘从俭审问。刘贪赃枉法。因袒护潘仁美，被赵德芳打死。遂调寇准为西台御史，审理此案。案清，潘仁美被充军江苏，存至黑松林，被延景截杀，以消前恨。此剧又名《雁门关》、《审潘洪》、《三审潘仁美》。其中折戏《调寇》、《摘印》常单独演出	南路、西路、东路、中路秦腔，河北、山东、东路梆子，山西蒲州、中路、北路梆子剧目。甘肃靖远清嘉庆古钟有剧目。文武须生、正生、大净唱做工戏	①民国陕西省城市院门义兴堂书局刊行秦腔本；②民国三十七年西安同兴书局刊行秦腔《调寇准》折戏本；③民国西安德华书局刊行《调寇准》秦腔本；④长安书店刊行武纪坤整理秦腔本；⑤山西人民出版社刊行刘鉴三、沈毅整理《调寇》中路梆子本；⑥山西人民出版社刊行《山西地方戏曲汇编》第四集北路梆子本；⑦甘肃省文化艺术研究所藏清代文冕堂木刻本等
审潘洪 (本戏)	事见《北宋杨家将演义》第二十回及《昭代萧韶》	寇准提审潘洪，潘洪抵赖无招。寇准与八贤王赵德芳定计假度阴曹，命宫人送酒至监中，伴言宋王已免潘之罪，特赐酒祝贺。潘饮而醉，被纳入鼓中，推至南清宫。八贤王假扮阎君，寇准扮曹官，谓潘已死，若招实情可还阳。潘以为真，尽吐实言，案情始白。此剧又名《夜审潘洪》	山东、东路、河北梆子及豫剧剧目。小生、须生、花脸唱做念重头戏	①《河南传统剧目汇编·豫剧》第一集中家张小林口述本；②山东省艺术研究所藏张继爱口述山东梆子抄录本；③河北省艺术研究所藏朱景全口述河北梆子抄录本
密松林 (本戏)	事见《北宋杨家将演义》	寇准虽审出潘洪口供，但因太宗宠信潘妃，故赦潘洪死罪，改为刺配。八贤王送信，杨延景率八姐九妹于密松林截杀，刺潘洪二百零六枪，以报当初射杨七郎一百零三箭之仇 此剧又名《黑松林》	山东、河北梆子剧目。须生、花脸唱做工戏	①天津市《河北梆子汇编》第九集书录本；②河北省艺术研究所藏朱景泉口述河北梆子本；③山东省艺术研究所藏张继爱口述山东梆子抄录本

续表

剧名	题材来源	故事梗概	剧种、特色	主要版本
破雄州（本戏）	事见《北宋杨家将演义》第二十二回	杨延景率宗保镇守三关，路经雄州被韩延寿所擒。奸贼王毓美与杨家有仇，诬杨延景私通北国，于是杨府家眷被缚而囚。穆桂英得八贤王保奏，前往侦探虚实，并大败番兵，救出宗保及孟良、焦赞、杨延景	南路秦腔剧目。武旦武打应工戏	陕西省艺术研究所藏抄录本
状元媒（本戏）	事略见《北宋杨家将演义》第二十九至三十回	宋太宗携柴郡主游铜台，遭辽兵围困，勒逼郡主和番。八贤王、吕蒙正、杨延景前往救驾，闻郡主已被迫和番。八贤王计许杨延景：若能追回郡主，即与其成婚，并由吕蒙正为媒。延景出兵，果追回郡主。因太宗已将郡主许配青山王之子傅金魁，故责令八贤王退掉杨家亲事。后经吕蒙正多方斡旋，延景始与郡主成婚。此剧又名《铜台破辽》、《傅杨争亲》、《铜台镇》、《铜台解围》、《六郎追车》、《困铜台》。其中有折戏《追车》、《扯画》常单独演出	中路、东路、西路秦腔，山西蒲州、中路梆子剧目。正生、小旦、须生、武生、老生唱做工戏	①《甘肃传统剧目汇编·秦腔》第一集书录本；②《陕西传统剧目汇编·秦腔》第一集书录本；③长安书店刊行谢迈千改编秦腔本；④山西省戏剧研究所藏中路梆子抄录本
困铜台（本戏）	事略见《北宋杨家将演义》第二十九至三十回	宋太宗偕柴郡主北国观景，被沙里木所困。八贤王赵德芳命杨延景出兵，杨因无父令不肯承命。赵德芳暗许郡主与杨延景，杨乃出兵火烧葫芦峪，战败沙里木，救回太宗及柴郡主。因郡主早许东山傅峦之子，回朝后太宗不允杨延景亲事。赵德芳以四面金铜相逼，太宗方命傅、杨两家比武争亲。幸老将刘荣暗助杨家，才打败傅峦，杨延景与郡主成婚。此剧又名《火烧葫芦峪》、《杨延景招亲》、《八贤王说媒》	豫剧、怀调、宛梆及山东梆子剧目。须生、武生、小旦唱做工并重戏	①河南省戏剧研究所藏豫剧抄录本；②山东省艺术研究所藏张玉合口述山东梆子本
五福堂（本戏）	事见《东游记上调八仙传》	南极仙翁寿诞之期，招请八仙庆寿，于蟠桃大会之后，吕洞宾酒兴未足，驾起祥云至刘伶酒馆，开怀痛饮。酒醉，吕往南山下倚石而卧。随身所带二龙双剑，就地化妖，飞至全贞崖立逼仙女白牡丹成婚。玉帝闻知震怒，命雷神往近殛，妖逃梁源家中，得其庇护。吕洞宾酒醒，收剑斩妖，又念梁为人善良，邀汉钟离同至梁家，撒金遍地，赐生贵子，欢乐而去。此剧又名《洞宾戏牡丹》、《八仙图》、《三戏牡丹》	西路、南路秦腔剧目。正生反串丑妖、花旦唱做工神话剧	①陕西省艺术研究所藏唐玉柱口述抄录本；②甘肃省文化艺术研究所藏王吉庆口述抄录本

续表

剧　名	题材来源	故事梗概	剧种、特色	主要版本
北天门 （本戏）	事略见《北宋杨家将演义》第四十一回及《杨家府演义》卷六	金沙滩大战后，四郎杨延辉失落番邦，化名木易，招为驸马。十五年后，佘太君与六郎延景带兵征番。延辉闻讯，欲过营探母，与公主道破真情，公主计令讨箭，使之过关。杨宗保巡营，遇延辉，擒之。延景审问，兄弟相认，并拜见太君及孟氏夫人，备诉别离之情，匆匆而别。至关，被韩昌所擒，萧银宗知，欲斩延辉，经公主求情始免。此剧又名《四郎探母》，其中有折戏《坐宫》、《盗令》、《出关》、《见娘》、《哭娘》、《别家》常单独演出	西路秦腔，山西蒲州、中路、北路梆子及河北梆子剧目。须生、老旦、正旦唱做工戏	①民国西安德华书局刊行秦腔本；②山西人民出版社刊行《山西地方戏曲汇编》第五集中路梆子本；③陕西省艺术研究所藏刘兴汉口述秦腔抄录本；④《河北梆子传统剧目汇集》第三十五集书录赵殿示、张福来口述本；⑤甘肃省文化艺术研究所藏曹福成口述秦腔抄录本；⑥山西省戏剧研究所藏蒲州梆子本
杨八郎捎书（小戏）		金沙滩战后，杨八郎延顺失落番营，日夜思念南朝及天波府。一日，孟良至北番搬八郎还朝。至幽州城下，见八郎。八郎因出城不易，遂托孟良捎书，问讯宋王及杨府众人	山西蒲州、中路梆子及西路秦腔剧目	①山西省戏剧研究所藏蒲州梆子、中路梆子抄录本；②山西省临汾蒲剧院藏蒲州梆子抄录本；③甘肃省文化艺术研究所藏秦腔抄录本
八郎探母（小戏）		金沙滩一役，杨八郎延顺被擒，招为辽国驸马。十二年后，思念家乡，公主代为盗令，匆忙回宋营探母，片刻即去	山东、东路梆子及豫剧、宛梆剧目。须生、老旦、正旦唱做工并重戏	①《山东地方戏曲传统剧目汇编·山东梆子》第二集书录张玉合口述本；②河南省戏剧研究所藏豫剧抄录本
斩杨八郎（本戏）		杨八郎在北国招为驸马，欲回南朝不得，将北国军情写成密书箭射宋营。不料书信为萧天佐兄弟拾到。禀知韩昌，韩复奏萧银宗，八郎被处斩。孟良探信，遇八郎妻铁钗公主，知情后将公主母子带回宋营。宋营出兵，迫使萧银宗求和。此剧又名《南北和》	山东梆子、豫剧、宛梆剧目。豫剧剧情略有不同，为八郎自刎身亡。小生、小旦、花脸、须生唱做工戏	①《山东地方戏曲传统剧目汇编·山东梆子》第二集书录库宪武口述本；②河南省戏剧研究所藏豫剧抄录本

剧　名	题材来源	故事梗概	剧种、特色	主要版本
金枪会 （本戏）	事见《杨家府演义》卷五、卷六	萧银宗于九龙峪设下金枪大会，请宋王赴宴，欲报杀夫之仇。宋王命八贤王赵德芳挂帅，寇准、吕蒙正参谋，杨宗保护驾前往，于九龙峪被困。时杨延景镇守高唐州，闻听八贤王赴宴，领兵前往救驾，败番兵，救宋王君臣还朝。此剧又名《金钱会》、《九龙峪》、《吕蒙正验宝》、《驸马还朝》。其中有折戏《验宝》可单独演出	西路、南路、中路秦腔及山西中路梆子剧目。武生、须生唱做打并重戏	①陕西省艺术研究所藏清同治四年抄录秦腔本；②《陕西传统剧目汇编·汉调优恍》第二集书录本；③陕西省艺术研究所藏西安市文联秦腔抄存本；④山西省戏剧研究所藏中路梆子抄录本；⑤甘肃省文化艺术研究所藏常俊明秦腔沙录本
董家岭 （本戏）	事见《杨家府演义》卷五	萧银宗设龙凤宴请宋太宗。太宗惧，命八贤王赵德芳扮己，带杨延景、陈林、吕蒙正前往赴宴。席间，驸马韩昌舞剑，欲斩赵德芳。萧银宗拦之，接至后宫排宴。八贤王露出真情，萧银宗怒，执剑欲刺。陈林、杨延景往救。宋军大败董家岭，奔唐儿府容身。此剧又名《董家岭赴宴》、《八王跑宫》	南路、西路秦腔，豫剧、宛梆、怀调、枣梆及山东梆子，山西蒲州、上党梆子剧目。须生、武旦唱做工戏	①山西人民出版社刊行《山西地方戏曲汇编》第三集上党梆子本从；②《河南传统剧目汇编·豫剧》第十集书录冯焕卿口述；③《甘肃传统剧目汇编·秦腔》第三集书录本；④《山东地方戏曲传统剧目汇编·山东梆子》第一集书录张玉合口述本
洪羊峪 （本戏）	事见《杨家府演义》卷六	宋太宗时，北番人侵洪羊峪，杨延景奉命征剿，被困边庭。奸臣王强诬奏杨延景降番，太宗不察，命王强抄斩杨家满门，幸得吕蒙正献计，命王强伴驾游街，借机打了王强，挨过行刑时刻，救得杨府众人性命。八贤王又奏准太宗，令穆桂英挂帅，前往洪羊峪解围，杨延景得救。此剧又名《打王强》，其中有折戏《打王强》可单独演出	西路、南路、中路秦腔，山西中路、蒲州梆子及河北梆子剧目。甘肃靖远清嘉庆古钟有铸目。文武须生、武旦、白净唱做打并重戏	①《陕西传统剧目汇编·西府秦腔》第一集书录本；②山西人民出版社1958年刊行蒲州梆子本；③甘肃省文化艺术研究所藏秦腔抄录本；④河北省艺术研究所藏河北梆子抄录本；⑤山西省戏剧研究所藏蒲州梆子抄录本

续表

剧　名	题材来源	故事梗概	剧种、特色	主要版本
杨延景打 擂（本戏）		杨延景自边关回京探母病，路经王强府门，被王诓入府中，用蒙汗酒药倒，装入木箱送往北国，又致书北国言杨延景已死。萧银宗来辨真假，乃命貌似杨延景之张杰以杨延景名立擂。王强诬奏杨延景投顺北国，宋王欲斩佘太君，为八贤王所救，复命佘太君领兵北国打探。杨延景在被押途中被张龙、李杰所救，三人出外行乞，得知假杨延景立擂，怒奔擂台打擂。适佘太君亦至，来辨真伪。后杨延景等打败张杰，逼北国递降表而还	豫剧剧目。须生、白净、老旦唱做武打戏	《河南传统剧目汇编·豫剧》第九集书录吴学平口述本
瓦桥三关 （本戏）		杨六郎镇守瓦桥三关，因回京为母祝寿，将兵权交付孟良、焦赞代理。六郎走后，孟良随后进京探询。萧银宗知实情，攻打三关，焦赞败，三关失守，焦逃奔山中。六郎至京，被兵部王强骗至府内害死，将尸装牛皮袋内投入河中，幸被花子所救。花子至王员外处讨饭，遇焦赞下山盘粮抢亲，六郎赶至，与焦、孟相遇，一同上山。佘太君闻六郎被害，动本搜查王强府，反被诬问罪。后为王丞相保本，佘太君带罪出兵，与六郎会合，大败萧银宗，夺回瓦桥三关	山东梆子剧目。须生、老旦、花脸唱做武打戏	《山东地方戏曲传统剧目汇编·山东梆子》第一集书录张贵连口述本
对金刀 （本戏）		王怀女与杨六郎早有婚约；相隔多年后，至雁门关要求与六郎会面。宗保出马相拒，被击败。焦赞假冒六郎出关，王怀女盘问当年婚约之事，焦不知，被打。六郎赶至，与王怀女金刀相对，迎入关内	枣梆剧目。武旦俊扮唱打并重戏	山东省艺术研究所藏周祥瓶口述枣梆抄录本
三岔口 （小戏）	事见《北宋杨家将演义》第二十七至二十八回	焦赞杀死谢金吾，被发配沙门岛。任棠惠怕焦被人陷害，遂暗中保护。焦至三岔口，宿贼店中。店主刘利华夫妻拟害焦赞，任棠惠赶至与刘展开搏斗，后将刘杀死。此剧又名《三打店》、《焦赞发配》	河北、四川、山东、莱芜梆子，山西蒲州、中路、上党梆子，中路、东路、西路、南路秦腔剧目。甘肃靖远清嘉庆古钟有铸目。武生、武丑、二净武打应工戏	①《山东地方戏曲传统剧目汇编·山东梆子》第二集书录丁宪文口述本；②《河北梆子传统剧目汇集》第三十四集书录兰立春口述本；③陕西省艺术研究所藏秦腔抄录本

续表

剧 名	题材来源	故事梗概	剧种、特色	主要版本
寇准背靴（本戏）	事见《北宋杨家将演义》第二十九回	杨延景充军云南，因任棠惠死于瘴气，且与杨面目相似，遂报称杨死。柴郡主派岳胜将尸体搬回，杨借任棠惠腰牌潜回天波府，匿地窖中。韩延寿犯宋，寇准与八贤王以吊唁为名来到杨府，发现郡主内穿红裙，生疑。深夜，郡主为杨送饭。寇准脱靴尾随，果发现杨延景。寇准告知八贤王，杨延景迫不得已，挂帅征辽。此剧又名《探地穴》、《金针记》、《脱骨计》。其中有折戏《背靴》常作单独演出	中路、东路、西路秦腔，四川、河北、山东梆子及山西蒲州、北路梆子剧目。须生唱做工戏	①《甘肃传统剧目汇编·秦腔》第三集录向；②《河北梆子传统剧目汇集》第三十四集书录刘和山口述本；③陕西省艺术研究所藏秦腔抄录本Ⅰ；④山东省艺术研究所藏董世礼口述山东梆子抄录本
夺三关（本戏）	事见《北宋杨家将传》第二十二回。《甘肃传统剧目汇编·秦腔》第三集书录本	辽邦闻听杨延景被下入天牢，命韩昌发兵夺取三关，三关守将驰书求援。八贤王、寇准奏本保杨延景出征。宋王从天牢放出延景，又召回焦赞、孟良。令宗保为先行，同赴边关。韩昌屡战屡败，弃关而逃。宋王差寇准三关庆贺，并将延景官复原职。此剧又名《三关排宴》	西路秦腔剧目。须生、武生、二净唱念武打戏	
蝉牌关（本戏）	事见《北宋杨家将演义》第三十回	宋王被北辽困蝉牌关，杨忠孝领兵搭救，遇辽将韩昌所阻，并遭王强陷害身亡。杨延景于双龙会后，伤痛难忍，欲不作官，设灵诈死，被寇准识破，与八贤王赵德芳同请延景回朝，挂帅亲征，大破番兵，迎回宋王	南路、西路秦腔剧目。须生、文武须生唱做打并重戏	①陕西省艺术研究所藏阎德寿、陶隆富口述抄录本；②甘肃省文化艺术研究所藏冯大朋口述抄录本
穆柯寨（本戏）	事见《北宋杨家将演义》第三十五至三十六回	辽国摆天门大阵，杨延景奉旨破阵，命焦赞、孟良前往穆柯寨讨取"降龙木"，遇穆桂英，战败而归。杨宗保与穆桂英复战被擒。桂英爱宗保才貌，遂与宗保成亲。延景负气乃亲率兵征讨穆柯寨。又被穆桂英打于马下。宗保助战。杀死穆天王，桂英与宗保夫妇情笃，舍却父仇，携"降龙木"下山投宋。此剧又名《降龙木》、《枪挑穆天王》、《穆柯寨招亲》、《杨宗保招亲》、《穆桂英下山》。其中有折戏《孟良烧山》、《桂英招亲》常作单独演出	南路、中路、东路、西路秦腔，河北、云南、山东梆子，山西蒲州、中路梆子及豫剧、宛梆剧目。文、武须生、武生、武旦、花脸唱做打并重戏	①《陕西传统剧目汇编·汉调桄桄》第七集书录孙太正口述本；②《陕西戏剧》刊行陈尚华、范角整理之赴日演出秦腔本；③《河北梆子传统剧目汇集》第三十五集书录刘生祥、金月仙口述本；④甘肃省文化艺术研究所藏秦腔抄录本；⑤山西省戏剧研究所藏中路梆子抄录本；⑥山东省艺术研究所藏山东"梆子抄录本

续表

剧　名	题材来源	故事梗概	剧种、特色	主要版本
辕门斩子（本戏）	事见《杨家府演义》卷五	杨延景为破辽邦天门阵，欲取穆柯寨之"降龙木"，命宗保前往夺取，被擒。穆桂英爱慕宗保才貌，愿结夫妻共破辽兵。宗保无奈，私自允婚，回营后，延景以违犯军律问斩。佘太君、八贤王求情无效。桂英赶至，献出"降龙木"，并愿破天门大阵，延景始赦宗保。此剧又名《白虎堂》、《白虎帐》、《三换衣》、《大辕门》、《男斩子》	中路、西路、东路秦腔，山东、东路，河北、贵州梆子，山西蒲州、中路、北路梆子及豫剧、宛梆剧目。甘肃靖远清嘉庆古钟有铸目。须生唱做工并重戏	①民国三十年西安德华书周刊行秦腔本；②民国西安同兴书周刊行秦腔本；③1950年西安太华纯益成书局刊行秦腔本；④1954年长安书店刊行《秦腔汇编》第一集书录本；⑤《陕西传统剧目汇编·同州梆子》第一集书录本
天门阵（本戏）	事见《北宋杨家将演义》第三十二至三十七回，吴元泰《东游记》第三十三至三十四回，《孤本元明杂剧·破天门阵》，《祥麟镜》传奇及《昭代萧韶》	汉钟离与吕洞宾互赌宋、辽兴衰。吕化名颜洞宾，携柳树精助辽摆设天门一百零八阵。佘太君率宗保破之，宗保巡营得天书三卷，知阵名及破阵人名单。六郎观阵，忧而成疾。汉钟离至，为主医病，命请五郎及妻马氏，并得穆柯寨降龙木。宗保挂帅，分授破阵之计。汉钟离召回吕洞宾，穆桂英阵中产子，破天门阵。此剧又名《破天门阵》	中路秦腔，豫剧、怀调，山西上党、北路、中路梆子，河北、四川、山东、东路梆子剧目。甘肃靖远清嘉庆古钟有铸目。老旦，文武须生、武生唱做打并重戏	①《甘肃传统剧目汇编·秦腔》第三集书录本；②《山东地方戏曲传统剧目汇编·山东梆子》第一集书录董世礼口述本；③陕西省艺术研究所藏秦腔抄录本；④山西省戏剧研究所藏上党、北路、中路梆子抄录本；⑤河南省戏剧研究所藏豫剧抄录本；河北省艺术研究所藏河北梆子抄录本
杨宗保探地穴（本戏）		萧银宗打来战表。宋王命杨延景挂帅征讨，杨宗保运粮（有作五台山搬兵）路上，被穆桂英擒去成亲。回营后，杨延景依法要斩，八千岁讲情不准。时午门（有作军营）塌一地穴。王强欲害宗保，故而动本，命宗保带罪立功，进地穴窥探。宗保得其祖父及七叔魂灵相助，得天书，上写穆桂英与宗保成亲事，杨延景遂允婚，并命宗保上山搬来穆桂英。适五郎延德亦率僧众至，同破天门阵	豫剧、怀调、山东梆子剧目。武生唱做工并重戏	①《山东地方戏曲汇编·山东梆子》第一集书录王会春口述本；②河南省戏剧研究所藏陈殿三口述豫剧本

剧　名	题材来源	故事梗概	剧种、特色	主要版本
打孟良 （本戏）	事见《小扫北》鼓词	都司孟良因家保被韩昌擒去，回天波府搬兵。佘太君命烧火丫头杨排风前去救迎。孟良蔑视之，排风不服，二人校场比武，排风用烧火棍打败孟良。孟良服，遂向太君讨令，同排风前去搭救宗保。此剧又名《杨排风》、《打孟良》、《拨火棍》。其中有折戏《红火棍》、《黑火棍》可作单独演出	豫剧、东路、中路、西路秦腔，山东、河北梆子剧目。刀马旦、二花脸唱做打并重戏	①长安书店刊行白雨整理秦腔；②《甘肃传统剧目汇编·秦腔》第二集书录本；③《河北梆子传统剧目汇集》第三十五集书录曹振奎口述本；山东省艺术研究所藏山东梆子抄录本
打焦赞 （小戏）	事见《小扫北》鼓词	杨排风同孟良到三关，焦赞甚轻之，孟良唆使焦赞与其比武，焦赞败。六郎大喜，命杨排风出战。大败韩昌，救回宗保。此剧又名《烟火棍》、《演火棍》、《炎火棍》	河北、山东梆子，山西蒲州、中路、北路梆子及豫剧剧目。武旦、二花脸唱做武打戏	①《山东地方戏曲传统剧目汇编·东路梆子》第二集书录时华亭口述本；②《河北梆子传统剧目汇集》第三十五集书录本；③山西省戏剧研究所藏野夫改编中路梆子本
打韩昌 （小戏）	事见《小扫北》鼓词	杨六郎见杨排风连胜焦、孟二将，遂命其迎战韩昌。排风用拨火棍打败韩昌，救回宗保。六郎收其为义女，并奏请封官受禄。此剧又名《杨排风》	山东梆子，豫剧剧目。武旦、二花脸唱做武打戏。与《打孟良》、《打焦赞》并称"三打"	山东省艺术研究所藏抄录本
青龙棍 （小戏）	事见《小扫北》鼓词	宋时，杨府烧火丫头杨排风，曾降服青龙，化之为青龙棍。适宋、辽交战，杨宗保被韩昌擒去，三关二十四将均非韩昌对手。延景无奈，派孟良回天波府求救。佘太君命杨排风往救。孟良轻之，与排风比武，被排风用青龙棍打败，孟良始心悦诚服	蒲州梆子剧目	山西省戏剧研究所藏抄本
女探母 （本戏）	事见《北宋杨家将演义》第四十一回	金沙滩战后，杨延景命宗保赴番邦祭祖，被擒。延景出兵征讨，杨延辉迎战，故意被擒，回朝见母。铁镜公主闻知，盗令乔装，连夜出关，寻夫探母。五更时分，婆媳、夫妻抛泪而别。此剧又名《铁镜公主探母》，其中有折戏《倒探母》，可单独演出	南路秦腔剧目。须生、正旦、老旦唱做工戏	陕西省艺术研究所藏罗太坤口述抄录本

续表

剧　名	题材来源	故事梗概	剧种、特色	主要版本
孟良盗马 （本戏）	事见《北宋杨家将演义》第四十二回	宋仁宗时，北国萧银宗觊觎中原，奸臣王强与辽暗通。八贤王为帅，前去迎敌。不幸战败，失却逍遥马，杨八姐也被掳。八郎延顺设法救八姐回国。六郎援兵赶至，孟良盗回逍遥马，遂得胜回朝。此剧又名《六郎入北国》	西路秦腔剧目。须生、武旦、文武须生唱做打并重戏	陕西省艺术研究所藏强德口述抄录本
铁角坟 （本戏）		杨六郎被王强陷害发配高州，任棠惠随往病死，六郎诈死埋名。天波府信以为真，空棺埋于铁角坟。百日至期，六郎回归，路过坟园，以任棠惠之名戏柴郡主。柴郡主绑之上殿，宋王欲问斩。寇准认出六郎，佘太君遂让脱靴认子，风波始平。此剧又名《乌烟阵》。其中有折戏《十张纸》，可单独演出	中路、东路、南路、西路秦腔、豫剧及中路梆子剧目。须生、正旦唱做工戏	①民国西安德华书周刊行秦腔本；②《甘肃传统剧目汇编·秦腔》第三集书录本；③甘肃省文化艺术研究所藏清代德兴堂梓行本；④山西省戏剧研究所藏中路梆子抄录本
孟良盗发 （本戏）		西夏进贡斗大葫芦，宋太宗观宝得病，需凤发三根作为药引，遣孟良北国盗发。杨延景因猜出葫芦内有黑、红二籽，潘娘娘遂与王强合谋诬杨私通外邦，发配云南。时八贤王赴山西祭陵，被萧银宗围困。孟良战败萧银宗，取发三根，保八贤王还朝，太宗服下凤发病愈。此剧又名《八贤王祭陵》、《火炮阵》	山东梆子、豫剧剧目。花脸、须生唱做工戏	①《河南传统剧目汇编·豫剧》第十一集书录苗喜臣口述本；②山东省艺术研究所藏苏起元述山东梆子本
三相同 （本戏）		八月十五，佘太君寿诞之日，赵德芳、寇准、吕蒙正前往贺寿，因家人胡雷将对联颠倒，六郎将其责打四十并赶出府门。胡为报此仇，投王强府下，奉命前往北国萧银宗处送信，相约里应外合。六郎挂帅征伐，于阵前染病被俘。胡雷设计扮六郎，二番卒扮焦赞、孟良，同往汴京围城，欲夺宋室江山。宋王将杨府人众绑城上，让其相认劝降。穆桂英识破胡谋，请命下城捉拿胡雷，并受命领兵征番救父。后得八郎相助，大破番兵，救出杨延景等，一同还朝	此剧为南路、西路秦腔剧目。须生、武旦唱做功并重戏	①甘肃省文化艺术研究所藏清道光十一年正月凌铭抄存本及曹洪友口述抄录本；②陕西省艺术研究所藏程海清、罗德庵口述抄录本

续表

剧　名	题材来源	故事梗概	剧种、特色	主要版本
破洪州（本戏）	事略见《北宋杨家将演义》第三十七回	杨延景被困洪州，宗保回朝搬兵。赵德芳和寇准至天波府请兵，余太君隐兵不发，赵、寇二人至校场击鼓、鸣钟，骗穆桂英出。桂英不肯挂帅，寇准用激将法激之方允。恐宗保不肯作妻之先行，二人于宗保跪送之时，暗将先行印放酒盘之中，夫妻始明。宗保违令，不肯出战，被问斩刑。六郎求情，桂英免宗保死罪，忍泪责打四十军根。后夫妻和好。共破洪州。此剧又名《杨府选将》、《红草坡》、《双挂印》、《背子破奇阵》、《战洪州》、《擂鼓聚将》。其中有折戏《点将责夫》、《破洪州》常单独演出	南路、西路、中路、东路秦腔、枣梆、豫剧、宛梆、山西蒲州、北路、中路梆子、山东、莱芜、东路梆子及云南、河北、四川梆子剧目。计肃靖远清嘉庆古钟有铸目、山西蒲县河西村舞台有清咸丰四年六且初五万荣县王义财班演出此剧题壁。武生、武旦唱做打并重戏	①山东人民出版社1958年刊行纪根垠执笔整理山东梆子本；②中国戏剧出版社刊行《中国地方戏曲集成·山东省卷》莱芜梆子本；③《山东地方戏曲传统剧目汇编·山东梆子》第一集书录张玉合口述本；④《陕西传统剧目汇编·汉调优优》第二集书录张太正口述本；⑤《甘肃传统剧目汇编·秦腔》第四集书录本
双挂印（小戏）		破天门阵时，杨宗保于阵上同辽国哑巴公主谈情，穆桂英怒，欲斩之。六郎讲情后，宗保被推出帐外责四十军棍，桂英痛之，入后帐后抚伤赔情。胡大复骂营，穆桂英出马迎敌	山西上党梆子剧目。刀马旦唱功重头戏	有山西省戏剧研究所藏抄录本
杨八姐闹馆（本戏）		余太君寿诞之日，举家欢庆。酒席筵前，太君触景伤怀，思念远征之子延景，修书差杨洪往调。六郎接书，即回府拜寿，不意因酒醉误入澶州，被拿。太君夜梦令公回府说醉入敌营，遂命八姐女扮男装入北国营救六郎。八姐至北国进酒店，巧遇焦赞之弟焦光普，共同设计偷入敌营，里应外合救回六郎。此剧又名《闹馆打店》、《破澶州》、《醉入幽州》、《杨八姐救兄》、《拦马过关》。其中有折戏《挡马》、《盘店》常单独演出。事见《北宋杨家将演义》	南路、西路秦腔、山东、东路、河北、云南梆子及豫剧剧目。文武须生、老旦、刀马旦及反串武生、武丑唱做打并重戏	①《陕西传统剧目汇编·汉调桄桄》第十集书录本；②《河南传统剧目汇编·豫剧》第九集书录侯心得口述本；③《山东地方戏曲传统剧目汇编·山东梆子》第二集书录丁宪文口述本
杨八姐找刀（本戏）		宋太宗时，萧银宗为报夫天庆王之仇，举兵犯宋。赵德芳为帅，杨宗保、杨八姐为先行出兵。不料赵德芳、杨八姐先后被俘。萧银宗欲斩赵德芳，得驸马杨延顺营救，赵德芳被吊冻台。宗保兵败，向父请兵求援。救兵至，救出赵德芳、杨八姐，并找回定宋宝刀。此剧又名《赵八王上冻台》、《槐花庵》、《石佛口》、《困冻台》。其中有折戏《石佛口》可单独演出	东路、西路、中路、南路秦腔及河北梆子剧目。须生、武生、刀马旦唱做工戏	①陕西省艺术研究所藏魏世玉口述抄录秦腔本；②河北省艺术研究所藏河北梆子抄录本

续表

剧　名	题材来源	故事梗概	剧种、特色	主要版本
石佛口 （本戏）	事见《北宋杨家将演义》	王强上殿动本，命杨宗保北国盗取当年杨令公失落辽邦之金盔金甲和定宋宝刀，欲陷害杨家。杨八姐挂帅出征。与北国铁扇公主交战，身中镖枪，逃至石佛口，遇当年两狼山大战中失落北国削发为僧的伯父杨继康，继康命八姐假扮道童。铁扇公主见道童貌美，掳至辽邦并招为驸马。后宋营搬来杨排风。萧银宗命"驸马"出阵立功，并将定宋宝刀、金盔、金甲赐之。八姐得宝返宋营，公主追兵至，被排风杀败，得胜还朝。此剧又名《杨八姐盗刀》	蒲州梆子、中路梆子剧目。小生、须生、刀马旦、反串武小生唱做打并重戏	①1958 年山西人民出版社刊行王秀兰等整理蒲州梆子本；②山西省戏剧研究所藏中路梆子抄录本；③山西省临汾蒲剧院藏蒲州梆子抄录本
斩杨猛 （本戏）		杨七郎遗腹子杨猛，初生不成人形，杨排风受命弃人鱼池，被仙道收去学艺。十三年后，仙道命杨猛寻母，杨延景不认，绑在刑场问斩。余太君、吕蒙正说情，六郎仍不认。杨排风说明缘由，方认之。此剧又名《收杨猛》	南路秦腔剧目。须生、老旦、武生、武旦唱做工戏	陕西省艺术研究所藏刘绍业口述抄录本
二天门 （本戏）	事见《北宋杨家将演义》第三十七回	宋真宗时，辽国萧太后用萧天佐摆二天门大阵。宋王仓皇失措，命杨延景派人往北番找破天门阵时所失杨令公定宋宝刀。延景令宗保前往找之。至界牌关，遇老翁张奎之女张巧英，巧英熟知番国地理与宝刀所在，见宗保又爱之，遂提出与宗保成亲，方去找寻宝刀。宗保急于得刀，允之。宗保既得刀，畏北番招亲，遂杀张女逃回。梦中又得祖父指点刀法，破天门。此剧又名《碧波潭》、《找刀》、《三打娃》。其中有折戏《三打娃》单独演出	南路、中路、西路秦腔剧目。须生、武生、小旦唱做工戏	①《甘肃传统剧目汇编·秦腔》第四集书录本；②《陕西传统剧目汇编·汉调恍恍》第四集书录孙太正口述抄录本
杨宗英下山（本戏）	事见《杨宗英下山》鼓词	杨七郎与杜金娥成婚三日后，即被潘仁美射死。后杨继业碰死，金娥为报公爹、丈夫之仇，率兵出征，于军前生子宗英，弃之草内。王禅老祖救宗英上山，并教以兵法武艺。十六年后，六郎被困铁板头，宗英奉师命下山见母解围。途中打死潘仁美之孙潘胜，并获潘家通敌密信。潘仁美之子潘世贵，谋夺皇位，并逼民女李兰香充宫。宗英知此事，杀潘世贵全家。金娥义女石丽贞引宗英与母相见。真宗闻世贵被杀，欲斩杨家满门。金娥母子兵围汴京，真宗惧，命金娥母子率兵铁板关解围，得胜	上党梆子及豫剧剧目。小二净重头戏	①山西省戏剧研究所藏上党梆子抄录本；②河南省戏剧研究所藏豫剧油印本

续表

剧　名	题材来源	故事梗概	剧种、特色	主要版本
八姐盗发（本戏）	事见《杨家将故事》	余太君率兵增援三关，途中染病，需鹿茸香脂油为药引。萧银宗密藏此物饰发，故其发可代此物。杨八姐潜入北国盗发，得失落北国之杨四郎相助，获萧发一绺。适王佐赴北国，劝萧银宗起兵侵宋。余太君服药病愈，率三军大败辽兵。萧银宗无奈，罢兵求和	山西蒲州、上党梆子剧目。刀马旦唱做并重戏	①山西人民出版社刊行《山西地方戏曲汇编》第三集书录上党梆子本；②山西省戏剧研究所藏蒲州梆子抄录本；③山西省临汾蒲剧院藏侯树信改编蒲州梆子本
昊天塔（连台本戏，共四本）	事见元关汉卿《孟良盗骨》杂剧、朱凯《昊天塔孟良盗骨》杂剧、清李玉《昊天塔》传奇及《北宋杨家将演义》第四十四至四十五回	第一本《昊天塔》：杨继业为国捐躯，萧银宗敬其忠烈，将杨尸骨放昊天塔内。六郎差孟良前往盗骨，焦赞亦暗随前往。孟良盗骨出，闻后面有人声，遂将来人劈死；认之，始知为焦赞。孟不欲独生，乃托樵夫送骨回家，自刎而死。 第二本《五绝阵》：六郎病中见父尸骨，又痛焦、孟二将丧生，亦因悲伤过度而亡。萧银宗知，倾兵犯宋。宗保奉命率师御敌，陷入五绝阵中，被杨四郎救出。宗保告急，宋真宗命余太君驰救。余太君抵三关，哀痛成疾。 第三本《八姐盗发》：余太君犯病，需"龙须"、"龙发"烧灰为引。"龙发"乃萧银宗头上之发。杨八姐乔装改扮，入辽营，得焦光普、杨四郎助，盗回"龙发"。余大君服药后病愈，率杨家军，打败萧银宗。 第四本《忠孝节》：萧银宗兵败，忍痛到三关议和，余太君奉命代主践盟。议和宴上，余太君提及杨四郎事，萧银宗方知爱婿乃家仇之子，气愤呕血，桃花公主也当即碰死。四郎归，余太君请宋王发落，众臣为四郎求情，余太君痛斥四郎，四郎知求生不得，遂碰死金殿。此剧《忠孝节》本又名《忠节义》、《三关排宴》	上党梆子剧目。须生、老旦、正旦、二净唱做打并重戏	①《剧本》月刊1957年5月号《三关排宴》刊行本；②1957年宝文堂刊行《三关排宴》本；③1960年中国戏剧出版社刊行《中国地方戏曲集成·山西省卷》书录《三关排宴》本；④山西人民出版社刊行《山西地方戏曲汇编》第三集书录《昊天塔》《五绝阵》、《忠节义》本
西岐州（本戏）		八贤王赵德芳领兵出战宁天王失利，差杨六郎回朝搬兵。余太君命穆桂英在西岐州请六郎之妻王春阳（怀女）下山破敌。穆扮男装前往，遇寡妇崔金定，赠令箭一支。闯过九关十八寨，到达西峡。王春阳不肯出兵，穆智激婆母，又经刘皇姑解劝，王始发兵。此剧又名《穆桂英搬兵》	山东梆子、豫剧剧目。刀马旦唱做武打并重戏	①《山东地方戏曲传统剧目汇编·山东梆子》第二集书录戚振海口述本。②《河南传统剧目汇编·豫剧》第九集书录梅海文口述本

剧　名	题材来源	故事梗概	剧种、特色	主要版本
杨家将征辽（本戏）	事见《北宋杨家将演义》第四十五回	宋时，辽东金鹏造反，杨延景前去征讨，大将焦赞、孟良相继阵亡。延景上表告急，宋王又命宗保挂帅，孟怀远、焦茂义为先行，前往援助。怀远上阵受伤，为张晓霞救之，二人结为夫妇，击退辽兵。怀远携妇归，宗保扶柩回朝。此剧又名《延景归天》	西路秦腔剧目。武生、武旦唱做工戏	《甘肃传统剧目汇编·秦腔》第四集书录本
昊天塔（本戏）	事见《小扫北》鼓词及元《昊天塔孟良盗骨》杂剧、明人《金枪传》、清李玉《昊天塔》传奇	杨延景镇守三关，余太君新春团聚，想起夫君杨继业身葬北国，无人扫祭，遂修书命延景深入敌国祭父。延景带孟良前往，为韩昌所擒。孟良逃回天波府搬兵，杨延昭与杨排风设"擒辉换景"之计，救延景回。此剧又名《铁火棍》、《换将》、《南北合》、《兄弟会》。其中有折戏《昊天塔》	南路、中路、西路、东路秦腔剧目。甘肃靖远清嘉庆古钟有铸目。老旦、须生、武旦唱做工戏	①陕西省艺术研究所藏阎泰芳口述抄录本；②甘肃省文化艺术研究所藏赵福海口述抄录本
老辕门（本戏）	事见《北宋杨家将演义》第四十四回、四十五回	宋太宗时，辽东金鹏犯境，杨延景带焦赞、孟良等奉命前往征剿。焦、孟二将阵亡，延景兵困边廷，修书求救。宋王命宗保为帅，焦马义、孟怀远为先行，前往救父。孟怀远报仇心切，私自出兵。违犯军令，宗保恨之，欲加罪。命怀远单骑去战金鹏，中金镖，败。幸遇杜家庄杜世公相救，杜女秀英医好怀远镖伤，二人婚配。归营途中遇焦马义，三人计议杀金鹏，得降表，回营交令。宗保不念战功，反以临阵招亲罪重责怀远，马义含愤闯帐，延景恨宗保加害先行，欲斩之。八贤王讲情未允，孟怀远跪帐苦求，延景始许之。未几，延景亡。众搬尸还朝。此剧又名《焦马义闯帐》	西路秦腔剧目。须生、武生、武旦唱做工戏	陕西省艺术研究所藏张太正口述抄录本
三曹归天（本戏）	事见《北宋杨家将演义》第四十四回	杨继业战死昊天塔下，尸骨未搬。杨延景命孟良前往盗骨，焦赞尾随，被孟误杀。孟良盗骨还朝，累死营中。杨延景出阵迎追兵韩昌，当即阵亡，故谓之三曹归天。此剧又名《盗骨》，其中有折戏《洪羊洞》	南路、西路、中路、东路秦腔，河北、贵州、上党、蒲州梆子剧目。须生、二净唱做工戏	①《河北梆子传统剧目汇集》第三十六集书录孙福样口述本；②山西省戏剧研究所藏蒲州梆子、上党梆子抄录本；③陕西省艺术研究所藏田兴华口述秦腔抄录本

续表

剧　名	题材来源	故事梗概	剧种、特色	主要版本
杨延景盗骨（本戏）	事见《北宋杨家将演义》、《小扫北》鼓词、元《昊天塔孟良盗骨》杂剧，明人《金枪传》传奇	杨继业两狼山为国殉难，尸骨流落北国，藏于昊天塔下。佘太君领旨，率杨延景、孟良等前往北国盗回尸骨，火焚昊天塔，全胜而归。（河北梆子有五郎下山助战情节）	豫剧、山东、河北梆子剧目。须生、老旦、二净唱做工戏。演出时有撒火彩、钻火圈特技	①《河南传统剧目汇编，豫剧》第十二集书录张根发口述本；②《山东地方戏曲传统剧目汇编·山东梆子》第二集书录丁宪文口述本；③《河北梆子传统剧目汇集》第三十六集书录戴克鑫口述本
金丝囊（本戏）		宋时敖天海兄弟反，杨宗保征剿被擒。其子杨文广一箭射死天海。刘王、司九堂昆仑求师搬兵，却搬来杨七郎之子杨唐。杨唐山中习法术，一十五年后，得金丝带降了番花公主，剿灭刘王，见驾请功。此剧又名《破三关》	东路秦腔及蒲州梆子剧目。清同治年间陕西孙吉恺撰。武生、武旦应工戏	①陕西省艺术研究所藏清伺治七年九月十五日抄录本；②山西临汾蒲剧院藏蒲州梆子抄录本
牧虎关（本戏）	事见《杨家府演义》卷七	宋仁宗时，杨家部将高旺，因奸臣陷害，遭贬为民，并与妻儿失散。后北国犯宋，佘太君命杨金花（一作杨八姐、杨满堂）往请高旺，高欲辞不得，偕行。至收虎夫，守将张保出战，不敌；张妻出战，高旺加以嘲弄；张妻用黑风帕困高，又为高破之。张母登城见高，始知乃己夫，遂夫妻相认，迎入关中，一家团聚。此剧又名《黑风帕》、《高旺过关》、《背鞭闯夫》、《背棒》、《黑风阵》。其中有折戏《黑风帕》可单独演出	山西蒲州、上党、中路、北路梆子，河北、山东梆子，宛梆、豫剧及南路、东路、中路、西路秦腔剧目。武旦、老旦。净角唱打并重戏	①《山东地方戏曲传统剧目汇编·山东梆子》第三集书录丁宪文口述本；②《河南传统剧目汇编·豫剧》第八集书录杨振先口述本；③山西省戏剧研究所藏李锦文存中路梆子本；④山西省临汾蒲剧院藏蒲州梆子抄录本；⑤河北省艺术研究所藏河北梆子抄录本；⑥陕西省艺术研究所藏徐德容口述秦腔抄录本
杨娥坤征西（本戏）		宋仁宗时，西番金魁入侵，杨文广领兵征讨，被困于乱石滩中。仁宗复命杨娥坤挂帅营救。金魁使用邪术，娥坤败。七郎亡魂托梦，指娥坤探穴取宝。得宝后，娥坤又从山东搬来老将高旺助战，高用法宝破金之邪术。救出文广，金魁乃降。此剧又名《女探穴》	西路秦腔剧目。武旦唱做打并重戏	《甘肃传统剧目汇编·秦腔》第四集书录本

续表

剧 名	题材来源	故事梗概	剧种、特色	主要版本
神州还愿（本戏）		宋仁宗领杨宗保、呼必显神州还愿。水西刘王挂丁雷为帅，围定神州寺院，要夺宋王江山。杨宗保保驾兵败，修书求佘大君救援。佘太君兵至亦败，命人搬杨堂（唐）下山。杨堂用计淫戏丁雷之妻，打死丁雷。刘王修表投降，宋仁宗平安还朝。此剧又名《搬杨堂》	中路秦腔剧目。武生、副净做打工戏	陕西省艺术研究所藏西安市文联抄录本
杨唐钻布袋（本戏）	事见《北宋杨家将演义》第四十九回	番邦刘王犯境，杨宗保挂帅征讨，于雄天关被俘。七郎之子杨唐奉师命下山救兄，几破敌阵。番驸马雄天亮退至山海关，大公主金花藉一布袋擒人。杨唐三钻布袋，险些丧命，幸得师父相救，灭刘王，救宗保还朝。此剧又名《雄天关》、《金丝囊》。其中有拆戏《擒杨唐》可单独演出	南路秦腔剧目。武生、武旦唱做打并重戏	陕西省艺术研究所藏叶长盈口述抄录本
杨文广征西（本戏）	事见《杨家府演义》卷八	西建国张彦龙为报兄仇，起兵犯宋，杨文广挂帅往征，得杨延昭相助，大破张彦龙邪法，收复失地，得胜回朝。此剧又名《闹沙河》	南路、西路秦腔剧目。武生唱打并重戏	①《甘肃传统剧目汇编·秦腔》第四集书录本；②陕西省艺术研究所藏谢兴隆口述抄录本
朝阳图（本戏）	事见《杨家府演义》卷八	宋仁宗时，此剧又名《杨文广二次征西》	西路秦腔剧目。武生、花脸武打应工戏	陕西省艺术研究所藏谢焕章口述抄录本
十二寡妇征西（本戏）	事见《杨家府演义》卷八	宋仁宗时，西番入侵，杨宗保出征，被害金山峪。刘青得令回朝搬兵，杨府女将出马，大败番兵，报仇回朝。此剧又名《金山峪》、《杨门女将》	西路、中路秦腔剧目。老旦、武旦唱做打并重戏	①陕西省艺术研究所藏抄录本；②西安易俗社演出改编本
金鞭记（本戏）		宋仁宗时，奸相庞文保其内侄寺僧欧子英相国寺立擂百日，夺元征西，先后打死武状元卢振方多人，百日将满，呼延庆上得擂台，将欧子英打死。庞文命其子庞龙、庞虎捉拿呼延庆，包拯密约天波杨府相助，穆桂英等救出呼延庆。此剧又名《呼延庆打擂》、《包文正怒打庞文》	豫剧及山西北路梆子剧目。武生、二净、武旦唱做打并重戏	①河南省戏剧研究所藏豫剧抄录本；②山西省戏剧研究所藏李月梅口述北路梆子本

续表

剧　名	题材来源	故事梗概	剧种、特色	主要版本
王世宽大闹相国寺（本戏）		宋仁宗时，散僧王世宽盘踞相国寺，作恶多端。一日、将降香之少妇李氏逼押寺内，李氏胞弟春生误为姐夫陶仁谋害，诉包拯案下。包拯私访，反被世宽押入寺内土牢。杨文广兄妹奉旨剿寺，并搬请聂文化下山，救出包拯，后又搬来张天师，方除王世宽。此剧又名《王和尚大闹相国寺》	南路秦腔剧目。大净、二净、正旦、小生唱做工并重戏	有《陕西传统剧目汇编·汉调扰扰》第一集书录本
安广庆吃粮（本戏）		宋仁宗接位，金川蛮王龙斗虎打来战表。杨文广带兵征伐，孟怀远、焦马义出战，连败数阵。杨文广挂榜招军，安广庆吃粮投军，得赵公明相助，收伏龙斗虎。安广庆被封为十三省总领财神。此剧又名《杨文广打金国》、《财神图》	南路秦腔剧目。须生、武生、副净唱打并重戏	陕西省艺术研究所藏陶隆富口述抄录本
龙凤台（本戏）	事见明冯梦龙《三遂平妖传》	宋仁宗时，杨文广领兵征剿龙凤台，被娥皇妖兵所掳。包拯奉旨私访妖洞，救出杨文广，扫清娥皇妖兵，以安社稷。此剧又名《包天帕》	南路秦腔剧目。大净唱做工并重戏	陕西省艺术研究所藏刘太公口述抄录本
钳子山（本戏）		宋仁宗时，东宫曹后被南天门铁狮子脱化之张龙抢上罗圈山，强迫成婚。仁宗命杨文广领兵征讨，阵前兵败。包拯转报玉皇，命天兵天将、孙悟空去剿。悟空搬来老君，收了张龙法宝。张败，现出狮子原形，逃窜钳子山，老君怒烧钳子山	此剧为西路秦腔剧目。武生、大净、猴生唱做打神话故事戏	陕西省艺术研究所藏李瑞口述抄录本
竹子山（本戏）		陈彦龙因父被害，逃至竹子山称王。宋真宗挂驸马石文侠为帅，石龙、石虎为先行，前在征剿，彦龙兵败。彦龙妹陈金定于骊山老母处学艺，下山认兄护营，擒石龙、石虎，败石文侠。石文侠求杨文广救援，擒金定。陈彦龙怒，杀败文广，见杨左背伏白虎一只，即下马归降。石文侠胜而回朝，并给石龙、陈金定做媒婚配	此剧为南路秦腔剧目。武生、武旦、副净唱做打并重戏	陕西省艺术研究所藏陶隆富口述抄录本

续表

剧　名	题材来源	故事梗概	剧种、特色	主要版本
草桥关 （本戏）		宋仁宗时，赵应真赴京赶考，劣绅高才垂涎赵妹兰花之貌，命仆抓地虎抢兰花，兰花被侠士周平、英彩兄妹所救。抓地虎夜潜赵家欲害周平，反为周平所杀。高才贿县令，欲将周平害死，周杀解差后，投草桥关杨文广，屡立战功。赵应真中状元，押粮到边庭，搬来母、妹和周英彩。后由杨文广作伐，赵兰花配周平，周英彩配赵应真，同庆花烛	西路秦腔剧目	甘肃省文化艺术研究所藏抄录本
太君辞朝 （本戏）	事见《杨家府》鼓词	杨家将相继阵亡，仅剩老弱寡妇和孤子杨蕃。太君触目伤情，回忆当年夫死子亡之悲惨下场，决意辞朝归里，宋仁宗及群臣十里长亭送别。此剧又名《长寿星》。其中有折戏《太君辞朝》常单独演出	豫剧，东路、西路、南路、中路秦腔，山西蒲州、中路、北路梆子及河北、贵州梆子剧目。老旦、须生唱做工戏	①《甘肃传统剧目汇编·秦腔》第四集书录本；②《河北梆子传统剧汇集》第三十六集书录刘和山口述本；③山西省戏剧研究所藏中路梆子抄录本；④陕西省艺术研究所藏程海清口述秦腔抄录本
金陵府 （本戏）		余太君辞朝，归家路上，被金陵府李元龙所困。杨金豹奉先师命搭救之。金豹杀死元龙，与余太君母子相认	河北梆子剧目。老旦、二净、武小生唱打工戏	河北省梆子剧院藏抄录本
老征东 （本戏）		余太君归郡数载，思念朝阁大事，命杨文广夫妻进京探视。适遇辽东安王打来战表，宋王率众文武校场比武选帅。眼看帅印落入兵部尚书王强之子王伦手中，文广夫妻不服，下校场比武，刀劈王伦于马下。寇准保奏，宋王盘问其身世，方知为杨门之后，赐帅印，命回郡点兵。穆桂英久离戎马，不愿出征，余太君激励劝慰，方接帅印。桂英五十三岁挂帅东征，平安王；文广又纳安王之女金定作妾。此剧又名《穆桂英挂帅》、《穆桂英征东》、《文广征东》、《平安王》、《刀劈王伦》	豫剧、怀调，蒲州梆子、山东梆子剧目。武生、武旦、老旦唱做武打戏。豫剧本已拍摄为电影	①《山东地方戏曲传统剧目汇编·山东梆子》第二集书录张玉台口述本；②河南省戏剧研究所藏豫剧抄录本；③山西省临汾蒲剧院藏蒲州梆子抄录本

杨门女将故事源流初探

中山大学　曹家齐

一、前　　言

　　杨家将故事是民间喜闻乐道的传统故事之一，而其中以佘太君、穆桂英、十二寡妇等人为主的杨门女将故事，更是家喻户晓。然而，众所周知，杨家将中之杨业、杨延昭（杨六郎）、杨文广等男将，皆史载其名，并有确凿之英雄事迹，而杨门女将则于史无证，纯属后世虚构。明人秦淮墨客在刊刻于万历三十四年（1606）的《杨家府演义》序言中有云："宋起鼎沸之后，一时韬钤介胄之士，师师济济，忠勇如杨令公者，盖举世不一见云。……自令公以忠勇传家，嗣是而子继子、孙继孙，如六郎之两下三擒，文广之东除西荡；即妇人女子之流，无不催强锋劲敌，以敌忾沙漠，怀赤心白意，以报效天子，云仍奕叶，世世相承。"① 从此言来看，杨门女将的故事在当时似已广为流传，并为人们所接受。有学者认为，在《杨家府演义》之前，可能已经出现了话本《杨家府传》，它是《杨家府演义》和稍后的《北宋志传》（今以《杨家将演义》为名刊行）共同的祖本。前者取材了整个话本，后者则只取其中的部分而已。② 但若征之文献，则完整的杨门女将故事，如"穆桂英擒六郎"、"令婆攻打通明殿"、"宣娘化兵截路"、"十二寡妇征西"等，则始见于《杨家府演义》，亦即出现于明代后期。《北宋志传》亦有相关内容，只是标题和具体情节稍异。但不管怎样，杨门女将故事必是经历了一个从无到有、从简单到复杂的形成、演变过程。虽然这一过程只是一个虚构故事的过程，却关乎杨家将故事的流传历史及所负载的社会、文化意义。然而，现有关于杨家将历史及故事、小说的研究成果，对这一问题似乎尚缺乏必要的关注。今笔者不揣谫陋，试对杨门女将故事源流作一简要考察，以求教于方家。

二、从女侠到女将

　　说起历史上流传的关于女将的故事，最有名者莫过于杨门女将了。以女将为题材的，或包含女将题材的英雄传奇小说，大概出现于元明之际，而令人直接意识到女将为小说中的重要题材者，亦应是杨门女将了，确切地说应是《杨家府演义》。若从小说题材的发展演变角度考察，女将题材应非元明之际无凭之创造，而应是有所因承。纵观中

---

① 　无名氏：《杨家府演义·原序》，上海古籍出版社，1980 年。

② 　马力：《＜南北宋志传＞与杨家将小说》，载于《文史》第 12 辑，中华书局，1981 年 9 月。

国古代历史，真正的女将少之又少，而曾经率众作战沙场的女子，明以前亦仅有王莽时的琅玡女子吕母、唐高宗时睦州女子陈硕真、金宣宗时山东女子杨妙真和明成祖时山东女子唐赛儿，但她们皆是民变首领，在古代文人笔下或被贬低、丑化，或被抹杀，似乎构不成女将英雄题材的历史源泉。今所见者，仅有宋人徐梦莘《三朝北盟会编》和岳珂《金佗稡编》中所载南北宋间"带甲上马敌千人，自号一丈青"的张用之妻（原为马皋之妻，皋被诛后，又嫁张用），被附会成《水浒传》中的扈三娘。① 但除此之外，古代小说中所写女将，特别是杨门女将，均无真实的历史人物原型可考。从文学题材的历史传承规律来看，女将当因发于与其角色性质相近或相类似的题材，而历史上流传已久的与女将相近、相类似的文学题材，莫过于女侠了。女将题材应是由女侠演变而来。

女侠故事在古代流传的历史非常悠久，早在《左传》中就记载一个莒国寡妇，寄身纪部，纺绳多年，最后助敌人攻城，为夫报仇的故事。② 汉魏六朝时期，侠女故事已见于小说，并渐有传奇色彩。如汉赵煜《吴越春秋》记载，越王问范蠡备战之术，范蠡推荐越女。越女在朝见越王途中遇一老翁，自称袁公，要与越女比剑。袁公不胜，飞上树，化为白猿。越王向她询问剑之道，越女称"一人当百，百人当万"，越王令人试之，果然不虚。③《搜神记》中有描写侠女李寄斩杀大蛇为民除害的故事；④《搜神后记》则记一比丘尼"裸身挥刀，破腹出脏，截断身首，支分脔切"⑤，暗示桓温发生叛乱的下场。但汉魏六朝小说中的女侠故事还显得非常简单、孤立，不很完整，只是具备了女侠的某些因子。小说中女侠的大量出现是从唐代开始的。

唐代是中国小说发展的自觉时期，与"古小说"相比，唐代小说"作意好奇，假小说以寄笔端"⑥，在文体上发生了质的变化。唐人的小说中，武侠是与神怪、爱情并列的三大题材之一，其最大成就是创造了一大批侠客形象。而其中又以大量女侠的出现而夺目耀眼。

唐代涉及女侠的小说很多，其中著名的、以女侠为主角的就有薛用弱《集异记》中的《贾人妻》、裴铏《传奇》中的《聂隐娘》、袁郊《甘泽谣》中的《红线》、皇甫氏《原化记》中的《车中女子》与《崔慎思》、康骈《剧谈录》中的《潘将军》与《张季弘逢恶新妇》以及五代孙光宪《北梦琐言》中的《荆十三娘》等。这些小说描写的女侠中，有的身怀绝技，复仇雪恨，如贾人妻等；有的凭着高超剑术，酬报恩人，如聂隐娘、红线女等；有的是路见不平，拔刀相助的义侠，如荆十三娘等。

① 余嘉锡：《宋江三十六人考实·女将一丈青》，载于氏著：《余嘉锡文史论集》，岳麓书社1997年，372~376页。

② 《左传》昭公十九年，上海古籍出版社，1997年。

③ 赵煜：《吴越春秋》卷五，文渊阁四库全书本。

④ 干宝：《搜神记》卷一九，文渊阁四库全书本。

⑤ 陶潜：《搜神后记》卷二，中华书局，1981年。

⑥ 胡应麟：《少室山房笔丛正集》卷二〇《二酉缀遗中》，文渊阁四库全书本。

到了宋代，不仅以上女侠的故事继续流传，而且又创作出一些新的女侠故事，如吴淑《江淮异人传》中的《张训妻》、洪迈《夷坚志》中的《花月新闻》、《侠妇人》、《解洵娶妇》等，只是女侠形象描写方面和唐代有所不同。

从人物形象来看，女侠与女将有很多相似之处。一是她们都有高超的武功，并以此成事扬名。如《红线》中描写的女侠红线，她原是潞州节度使薛嵩家的婢女，身怀卓绝武功，为婢19年，但深藏不露。主人对她宠待有加。当她看到魏博节度使田承嗣不顾儿女亲家之分，企图侵夺潞州，而薛嵩为之烦忧时，便凭高超武功盗取田承嗣枕边锦盒以示警戒，粉碎了田的阴谋，从而报了主人的恩。最后却功成不受赏，悄然离去。又如《张季弘逢恶新妇》写唐懿宗咸通年间，左军中有一名壮士张季弘，勇猛过人。后来到襄州军中做事，黄昏时入住商山小店，遇一老妇人，言其子妇甚凶，且"壮勇无敌"。张季弘自恃武勇，欲替老妇人教训儿媳。等老妇人儿媳回来，张季弘便坐在店后石上，召老妇人儿媳近前，加以训斥。老妇人儿媳却躬身辩解，数说婆婆不是，"每言一事，引手于季弘所坐石上，以中指画之，随手作痕，深可数寸"。张季弘见状，再也不敢顶撞，第二天一早就溜走了。可见这女子武功深不可测。小说中的女将也是如此。如《杨家府演义》中所写杨令公长女八姐、次女九妹，随其兄六郎私上前线，藏于军中，凭高超武功分别擒斩辽将招吉和麻哩庆吉。① 穆（书中作"木"）桂英不仅能拽弓射落飞鸟，还凭高超武功先后擒住杨宗保和杨六郎，最后携山寨兵丁归顺宋军，并屡立战功。② 杨门其他女将亦皆武艺高强。二是女侠和女将在家庭和社会中都相对处于比较主动的地位。比如在婚姻方面，《贾人妻》中写贾人妻与王立相遇，邀王立至其住处，问王立"能从居乎？"将王立养在内室，生子后，亦让王立在家照顾。《聂隐娘》中的聂隐娘也是自主择夫，婚后一直在夫妻关系中占据主动地位。女将中亦有类似的情况，如《杨家府演义》中之穆桂英，在阵前擒住杨宗保后，见其生得眉目清秀，齿白唇红，言辞激烈，便起了爱慕之情，"密着喽啰将匹配之事道之"，自主决定了婚姻大事。窦锦姑、杜月英和鲍飞云嫁杨文广，亦都是采用的先擒而后逼娶的手段。③ 三是女侠和女将都是凭借自己高超的武艺和胆识成就一番事功。如女侠中的红线在藩镇冲突中挺身而出，化解了一场一触即发的战争；聂隐娘遵师嘱，对"无故害人若干"者，夜入其室，斩其首级，惩奸除恶。至于女将，则是阵前杀敌破阵，立下战功。杨门女将中的佘太君、柴郡主、黄琼女、穆桂英、杨宣娘及八姐、九妹皆是如此。

女侠和女将之区别，在于她们成就事功的场所不同，女侠主要活用于社会各种空间，女将则主要活动于战场，仅此一方面之区别便决定她们一为女侠，一为女将。另外，女将一般皆有所隶，自由程度似乎不如女侠。但撇开二者的活动场所来看，女侠和

① 《杨家府演义》卷二《兄妹晋阳比武》。

② 《杨家府演义》卷五《孟良金盔买路》、《穆桂英擒六郎》。

③ 《杨家府演义》卷五《孟良金盔买路》，卷七《文广领兵取宝》、《月英怒攻锦姑》、《文广与飞云成亲》。

女将实际上并无本质区别。女将离开战场，若能在社会上行侠仗义，便是女侠；女侠走上战场带兵杀敌，便是女将，二者完全可以自由转换角色。实际上，早在唐代的女侠身上，有的已多少带有一些女将的影子。如聂隐娘出身将门，幼时被一尼姑窃去，练成非凡武功，完成师父交给的除奸使命后，回家自嫁磨镜少年，又先后效力于割据一方的魏、刘二帅。《车中女子》中的女侠盗，则统帅着一群技艺出众的男盗。

女侠与女将如此之相似和关联，自然容易激发小说家的灵感，以至于在故事创作中在女侠和女将之间进行题材转换，或者就是将女侠题材发展为女将。但小说的题材变化是受时代背景中诸多因素制约的，如唐代女侠传奇便是与任侠之风盛行、社会动荡、民族融合，以及文学题材的历史继承性有关，[①]因此不是仅靠作者灵感实现的。作为文学题材的女侠演变为女将，必定有一个过渡期和一些代表性的作品。从现存文献来看，这个过渡期应是元明之际，而其带有女侠转变成女将痕迹的作品便是《水浒传》。

《水浒传》中写了三位女将，按出场先后分别是母夜叉孙二娘、母大虫顾大嫂和一丈青扈三娘。她们无论马上步下，皆勇猛异常，成为梁山上三位女英雄。被朝廷招安后，她们在宋江统帅下，南征方腊，在战场上奋勇杀敌，其中孙二娘、扈三娘两对夫妇皆为朝廷捐躯。此时她们的形象已成为标准的女将。但她们并非一开始就是女将，上梁山之前，她们皆活动于民间。如孙二娘上梁山前曾在十字坡与丈夫张青开酒店，虽然干着害人的勾当，却被鲁智深等人称为"甚是好义气"，在武松被张都监、蒋门神陷害追杀，因而血溅鸳鸯楼，造下人命案逃难时，她不惧风险收留武松，并为武松安排容身去处。母大虫顾大嫂上梁山前亦是开酒店，杀牛设赌，但因远房兄弟解珍、解宝平白受冤，乃联络丈夫孙新之兄登州兵马提辖孙立等人，组成劫牢团伙。事成后全体投奔梁山。扈三娘本是扈家庄庄主扈太公的女儿，被人夸为女英雄。她们三人的形象虽与唐代小说中描写的女侠稍有不同，但都是义字当先的豪侠女子。她们由女侠式人物转而成为女将，代表着小说创作中人物角色或题材的演变，亦是女将形象开始登上小说的标志。杨家将故事中，女将成为耀眼的群星，当是因承元明之际小说题材的这种演变趋势所成。

当然，杨门女将故事在明代清晰完整地出现，是与明代特殊的时代背景分不开的。有明一代，在相当长时期内受到北方蒙古的威胁，双方冲突不断，特别是正统十四年（1449）的"土木堡之变"后，明朝与蒙古关系异常紧张。另外，在浙江、福建、广东沿海地区，又有倭寇为乱，袭击商船和士民，抢掠财物和妇女。这些因素，使民族矛盾严重激化，明朝国内民族情绪高涨，严华夷之防的思想影响甚大。反映在小说创作中，则是抵御外寇、保卫边疆为主要内容的小说创作出现了高潮，如《大宋中兴通俗演义》、《杨家府演义》、《南北宋志传》等小说皆是。但这种时代背景似乎只能决定女将成为小说题材后，将其写进抵御外寇、保卫边疆性质的小说，如杨家将故事中增入杨门女将，而不能决定女将题材的出现。从文学题材角度而言，以杨门女将故事出现为标志

---

① 张振国：《唐女侠传奇成因初探》，《重庆师范大学学报》2004 年第 4 期。

的女将故事题材，当是由女侠题材发展演变而来的。杨门女将故事形成后，女将便成为小说中的常见题材，女将形象亦陆续出现于小说，清代尤为普遍。如清代小说《说岳全传》中有女将梁红玉；《隋唐演义》中有女将花木兰；《说唐后传》中有女将屠炉公主；《说唐三传》中有女将窦仙童；《飞龙全传》中有女将陶三春、褚氏；《说呼全传》中有女将齐月娥；《五虎平南演义》中有女将段红玉；《宋太祖三下南唐中》有女将艾银屏、花解语等。但后来的女将故事无论怎样推陈出新，其影响皆不及杨门女将故事。

三、从佘太君到十二寡妇

见诸史册的杨家将故事，主要是杨业、杨延昭、杨文广祖孙三代的英雄事迹。他们的故事早在他们还在世时就已流布民间。宋仁宗皇祐三年（1051），欧阳修在为杨业侄孙杨琪所作墓志铭中有云："君之伯祖继业，太宗时为云州观察使，与契丹战殁，赠太师、中书令。继业有子延昭，真宗时为莫州防御使，父子皆为名将，其智勇号称无敌。至今天下之士，至于里儿野竖，皆能道之。"① 以后，这种民间传说与史传并行，继续流布。

杨家将故事的口头传说见诸文字，最晚不迟于南宋。元人罗烨作《醉翁谈录》，记载南宋话本中已有《五郎为僧》、《杨令公》等，但不知其内容，只能根据题目看出是有关杨家将的故事。此外尚有理宗时谢维新所编《古今合璧事类备要》后集记及杨家将故事（书中误将杨畋字作延昭）。又有宋遗民徐大焯之《烬馀录》记及杨家将故事，言杨业有七子，俱有名，但与《宋史·杨业传》所记有异，并且记延昭为杨业第六子，延昭子为宗保，与史载不符。从此可以看出，南宋时流传的杨家将故事已经出现了不少虚构的成分，与史传拉开距离。但不管怎样，此时流传的杨家将故事应还都是以杨业及其子孙为主的男将，看不出有女将出现的迹象。

另外，北宋时，杨家将的故事可能已被搬上舞台。元人陶宗仪之《南村辍耕录》列有金院本《打王枢密爨》，所演就是杨家将的故事，可能是由北宋传入。

元代上承宋、金，杨家将的故事继续流传，大致有民间口头传说、曲艺和戏曲三种形式，但今所存者唯有戏曲。由于剧本多已散佚，有关杨家将的故事多少，亦不可知。尚可知者，计有四种，即《谢金吾诈拆清风府》、《私下三关》、《昊天塔孟良盗骨殖》和《孟良盗骨》。其中无名氏之《谢金吾诈拆清风府》故事梗概较为清晰，说的是辽国萧太后心腹贺驴儿，受命化名为王钦若，潜入宋朝作奸细。萧太后在其脚心刺上"贺驴儿"三字，戒其莫忘间谍使命。王钦若至宋，欺瞒朝廷，官至枢密使。他为瓦解宋朝，便设计迫害忠君报国的杨家。当时杨令公之子杨延景（即杨六郎）镇守瓦桥等三关，经常打败辽军。王钦若便借口有碍开街，诳奏宋真宗，令女婿谢金吾强行拆毁杨家宅第清风府。杨延景之母佘太君不能制，又被谢金吾推下台阶跌伤。杨延景闻知，私离三关，回京探视。部将焦赞亦暗随其后，私自离关，及入京，独入谢府，杀死谢金吾及

---

① 欧阳修：《欧阳修全集·居士集》卷二九《供备库副使杨君琪墓志铭》，中国书店，1986年。

其一家，并题诗而去。王钦若擒获杨延景和焦赞，并奏他们私离三关，行凶杀人。真宗欲斩之。杨延景妻母柴国姑劫景、赞回家。王钦若方奏于朝廷，孟良正好来朝，奏明从辽国奸细处搜到辽丞相韩延寿给王钦若的密信，约其在辽军攻宋时做内应。真宗命人验出王钦若脚心之字，于是诛王钦若，而杨延景、焦赞复还三关。①

　　这个故事虽仍是说的杨延景、焦赞、谢金吾、王钦若等人之事，却让我们第一次看到杨门女将的第一代人物佘太君的出场，伴随佘太君出场的还有七娘子、八娘子两位杨门女眷。从"娘子"之称，及杨延景呼七娘子为妹来看，七娘子与八娘子当是佘太君的两个女儿，即杨延景的妹妹。另外杨延景妻母柴国姑劫法场一事，亦昭示出杨家女眷中还有杨延景之妻柴郡主这个人物。但这个故事尚未提到杨门女眷皆会武艺并参与作战之事，甚至佘太君还被推倒跌伤，似乎和女侠、女将都沾不上边。倒是柴国姑劫法场表现出一股豪侠之气，但这个人物在后来的小说和戏剧中却被淘汰了。尽管如此，杨家的女眷毕竟出场了，这便为后来杨门女将故事的构成提供了人物根据。

　　当然这个故事并不一定是从元代才形成的。有学者称，《谢金吾诈拆清风府》是由金院本《打王枢密爨》发展而来的，② 若此说不虚，则佘太君等杨门女眷可能在宋朝流传的杨家将故事中就已出现。按王钦若、杨延景（杨延昭）确有其人，只是事迹属于虚构。至于佘太君其人原型如何，学界尚存争议。民间传说、戏曲小说皆言佘太君是杨业之妻，有学者则根据晚出之笔记和方志，确认这是历史事实，并认定杨业之妻姓折，应是折太君，戏曲、小说称佘太君。实际上这是站不住脚的。因为言及杨业之妻为折太君的材料不仅晚出，而且亦未提供确凿之证据，甚至多有违背基本史实之错误。根据李裕民先生推测，元杂剧和明代戏曲小说中出现的佘太君，很可能由另一个折太君演变而来。据史载及后人考证，与杨家祖籍麟州相邻的丰州（治所在今陕西府谷西北）刺史王承美，在其妻折氏的辅佐下，曾在宋太宗太平兴国七、八年，两次打败来攻的辽军，斩敌四五千，迫使契丹七八万帐（户）内附。从此，王承美、折氏在世期间，契丹再不敢进犯。后王承美升为丰州防御使，折氏则被封为乐安郡君、太君。大中祥符七年（1014），真宗特意诏折氏进宫。这时，她大约60多岁。仁宗时，折太君为丰州刺史王文玉（原名怀玉，王承美嫡长子文恭之子，由承美奏为继子后改名）死后由谁接替事又上奏于朝，其时约75岁。这个折太君与杨业、杨延昭同时，其抗辽、上状、进宫、年寿、活动地域等均与戏曲小说之佘太君有相似之处。民间传说逐步附会到杨家将故事里，经过戏曲、小说的加工，就成了现在人们所熟知的佘太君。③ 李先生的推测甚有道理，这正符合小说家虚构人物和故事情节所惯用的移花接木手法。若是如此，则杨门女将故事的虚构亦与其男将故事一样，很可能从宋朝就开始了。另外，对比有关王承美家

　　① 王季思主编：《全元戏曲》卷六《谢金吾诈拆清风府》，人民文学出版社，1999 年。
　　② 常征：《杨家将史事考》，天津人民出版社，1980 年，292 页。
　　③ 李裕民：《杨家将史事新考》，载于氏著：《宋史新探》，陕西师范大学出版社，1999 年，198～221 页。

族的情况与流传的杨家将故事，王家其他的人物亦有被附会进杨家将故事的可能。据史载，王承美卒于真宗大中祥符七年（1014），恰与杨延昭卒年相同。王承美有子文恭、文宝，文恭子则名怀玉。① 杨延昭子本为文广，但从徐大焯《烬馀录》始见延昭子误为宗保，到后来的戏曲、小说里，则正式演变成延昭之子宗保、宗保之子文广、文广之子怀玉的世系。从此似乎可以看到一些将王家人物（包含人名谐音）附会进来的痕迹。但此处亦仅为推测，或可作为将王家折太君附会到杨家将故事中的一个旁证。

明代戏曲上承元代，仍有一些关于杨家将的剧本。如《开诏救忠》、《活拿萧天佑》、《破天阵》、《黄眉翁》、《金牌》、《三关记》、《金鎞记》等。其中《黄眉翁》与《三关记》提到了佘太君等杨门女眷。

《黄眉翁》全名为《杨郡马赤心全忠孝，黄眉翁赐福上延年》，说的是杨延景镇守瓦桥关，思念家中老母。值母亲寿诞，由寇准代奏，得以回京向母亲祝寿。仙人黄眉翁感杨延景忠孝，以延年酒和仙桃上寿于佘太君。《三关记》取元杂剧《谢金吾诈拆清风府》故事编成，一开始写谢金吾诈拆清风府，杨延昭私离三关，焦赞杀谢金吾全家，俱同于元杂剧《谢金吾诈拆清风府》，但接下来由明人施凤来做了改编，说是八王赵德昭奏请真宗赦延昭死罪，充军汝州。王钦若暗害延昭。知州胡瑗以己子代，令延昭远走避祸。延昭便到五台山去见五郎延德。王钦若投书萧太后，被延昭部将岳胜截获。令婆（佘太君）及六郎妻因天波楼被烧，亦离京走寻五郎。岳胜、孟良起兵为延昭报仇，途中遇令婆，迎入营中，而六郎妻走失。令婆劝岳胜、孟良回师，岳、孟分别入涿州和太行。胡瑗升潼关安抚，遇六郎妻，偕回任所。辽将萧天佐假造民谣，诳宋真宗驾幸澶州。真宗到后，被辽军包围。呼延赞突围入京求救，八王知延昭未死，亲往五台山寻访。延昭于是招焦赞、孟良和岳胜，大败辽军，直抵澶州城下。王钦若事败逃走，延昭追赶，擒之于沙河。② 从故事情节来看，这两剧中以佘太君为主的杨家女眷虽有较多的出场次数，但仍然未见她们有高超武功，或参与作战。这说明杨家将故事发展到明代戏曲中，女将的故事尚未形成。

清人康基田《晋乘搜略》载："乡里世传，折太君善骑射，婢仆技勇过于所部，用兵克敌如蕲王夫人之亲援枹鼓然。"③ 乾隆《保德州志》又载："折太君，宋永安军节度使镇府州折德扆女，代州刺史杨业妻，性警敏，偿佐业立战功。"④ 有学者据此认为杨业之妻折氏会武艺，能作战。所据材料显然是经不住推敲的，这一点，李裕民先生早已指出。⑤ 按亲援枹鼓之蕲王夫人，乃南宋抗金名将韩世忠夫人梁氏（梁氏本无名，后世小说家杜撰为"梁红玉"），《晋乘搜略》所载既然将折太君与梁氏相比，则世传折太君会武艺并能用兵作战的传说之出现，不会早于南宋，如果从明代戏曲中尚不见佘太君

① 徐松：《宋会要辑稿》方域二一之一一，中华书局，1957 年影印本。
② 董康：《曲海总目提要》卷一一，人民文学出版社，1959 年。
③ 康基田：《晋乘搜略》卷二〇，山西古籍出版社，2006 年点校本。
④ 王克昌原本，王秉韬续纂集（乾隆）《保德州志》卷八《人物·列女》，中国地方志集成本。
⑤ 见前揭《杨家将史事新考》。

会武艺及能作战来看，则《晋乘搜略》所载传说之出现，还要更晚，亦有可能晚于《杨家府演义》之成书。

既然明代戏曲中尚不见杨门女眷发展为女将，则杨门女将故事在《杨家府演义》中出现，可能当归功于小说家的创造。但从秦淮墨客之序言来看，杨门女将故事又不像此书首创。《杨家府演义》中所写杨门女将故事内容，应有所因承和借鉴。

明人叶盛《水东日记》载："今书坊相传，射利之徒伪为小说杂书。南人喜谈如汉小王光武、蔡伯喈邕、杨六使文广；北人喜谈如继母大贤等事，甚多。农工商贩，钞写绘画，家（畜）［蓄］而人有之。"① 叶盛（1420～1474）为英宗正统十年（1445）进士，宪宗成化八年（1472）官至吏部左侍郎。无论其笔记中是否将杨六使误为杨文广，② 我们都可以看出，至迟到明宪宗时，杨家将已经成为小说中比较流行的故事之一。一般说来，同一时期相同题材的戏曲和小说是相互影响的，既然此时的小说从题目上仍是以杨文广等男将为主，则我们似可推测，在宪宗或英宗以前，尚未出现清晰的杨门女将故事。但从"杨六使文广"之句，可以推断，进入明朝，杨家将第三代杨文广的故事已成为广为流传的杨家将故事内容了，说明杨家将的故事又有了很大发展。

按《杨家府演义》现存最早的版本，刊于明神宗万历三十四年（1606），但根据种种迹象，它的成书应更早些，可能是在穆宗隆庆或世宗嘉靖间。由此我们基本可以判断，杨门女将故事的创作时间，主要是在英宗正统年间（1436～1449）到穆宗隆庆年间（1567～1572），这亦正是与明朝当时的形势相符合的。因为这一阶段正是明朝与蒙古矛盾最为尖锐之时，又兼倭寇猖獗，明人民族情绪极端高涨，从而出现了抗御外寇、保卫边疆小说创作的高峰期。在这种背景下，小说家们继承和发展文学史上的女侠题材，并受《水浒传》影响，创作出杨门女将抗御外寇、保家卫国的故事，是非常自然的。另外，从《杨家府演义》中所描写的杨门女将故事来看，从人物形象到情节，都非常简单、粗糙，一方面是可能出自一般文人之手，另一方面亦带有初创不久的痕迹。

那么，杨门女将中的人物，如何又在佘太君、柴郡主、七娘子、八娘子之外虚构出穆桂英、杨宣娘等人呢？由于文献不足，我们暂时难以考出其过程。若从理论上讲，无外乎小说家们发挥移花接木、张冠李戴、缘事生发、细心插柳、采民间传闻等手法创作而成，但具体而言，虚构亦应有所凭借。前辈学者对此亦曾作过探讨。关于穆桂英之名，有人认为是由鲜卑族之姓"慕容氏"转音而来。其来源可能是欧阳修为杨琪所作墓志铭中杨琪"初娶慕容氏"的记载。因杨文广乃杨琪之堂弟，故杨文广亦有和慕容氏联姻的可能。小说家便由此生发出杨文广之妻穆桂英（《杨家府演义》及后来的多数

---

① 叶盛：《水东日记》卷二一，文渊阁四库全书本。

② 小说中之"杨六使"一般指杨延昭，如《北宋志传》（后多名《杨家将演义》）第十九回《瓜州营七郎遭射，胡原谷六使遇救》、第二十回《六使汴京告御状，王钦定计图八王》、第二十三回《樵夫诡计捉孟良，六使单骑收焦赞》和三十三回《吕军师布南天阵，杨六使明下三关》中都是指的杨延昭。但《水东日记》中之"杨六使文广"，按其文意似乎不应断开。

戏曲、小说中，穆桂英乃杨宗保之妻，杨文广之母）。① 此说虽不无道理，但亦只是推测之一种。笔者以为，穆桂英的传说来源于明初大学士宋濂《杨氏家传》的可能性较大。

《宋史》杨延昭传中称延昭有三子，有姓名者却只有杨文广一人。曾巩《隆平集》的延昭传则记另两子姓名为传永、德政。但宋濂《杨氏家传》却称杨延昭尚有一子名充广，曾持节广西，与迁居播州（今贵州遵义）的同姓人杨昭通谱。杨昭无子，充广便将己子贵迁过继给延昭为后。从此，充广之后（书中称"［杨］业之子孙"）世守播州。贵迁有光震等三子，光震又有五子，其一名文广。文广统治播州时，有老鹰砦穆獠族反叛，文广命谢都统讨平之。② 宋濂被称为明朝开国文臣之首，名震朝野。他的这篇《杨氏家传》自然亦在本朝产生重要影响。其文中所记延昭之子充广事，虽不可信，③但相关内容成为当朝人虚构杨家将故事的依据之一，则应是无疑的。《杨氏家传》既然提到文广派人讨平老鹰砦穆獠族反叛事，与杨家将故事中杨宗保攻打穆柯砦，被穆桂英招亲的内容，非常相近，很可能就是穆桂英故事生发的源头。后来在北方出现的有关穆柯砦的民间传说，亦有可能源于此。至于穆桂英之名字"桂英"，及杨宣娘之"宣娘"，俱是古代戏曲、小说中常见女子用名。由文广讨平老鹰砦穆獠族之叛，生发出穆柯砦的故事后，给杨宗保之妻撰出穆桂英及其女儿杨宣娘之名，就再简单不过了。

杨门女将中最为悲壮、惨烈的事迹莫过于十二寡妇征西了。但我们却难以找到人物形象及故事情节创作的依据。据理而言，应是小说家创作女将故事的思路发展所致。杨家将的真实故事，主要是讲的杨业、杨延昭、杨文广祖孙三代抗敌卫国的英雄事迹。《宋史》提到，杨业在陈家谷受伤被俘，"其子延玉亦没"，杨业则绝食三日而死，以身殉国，④ 当时若其妻皆在，则杨家不幸添两位寡妇无疑。但延昭、文广既不是战死，亦非早夭，其妻说不上守寡。又据《宋史·杨业传》载，杨业有八子，有名者七人，但除延昭、延玉之外，皆事迹不显，更不知其生卒和内眷情况。南宋话本中始见《五郎为僧》，知有五郎故事流传，但其他五子故事仍未见流传。但《五郎为僧》却给人留下夫妻分离的想象空间。到了《杨家府演义》中，称杨业有七子，事迹俱显，但在故事开篇不久，从来不显事迹的其他五子，或战死，或遇害，或亡匿，一闪即逝，仍只留下五郎和六郎。六郎之后，虽有宗保、文广、怀玉等代代相传，但作为杨家男将却给人凋零之感。且不论这种创作思路是自觉的还是不自觉的，其效果却使"寡妇"二字凸显

　　① 卫聚贤：《杨家将考》，《说文月刊》1944 年合刊本，又见宝文堂书店，1980 年《杨家将演义》所附节录；翦伯赞：《杨家将故事与杨业父子》，《中原月刊》1945 年 2 卷 1 期；汤开建：《穆桂英人物原型出于党项考》，《西北民族研究》2001 年第 1 期。

　　② 宋濂：《文宪集》卷一○《杨氏家传》，文渊阁四库全书本。

　　③ 谭其骧先生早在上个世纪四十年代和八十年代，先后撰《播州杨保考》、《播州杨保考后记》，指出宋濂所谓播州杨氏出于北宋太原杨氏之谬，并指出杨文广或"杨充广"与杨贵迁实不相干。详见氏著《长水集》，人民出版社，1987 年，261～296 页。

　　④ 脱脱：《宋史》卷二七二《杨业传》，中华书局，1985 年点校本新版。

出来，进一步为女将故事提供了创作余地。但小说并没有写第二代杨家寡妇之故事，而是在末卷方出现十二寡妇，她们分别是杨宣娘、满堂春、邹夫人、孟四嫂、董夫人、周氏女、杨秋菊、耿氏女、马夫人、白夫人、刘八姐、殷九娘，① 多是杨文广的姐妹和儿女辈。虽然小说没有逐一交代她们的丈夫，却更增加了杨家一门英烈的悲壮之感。但《北宋志传》中的十二寡妇却与《杨家府演义》中不同，不仅姓名有很大出入，而且都是杨延昭一辈及下一辈人。在《杨家府演义》中十二寡妇征西营救的是杨文广，当时他已经 50 多岁，而在《北宋志传》中，十二寡妇征西营救的却是杨宗保，而杨文广当时才 15 岁。有学者据此认为，这正说明十二寡妇的故事是旧有的情节之一，所以两本杨家将小说的编写者都将其作为压轴的高潮。② 笔者据此推测，在《杨家府演义》和《北宋志传》成书之前，十二寡妇的故事流传，可能已有不同的版本。

当然，无论《杨家府演义》还是《北宋志传》，所写入的杨门女将故事从艺术性上讲都还比较粗糙，但为以后的进一步创作奠定了坚实的基础。后来有关杨门女将的小说、曲艺、戏曲，多是在《杨家府演义》和《北宋志传》的基础上继续创作的。如小说中，清代有《北宋金枪全传》、《杨家府》和专写杨门女将的《天门阵十二寡妇征西》等；曲艺作品则有《天门阵》、《大破洪州》、《十二寡妇征西》、《杨门女将》、《穆桂英接印》等；戏曲则有《杨排风》、《穆柯砦》、《破洪州》、《杨门女将》、《穆桂英挂帅》等。这些杨门女将故事的艺术性大大提高，不仅故事情节更加合理、完整，人物形象亦更加生动、丰满，并创作出杨排风等新的人物。之后，杨家将故事中，男将们渐显暗淡，女将则愈加耀眼。当然，后来的故事情节亦不断发生变化。

四、结　语

通过以上考察，我们不难发现，杨门女将的故事虽在明代正式成形，并写入长篇小说《杨家府演义》，是文学题材和相关故事内容长期发展演变，并应当时社会需要而产生的结果。首先，从文学题材的因承关系看，女将题材应是由唐代传奇中女侠题材发展演变而来，而杨门女将的故事创作又很可能直接受到《水浒传》的影响。其次，杨门女将的第一代佘太君这个人物，可能早在宋朝就被虚构出来，但从宋朝经元朝，到明朝前期，无论是小说和戏曲中，杨门女眷都一直充当配角，而且亦未见以女将的形象出现，杨门女将的故事应是集中创作于明朝中期，即英宗正统年间至穆宗隆庆年间，这是与当时明朝与蒙古矛盾加深，倭寇为乱，民族情绪极端高涨的社会背景密不可分的。

另外需要补充说明的是，杨门女将故事在明朝出现，亦表达出一定的社会价值观，这一点既有时代的文化意蕴，亦有其历史的继承性。综观唐传奇中的女侠形象，大致可描述为不受拘束、任情旷达，豪爽坦率、刚强自信、自主婚姻、个性张扬以及对传统礼俗多有背反。但宋代小说中的女侠形象则和唐代有很大不同，基本可描述为自我意识薄

---

① 《杨家府演义》卷八《十二寡妇征西》。

② 见前揭马力：《＜南北宋志传＞与杨家将小说》。

弱、遵从传统妇德。到了《水浒传》中，三位女将虽都胆大敢为，个性张扬，甚至还有些粗野，但都有过人的义气。特别引人注意的是，在儿女英雄本无缘的梁山之上，三位女将却异乎寻常地全都拥有自己的小家庭，尤其是扈三娘的形象从英姿飒爽的巾帼英雄，一下子跌落为一个逆来顺受、任人宰割的战俘，在宋江的撮合下，嫁给了武艺人材俱不般配，且是手下败将的矮脚虎王英。这些情节安排看似不合常理，背后却在表达着一种社会价值观。作者有意无意地将孙二娘、顾大嫂、扈三娘这几位女侠与武大郎之妻潘金莲、杨雄之妻潘巧云等淫荡败伦女子多次对比，进而凸显以"义"为上的家庭伦理原则与主流社会之对比，旨在宣扬以"义"为核心的最高道德标准。作者比较看重家庭伦理在整个伦理体系中的作用，反映出对儒家思想的认同。《杨家府演义》中的杨门女将，虽继承历史上女侠性格放达、具有独立意识的个性特点，迥然不同于凡俗女子，在她们身上看不到具体的妇德、妇言、妇容、妇功，但她们在丈夫死后，无一改嫁，不仅坚守贞节，而且还能披甲征战，为国立功，这不啻是对忠孝节烈观念的最佳诠释与宣扬。《杨家府演义》中虽然没有直接将杨门女将的忠孝节烈与具体的反面角色作对比，却是与当时奢靡的风气下，伦常频遭败坏的社会现实形成了鲜明对照，其文化意蕴更显深刻。从宋到明，女侠和女将小说所反映出的社会价值观，应是与理学在人们思想意识中的影响不断深入相一致的，这亦可看作杨门女将故事源流一个潜在的方面。

关于杨家将故事思想评价的三个问题

中国社会科学院文学研究所　裴效维

笔者对杨家将没有深入研究，仅仅做过三件事：点校过《杨家将演义》，并附录了一点研究资料；改写过一本《杨家将》小说；发表过一篇《杨家将故事的嬗变》文章。最近笔者大致翻阅了蔡向升、杜雪梅主编的《杨家将研究》，发现近十多年来关于杨家将的研究突飞猛进，硕果累累。尤其在史料的考证、梳理、辨正方面成绩斐然，澄清了不少问题。在急功近利、浮躁风气盛行的当今，仍有这么多同行甘愿寂寞与清贫，在故纸堆中寻觅只言片语，并乐此不疲，不能不令人肃然起敬。但也应该清醒地看到，由于杨家将史料较少而零散，且史事与传说混杂，研究基础又薄弱，杨家将研究还有待进一步深入。笔者拿不出什么研究成果，只是发现学界在杨家将故事的思想评价问题上观点不一，而这个问题又恰恰是杨家将研究中的关键，因而略陈管见，以求教于方家。

一、杨家将是不是爱国英雄

有人认为：作为艺术形象的杨家将可以算做民族英雄，而不能奉为爱国英雄。其理由是：北宋、契丹（辽）、西夏同属中国，北宋与契丹、西夏的战争不是国家之间的战争，而是国内民族战争，属于内部矛盾。如果把杨家将奉为爱国英雄，就等于把契丹和西夏排除在中国之外。有人甚至上纲上线，以分裂国土、破坏民族团结的罪名吓人。[①]这种观点貌似顺理成章，而实际上是以今天的国家概念衡量历史。这是一种逆反逻辑，完全违背了历史唯物主义。历史唯物主义要求根据具体的历史条件分析历史问题，反对以今天的标准衡量历史。因此，要评断杨家将是不是爱国英雄，就应该从杨家将所处的时代寻找答案。

国家是一个历史范畴的概念或观念，包含两层意思：第一，国家只存在于一定的历史时期，人类初期并无国家，国家在将来也可能消亡。第二，国家产生之后，一直在不断变化，世界上没有一成不变的国家，中国也不可能例外。《三国演义》开宗明义道："天下大势，分久必合，合久必分。"中国的历史就是一部不断分合的历史。为了说明问题，这里不得不略费笔墨，对中国五千年的历史稍作回顾。

"国家"一词，在中国现存最早的经典《周易》中已经出现，见于该书《系辞

[①]　笔者看过这种观点的文章，且不止一篇，但当时未作记录，现在又一时未能找到，只能作如此概述。

下》：“君子安而不忘危，存而不忘亡，治而不忘乱，是以身安而国保也。”同样也见于《孟子·离娄上》：“人有恒言，皆曰天下国家。天下之本在国，国之本在家，家之本在身。”然而这里的“国家”并不等同于我们今天的国家概念，而是包含两个概念：“国”指诸侯的封国，“家”指大夫的封地。证据是赵岐对《孟子》这段话的注文：“国谓诸侯之国，家谓卿大夫也。”诸侯国从属于帝王的中央政权（朝廷），须定期向帝王朝贡述职，并有分担军赋和劳役的义务。但他们有独立的军政大权，可以独立治国，称孤道寡。可见中国的上古时代，都是由众多诸侯小国组合而成的，真可谓国中有国。这些诸侯小国的数量多得惊人。如周武王伐纣，兵“至孟津，诸侯不期而会者八百诸侯”。①这说明商末的诸侯国至少有 800 个，因为还有未参加伐纣者。周朝建立后，诸侯国数量大为减少，但仍有“七十一国”。② 此后，这种分封制的弊端逐渐显露：诸侯为了争夺地盘和霸权，战争不断，形成了“大鱼吃小鱼”和朝廷被架空的局面。终于导致秦灭诸国，取代周朝，一统天下。秦始皇是这种分封制的最大受益者，同时也对分封制的危害性提高了警惕。为了不令他人学样，使秦王朝“二世三世至于万世，传之无穷”，秦始皇接受李斯的建议，改行郡县制，并实行了“一法度衡石丈尺，车同轨，书同文字”③ 等一系列改革，从而实现了中央集权统治。然而秦王朝至二世即亡，总共只有15 年。汉代以后的各王朝继承了秦朝的中央集权制，并不断加强与完善。然而改朝换代和国家分裂的政治戏仍然不断上演，其中最热闹的莫过于魏、蜀、吴三国鼎立，南朝北朝对峙，五代十国纷争，北宋、契丹、西夏并存。以上就是从上古至元朝建立前，中国不断分合历史的概况。中国最后三个王朝元、明、清，虽然仍有中央政权与少数民族地方政权的纷争，但再没有出现过分裂局面，从而真正实现了国家的统一，奠定了中国的版图，这也基本上就是中国现在的版图，从而形成了我们现在的国家观念。

由于中国在历史上有分有合，即有时为统一王朝，有时又分裂为诸多小王朝，因此不可能只有一种国家观念，而势必形成多种国家观念。也就是说，当处于统一王朝时，其国家观念与我们今天相同；而当分裂为诸多小王朝时，就会有诸多国家观念。譬如：当魏、蜀、吴三国鼎立时，就会有三种国家观念：魏人的国家观念指魏国，蜀人的国家观念指蜀国，吴人的国家观念指吴国。明乎此，则杨家将是不是爱国英雄的问题也就迎刃而解了。

杨家将生活在北宋、契丹、西夏并存的时代，它们各自独立，互相势不两立。在此形势下，北宋、契丹、西夏上自皇帝，下至庶民，只能把另外两方视为敌国，把彼此间的战争视为国家与国家之间的战争；而不可能互相视为同胞，也不可能把彼此之间的战争视为内部矛盾。这是历史事实，任何人也无法抹杀。宋太宗说：“国家无外忧，必有

---

① 《史记》卷三二《齐太公世家》。

② 郭沫若：《中国史稿》第一编第三章第一节。

③ 《史记》卷六《秦始皇本纪》。

内患。"① 这里的"国家"自然指宋朝，而"外"指外国，也就是辽和西夏。宋朝皇帝的这种国家观念，正代表了宋朝臣民的国家观念。

还应该指出的是，任何战争都有是与非、正义与非正义的区别。就北宋与契丹、西夏的战争而言，北宋属于正义的一方，而契丹和西夏属于非正义的一方。证据就是宋朝的国策和战争的事实。宋政权是通过"陈桥驿兵变"即军事政变的方式取得的，因此宋朝的皇帝们从中汲取了一个错误的教训，即认为家贼甚于外寇，内患大于外忧，军事政变的危险大于民族战争的威胁。关于这一点，宋太宗说得再清楚不过了。他说："外忧不过边事，皆可预防；奸邪共济为内患，深可惧也。"正是这种错误的认识，导致了错误的国策：对内崇文轻武，控制武将权力，以防威胁其政权；对外则屈辱妥协，苟且偷安。这种国策贯穿于两宋，直到灭亡。为了控制武将，宋廷除了玩弄"杯酒释兵权"之类的把戏之外，还采取了一系列架空武将的措施，如：只给武将虚衔，不许其实掌兵权；军权由中央掌控，武将只在战时指挥；军政分离，不许武将染指地方政务；驻防频繁调换，以防武将割据；朝廷派亲信监军，以防范武将的不轨行为；等等。以致告密成风，奸臣得志，武将遭殃，被杀自杀者屡见不鲜；就连文官寇准，因其坚决主张抗辽，也被罢相。而对于外寇，则一让再让，一忍再忍。只有当外寇兵临城下，火烧眉毛的危急关头，才勉强应战；一旦危急暂时解除，即使战争顺利，也偃旗息鼓，赶紧收场。"澶渊之盟"便是典型一例。当时宋、辽交战数月，辽兵处于劣势。在澶渊（今河南濮阳）一战中，辽兵更是腹背受敌，其领兵元帅萧挞览（一作"凛"）也被宋将射死。只要宋军坚持战斗，即使不能全歼辽兵，也可大获全胜。然而宋真宗拒绝了宰相寇准和杨延昭等武将主战派的主张，听信了奸臣王钦若等主和派的主张，竟与辽国签订屈辱和约：每年向辽国进奉银十万两、绢二十万匹。这就是臭名昭著的"澶渊之盟"。史学家贬称宋代为"弱宋"，我们也可以对宋朝皇帝的苟且偷安口诛笔伐，但反过来说，恰恰可以证明，宋朝与契丹、西夏的战争，契丹、西夏是侵犯者，宋朝则是受害者，因此孰是孰非，不言而喻。

杨家将故事中的杨家将，是以宋朝官军的身份，参加抗辽、抗西夏的正义战争，是为了保卫大宋的国土和人民的生命财产，因此名正言顺、理直气壮。由于他们视死如归、前仆后继、战无不胜，以至稳若万里长城，使辽兵和西夏兵闻之丧胆，难以为所欲为，从而极大地减轻了契丹和西夏对大宋的威胁，对中原人民的危害。杨家将不但要抵御辽和西夏的凶兵悍将，而且还受到昏君的掣肘和奸臣的暗算，以至于付出了惨重的代价：杨业父子九人，六人献身。因此我们说杨家将以巨大的牺牲，建立了丰功伟绩，恐怕毫不过分。如果这样的人物还算不上爱国英雄，那么什么样的人物才是爱国英雄呢？

众所周知，中国历史上发生过无数次战争，但从现代国家观念来看，真正反抗外国侵略的战争，始于1840年的鸦片战争；此前中国发生的所有战争（如战国时代的诸侯争霸战争、历代改朝换代的战争、历朝民族之间的战争、分裂时期小王朝之间的战争、

---

① 《宋史》卷二九一《宋绶传》。

农民起义战争等），皆属于国内战争。如果只承认反抗外国侵略的英雄才是爱国英雄，那么我国数千年历史上就几乎没有爱国英雄了。可见坚持用现代国家观念来界定爱国英雄的观点，表面上看似爱国主义，实际上却是一种亵渎历史、数典忘祖的谬论。

我们也看到，有些人之所以不承认杨家将为爱国英雄，只是出于自我保护，以避免被人扣上分裂国家、破坏民族团结的大帽子。还有人出于同样原因，而采取了回避态度，不敢承认或提及杨家将为爱国英雄。其实这些顾虑都是多余的。这除了上面的论述之外，杨家将是爱国英雄还可以有另外的诠释。简而言之，具体的爱国英雄当然产生于一定的历史背景之下，如杨家将产生于北宋抗辽、抗西夏的背景之下，而岳飞则产生于南宋抗金的背景之下。而具体的爱国英雄一旦产生之后，就成为全人类的精神财富，成为一种崇高的象征或偶像，为全人类所仰慕。这是因为人类具有道德共性：敬仰高尚而憎恶卑鄙。英雄崇拜就是这种道德共性的表现之一。辽人为杨业在古北口建"杨无敌庙"，杭州人为岳飞在西湖建"岳王庙"，盖由于此；石敬瑭为世人所不齿，岳庙中秦桧为岳飞下跪，也由于此；今天的中国人民（包括少数民族）仍然对杨家将故事津津乐道，还由于此。至于杨家将故事在元、明、清三代得以大发展，则其原因除了英雄崇拜之外，还因为爱国英雄具有鼓舞人心、寄托愿望的巨大作用，如元代人民希望有杨家将一样的英雄推翻蒙古贵族的残暴统治，明代人民希望有杨家将一样的英雄抵御北方少数民族的侵扰，清代人民希望有杨家将一样的英雄赶走满洲贵族。

二、杨家将维护谁的利益

有人承认杨家将为爱国英雄，但又认为"杨家将都是地主阶级的抗战派，他们反对侵扰的目的是维护地主阶级的政权"。① 这是所谓"阶级论"的典型观点。在相当长的时期内，这种"阶级论"曾经大行其道，无所不在。尤其在意识形态领域，"阶级论"更是犹如法律，对任何问题都要用它来衡量。以文学界为例，一切作家、作品和文学现象，都要用"阶级论"来评判，都为之贴上了"阶级"的标签。这些陈年老账，学者无不耳熟能详，不必赘言。但当时对公案侠义小说中的清官和侠义（即民间所称之"侠客"）人物的评价，却与我们讨论杨家将的评价问题十分相似，因而多说几句。

由于在中国历史上确实出现过不少清官和侠客，又受到人民群众的喜爱，因而产生了一大批可以视为中国特有的公案小说、侠义小说、公案戏以及同类题材的曲艺作品，至明、清两代达到鼎盛时期，至今盛行的武侠小说也还是侠义小说的延续和发展。旧式文人以其鄙俚不雅而瞧不上眼，却也并不排斥。新文学家开始对这类作品加以攻击，认为它们是"一切鄙劣的民族性"② 的表现。新中国成立后，这类作品一方面成为禁书，一方面又受到猛烈批判，而批判的武器就是"阶级论"。我们仅以当时对清官和侠义人物评价的一种代表观点为例："归根到底，这些清官是最高封建统治者的奴才，而这些

---

① 南开大学中文系：《中国小说史简编》，人民文学出版社，1979 年。
② 郑振铎：《论武侠小说》，见作者著《海燕》集，上海新中国书局，1932 年。

侠义则是奴才的奴才。小说的作者把他们当作正面的英雄人物来描写和歌颂，正是一种向读者灌输奴才思想的表现。"①

在人民群众看来，爱国英雄是为他们抵御外敌侵凌掠夺的人物，清官和侠义则是为他们申冤昭雪的人物，因而对其备加爱戴和崇敬。但在"阶级论"者看来，这三种人物却都是为封建统治者服务的"奴才"或"奴才的奴才"。只是看在"爱国"的分上，对爱国英雄手下留情，未给他们戴上"奴才"或"奴才的奴才"的帽子。本来，阶级是历史的客观存在，"阶级论"也是一种重要的分析方法。然而"阶级论"也不是万能灵丹，并不适用于任何地方。把"阶级论"绝对化，企图用它解释一切问题，就会成为荒谬的笑柄。譬如"阶级论"者也声称自己拥护"群众观点"，然而他们对爱国英雄、清官和侠义的评价，恰恰与群众观点背道而驰。自己打自己的嘴巴，还不可笑吗？

现在回到本题，即杨家将维护谁的利益。

我们不必避讳，杨家将既不是绿林豪杰，也不是农民起义领袖，而是大宋的武将，维护大宋政权正是他们的职责所在，因此说杨家将"反对侵扰的目的是维护地主阶级的政权"并没有错，问题在于这一点是不是杨家将的污点？是不是要对他们的爱国英雄形象打折扣？笔者的答案是否定的。

首先，从历史唯物主义观点看，地主阶级与奴隶主相比是一大进步，代表地主阶级利益的封建制度与代表奴隶主利益的奴隶制度相比也是一大进步，封建制度也是人类社会发展的必经阶段，因此地主阶级和封建制度在社会发展史上有其合理性。事实上，我们所引以为自豪的古代文明、优秀文化遗产，几乎都是在封建社会创造的。这其中当然有劳动人民的功劳，然而也有地主阶级的功劳，无数思想家、政治家、军事家、文学家、艺术家、科学家等也大多出身于地主阶级。因此应该说是劳动人民和地主阶级在封建制度下共同创造了中国的古代文明和灿烂文化。既然如此，那么生活在封建社会的杨家将维护地主阶级政权又有什么错呢？如果杨家将不愿意维护地主阶级的政权，那就只有两条路好走：做绿林好汉或率领农民起义。做绿林好汉虽然表示与朝廷决裂，但他们也得穿衣吃饭，那就只能抢劫乃至杀人放火，反而成为社会的公害。农民起义曾经被认为是封建社会最进步的行动，理由是它可以推动社会的发展。然而代价未免太大，它不仅对经济和文化造成毁灭性的破坏，而且对广大人民的生命和财产造成惨重的伤亡和损失，究竟得大失大，还值得研究。何况起义的结果，多半失败，农民更加遭殃。即使起义胜利了，也不过换一个朝代，换一个皇帝，封建制度依然如故。这是因为，在那个时代，任何人都不知道也不可能知道还有比封建制度更好的社会制度，不知道也不可能知道还有比皇帝更好的国家首脑。农民反对的只是坏皇帝，希望有个"好皇帝"罢了。而且就连这样的希望也总是落空，当他们以无数生命的代价推翻原来的坏皇帝，将自己的首领扶上皇帝宝座之后，很快就发现，这个新皇帝也不一定比原来的坏皇帝好多少。

---

① 刘世德、邓绍基：《清代公案小说的思想倾向——以〈施公案〉、〈彭公案〉和〈三侠五义〉为例，兼论"清官"和"侠义"的实质》，《文学评论》1964 年第 2 期。

可见对杨家将维护封建政权横加指责是极其荒谬的。或许有人会说：把杨家将维护封建政权视为局限性总是可以的吧？笔者认为这也是大可不必的。因为这个被人滥用的所谓"局限性"也是一个历史的概念，我们看前人有局限性，我们的后人看我们也有局限性，总而言之是前人与后人相比都有局限性，即任何时代的任何人都有局限性，局限性无人能够幸免。人人都有的缺憾就不再是缺憾，而是人的共性。既然如此，那么动辄加人以局限性，岂不是废话？可见用"局限性"来降低杨家将爱国英雄的形象，也是徒劳的。

其次，杨家将抵御外敌的行为，既维护了大宋政权，也维护了人民大众的利益。这包含三层意思。

第一，从理论上说，在封建社会，封建政权与人民大众的关系具有两面性，是一对矛盾的统一体：它们是统治与被统治、剥削与被剥削的关系，这是矛盾的一面；它们又互为依存，共同构成了国家，这是统一的一面。大宋政权与其人民大众的关系也不例外。因此杨家将同时为大宋政权和人民大众效劳并不矛盾。

第二，在封建社会，当一个国家受到外敌威胁或侵略时，这个国家的政权与人民大众的利益便趋于一致，它们之间的矛盾会大大减弱。杨家将生活的时代正是如此。契丹、西夏对北宋的侵扰，不仅北宋政权受到严重威胁，而且北宋人民更是直接的受害者，他们被杀被掳被抢，家破人亡，流离失所。如果大宋灭亡，从皇帝到百姓，都将沦为亡国之奴。后来的徽、钦二帝及其皇族、大臣们在"靖康之变"后所受的凌辱，南宋灭亡后其遗民在元代的悲惨遭遇，就是亡国奴的样板。杨家将在这样的情况之下，以视死如归的勇气，有效地抵御了契丹、西夏对北宋的侵犯，既捍卫了北宋政权，也保护了北宋人民的生命和财产，且最大限度地保护了中原的先进文化和先进生产力，其功至伟！

第三，有人说杨家将抗辽和西夏只是在"客观上"维护了中原人民的利益。这种观点既不符合历史事实，也无视杨家将故事。我们仅举两例（这两例既见于多种史书，也见于杨家将故事，故除引文外，不另加注）。例一：杨业之父杨弘信（史家因避宋太祖赵匡胤之父赵弘殷之讳而改为杨信或杨宏信），早在五代后唐时期，就在河曲县（今属山西省）组织士兵，抗击辽寇，保境安民。当石敬瑭以割让"燕云十六州"为代价，乞求契丹助其灭后唐建后周、坐上"儿皇帝"宝座之后，杨弘信对此认贼作父的猪狗行为不齿，毅然率兵南下，攻占了后晋的保德、离石、临县一带，并与黄河西岸府州的折从阮、折德扆（即杨家将故事中佘太君之父佘洪）父子结盟，继续抗击辽寇，保境安民。杨弘信的抗击辽寇完全是自发行为，其目的完全是保境安民，而且夺取了后晋"地主阶级政权"管辖的地盘，以示对卖国贼石敬瑭不齿，这与"维护地主阶级政权"更是风马牛不相及了。杨弘信是杨家将的始祖，他的这种抗击辽寇的行为，难道也只是在"客观上"维护了人民的利益吗？例二：雍熙三年（986），宋太宗为收复失地，以三路大军北伐契丹。其中西路以潘美（即杨家将故事中的潘仁美）为元帅，杨业为副元帅，王侁、刘文裕为监军，连克云、应、寰、朔四州。但因东路军失利，使契丹集中十万大军对付潘、杨一军。宋太宗见败局已定，下令潘、杨一军保护四州之民南迁。杨业鉴于辽兵势盛，又有诏令撤军，提出了一个声东击西以保护四州之民南迁的计划。他说："今辽兵益盛，不可与战。朝廷只令取数州之民，但领兵出大石路，先遣人密告云、朔州守将，俟大军离代州日，令云州之众先出。我师次应州，契丹必来拒，即令朔州民出城，直入石碣谷。遣强弩千人列于谷口，以骑士援于中路，则三州之众保万全矣。"① 如此合理而周密的计划，却遭到了王、刘二人的反对，王侁更诬杨业有"异志"；而作为统帅的潘美则以狡猾的沉默，对王、刘的胡说八道加以默认。结果导致宋军大败，杨业殉国，而四州之民也未能逃脱虎口。此例不仅反映了杨业卓越的军事才能，而且说明他心中装着百姓。换言之，杨家将的抗辽和西夏，在主观上就是为了保卫中原人民的身家性命及其赖以生存的父母之邦。

三、杨家将的忠君思想是否影响其形象

有人说："《北宋志传》（按即《杨家将演义》）里所表现的爱国思想和忠君思想是纠缠在一起的……他们（按指杨家将）为国效劳是以忠君观念为基础的，这和人民大众所表现的爱国主义思想还是有所不同的。"② 又有人说："他们（按指杨家将）的英勇忠贞，仍然是以忠君的封建思想为基础的。小说中不时表现出忠君即爱国的错误论调，这同广大劳动人民的热爱祖国，为保卫祖国的统一而进行的浴血奋战的英雄气概，有着本质的不同。"③ 两家的说法如出一辙，甚至连词句都一样，而且类似的说法还不止这两家，足见是一种代表性观点。然而代表性观点不一定代表正确观点。

不错，在杨家将故事里，的确有浓厚的忠君色彩。这不仅表现在杨家将的言语中，而且贯彻于他们的行动中，他们出生入死、英勇奋战，在很大程度上就出于忠君。但问题在于，杨家将的忠君思想是不是他们的缺陷或局限性？是不是因此而降低他们的爱国英雄形象？笔者的答案还是否定的。

忠君思想是历史的产物，因此我们也应该以历史唯物主义的态度对待它。我国2000 多年的封建社会，一直以儒家礼教为道德规范，忠、孝、仁、义是其核心。我们所引以为自豪的"礼仪之邦"，其"礼仪"正是指这些道德规范。由于我国封建社会持续了 2000 多年，加之统治者不断灌输，使儒家道德深入人心、根深蒂固。所以"不忠不孝，不仁不义"成为最严重的不道德判词，谁要被人戴上这顶帽子，将为众人所不齿。所谓"忠"，当然不单指"忠君"，而是泛指待人、待事上忠诚无私，但"忠君"无疑是其核心，因此"忠君"思想变成了全民思想。区别只在于，有些所谓"忠臣"不管皇帝是好是坏，行事正确与否，一概忠贞不贰，这就是"愚忠"；而人民大众以及有识之士，则只忠于"好皇帝"。其实这也算不上"本质的不同"。如果我们不健忘，

① 《宋史》卷二七二《杨业传》。
② 游国恩等主编：《中国文学史》，人民文学出版社，1964 年。
③ 南开大学中文系：《中国小说史简编》，人民文学出版社，1979 年。

那么"文革"中的"个人崇拜",不正是"忠君"思想的现代翻版吗?既然"忠君"思想在封建社会是全民思想,而且至今还能耸动全国,那么杨家将的爱国思想和忠君思想"纠缠在一起"有什么奇怪呢?凭什么断定杨家将的爱国思想与人民大众的爱国思想就有"本质的不同"呢?至于说宋朝人民抗契丹、抗西夏是"为保卫祖国的统一"云云,则更是痴人说梦。宋朝人民面对的是宋、辽、西夏并存,而且宋朝处于弱势,自身难保,何来"保卫祖国的统一"?

上文已经说过,封建社会在人类发展史上也是一种合理的存在,而皇帝则是封建社会的首脑。因此维护皇帝的权威,显然有助于提高社会的凝聚力,有助于维持社会的秩序,有助于经济、政治、文化、军事的发展。这既有益于统治者,也有益于人民大众。我们之所以常常以"盛唐"为骄傲,不正是因为它基本上符合这一切吗?如果我国历史上少些动乱,多些"盛唐"式的朝代,我国近代也许不至于受到列强的欺侮,现在也不至于落在发达国家之后了。因此,杨家将的"忠君"思想,也属于历史的必然,用不着大惊小怪。

杨家将处于契丹和西夏长期威胁北宋的特殊时期,战争成为家常便饭。这时皇帝更是国家的代表和象征,因此维护皇帝的权威尤为重要。皇帝的权威愈大,凝聚力也愈强,从而形成上下一心、全民抗战,则国家可保,人民也可免遭涂炭。从这个角度看,"忠君即爱国"又有什么错呢?

文学视野中的杨家将

延安大学文学院　梁向阳、余　敏

杨家将故事在中国以街谈巷议、口耳相传的形式成为妇孺皆知的民间英雄传奇，甚至演绎为一种神圣的民间图腾。作为实践中国传统"忠孝节义"伦理道德观的典范，杨家将在历史与文学视野中有着双重面貌，在漫长的历史演变中，杨家将逐渐淡出了史家的舞台而进入文学的观照视野。对于杨家将，我们无意作历史的考证，而是企图从文学视野中的杨家将形象与史传记载的差异性入手，探求潜藏在这种改写背后的深层动因。

一、史传叙述——单一的"忠君"主题的宣教

公元 907 年，唐帝国瓦解，诸雄争霸，五代十国在战火烽烟中逐鹿中原。后晋皇帝石敬瑭将幽云十六州割让给契丹屈居"儿皇帝"之位，致使契丹肆无忌惮地入侵中原地区。杨家将第一代将领杨业的父亲麟州杨信便是当时抗击契丹的一支地方武装力量。公元 947 年，后晋河东节度使刘知远联合杨信等脱离契丹自立为帝，史称后汉。北汉世祖刘崇为后汉君主刘知远的弟弟，杨信之子杨重训、杨重贵（杨业）弱冠时即成为北汉的将领。北汉主刘崇曾将杨重贵赐名刘继业。《宋史》记载杨业"弱冠事刘崇，为保卫指挥使，以骁勇闻，累迁至建雄军节度使，屡建战功，所向克捷，国人号为'无敌'"。① 受父辈熏陶，杨业骁勇有谋，年少时即有"我他日为将用兵，亦犹鹰犬逐雉兔尔"② 的豪言壮语。公元 960 年，五代最后一个割据政权后周由于殿前都点检赵匡胤的"陈桥兵变"而灭亡，北宋政权建立。杨业作为北汉的将领，曾参与数次与宋的战斗。威名远播以至宋太宗"素闻其名，尝购求之"。③ 公元 979 年，宋太宗亲征北汉，杨业誓死捍卫北汉政权。直至北汉皇帝刘继元投降北宋，宋太宗"遣中使谕继元，使召继业。继元遣所亲信往，继业乃北面再拜，大恸，释甲来见。帝慰抚之，复姓杨氏，止名业"。④ 杨业降宋后在与辽（契丹）的战争中立下了赫赫战功。北宋太平兴国五年，契丹人围攻雁门关，杨业创造了仅以数千骑战胜契丹军的"以少胜多"的战史奇迹。从此契丹"望见业旌旗，即引去"。⑤ 公元 986 年，辽国圣宗年幼，由太后萧绰当

---

① 脱脱等：《宋史》卷二七二《杨业传》，中华书局，1977 年。
② 《宋史》卷二七二《杨业传》。
③ 《宋史》卷二七二《杨业传》。
④ 陈邦瞻：《宋史纪事本末》，中华书局，1980 年，64 页。
⑤ 《宋史》卷二七二《杨业传》。

政，宋太宗欲借此机会收复割让的幽云十六州，兵分三路北伐攻辽，杨业在西路军潘美麾下。由于东路军曹彬失手，中、西两路也无力抵挡，杨业护送百姓迁徙时由于奸臣陷害而被迫冒险出战，在陈家谷口被辽军俘获，绝食而亡。

杨业殉国后，宋太宗曾录用他的几个儿子入朝为官以示嘉奖。《宋史·杨业传》中记载："业既殁，朝廷录其子供奉官延朗为崇仪副使，次子殿直延浦、延训为供奉官，延瑰、延贵、延彬并为殿直，"其中，杨延朗即为杨家将第二代核心人物杨延昭："延昭，本名延朗，后改焉，"世称"杨六郎"。六郎自小深得父亲杨业喜爱："为儿时，多戏为军阵。业尝曰：'此儿类我'。每征行，必以从。"而年轻时即勇为父亲的作战先锋，"流矢贯臂，斗益急"。父亲死后，他升任崇仪使，后连任知定远军、保州缘边都巡检使等职，在保州时还曾镇守过最切敌境的遂城。公元 999 年，辽兵二十万大举南侵，萧太后亲临督战，杨延昭以三千兵马击退辽军数次攻势，令萧太后转战千里到达澶渊。杨延昭仍在宋朝屈辱的"澶渊之盟"达成后，尚"率兵抵辽境，破古城，俘馘甚众"。① 杨延昭一生战绩辉煌，公元 1014 年，杨延昭去世，出殡之时"河朔之人多望柩而泣"。②

杨延昭之子杨文广是杨家将第三代将领。当时杨家已近没落之势，杨文广最初是因为祖先的功勋担任军队中的低级武职"班行"。庆历三年，"以班行讨贼张海有功，授殿直"，③ 为范仲淹擢用，后为广西钤辖。治平中任龙神卫四厢都指挥使。熙宁元年（1068）在甘肃筑筚篥城，击退西夏骑兵。历官定州路副都总管、步军都虞候。辽人争代州地界时，他特地绘制了进兵作战的地图和收复幽云十六州的计划献给朝廷，但未及回应便病逝于军中。翌年，宋廷追赠杨文广为同州观察使。杨文广一生征战 30 多年，从低级武官逐步升迁至高级将领，以他的胆识和卓越的军事才能挽杨家声名于衰微之际，但杨文广之后，杨家的后裔便逐渐散落至各地，没有明显的脉络可寻了。

杨家将在历史上的记载不过数千字，作为官修史书的《宋史》对杨家将的历史演进轨迹仅作粗略的介绍。但我们从这极少的文字记载中仍可发现：官方意识形态已将杨家将作为封建忠义道德的典范，以虽平和却不容置疑的态度宣扬这种精神，其意在贯彻四方。杨家将三代将领，一生或远戍边境、风餐露宿，或视死如归、喋血疆场，为宋王朝的边境安定立下不可磨灭的功勋。即使面对奸臣陷害也从未有半点游移动摇之意。忠君卫道是杨家将代代相承的家风，因为史传的传颂必然流变为绵延万代的民风、国风，从而固化在民众头脑中形成一种集体无意识。史传对这一忠君主题的反复宣教便成为稳固封建王朝统治根基的有力保障。诚如余嘉锡先生所言："杨业与契丹角胜三十余年，卒之慷慨捐躯，以身殉国。子延朗于澶渊之役，请饬诸军扼其归路，袭取幽易等州。孙文广，亦献策取幽燕。虽功皆不成，而祖孙三世，敌忾同仇，以忠勇传家，诚将帅中所

---

① 《宋史》卷二七二《杨业传》。
② 《宋史》卷二七二《杨业传》。
③ 《宋史》卷二七二《杨业传》。

稀有。由是杨家将之名，遂为人所盛称，可谓豹死留皮，殁而不朽者欤？爱国之心，人所固有，后之人何乐而不为也！"①

仁人志士青史留名，必然在于他对后世有某种激励作用。杨家将更因为其世代慷慨赴敌、保家卫国的事迹进入《宋史》，而成为官方广为宣扬的忠孝节义的不朽化身，其政治意义远大于历史与文化意义。

二、文学视野——多元主题的艺术呈现

从《宋史》中，我们只能看到以杨业、杨延昭、杨文广为核心的祖孙三代将领的英雄业绩。然而，始自北宋的杨家将故事却是与史传迥异的另一种面貌：杨家将在数百年的历史演变过程中，已经由三代三人发展为五代数十人的庞大英雄群体，其传奇色彩不断增强并且超越了历史层面的简单叙述而衍化出多元的艺术主题。

北宋诗人欧阳修在给杨业侄孙的墓志铭中曾记述了杨业及其子孙的事迹："君之伯祖杨继业，太宗时为六州观察，与契丹战殁，赠太师中书令。继业有子延昭，真宗时为莫州防御使。父子皆为名将，其智勇号称无敌。至今天下文士，至于里儿野竖，皆能道之。"② 可见杨业父子的故事在北宋已经在民间广为传唱。"杨家将"这一称谓最早见于宋末元初人徐大焯的《烬余录》："杨业战殁，长子渊平随殉，次子延浦、三子延训官供奉，四子延瑰，五子延贵并官殿直，六子延昭从征朔阳功，七子延彬屡有功，并授团练使……延昭子宗保，官同州观察使，世称杨家将"，③ 其中对杨业的七个儿子排出了长幼次序。而据考证："杨业七子除长子延昭颇负盛名之外，其余六子，延玉随父阵亡，《宋史》一笔带过；另五子只列其名，荫补小官，并无惊人功名"。④ 同时其中提到"延昭子宗保"，按照史实记载，杨延昭的儿子当是文广，可见《烬余录》已经从想象与猜测的角度对待杨家将及其历史了。南宋罗烨的《醉翁谈录》列举的南宋话本中即有朴刀类的《杨令公》与杆棒类的《五郎为僧》等剧目；宋末谢维新《古今合璧事类备要后集》中说："真宗时，杨畋字延昭，为防御使，屡有边功，天下称为'杨无敌'，"⑤ 明显是由于话本流传之误而将杨畋作杨延昭；到了元代，杨家将故事被搬上了戏曲舞台，元末明初陶宗仪《南村辍耕录》卷二五《院本名目》中记录有金院本《打王枢密爨》（金院本是当时妓院等场所表演的戏剧脚本），讲述北宋枢密史王钦若之事，由此可以确定敷演的正是杨家将的事迹。元代的杂剧中也有《昊天塔孟良盗骨》、《谢

---

① 余嘉锡：《杨家将故事考信录》，见余嘉锡：《余嘉锡论学杂着》，中华书局，1977 年，490 页。

② 欧阳修：《供备库付使杨君墓志铭》，《欧阳文忠公集》卷二九。

③ 徐大焯：《烬余录》，国粹丛书：第三集，国学保存会辑刊，光绪三十二年（1906）。

④ 恩泽：《杨六郎河北事迹考》，见蔡向升、杜雪梅主编：《杨家将研究·历史卷》，人民出版社，2007 年，253 页。

⑤ 杨芷华：《宋代评话中的杨家将故事》，蔡向升、杜雪梅主编：《杨家将研究·历史卷》，人民出版社，2007 年，566 页。

金吾诈拆清风府》、《八大王开诏救忠》、《杨六郎调兵破天阵》等剧本出现。杨家将故事发展的鼎盛期是在明清两代，明代的说唱艺术发达，"野旷沙平凌谷异，耕民犹说六将军"，① 可见杨家将故事在民间流传之广。而杨家将在文学方面成就最大的当数章回小说，具有代表性的是秦淮墨客的《杨家府演义》（又称《杨家府世代忠勇通俗演义》）和熊大木的《北宋志传》。这两部小说综合前代话本、戏曲、杂剧的成果，无论在思想内容或艺术水准上都是相对成熟完备的，基本上是现在流行的杨家将故事的定型之作，以后的文学戏曲改编也大多不脱此二书。清代杂剧与传奇渐趋衰落，杨家将故事更多是在京剧与地方戏方面发展。按陶君起编著的《京剧剧目初探》及民国初年王大错所编的《戏考》记载，有关杨家将的京剧剧目当时就有 40 多种，而大型宫廷戏剧《昭代箫韶》中竟列出 240 出，流行于全国各地的地方剧种中涉及杨家将的就更是不胜枚举了。② 直至现代，杨家将故事已经由文学视野进入媒体传播领域，广播、影视、网络等多种传媒途径促使杨家将形象更具立体可感效应。

综合杨家将故事在文学艺术领域的发展历程，可以发现与史籍中单纯的真实性叙述不同，文学作品中呈现的却是多元并存的文化主题如"因果报应"、"邪不胜正"与"巾帼不让须眉"等传统文化理念。

首先，文学视野中的杨家将已经摆脱了政治主题的垄断，忠孝节义的核心理念逐渐弱化。明代中期以后，商业经济的繁荣促使市民观念日趋物质化与功利化，封建君主制对人民的思想钳制已明显力不从心，"人"与"个性"的理念初步在文学艺术领域萌生。杨家将在史传记载中坚执"君教臣死，臣不得不死"信念，杨家四代人事三朝君主，改朝换代之后仍是一如既往的忠贞不贰；杨业甘为北汉刘继元效犬马之劳，投降宋朝后又一片忠心护主抗辽；遭潘美、王侁等奸臣陷害、被敌将俘获后恸哭："何面目虏中求活哉！"③ 护驾幽州长子渊平殉国他毫无怨言，而是更坚定地杀敌报国，对君主和朝廷已近"愚忠"的程度。到了明清以后，这种不辨善恶忠奸、一味效力的思想逐渐隐退，分化为更切合人性的爱国且重视人的自由发展的观念呈现在文学层面。在文艺作品中的讲述中，杨六郎在遭到贬谪时适逢真宗身陷幽州，八贤王请他出征救驾，心力交瘁的他终于发出了不满之言："朝廷养我，譬如一马，出则乘我，以舒跋涉之劳；及至暇日，宰充庖厨"。④ 在帝王招之即来挥之即去的诏书赦令中，他认清了自己如履薄冰的臣子命运，翻然醒悟。而杨文广在苦辞与百花公主的婚事不成后化身仙鹤飞走，与月英、锦姑、飞云远走天涯。文广之子怀玉更是手刃仇人后举家上太行山隐居，从此与帝王决绝："若以理论，非臣等负朝廷，乃朝廷负臣家也。……圣主不明，词章之臣，密

① 裴效维：《杨家将故事的产生与嬗变》，蔡向升、杜雪梅主编：《杨家将研究・历史卷》，人民出版社，2007 年，173 页。

② 林岷：《杨家将的史与戏》，见蔡向升、杜雪梅主编：《杨家将研究・历史卷》，人民出版社，2007 年，545 页。

③ 江少虞：《宋朝事实类苑》，上海古籍出版社，1981 年，722 页。

④ 无名氏：《杨家府演义》，上海古籍出版社，1980 年，114 页。

迩来信；枕戈之士，辽隔情疏，不得自达。逸言一入，臣等性命，须臾悬于刀头"。①
而清朝称为"花部"的民间戏曲中，亦有焦孟二将"不听宋王三诏宣，端等杨家将令
传"之言。文艺性作品中的这些表述，是对封建帝王为满足一己私利置将士生死于度
外的本质的辛辣批评。某种意义上，就是告诫人们必须有自己的主见，而不能愚忠皇帝
成为"忠孝节义"的牺牲品。

"因果报应"是中国人很早就形成的一种文化观念。正如神话产生于生产力极其落
后的时代，因果报应也是人类因为无法预知未来、掌握自己命运而产生的寄托式精神幻
想，是人类赖以维持其精神生命的虚幻信仰。在封建皇权社会，帝王将相以"因果报
应"警示百姓只有安于现状才能换得来世的幸福，而民众则以"因果报应"作为慰藉
心灵创伤的良药。久而久之，这种精神幻想便成为一种为民众所集体认同的生存理念，
文学视野中的杨家将叙写就隐含着这一主题。在戏剧和小说中总是存在与满门忠烈相对
立的奸臣恶贼形象，如潘美（潘仁美）、王伲、王钦若等。而他们无一不是先期呼风唤
雨、蒙蔽圣听、陷害忠良，一朝"天目大开"则全部难逃被杀、被贬的悲惨下场。潘
美是文学作品塑造的一个奸恶典型，但史载他并非奸佞之徒，而是"俱以大将之才，
慷慨仗义，征伐四克"。② 史料《廖居闻见录》中也说："潘美本宋初名将，以功名令
终。近世小说所谓《杨家将》者，独丑诋之，不遗余力……潘美性最平易近人，有功
益谨慎，能保令名以终者，非无故也。"③ 而文学作品中的潘美则是以白脸奸诈形象示
人，为功名私利陷杨家将于死境而无动于衷，逼杨业触李陵碑死、攒心箭射杀七郎，最
终被寇准设计斩首而死；王钦若是辽国萧太后派来的奸细，蒙蔽帝王而入朝为相，极尽
煽动惑乱之能事，陷害八王、六郎等忠臣，最后逃跑未遂被擒回宋朝凌迟处死；杨渊平
在幽州假扮宋太宗掩护其出城被辽将韩延寿所杀，数年后杨宗保大破天门阵擒获他，并
枭首示众。不管罪大恶极之徒做何种挣扎，均难逃一死以偿忠良冤魂，这不仅是民间艺
术家对杨家将忠烈精神的宣扬，更反映了人们一种朴实真挚的良好愿望。

同样，邪不胜正也是文学艺术借杨家将含蓄表达的一个主题。与史家力求贴近史实
的撰写原则不同，文学艺术可以通过艺术夸张来突出特定的思想内蕴，达到预期的警示
或提升效果。如同歌德所言："艺术要通过一种完整体向世界说话，但这种完整体不是
他在自然中所能找到的，而是他自己的心智的果实，或者说，是一种丰产的神圣的精神
灌注生气的结果。"④ 文学作品中的杨家将故事就借助一些灵异事象或神奇情节来传达
作者鲜明的爱憎，表现为作品中对辽与西夏国将领的妖魔化处理，以及宋朝与异族战争
中神鬼斗法的大团圆结局。比如辽将萧天佐被称为"逆龙精降生"，杨宗保与杨五郎借

---

① 无名氏：《杨家府演义》，上海古籍出版社，1980 年，300 页。

② 顾全芳：《替潘美翻案》，见蔡向升、杜雪梅主编：《杨家将研究·历史卷》，人民出版社，
2007 年，346 页。

③ 孔令境、裴效维：《杨家将史料》，见蔡向升、杜雪梅主编：《杨家将研究·历史卷》，人民
出版社，2007 年，427 页。

④ 歌德：《歌德谈话录》，人民文学出版社，1978 年，72 页。

降龙棒斩杀之；邕州侬智高"浓眉青脸，身长一丈，腰阔十围，呼风唤雨，无所不能"，① 其叛宋作乱，宣娘出征剿灭其党羽，铁罩覆之而杀；西夏李王麾下的八臂鬼王则是龙宫的八脚蟹所变，凶恶无比，宣娘与文广历经千难万险才除掉它。与辽和西夏将领的妖魔化相反，宋朝将领大多为神物所变，或者有仙家法术护体。如岳胜与杨六郎比武时就看见"六郎头上一个白额虎现出，张牙来噬岳胜"；② 宣娘呼风唤雨、撒豆成兵，文广亦可飞升云端、化鹤而去；吕洞宾助萧太后布下天门阵阻挡杨家，汉钟离前来化解；杨宗保更遇神仙传授破阵天书。这些出现在文学中的感生异貌现象或神鬼斗法情节都以代表神圣与道义的杨家将一方胜利告终，体现了鲜明的邪不胜正的传统古典文学主题。

女性作为"第二性"的从属地位不止在政治与经济层面中体现，在中国数千年男尊女卑等级序列压制下，女性在社会历史领域从来不被重视，更遑论建功立业、英勇杀敌。文学视野中的杨家将故事则毫无偏见地塑造了一批有勇有谋的巾帼英雄，她们的功绩丝毫不逊于须眉男将们，这也是"杨门女将"后来之所以成为一个独立的称号甚至涵盖了"杨家将"的原因。从佘太君挂帅出征、穆桂英大破天门阵开始，女性已经与男性取得平等的杀敌机会；柴郡主奏保杨业，宣娘、满堂春舍身救父兄，八姐、九妹晋阳比武擒辽将等使女性成为保护与拯救男性的角色；而十二寡妇征西中则清一色的女将上阵，男性的消逝使女性将家国重任一肩担起；女性首次作为一个英雄群体形象浮出文学地表，这在中国文学史上可以说是前所未有的，女性几乎取代了男性在历史文化中的权势地位而大放异彩。在政治与民族道义上如此，在思想见解上亦独树一帜：穆桂英擒六郎，见其人物俊朗而心生爱慕，便自作主张要与他婚配；月英、锦姑、飞云更在恋爱中表现出大胆与爽直的一面，最终成就佳偶。这些女性身上显现的精神风貌已经远远超过产生这些作品的时代，具有前瞻性意义，是对传统文学中女性形象中非恨锁深闺的大家闺秀便是含羞带愧的小家碧玉、非红颜祸水的薄命佳人便是纵欲无度的淫娃荡妇模式的匡正与反叛，《杨家将》第一次将女性也纳入铁马冰河、精忠报国的英雄行列中，并且赋予她们超过男性的形象魅力，其艺术感染力至今不衰。

因此，文学视野中的杨家将巧妙地以艺术手法渲染了历史氛围与史实情节，将杨家将这段已经尘封的历史加以人性化的补叙和民间化的点染，丰富了历史想象，使之呈现出绚丽的新貌并具有深厚的东方传统文化底蕴。

三、"诗"与"史"的冲突——源自深层文化心理

正史以寥寥数千字概括了杨家三代将领的戎马生涯，而后世艺术家将这段史实渲染演绎为一曲荡气回肠的英雄长歌。历史朴素的记录与文学艺术玄幻化的夸张修饰造成了"诗"与"史"的冲突，即"北宋杨家将的名声在明代以后，凭着小说戏曲的渲染，成

---

① 无名氏：《杨家府演义》，上海古籍出版社，1980 年，216 页。
② 无名氏：《杨家府演义》，上海古籍出版社 1980 年，64 页。

为整个宋代最为人知的将门。然考清史实，这个在宋代名声最响的将门，本来名过其实"。① 因此，才会造成后人对杨家将故事抱有"信者悉以为真，而疑者又皆以为子虚乌有"的态度。这种历史真实与文学叙写之间的矛盾，是由当时特有的民族心理、文化心理以及时代特征决定的。作为特定时代心理的折射，杨家将在文学艺术领域的重写不免因为积淀在中国人意识深层的传统文化质素影响而带上浪漫主义与理想化色彩。

首先，排斥外族的民族心理导致文学作品在改写时对"敌""我"双方做了道德偏向主义的处理。当然，这里的民族心理中的"民族"当为狭义，指的是封建时代中原与各少数民族政权对峙时期，汉族人对于入侵的外族的排斥心理。古代中国把人类世界视作一个整体，这个整体的中心地带便称为"中原"或"中土"。这个中心地带不仅是地理中心更是政治中心、文明中心，而它的最高统治者即为"天下共主"，统领着全国民众。古代群雄逐鹿中原，为的就是能有效地统治中原地区，处在万王之王的位置上号令四方，即所谓的"王者莅中国而抚四夷也"。② 自汉代开始，封建统治者就因边境少数民族的骚扰掠夺而深以为患：汉武帝痛击匈奴、张骞出使西域、唐太宗送文成公主入藏和亲，历代统治者为维护皇权稳固做出的牺牲使汉族人民积贮着历史的屈辱感，从而形成对少数民族的排斥心理。"但使龙城飞将在，不教胡马度阴山"，包含着驱除"蛮夷"的民族自尊心与自信心。五代十国时期民族矛盾异常激烈，中原汉族无力抵抗少数民族入侵，后晋石敬瑭割幽云十六州献给契丹，北宋徽、钦二帝被掳，南宋王朝偏安一隅，一向重视华夷大防的中原民族首次遭受如此剧烈的政治变动与心灵震撼，民族屈辱感使他们迫切渴求杀敌卫国的英雄出现，而杨家将等的出现正迎合了这种心理，从而对他们加以理想化的塑造，以寄托人民对中原强盛的殷切期望。

在这种中原正统文化鄙视少数民族的心理影响下，杨家将故事无形中将道德天平偏向了宋朝将领而贬斥与之对峙的辽与西夏等国，具体表现在作品中对辽、西夏等国所谓"番将"的妖魔化处理，即前面提到的萧天佐为"逆龙精降生"、"八臂鬼王"乃龙宫蟹精所变等。而与之形成鲜明对比的是杨家将将领则是神仙投胎、仙物下凡：杨六郎乃凶猛的"白额虎"，文广具有化鹤飞升的本领，在妖魔当道的紧要关头总有神仙相助。宋朝的皇帝亦是"龙行虎步"貌有天子之相，而辽夏等国的将相则大多形象猥琐、为怪兽厉妖所变。这种人物塑造时的原型选择本身就有优劣之分，切合汉民族的"正""偏"二元思维定式。艺术家在塑造人物与布设情节时是将自己对外族的排斥心理渗透进去，使文本不免成为道德偏向主义遮蔽下的民族情感宣泄的载体，自然会与历史真实拉开距离，给人以"三分真实而七分虚构"的感觉。

其次，文化心理也是影响杨家将故事建构不可忽视的因素。中国是一个信奉中庸之道、倡导平和之风的国家，兴盛于秦王朝的儒家学说历来鼓励有志之士积极入世建功立

① 何冠环：《北宋杨家将第三代传人杨文广（？ ~1047 年）事迹新考》，见蔡向升、杜雪梅主编：《杨家将研究·历史卷》，人民出版社，2007 年，285 页。

② 孟子：《梁惠王上》，见《十三经直解·第四卷》，江西人民出版社，1993 年，415 页。

业。君臣之纲、孝悌之义束缚了国人的思想却也成就了无数抗敌忠君的孝义豪杰，杨家将中的杨老令公、佘太君、杨家七子、杨宗保、穆桂英、杨文广以至十二寡妇五代数十位英雄，保家卫国的信念至死不改，一门忠烈的英名无人能及。杨渊平在辽军攻城的紧要关头舍身替主："今若救得陛下出此重围，留万代之名，是臣子当行之事，又何惜焉？"① 杨业闻听众子皆死于辽军刀下时言语凛然："臣曾有誓：当以死报陛下。今数子虽丧于兵革，皆分定也。"② 六郎对朝廷心灰意冷之时，佘太君大怒，斥其辱没家风："乃祖乃宗令闻家声被汝堕尽矣！"③ 忠君报国的一腔热情感天动地，固然有夸张成分，却符合当时受儒家入世忠君思想熏陶而崇奉君权皇权的心理。此外，华夏民族信奉因果报应、善恶相因的文化心态也影响了文学视野中的杨家将叙写。中国古典名著如《西游记》、《红楼梦》、《聊斋志异》等常常体现出鲜明的"因果报应"观与"天命注定"论，人物的生与死、爱与恨皆有前因后果，善恶自有赏罚评判。受传统文化潜移默化影响的艺术家将这种超稳定的文化心理贯注于作品中的人物事件：文学叙述中的杨家将故事把潘美、王钦若、张茂等人塑造为大奸大恶之徒，他们最后都难逃"天网恢恢，疏而不漏"的严惩，而与他们斗智斗勇的八王、呼延赞、杨家将帅等则得以光耀门第、青史留名。这正是善恶终有报的"因果报应"论与疾恶如仇、憎恨奸佞的文化意识从创作者内心延伸至笔端的结果，具有鲜明的传统文化特征。

　　杨门女将作为杨家将故事中的一个重要板块，为杨家将颇具传奇色彩的英雄叙事增添了浓墨重彩的一笔。据考，史传中并没有佘太君、穆桂英其人其事，而缘何后世的文学作品会将这些女将形象塑造得鲜活生动，她们的事迹甚至上升为杨家将故事中的主打章节呢？我们以为这是由作品产生的时代特征决定的。在"君为臣纲"、"父为子纲"、"夫为妻纲"的封建等级制度之下，女性遭受神权、君权、夫权三重压迫，行动起居一概以"犹抱琵琶半遮面"示人，在文学作品中无非是映证"红颜祸水"或"唯女子与小人难养也"之类谬论的工具，男性中心主义体系将女性排斥在"忠"、"义"、"智"、"信"理念之外，女性无从展示自己优于男性的一面。但是到了明朝中后期，由于商业经济的繁荣，资本主义萌芽在一些大城市出现，思想界也相应地产生了早期的启蒙学说以反叛传统的程朱理学。其中尤以李贽的学说为代表，他的妇女观影响了当时通俗文学中的女性观。李贽一反传统女子劣于男性的观点，认为："谓人有男女则可，谓见有男女岂可乎？谓见有长短则可，谓男子之见尽长，女人之见尽短，又岂可乎？"④ 杨家将故事在明代以成熟的小说形式出现，这种开放的女性观便铸就了杨门女将冲破封建樊篱的英雄品格。佘太君打着白字令旗与杨业一起出征、穆桂英大破天门阵、柴郡主有孕在身尚破敌青龙阵、八姐九妹晋阳比武令辽将瞠目结舌、宣娘挂帅征侬智高、满堂春孤身

---

① 　熊大木：《杨家将传·说呼全传》，华夏出版社，1995 年，59 页。
② 　熊大木：《杨家将传·说呼全传》，华夏出版社，1995 年，59 页。
③ 　无名氏：《杨家府演义》，上海古籍出版社 1980 年，114 页。
④ 　李贽：《答以女人学道为短见书》，《焚书》，中华书局，1975 年，59 页。

救父兄、十二寡妇征西……在国家危难之时，她们以柔弱之躯挺身担当了男性应尽的保家卫国之责。在对待自己的婚姻爱情之时，她们无视"父母之命、媒妁之言"的传统规范，寻找倾心的伴侣：穆桂英大胆向杨宗保表露心事；月英、锦姑、飞云则直接以行动争取心爱之人；黄琼女、单阳公主为了与杨家将成就佳偶而倒戈投宋。这些女性拥有完整的人格与尊严、自由的婚姻爱情观，以"人"的形象与男性站在一起甚至超越了他们。杨家将因为这些女性的光彩而具有进步的时代意义，杨门女将浮出文学地表且不断演变为成熟丰满的艺术形象从侧面反映了特定时代思想的发展轨迹。

　　历经数百年的演化发展，文学视野中的杨家将超越了史籍的真实性叙述。民间艺术家在历史与传说的缝隙中寻找交合点，以不脱离历史原貌却又超越史籍真实记录的原则，融合了时代特征与特定历史文化心理，对这段家喻户晓的史实予以艺术再现，铸就了延续民族精神与文学生命的诗艺辉煌。我们以为，深究"诗"与"史"的差别已无意义，从这种理想与浪漫主义的改写中体察中华民族深厚的文化蕴藉才是最重要的。

试论杨家将文化的丰富内涵

太原市社会科学院　　杨光亮

　　千余年来，以杨信、杨业、杨延昭、杨文广祖孙四代及其家族、部曲等组成杨家将家族群体，在唐末五代和北宋民族矛盾尖锐的时期，为保卫中原地区先进的经济、文化和人民群众的生命财产，英勇奋战、前仆后继的英雄故事，传颂不息，脍炙人口，闻名国内，声播海外。杨家将家族群体表现出的英雄品格和从保境安民、忠君爱国到爱国主义的精神，影响着一代又一代人，形成了底蕴深厚的杨家将文化。

　　"杨家将"之名，就目前所见到的文献而言，最早见于宋末元初人徐大焯的《烬馀录》，曰：杨业战殁，"长子渊平随殉，次子延浦、三子延训官供奉，四子延环、五子延贵并官殿直，六子延昭以从征朔州功，加保州刺史，真宗时，与七子延彬，初名延嗣者，屡有功，并授团练使。延昭子宗保，官同州观察，世称杨家将"。① 所谓"杨家将"，应该是集杨信、杨业、杨延昭、杨文广祖孙四代及其家族、部曲组成的家族群体的历史记载、文学作品、民间传说等融为一体的综合概念。杨家将文化，应是以杨业为核心人物的历史功绩为主线，涵盖关于杨家将的文学作品、民间传说、文化遗存及其所反映出的思想哲理、精神传承和对后世的深远影响。

一、杨家将文化的源头

　　一种文化的产生，必然有其特定的时代背景。杨家将文化是在唐末五代和北宋时期民族矛盾日趋尖锐的背景下产生的。

　　唐朝末年，爆发了以黄巢为首的全国性农民起义。各地藩镇在镇压农民起义的过程中，形成了"五代十国"的割据局面。这个时期，居住在东北辽河流域的契丹族强盛起来，不断南下扩张势力。而中原地区正处于五代更替、十国混战的局面。一些割据集团投靠契丹，借用契丹的武力，达到巩固自己权位的目的。其中最典型的就是后唐河东节度使石敬瑭，他为了夺取后唐政权，以割让卢龙道（幽云十六州）为条件，向契丹求援，在太原做了"儿皇帝"，建立了后晋政权。

　　由于石敬瑭把燕云十六州割让给契丹，致使契丹骑兵长驱南下，给中原地区先进的经济和文化造成很大的破坏，中原地区百姓的生命财产受到严重的威胁。在这种民族矛盾逐渐上升的情况下，边境百姓不甘受契丹的压迫，纷纷起来"自备器械，各随其乡，

---

　　① 　徐大焯：《烬馀录》甲编。

以自保卫，不附契丹"。①麟州土豪杨弘信和世居府州的折从远、折德扆父子就是当时著名的抗辽地方武装的首领。

在历史上，对于杨信一生活动的记载不多，主要有这么几条：欧阳修在《供备库副使杨君墓志铭》中说："君讳琪，字宝臣，姓杨氏，麟州新秦人也。新秦近胡，以战射为俗，而杨氏以武力雄其一方。其曾祖讳弘信，为州刺史"；《宋史·杨业传》说："父信，为汉麟州刺史"；《资治通鉴》云："广顺二年十二月，初，麟州土豪杨信自为刺史，受命于周。"其他如《续资治通鉴长编》、《隆平集》、《东都事略》等所述亦略，大同小异。此外，道光《神木县志》中曰：杨信"一名宏信。仕北汉，为麟州刺史，保障边城屡著功绩"。由以上简略的几条我们可知，先是杨信在麟州自立为刺史，后来被后汉、北周认可，相继任命为麟州刺史，为保障边城屡著功绩。距今神木县城20公里的麟州故城遗址，就是当年杨信镇守御敌的杨家城。又据《晋乘搜略》和《天下郡国利病书》的论述和民间传说，杨信曾东渡黄河，在河曲一带凭借自己的势力和威望，结堡筑城，进行自卫。因河曲有死火山，相传杨信自立为"火山王"。至今在河曲境内有杨家城、杨家寨，被认为是杨信屯兵的遗址。在麟州地区和河曲一带，当地父老至今仍能够讲述杨信当年率领军民保境安民的生动故事。这里需要说明的是，在小说、戏剧和传说故事中，将杨信误作杨衮。这个杨衮，实际就是辽政事令、北宣徽使耶律敌禄，并不是另有其人（此观点另作论述）。②

杨信是杨家将的始祖，他的儿子杨业是杨家将的核心人物。杨业一生的主要活动和功绩，是在北汉时期和归宋后七年抗辽。因杨业"弱冠事刘崇"，他的少年时代是在家乡麟州度过的。由于他生长在一个山川纵横，丛林茂密，蕃汉杂居，以战射为俗的环境和一个在边塞重镇以武力雄其一方的土豪家庭中，这对他的成长起了决定性的影响。这在《宋史·杨业传》中有生动的叙述："业幼倜傥任侠，善骑射，好畋猎，所获倍于人。尝谓其徒曰'我他日为将用兵，亦犹用鹰犬逐雉兔尔。'"这简短的几句，深刻地体现了杨业少年时代的思想抱负、任侠性格和军事才能，为他日后成为中国历史上的一代名将，奠定了坚实的基础。

杨家将和杨家将文化的另一核心人物就是佘太君。佘太君之名，最早出现于元代杂剧《谢金吾诈拆清风府》。③自清以来，佘太君被认为是府州折德扆之女、杨业之妻，曰折太君。这在清代毕沅《关中金石记》、李慈铭《爽斋日记》、唐基田《晋乘搜略》、光绪重修《保德州志》等都有关于折太君的记述，并说她"性机敏、善骑射"，"尝佐业立战功"。民间传说和小说、戏曲中，佘太君的形象家喻户晓，人人皆知。在今神木和府谷关于折太君少年时代（名曰折赛花或才花）的民间传说，更是有声有色。其中最典型的就是七星庙折赛花与杨继业联姻的故事。此段故事生动活泼，成为杨家将和杨

---

①　《资治通鉴》卷二八四，胡三省注。

②　《辽史·穆宗上》卷六，《辽史·耶律敌禄传》卷九〇。

③　李裕民：《杨家将史实新考》，载《宋史新探》，陕西师范大学出版社。

家将文化初起的亮点。七星庙遗址相传在今府谷孤山堡北城门外里许。此外，有相传今神木杨家城北十公里的折赛花屯兵镇守的黄羊城（亦名王娘城），还有相传今府谷孤山镇的佘塘关（即十塘）和折赛花居住过的窑洞遗迹等。后世又创作了如《佘赛花》、《佘塘关》、《七星庙》等小说和戏剧，演绎了佘太君少年时代成长的传说故事。

如上所述，我们认为，杨家将的始祖杨信、核心人物杨业是五代时麟州人。正是以麟州故城（杨家城）为中心的陕北地区山川纵横、丛林茂密的自然环境和蕃汉杂居与辽兵侵扰的时代，造就和培养了杨信、杨业这样的英雄豪杰，孕育了杨家将和杨家将文化。对于佘太君，且不论她是历史人物还是文学作品虚构，她的形象，无疑丰富了杨家将的内容和杨家将文化的内涵。杨家将文化在孕育时期，集中表现出的精神内涵是"保境安民"，麟州新秦（今陕西神木）就是杨家将的故里，是杨家将文化的源头。

二、杨家将文化的成熟和形成

一种文化的形成，有其孕育、成熟到形成的历史过程。在这个过程中，也会不断充实和发展。如果说，以五代麟州地区为载体，杨信、杨业和折赛花少年时代的活动为主要内容的杨家将文化为孕育时期，那么，自杨业"弱冠事刘崇"到七年抗辽，以山西代州地区为载体，以杨业为代表的杨家将抗辽业绩为主要内容所表现的杨家将文化，就是成熟期。杨延昭镇守边关，杨文广献进兵作战图，最终形成了杨家将文化。

后汉乾祐三年（950）十二月，枢密使郭威代汉建立后周。时刘知远的堂弟刘崇留守太原，其仇恨后周，自立为帝，建立北汉。北汉政权因地狭人稀、国力薄弱，为了与后周、北宋对抗，结盟于契丹。杨业弱冠事刘崇，受到重用，赐名刘继业，"为保卫使，以骁勇闻，累迁至建雄军节度使。屡立战功，所向克敌，国人号为无敌"。[①] 杨业在北汉期间，对北汉依附契丹是不满意的，有自己的主张。但他忠于职守，对北汉与后周、北宋作战，尽职尽责。前者，如宋开宝二年（969），宋太祖亲征北汉，"时契丹遣其将南大王来援，屯于太原城下，刘继业（杨业）言于北汉主曰：'契丹贪利弃信，他日必破吾国。今救兵骄而无备，愿袭取之，获数马，因籍河东之地以归中国，使晋免于涂炭，陛下长享贵宠，不亦可乎？'"[②] 这一建议未被北汉主接受。后者，如太平兴国四年（979），宋太宗亲征北汉，北汉主刘继元在左仆射马峰的劝说下，出降。"及继元降，继业犹据城苦战。上素知其勇，欲生之，令中使谕继元俾招继业。继元遣所亲信往，继业乃北面再拜，大恸，释甲未见。上，慰抚之甚厚，复姓杨氏，止名业，寻授左领军卫大将军"[③]。不久，太宗"以业老于边事，洞晓敌情"，"复迁代州，兼三交驻泊兵马部署"。[④] 杨业遂驻代州前线，担负起防御契丹南下的重任。

---

① 《宋史·杨业传》卷二七。
② 《续资治通鉴长编》卷二〇。
③ 《宋史·杨业传》卷二七。
④ 《宋史·杨业传》卷二七。

　　杨业在北汉期间，虽在北汉与契丹结盟的环境下，忠于职守；但他没有忘记父亲杨信在麟州不附契丹、转战麟府和河曲一带对他的影响，仍然关注着"边事"和"敌情"，对契丹的认识上，也由少年时代边城扰民的感性认识上升到"贪利弃信，他日必破吾国"的理性认识。这也体现了杨业对契丹的认识和态度日趋成熟。关于这个时期在小说、戏剧和民间传说中的杨家将故事内容不多，主要是演绎宋征北汉和杨业顺应时代的要求归宋的故事，也有佘太君及七个儿子出现的情节和场面。

　　杨业赴代州上任后，不负太宗厚望，在短短的一个月内，于代州一线修建了六个兵寨。加上以后的几年内总计修建了十几个。这十几个兵寨堵住了通往契丹蔚、应、寰、朔的大小信道45个，形成了进可攻退可守的城寨网。① 仁宗朝名臣包拯曾说："先朝以骁将杨业守代州，创筑州垒，至今赖之。"② 杨业的抗辽业绩主要有两次大的战役。

　　一次是太平兴国五年（980）三月，辽军十万攻雁门。杨业命部将董思愿堵断峡谷南口，自己率领数百骑自西陉绕道雁门峡谷北口，向南猛攻，杀死辽节度使、驸马侍中肖咄李，生擒马步军都指挥使李重海，获铠甲革马甚众。创造了中国历史上以数百骑战胜十万兵的"以少胜多"的辉煌战例。自此，杨业声威大震，"契丹畏之，望见业旌旗即引去"。③

　　另一次是雍熙三年（986）正月，宋太宗下诏北伐。出师初，全线顺利，西路杨业部在雁门北口首战告捷，并先后攻克寰、朔、云、应四州。但宋军主力东路曹彬部被辽重兵在岐沟打败，宋太宗下令撤兵，命潘、杨所部护送云、应、朔、寰四州军民撤回关内。为此，杨业提出了一个切实可行的方案。但监军王侁在潘美的默许下，有意陷杨业于绝境，逼杨业正面出战，致使杨业终因寡不敌众，被俘，不食三日死。与杨业同时战殁的还有杨业之子延玉、部将淄州刺史王贵和皇亲岳州刺史贺怀浦。

　　上面所举杨业参加的"雁门大捷"和"雍熙北伐"这两大重要战役，是杨业与契丹角胜30余年在思想品格、军事才能和英雄业绩的集中体现。宋太宗闻杨业殉国，非常痛惜，在诏书中评价杨业是"执干戈而卫社稷，闻鼓鼙而思将帅，尽力死敌，立节迈伦，不有追崇，曷彰义烈。故云州观察使杨业，诚坚金石，气激风云，挺陇上之雄才，本山西之茂族。自委戎乘，式资战功。方提貔虎之师，以效边陲之用，而群帅败约，援军不前，独以孤军，陷于沙漠，劲果猋厉，有死不回，求之古人，何以如此！"④ 杨业的英雄品格，也受到契丹人的尊敬。在杨业殉国后不久，辽人在契丹境内的古北口（今北京密云东北）建起杨无敌庙，"尝享能令异域尊"。杨业的英雄业绩，在他殉国后不久，就普遍传播开来，"天下之士至于里儿野竖，皆能道之"。⑤

　　杨业的儿子杨延昭，从小就练就一身好武艺，喜欢布阵练兵，作军事游戏。杨业常

---

①　李裕民：《杨家将史实新考》，载《宋史新探》，陕西师范大学出版社。

②　《包孝肃奏议集》卷九。

③　《宋史·杨业传》卷二七。

④　《宋史·杨业传》卷二七。

⑤　欧阳修：《供备库副使杨君墓志铭》，载《欧阳文忠集》卷二九。

说："这孩子最像我"，每次出征打仗，总要带上他。在战斗中，杨延昭很快成为一员"骁勇善战"的战将。咸平二年（999）七月，宋真宗闻报契丹屯兵幽州，准备大举南下，遂命忠武军节度使傅潜为高阳关三路行营都部署，屯定州。杨延昭改调保州沿边都巡检使，警备保州、广信、安肃三州军事。九月，契丹萧太后亲率精兵直达遂州城（今河北徐水西）下，督战攻城。城中宋军不满3000，但在杨延昭的带领下，众志成城，日夜守护。时正值冬初，寒潮袭来，气温骤降。杨延昭抓住时机，命军民夜间汲水泼浇城墙外皮，次日清晨，好似一座冰城，坚滑难攻。契丹军又转攻梁门和泰州。杨延昭与梁门守将魏能、泰州守将石普、保州守将杨嗣等，开城出击，大败契丹，获军械、甲马、旗鼓无数。① 这次战役，被称为"遂城大捷"，梁门、遂城被时人为"铜梁门，铁遂城"。杨延昭、杨嗣骁勇善战，被誉为边塞名将，号为"二杨"。战后，宋真宗于十二月，诏杨延昭、杨嗣至大名（今河北大名东），入奏边事。真宗指着延昭对诸王说："这就是杨延昭，其父为前朝名将，延昭治兵护塞，复有父风，深可嘉也。"② 厚赐遣还任。第二年，杨延昭又在遂城西北之羊山，伏兵尽歼契丹兵，被称为"羊山之伏"。

景德元年（1004）九月，萧太后率兵三十万分两路南下，进入宋境。这时，正是宋朝抗战派首领寇准任宰相，专决战事之际。寇准经过周密部署，调遣部队，牵制作战，致使辽兵虽集中兵力转战千里，却始终不能攻克一城一砦，行至澶州（今河南濮阳西南），逼近宋都开封。寇准力排众议，促使真宗亲征，渡河御北门楼，"远近宋军望见御盖，踊跃欢呼，声闻数十里。契丹军相愕视，不能成列"。③ 两军相持十余日。萧太后深知获胜希望渺茫，遣使请和。杨延昭坚决反对议和，支持寇准主战的立场。他上书真宗："契丹顿澶渊，去北境千里，人马俱困。凡有剽掠，皆在马上，人有归心，马有余力，其军虽众，败之不难。请饬诸军，扼其要路，众可歼焉，即幽易数州，亦可袭而取。"④ 但真宗苟且投安，在投降派王钦若的怂恿下，答应了议和，签订了屈辱的"澶渊之盟"。结盟以后，杨延昭拒绝宋廷"勿伤北朝人骑"和"勿追契丹"的命令，连歼辽兵游骑，又独自率所部万余骑，"抵契丹界，破古城（今山西广灵西南），俘馘甚众"。⑤ "澶渊之盟"后，真宗还朝。不久，杨延昭升任高阳关路副都部署。他仍然志在收复失地，敬业职守，在所辖沿边一带筑城堡，修城井，建水堤，设军铺，把千里边防建设得固若金汤，使辽兵不敢越雷池半步。杨延昭镇守边关20余年，"契丹惮之，目为六郎"。大中祥符七年（1104）正月，杨延昭卒于高阳关任上。真宗闻报，甚为悼惜，"遣中使护榇从归，河朔之人，多望枢而泣"。⑥

① 《宋史·杨业传》延昭附传，卷二七。
② 《续资治通鉴长编》卷四六。
③ 《宋史·寇准传》卷二八一。
④ 《续资治通鉴长编》卷五八。
⑤ 《续资治通鉴长编》卷五八。
⑥ 《宋史·杨业传》延昭附传，卷二七。

　　杨延昭之子杨文广，初以杨家世代功绩入三班武职曰"班行"。先后在陕西安抚使韩琦和参知政事范仲淹军中，走上南征北战的前线，达 20 余年。于熙宁五年（1072）十一月，杨文广被调往北线，任定州（今河北定县）路副总管、步军都虞侯，回到杨家将当年防御契丹的前线。熙宁七年（1074）三月，契丹借口宋军越界筑城，侵入蔚、应、朔三地，派使臣林牙（学士）萧禧入宋，争议界地。九月，神宗派太常少卿刘忱及肖士元、吕大忠与辽使臣在代州进行谈判。正当谈判未决之时，杨文广坚决反对姑息让步，主张用兵收复幽燕，并特地绘制了进兵作战的地图，制订了收复幽燕的作战计划，上奏宋廷。但未及回复，于十一月文广不幸病逝于军中。

　　杨业、杨延昭、杨文广祖孙三代志在收复幽云十六州，献身边防，这在中国历史上是罕见的。正如著名学者余嘉锡所言："杨业与契丹角胜三十余年，卒之慷慨捐躯，以身殉国。子延朗（昭）于澶州之役，请饬诸军扼其归路，袭取幽易等州。孙文广，亦献策取幽燕，虽功皆不成，而祖孙三世，敌忾同仇，以忠勇传家，诚将帅中所稀有。由是杨家将之名，遂为人所盛称，可谓豹死留皮，殁而不朽者？爱国之心，人所固有，后之人何乐而不为也。"① 余嘉锡的这段评说，不仅是对杨业、杨延昭、杨文广祖孙三代忠勇传家，志在为收复幽燕河山所创业绩的高度评价，而且也是对杨家将内容的主线和杨家将文化核心内涵的深刻阐述。这个时期，关于对杨家将家族群体的传说故事、戏曲小说，以及留存至今的文化遗存极为丰富，最终形成杨家将文化的主要内容和核心内涵。

三、杨家将文化的传播

　　在杨家将文化从孕育、成熟到形成及传承的过程中，民间传说和文学作品的演绎、传播起到了不可替代的重要作用。

　　杨家将故事的传播，据欧阳修所撰《供备库副使杨君墓志铭》中说："君之伯祖继业，太宗时为云州观察使，与契丹战殁，赠太师中书令。继业有子延昭，真宗时为莫州防御使。父子皆名将，其智勇号称无敌。至今天下之士至于里儿野竖，皆能道之。"② 这篇《墓志铭》作于宋仁宗皇祐三年（1051），距杨业殉国不过 65 年，距杨延昭去世只有 37 年，杨文广还健在。这时候已经是"天下之士至于里儿野竖，皆能道之"了，说明杨业和杨延昭的抗辽英雄事迹，在他们生前，就普遍流传开了。最早传播这些事迹的人，无疑是那些跟随杨业、杨延昭在前线作过战的将士们。当事人讲述自己亲历的战事，可能有些形容上的渲染，但所讲之事和主要人物、主要情节应该是可信的。可以说，这就是杨家将传说故事和杨家将文化传播的源头。

　　在宋代，娱乐行业中有叫做"说话"的，说话人讲各种故事，叫做"小说"。这种"小说"当时已经深入民间，就连宋仁宗也爱听故事，每天都要叫说话人进宫给他讲一

---

① 欧阳修：《供备库副使杨君墓志铭》，《欧阳文忠集》卷二九。
② 欧阳修：《供备库副使杨君墓志铭》，《欧阳文忠集》卷二九。

段"小说"。说话人为了防止遗忘和授徒之用，便把这些故事记录下来，称做"话本"。有人将杨家将的传说故事加以笔录，形成话本。讲杨家将的话本，至迟在南宋时已经出现。据元人罗烨《醉翁谈录》所记的南宋话本中，就有《杨令公》、《五郎为僧》的篇目。北宋时，有一种短剧，也叫"杂剧"，南宋时有人称作"南剧"。北方为金所辖，仍称"杂剧"。元人陶宗仪《南村辍耕录》所列的全院本，就有演杨家将故事的《打王枢密》短剧。该剧脚本在金时只存一折。由此推测，这个短剧应该是北宋时脚本的残本。该剧本的出现，标志着杨家将故事由说话人的讲故事登上了古代戏曲的舞台。

元明时期，杨家将故事的主要流传形式为元曲和长篇小说。据明人臧懋循《元曲选》中有据金短剧《打王枢密》加工成的《谢金吾诈拆清风府》，还有一本《昊天塔孟良盗骨》。在《也是园元明杂剧孤本》中，有《八大王开诏救忠》、《焦光赞活挐萧天佑》、《杨六郎调兵破天阵》各一本。此外，明剧中演杨家将故事的还有《黄眉翁》、《金牌》、《三关记》、《金铜记》、《焦光赞建祠祭主》等本子。明代传播杨家将故事除戏剧之外，主要是小说，特别是长篇小说。先是出现了《杨六郎》或曰《杨六使》的小说，在作坊间发售，很受欢迎，甚至达到了"家蓄（藏书）而人有"的程度。到嘉靖、万历年间，有人把有关杨家将的民间传说、戏剧、曲艺和短篇小说的内容，收集起来，参以史传、方志，编撰成长篇小说。就目前所知，主要有《杨家府世代忠勇通俗演义》（简称《杨家府》）和《南北宋志传》（其中《北宋志传》又名《杨家将》）。《杨家府》作者不详，题有"秦淮墨客校阅，烟波钓叟参订"字样。《南北宋志传》作者为熊大木。这两部长篇小说，演绎的内容丰富，出现了诸如"杨门女将"的内容。

到了清代，演绎杨家将的故事，得到了进一步发展，可归纳为小说、曲艺、戏剧三种。自明代《杨家府》和《杨家将》两部长篇小说出现之后，仿作蜂起。较为成功的如《北宋金枪全传》、《天门阵·十二寡妇征西》、《平闽十八峒》、《两狼山》等小说。还有几部虽主题不是专讲杨家将故事，但有杨家将故事人物和情节的小说，如《五虎平西》、《五虎平南》、《说呼全传》、《万花楼》等。演说杨家将故事的曲艺，以鼓书和评书最为著名。其中的段子如《杨七郎打擂》、《八虎闹幽州》、《杨金花夺印》等最为盛行。仅据河北省曲艺家协会 1961 年初步统计，清代流行的杨家将故事的曲艺节目就有 23 种。戏剧中演唱杨家将故事的剧目，也大量出现。尤其在京剧中如《寇准背靴》、《穆桂英挂帅》、《辕门斩子》、《金沙滩》、《佘塘关》等成为脍炙人口的剧目。据民国初年王大错《戏考》所载，演杨家将故事的剧目有 43 种。清廷所编的《昭代萧韶》中，所列的演唱杨家将故事的"连台戏"（单出）多达 240 出。在京剧之外的几十种地方戏剧中，以晋剧、豫剧、河北梆子等演唱杨家将故事的剧目最多，而杨剧《全部杨家将》剧本，共计 18 部，380 场。① 清末至民国虽经战乱，但杨家将的故事，仍以多种形式在民间流传不息。

---

① 常征：《杨家将史实考》第 10 章；蔡向升、杜学梅主编：《杨家将研究》话本、小说、戏剧部分。

在小说、戏剧为代表的文学作品中，演绎了杨信、杨业、杨延昭、杨文广祖孙四代的英雄业绩，而且刻画了佘太君（折赛花）和穆桂英为核心的"杨门女将"、八姐九妹，杨延昭的兄弟"七郎八虎"杨延昭之子、侄杨宗保、杨宗英、杨宗勉，杨文广之妹杨金花，孟良、焦赞为代表的杨延昭24部将，还有老杨洪、烧火丫头杨排风等杨家将群体的人物形象。其中，高风亮节的佘太君、光彩照人的穆桂英，给人们留下了最为深刻的印象。直至今日佘太君、穆桂英仍然被誉为中华民族巾帼英雄的代表。

新中国成立以来，杨家将爱国主义精神，得以发扬光大。大量重排和新编的杨家将剧目、小说、曲艺等作品相继出版，广为流传。除重排出版的如《杨家将》、《杨家府》、《杨家将演义》等小说之外，其中由著名评书艺术家刘兰芳及王全印综合杨家将流传的文学作品，重新加工，编著出版了评书《杨家将》100回（1981年，河北人民出版社），并由刘兰芳在中央和地方电台、电视台多次演播，很受欢迎，影响空前。人民日报社记者白夜及妻子沈颖，用了数年功夫，写成了80余万言的《杨家将全传》（1992年，中原农民出版社）。还有如台湾已故作家高阳编著的《杨门忠烈传》（2006年，华夏出版社）和著名作家杨力编著的《千古名门》（2007年，中国文联出版社）等。从20世纪60年代开始，宣传杨家将故事的又一种文学形式小人书、连环画，达数十种，深受少年儿童欢迎。如1983年河北美术出版社出版的《杨家将》小人书一套21册，故事情节生动，语言简洁流畅，绘画手笔精美，堪称杨家将小人书中的精品。还有1996年海南摄影美术出版社出版的《杨家将》小人书，一套计60册。

戏剧是传播杨家将故事的主要形式。20世纪90年代初，上海人民剧院上演了《全本杨家将》，计100场，轰动一时。京剧《穆桂英挂帅》，被列入我国优秀传统剧目，并受到海外观众的高度赞誉。地方剧团所演的杨家将剧目，亦很受欢迎，对于传播杨家将故事，起了很大的作用。电影、电视剧是现代传媒形式。演播杨家将故事的电影、电视剧亦有多种，其中不乏香港、台湾的作品。著名剧作家梁枫创作的电视连续剧《杨家将》，于1985年获广电部国家最高奖——飞天奖，并参加了中日电视艺术文化交流，在日本上演，很受欢迎。其拷贝出售到30多个国家。梁枫及创作组一行赴神木考察采风，受神木杨家将文化研究会委托，创作了20集《杨家城》电视连续剧剧本，即将筹拍。

此外，随着我国改革开放的深入，从20世纪90年代开始的港台及东南亚国家的杨氏，不断组团回大陆进行寻根问祖、工商考察，这是在特定历史条件下传播杨家将文化的又一种活动形式。1990年，台湾已故企业家、"全球董杨宗亲会"理事长杨钦清先生，自称是杨家将后裔，首次回山西代县寻根祭祖。之后几乎每年组团回来，先后给代县投资近1000万元。而后，港台和东南亚各国的杨氏亦纷纷组团赴山西代县杨忠武祠、河南开封天波杨府，寻根祭祖，缅怀杨家将的历史功绩。陕西神木作为杨家将的故里，必然会吸引港台及海外杨氏宗亲组团前来，祭拜杨家将的始祖杨信。

四、杨家将文化的内涵

杨家将文化从孕育、发展、形成和传播的过程连绵不断，已逾千年，内容是极其丰富的。从历史记载看，据著名历史学家、陕西师范大学李裕民教授初步整理的《杨家将资料汇编》（未出版），计八万言。民间关于杨家将的传说故事，据作者粗略了解，已见与未见文字记录的总计约在百万言以上。杨家将戏剧剧目（包括曲艺、弹唱和地方小戏），据神木地方学者刘明德收集整理，约有 400 种以上。山西大学姚宝瑄教授整理的《杨家将民间史诗》达 30 万行。各种版本的杨家将长、短篇小说（不计重复印刷）、评书、画册等，也在约百万言以上。关于杨家将研究的专著、论文（包括史学和文学），约也在百万言以上，甚至更多。此外，有关杨家将活动的遗址、遗迹，仅在陕西、山西、河北、河南等地区见于文字记载的就有上百处，若连同当地父老所指，约有 200 处以上。当然，这些遗址、遗迹有些确为有史可考，有些纯属附会传说，有些还待进一步论证。但总体上可视作杨家将文化遗存，进行研究和宣传。

近年来，全国上下在重视历史文化建设的氛围下，全国各地特别是陕北、晋北、河北、河南地区，兴起了对杨家将和杨家将文化研究的热潮。神木县在 2006 年 8 月，成立了杨家将文化研究会和基金会。其市、县领导的重视，研究会领导班子的务实，资金雄厚，起点高、步子大，在全国起到了杨家将文化研究的领军作用。山西代县杨忠武祠理事总会，于 2005 年调整了领导班子，作出规划，打造以杨忠武祠、杨七郎陵、杨六郎城为中心的杨家将文化品牌。河南开封天波杨府联谊会，在 1994 年新建的天波杨府基础上，规划由潘杨湖石桥向南延伸，进行扩建。河北中西部是当年杨延昭镇守边关的地方，对于杨家将的研究虽未见大的动作（也许笔者不了解），但想必也有有识之士在从事研究。

综上所述，杨家将文化内容之丰富，底蕴之深厚，流传之悠久，影响之深远，是历史上罕见的。究其原因，是因为杨家将的丰功伟绩和英雄品格，代表了我国北方各民族群众的利益和愿望。如果我们探讨杨家将文化的深刻内涵，是否可以这样认为：杨家将文化是千年以来，以杨信、杨业、杨延昭、杨文广为代表的杨家将家族群体，在民族矛盾尖锐的历史时期，英勇奋斗，前仆后继，为保卫中原地区先进的经济、文化和人民群众生命财产的安全，作出了巨大贡献。深刻体现了中华民族的英雄品格、民族气节和爱国主义精神。杨家将文化是历史赋予我们的宝贵文化遗产，是中华民族优秀传统文化的重要组成部分。

陕西神木县是杨家将的故里，是杨家将文化的源头，受到了榆林市委市政府、神木县委县政府的高度重视。弘扬杨家将文化，打造杨家将文化品牌，对于神木县经济的可持续发展，将起到不可替代的精神动力和智力支持。

（2007 年 8 月于山西太原）

论杨家将文化的主要特征

咸阳师范学院　　庞士让

以北宋爱国名将杨业为首的杨家将，是传诵千余年、蜚声海内外的英雄群体。由杨家将的事迹而产生、发展、不断深化和升华的独特、壮美的杨家将文化，是从宋代到当代的人民智慧长期积累的一大结晶，是中华文化发展史上的亮点、奇葩和壮丽篇章，是中华民族的重要精神财富，是建设与发展中国特色社会主义的和谐文化的一大珍贵资源。从整体上把握杨家将文化是民族的、大众的、与时俱进的文化等主要特征，这是今后深入研究、继续承传和努力创新杨家将文化的一个重要课题。

一、杨家将文化是民族的文化

杨家将文化是民族的文化，这是它的首要特征。这里的民族，不单指汉族，而是指整个中华民族。在杨家将文化中的杨家将，既有以杨业为第一位领军人物的杨门男将，也有以佘赛花、穆桂英为领军人物的杨门女将。不管历史上是否真有佘赛花、穆桂英等人，也不管她们和其他将领是否来自少数民族，都不影响杨家将文化乃是民族的文化。这个特征，举其大要有以下三个方面。

第一，它颂扬的是中华民族的英雄群体。对此，可从三个层面上进行分析。一是杨家将捍卫了各族人民的安全。小而言之，杨家将世代的驻防和征战区域多是蕃汉杂居的地方；大而言之，他们忠勇保卫的宋朝是一个多民族的国家。二是杨家将受到了各族人民的敬仰。他们受到宋朝各族人民的感念和缅怀，自不待言。尤为难得的是，他们也赢得了敌国即辽国人的普遍敬重，并率先修了杨无敌庙，正如著名的文学家、诗人苏辙所说的"驰驱本为中原用，尝享能令异域尊"①。宋辽之后，他们更越来越多地获得了海内外中华儿女的崇敬和颂扬。三是杨家将不愧为各族人民心中的英雄群体。其中，杨业不愧是中华民族的民族英雄；首次出现于元代杂剧《谢金吾诈拆清风府》的佘太君即佘赛花，② 在杨家将文化中也展示了一位民族英雄的光辉形象。与杨家将是中华民族的民族骄傲一样，杨家将文化是中华民族的民族记忆，是中华儿女集体谱写和传唱的一首雄浑悲壮的英雄赞美诗与民族正气歌。

第二，它凝聚的是中华民族的民族精神。它的主线、内容和亮点都是明证。它的主

---

①　苏辙：《栾城集》卷一六《过古北口杨无敌庙》，四部丛刊本。

②　李裕民：《杨家将史事新考》，《宋史新探》，陕西师范大学出版社，1999 年，219 页。

线是爱国主义，爱国主义则是民族精神的核心。它的基本内容有五条，即爱护兵民、保境安邦、维护民族团结、促进国家统一、宣传女性独立，这些都与民族精神的内涵非常吻合。它的最大亮点是忠。但杨家将的忠、特别是杨家将文化里的忠，有两处非常独特。一是满门忠烈，二是世代忠良，呈现出"子继子，孙继孙"，前仆后上，连续数代，"举世不一见"的感人情景并形成了主将部将、男将女将、老将小将，齐心合力，报效祖国，交相生辉的整体效应。实践告诉人们，杨家将文化，是进行爱国主义教育的历久弥新的一部生动教材，是不断弘扬和培育民族精神的一个不竭源泉。

第三，它昭示的是中华民族的理性思维。这里仅列三点加以论述。一是它的形成。并不是所有的英雄人物或英雄群体的事迹，都能形成一种文化。由杨家将的事迹到杨家将文化的形成，无疑是中华民族的理性思维的一个丰硕成果。二是它的忠绝非愚忠。是的，杨家将的忠，与忠君紧密相连，这在那个时代不可避免，不能苛求于古代英雄。然而，极为可贵的是绝非愚忠、绝无奴性，这从有关传说和戏剧中的佘太君坚拒皇帝误判、勇告御状、为夫辩诬申冤、最终获得成功，杨延昭不遵皇命、勇击辽兵、结果大获全胜，杨文广不顾朝廷的苟且偷安方针、欲向皇帝"献阵图并取幽燕策"、可惜未及回应而卒等事例，都可得到证明。三是它对历史的反思。为什么在宋朝能出现杨家将？为什么杨业等英雄会有那样的悲剧结局？其间究竟有哪些历史的经验、教训和规律？杨家将文化昭示人们，宋朝是个大国，虽经济实力很强，军事实力并不弱，但因最高统治者奉行崇文抑武、强干弱枝、守内虚外的错误国策，难以实边保境，常受异族侵扰，最终北宋、南宋均亡于少数民族。由之，常出抗击异族的爱国名将和民族英雄及其群体。其中最著名、最有代表性的就是杨业和岳飞、杨家将和岳家军。历史上常常有惊人的相似之处。实际上，杨业是死于嫉贤妒能、害忠误国的主帅潘美的见死不救和借刀杀人，岳飞是死于昏君赵构及汉奸宰相秦桧的用心狠毒的共同策划；质言之，爱国殉国的杨业和尽忠报国的岳飞都是死于宋朝制度化的错误国策，因为终究"杨无敌"敌不过、岳家军撼不动此国策。"杨业死，北宋长城毁"，"岳飞死，南宋长城毁"，两者分别成为北宋、南宋先后灭亡的第一声警钟鸣响、第一个不祥之兆。这种国策是误国、祸国、亡国之策，是宋朝必然走向灭亡的根源。杨家将文化，既是中华民族对爱国名将、民族英雄的颂歌，也是对昏君佞臣、祸国政策的鞭挞，更是对宋明两朝屡遭异族进犯、近代以来中国屡受列强侵凌的历史教训的深沉反思。

二、杨家将文化是大众的文化

杨家将文化是大众的文化，这是它的根本特征。它奠基于杨家将的事迹，植根于人民大众的心田，是他们共创共享、老少皆宜和雅俗共赏的文化。具体表现，主要有三。

其一，它的创立与发展的根本原因是人民大众。杨家将的事迹是杨家将文化有望创立与发展的前提和基础，提供了一种可能性。而将这种可能性变成现实性的根本原因，则是人民大众坚持不懈的努力。因为杨家将的事迹和精神，符合、代表和能够满足广大人民群众的意志、理想、心理渴望、文化诉求和实践需要。杨家将文化就是民心、民意、民声的记录和写照。丰富多彩的杨家将文化，表达的、寄托的也是各族人民的共识和憧憬。杨家将文化正式产生的起始时间应是杨业不幸战败被俘、绝食成仁的公元986年。首先是他的战友和部下，感佩、怀念他的各族民众和人士，通过诉讲他的真实的、令人心仪的英雄业绩，开始了杨家将文化的创造。由此发端，杨家将文化，经历了、并继续经历着口头文化、书面文化、舞台文化、影视文化、网络文化的依次演进和综合流传的发展阶段，并使其内涵变得日益丰富而又深厚。需要特别指出，在杨家将文化中，口头传诵早于文字记录，民间评赞高于历史撰述，文艺作品广于正史记载，从而形成了朝野、官民的巨大反差；民间传说、文艺作品、士人诗文中杨家将的其人其事，非但或与史有据、或与史有影、或与史有缘，有的甚至纠正了正史上的曲笔、偏失和错误，如指明和确认了潘美是陷害杨业的罪魁祸首，这也是作为大众文化的杨家将文化的又一重大贡献。

其二，它成功地塑造了杨门女将。历史上的杨家将，专指以杨业为首的将领集团和英雄群体，其领军人物先后是杨业及其子杨延昭、其孙杨文广。杨家将文化中的杨家将，则包括杨门男将和杨门女将。它不仅增加了、而且极为成功地塑造了杨门女将的鲜活动人的形象。妇女占人数的一半。佘赛花、穆桂英等杨门女将既是杨家将中的显要人物，又是一个相对独立的光彩照人的巾帼英雄群体，连烧火丫头杨排风也是一位特殊成员。杨门女将是以"将"的身份出现的，不止驰骋疆场、奋勇杀敌，有的还挂帅出征、统领全军，显示了"天下兴亡，匹妇有责"的爱国主义精神，也反映了封建社会后期广大妇女渴望冲破封建礼教、追求婚姻自主和独立平等的民主意识的萌发与觉醒。对于后者，流布于现今陕西省神木、府谷两县等地的少年杨业与佘赛花比武定亲的民间传说，就是典型一例。

其三，它扩展了杨家将的影响。我们所说的它是大众文化中的"大众"，不仅限于包括台湾同胞在内的海内外的中华儿女，还有其他国家的人民大众。发人深思的是，京剧《四郎探母》，拉开了2006年6月在中国台北地区举行的两岸城市艺术节北京周的交流帷幕。2005年10月，作为"中国文化节"的重要节目的京剧《杨门女将》，在华盛顿肯尼迪表演艺术中心的首场演出，就折服了美国观众。此外，京剧《佘赛花》、《穆桂英挂帅》等，在国外都具有广泛影响。日本、韩国等均有关于杨家将的著作和译本。所有这些，都有效地扩大了杨家将的影响，提升了杨家将的国际知名度，增强了中国文化的软实力。所有这些，也揭示了这样一个事实：作为大众文化的杨家将文化，是中国的，也是世界的；属于中华民族，也属于全人类。所有这些，更激励我们，将杨家将文化采取或单项的、或组合的形式，申报世界文化遗产，完全理所应该，并将最终成功。

三、杨家将文化是与时俱进的文化

杨家将文化是与时俱进的文化，这是它的时代特征。杨家将是古代的，然而杨家将文化总是当代的。它总能与时俱进，不断地有所发现、有所前进，有所深化、有所升华，与时代同呼吸共命运，紧扣着时代的主题、脉搏和中心任务，洋溢着时代的气息与风采。这一鲜明特征，在它的开创时期、发展时期均已得到充分体现，今后更应再上一层楼。

杨家将文化的开创时期就是杨业殉国之后的北宋时期。在此期间的宋仁宗皇祐三年，即 1051 年，杰出的文学家、史学家欧阳修在为杨业的侄孙杨琪所撰的《供备库副使杨君墓志铭》中指出：杨业与杨延昭，"父子皆为名将，其智勇号称'无敌'。至今天下之士，至于里儿野竖，皆能道之"。① 是年，距杨业殉国不过 65 年，距杨延昭辞世只有 37 年；此前此后，杨文广还在南征北战。这里的"道"，不是一般的"知道"，而是崇敬的"称道"，普天之下的士人和"里儿野竖"都在继续传颂着杨业父子的英雄事迹。这种现象，凸现了广大民众对当时外患内忧日趋严重的国内形势的关注和担心，说明了杨业父子依然是活在广大民众心中的时代英雄。

在北宋之后的各个时期，杨家将文化逐步形成，并不断发展，与时俱进。从人物上，增加了新的英雄形象，并日渐丰满起来；从内涵上，增加了新的要素，使其更为厚实和深刻；从载体上，增加和综合运用了新的手段、方式和平台，从而使其影响愈益扩大和深入人心；从成果上，总体状况是数量增多，质量提高；从地域上，进而走出国门，走向世界。以上这些，都已表明、并将继续表明，杨家将文化是具有跨越时空、超越国界的且富有很强的魅力、生命力和感召力的一种文化。现在，包含了物质文化和非物质文化在内的杨家将文化，已经形成遗迹最少百多处、说写唱演千余年、文艺作品近千种、传遍世界许多国的奇迹和奇观。应当指明的是，在它发展的历程中，也充满了艰辛、曲折和斗争，这主要是封建统治阶级与人民大众在政治需要、价值观念、审美标准的角力、较量和斗争。譬如，长达 240 出的清宫大戏《昭代箫韶》，虽在一定程度上有宣传杨家将英雄业绩的客观作用，但其中浓厚的忠君思想、天命观念、神鬼迷信色彩，必须进行分析批判。应当强调的是，在杨家将文化发展的历程中，人民大众在共享成果的同时，总能克服和战胜各种阻力和困难，使其与时俱进，既一直唱响着爱国主义的主旋律，又深深地刻上了时代的印记。

回顾历史是为了更好地把握现在和开创未来。今后，如何使杨家将文化在新的世纪、新的起点上，实现与时俱进、再上一层楼、不断创新，这是时代赋予中华儿女的一项神圣使命。中国当代一切有志于此的人，不应停留于过去没有遇到像中国四大名著作者那样伟大的作家对杨家将故事进行整理、改编和创作的叹惋，而应树立和增强自己的时代担当的自觉意识和对中华民族的文化自信。笔者认为文史工作者与相关的专家、学者和组织、团体，需重点做好三项工作。一是提高认识，这是先导。没有理论上的坚定性，就没有行动上的坚定性。杨家将文化，也是一种文化。文化本来就重要，而且会越来越重要；文化是根、是魂，是特殊的核心竞争力和最硬的软实力；最能化人是文化，拼到最后拼文化。与时俱进的杨家将文化，具有重要的、特殊的当代价值，如有利于加强爱国主义教育，增强忧患意识，搞好道德重建，建设和谐文化等。二是广集资料，这

---

① 欧阳修：《欧阳修全集》卷二九《供备库副使杨君墓志铭》，中华书局，2001 年，444 页。

是基础。要下大力气和苦工夫，广泛搜集、征集国内外有关杨家将和杨家将文化的各类资料，辨真伪，分良莠，分辑出版；要有计划、有组织地开展选点考察；要对重点遗址重新进行考古发掘。三是深化研究，这是根本。内容上要突出爱国主义这条主线。方法上要注重比较研究，主要是横向比较和纵向比较。横比，主要是开展同为宋代民族英雄的杨业与岳飞、文天祥的比较研究，杨业与外国古代的民族英雄的比较研究。纵比，主要是对杨业、杨家将与其他历代的爱国名将、英雄群体进行比较研究。目标上要力求创新，如订立规划，约请专家，力争两三年内有水平较高的杨家将年谱、杨家将传或评传、杨家将文化概论等几部著作问世，并为创立"杨家将学"、"杨家将文化学"预作铺垫和准备。在这方面，神木县杨家将文化研究会任重道远，因为神木县的杨家城即古麟州，是杨业的诞生地、杨家将的出发地、杨家将文化的发祥地。

前瞻未来，我们相信，作为民族的、大众的、与时俱进的杨家将文化，定会不断收获硕果，开创新局，为推进社会主义文化的大发展大繁荣、促进祖国完全统一、加快中华民族伟大复兴，为全人类的共同福祉，作出应有的更大贡献。

杨家将历史文化积淀期的划分
及其重要特征

榆林市榆阳区地方志办公室　霍世春

一、杨家将历史文化积淀期的划分

杨家将历史文化积淀期，如果从杨家将的第一代英雄人物即五代初麟州（今陕西神木）一带地方的"土豪"杨弘信算起，至今已长达1100余年。杨家将历史文化大致经历了三个典型文化积淀期。

一是宋元杨家将活动事迹及其文献记载和民间传说的文化积淀期，即以杨弘信、杨业、杨延昭、杨文广、杨畋等杨家将活动事迹的历史文献记载，民间口碑传说和文人有关他们的诗文题咏及以他们故事创作的杂剧等文化积淀期。包括《宋太宗实录》、《杨文公谈苑》、《包拯集》、《欧阳文忠公集》、《续资治通鉴长编》、《辽史》、《宋会要》、《资治通鉴》等史书，张咏、刘敞、苏颂、苏辙、彭汝砺、范仲淹、韩琦等人的诗。南宋评话话本《杨令公》等（见罗烨《醉翁谈录》甲集卷1），以及金朝的院本《打王枢密爨》（见《辍耕录》卷25）；元代有杂剧《谢金吾诈拆清风府》、《昊天塔孟良盗骨殖》（见《元曲选》）等。元代泰定元年（1324）建于山西代州的杨忠武祠堂，今尚在。元代有关杨家将传说、附会的祭祀遗址还有陕西府谷的七星庙（又称昊天宫，始建于唐贞观年间（627～649）在今府谷县孤山堡），山西五台山楼观谷太平兴国寺、令公塔（九龙阁），应县大石村三灵庙，河北容城县西北的杨将军庙等。

二是明清杨家将的史传、地方志记载和以杨家将为题材的文学艺术作品鼎盛发展的文化积淀期，有：明洪武末年宋濂的《播州杨氏家传》，叶盛《水东日记》、《大明一统志》，成化《山西通志》、《河南总志》，李濂《汴京遗迹志》，顾炎武《天下郡国利病书》，康熙四十五年（1706）《神木县志》，乾隆《保德州志》，雍正《朔州志》，光绪《代州志》、《岢岚州志》，李慈铭《荀爽斋日记》，等等。

明清时期以杨家将为题材的文学艺术作品，可知可见的小说，明代有正统年间（1436～1449）已成书流行于世的《杨六使》（见明叶盛撰的《水东日记》），正统至嘉靖年间（1436～1566）已成书流行于世的《杨家府》，万历二十一年（1593）唐氏世德堂刊印的《全像按鉴演义南北两宋志传》（其中的《北宋志传》又称《北宋通俗演义题评》、《新刊玉茗堂批点绣像南北两宋志传》），万历三十四年（1606）由纪振纶校阅的江苏卧松阁刊印的《新编全像杨家府世代忠勇演义志传》（又简称《杨家府演义》），万历年间（1573～1620）由余象斗后序的《新刊八仙出处东游记》；清代有乾隆四十四年（1779）张溶作序的《呼家将》（又名《说呼全传》），嘉庆十三年（1808）李雨堂著的《万花楼杨包狄演义》（又名《大宋杨家将文武曲星包公狄青演义传》），嘉庆六年（1801）刊行的《五虎平西前传》，道光二年（1822）刊行的《五虎平南后传》，清代还有《北宋金枪全传》、《天门阵演义十二寡妇征西》、《杨文广征蛮十八峒》、《两狼山》等作品。

　　有关杨家将的戏剧、曲艺可见可知的：明代有洪武至成化年间（1368～1487）编写刊行的《八大王开诏救忠》、《焦光赞活拿肖天佑》、《杨六郎调兵破天阵》、《黄眉翁赐福上延年》、《偃时救驾》、《北门锁钥》，万历至崇祯年间（1573～1644）施凤来作的《三关记》、姚子翼作的《祥麟现》，以及明代无名氏作的《金铜记》、《金牌记》、《焦光赞建祠祭主》、《十二寡妇征西》等戏曲、打弹、村鼓盲词（见刘元卿的《弈贤编》）。清代杨家将的戏剧、曲艺更为盛行，尤其是从康熙年间起民间各种声腔的地方戏曲勃兴，可谓各种声腔剧的杨家将戏风起云涌，到光绪年间，仅"杨家将"京剧剧目就有40多种，以《四郎探母》、《李陵碑》、《穆柯寨》等最为经典。秦腔剧目的杨家将戏约85本，山西各路梆子的杨家将戏近百出，河北梆子和河南梆子中的杨家将戏40余出，扬剧拥有杨家将戏剧38部380场。地方戏剧目与京剧署名不同的有《三关排宴》、《孟良盗骨》、《三星归信》、《太君辞朝》、《洪羊洞》、《大书房》、《澶州会》、《西岐州》、《五凤楼》、《平江南》、《审潘洪》、《天门阵》、《杨文广征西》、《牧虎关》、《杨八姐游春》、《金沙滩》、《两狼山》、《八姐盗发》、《万寿宫》、《昊天塔》、《七星庙》等。此外还有清乾隆年间起编演的宫廷大戏《昭代箫韶》，该剧到嘉庆年间全部连贯敷演杨家将故事达240出。清代杨家将题材的曲艺，以北方的鼓书和评书最为有名。特别是西河大鼓（西河调、河间大鼓）节目尤多，有长、中、短30多部，诸如《八虎闯幽州》、《杨七郎打擂》、《杨金花夺印》、《呼杨合兵》、《五虎平西》、《五虎平南》等，全部说完需一年时间。

　　明清时期，由于以杨家将题材的小说、戏剧、曲艺等文学艺术品兴盛发展，杨家将的故事更为广泛流传，从而使杨家将活动的遗址、遗迹以及传说、附会的遗址、祭礼祠庙更多在地方志等文献中得到记载。如明弘治《延安府志》中不称宋麟州城遗址而记载为"杨家故城"；明万历《延绥镇志》中记载：神木县城"郭北有杨六郎墓"，宜川县南有"宋将杨业之子七郎筑城于此，故称七郎山寨"；清康熙抄本《神木县志》中记载：宋横阳堡（又称黄羊城）古遗址"因俗传杨业妻折氏居此，故又谓之王娘城"；道光《榆林府志》记载：榆林红石峡庙窟前石桩为"杨六郎拴马桩"，府谷县"北九十里圪洞道相传为杨六郎试刀石"等。从宋到清代，有关杨家将活动的遗址、遗迹和祠庙，仅陕西、山西、河北计约有200余处。

　　三是民国时期和新中国建立后杨家将历史文化的新质文化积淀期。这一积淀期也可称杨家将历史文学艺术作品更新、历史文化研究，历史文化综合开发的文化积淀期。民国时期，有关杨家将的明清小说，诸如《杨家府世代忠勇通俗演义》、《南北宋志传》、《北宋金枪全传》、《平闽十八峒》、《说呼全传》、《五虎平西》、《五虎平南》、《万花楼》等曾多次重刻刊行。1981 年出版了周华斌、陈宝富校注的《杨家将演义》，刘兰芳和王印权的评书《杨家将》（100 回）。1992 年出版了白夜和沈颖的 80 余万言的《杨家将全传》小说。网络文学，如文嚎的讽刺调侃之作《杨家将》，季稻风的《大宋杨家将传》，甚至出现了文心阁制作的《杨家将外传》色情淫秽之作。此外日本有关西大学发表于网上的《杨家将演义》译本，北方谦三著的《杨家将》；韩国有《杨家将传》、《杨六郎》小说流传，英国也有杨家将的小说本子。1983 年河北美术出版社出版的《杨家将》小人书一套计 21 本，海南摄影出版社出版的《杨家将》小人书计 60 本，以及杨门女将剧照年画等。

　　民国时期，杨家将的京剧剧目有 40 多种，加上黄河流域各梆子戏和全国几十种地方戏及评书、鼓书、乱弹等曲艺演出的杨家将戏曲达 300 多本。新中国建立后的 50 年代到 60 年代初，传统杨家将经典戏剧得到继承发扬，改编演出的新剧目：京剧《杨门女将》、《雏凤凌空》、《三岔口》、《挡马》、《穆桂英大破洪洲》，豫剧《穆桂英挂帅》、《杨八姐游春》，河北梆子《辕门斩子》，秦腔《佘塘关》、《双锁山》、《李陵碑》、《杨排风》，上党梆子《三关排宴》、《杨金花夺印》，川剧《五台会兄》，扬剧《百岁挂帅》。同时，京剧《四郎探母》、豫剧《穆桂英挂帅》、《花打朝》、《花枪缘》等摄制成电影在银幕上演。20 世纪 70 年代，香港出品有粤语版多集的《杨门女将》及港台联合摄制的《铁血杨家将》影视剧。80 年代出品的电视剧有大陆出品的四集《杨家将》、香港出品的五集《杨家将》、亚洲电视台出品的《穆桂英》、台湾出品的《一门忠烈——穆桂英》等。此外，刘兰芳、田连元分别播讲的长篇评书《杨家将》。1992 年由山西电视台摄制的 32 集《杨家将》电视剧，2001 年由中国电影集团和陕西电视台制作的 40 集《杨门女将》，2002 年香港出品的 28 集《穆桂英——十二寡妇征西》，2003 年香港亚洲电视台出品的 33 集国语版《碧血青天杨家将》，2004 年由张庭等主演的轻喜剧《火帅》及赵雅芝等主演的侠义爱情剧《杨门虎将》等电视剧先后出品，还有彩色粤剧戏曲片《无敌杨家将》。值得一提的是在"文化大革命"中，因出于打倒刘少奇的政治斗争目的，把《四郎探母》列为"汉奸戏"，全国各大报刊连篇累牍登载批判《四郎探母》剧的文章，并结合批判，在全国一度掀起放映《四郎探母》戏剧影片热，某种意义上这也是一种杨家将文化的积淀。

　　自民国以来，杨家将文化积淀一重要特点是对杨家将历史文化的研究。这一时期有关杨家将历史文化的重要研究论著先后有：卫聚贤《杨家将考证》、余嘉锡《杨家将故事考信录》、赵景深《〈杨家府〉与〈宋传续集〉》、邓广铭、张希清《评杨业兼论潘杨关系》、马力《〈南北宋志传〉与杨家将小说》等。

　　这一时期杨家将文化积淀最重要的特点是 20 世纪 80 年代以来，对杨家将文化的发掘利用。早在 1965 年 5 月，元代至元十六年（1279）的杨忠武祠公布为代县重点保护单位，之后又被山西省人民政府公布为本省的重点文物保护单位。1991～1994 年河南开封市修建了 6000 平方米仿宋建筑群的"天波杨府"。2001 年陕西神木县人民政府正式启动对杨业出生地——神木杨家古城遗址的开发，并于 2002 年委托榆林市文物管理委员会办公室对杨家古城进行考古调查、钻探、试掘，以及在全国各地搜集有关杨家将的历史资料。此外，陕西、山西、河北等省其他不少地方也对杨家将祭祀祠庙、遗址遗迹及传说附会的一些祠庙、遗址遗迹进行修缮或竖立保护碑、纪念碑，诸如陕西府谷县维修了传说杨业与佘太君成亲的孤山堡七星庙遗址，并立碑保护；山西河曲县修缮了祭祀杨四郎的河神庙，朔州为传说葬杨业的杨令公墓立碑保护；北京昌平维修宋代建的古北口杨无敌祠；河北雄县整修六郎的"点将台"向游人开放，唐县为正德年所建"北宋杨六郎据守之处碑"立保护碑；福建泉州市新建了全球董杨大宗祠等。从而使越来越多的中外游客及许多杨氏宗亲组织赴这些杨家祠庙和遗迹地祭祖、凭吊、观光。20世纪 70 年代以来，先后成立的台湾全球董杨童宗亲总会、山西杨忠武祠理事总仁会、河南省开封市天波杨府联谊会、河南省杨氏工作委员会、陕西省华阴市杨氏宗亲联谊会、神木县杨家将文化研究会及山西代县杨氏族谱编辑委员会等组织，每年召开恳亲大会、联谊会、杨家将历史文化学术研讨会，进行一系列的杨家将历史文化研究和开发，推动了杨家将历史文化的发展。

二、杨家将历史文化各积淀期的重要特征

（一）宋元杨家将历史文化积淀期主要特征

（1）文献史籍记载杨家将事迹事件多有不同。如关于杨业自北汉归宋的过程，北宋朝廷作制的杨业被封为郑州防御使的制文中明言：杨业曾"定策乞降"宋朝，《宋史·杨业传》亦从此说并记："太宗征太原，素闻其名，尝购求之，既而孤垒甚危，业劝其主继元降，以保生聚。"而非官修史路振的《九国志》则记为："初，刘（杨）继业为继元捍太原城，甚骁勇。及继元降，继业犹据城苦战，上素知其勇，欲生致之，令中使谕继元俾招继业。继元遣亲信往，继业乃北面再拜，大恸，释甲来见，上喜，慰抚之甚厚，复姓杨氏，止名业，寻受左领军卫大将军。"李焘《续资治通鉴长编》、王称《东都事略》都从此说。又如关于杨业抗辽战败被俘后的死事，以辽人旧存记注实录写成的《辽史·耶律斜轸传》载："（继业）被擒。斜轸责曰：'汝与我国角胜三十余年，今日何面目相见！'继业但称死罪而已。"在《辽史·圣宗本纪》中记载也有不同，记为："疮发，不食三日死。"而宋太宗下的《赠杨业太尉·大同军节度使制》记：杨业"独以孤军陷于沙漠，劲果庼厉，有死不回"。《续资治通鉴长编》、《隆平集》、《东都事略》、《宋史》等书则均记为杨业"不食三日而死"。再如对杨业的出生、战死地，杨业众子的姓名、次弟及他们许多活动事迹在这时期文献史籍中的记载亦多有不同。

（2）杨家将故事在民间流传广泛而丰富。杨家将的故事早在杨业生前抗辽"频立战功"时就流传于民间，因而"国人号为无敌"（见北宋杨亿的《杨文公谈苑》）。当北宋雍熙三年（986）秋人们得知杨业战死的消息后，"天下冤之，闻者为流涕"。并在

不久，很有可能正是那些被辽朝"强之使北"的中原"百万生降户"中的人们为纪念杨家将，在古北口为杨家将的奠基人杨业建造了杨无敌庙。宋真宗时，杨业子杨六郎（亦称杨延昭、延朗）率兵为宋廷镇守河北边关，杨家将在民间更为广泛流传，不仅北宋人民以"延朗骁勇，为边将有威名"，也使辽朝"戎人畏之"（见《杨文公谈苑》），并"呼为六郎"。大中祥符五年（1012）当杨六郎病死边关、宋真宗派遣中使"护梓以归"时，"河朔之民望柩而泣"，可见杨六郎已深入民心，人们才如此对他敬仰和爱戴。更能说明杨家将在民间广为流传的是，皇祐三年（1051）欧阳修为杨琪所撰写《供备库副使杨君墓志铭》中的记载："君之伯祖继业，太宗时云州观察使，与契丹战殁，赠太师、中令书。继业有子延昭，真宗时为莫州防御使。父子皆为名将，其智勇号称'无敌'，至今天下之士，至于里儿野竖，皆能道之。"欧阳修写这篇墓志之时，杨琪子杨畋曾以"贤而有文武"于庆历四年（1044）任荆湖南路兵马钤辖，并在"平蛮"的征战中立有战功。同时期，杨六郎子杨文广也以"才武忠勇，更事有劳"为名将，先后驰骋于广南东西、鄜延等路与侬智高、西夏屡战立功，可以说这两位后起之秀的事迹，更扩大和丰富了杨家将故事在民间的流传。

从《醉翁谈录》等杂记，《打王枢密爨》（金院本）、《杨令公》、《五郎为僧》话本及《瓦桥关令公显神》《昊天塔孟良盗骨》、《杨六郎私下瓦桥关》《谢金吾诈拆清风府》等元代杂剧可以看出，这时期民间流传杨家将的故事和遗闻轶事不仅十分丰富而且增添了许多虚构成分，与杨家将的真实事迹相差很大。同时也反映了宋元时期人们为讴歌思慕杨家将附会敷衍了诸如"杨业父子莫州救驾"、"杨令公托梦六郎"、"六郎孟良到昊天塔盗得令公骨殖"、"五郎为僧"、"奸臣王钦若阴计害六郎"、"杨温上边"等杨家将许多神奇的故事。正如陆游对民间所传唱流行的故事在诗中描写到："斜阳古柳赵家庄，负鼓盲翁正作场，死后是非谁管得，满村听唱蔡中郎。"

（二）明清杨家将历史文化积淀期主要特征

（1）兴盛发展的杨家将文学艺术塑赞美了一群驰骋疆场杨家女将的特征。元代《昊天塔孟良盗骨殖》、《谢金吾诈拆清风府》中出现的杨门女性仅有佘太君，而到明万历年间《杨家将世代忠勇演义志传》这部小说的第五卷《穆桂英擒六郎》、《令婆攻打通明殿》；第七卷《宣娘化兵截路》、《月英怒攻锦姑》、《三女往汴寻夫》；第八卷《十二寡妇征西》、《宣娘定计擒鬼王》、《宣娘炼出鬼王丹》等，塑造了佘太君、穆桂英、柴郡主、八姐、九妹、宣娘等一系列杨门女将。至清末，又先后发展演绎产生主演杨门女将的戏剧有《佘赛花》、《天门阵》、《太君征北》、《破洪洲》、《杨金花夺帅印》、《杨八姐游春》等。其中以穆桂英最为典型，她是无视封建礼教而又能征善战的巾帼英雄。明清文学艺术作品所塑造赞美的杨家女将具有里程碑的意义。

（2）明清时期一些地方志书大量附会记载有关杨家将的史事的特征。这一时期，由于杨家将文学艺术作品的兴盛发展，受其影响，尤其是杨家将活动过的地区所编修的地方志大量附会记载有关杨家将的史事。如陕西的明万历年《延绥镇志》、清康熙《神木县志》、雍正《府谷县志》，山西明代释镇澄的《清凉山志》、万历《繁峙县志》、清乾隆《保德州志》、《宁武府志》、《代州志》，河北的清光绪《雄县志》、《定州志》等，除收录历代文献野史中有关杨家将的史事外，还将民间附会传说的杨家将的故事、遗址遗迹，甚至文学艺术作品中虚构杜撰的杨家将故事大量载入当地方志中。对此特征，清康熙《延绥镇志》的主编者谭吉聪评说："即今闻杨六郎之名，犹天下相与咨嗟叹息，而想见其猛概矣！甚有谓其部将有焦赞、孟良者，一居于延安嘉岭，为孟良寨；一居于延安之清凉为焦赞寨。此，非闻杨六郎之名，可谓其目如车轮者乎？更可异者，以李全之妻杨氏善梨花枪，亦谓之杨家女将，有若六郎之妹。然夫六郎生于太平之时，四娘叛于嘉定之际，相去二百余年，而牵合附会乃尔，甚矣！"

（三）民国时期和新中国建立后杨家将文化积淀的主要特征

（1）杨家将历史文学艺术作品的革新。民国时期，由于受"五·四新文化运动"的冲击和影响，清代宫廷编演反映封建"三纲五常"及荒诞迷信宿命论主题和内容的240 多出杨家将连台大戏《昭代萧韶》被封杀或移植、改编。而早在清代后期各地即上演了揭露朝政腐败，体现为敢抗上命、对帝权的嘲讽和对女权尊重的地方戏，如秦腔《千秋庙》、豫剧《杨八姐游春》、蒲州梆子《石佛口》、上党梆子《杨金花夺帅印》等，也在民国时期不断加以改造得以发展。新中国建立后，对传统的杨家将戏曲，尤其是反映杨家女将的故事戏剧、评话等文学艺术作品，从思想和内容上革新改编，剔除糟粕，推陈出新，焕发了更加绚丽的光彩。根据传统戏曲改编演出的京剧《杨门女将》、《雏凤凌空》、《三岔口》，豫剧《穆桂英挂帅》、《杨八姐游春》，河北梆子《辕门斩子》，川剧《五台会兄》，扬剧《百岁挂帅》等戏剧，以及先后由刘兰芳、田连元分别播讲的长篇评书《杨家将》，和20 世纪80 年代以来以杨家将故事为题材出品的各种影视剧，深受广大群众的欢迎和赞赏。

（2）系统开展杨家将历史文化的研究。

（3）对杨家将历史文化物质遗产的开发。20 世纪80 年代以来，随着旅游事业的发展，杨家将活动过的地区，许多地方更注重对杨家将历史文化物质遗产的保护和开发，以促进当地的经济发展。如山西代县政府与台湾人士投资对杨忠武祠等遗址进行修缮保护和开发，河南开封市政府投巨资开发修建天波杨府，陕西神木县政府投资正在开发杨家将的遗址——杨家城，并编辑出版了《杨家将研究》专著。

略论"杨家将文化"的旅游开发

河南大学　刘坤太

杨家将，特指北宋初年以杨业为首的抗辽英雄家族。千百年来，杨家将的故事在中华大地广泛流传，正如著名京剧《金沙滩》的主题曲所唱颂的那样：

"一千年，一千年，千年的老歌；

老了山、老了水、老了日月，

这首歌到如今依然鲜活，

那就是爱国英烈杨家将的魂魄，

一腔腔热血……"

毫无疑问，杨家将故事之深入人心、传播广泛，是中国历史上极为少见的。也正因如此，史学界以李裕民先生为代表的一大批专家，对历史上的杨家将钩沉探微，进行了深入细致的研究，取得了一系列丰硕的成果，使我们能够比较清晰地看到杨家将的历史真实面貌。然而，对于社会大众来说，他们更为关注的是另一个杨家将—活跃在戏曲、评书曲艺、地方传说中的杨家将。与历史上真实的杨家将相比，传说中的杨家将有着更丰富的文化意缊、更生动的文化形象、更壮烈的文化精神，当然也就更为社会大众所喜闻乐见。于是，随着杨家将的传说在社会上一代代地传播、发展，与之相关的佘太君、穆桂英、杨宗保、杨门女将等传说人物和穆柯寨、金沙滩、天波府等种种物化载体，不仅越来越多地为社会大众认可，在许多方面竟然到了真假莫辨、假以代真的程度。这样一来，文化意义上的杨家将"反宾为主"，远远超越了历史意义上的杨家将，成为社会公认并传颂敬仰的"杨家将"主体，中华民族的历史文化遗产宝库，也相应增添了一种独特的瑰宝——"杨家将文化"。

近年来，随着我国旅游产业的蓬勃发展，代表着民族正气的杨家将文化，也成为一种颇具魅力的历史文化旅游资源。除了早年在开封市已建成的"天波杨府"、山西代县原有的"杨忠武祠"等专门的"杨家将"景点之外，地处古麟州新秦的杨家将故乡陕西神木县各界，正在大力开发杨家将系列旅游资源，积极建设以弘扬杨家将文化为主体的"杨家城旅游区"。其他如河南鹤壁市、河南临颍县、河北唐县、霸州、北京居庸关、山西太原、五台山、湖南凤凰、湖北楚江院、珠海南屏北山村等许多地方，都在尽力把本地区流传的有关杨家将的传说引入景区，用不同的形式，把本地有关杨家将的故事变成当地特有的文化旅游景观，以增强本地旅游产业的文化魅力。这样一种大规模对杨家将文化进行旅游开发的"大好形势"，为许多地区的旅游业发展增添了活力，取得了很好的经济效益和社会效益，但是，由于种种原因，在对杨家将文化进行旅游开发的过程中，也先后出现了一些很值得注意的问题。本人因教学之需，曾对此进行了一些思考和探讨，现不揣浅陋，略陈管见，以求教于学界和业界同仁。

一、杨家将文化不是杨氏宗亲文化

在当前对杨家将文化进行旅游开发过程中，许多地方都非常重视对杨姓宗亲文化的渲染。这通常在三个方面表现得最明显：

其一，在杨家将文化景区，一般都要利用处于突出位置的殿堂，排列出各种杨氏族谱、杨氏宗亲世系图、海内外杨氏各支系迁布图等，尽可能详细地陈列出杨姓远祖以来的世系流派。然后再利用雕塑、肖像画、故事画、仿制的各种古器物等，在更大的展示空间中，陈列出历史上的诸多杨姓名贤；对于现代杨姓名流——例如各级党政军领导人、企业家、艺术家、文化名流、各界专家等，同样也不会怠慢。通常都会用大篇照片、大件实物、大幅展板等进行展示。这样一来，纪念杨家将英雄群贤的文化景区，同时也承担起"历代杨姓宗亲纪念馆"、"当代杨氏宗亲名贤展览馆"的功能。

其二，把修建和维护杨家将文化景观，发展旅游产业，当成是杨家的家事。许多景区在修建或维护杨家将文化景观时，常常会千方百计地向杨氏宗亲寻求财力物力支持。我们多次看到，景区除了要公开向海内外杨姓宗亲会组织"寻求"大宗捐赠之外，还会公开号召各地各界杨姓宗亲尽力支持。其理由很直白："这是为你们的祖先建造纪念堂，你们杨姓不出钱让谁出钱！"而杨姓宗亲中也会有许多人很积极地宣传："杨家将是杨家的先人，修杨家将景区是我们的义务，不出钱不出力就是对祖先不孝不敬！"这种思想认识的泛滥，使得原本以弘扬杨家将文化为目标而开发的旅游项目，变成了简单的"替杨姓人办件好事"！一些杨姓群众，则从另一个角度理解，认为既然杨家将是杨家的先人，那修建杨家将文化景观是杨家自己的事，政府和外姓人只能出钱出力表示支持，却绝对不能插手操作。一切都得听杨姓族人的安排，管理得由老杨家管理，收入也得归杨家支配。否则，就要拆你的台，坏你的事，还美其名曰："不让外姓人利用杨家祖先搞旅游赚钱！"

其三，在杨家将文化景区的经营中，不少管理者很重视组织各种形式的杨氏"寻根"、"祭祖"、"归宗"之类的宗亲联谊活动。在他们看来，杨家将景区要是没有正宗的杨氏宗亲联谊活动，就没有杨家将景区的文化特色了。根据景区所在地域及在海内外影响力，他们一般每年都会竭尽全力组织几次不同规模不同层次的祭祖、归宗系列活动。为了突出"杨姓"这个文化特色，他们会把有关杨姓宗亲活动的纪念碑放置在最显眼的地方，他们会不惜成本，只求宗亲活动能办得高档次、高规格、大范围、强声势。

毫无疑问，历史上的杨家将，是宋代以来天下杨氏宗族最为引以为自豪的英贤。作为中华民族大家庭中人数众多的杨姓各界宗亲，用各种方式向杨家将表达追思和仰慕，都是尊宗敬祖的天性自然。但是，从旅游学的角度来看，把杨家将文化等同于杨氏宗亲文化，却是完全不符合旅游学规律的。

首先，杨家将文化旅游景区之所以能够在旅游市场上占据赫赫地位，是因为杨家将受到广大旅游者的敬仰，才产生了强大的旅游魅力。而这种强大的旅游魅力，并不是源于杨家将的杨氏血统，而是因为杨家将代表了中华民族的民族正气，是因为杨家将所表现出的爱国主义精神。正是这种伟大的精神，使广大游客心为所动、情为所钟。由此而产生的这种心理动势，才是杨家将旅游开发的基础资源。

其次，杨家将是杨家宗亲的英雄，更是全中国各族人民的共同英雄。自北宋以来，从来没有哪一个家族能像杨家将这样广受各族人民的敬仰和爱戴。一个最典型最有说服力的事例是：早在北宋与辽国并立之时，杨家将的英名不仅在大宋是"天下之士，至于里儿野竖，皆能道之"[1] 就是在辽国，也同样广为传颂。大约在杨业、杨廷玉父子壮烈牺牲之后不久，辽国百姓就在长城古北口建起了专门祭拜杨业父子的"杨无敌庙"。宋至和二年（1055），宋人刘敞出使辽国，就曾在古北口拜谒了杨业祠，还留下了著名的诗句。[2] 此后，北宋先后又有苏颂、苏辙两人出使辽国时到古北口拜谒杨业祠并留诗纪念。[3] 以后虽王朝更迭，百姓播迁，杨业祠却一直香火旺盛。历史上的杨家将并没有在古北口作战的记载，古北口的杨业祠也不是杨氏后人所立，历代前来拜谒者千千万万，更不仅仅只是杨家宗亲！再比如，元朝初年曾有一支西夏遗民定居于河南濮阳，也是因仰慕杨家将的英名，全族人从原姓"唐兀"而改为杨姓。[4] 由此可见，自古以来，杨家将就一直是作为我国各民族的共同英雄，活在历代各族人民的心中的。只把杨家将当作是杨家宗亲，表面上是杨家在尊祖敬宗，实际上是要剥夺各族人民敬仰杨家将英雄群体的权力，伤害的是全国各族人民的感情，从而也就会大大削弱杨家将景观的文化感染力。

最后，在中国传统文化中，姓氏宗亲文化，既是联系血缘亲情的重要纽带，同时也是一道道高深的文化壁垒。不同的姓氏宗亲之间，虽然主要是和谐共处，但在文化上、心理上也都有很鲜明的排他性。更奇怪的是，这种姓氏宗亲文化上的排他性，表现在自然人身上时，常常不会受社会地位、教育水平等文化因素的影响而增减。

---

① 欧阳修：《欧阳修集·居士集》卷二九"供备库副使杨君墓志铭"，时距杨业父子殉国51年。

② 刘敞：《公是集》卷二八有"杨无敌庙"诗一首云："西流不返日滔滔，陇上犹歌七尺刀。恸哭应知贾谊意，世人生死两鸿毛。"题下自注：庙"在古北口，其下水西流"。时距杨业父子殉国仅60余年。

③ 1079年（宋熙宁十年、辽大康三年），宋人苏颂奉命使辽，贺契丹主生辰，也曾到古北口谒杨无敌庙，有《和仲巽过古北口杨无敌庙》诗一首载《苏魏公文集》卷一三："汉家飞将领熊罴，死战燕山护我师。威信仇方名不灭，至今遗俗奉遗祠。"

1089年（宋元祐四年、辽大安五年），宋人苏辙作为宋国贺辽主生辰使经过古北口，也拜谒了杨业祠，有"古北口杨无敌庙"诗载《栾城集》卷一六云："行祠寂寞寄关门，野草犹知碧血痕。一败可怜非战罪，太刚嗟独畏人言。驰驱本为中原用，尝享能令异城尊。我欲比君周子隐，诛彤聊是慰忠魂。"真个是催人泪下！

④ 《述善集研究论集》，甘肃人民出版社，2001年。

　　这种姓氏宗亲文化上的排他性，对于面向社会公众的旅游景区来说，具有极大的消极作用。根据旅游心理学原理，游客对旅游景观的满意度，与游客对景观的文化主题的认同程度成正比。凡是能引起大多数游客文化共鸣的景观，一定是游客最喜欢的、最满意的、评价最好的景观。相反，凡是那些让游客感到与自己的思想理念、文化归属、精神信仰相差很远的景观，一定是游客们最不满意的、评价最差的景观。宗亲文化是以血缘关系为特征的，具有强烈文化排他性的姓氏宗亲文化景观，客观上只对本姓本宗有亲和力，对外姓外宗一般是呈排斥性的。旅游景观的宗亲文化色彩越强烈，对外姓游客产生的文化排斥性就越明显。于是，我们常常会看到，大多数游客会很恭敬地向杨业塑像致意，却根本不会走进那些陈列"杨氏世系表"或是"杨氏名人简介"的殿堂。所以，越是想要突出"杨姓"宗亲文化特色，外姓游客就越反感。这样年复一年、日复一日，景区必将失去越来越多的外姓游客，当然也就越来越没有市场生存能力了！

　　综上所述，我们必须从思想根本上认识到：杨家将文化是民族英雄文化，杨家宗亲文化是血缘文化，这两种文化在旅游市场上的表现力是完全不同的。我们能够用于旅游开发的，是杨家将文化，是深受社会大众欢迎敬仰的民族英雄文化，而不是杨姓宗亲文化。我们所要建设的，是面向社会公众的杨家将文化旅游景观，而不是面向杨姓宗亲的杨氏家庙。尽管有诸多杨姓历史名人，杨姓宗亲文化还是和中国其他姓氏宗亲文化一样，只是杨姓血缘群体内的文化，面对社会大众，它不仅没有足够的旅游市场吸引力，还会产生极大的文化排他性，从而严重阻碍对杨家将文化进行旅游开发的进程。

二、杨家将文化不是杨家将历史

　　每当我们讲述真实的杨家将时，我们立即又会看到另一个事实：除了历史的杨家将之外，更具有历史文化魅力的，是一个文化上的杨家将！而作为社会文化存在的"杨家将"，早已超越了真实的历史，成为一种被历代各族人民公认为"真实"的杨家将！

　　作为被社会大众广泛认可的历史形象，立足于历史而又超越历史的真实，是人类文化生活中的普遍现象。在西方，有著名的《荷马史诗》。① 在中国，远有三皇五帝传说，近有诸多以三国等历史为题材的"演义"，都是这种历史形象的典型代表。也正是因为他们超越了历史的真实，他们才脱离了历史科学意义上的历史范畴，成为文化学意义上

---

　　① 《荷马史诗》记载了古希腊先民在同异民族的战争中和同大自然的斗争中所创造的英雄业绩。它分为两部分：一是《伊利亚特》（Iliad），叙述了古希腊人征服特洛伊人的经过；二是《奥德赛》（Odyssey），描写了参加特洛伊战争的希腊英雄奥德修斯在班师途中迷失道路、辗转漂流了10年重返故乡的经过及其沿途所见所闻。《荷马史诗》并非一时一人之作，而是保留在全体希腊人记忆中的历史。特洛伊战争结束以后，一些希腊城邦的民间歌手和民间艺人就将希腊人在战争中的英雄事迹和胜利的经过编成歌词、在公众集会的场合吟唱。这些故事由民间歌手口耳相传，历经几个世纪、经过不断的增益和修改，到了荷马手里被删定为两大部分，成为定型作品。大约在公元前6世纪中叶，当皮西特拉图（Pisistratus，约公元前605~527年）在雅典执政时，它才被最后用文字固定了下来。我们今天所看到的《荷马史诗》，是公元前3~2世纪由亚历山大里亚的学者们编订过的作品。

的文化。因此,是否超越历史的真实,是区别历史形象与文化形象的重要标志。现在,"杨家将"的社会形象体系中,真正符合历史的特征只有寥寥几点:

时间:北宋初年。

地点:东京、太原、雁门关、幽州。

人物:杨业、杨延昭、宋太宗、潘美、萧太后。

战争背景:宋辽在缔结"澶渊之盟"之前的几次战争,特别是宋太宗"雍熙北伐"时导致杨家将重创的宋辽陈家谷之役。

即使是在上述几项之中,除时间一项之外,其他各项在细节上也都有很多与史实相舛之处。如杨家将社会形象体系中有关太原、雁门关、幽州的方位、距离等描述;宋太宗、潘美、萧太后等虽实有其人,但其所作所为并非尽有史据。即使是主人公杨业,也只能称得上三分史影。至于有关宋辽战争的种种描述,则更是富有传奇色彩,令史家叹为观止、无从置喙。所以,现在中国大众文化体系中的杨家将,其内涵早已完全转换:杨家将不再是历史,而是与杨家将相关的所有古迹、传说、戏曲、文学、影视等元素所构成的杨家将文化。

那么,作为旅游开发的主要载体,我们是选择历史上的杨家将还是选择文化上的杨家将呢?

如果我们只是把杨家将作为一种历史文化来展示,当然最好是能够完全符合历史,完全展现出历史的真实。但是,现代旅游业面对的并不只是少数几位历史学家或考古学家,我们开发与杨家将相关的旅游项目,是要为旅游市场的大众游客提供一系列带有杨家将特色的历史人文类旅游景观,如果过分追求历史的真实,立即会遇到三大难题:其一,限于历史沧桑的巨大变化,有关杨家将历史的资料、实物、原址等重要载体已不复存在,无论我们如何努力,也不可能完全恢复历史原貌;其二,现在我们还能够看到的有关杨家将的真实历史遗存,绝大部分都已经残破之极,如神木杨家城遗址。如果仅仅满足于表现历史的真实,则会大大削弱其作为旅游景观所不可缺少的观赏性和美学效果,甚至完全失去旅游魅力。其三,历史的真实,是有时间参数的。对于一个具体的历史人文景观来说,我们是追求其兴盛时的历史真实,还是追求其衰败时的历史真实呢?如果追求其兴盛时的历史真实,则必然要大规模地"仿古",从而陷入悖论,再次失去历史的真实。如果追求(或称保持)其衰败时的历史真实,只靠几片断壁残垣,则根本无法达到我们弘扬杨家将历史文化,发展当地旅游产业的目标。

相比之下,如果我们立足于历史而又超越历史,把厚重无比而又丰富生动的杨家将文化作为旅游开发的主要载体,则完全是另外一种天地。

其一,我们有了更多可以开发利用的文化资源。例如戏曲和传说中已经成功塑造起来的佘太君、穆桂英、杨排风等杨门女将群体,杨宗保、杨文广、孟良、焦赞、八贤王、寇准等代表正义的文化形象,都可通过适当的策划包装,直接构成大众游客所喜爱的旅游景观。

其二,我们有了更为广阔的旅游开发空间。因为我们要表现的只是与杨家将相关的种种文化，我们完全可以不再拘泥于杨家城的真实大小和真实方位，不再局限于天波杨府当年庭院的布局疏密，不必再费心考察众多杨家将遗迹孰真孰假，不怕再面对"杨六郎何以能一剑劈开一道山岭"之类的诘问！

其三，我们可以取得大众游客的文化共鸣。历史上的杨家将虽然真实，却不是大众游客的文化期望。文化上的杨家将虽然远远超越了历史的真实，却是广大社会游客心目中完全"真实"的英雄偶像。只要我们以大众心目中的杨家将作为表现对象，就必然能够得到大众游客的承认，必然能够使大众游客感动，从而在文化上与广大游客产生共鸣，使我们构建的旅游景观与游客情景相依、水乳交融。这样一来，我们的旅游开发就有了坚实的市场基础，就可以完全避免一些历史人文类景区曲高和寡、门可罗雀的尴尬命运。

其四，通过对杨家将文化的旅游开发，我们可以担负起继承和传播优秀传统文化的责任。旅游产业虽然以市场经济效益为重要目标，但它同时又是一种高尚的文化传播活动。杨家将的历史之所以能成为"杨家将文化"，关键的因素，是历代民众都把自己最美好的愿望寄托在杨家将身上，同时也把自己最鲜明的道德选择通过杨家将文化形象地表达出来。这种寄托和表达，是一种优秀民族文化的塑造过程。所以，近千年来升华、凝聚而成的杨家将文化，是中华民族传统文化的重要表现形式。其文化之厚重、内涵之深邃，是历史上真实的杨家将所无法承载的。我们采用立足历史又超越历史的开发方式，直接对杨家将文化进行旅游开发，能够越过真实杨家将的种种局限，以更完美、更理想的文化形象，很直接地告诉人们什么是"忠"、"义"、"孝"、"爱国"、"为民"、"舍生取义"等大美大善，告诉人们应该如何避恶行善，从而在取得良好经济效益的同时，弘扬、继承中华民族的优秀文化遗产。

除以上四点之外，从客观上讲，依照文化上的杨家将来构建旅游景观，比依照历史上的杨家将更简单、更经济、更具有可操作性。所以，我们可以很明确地指出：所有与杨家将相关的旅游开发，都应该大胆地超越历史，以杨家将文化作为最基本的开发载体。

三、杨家将文化的旅游开发，应该追求文化的真实

如前所述，对于历史文化类旅游资源的旅游开发来说，我们根本无法实现真正意义上的"历史真实"。那么，我们提出采用"立足历史又超越历史"的旅游开发方式，在实践中究竟该如何做呢？答案很简单：就是最大限度地追求文化的真实！

具体到杨家将文化的旅游开发来说，我们应该努力做到以下几点：

首先，是要努力营造真实的历史文化背景。无论我们是构建一个有关杨家将文化的旅游景区，还是营造一个有关杨家将的小小旅游景观，我们的最终目标，都是要通过具体的旅游空间形象和旅游文化形象来传播杨家将文化，并且要通过这种文化传播引起游客的文化共鸣，从而使游客的情感思绪受到感动，完成对旅游景观的心灵感悟和美好的旅游文化体验过程。那么，为杨家将文化景观配置一个真实的历史文化背景，是非常重

要的。

比如，杨家将文化是以北宋时代为历史背景的，那么我们就要着力营造时代的真实。例如用宋代的建筑风格来构建各种级别的景观建筑；在景区内采用宋代样式的服饰、宋代的用品、宋代的演艺等，甚至不妨直接用"宋"、"大宋"之类的文字作为一些景物的主体装饰。让游客一进景区，所见所闻，处处都是宋风宋韵，恍若梦回千年，从而在游客的游览经历中深深刻下"宋"这个时代烙印。再比如说，宋代特别提倡武将要读书习文，武将一定要达到"亦文亦武"，才算是国家的栋梁之才，这是当时的社会风尚。那么我们就要着力营造这种社会风尚背景，或可称为精神生活背景。例如可在景区内适当营造一些杨家将习武学文的旅游景观，演出一些"以崇文促习武"为内容的旅游情景节目，从而把当时的历史社会风貌反映出来，既可增加游客对杨家将生活时代的理解，也能很好地向游客解释杨家将为何会对国家和中原文明有那么赤诚的责任心。

事实上，也只有我们着力营造真实的背景文化，我们才能实现"立足于历史而又超越历史"的目标。

相反，如果不注意营造背景文化的真实性，常常会做出一些让游客啼笑皆非的傻事来。例如某个杨家将文化景区，在位于"点将台"上的杨业和佘太君的塑像中间，放置了一尊释迦牟尼像，这就完全违背了文化背景的真实原则：杨家将的点将台，主题是保家卫国，英勇杀敌，怎么可能供奉一尊宣扬"四大皆空"、誓不杀生的释迦牟尼像呢！每当游客到此，无不笑指景区荒唐，哪里还会有心畅想当年杨家将们在此驰骋冲突，杀声震天的飒爽英姿呢！

其次，是要努力营造人物个性的真实。在开发杨家将文化旅游景观时，我们必然要采用雕塑、绘画、情景演出等各种方式，来塑造杨家将英雄群体的人物形象。这时，我们应该考虑到：杨家将英雄群体，早已在大众游客的心里形成了活生生的个性形象。例如老杨业深稳凝重，杨排风泼辣豪爽等等。根据旅游心理学和旅游美学原理，当大众游客置身他们心仪已久的"杨家将"景观面前时，他们首先就要把眼前看到的"杨家将"与心目中的杨家将形象进行比较印证。如果与他们的想象相差不大或完全相同，游客便会产生兴奋型应激反应，从而对旅游景观表现出认同、赞赏之类的积极态度。自然也就会对我们塑造的杨家将英雄群体的人物形象产生更强烈的注意力，从而得到更多的旅游文化体验。相反，如果景观与他们的想象相差太大或完全不同，游客会产生对抗型应激反应。其中一部分人会从疑问转化为接受，更多的人则会转化为批评、讥讽、鄙视之类的消极态度，从而大大挫伤游客的游览积极性。如果这种情况在一个景观组团中接连出现，就会大大降低景区的文化质量，甚至会让游客中断旅游过程，败兴而归。

有鉴于此，我们在实际景观策划和建设时，就应该特别注重表现杨家将人物的不同个性，也就是要"出神"。无论我们用什么形式来塑造人物，都应该做到既要有"貌"，更要有"神"。也只有营造出杨家将英雄群体的个性真实，才会真正引起游客的文化共鸣。千万不可把杨家将装扮得"千人一面"，更不可把杨家将英雄们都塑造成呆板的"神像"。

　　最后，是要注重艺术表现的文化真实性。根据当前历史人文类旅游景区的实际状况，对景区的历史文化主题通常会有动态、静态两种主要的表现方式。特别是随着近年来旅游景区市场竞争的需要，主题性情景表演、游动性艺术景观等动态艺术，成为许多人文景区重要的旅游景观。由于这种动态艺术景观直接在游客游览环境中表现，可以对游客产生很强的吸引力，为旅游过程增添许多兴趣，因而也大受大众游客的欢迎。然而，我们必须注意：现在有一些景区的个别动态艺术景观，一味追求娱乐性，采用了一些过分的戏谑、调侃、媚俗类表演情节。如"宋代人"打手机、"先锋官"宣称自己是"坐奔驰"而来、"宦官"与"游客"调情、让"神仙鬼怪"出阵助战之类，虽然能博得游客的哈哈一笑，却因其违背了旅游景观内在文化的真实性，在游客心理上形成一种"荒诞不经"或是"低俗不堪"的印象。既降低了旅游景观的文化品位，又大大削弱了景区的文化主题魅力。在开发杨家将文化旅游景观时，我们一定要注意，杨家将文化是英雄文化，不是市井俚俗文化，一定要把握好动态表演情节的"度"，既要生动活泼，又要符合杨家将人物的道德身份，即使再夸张，也不能失去文化的真实而影响其文化品位。

　　至于静态的艺术表现，一般情况下都不会越位，但也要注意在细节上不要出错。我们曾看到过某个景区建造了一组反映北宋初年杨家将生活的雕塑。其人物服饰、神态、造型都没有问题，唯独手中拿的是明代中叶才出现的线装书！这虽然无伤大雅，大众游客一般也看不出来，但作为一个艺术型旅游景观，类似细节上的失实，终究还是一个文化上的遗憾。

四、结　　语

　　杨家将文化，是整个中国文化史上的一部壮丽篇章，是中华民族的一笔弥足珍贵的精神财富。开发以杨家将文化为主题的文化旅游资源，建设杨家将文化旅游景区，是一件继承传统、造福当代、流芳后世的伟大事业。同时，旅游开发又是一项科学性很强的系统工程，既需要热情奉献，也需要科学的态度和理念。除本文所论及的上述三个方面之外，有关杨家将文化旅游景观的空间策划、艺术策划、市场策划等诸多问题，都需要进行细致、科学的研究。我们相信，随着旅游科学和旅游产业的飞速发展，杨家将文化的旅游开发，一定会沿着科学的方向，走向更加辉煌的明天。

杨业死因之再探索

李裕民

张其凡的大作《杨业之死发覆》，是一篇富有新意的论文。他从《宋太宗实录》中发现杨业死前讨论作战方案会议的参加者，除了熟知的潘美、杨业、王侁、刘文裕之外，还有两位：郭超和侯莫陈利用。他结合张咏诗等史料，重新认定：致杨业死的首犯不是潘、王、刘，而是侯莫陈利用。

其凡的论文提醒我们，必须注意考察实际参加会议的人员，以便确定嫌疑人的范围。这次会议的参加者到底有没有郭、侯二人？笔者查阅了有关记载，发现记此事者除了《宋太宗实录》之外，尚有《宋会要辑稿》，两者颇有差异，为了便于分析，列举如下：

1.《宋太宗实录》卷三五、98 页

"雍熙三年二月丙午（七日），以西上阁门使王侁、右监门卫将军侯莫陈利用并充并州驻泊都监。

壬子（十三日），以忠武军节度使潘美充云应朔州行营都部署，云州观察使杨业副之，磁州团练使郭超充押阵都监。"

2.《宋会要辑稿》兵 8 之 2

二月八日，以西上阁门使王侁、右监门卫将军侯莫陈利用并为并州驻泊都监。

十四日，以忠武军节度使潘美为云、应、朔等州行营马步军都总管，云州观察使杨业副之，以王侁及军器库使、顺州团练使刘文裕为都监，磁州团练使郭超为押阵都监。

两书相比较，后者所记均比前者晚一日，也许前者所记为朝廷作决定的时间，后者所记为正式下诏书的时间。但这微小差异并不妨碍我们对事件的分析，暂可置之不论，为叙事方便，时间均按前者。

两书所记是发生在不同时间的两件事，而后者第二条记事增加了"以王侁及军器库使、顺州团练使刘文裕为都监"19 字，联系《宋史》杨业、王侁、刘文裕三传所记，确有王、刘为都监之事，显然《宋太宗实录》缺载了，今本《宋太宗实录》是清代的抄本，颇疑是抄漏了，而不是原书漏记。

这两件事是有明显区别的，应特别注意"驻泊"与"行营"四字：七日的任命，是对中央禁军驻并州的领导班子（并州驻泊）作的调整，即在原有驻泊都部署潘美、部署杨业之外，又增加了两名都监王侁和侯莫陈利用。

十三日的任命，则是为了配合北伐幽州，成立负责攻打云应朔州的西路军（云应朔州行营），作战指挥部由潘美、杨业、郭超、王侁、刘文裕 5 人组成。①

所谓"行营"是临时性的，只用于战时，战事结束，其职务随之终结。行营名单里没有侯莫陈利用，显然，他仍留在并州驻泊都监的任上。为什么命王侁上前线，而留侯在后方？这恐怕与王侁有十多年作战经验，②而侯从未带兵打仗有关。从中央角度考虑，将能打仗的领导调到前线、无实战经验的领导放在第二线，这样安排是比较稳妥的。

既然前线指挥部由 5 人组成，杨业出战前的会议参加者，自然就是这 5 人了，侯没有参加此会，逼死杨业的罪责轮不到侯的头上。

那么，如何理解张咏之诗呢？

冒死雪忠臣，（自注：证杨业忠赤，为奸臣所陷。）谠言警贵侍。（自注：重指中贵弄权。）

诗中指出：害杨业的是奸臣。奸臣在正史中有一定的公认性，至少代表了官方意见。但私人的诗文表述的是个人意见，它可能与官方意见相同，也可能相左。按官方的认识，潘、王、刘、郭都没有列入《宋史·奸臣传》，都不算奸臣，那么，侯是不是奸臣呢？也不是，他被列入《宋史·佞幸传》，只被称为"邪佞"，没有人称他为奸臣。奸臣和佞幸虽然人品都坏，但两者有区别，奸臣大多是进士出身，有才学，而佞幸一般不是进士出身，没有文才，是靠拍马等手段迎合君主邀宠的。侯莫陈利用，是靠"方术"③、"左道"④ 得到太宗的宠幸，所以他只是佞幸，而不列入奸臣。诗注中的奸臣，不可能指侯莫陈利用。

如何理解第二句诗："谠言警贵侍"（自注：重指中贵弄权。）笔者以为这与前一句说的是两件事。"贵侍"，据其注，知指"中贵"，中贵，亦称中贵人，指的是宦官，⑤《杨文公谈苑》中曾记载到刘吉跟飞扬跋扈的宦官石金振斗争的故事，⑥ 此诗中的贵侍可能是指石金振，也可能指别的弄权的宦官，但可以肯定不是指侯莫陈利用，他的身份不是宦官。

要定侯莫陈利用是陷害杨的主犯，还有许多难以逾越的困难。如果侯是主犯，当时，他受太宗宠信，不会被揭发，但二年以后，他即被处死，此时就不会再有人包庇

---

① 郭超是领导集团中的一员，除了上举两条材料外，尚有一证：《实录》之《潘武惠公美传》云："雍熙……三年春，大举征幽州，为云应朔等州行营都部署，云州观察使杨业为之副，磁州团练使郭超为押阵都监。"（宋杜大珪《名臣碑传琬琰之集》下卷一）

② 《宋史》卷二七四、《王侁传》，9364 页。

③ 《隆平集》卷四。

④ 王称：《东都事略》卷二六。

⑤ 《宋史》卷三二二《吴择仁传》称宦官谭稹为"中贵人"。《宋史》卷三一九《刘敞传》："方议定大乐，使中贵人参其间，敞谏曰：'王事莫重于乐，今儒学满朝辩论有余，而使若赵谈者参之，臣惧为袁盎笑也。'"同卷传末之论称"中贵人"为"中贵"。按：赵谈，汉朝宦官，见《史记》卷一○一《袁盎晁错列传》、《汉书》卷四九《爰盎晁错传》。

⑥ 《杨文公谈苑》"刘吉条"，135 页。

他，到写国史、实录时完全可以据实而书，为什么来源于国史、实录的《宋史·佞幸传》中，仍然没有书侯对杨业之死应负的责任呢？任何人作案总有动机，侯作案的动机是什么？杨业挡他升官的路吗？他们一向有矛盾吗？都没有。

总之，无论从哪个角度看，侯莫陈利用都不可能是陷害杨业的主犯，连从犯都够不上。

那么，导致杨业之死的责任人应该是谁呢？这还得重新审视《宋史·杨业传》。由《宋太宗实录》和《宋会要辑稿》的记载，证明战前的会议参加者是 5 人，而不是《杨业传》所记的 4 人。这就提醒我们，读《杨业传》时，千万不要把它当成会议记录，它既不记录与会的所有人名，也不会把所有的发言（重要的和次要的）都记进去。它是按照写传的需要择要删定的。过去，有些学者（包括笔者本人）因传中未提潘的发言，以为潘在会上始终沉默，那是一种误解。如果我们仔细阅读杨传，并考虑一般会议所必须经历的步骤，可以肯定，它删去了一些无须多说的内容，其中至少有三处潘美的表态：一是潘在召集会议时，一定会首先传达中央指示，要护送云应朔寰的官民归宋。还会说到：当前形势严峻，辽军已插入寰州，挡住官民南下之路，让大家发表意见，该怎么办。然后才有杨、王之争。二是在杨、王争论之后，按常理，没有主帅发话，不可能随便退会、擅自行动，一定是潘美表示同意，杨才出兵的。三是，杨业临出发时，对潘美等提出在陈家谷口伏兵的要求，潘肯定是表示同意，所以才有潘和王最初领兵到谷口的事发生。

有了这样的认识，再来讨论谁该负什么责任，就容易多了。

第一责任人应该是主帅潘美。他是军事家，不可能认识不到杨、王的方案孰好孰坏，他是一把手，完全可以否决王侁的方案，但他没有这样做，偏偏赞同了王的方案。其次，既然答应了在陈家谷口设伏兵，即使阻止不了王侁的逃跑，至少自己应该带兵守住阵地，但他却跟着跑了。这两条，只要做到其中一条，杨业就不会被俘，也就不会牺牲。

第二责任人是王侁，他提出错误方案，还强迫杨去执行，又带头逃跑。如果他不提错误方案，或不强迫杨执行，或不带头逃跑，都不会导致杨死亡。

第三责任人是刘文裕，他不该赞同王的错误方案，使杨在讨论中陷于孤立。

在杨死后，杨家得到的抚恤反不如他的部下，又从刘吉冒死雪忠臣看，杨业的确蒙受了冤屈。据此，可以肯定，潘美在奏章中作了歪曲事实的汇报，把失败的责任推到杨身上。

在刘吉冒死为杨业说话后，中央可能会委托刘吉或他人去调查，与此案关系不大的郭超会较早说出真相。侯在并州，张咏在麟州，离前线不太远，也能了解情况，说一些真相。在无法再隐瞒事实时，潘、王、刘 3 人也不得不承认。

从 3 位责任人的主观意识分析，王侁提方案的出发点不是有意要害死杨业，他领兵去抢功，这一举动，足以表明他确实以为杨业有必胜的把握。他知道杨素有"无敌"的称号，眼前又曾连下云、应、朔、寰四州，这一切使他冲昏了头脑，以致高估杨的实力，低估了辽方实力。他与杨是第一次共事，并无宿怨，也没有利害关系，没有必要置杨于死地。

而潘美就完全不同了，他与杨业有宿怨，杨业是北汉的主将，潘美是宋攻打北汉的主将，双方曾是交战的对手，胜负如何，北汉方面没有留下记载，宋方则是报喜不报忧、或夸大战绩，杨业老是失败。但既然杨业素有"无敌"之称，怎么会老打败仗呢？小小的北汉，为什么能抵挡住宋方一二十年的进攻呢？北汉皇帝投降了，杨业只守一个城门，宋军仍然无法攻下，可见其战斗力之强。可以想象，宋方包括潘美在内曾吃过他不少的亏。而自杨业降宋后，两位夙敌偏偏安排在一起工作，杨业当了潘美的副手，而潘美却处处不如他，不可能不产生嫉妒之心。潘美是宋方能征惯战的大将，曾帅军灭南汉，又在灭南唐之战中立过大功。杨业能提出最佳方案，他却提不出来，从脸面上说，他也不愿充当附议的角色。潘美明明能分析到王侁的方案是冒险的，却偏偏赞同，显然，这是存心将杨送到绝路上去。特别是他自食其言，在关键时刻，逃离了本该接应的地方。所以，如果说王侁是客观上将杨送到绝路上，潘美则是有意将杨送到绝路上去，他是陷害杨业的主犯。

但由于潘美是太宗的爱将，就在战前一年，两家结成亲戚，潘美的女儿嫁给了太宗之子（即真宗），因此太宗在得知事实真相后，虽然将3责任人都处理了，但很快潘、刘又重新掌权，而王则由第二责任人变成了第一责任人，替潘顶了罪。显然，太宗这样处理是不公正的。

最后，再回答有人提出的一个问题：宋太宗才是害死杨业的元凶。或认为是直接害死的，或认为是间接害死的。

先回答直接害死说。杀人一定有其动机，宋太宗是极精明的人，他不会无缘无故地用人杀人。杨业本是北汉的降将，太宗要处死他，是最容易不过的，但并没有杀他，也没有即时用他打幽州，显然，最初太宗高估自己的力量，想着，如果靠自己的将领收复幽云十六州，他就不用杨业了。然而现实是无情的，北伐失败了，此时太宗立即起用杨业守代州。等再次北伐时，帮他收复云应朔寰。古人云：飞鸟尽，良弓藏；狡兔死，走狗烹。这是帝王杀良将的规则。而此时北伐由胜转败，飞鸟未尽，狡兔未死，太宗怎么会害死杨业呢？

也有人认为是宋的都监制度害死了杨业。按：宋的都监制度是沿袭唐、五代的，当时设立此职，是为了牵制军阀的胡作非为，有一定进步作用。当然，任何制度，有利必有弊，都监制度有其副作用也是自然的。这一副作用具体落到谁头上，一般总是夹杂个人的因素。应该考虑的是，在西路军设置两个都监，如果加上押阵都监则有3人，是否意味着太宗有意通过他们去谋害杨业呢？笔者认为，这只要比较一下东路军和中路军的安排，即可明白。东路军是主力军，主帅曹彬是太宗最信得过的人，给他安排了郭守文为都监，薛继昭为前军先锋都监，刘知信、符昭寿为押阵都监。在曹彬的左膀右臂大将米信身旁，安排了赵延浦、张绍勋、董愿3人为行营都监。中路军主帅田重进身边安排了吴元辅、袁继忠 2 人为都监。[①] 这几路所设都监人数差不多，但东路和中路都没有发生都监害死主帅或副帅的事。可见这种设置都监的制度，不是导致杨业必然死亡的原因。有人举主帅郭进因受都监田钦祚欺侮而自杀等事为例。[②] 其实，相反之例子也同样有，曹彬受命为攻打南唐的主帅，潘美为都监（属第二把手），然而皇帝"以匣剑授彬曰：'副将以下不用命者斩之'。潘美等皆失色，不敢仰视"。[③] 总之，这是一种互相制约的制度，并非专门让都监整主帅。具体事例应作具体分析，仅以普遍性的制度去推论，太过勉强。

---

① 《宋太宗实录》卷三五，96 页。
② 《长编》卷二〇，450 页。
③ 《长编》卷一五，324 页。

首届全国杨家将历史文化研讨会概述

杨光亮

首届全国杨家将历史文化研讨会，于2007年8月20~23日在陕西省神木县隆重召开。榆林市委常委、宣传部长钱运刚，神木县委副书记高崇飞，陕西省社会科学院副院长杨学义研究员，陕西师范大学副校长萧正洪教授，陕西省文史馆副馆长王凤英，中国社会科学院历史研究所副所长卜宪群研究员，本次研讨会策划人、陕西师范大学历史文化学院李裕民教授，北京大学中古史研究中心张希清教授，中国宋史研究会会长、北京大学中古史研究中心邓小南教授，香港理工大学通识教育中心主任何冠环教授以及北京、上海、湖北、浙江、云南、四川、宁夏、甘肃、山西、河南、陕西等省市、自治区高等院校、科学院所的专家学者和杨氏宗亲代表出席了研讨会，神木县委副书记高崇明，县委常委、副县长高小明，县委常委、宣传部长雷振江，县人大副主任、杨家将文化研究会长杨国伟，副县长、杨家将文化研究会常务副会长乔振民，原县长助理、杨家将文化研究会副会长杨自力，县人大原副主任、杨家将文化研究会副会长马安亮等负责人也出席了研究会，总计150余人。神木县杨家将文化研究会为筹备这次研讨会做了大量的工作。中央电视台综合频道（CCTV1）、国际频道（CCTV4），香港凤凰卫视，人民日报社、光明日报社、经济日报社、人民代表报、香港大公报、陕西电视台、陕西省广播电台，榆林日报社、神木报等新闻媒体派出记者，为研讨会进行采访报道，中国网作了现场直播。研讨会收到学术论文共计33篇。

一、杨家将研究中的一些问题

明清以来，在杨家将研究中许多重要问题，至今没有得到解决。这次研讨会上，陕西师范大学李裕民教授在他作的《杨家将疑难问题考辨》主题报告中，重新提出来。李教授说，近年来，杨家将研究进展较为缓慢，究其原因，文献资料太少，许多问题至今无法解决。如杨弘信葬在哪里？他的父、祖是谁？杨业生于何年，葬在何处？他的妻子姓折么？等。研究的出路何在？李教授接着指出，要"更加仔细地研究现有资料，像研究古文字那样逐字逐句地考察，去发现、搜集不引人注意的新资料，以解决杨家将研究中的一些疑难问题。"与会专家正是按照这样的新思路、新途径，对杨家将研究中的一些问题，展开了深入讨论，取得了预期的效果。

（1）关于杨业的故里。杨业出生于麟州即今天的神木县杨家城，已经成为多数杨家将研究者的共识。与会专家重新肯定了杨业的故里在今陕西神木。

（2）"杨业之死"及其有关问题，一直是杨家将研究中的重要课题，也是这次研讨会上讨论的重要问题。正如暨南大学张其凡教授所说，"杨业之死，并非无可置喙，而是大有隐情"。

首先，关于杨业被"奸臣"所逼致死。这里的"奸臣"指的是谁？长期以来，主要在监军王侁与主帅潘美之间展开讨论。张其凡教授根据北宋治蜀名臣张咏《张乖崖集》中《赠刘吉》诗新发现的资料，认为迫害杨业致死的"奸臣"是一个具有特殊身份的"中贵"或曰"贵侍"，就是"从潘美北征"的并州驻泊都监侯莫陈利用。张教授说，根据《宋太宗实录》、《宋史・佞幸传》等史书的记载可知，侯莫陈利用是宋太宗的心腹，是当时公认的"邪之人"，杨业所斥指的"奸臣"，应是侯莫陈利用。正因为如此，张咏在诗中赞刘吉"置死雪忠臣"之举。对于迫杨业致死深层次的原因，张教授认为与当时对武将压抑的政局有关。对武将的压抑，华中科技大学的罗家祥教授称之为北宋王朝立国伊始的"恐武症"，即对边寨将帅的防范和控制。北京大学邓小南教授进一步认为，深层次的原因，在宋太宗时代对带兵将领的"亲"、"疏"分野，比太祖时更加敏感。"事为之防，曲为之制"仍然是帝王心中的重要界域。邓教授指出，透过丰富纷纭的历史事件和错综复杂的人际关系，观察历史现实，是研究者通常面临的挑战。

其次，关于杨业"不食三日死"。在雍熙北伐中，杨业被奸臣所逼，受伤不食三日死，是不争的事实。但是，对于"不食"是"绝食"还是不能进食？李裕民教授对"绝食"提出质疑。李教授对宋方和辽方的记载作出了认真仔细的分析，认为《辽史》的记载"疮发，不食三日死"是可靠的。李教授说，杨业死在辽人手里，他们是亲眼目睹的，是第一见证人。更重要的是，辽将耶律底奚射伤杨业坠马被擒，应是他的功劳，但因他没有完成"生擒继业"的军令，"不能为功"。说明底奚射中了杨业致命的部位，"疮发"，不能进食，导致死亡。对此，张其凡教授有不同的观点。张教授说，"疮发"系外伤，不致影响饮食，可见"不食三日"是主动的。辽方对杨业十分重视，不希望他死去。杨业主动绝食，引发箭疮更烈，导致死亡，因此迁怒于底奚，不计其功。

最后，关于杨业之死的具体月日及其他。杨业被俘后，因"疮发，不食三日而亡"的具体月日，史书记载出入较大。《宋史》说"五月"，《东都事略》和《续资治通鉴长编》说在"八月"，《辽史》说是"七月"。李裕民教授仔细分析了宋辽双方的记载，认定辽方的记载，最值得重视，这是当事人的奏报。李教授根据杨业被俘的地点和萧太后的驻地，结合当时的地理环境和交通工具等因素，进行了科学的推算，认为，杨业于雍熙三年（986）七月六日（或七日）被擒，九日（或十日）不食而死。这一估计的时间与实际时间误差，相信不会超过一两天。

对于《宋史・杨业传》记载的"朔州之战，无一生还者"之说，李裕民教授也提出了异议。李教授根据《太宗皇帝实录》的编纂者杨亿《杨文公谈苑》"军士皆泣不肯去"的记载，并未提及"无一生还者"或"全部战死"，认为"无一生还"之说出现比较晚，属北宋中期人为加工的。李教授进一步分析说，杨业之死与他没有亲兵或牙兵有关。所谓亲兵与一般士兵不同，亲兵一旦主将战死，他们因没有保护好主将而会被处死；而一般兵士，虽打了败仗，不会被处死。可以肯定，《宋史》所载"无一生还者"是不符合事实的，有关杨业被擒前与部下谈的话等一些情况，能记录下来，当是幸存者提供的。

二、杨业的英雄业绩及其影响

杨业的历史地位、英雄业绩及其影响，是杨家将研究的主要课题，也是这次研讨会的主要议题。张希清教授以《杨业与云应寰朔四州》为题，提出云应寰朔四州的得失系于杨业一身的观点。收复云应寰朔四州，主要是杨业之功。杨业是宋辽西北战场上最为杰出、最有代表性的将领。而对杨业之死，辽人更是作为一件具有标志性的大事，在古北口为杨业立"杨无敌庙"，以资纪念。这既是对杨业英雄精神的尊敬和褒奖，也是对杨业历史作用和历史地位的重视和肯定。

北京大学邓小南教授谈到，从五代十国文臣武将"各为其主"，到倡导效忠赵宋王朝的忠诚气节，杨业提供了一个榜样，其"忠勇"、"无敌"的形象在其后的岁月中形成了楷模式的标志。邓教授说杨业生前一向"无敌"的英雄气概，他死前表现出来的"忠勇"精神，无不为对手钦敬。这种英雄崇拜的心理无疑超越了民族界限之上。浙江大学何忠礼教授提出，1000多年前的名将杨业，他的归宋和殉难，为人们诠释了什么是真正的气节，人们应该坚持怎样的气节，足以成为发杨中华民族气节的典范。

三、杨家将文化研究的兴起

近年来，在重视历史文化建设的氛围下，陕西、山西、河南、河北等地，兴起了杨家将文化的研究。杨家将文化涵盖的内容，太原社会科学院杨光亮研究员认为，应以杨信、杨业、杨延昭、杨文广的历史业绩为主线，涵盖关于杨家将的文学作品、民间传说、文化遗迹及其所反映出的思想哲理、精神传承和对后世的深远影响。

（1）杨家将文化的源头。一种文化的产家将产生，必然有其特定的时代背景和历史渊源。杨家将文化是在唐末五代民族矛盾日趋尖锐的背景下产生的。杨光亮研究员谈到，唐朝末年，出现了"五代十国"的割据局面。这时居住在东北辽河流域的契丹强盛起来，南下扩张势力，中原地区先进的经济、文化和抗辽百姓生命财产的安全受到了严重威胁。边境百姓纷纷起来"自备器械，各随其乡，以自保卫，不附契丹"。麟州土豪杨弘信，就是一位抗辽地方武装的首领。杨研究员说，杨弘信是杨家将的始祖，为麟州刺史，保障边城屡著功绩。正是在麟州地区"蕃汉杂居，以战射为俗"的环境和杨氏"以武力雄其一方"的家庭中，造就和培养了杨业这样的英雄豪杰，孕育了杨家将文化。麟州即今陕西神木县就是杨家将的故里，是杨家将文化的源头。咸阳师范学院庞士让教授进一步认为，神木县的杨家城，是杨业的诞生地、杨家将的出发地、杨家将文化的发祥地。对于杨家将文化的研究，庞教授提出，广集资料是基础，深化研究是根本，扩大宣传是重点，联手开发是关键的思路。

（2）文学作品对杨家将文化传承的作用。杨家将文化传承，源于口头传播或曰口碑流传，继而是评话、杂剧、戏剧、小说等。其中，戏剧的传播起到了重要的作用。中国艺术研究院刘文峰教授认为，杨家将故事戏，是中国传统戏曲文化中心的瑰宝。在全国各地的传统戏曲中，都有杨家将故事的戏。戏曲舞台上塑造的杨继业、杨六郎、杨宗保、杨文广、佘太君、穆桂英等艺术形象，家喻户晓，深入人心，成为英雄典范，学习楷模。刘教授特别提到，杨家将故事戏，塑造了以佘太君、穆桂英为代表的一批巾帼英雄形象。她们不仅美丽动人，而且深通韬略，武艺高强，在战场上驰骋冲杀，胜过须眉。表现了她们胸怀大志、朝气蓬勃的精神风貌，反映了明末以后正在觉悟的中国妇女要求解除封建压迫，投身反帝反封建的革命洪流和民族解放斗争的强烈愿望。上海师范大学虞云国教授分析了杨家将传说故事衍化过程后提出，元代杂剧居于承前启后的重要地位。虞教授说，在杨家将传说的衍化中，不难找出南宋话本—元代杂剧—明代小说—清代戏曲之间的发展链。由于南宋话本这一环节的文本缺失，元代杂剧中的杨家将故事就是这一传说现今能见到的最早的创作型文本，其研究价值是不言而喻的。元代杂剧折射出的当时普通人的心态思想，广泛丰富，关系到一般民众的民族观、伦理观和政治观，体现了先民之志节，立国之精神。四川大学刘复生教授从杨家将戏剧在四川的流传认为，在川剧的形成过程中，受到过许多外来戏曲的影响，其中影响最大的，莫过于与四川毗邻的陕西戏剧，主要是秦腔，不仅是唱腔形式，也包括杨家将在内的戏剧内容。刘教授说，杨家将故事戏在四川的广泛流传，不仅是川剧，川北深受群众喜爱的皮影戏，杨家将故事也有常见的剧目。除四川和重庆之外，川剧还流传于云南、贵州等地。在云南上演的杨家将川剧，甚至还影响到其他民族，如傣剧中就有杨家将戏。贵州有名的"花溪川戏"及边远的古镇上，杨家将戏唱响不绝。不仅表现出川剧的魅力，也折射出杨家将故事戏的魅力。中山大学曹家齐教授对杨门女将故事的源流进行了考察，曹教授说，历史上流传的关于女将的故事，最有名的莫过于杨门女将了。令人直接意识到女将为小说中的重要题材者，亦是杨门女将了。但是明清之际的女将题材，并非无凭之创造，而是有所因承，应是从汉唐以来的侠女故事演变而来。曹教授对以往女将的形象与杨门女将的形象作了对比，他说，杨门女将虽继承了历史上女侠的性格放达，具有独立意识的个性特点，在她们身上看不到具体的妇德、妇道。她们的丈夫死后无一改嫁，不仅是坚守贞节，而且披甲征战，为国立功。杨门女将所表现的巾帼形象，与当奢靡风气和伦常败坏的社会现实，形成了鲜明的对照，其文化意蕴更显深刻。

对于文学作品传承杨家将文化的作用，西北师范大学李清凌教授认为，杨家将是妇孺皆知的英雄形象，其历史名声的形成和提高与宋朝中原王朝的边患以及时代对忠君爱民、卫疆守土英雄的呼唤与推崇分不开。哲学论其善，史学证其真，文学扬其美，从不同侧面促成和提升了杨家将的历史知名度。李教授说，从文学作品的创作、传播来看，杨家将主题可谓领尽了风骚。历代文艺家几乎应用了所有的文艺形式来创作有关杨家将的文艺作品。正是借助这些文这作品，才使杨家将的英雄事迹占据了勾栏、瓦舍、里巷、舞台和一切文艺可以渗透的领域，影响着人们的精神生活、政治取向和行为准则。现代的电影、电视剧、艺术画以及方兴未艾的网络文学、电子游戏等，也以极大的热情争相以杨家将故事为题材，在杨家将历史知名度的提升上甚至起了其他宣传形式不可替代和无法比拟的巨大作用。杨家将与三国故事、水浒故事、岳家军等著名历史题材一样，将永不停息地流传下去。

（3）关于杨家将历史遗址、遗迹。由于杨家将英雄业绩的影响，杨家将文学作品的演绎，杨家将民间故事的传播，形成了有关杨家将活动的遗址和遗迹。李裕民教授、李清凌教授、顾全芳研究员、杨光亮研究员等，作过搜集和考察。顾研究员认为，不但杨家将的真实历史造就了不少历史遗迹，而且杨家将的传说故事造就了更多的杨家将遗迹。顾研究员列举了诸多如"杨业墓"、"金沙滩"、"李陵碑"等传说中的遗迹说，杨家将故事流传很广，很多地方的遗址，多半是靠不住的。李清凌教授说，有关杨家将的历史遗迹，包括古战场、城堡、关隘、村落、坟墓、祠庙等，在我国南北各地所在多有。人们以这些遗存为指证，心仪英雄的伟烈。在山西、河北、陕西和甘肃宋辽、宋夏边境地区和南方杨家将活动过的两广等地也有许多。我们可以看到的杨家将遗存，事实上已经超出了其活动的范围，这一现象，当与人们崇拜英雄有关。杨研究员说，有关杨家将活动的遗址和遗迹，见于文学记载和当地父老所指，约近300处。有的是真实可靠的，有的属于传说附会，有的尚待进一步论证。这些都反映了对杨家将英雄业绩的怀念敬仰之情。李裕民教授综合上述认为，这些遗存，当然多数是靠不住的，但总体上来看，是一种英雄崇拜的文化现象。辽人在古北口修建杨无敌庙，当出于一种敬仰无敌将军杨业的心理。契丹尚武，崇敬勇士，即使是非本族人、是敌人、是战俘，都要设法网罗重用。这些杨家将的遗迹，为我们研究杨家将历史文化，提供了不可缺失的线索和资料。

（4）杨家将研究与文化建设。以往对杨家将的研究，多侧重于历史研究和文学作品等方面。对于杨家将文化的研究，则是近年来兴起才被重视的。文化资源、文化品牌、文化建设越来越受到当地政府的重视。山西省社科院马志超研究员说，文化建设是社会主义现代化建设的重要内容，是构建社会主义和谐社会的重要组成部分。文化品牌的地位和作用日益突出，越来越走入人们的视野。接着，马研究员以山西近年来建设文化强省，打造文化品牌为例，进一步说明文化品牌是文化建设的基石和保障，希望陕西神木，一定要以高标准、高要求、大动作、大手笔，将杨家将这一文化品牌做好、做大、做强。河南大学刘坤太教授从旅游开发的角度谈到，作为社会文化存在的"杨家将"，已经超越了真实的历史，而是与杨家将相关的古迹、传说、戏曲、文学、影视等构成的杨家将文化，我们应该立足于历史而又超越历史，把厚重又丰富生动的杨家将文化作为旅游开发的主要载体。

这次在陕西神木召开的首届全国杨家将文化研讨会，云集了国内20多位知名专家，是一次高层次、高水平的研讨会，代表了当前杨家将研究的最高水平，取得了重大研究成果。正如李裕民教授在大会总结中所说，这是杨家将研究百年以来的第一次盛会，充分说明了榆林市委市政府、神木县委县政府的重视程度和超前意识。这次研讨会取得的重要成果主要有三个方面：其一，与会专家一致认为神木是杨家将的故里，是杨家将历史文化的源头；其二，对杨业的历史地位和英雄业绩，作出了高度评价；其三，为神木深入开展杨家将研究，塑造杨家将文化品牌，加强文化建设，起到了积极的推动作用。